祝贺《物理学大题典》
在中国科学技术大学
六十周年校庆之际
再次出版

李政道

二〇一八年五月

物理学大题典③/张永德主编

光学

（第二版）

轩植华　白贵儒　郭光灿　编著

科学出版社

中国科学技术大学出版社

内 容 简 介

"物理学大题典"是一套大型工具性、综合性物理题解丛书. 丛书内容涵盖综合性大学本科物理课程内容：从普通物理的力学、热学、光学、电学、近代物理到"四大力学"，以及原子核物理、粒子物理、凝聚态物理、等离子体物理、天体物理、激光物理、量子光学、量子信息等. 内容新颖、注重物理、注重学科交叉、注重与科研结合.

《光学(第二版)》共 3 章，包括几何光学、波动光学和量子光学. 其中波动光学的内容有干涉、衍射和偏振.

本丛书可作为物理类本科生的学习辅导用书、研究生的入学考试参考书和各类高校物理教师的教学参考书.

图书在版编目(CIP)数据

光学/轩植华，白贵儒，郭光灿编著. —2 版. —北京：科学出版社，2018. 9
(物理学大题典/张永德主编；3)
ISBN 978-7-03-058283-6

Ⅰ. ①光… Ⅱ. ①轩…②白…③郭… Ⅲ. ①光学-解题 Ⅳ. ①O43-44

中国版本图书馆 CIP 数据核字(2018)第 158962 号

责任编辑：昌 盛 罗 吉 / 责任校对：张凤琴
责任印制：赵 博 / 封面设计：华路天然工作室

科学出版社 出版
北京东黄城根北街 16 号
邮政编码：100717
http://www.sciencep.com
中国科学技术大学出版社
安徽省合肥市金寨路 96 号
邮政编码：230026

中煤（北京）印务有限公司印刷
科学出版社发行 各地新华书店经销
*
2005 年 9 月第 一 版 开本：787×1092 1/16
2018 年 9 月第 二 版 印张：23 3/4
2025 年 10 月第十三次印刷 字数：563 000

定价：59. 00 元

（如有印装质量问题，我社负责调换）

“物理学大题典”编委会

丛书序

这套"物理学大题典"源自20世纪80年代末期的"美国物理试题与解答"，而那套丛书则源自80年代的CUSPEA项目(China-United States Physical Examination and Application Program). 这套丛书收录的题目主要源自美国各著名大学物理类研究生入学试题，经筛选后由中国科学技术大学近百位高年级学生和研究生解答，再经中科大数十位老师审定. 所以这套丛书是中国改革开放初期中美文化交流的成果，是中美物理教学合作的结晶，是CUSPEA项目丰硕成果的一朵花絮.

贯穿整个80年代的CUSPEA项目是由李政道先生提出的. 1979年李先生为了配合中国刚刚开始实施的改革开放方针，向中国领导建言，逐步实施美国著名大学在中国高校联合招收赴美攻读物理博士研究生计划. 经李先生与我国各级领导和美国各著名大学反复多次磋商研究，1979年教育部和中国科学院联合发文《关于推荐学生参加赴美研究生考试的通知》，紧接着同年7月14日又联合发出补充通知《关于推荐学生参加赴美物理研究生考试的通知》，直到1980年5月13日，教育部和中国科学院再次联合发文《关于推荐学生参加赴美物理研究生考试的通知》，神州大地正式全面启动这一计划.

1979年最初实施的是Pre-CUSPEA，从李先生任教的哥伦比亚大学开始，通过考试选录了5名同学进入哥大. 此后计划迅速扩大，包括了美国所有著名大学在内的53所大学，后期还包括了加拿大的大学，总数达到97所. 10年CUSPEA共计录取915名中国各高校应届学生，进入所有美国著名大学. 迄今项目过去30年，当年赴美的青年学子早已各有所成，展布全球，许多人回国报效，成绩斐然，可喜可慰.

李先生在他总结文章中回忆说①："在CUSPEA实施的10年中，粗略估计每年都用去了我约三分之一的精力. 虽然这对我是很重的负担，但我觉得以此回报给我创造成长和发展机会的祖国母校和老师是完全应该的."文中李先生两次提及他已故夫人秦惠䇹女士和助理Irene女士，为赴美中国年轻学子勤勤恳恳、默默无闻地做了大量细致的服务工作. 编者读到此处，深为感动！这次丛书再版适逢中国科学技术大学60周年校庆，又承李先生题词祝贺，中科大、科学出版社以及丛书编者同仁都十分感谢！

苏轼《花影》诗："重重叠叠上瑶台，几度呼童扫不开. 刚被太阳收拾去，却教明月送将来."聚中科大百多位师生之力，历二十余载，唯愿这套丛书对中美教育和文化交流起一点奠基作用，有助于后来学者踏着这些习题有形无迹的斑驳花影，攀登瑶台，观看无边深邃的美景.

张永德　谨识

2018年6月29日

---

① 李政道,《我和CUSPEA》,载于"知识分子"公众号,2016年11月30日.

前　言

物理学，由于它在自然科学中所具有的主导作用，在人类文明史，特别是在人类物质文明史中，占据着极其重要的地位.经典物理学的诞生和发展曾经直接推动了欧洲物质文明的长期飞跃.20世纪初诞生并蓬勃发展起来的近代物理学，又造就了上个世纪物质文明的辉煌.自20世纪末到21世纪初的当前时代，物理学正以空前的活力，广阔深入地开创着向化学、生物学、生命科学、材料科学、信息科学和能源科学渗透和应用的新局面.在本世纪里，物理学再一次直接推动新一轮物质文明飞跃的伟大进程已经开始.

然而，经历长足发展至今的物理学，宽广深厚浩瀚无垠.教授和学习物理学都是相当艰苦而漫长的过程.在教授和学习过程许多环节中，做习题是其中必要而又重要的环节.做习题是巩固所学知识的必要手段，是深化拓展所学知识的重要练习，是锻炼科学思维的体操.

但是，和习题有关的事有时并不被看重，似乎求解和编纂练习题是全部教学活动中很次要的环节.但丛书编委会同仁们觉得，这件事是教学双方的共同需要，只要是需要的，就是合理的，有益的，应当有人去做.于是大家本着甘为孺子牛的精神，平时在科研教学中一道题一道题地积累，现在又一道题一道题地编审，花费了大量时间做着这种不起眼的事.正如一个城市的基础建设，不能只去建地面上摩天大楼和纪念碑等“抢眼球”的事，也同样需要去做修马路、建下水道等基础设施的事.

这套“物理学大题典”的前身是中国科技大学出版社出版的“美国物理试题与解答”丛书(7卷).那套丛书于20世纪80年代后期由张永德发起并组织完成，内容包括普通物理的力、热、光、电、近代物理到四大力学的全部基础物理学.出版时他选择了“中国科学技术大学物理辅导班主编”的署名方式.自那套丛书出版之后，历经10余年，仍然有不断的需求，于是就有了现在的这套丛书——“物理学大题典”.

“题典”编审的大部分教师仍为原来的，只增加了少许新成员.经过大家着力重订和大量扩充，耗时近两年而成.现在这次再版，编审工作又增加了几位新成员，复历一年而再成.此次再版除在原来基础上适当修订审校之外，还有少量扩充，增加了第6卷《相对论物理学》，第7卷《量子力学》扩充为上、下两分册.丛书最终为8卷10分册.总计起来，丛书编审历时近20年，耗费近40位富有科研和教学经验的教授、约150位20世纪80年代和现在的研究生及高年级本科生的巨大辛劳.丛书确实是众人长期合作辛劳的结晶！

现在的再版，题目主要来源当然依旧是美国所有著名大学物理类研究生的入学试题，但也收录了部分编审老师的积累.内容除涵盖力、热、光、电、近代物理到四大力学全部基础物理学之外，还包括了原子核物理、粒子物理、凝聚态物理、等离子体物理、天体物理、激光物理、量子光学和量子信息物理.于是，追踪不断发展的科学轨迹，现在这套丛书仍然大体涵盖了综合性大学全部本科物理课程内容.

这里应当强调指出两点：其一，一般地说，人们过去熟悉的苏联习题模式常常偏重基础知识、偏于计算推导、偏向基本功训练；与此相比，美国物理试题涉及的数学并不繁难，但却或多或少具有以下特色：内容新颖，富于“当代感”，思路灵活，涉及面宽广，方法和结论简单实用，试题往往涉及新兴和边沿交叉学科，不少试题本身似乎显得粗糙但却抓住了物理本质，显得“物理味”很足！纵观比较，编审者深切感到，这些考题的集合在一定程度上体现着美国科学文化个性及思维方式特色！唯鉴于此，大家不惮繁重，集众多人力而不怯，耗漫长岁月而不辍，是值得的！另外，扩充修订中增添的题目，也是本着这种精神，摘自编审老师各自科研工作成果，或是来自各人教学心得，实是点滴聚成.

其二，对于学生，的确有一个正确使用习题集的问题. 有的同学，有习题集也不参考，咬牙硬顶，一个晚上自习时间只做了两道题. 这种精神诚应嘉勉，但效率不高，也容易挫伤积极性，不利于培养学习兴趣；另有些同学，逮到合适解答提笔就抄，这样做是浮躁不踏实的. 两种学习方法都不可取. 编审者认为，正确使用习题集是一个“三步曲”过程：遇到一道题，先自己想一想，想出来了自己做最好；如果认真想了些时间还想不出来，就不要老想了，不妨翻开习题集找寻答案，看懂之后，合上书自己把题目做出来；最后，要是参考习题集做出来的，花费一两分钟时间分析解剖一下自己，找找存在的不足，今后注意. 如此“三步曲”下来，就既踏实又有效率. 本来，效率和踏实是一对矛盾，在这一类“治学小道”之下，它俩就统一起来了. 总之，正确使用之下的习题集肯定能够成为学生们有用的“爬山”拐杖.

丛书第一版是在科学出版社胡升华博士倡议和支持下进行的，同时也获得刘万东教授、杜江峰教授的支持. 没有他们推动和支持，丛书面世是不可能的. 这次再版工作又承科学出版社昌盛先生全力支持，并再次获得中国科技大学物理学院和教务处的支持. 对于这些宝贵支持，编审同仁们表示深切谢意.

※ ※ ※ ※ ※ ※ ※ ※

丛书的《光学》卷是《美国物理试题与解答 · 光学》的扩展篇，题目总数由原来的 160 题增加到本卷第一版的 441 题，第二版又增加到 446 题，仍然分为几何光学、波动光学和量子光学三章，其中几何光学 92 题，波动光学的干涉篇 66 题、衍射篇 117 题、偏振篇 64 题，量子光学 107 题. 题目主要来源于一些国际著名大学（如哥伦比亚大学、加州大学、麻省理工学院、威斯康星大学、芝加哥大学、普林斯顿大学、纽约州立大学）的试题和习题，CUSPEA 考试、丁肇中考试的试题，一些习题集、光学教材以及部分竞赛试题，还有少量题是自拟的.

原《美国物理试题与解答 · 光学》由白贵儒和郭光灿审校，当时参与解题的有石德秀、姚喆、吕洪君、陈向力、顾春、韩文海、吴志强、李永平、谢建平、郭光灿、白贵儒、周东方、杨小立、朱冰、郑道晨等. 这次再版工作，张鹏飞、周融、赵伟提供了帮助.

编审者谨识

2005 年 6 月

2018 年 8 月修改

目　录

第一章　几 何 光 学

1.1　下列 5 个盒子中有光学元件，盒的左、右侧壁可透光．单色平行光入射，透光有 4 种情况，如题图 1.1．试求这 4 种情况可能对应哪种盒子．

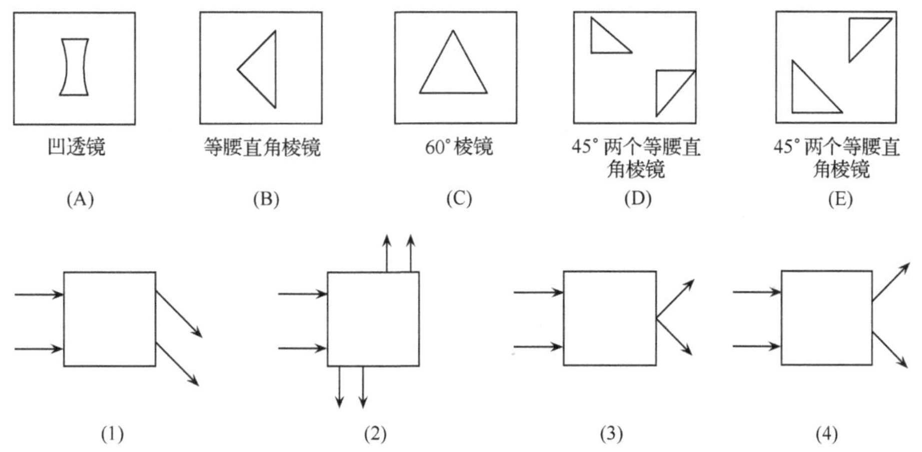

题图 1.1

解　(1) 盒内为 60°棱镜(C)．

(2) 盒内可能为(D)或(E)，光在棱镜的斜面产生全反射．

(3) 对应(B)，光受到折射，分为偏下和偏上两束平行光．

(4) 对应(A)，凹透镜使入射平行光发散．

1.2　光线经等腰棱镜折射后，偏向角 δ 与入射角 i 的关系如题图 1.2(1)，求棱镜顶角 α 和折射率．

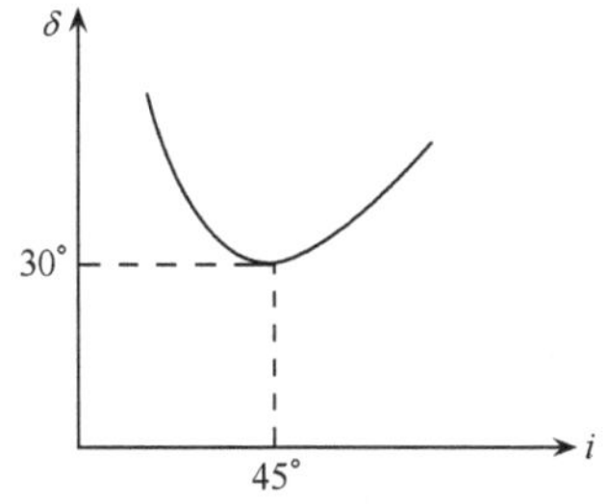

题图 1.2(1)

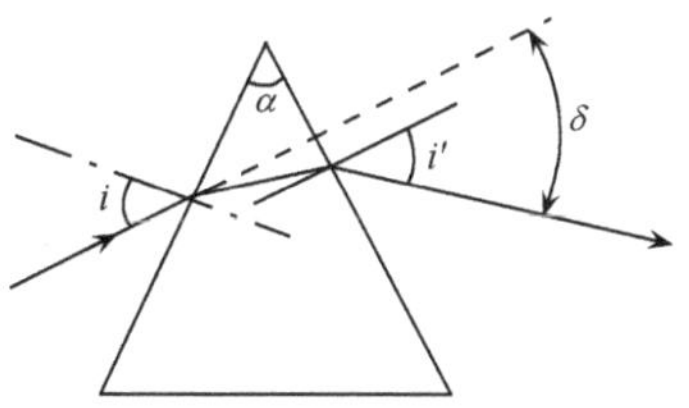

题图 1.2(2)

解　设等腰棱镜顶角为 α，由几何关系[如题图 1.2(2)]

$$\delta = i + i' - \alpha$$

最小偏向角 $\delta_m = 2i - \alpha$，由题图 1.2(1)，$\delta_m = 30°$，对应 $i = 45°$，所以 $\alpha = 2i - \delta_m = 60°$．

由折射率与顶角、最小偏向角关系

$$n=\frac{\sin\frac{\alpha+\delta_m}{2}}{\sin\frac{\alpha}{2}}$$

代入 $\alpha=60^\circ$，$\delta_m=30^\circ$，得 $n=\sqrt{2}$.

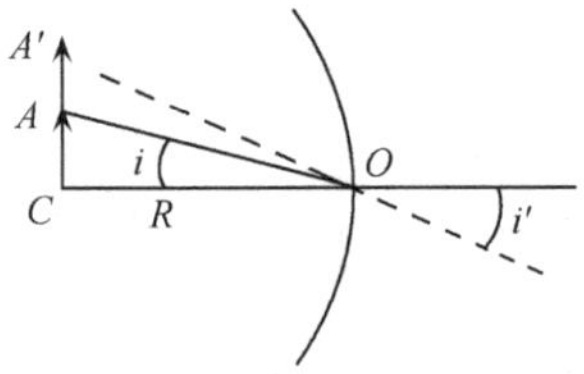

题图 1.3

1.3　球形玻璃容器中充满水，折射率为 n. 从外面观察球中心的物体，试问放大率为多少？假设玻璃容器壁厚可忽略.

解　应用近轴光线折射率 $ni=i'$，用作图法(如题图 1.3)，物 AC，顶点 A 发出一束光 AO，在 O 点折射，折射光反向延长线与物 AC 的延长线相交于 A'. 像长为 $A'C$.

放大率 $\beta=\frac{A'C}{AC}=\frac{Ri'}{Ri}=n$.

1.4　如题图 1.4(1)所示，一条水平光线通过折射率为 1.50、顶角为 4°的棱镜后射在一个竖立的平面镜上，欲使反射的光线变成水平方向，必须将平面镜转过多大的角度？

解　棱镜顶角 $\alpha=4^\circ$ 较小，偏转角 δ 约为

$$\delta=(n-1)\alpha=(1.50-1)\times4^\circ=2^\circ$$

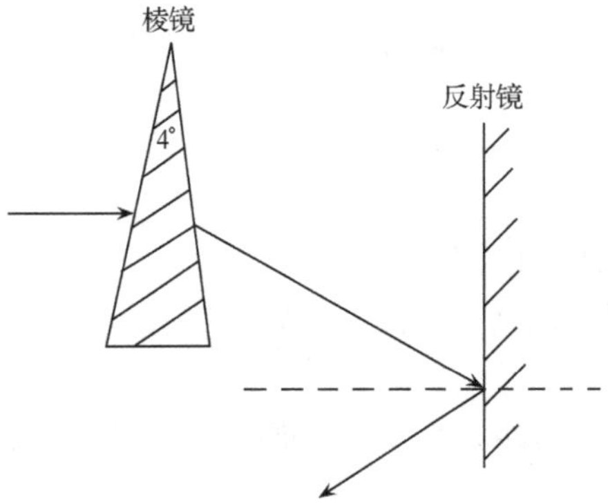

题图 1.4(1)

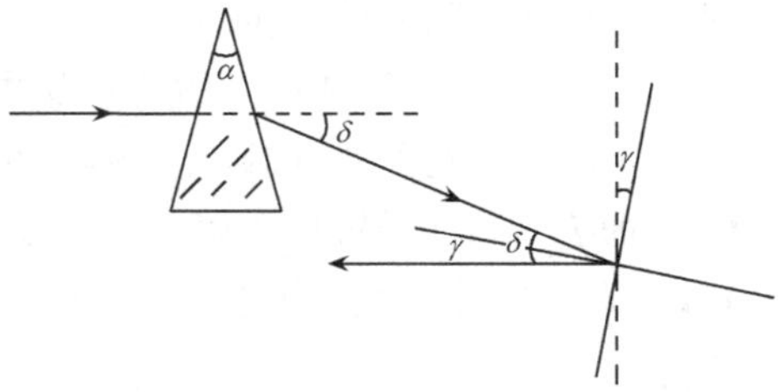

题图 1.4(2)

由题图 1.4(2)可见，要使反射光变成水平方向，必须将镜子转 γ 角，其中

$$\gamma=\frac{\delta}{2}=1^\circ$$

1.5　横截面为矩形的玻璃棒被弯成如题图 1.5(1)的形状，一束平行光垂直地射入平表面 A，试确定通过表面 A 进入的光全部从表面 B 射出的 R/d 的最小值，玻璃的折射率为 1.5.

解　如题图 1.5(2)从 A 内侧入射的光线与内圆相切，它入射到外圆面的入射角为最小，设入射角为 α，并且反射光线与内圆相切，其余光线由反射定律和几何定理知，光线在圆面上一旦发生全反射后将连续发生全反射，并且不与内侧圆相交.

所以，只要 α 角大于或等于全反射角，则入射光线可全部由 B 端射出而没有光线从

其他地方透出. 则 $\sin\alpha \geqslant \frac{1}{n}$，而 $\sin\alpha = \frac{R}{R+d}$，所以$\frac{R}{R+d} \geqslant \frac{1}{n}$，解之得$\frac{R}{d} \geqslant \frac{1}{n-1}$. 则

$$\left(\frac{R}{d}\right)_{\min} = \frac{1}{n-1} = \frac{1}{1.5-1} = 2$$

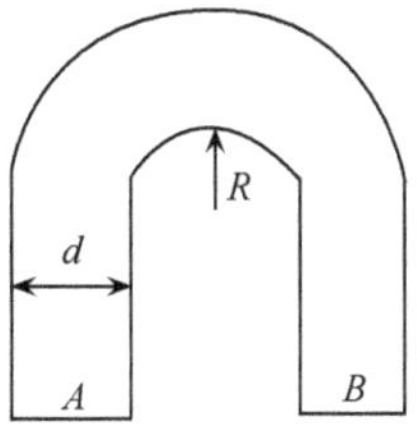

题图 1.5(1)

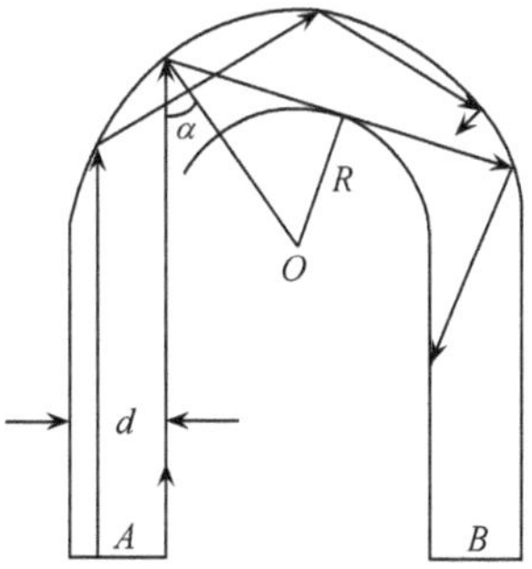

题图 1.5(2)

1.6 用掺杂的方法增加玻璃的折射率，做成一个等厚变折射率透镜. 现有一半径为 a、厚度为 d 的圆盘，使之变成等效焦距为 f 的会聚薄透镜，应如何改变其折射率，写出折射率的径向分布函数 $n(r)$.

解 取极坐标如题图 1.6，$r=0$ 时，$n(0)=n_0$，n_0 为未掺杂玻璃折射率. 透镜将平面波转变为会聚球面波，由等光程性有

$$n_0 d + f = n(r)d + (r^2 + f^2)^{\frac{1}{2}}$$

这里假定周围介质为空气，空气的折射率为 1，上式写成

$$n(r) = n_0 + \frac{1}{d}\left[f - \sqrt{f^2 + r^2}\right]$$

当 $f \gg r$ 时，近似有

$$n(r) = n_0 - \frac{1}{2}\frac{r^2}{df}$$

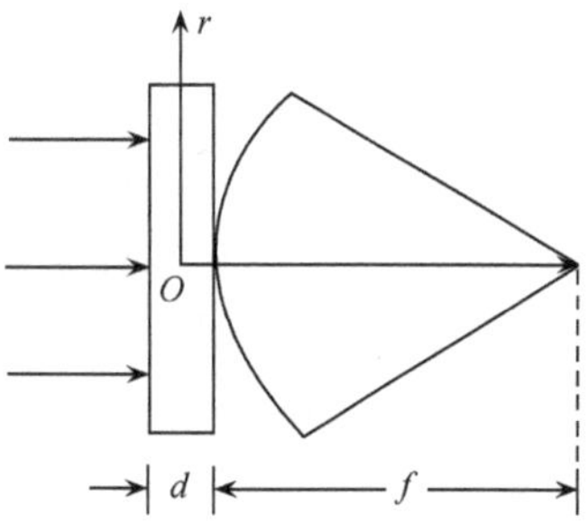

题图 1.6

1.7 由立方体的玻璃切下一角制成的棱镜称为四面直角体，如题图 1.7(1)所示. 证明，从斜面射入的光线经其他三面反射后，出射线的方向总与入射线相反. 设想一下，这样的棱镜可以在什么场合发挥作用.

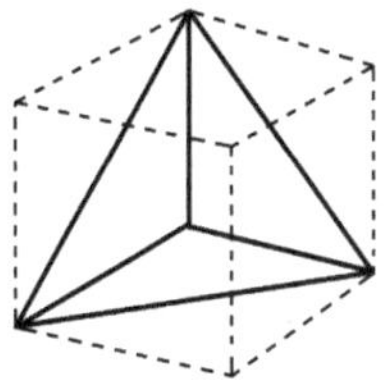

题图 1.7(1)

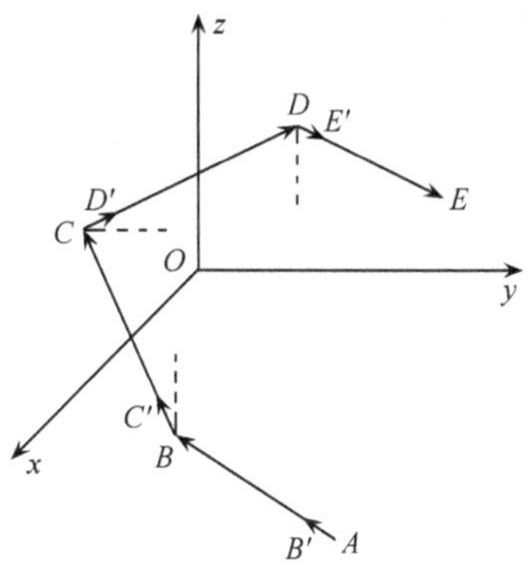

题图 1.7(2)

证　从斜面入射的光线经三个直角面反射后仍从斜面出射，其间光线共经历了三个直角面的三次反射和斜面往返的二次折射. 证明出射线和入射线方向相反可分两步进行：

(1) 先证明任意一根经三个直角面反射以后的光线总是和入射光线平行且方向相反.

用矢量的概念证明这个结论比较简单. 如题图 1.7(2)所示，设三个直角面分别为 xy 平面、xz 平面和 yz 平面，入射光线 **AB** 先后经三个平面反射后出射光线为 **DE**. 并设 **AB′**, **BC′**, **CD′**, **DE′**分别为光线 **AB**, **BC**, **CD**, **DE** 的单位矢量，则

$$\boldsymbol{AB}' = (\cos\alpha, \cos\beta, \cos\gamma)$$

式中 α、β、γ 为 **AB′**的方向角. 由于 **BC** 为 **AB** 经 xy 平面的反射线，根据反射定律显然有

$$\boldsymbol{BC}' = [\cos\alpha, \cos\beta, \cos(\pi-\gamma)]$$

同理

$$\boldsymbol{CD}' = [\cos\alpha, \cos(\pi-\beta), \cos(\pi-\gamma)]$$

$$\boldsymbol{DE}' = [\cos(\pi-\alpha), \cos(\pi-\beta), \cos(\pi-\gamma)] = (-\cos\alpha, -\cos\beta, -\cos\gamma)$$

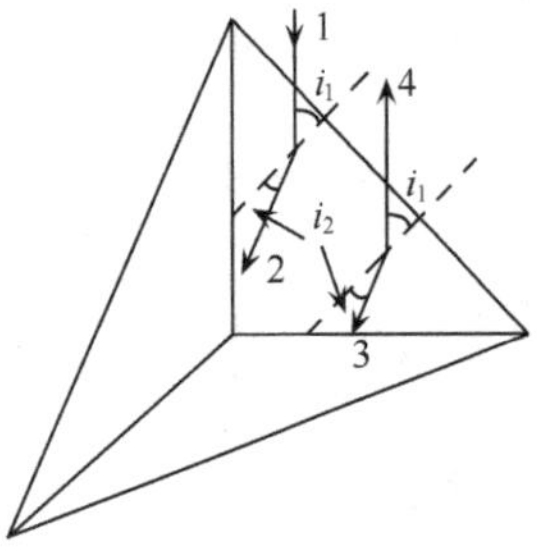

题图 1.7(3)

因此

$$\boldsymbol{AB}' = -\boldsymbol{DE}'$$

即光线 **AB** 和 **DE** 反向平行.

(2) 再证明斜面的出射线和入射线平行且方向相反.

如题图 1.7(3)所示，设光线 1 以入射角 i_1 入射到斜面上，其折射光线 2 的折射角为 i_2. 则根据(1)的证明，光线 2 经三个直角面反射后的光线 3 必以入射角 i_2 入射到斜面上，再次折射后的光线 4 的折射角也必为 i_1. 因此出射光线 4 必和入射光线 1 反向平行.

由(1)、(2)证明可知，经直角四面体棱镜二次折射和三次反射的出射线和入射线方向相反. 如果入射线(即入射面)垂直于某个直角交棱，则此时光线只经过二次折射和二次反射. 但显然可见，出射线与入射线方向相反的结论仍然成立.

四面直角体棱镜又叫直角锥棱镜，也称角反射器. 直角锥棱镜出射线与入射线方向相反，这一特性可以有效地利用来进行远距离激光测距. 设想登月飞船把一个由多只直角锥棱镜组成的反射器送到月球表面，则地球上许多国家就可以选择反射器中的某些直角锥作为自己的“合作目标”，用激光束测量月地距离.

1.8　光线射入如题图 1.8 所示的棱镜，经两次折射和反射后射出.

(1) 证明偏向角与入射方向无关，恒等于 2α；

(2) 在此情况下能否产生色散?

证　两次折射和反射的入射角、折射角、反射角分别示于题图 1.8 中. 由几何关系和反射定律可得

$$i_2 = \frac{\pi}{2} - \angle 1 = \frac{\pi}{2} - \left[2\pi - \left(2\alpha + \beta + \frac{\pi}{2} + i_1'\right)\right] = -\pi + 2\alpha + \beta + i_1'$$

$$i_2' = i_2$$

$$i_3 = \frac{\pi}{2} - \angle 2 = \frac{\pi}{2} - \left[\pi - \left(\alpha + \frac{\pi}{2} - i_2'\right)\right] = \alpha - i_2'$$

$$i_3' = i_3$$

$$i_4 = \angle 3 - \frac{\pi}{2} = \left[2\pi - (2\alpha + \beta + \frac{\pi}{2} - i_3')\right] - \frac{\pi}{2} = \pi - 2\alpha - \beta + i_3'$$

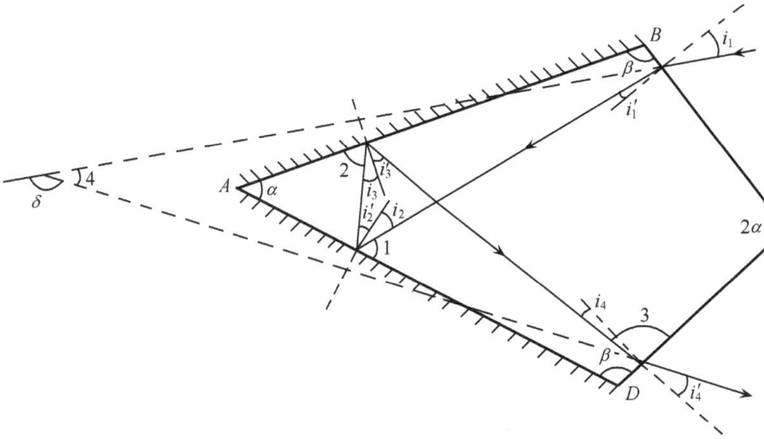

题图 1.8

逐次以 i_3'，i_3，i_2'，i_2 代入得

$$\begin{aligned} i_4 &= \pi - 2\alpha - \beta + i_3 = \pi - 2\alpha - \beta + (\alpha - i_2') \\ &= \pi - \alpha - \beta - i_2' = \pi - \alpha - \beta - (-\pi + 2\alpha + \beta + i_1') \\ &= 2\pi - 3\alpha - 2\beta - i_1' = -i_1' \end{aligned}$$

又根据折射定律有

$$\sin i_1 = n \sin i_1', \qquad \sin i_4' = n \sin i_4$$

于是得

$$i_1 = -i_4'$$

式中 n 为棱镜的折射率. 因此偏向角为

$$\begin{aligned} \delta &= \pi - \angle 4 = \pi - \left[2\pi - \left(2\alpha + \frac{\pi}{2} + i_4' + \frac{\pi}{2} + i_1\right)\right] \\ &= 2\alpha + i_4' + i_1 = 2\alpha \end{aligned}$$

偏向角恒等于 2α，它与入射角和折射率 n 均无关. 即与波长也无关. 这种棱镜虽然使光受到两次折射而仍无色散. 因此，可用于要求无色散的光路偏转系统.

1.9 试证明：当一条光线通过平行平面玻璃板时，出射光线方向不变，只产生侧向平移. 当入射角 i_1 很小时，位移为

$$\Delta\chi = \frac{n-1}{n} i_1 t$$

式中 n 为玻璃板的折射率，t 为其厚度.

证 对平行平板上下表面分别两次运用折射定律，并考虑到平板上下是同一介质，便可证明最后出射光线与当初入射光线的方向一致.

如题图 1.9 所示，根据几何关系可得侧向位移量为

$$\Delta\chi = \overline{AB} \sin(i_1 - i_2)$$

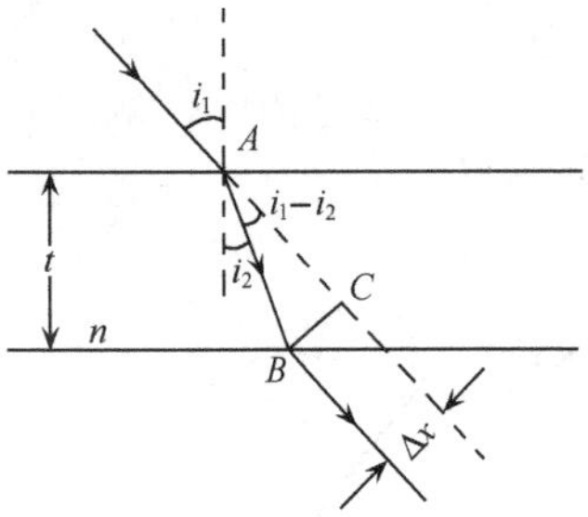

题图 1.9

$$= \frac{t}{\cos i_2}(\sin i_1 \cos i_2 - \cos i_1 \sin i_2)$$

$$= t\left(\sin i_1 - \frac{\cos i_1 \sin i_2}{\cos i_2}\right)$$

利用折射定律

$$\sin i_1 = n \sin i_2$$

上式可改写为

$$\Delta\chi = t \sin i_1 \left(1 - \frac{\cos i_1}{n \cos i_2}\right)$$

在 $i_2 < i_1 \ll 1$ 的条件下，取小角近似

$$\sin i_1 \approx i_1, \qquad \cos i_1 \approx \cos i_2 \approx 1$$

于是有

$$\Delta\chi \approx \frac{n-1}{n} i_1 t$$

1.10　证明：光线相继经过几个平行分界面的多层介质时，出射光线的方向只与入射方向及两边的折射率有关，与中间各层介质无关.

证　因为界面都是平行的，所以光线在同一层介质中上界面的折射角与下界面的入射角相等. 如题图 1.10 所示，由折射定律有

$$\sin i_2 = \frac{n_1}{n_2} \sin i_1$$

$$\sin i_3 = \frac{n_2}{n_3} \sin i_2 = \frac{n_1}{n_3} \sin i_1$$

$$\cdots\cdots$$

$$\sin i_k = \frac{n_{k-1}}{n_k} \sin i_{k-1} = \frac{n_1}{n_k} \sin i_1$$

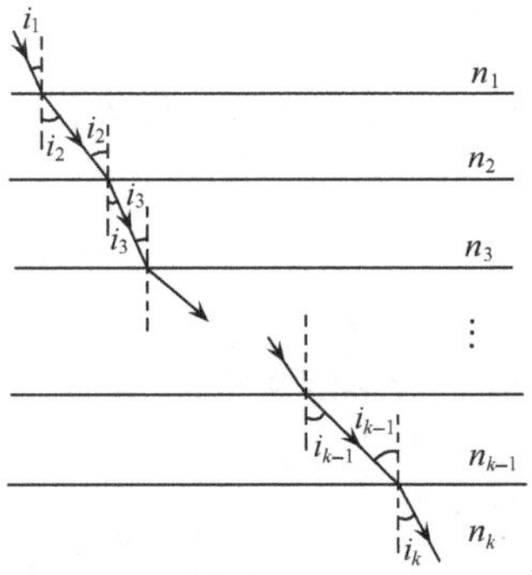

题图 1.10

由此可见，最后出射光线的方向只与当初入射方向及两边介质的折射率有关.

说明　本题也可这样解答：利用折射定律 $n_1 \sin i_1 = n_2 \sin i_2 = \cdots = n_k \sin i_k$（此为 Snell 不变量），于是 $\sin i_k = \frac{n_1}{n_k} \sin i_1$.

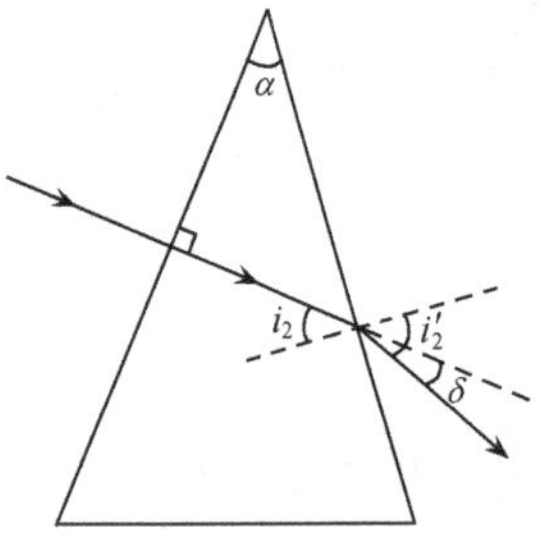

题图 1.11

1.11　顶角 α 很小的棱镜称为光楔. 证明光楔使垂直入射的光线产生偏向角 $\delta = (n-1)\alpha$，其中 n 是光楔的折射率.

证　由于光线垂直入射，故光线在第一个界面不发生折射，仅在第二个界面有折射. 如题图 1.11，根据折射定律

$$n \sin i_2 = \sin i_2'$$

以及几何关系 $i_2 = \alpha$，故

$$n \sin\alpha = \sin i_2'$$

当 α 很小时，有

$$\sin\alpha \approx \alpha, \qquad \sin i_2' \approx i_2'$$

则上式可写成

$$n\alpha = i_2'$$

所以偏向角为

$$\delta = i_2' - i_2 = n\alpha - \alpha = (n-1)\alpha$$

这个近似公式,在干涉、衍射、偏振中经常要用到.

1.12 如图所示是一种求折射光线的追迹作图法. 例如求题图 1.12(1)所示光线通过棱镜的路径,可作题图 1.12(2):以 O 为圆心作两个圆弧,半径正比于折射率 n 和 n'($n > n'$),作 OR 平行于题图 1.12(1)中的入射光线,作 RP 平行于棱镜第一折射面的法线 N_1N_1,则 OP 的方向即为第一次折射后的光线 EF 的方向. 再作 QP 平行于棱镜的第二个折射面的法线 N_2N_2,则 OQ 的方向即为出射光线 FG 的方向,从而$\angle ROQ=\delta$ 为光线的偏向角,试论证此法的依据.

证 由题意,题图 1.12(2)中的 OR 平行于题图 1.12(1)中棱镜的入射光,$RP /\!/ N_1N_1$,所以 OR 与 RP 之间小于$\frac{\pi}{2}$的夹角即是光线到棱镜第一折射面的入射角 i_1.

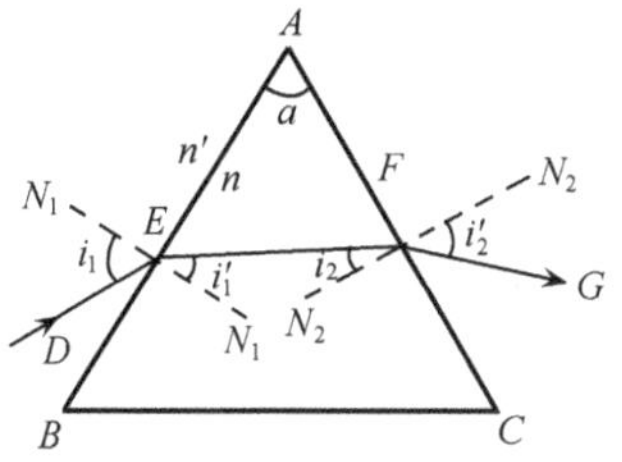

题图 1.12(1)

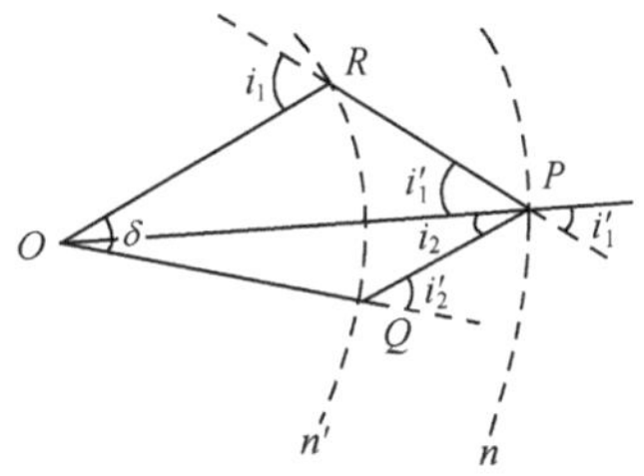

题图 1.12(2)

在△ORP 中,正弦定理为

$$\frac{OP}{OR} = \frac{\sin(\pi - i_1)}{\sin\angle RPO}$$

而

$$\frac{OP}{OR} = \frac{n}{n'}$$

所以有

$$n'\sin i_1 = n\sin\angle RPO$$

对比折射定律

$$n'\sin i_1 = n\sin i_1'$$

得到$\angle RPO=i_1'$,即为光线在第一折射面的折射角.

又由题意,$PQ /\!/ N_2N_2$,而在题图 1.12(1)中,N_1N_1 与 N_2N_2 之间的夹角与棱镜顶角 α 之和为 π. 所以第一界面的折射角 i_1' 与第二界面的入射角 i_2 之和应等于 α.

而在题图 1.12(2)中,RP 与 PQ 之间的夹角应等于棱镜顶角 α(互相平行的两条直线的夹角相等或互补). 而已经证明$\angle RPO=i_1'$,所以有

$$\angle OPQ = i_2$$

考虑到 $PQ /\!/ N_2N_2$,所以 OP 代表了入射到第二折射面的光线.

在△OPQ 中应用正弦定理

$$\frac{OP}{OQ} = \frac{\sin\angle OQP}{\sin i_2}$$

同样

$$\frac{OP}{OQ} = \frac{n}{n'}$$

对比第二折射面的情况 $n\sin i_2 = n'\sin i_2'$，可得$\angle OQP = \pi - i_2'$. 所以 OQ 代表了棱镜第二界面的出射光线的方向. 由于 OR 代表入射到棱镜的光线，所以$\angle ROQ$ 就是入射光与最后离开棱镜的光线之间的夹角，即偏向角 δ.

1.13 利用上题的图，证明最小偏向角的存在，并证明棱镜折射率的计算公式为

$$n = n' \frac{\sin[(\alpha + \delta_m)/2]}{\sin(\alpha/2)}$$

式中 δ_m 为最小偏向角，n 为棱镜材料折射率，n'为镜外介质折射率.

证 在上题中，题图 1.12(1)中有 $i_2 + i_1' = \alpha$；题图 1.12(2)中有$\angle RPQ = \alpha$，为棱镜顶角.

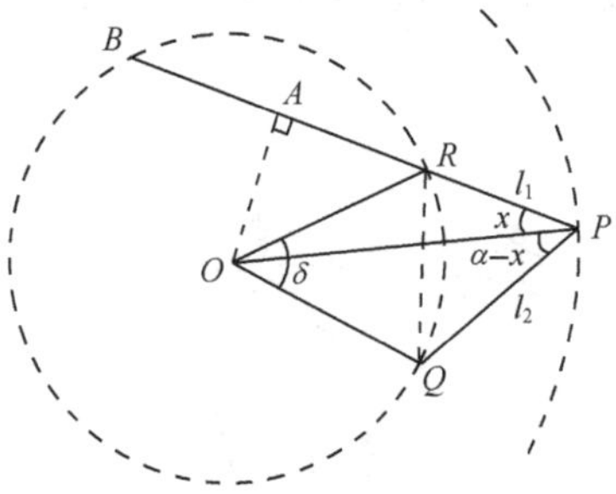

题图 1.13

在题图 1.13 中，两圆半径仍正比于两个介质折射率 n 和 n' $(n > n')$. 设$\angle RPO = x$，则

$$\angle OPQ = \alpha - x$$

设 $OP = n, OR = OQ = n'$

$$RP = l_1(x)$$
$$QP = l_2(x)$$

它们都是角 x 的函数. 由余弦定理知，RQ 两点间弦长为

$$\Delta(x) = RQ = l_1^2 + l_2^2 - 2l_1 l_2 \cos\alpha$$

而

$$l_1 = AP - AR = n\cos x - \sqrt{n'^2 - n^2\sin^2 x}$$
$$l_2 = n\cos(\alpha - x) - \sqrt{n'^2 - n^2\sin^2(\alpha - x)}$$

产生最小偏向角时有 Δ 取极小值，应有

$$\frac{d\Delta}{dx} = 0$$

即

$$2l_1\frac{dl_1}{dx} + 2l_2\frac{dl_2}{dx} - 2l_2\cos\alpha\frac{dl_1}{dx} - 2l_1\cos\alpha\frac{dl_2}{dx} = 0$$

整理得

$$(l_1 - l_2\cos\alpha)\frac{dl_1}{dx} + (l_2 - l_1\cos\alpha)\frac{dl_2}{dx} = 0$$

注意到

$$\frac{dl_1}{dx} = -n\sin x + \frac{n^2\sin x\cos x}{\sqrt{n'^2 - n^2\sin^2 x}}$$

$$\frac{dl_2}{dx} = -\left[-n\sin(\alpha - x) + \frac{n^2\sin(\alpha - x)\cos(\alpha - x)}{\sqrt{n'^2 - n^2\sin^2(\alpha - x)}}\right]$$

只有当 $x = \frac{\alpha}{2}$ 时才有 $l_1 = l_2$

$$\frac{\mathrm{d}l_1}{\mathrm{d}x}=-\frac{\mathrm{d}l_2}{\mathrm{d}x}$$

即

$$\left.\frac{\mathrm{d}\Delta}{\mathrm{d}x}\right|_{x=\frac{\alpha}{2}}=0$$

可以进一步证明

$$\left.\frac{\mathrm{d}^2\Delta}{\mathrm{d}x^2}\right|_{x=\frac{\alpha}{2}}>0$$

所以最小偏向角产生的充要条件为

$$x=\frac{\alpha}{2}$$

这时 $\delta=\delta_{\mathrm{m}}$. 由上题追迹题图 1.12(2)知，当 $x=\angle RPO=\frac{\alpha}{2}$时有

$$i_1=i_2'=\frac{1}{2}(\delta_{\mathrm{m}}+\alpha)$$

$$i_1'=i_2=\frac{1}{2}\alpha$$

将两式代入折射定律 $n'\sin i_1=n\sin i_1'$，得到

$$n=n'\frac{\sin[(\alpha+\delta_{\mathrm{m}})/2]}{\sin(\alpha/2)}$$

1.14 已知通过薄会聚透镜的光路 ABC 及透镜的后焦点 F 如题图 1.14(1)所示. 试用圆规和刻度尺确定透镜位置及透镜的主光轴.

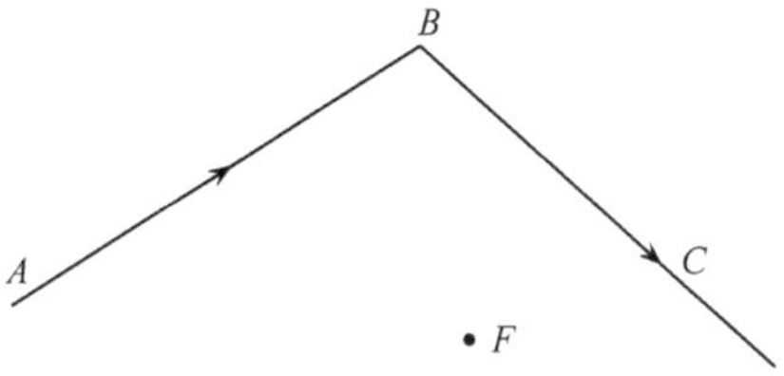

题图 1.14(1)

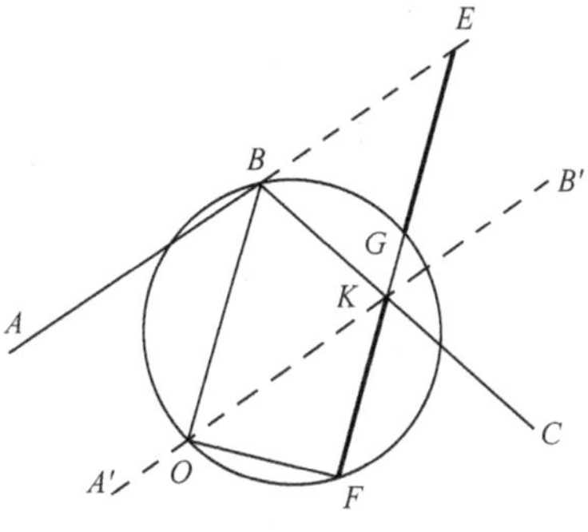

题图 1.14(2)

解 考虑到：① 平行光通过薄会聚透镜后，会聚在焦平面上；② 透镜及其焦平面都垂直于主光轴，透镜与主光轴的交点为光心. 因此，问题的关键就是要找到光心 O. 找到了光心 O，就得到主光轴 OF，透镜必过 O 点垂直于 OF.

为便于分析，先画一个草图，如题图 1.14(2)所示. 图中 O 点为透镜中心，即光心. OF 为主光轴. 由于 B 点必在薄透镜上，因此要求 $BO\perp OF$，BO 就是透镜的位置. 过 O 点作直线$A'B'$，使 $A'B'\parallel AB$，则 $A'B'$与 BC 的交点 K 必在焦平面上，所以焦平面的位置在 KF. 当然，要求 $BO\parallel KF$.

那么如何选择光心 O,使得同时满足$\angle BOF=\frac{\pi}{2}$,$BO/\!/KF$,$A'B'$(过 K)$/\!/AB$ 呢?

首先,以 BF 为直径作一个圆. 可以肯定,O 点必在圆周上,这样才能保证$\angle BOF=\frac{\pi}{2}$. 在草图中,我们延长 FK,与圆交于 G 点,与 AB 延长线交于 E 点. 为满足条件,$BOFG$ 必须是一个矩形,这样才能同时满足$\angle BOF=\angle OFK=\frac{\pi}{2}$. 又为了 $AB/\!/A'B'$,应要求$\triangle EBG\cong\triangle KOF$,即 $EG=KF$.

综合以上分析,我们这样做图:

(1) 以 BF 为直径做圆;

(2) 手持刻度尺,绕 F 点转动,直尺与 BC 交点为 K,与圆的交点为 G,与 AB 的交点为 E,利用尺子上的刻度,使得在绕 F 转动过程中,$EG=KF$,立即划一直线;

(3) 过 B 点作 EF 的平行线,与圆的交点就是 O 点,即光心;

(4) 连 BO,BO 即为透镜位置. 连 OF,OF 即为主光轴.

1.15　如题图 1.15(1)所示,两个顶角分别为 $\varphi_1=60°$和 $\varphi_2=30°$的棱镜胶合在一起($\angle BCD=90°$). 折射率由下式给出:

$$n_1=a_1+\frac{b_1}{\lambda^2},\qquad n_2=a_2+\frac{b_2}{\lambda^2}$$

其中

$$a_1=1.1,\quad b_1=10^5\,\text{nm}^2,\quad a_2=1.3,\quad b_2=5\times10^4\,\text{nm}^2$$

(1) 确定使得从任何方向入射的光线在经过 AC 面时不发生折射的波长 λ_0. 并求出此情形下的折射率 n_1 和 n_2;

(2) 画出入射角相同的波长为 $\lambda_{红}$、λ_0 和 $\lambda_{蓝}$ 的三种不同光线的路径;

(3) 确定组合棱镜的最小偏向角[对于满足(1)中条件的波长];

(4) 计算平行于 DC 入射且在离开组合棱镜时仍平行于 DC 的光线的波长.

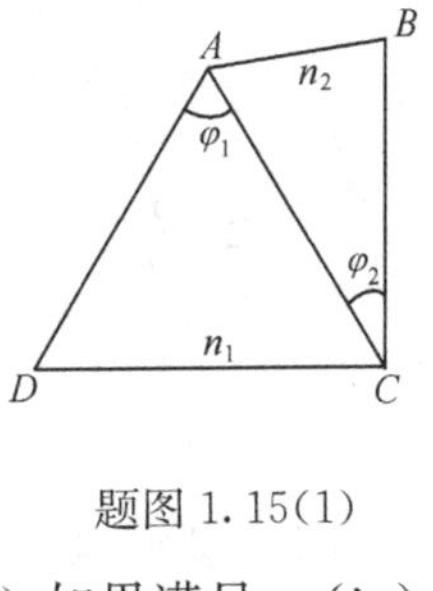

题图 1.15(1)

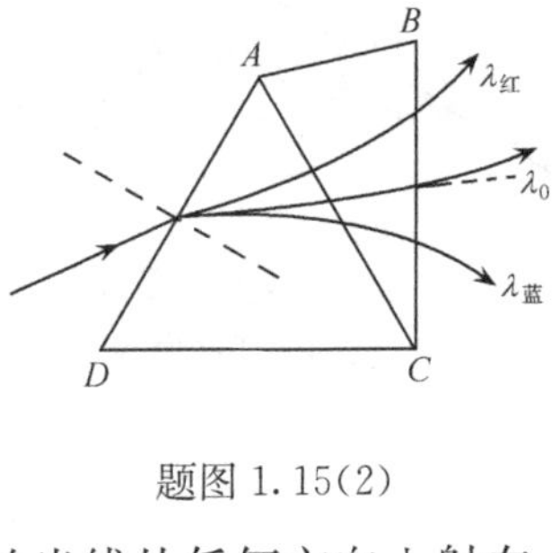

题图 1.15(2)

解　(1) 如果满足 $n_1(\lambda_0)=n_2(\lambda_0)$,则波长为 λ_0 的光线从任何方向入射在 AC 面上将不发生折射. 所以 λ_0 满足关系式

$$a_1+\frac{b_1}{\lambda_0^2}=a_2+\frac{b_2}{\lambda_0^2}$$

解得

$$\lambda_0=\sqrt{\frac{b_2-b_1}{a_1-a_2}}=500\text{nm}$$

在此情形下折射率为

$$n_1(\lambda_0) = n_2(\lambda_0) = 1.5$$

(2) 对波长比 λ_0 长的红光，n_1 和 n_2 均小于 1.5. 对波长比 λ_0 短的蓝光，n_1 和 n_2 均大于 1.5. 所以入射角相同的、波长为 $\lambda_{红}$、λ_0 和 $\lambda_{蓝}$ 的三种不同光线经 AD 面折射后在 n_1 介质中的折射光线如题图 1.15(2)中所示，$\lambda_{蓝}$ 折射角最小，$\lambda_{红}$ 折射角最大.

再讨论一下光线抵达 AC 面的折射. 对于波长 λ_0 的光，有

$$n_1(\lambda_0) = n_2(\lambda_0)$$

即

$$a_1\lambda_0^2 + b_1 = a_2\lambda_0^2 + b_2$$

对于波长 $\lambda_{红}$ 的光

$$n_1(\lambda_{红})\lambda_{红}^2 = a_1\lambda_{红}^2 + b_1 = a_1\lambda_0^2 + b_1 + a_1(\lambda_{红}^2 - \lambda_0^2)$$
$$n_2(\lambda_{红})\lambda_{红}^2 = a_2\lambda_{红}^2 + b_2 = a_2\lambda_0^2 + b_2 + a_2(\lambda_{红}^2 - \lambda_0^2)$$

因 $\lambda_{红}^2 - \lambda_0^2 > 0$，$a_2 > a_1$，所以

$$n_2(\lambda_{红}) > n_1(\lambda_{红})$$

同理，对于波长 $\lambda_{蓝}$ 的光

$$n_2(\lambda_{蓝}) < n_1(\lambda_{蓝})$$

因此，在题图 1.15(2)中，$\lambda_{红}$ 经 AC 面的折射角小于入射角，波长 $\lambda_{红}$ 的光经 AC 面将向上偏. 同理，$\lambda_{蓝}$ 经 AC 面的折射角大于入射角，波长 $\lambda_{蓝}$ 的光经 AC 面将向下偏.

三种不同波长的光经 BC 面再次发生偏折，如题图 1.15(2)中所示，波长 $\lambda_{红}$ 的光进一步向上偏，波长 $\lambda_{蓝}$ 的光进一步向下偏.

(3) 对波长为 λ_0 的光，组合棱镜可看作顶角为 30°、折射率 $n=1.5$ 的单一棱镜. 我们知道，最小偏向在对称折射时发生；即题图 1.15(3)中的 $\alpha_1 = \alpha_2$ 时发生. 偏向角 δ 满足

$$\sin\alpha = n\sin\beta = 1.5\sin 15^\circ$$
$$\delta = \alpha_1 + \alpha_2 - (\beta_1 + \beta_2) = 2\alpha - 2\beta = 2\alpha - 30^\circ$$
$$= 2\arcsin(1.5\sin 15^\circ) - 30^\circ = 15.69^\circ = 15^\circ 41'$$

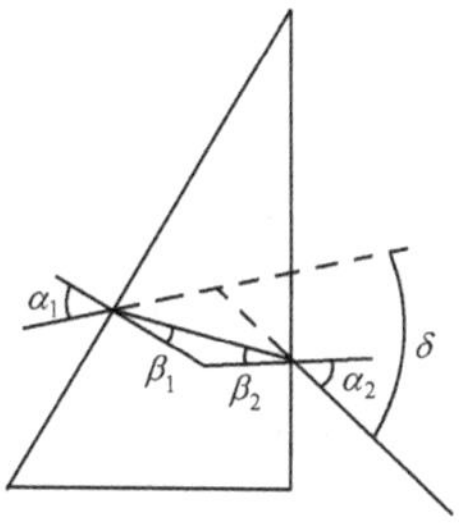

题图 1.15(3)

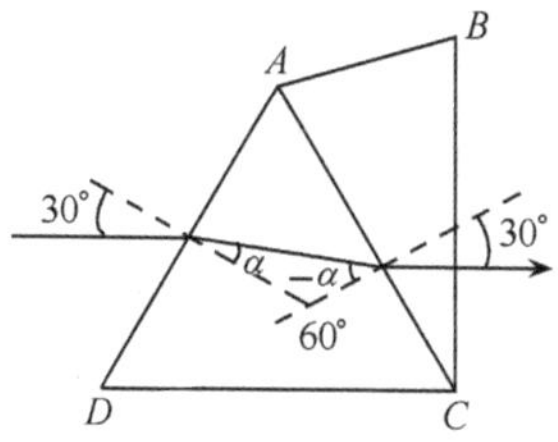

题图 1.15(4)

(4) 利用题图 1.15(4)中的数据，依题意有关系

$$\sin 30^\circ = n_1\sin\alpha, \qquad n_1\sin(60^\circ - \alpha) = n_2\sin 30^\circ$$

联立消去 α 后得

$$3n_1^2 = n_2^2 + n_2 + 1$$

再代入题给的 n_1,n_2 表达式,写成波长 λ 的方程

$$(3a_1^2 - a_2^2 - a_2 - 1)\lambda^4 + (6a_1b_1 - b_2 - 2a_2b_2)\lambda^2 + 3b_1^2 - b_2^2 = 0$$

这是 λ^2 的二次方程,代入题中所给 a_1,b_1,a_2,b_2 的值,求解得到

$$\lambda = 1.18\mu\text{m}$$

1.16 一玻璃对波长为 0.70Å 的 X 射线的折射率比 1 小 1.60×10^{-8}. 求 X 射线能在玻璃外表面发生全反射的最大掠射角.

解 X 射线在玻璃外表面发生全反射时临界角 i_c,对应的掠射角 $\alpha_m = 90° - i_c$. 由

$$\sin i_c = n = 1 - 1.60\times10^{-8}$$

$$i_c = 89.8975°$$

$$\alpha_m = 0.1025° = 6.150'$$

1.17 苏格兰球反射器是一个折射率为 n 的球,其半球面为反射面. 选择适当的折射率可使前半球表面的后焦点正好落在后半球面的顶点,从而使光线反向返回.(如题图 1.17 所示.)

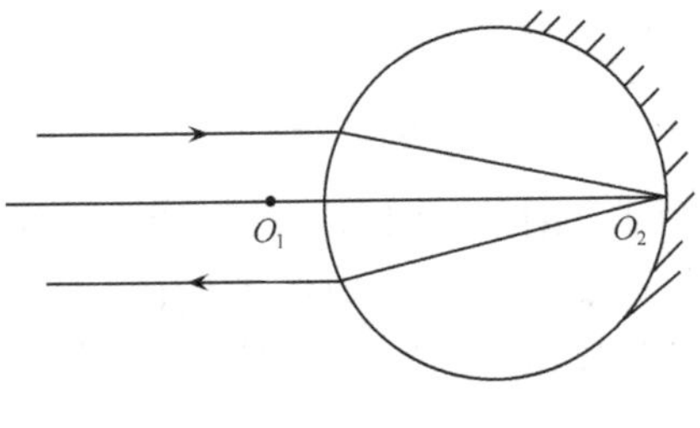

题图 1.17

(1) 计算它的折射率;

(2) 试讨论与其反射效率有关的问题.

解 (1) 在空气中($n_0 = 1$)单球面折射焦距公式为

$$f = \frac{nr}{n-1} = 2r$$

得

$$n = 2$$

(2) 与四面直角体不同,苏格兰反射器并没用到全反射原理,而是利用球面反射镜,因而损失部分能量,当光束口径较大时,还产生球差. 忽略对光的吸收,光进入苏格兰球又返回空气,经历两次折射、一次反射. 设折射面的能量透射率为 T,反射面的能量反射率为 R,则返回空气的能量效率为

$$\eta = T^2 R$$

其中 $T = \frac{4n}{(n+1)^2} = 0.89$,反射率 R 随镀层材料及厚度变化,若为足够厚的银膜,R 可达 0.95. 这时有 $\eta = 0.89^2\times0.95 = 0.75$.

1.18 潜水员的护目镜是一个附着许多球状小珠的屏,理想情况下,当入射光聚焦在小珠后表面时会把入射光反射回来. 对于在水中穿紧身衣的潜水员来说,小珠材料的折射率应为多少? 假设水的折射率 $n = 4/3$.

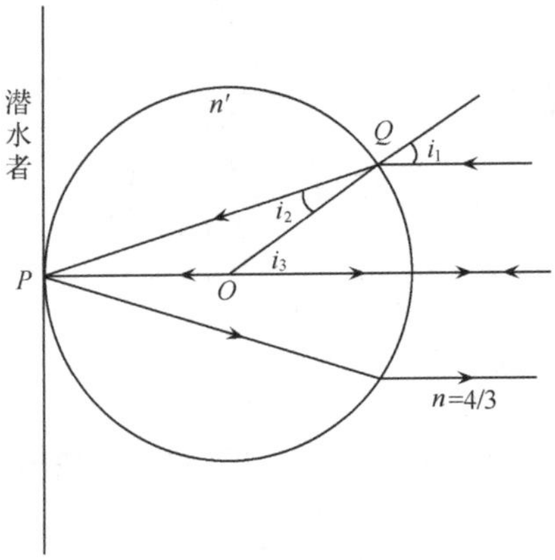

题图 1.18

解 如题图 1.18 所示,设小珠折射率 n'. 若平行于 OP 轴的近轴光会聚于 P,则在 P 处漫反射的光也会沿入射光的反方向返回.

在图中 i_1，i_2 较小，由

$$n'\sin i_2 = n\sin i_1$$

可得 $n'i_2=ni_1$，而 $i_3=i_1$，$i_3=2i_2$，即 $i_1=2i_2$，则

$$n' = 2n = 2\,\frac{2}{3}$$

1.19　如题图 1.19(1)所示，一条光线进入折射率为 n 的球状水滴.

(1) 在后表面上光线的入射角为多少？这条光线是全反射还是部分反射？

(2) 找出偏向角 δ 的表达式；

(3) 求出对应最小偏向角 δ 时的入射角度 φ. $\left[\text{提示：}\dfrac{\mathrm{d}(\arcsin x)}{\mathrm{d}x}=\dfrac{1}{\sqrt{1-x^2}}\right]$

解　(1) $\varphi,\alpha,\varphi-\alpha,x,\delta$ 如题图 1.19(2)所示. $\alpha=(\varphi-\alpha)+x$，$x=2\alpha-\varphi$，$n\sin\alpha=\sin\varphi$，即 $\sin\alpha=\dfrac{1}{n}\sin\varphi<\dfrac{1}{n}$，这条光线是部分反射. 因入射角 α 小于全反射临界角 $\alpha=\arcsin\dfrac{1}{n}$.

(2) $\delta=\pi-2x=\pi-4\alpha+2\varphi$.

(3)
$$\frac{\mathrm{d}\delta}{\mathrm{d}\varphi}=-4\,\frac{\mathrm{d}\alpha}{\mathrm{d}\varphi}+2=0,\qquad \frac{\mathrm{d}\alpha}{\mathrm{d}\varphi}=\frac{1}{2}$$

又

$$\alpha = \arcsin\left(\frac{1}{n}\sin\varphi\right)$$

所以

$$\frac{\mathrm{d}\alpha}{\mathrm{d}\varphi} = \frac{1}{\sqrt{1-\dfrac{1}{n^2}\sin^2\varphi}}\cdot\frac{1}{n}\cos\varphi = \frac{1}{2}$$

$$1-\frac{1}{n^2}\sin^2\varphi = \frac{4}{n^2}\cos^2\varphi$$

$$1 = \frac{1}{n^2}+\frac{3}{n^2}\cos^2\varphi$$

最终得

$$\cos^2\varphi = (n^2-1)/3$$

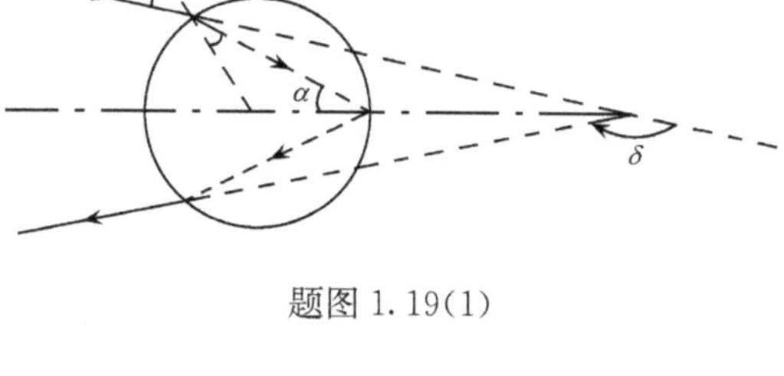

题图 1.19(1)

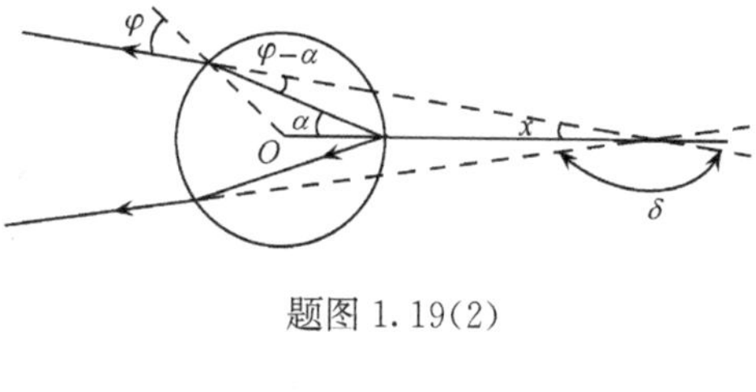

题图 1.19(2)

1.20　(1) 一个凹面反射镜将垂直于其光轴的平行光会聚在 20cm 远处. (2) 将此凹面镜灌满水($n=4/3$). 如题图 1.20(1)、题图 1.20(2)，若光通过一张白卡片上的一个针孔射向反射镜，卡片到反射镜多远才能在卡片上形成针孔清晰的像？

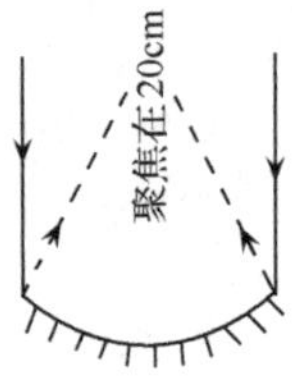

题图 1.20(1)

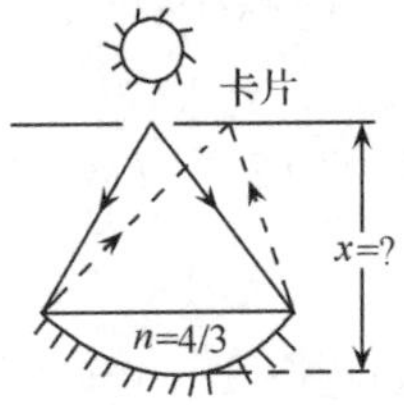

题图 1.20(2)

解 由(1),该凹面镜的焦距 $f_0=20\text{cm}$(在空气中),设装水后该镜焦距为 f_b. 一束傍轴光线在平面折射,物距 y 与像距 y' 关系为

$$y'=\frac{n'}{n}y$$

式中,$n=\frac{4}{3}$,$n'=1$.

而如题意 $y=f_0=20\text{cm}$,所以 $y'=15\text{cm}$. 由几何光学知,物距等于二倍焦距时,像距也等于二倍焦距,且物、像大小相等. 所以,只有 $x=2f_b=30\text{cm}$ 时,卡片上的孔成像也在卡片上.

1.21 半径为 R 的实心球内有一小气泡 S,当观察者的视线通过气泡和球心时,气泡似距球面 $\frac{R}{2}$,玻璃折射率为 $n=1.5$. 求此气泡沿此方向到球面的真实距离.

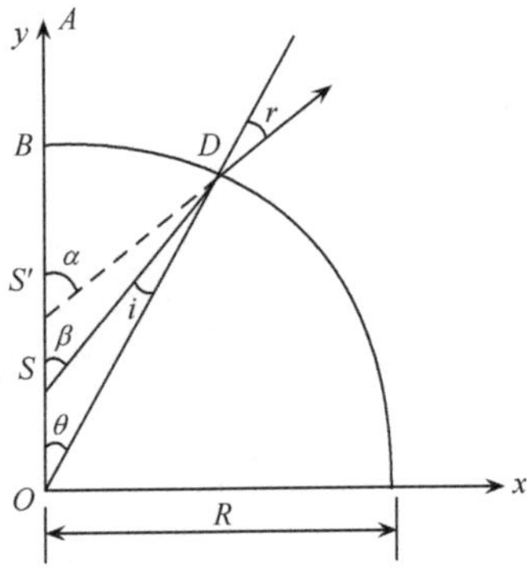

题图 1.21

解 设眼睛、球顶部、球心位置分别为 A、B 和 O,如题图 1.21 所示. 设 D 是非常靠近 B 点的球面上的一个点,气泡 S 所发的光经 D 点折射后能进入眼睛,为表明几何关系,只能夸大地作图. 因此图中所标各角度是非常小. D 点坐标为 x、y. 气泡的视在位置为 S',$\overline{S'B}=\frac{R}{2}$.

折射定律可写为

$$ni=r$$

$$\alpha\approx\frac{x}{R/2}=\frac{2x}{R}$$

$$\beta\approx\frac{x}{h},\qquad h=\overline{SB}$$

$$\theta\approx\frac{x}{R}$$

$$r=\alpha-\theta,\qquad i=\beta-\theta$$

联立得

$$n=\frac{r}{i}=\frac{\alpha-\theta}{\beta-\theta}=\frac{\frac{2x}{R}-\frac{x}{R}}{\frac{x}{h}-\frac{x}{R}}=\frac{1/R}{1/h-1/R}$$

解之得

$$h=\frac{nR}{n+1}=\frac{3}{5}R$$

1.22　光线在垂直于玻璃半圆柱轴线的平面内，与半圆柱平面的法向成45°的方向射到此面上，如题图1.22所示，已知玻璃折射率$n=\sqrt{2}$，试问：光线将在哪些地方离开半圆柱体下表面射出？

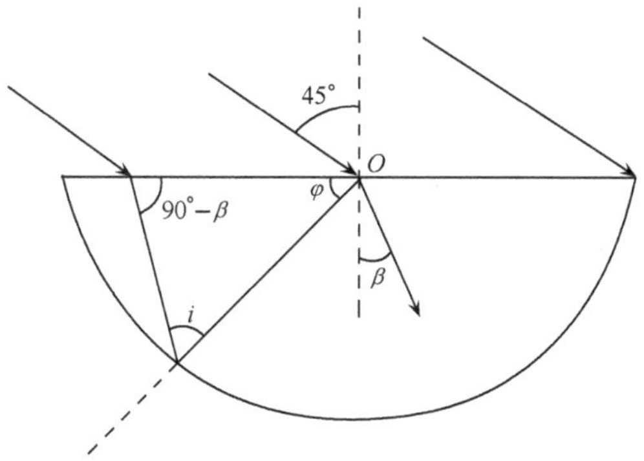

题图 1.22

解　如题图1.22所示，半圆柱体下表面各点的位置可用φ来表示. 折射定律为

$$\sin 45°=n\sin\beta,\qquad n=\sqrt{2}$$

得$\beta=30°$，即光入射到平面后，折射角均为30°. 但从左至右的光线射到半圆柱面的入射角i却因位置不同而改变，只有在圆柱面上不发生全反射的光才能从圆柱面射出.

考察光经平面折射后进一步入射到圆柱面上φ角所规定的位置，入射角i满足

$$i=180°-(90°-\beta)-\varphi=120°-\varphi$$

玻璃到空气全反射角满足

$$n\sin i_c=1$$

$$i_c=\arcsin(1/n)=45°$$

考虑到光线射至平面上O点的右侧和左侧使折射光线入射到圆柱面上分别在柱面法线的右侧和左侧，所以不被全反射的条件是

$$-45°<120°-\varphi<45°$$

所以有

$$75°<\varphi<165°$$

只有在此范围内光才可以从圆柱下表面射出.

1.23　一个半导体砷化镓发光二极管，它的发光区为直径$d=3$mm的圆盘，发光面上覆盖一折射率$n=3.4$的半球形介质，如题图1.23(1). 试问：要使发光盘区域内的全部光线在球面上都不发生全反射，介质半球的半径R至少应多大？

解　由球对称性，我们可只考虑一个通过球心的平面截面. 设AB是此截面内发光盘的一条直径，该直径上离圆心相距为r的一个发光点B_1［题图1.23(2)］所发光线B_1P_1，入射角为θ_1，考虑题图1.23(2)中的$\triangle P_1OB_1$，按正弦定理

$$\frac{\sin\theta_1}{r}=\frac{\sin\varphi_1}{R}$$

$$\sin\theta_1 = \frac{r}{R}\sin\varphi_1$$

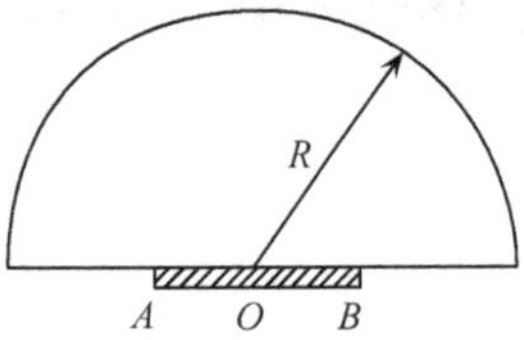

题图 1.23(1)

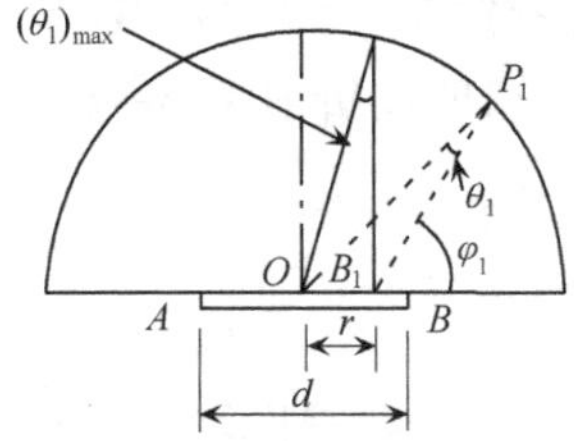

题图 1.23(2)

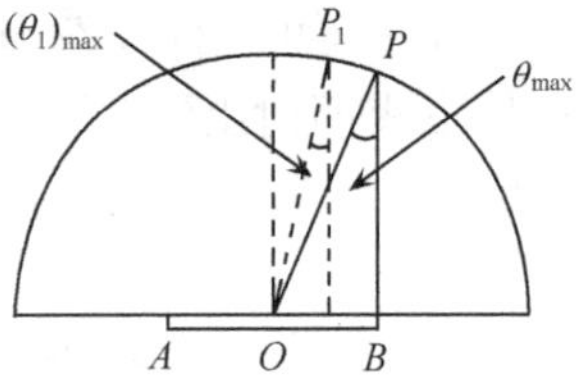

题图 1.23(3)

此式告诉我们,对于离圆心 O 相距为 r 的 B_1 点发出的光中,只有 $\varphi_2=\frac{\pi}{2}$时,对应的入射角 θ_1 达到最大,记作$(\theta_1)_{max}$.

比较 AB 上不同发光点的最大入射角,从题图 1.23(3)中可见,由 B 点发出的垂直于 AB 的那条光线 BP 具有最大的入射角,由

$$\sin(\theta_1)_{max} = \frac{r}{R}, \qquad r \leqslant \frac{d}{2}$$

$$\sin\theta_{max} = \frac{d/2}{R} = \frac{d}{2R}$$

若不发生全反射,应有

$$\sin\theta_{max} < \sin\theta_c$$

有

$$\frac{d}{2R} < \frac{1}{n}$$

$$R > \frac{1}{2}nd = 5.1\text{mm}$$

所以,半球形介质的半径必须大于 5.1mm,发光盘所发的光才不会发生全反射.

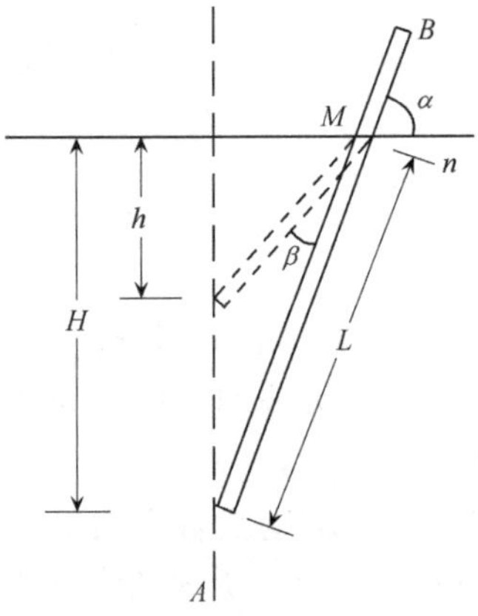

题图 1.24

1.24 如题图 1.24 所示,把一根木棍与液面成 α 角插入折射率为 n 的液体中,这时从正上方进行观察,发现木棍在液体中折了 β 角. 试问 α 角为多大时,β 角最大?

解 令 L、H、h 如题图 1.24 所示. 根据图中几何关系

$$H = L\sin\alpha$$

$$h = L\cos\alpha \cdot \tan(\alpha-\beta) = L\cos\alpha\,\frac{\tan\alpha-\tan\beta}{1+\tan\alpha\cdot\tan\beta}$$

再利用木棍端点 A 的实际深度与目测深度的关系

$$H = nh$$

联立以上三式,得到

$$\sin\alpha = n\cos\alpha \cdot \frac{\tan\alpha-\tan\beta}{1+\tan\alpha\cdot\tan\beta}$$

即

$$\tan\alpha = n \cdot \frac{\tan\alpha - \tan\beta}{1+\tan\alpha \cdot \tan\beta}$$

进一步整理,化简为

$$\tan\beta\left(\tan\alpha + \frac{n}{\tan\alpha}\right) = n-1$$

因为此式右边为一常量,所以 β 取最大,即 $\tan\beta$ 取最大的条件是:$\left(\tan\alpha+\frac{n}{\tan\alpha}\right)$取最小值.又因为此括号内两项乘积是一个常量

$$\tan\alpha \cdot \frac{n}{\tan\alpha} = n$$

所以,当 $\tan\alpha=\frac{n}{\tan\alpha}$时,$\left(\tan\alpha+\frac{n}{\tan\alpha}\right)$取最小,$\tan\beta$ 取最大.得

$$\tan^2\alpha = n, \qquad \tan\alpha = \sqrt{n}$$

这就是 β 角取最大的条件.

1.25 如题图 1.25 所示,池边一人观察池底一石头,水深 $h=1\text{m}$.若视线与水面法线的角度为 60°,水折射率为 1.33.问石块像的视觉深度 h'为多少?

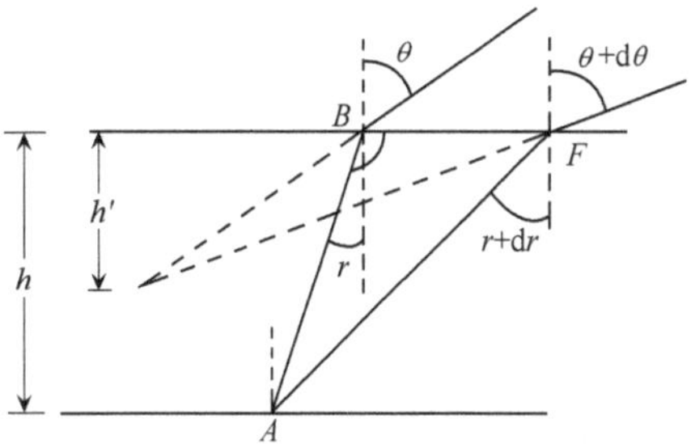

题图 1.25

解 光线 AB 在水面折射,已知 $\theta=60°$,有

$$n\sin r = \sin\theta$$

眼睛视线张角 $\mathrm{d}\theta$,对应有

$$n\cos r \cdot \mathrm{d}r = \cos\theta \cdot \mathrm{d}\theta$$

图中

$$\begin{aligned} BF &= h[\tan(r+\mathrm{d}r)-\tan r] \\ &= h'[\tan(\theta+\mathrm{d}\theta)-\tan\theta] \end{aligned}$$

所以

$$\begin{aligned} h' &= h\,\frac{\tan(r+\mathrm{d}r)-\tan r}{\tan(\theta+\mathrm{d}\theta)-\tan\theta} = h\,\frac{\mathrm{d}(\tan r)}{\mathrm{d}(\tan\theta)} = h\,\frac{\cos^2\theta}{\cos^2 r}\,\frac{\mathrm{d}r}{\mathrm{d}\theta} \\ &= h\,\frac{\cos^3\theta}{n\left(1-\frac{\sin^2\theta}{n^2}\right)^{3/2}} = 0.25\text{m} \end{aligned}$$

1.26 如题图 1.26(1)所示,在 $y=0$ 的点,光线垂直射入折射率与变量 y 相关的介质中.试问$n(y)$必须是什么样的函数形式,才能使光线在介质内部沿抛物线传播?已知 $n(0)=n_0$ 以及数学关系 $\Delta(x^2)=2x\Delta x$.

解 当光线穿过几个互相平行的、折射系数不同的平板时,如题图 1.26(2)所示,根据折射定律

$$n_1\sin\beta_1 = n_2\sin\beta_2 = n_3\sin\beta_3 = \cdots$$

即

$$n_i\sin\beta_i = \text{常量} \tag{1}$$

这个结论与板的数目和板的厚度无关.因此,我们可以把这个结论用到折射系数沿一个方向(本题中是 y 方向)连续变化的情况,即

$$n(y)\sin\beta(y) = \text{常量} \tag{2}$$

其中 $\beta(y)$ 表示光线与 y 方向的夹角，如题图 1.26(3)所示.

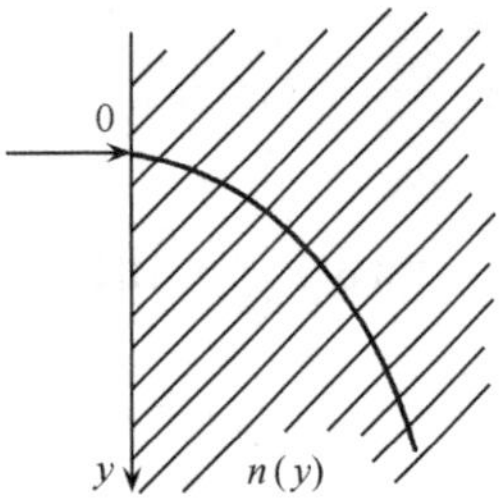

题图 1.26(1)

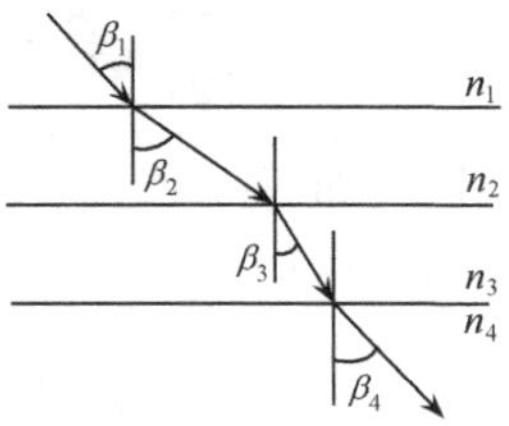

题图 1.26(2)

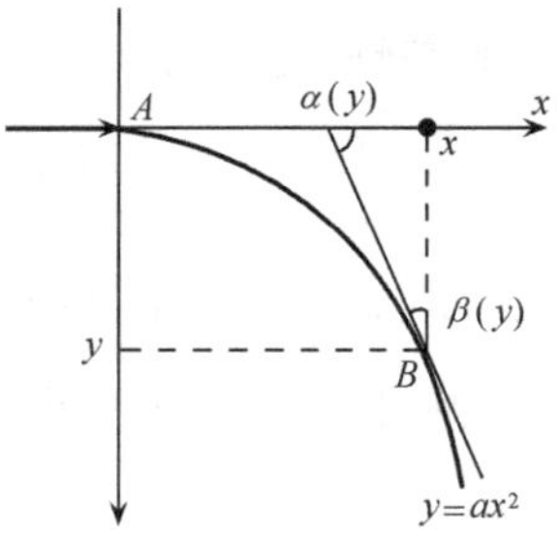

题图 1.26(3)

由题图 1.26(3)可以看出，在 $x=0$ 点，抛物线必须与 x 轴相切，所以在所选坐标系中，抛物线方程可以写成

$$y = ax^2 \tag{3}$$

其中 a 为某一常数.

利用 A、B 两点，可以写出方程(2)中的常量.

$$n(y)\sin\beta(y) = n(0)\sin\beta(0) = n_0$$

所以

$$\sin\beta(y) = \frac{n_0}{n(y)} \tag{4}$$

从题中知，抛物线方程(3)在 B 点切线的倾角为 $\alpha(y)$，B 点切线斜率为

$$\tan\alpha(y) = \frac{\Delta y}{\Delta x} = \frac{\Delta(ax^2)}{\Delta x} = \frac{a\Delta x^2}{\Delta x}$$

利用题中告知的数学关系

$$\Delta x^2 = 2x\Delta x$$

得到

$$\tan\alpha(y) = 2ax = 2a\sqrt{\frac{y}{a}} = 2\sqrt{ay}$$

再利用

$$\tan\alpha(y) = \cot\beta(y)$$

$$\sin\beta(y) = \frac{1}{\sqrt{1+\cot^2\beta(y)}} = \frac{1}{\sqrt{1+4ay}} \tag{5}$$

代入式(4)得到

$$n(y) = n_0\sqrt{1+4ay} \tag{6}$$

讨论：(i)式(6)表示，如果介质的折射率按此 y 的函数变化，则在 $x=0$ 处垂直射入的光线必沿抛物线传播. 不同的 a 值，将得到不同的抛物线.

(ii) 光线从 $x=0$ 处垂直入射，而介质折射率与 y 有关，与 x 无关，似乎此入射光线不会沿着弯曲的路线传播，而是沿 x 直线传播. 事实上，在几何光学中研究的光线，已经被理想化了，在自然界是没有的. 光线代表一束很窄的光束，近似于平面波上的一个小片断，

当这样的平面波垂直射入光学不均匀介质中，n 小处走得快，n 大处走得慢，光束向折射率大的一边偏折，于是光束的方向就弯曲了，而不会沿直线传播.

1.27　一半径为 R_1 的不透明黑球外面包着一个半径为 R_2 的同心透明介质球层，$\frac{R_1}{R_2}=\frac{2}{3}$，球层介质的材料折射率 $n=1.35$. 球形外表面的右半部分[题图 1.27(1)中 ABC 球面]为磨砂面. 现用平行光从左向右沿图中所示的方向照到球层上.（已知，在题给条件下，在图面内能到达 ABC 面上的各光线，随着入射角的增大，其折射线与 ABC 面的交点是朝一个方向变动的，即没有往返的变动.）

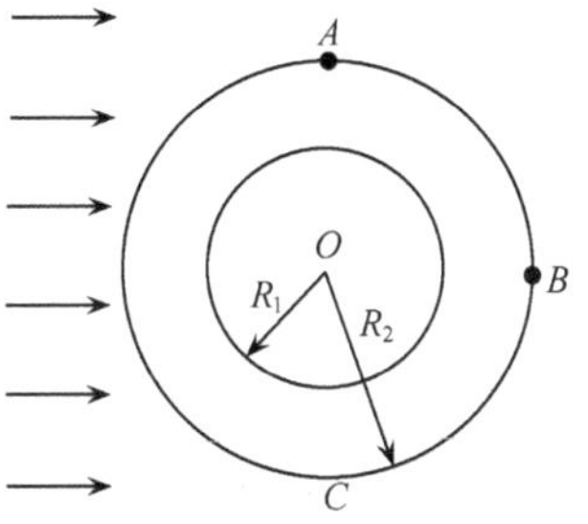

题图 1.27(1)

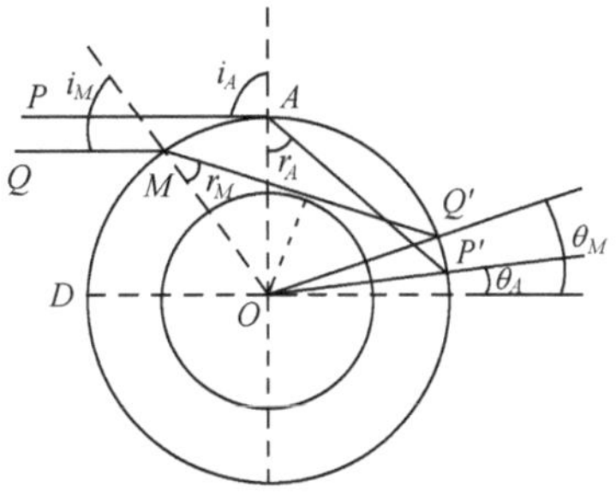

题图 1.27(2)

(1) 试求 ABC 球面上被照到的范围是什么图形；

(2) 若其他条件仍如题述，但介质球层的折射率依次取从 $n=1.35$ 逐渐增加到 $n\geqslant\frac{3}{2}$ 的各值，试定性地说出 ABC 球面上被照到的范围是如何变化的.

解　题图 1.27(2)所示为图纸平面内平行光入射的情况. 其中 DB 为球直径，平行于入射光. AC 垂直 DB，垂直入射光. 设入射光线 QM 的折射光线 MQ' 刚刚不被黑球挡住，MQ' 与黑球相切. 图中 PA 以上的入射光线显然照不到 ABC 面上. 入射光线 PA 的折射线为 AP'. 因题给的已知条件，折射线与 ABC 面上交点随入射角的增大只朝一个方向变动，所以射至 MD 之间的入射光线皆被黑球所挡（这里只讨论图纸平面内截面上半圆照射情况，各部分照射情况可依轴对称条件得到.），照不到 ABC 面上. 图内所有能照到 ABC 面上（实际只讨论 AB 面部分）都落在 $P'Q'$ 之间. 由于轴对称性可知，ABC 面上被照射到的范围为球面上一圆环形带或圆盘. 下面具体做出计算：

(1) 题图 1.27(2)中 P' 和 Q' 位置用 $\theta_A=\angle P'OB$ 和 $\theta_M=\angle Q'OB$ 表示. 对于光线 PA，$i_A=90°$，所以

$$\sin r_A=\frac{1}{n},\qquad r_A=\arcsin\frac{1}{n}=47.8° \tag{1}$$

$$\theta_A=2r_A-90°=2\arcsin\frac{1}{n}-90°=5.6° \tag{2}$$

对于光线 QM，因折射光线与黑球相切，所以

$$\sin r_M=\frac{R_1}{R_2},\qquad r_M=\arcsin\left(\frac{R_1}{R_2}\right)=41.8° \tag{3}$$

$$\sin i_M = n\sin r_M,\quad i_M = \arcsin(n\sin r_M) = \arcsin\left(\frac{nR_1}{R_2}\right) = 64.2^\circ \tag{4}$$

$$\theta_M = \frac{\pi}{2} - \angle AOQ' = \frac{\pi}{2} - (\angle MOQ' - \angle MOA) = \frac{\pi}{2} - \left[(\pi - 2r_M) - \left(\frac{\pi}{2} - i_M\right)\right]$$

所以

$$\theta_M = 2r_M - i_M = 2\arcsin\left(\frac{R_1}{R_2}\right) - \arcsin\left(\frac{nR_1}{R_2}\right) = 19.5^\circ \tag{5}$$

由式(2)、(5)得

$$\theta_M > \theta_A$$

所以 ABC 上被照到区为球面上以 DB 为对称轴球面上一个圆环形带，其边界由 θ_A 和 θ_M 确定.

(2) 随 n 的增大，由式(2)和(5)可知，θ_A 和 θ_M 都将变小(代数值). 当 $\theta_A=0$ 时，$n=\sqrt{2}$，此时 θ_M 为

$$\theta_M = 2\arcsin\frac{2}{3} - \arcsin\frac{2}{3}\sqrt{2} = 13.1^\circ > 0$$

所以此时 ABC 上被照区变为以 DB 为对称轴球面上一圆盘.

而当 $\theta_M=0$ 时，由式(5)可得到 n 的值，再代回式(2)，可以判定，$\theta_A<0$. 即 ABC 上被照区仍为球面上一圆盘.

当 n 再大时，又变为球面上一圆环.

当 $n\to\frac{3}{2}$ 时，由式(2)和(5)可知，$\theta_M\to\theta_A$，ABC 上圆环趋于一圆线. 这种情况，即 QM 光线→PA 光线，入射光线只有一条光线 PA 才能经折射再与黑球相切射抵 ABC 球面. 当 $n>\frac{3}{2}$ 时，所有光线都照不到 ABC 球面上.

1.28　内半径为 r、外半径为 R 的柱形玻璃管中装满一种液体，它在伦琴射线照射下发绿光. 已知对绿光，玻璃的折射率为 n_1，液体的折射率为 n_2. 从旁边看玻璃管，管壁厚度像是零，那么此时 $\frac{r}{R}$ 必须满足什么条件?

解　如题图 1.28 所示，当从柱形玻璃管出来的、到达人眼的光线是沿玻璃外表面相切的方向传播时，人才会产生玻璃管壁的厚度等于零的感觉. 根据对称性，我们只需研究一条由液体传出的和玻璃管相切的光线.

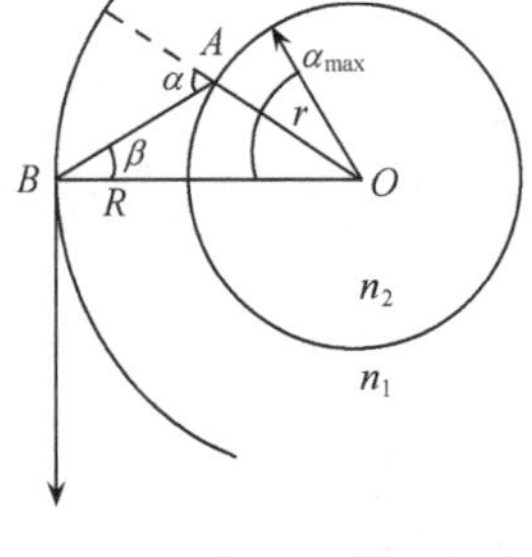

题图 1.28

从液体方向射向管内壁上 A 点的光线，设这些光线在等于 $2\alpha_{\max}$ 为顶角的光锥中，并在玻璃管壁处折射后散开，其中折射角 $\alpha=\alpha_{\max}$ 的光线以入射角 β 射向管外壁 B 点，经外壁折射沿管表面切线方向射出. 因此，有关系式

$$\sin\beta = \frac{1}{n_1} \tag{1}$$

再对三角形 ABO 应用正弦定理，得到

$$\frac{r}{\sin\beta} = \frac{R}{\sin(180^\circ - \alpha)}$$

即

$$\frac{r}{R}=\frac{\sin\beta}{\sin\alpha} \tag{2}$$

很容易判定，只有当

$$\frac{r}{R}\geqslant\frac{1/n_1}{\sin\alpha_{\max}} \tag{3}$$

时，题给条件才能得到满足.

式(3)中 $\alpha_{\max}$的值取决于折射率 n_1 和 n_2 的比值. 当 $n_2\leqslant n_1$ 时，有 $\sin\alpha_{\max}=\frac{n_2}{n_1}$，此时

$$\frac{r}{R}\geqslant\frac{1}{n_2} \tag{4}$$

当 $n_2\geqslant n_1$ 时，有 $\alpha_{\max}=90°$，此时

$$\frac{r}{R}\geqslant\frac{1}{n_1} \tag{5}$$

统一写成

$$\frac{r}{R}\geqslant\begin{cases}\dfrac{1}{n_1}, & 当\ n_2\geqslant n_1\\ \dfrac{1}{n_2}, & 当\ n_2\leqslant n_1\end{cases}$$

1.29　在折射率为 1 的介质中，有一个光学均匀的、透明的球，其折射率 $n>1$. 球半径为 R. 有两束相距 $d<2R$ 的光线对称地(对球的中心)射到球上. 如题图 1.29 所示.

(1) d 和 n 必须满足什么条件，才能使两束光在球内部相交?

(2) 必须满足什么条件，才能使两束光对任意的 $d<2R$ 都在球外相交?

(3) 必须满足什么条件，才能使两束光对任意的 $d<2R$ 都不能在球外相交?

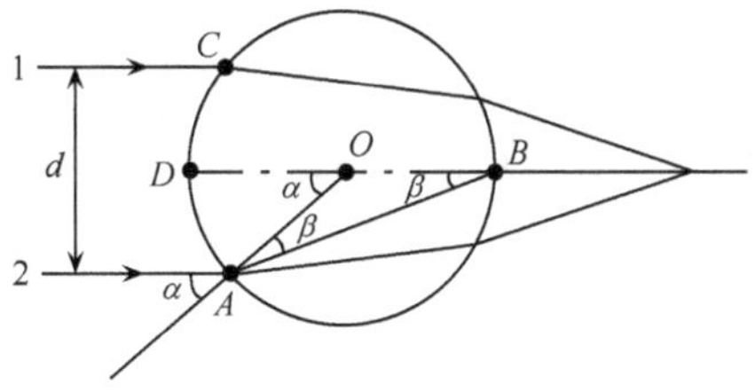

题图 1.29

解　从题图 1.29 中可以看出，当折射角 β 等于$\frac{\alpha}{2}$时，光线 1 和 2 将相交于球面上的 B 点，当折射角 $\beta>\frac{\alpha}{2}$ 和 $\beta<\frac{\alpha}{2}$时，光线 1 和 2 将分别相交于球外(图中 B 点右边)和球内(图中 B 点左边).

从图中几何关系，有

$$\sin\alpha=\frac{d/2}{R}=\frac{d}{2R} \tag{1}$$

若光线 1 和 2 在球外相交，有条件 $\beta>\frac{\alpha}{2}$，考虑到 α 和 β 都是锐角，此条件写成

$$\sin\beta>\sin\frac{\alpha}{2} \tag{2}$$

根据折射定律，又有

$$\sin\beta=\frac{1}{n}\sin\alpha \tag{3}$$

联立式(2)、(3)，再利用关系式 $1+\cos\alpha=2\cos^2\frac{\alpha}{2}$，得

$$n<2\cos\frac{\alpha}{2}=2\sqrt{\frac{1+\sqrt{1-\sin^2\alpha}}{2}}$$

代入式(1)，得到光线在球外相交的条件

$$n<\sqrt{2+\sqrt{4-\left(\frac{d}{R}\right)^2}} \tag{4}$$

(1) 为了使光线 1 和 2 在球内相交，其条件相反为

$$n>\sqrt{2+\sqrt{4-\left(\frac{d}{R}\right)^2}} \tag{5}$$

(2) 式(4)右边的表示式，随 d 的增加单调减小，当 d 取作 $2R$ 时，有

$$n<\sqrt{2} \tag{6}$$

此时，不管 d 取何值，式(4)均成立. 因此，不等式(6)就是光线 1 和 2 都在球外相交的条件，不管 d 取何值.

(3) 式(5)右边的表达式，随 d 的减小而增大，当取 $d=0$ 时，有

$$n>2 \tag{7}$$

此时，不管 d 取何值，式(5)均成立. 因此，不等式(7)就是光线 1 和 2 都在球内相交的条件，不管 d 取何值.

注意：根据以上讨论可以看出，当 n 满足

$$\sqrt{2}<n<2$$

时，两条光线可以在球内，也可以在球外相交，它取决于 n 满足式(4)，还是满足式(5)来决定. 此题同时还说明，当点物从无限远处发出的光线，经球状透镜，将不会会聚于一点，而会产生像差(这里的像差称为球面像差).

1.30 设光线在透明介质中沿垂直于折射率梯度的方向传播，且折射率变化微小. 光线的曲率半径由下式决定：

$$\frac{1}{\rho}=\frac{\mathrm{d}(\ln n)}{\mathrm{d}N}$$

式中求导是沿光线的主法线 N 方向进行的，试推导此式.

解 由题意，介质折射率缓慢变化. 设光线传播方向大体上沿 z 轴方向，折射率梯度方向为 x 轴方向，也即光线主法线 N 的方向. 由于折射率缓慢变化，光线方向变化不剧烈，可视为主要沿 z 轴的近轴光线. 按近轴光线的传播方程

$$\frac{\mathrm{d}}{\mathrm{d}z}\left(n\frac{\mathrm{d}\boldsymbol{r}}{\mathrm{d}z}\right)=\nabla n$$

n 与 z 无关，且 $\mathrm{d}x$ 即 $\mathrm{d}N$ 的方向，上述方程可写为

$$n\frac{\mathrm{d}}{\mathrm{d}z}\left(\frac{\mathrm{d}x}{\mathrm{d}z}\right)=\frac{\mathrm{d}n}{\mathrm{d}x}$$

所以

$$\frac{d}{dz}\left(\frac{dx}{dz}\right)=\frac{d(\ln n)}{dx}$$

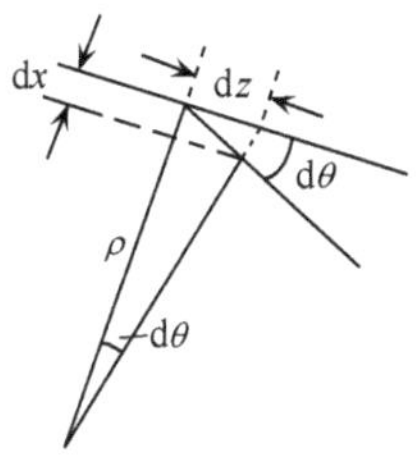

题图 1.30

由题图 1.30

$$d\theta=\frac{dx}{dz},\qquad dz=\rho d\theta$$

代入上式有

$$\frac{d\theta}{dz}=\frac{1}{\rho}=\frac{d(\ln n)}{dx}$$

由题设，dx 即 dN 方向，故

$$\frac{1}{\rho}=\frac{d(\ln n)}{dN}$$

1.31 大气折射率 n 与空气的密度有关，假设 $n-1$ 与密度 ρ 成正比. 由于大气密度服从玻尔兹曼分布律，大气折射率将随高度的增加而递减，使得光线在大气中弯曲传播，为使光线沿着地球表面的圆弧线弯曲传播，试问：地表的空气密度应是实际密度的多少倍？

设大气层是等温的，温度 $T=300\text{K}$，地表空气的实测折射率为 $n_0=1.0003$，空气的平均分子量 $\mu=29$，地球半径 $r_0=6.4\times10^6\text{m}$.

解 由空气密度的玻尔兹曼分布以及 $(n-1)\propto\rho$，可以得出空气折射率 n 随高度变化的规律. 为了使光线在空气中沿圆弧线传播，根据费马原理，该光线的光程应满足极值条件. 由此，即可确定对地球表面空气密度的要求，以及与地球表面实际空气密度的关系.

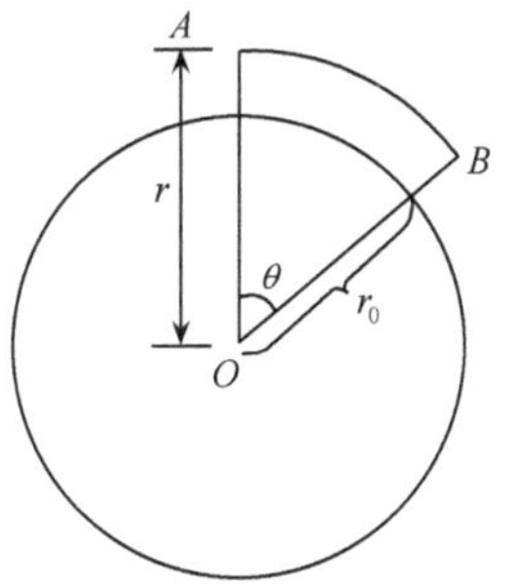

题图 1.31

如题图 1.31 所示，O 点是地球中心，r_0 是地球半径，地球表面外 A 点与 O 点的距离为 r.

由玻尔兹曼分布律，大气密度 ρ 随 r 变化的规律为

$$\rho=\rho_0\exp\left[-\frac{\mu g}{RT}(r-r_0)\right]=\rho_0\exp\left(-\frac{r-r_0}{C}\right)$$

式中 ρ_0 是地球表面的大气密度，C 是常量

$$C=\frac{RT}{\mu g}=\frac{8.31\times300}{29\times10^{-3}\times9.8}=8\,772(\text{m})$$

由题设，大气折射率 n 与密度 ρ 的关系为

$$n-1=\alpha\rho=\alpha\rho_0\exp\left(-\frac{r-r_0}{C}\right)$$

式中 α 为比例系数. 上式即为

$$n=1+\alpha\rho_0\exp\left(-\frac{r-r_0}{C}\right)\tag{1}$$

如题图 1.31，设光线沿半径为 r 的圆周绕地球从 A 点传播到 B 点，则其光程为

$$L=nr\theta$$

由费马原理，该光线路径实际存在的条件是，其光程为极值，即

$$\frac{dL}{dr}=0$$

或

$$\theta\left(r\frac{\mathrm{d}n}{\mathrm{d}r}+n\right)=0$$

即

$$\frac{\mathrm{d}n}{\mathrm{d}r}=-\frac{n}{r} \tag{2}$$

由式(1)得

$$\frac{\mathrm{d}n}{\mathrm{d}r}=-\frac{\alpha\rho_0}{C}\exp\left(-\frac{r-r_0}{C}\right)$$

把上式和式(1)代入式(2),得

$$-\frac{\alpha\rho_0}{C}\exp\left(-\frac{r-r_0}{C}\right)=-\frac{1}{r}\left[1+\alpha\rho_0\exp\left(-\frac{r-r_0}{C}\right)\right]$$

即

$$\alpha\rho_0\left(\frac{r}{C}-1\right)\exp\left(-\frac{r-r_0}{C}\right)=1$$

对地球表面的圆弧形光线,有 $r=r_0$,要求

$$\alpha\rho_0=\frac{1}{\frac{r_0}{C}-1}=1.37\times10^{-3}$$

设地球表面空气的实际密度为 ρ_0',则由题设

$$\alpha\rho_0'=n_{实际}-1=1.0003-1=0.0003$$

故

$$\frac{\rho_0}{\rho_0'}=\frac{1.37\times10^{-3}}{0.0003}=4.58$$

为了使光线能绕地球表面的圆弧线传播,要求地球表面的空气密度为实际密度的4.58倍.

1.32 飞机场跑道上空气折射率随高度变化规律为

$$n=n_0(1+\alpha y)$$

式中 $\alpha=1.5\times10^{-6}\mathrm{m}^{-1}$,$n_0$ 为地面处空气折射率.站在跑道的人,眼距地面 $h=1.7\mathrm{m}$.求他能看到的跑道的长度.

解 如题图1.32(1)所示,由于折射率随高度增加而增加,地面物体发光(或反射光)随着传播会向上偏折.

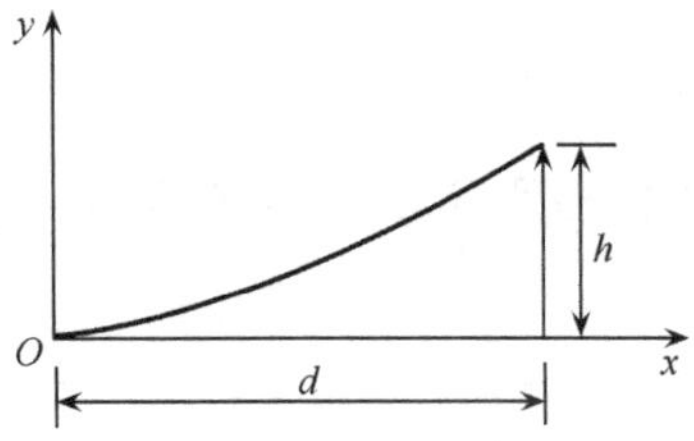

题图1.32(1)

将空气按高度分成厚度为 $\mathrm{d}y$ 的许多薄层,则按折射定律,从地面发出光线经各薄层时有

$$n_0=n_1\sin\theta_1=n_2\sin\theta_2=\cdots=n\sin\theta=\cdots$$

式中 θ 是光线在折射率为 n,高度为 y,厚度为 $\mathrm{d}y$ 的任一薄层中传播时,光线与界面法线的夹角.题设

$$n=n_0(1+\alpha y)$$

由以上两式得

$$n_0=n\sin\theta=n_0(1+\alpha y)\sin\theta$$

由几何关系[见题图 1.32(2)]

$$\frac{\mathrm{d}y}{\mathrm{d}x}=\cot\theta$$

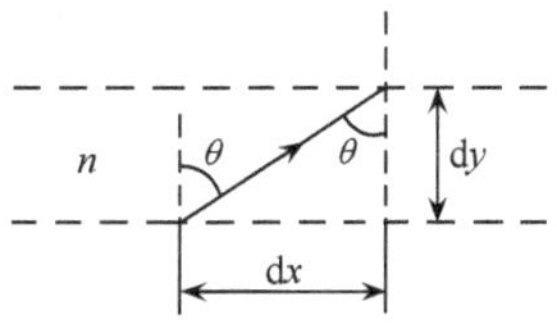

题图 1.32(2)

得

$$\sin\theta=\sqrt{\frac{1}{1+\cot^2\theta}}=\sqrt{\frac{1}{1+\left(\frac{\mathrm{d}y}{\mathrm{d}x}\right)^2}}$$

把上式代入式(1)得

$$1+\alpha y=\sqrt{1+\left(\frac{\mathrm{d}y}{\mathrm{d}x}\right)^2}$$

即

$$1+\left(\frac{\mathrm{d}y}{\mathrm{d}x}\right)^2=1+2\alpha y+\alpha^2y^2$$

因 α 很小,y 有限,故 α^2y^2 项可略,得

$$\frac{\mathrm{d}y}{\mathrm{d}x}=\sqrt{2\alpha y}$$

或

$$\frac{\mathrm{d}y}{\sqrt{y}}=\sqrt{2\alpha}\mathrm{d}x$$

这就是光线轨迹所遵循的微分方程. 积分得

$$2\sqrt{y}=\sqrt{2\alpha}x+C$$

因 $x=0$ 处,$y=0$,故积分常量 $C=0$. 代入,得出光线的轨迹为

$$y=\frac{\alpha}{2}x^2$$

这是抛物线. 当 $y=h$ 时有

$$d=\sqrt{\frac{2h}{\alpha}}=1.5\times10^3\mathrm{m}$$

即高度为 1.7m 的人眼所能看到的跑道最远处与他相距 1 500m,再远就看不见了.

1.33 如题图 1.33(1)所示,等腰玻璃三棱镜的折射率 $n=1.50$,顶部截去,底部浸在水中,水的折射率 $n_水=1.33$,入射的平行光与底面平行. 试问:

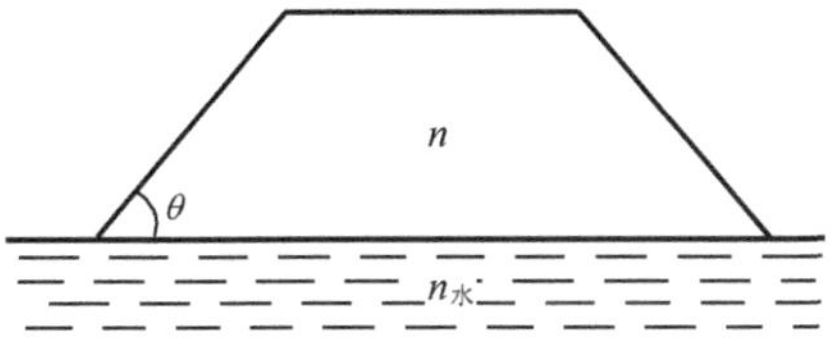

题图 1.33(1)

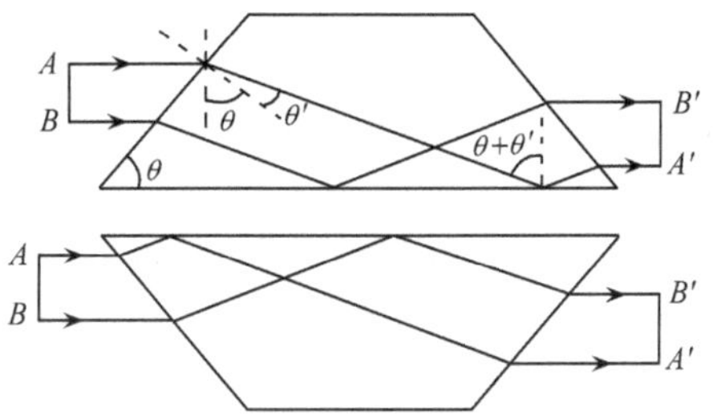

题图 1.33(2)

(1) θ 角至少应多大才能使光线在棱镜底面上产生全反射?

(2) 透过上述棱镜观察远处的物体,并使棱镜以入射光线为轴以角速度 ω 旋转,将观察到什么现象?

解　(1) 如题图 1.33(2)所示,入射角为 $90°-\theta$,设折射角为 θ',由折射定律有

$$\sin(90° - \theta) = n\sin\theta'$$

即

$$\cos\theta = n\sin\theta' \tag{1}$$

折射光线要在底面上产生全反射,必须满足

$$n\sin(\theta + \theta') \geqslant n_{水}$$

即

$$\sin\theta\cos\theta' + \sin\theta'\cos\theta \geqslant \frac{n_{水}}{n} \tag{2}$$

由式(1)得

$$\sin\theta' = \frac{\cos\theta}{n}$$

$$\cos\theta' = \sqrt{1 - \sin^2\theta'} = \frac{1}{n}\sqrt{n^2 - \cos^2\theta}$$

代入式(2)得

$$\sqrt{1 - \cos^2\theta}\sqrt{n^2 - \cos^2\theta} \geqslant n_{水} - \cos^2\theta$$

或

$$(n^2 - 2n_{水} + 1)\cos^2\theta \leqslant n^2 - n_{水}^2$$

$$\cos^2\theta \leqslant \frac{n^2 - n_{水}^2}{n^2 - 2n_{水} + 1}$$

故

$$\theta \geqslant 25.4°$$

即 θ 角至少应为 25.4°才能使光线在棱镜底面上产生全反射.

(2) 如题图 1.33(2)所示,当棱镜以入射光线为轴以角速度 ω 旋转时,像 $A'B'$ 相应地旋转. 当棱镜转过 180°角时,像转了 360°角,因此像旋转的角速度为 2ω,是棱镜角速度的两倍.

1.34　如题图 1.34(1)所示,平板玻璃的折射率 n 随 x 变化的规律为

$$n(x) = \frac{n_0}{1 - \frac{x}{r}}$$

式中 $n_0=1.2$,$r=13$cm. 光线从 $x=0$ 处沿 y 轴入射,经平板玻璃后从 A 点以 $\alpha=30°$ 角射出. 试求:

(1) 光线在平板玻璃中的轨迹;

(2) A 点处平板的折射率;

(3) 平板的厚度 d.

解　与上题类似,因 n 随 x 增大而增大,光线在平板中传播时将逐渐向右弯曲[如题图 1.34(1)所示]. 可将平板分成许多与 y 轴平行的薄层,各层的折射率可视为常数. 由光

线在各层传播时遵循的折射定律及几何关系，可得出光线在平板中传播的轨迹. 进而再得出 A 点处的折射率 n_A 以及平板的厚度 $d=y(x_A)$.

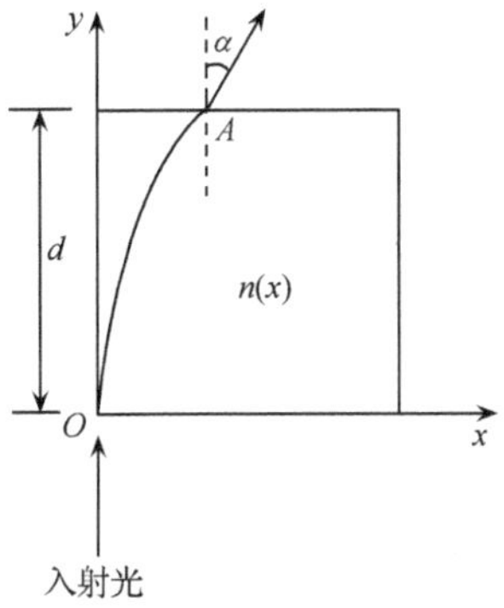

题图 1.34(1)

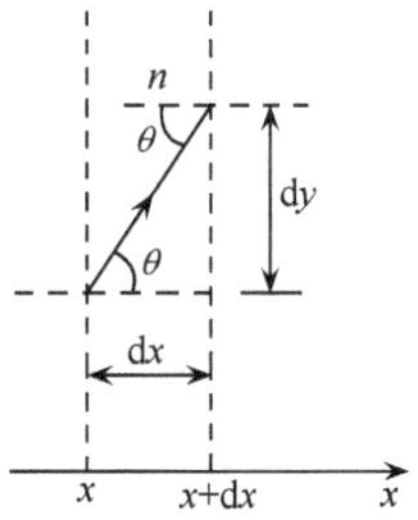

题图 1.34(2)

(1) 把平板分成许多与 y 轴平行的薄层，其中在 x 处，厚为 $\mathrm{d}x$ 的任一薄层的折射率为 n，如题图 1.34(2)所示. 光线在该薄层两界面上的折射角和入射角均为 θ[见题图 1.34(2)]，则由折射定律和几何关系有

$$n_0 = n_1\sin\theta_1 = n_2\sin\theta_2 = \cdots = n\sin\theta = \cdots$$

由题设

$$n(x) = \frac{n_0}{1-\dfrac{x}{r}}$$

故

$$n_1 = \frac{n_0\sin\theta}{1-\dfrac{x}{r}}$$

即

$$\sin\theta=1-\frac{x}{r}$$

又如题图 1.34(2)

$$\frac{\mathrm{d}y}{\mathrm{d}x} = \tan\theta = \frac{\sin\theta}{\sqrt{1-\sin^2\theta}}$$

由以上两式得

$$\mathrm{d}y = \frac{\left(1-\dfrac{x}{r}\right)\mathrm{d}x}{\sqrt{1-\left(1-\dfrac{x}{r}\right)^2}}$$

积分得

$$y=-r\sqrt{1-\left(1-\frac{x}{r}\right)^2}+C$$

因在 $x=0$ 处，$y=0$，故积分常量 $C=0$. 代入，得出光线在平板玻璃中传播的轨迹方程为

$$y=-r\sqrt{1-\left(1-\frac{x}{r}\right)^2}$$

平方得

$$y^2=r^2\left(1-1+\frac{2x}{r}-\frac{x^2}{r^2}\right)=2rx-x^2=-(x-r)^2+r^2$$

即

$$(x-r)^2+y^2=r^2$$

因此,光线在平板中的轨迹是以$(r,0)$为圆心,以 r 为半径的圆.

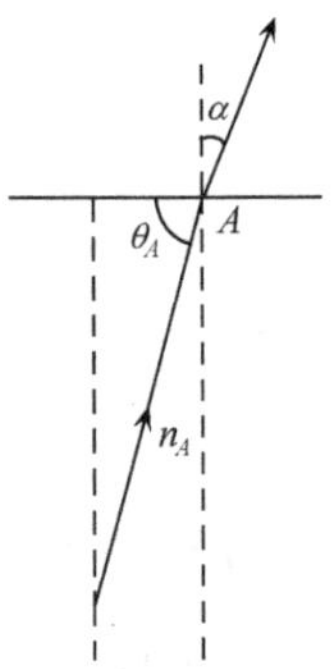

题图 1.34(3)

(2) 如题图 1.34(3)所示,把折射定律用于 A 点处的平板界面得

$$n_A\sin(90°-\theta_A)=\sin\alpha$$

又

$$n_0=n_A\sin\theta_A$$

由以上两式得

$$n_A=\frac{\sin\alpha}{\cos\theta_A}=\frac{\sin\alpha}{\sqrt{1-\sin^2\theta_A}}=\frac{\sin\alpha}{\sqrt{1-\left(\frac{n_0}{n_A}\right)^2}}=\frac{n_A\sin\alpha}{\sqrt{n_A^2-n_0^2}}$$

即

$$n_A=\sqrt{n_0^2+\sin^2\alpha}=1.3$$

(3) 由光线的轨迹方程

$$y^2=2rx-x^2$$

平板的厚度 d 是 $x=x_A$ 处的 y 值,即

$$d=y(x_A)=\sqrt{x_A(2r-x_A)}$$

因

$$n_A=\frac{n_0}{1-\frac{x_A}{r}}$$

故

$$x_A=\frac{n_A-n_0}{n_A}r=1\text{cm}$$

代入得

$$d=\sqrt{25}=5(\text{cm})$$

1.35 白天沙漠上空的气温随高度 y 增加而递减,下层空气温度较高,密度和折射率较小,上层空气则相反.这种折射率的不均匀分布造成了所谓海市蜃楼的光学现象.比较符合实际的折射率随高度变化的规律为

$$n^2(y)=n_0^2+n_p^2(1-e^{-\alpha y})$$

式中 n_0 是 $y=0$ 处的折射率,n_p 和 α 是两个常数,由温度分布确定.

今在 $x=0,y=H$(x 为水平轴)处有一物点,考虑该物点发出的某条与地面法线夹角为 θ_1 的光线.试求该光线在空气中传播的轨迹方程,作图并由此解释海市蜃楼现象.

解 如题图 1.35(1)所示,取 Oxy 坐标,并将空气分成许多平行地面的薄层.物点 P 所在薄层的折射率为 n_1,光线与地面法线的夹角为 θ_1;以下各层依次为 $n_2,\theta_2;n_3,\theta_3;\cdots$.

任一薄层为 n, θ，其厚度为 $\mathrm{d}y$. 由折射定律与几何关系有

$$n_1 \sin\theta_1 = n_2 \sin\theta_2 = \cdots = n\sin\theta = \cdots$$

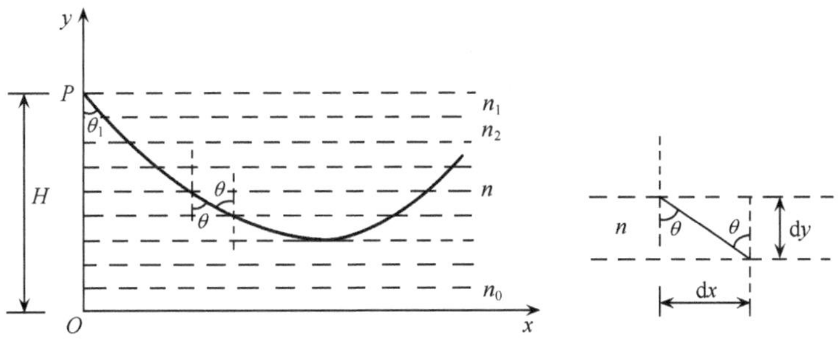

题图 1.35(1)

及

$$\sin\theta = \frac{\mathrm{d}x}{\sqrt{(\mathrm{d}x)^2 + (\mathrm{d}y)^2}} = \frac{1}{\sqrt{1 + \left(\frac{\mathrm{d}y}{\mathrm{d}x}\right)^2}}$$

故

$$\left(\frac{\mathrm{d}y}{\mathrm{d}x}\right)^2 = \frac{1}{\sin^2\theta} - 1 = \frac{n^2}{n_1^2 \sin^2\theta_1} - 1 \tag{1}$$

因 $\frac{\mathrm{d}y}{\mathrm{d}x} < 0$，上式开方后 $\frac{\mathrm{d}y}{\mathrm{d}x}$ 取负值. 由题设

$$n^2(y) = n_0^2 + n_p^2(1 - \mathrm{e}^{-\alpha y})$$

代入得

$$\begin{aligned}
\frac{\mathrm{d}y}{\mathrm{d}x} &= -\sqrt{\frac{n^2}{n_1^2 \sin^2\theta_1} - 1} = -\frac{1}{n_1 \sin\theta_1}\left[n_0^2 + n_p^2(1 - \mathrm{e}^{-\alpha y}) - n_1^2 \sin^2\theta_1\right]^{\frac{1}{2}} \\
&= -\frac{1}{n_1 \sin\theta_1}\left[(n_0^2 + n_p^2 - n_1^2 \sin^2\theta_1) - n_p^2 \mathrm{e}^{-\alpha y}\right]^{\frac{1}{2}} \\
&= -\frac{n_p \mathrm{e}^{-\frac{\alpha}{2}y}}{n_1 \sin\theta_1}\left[\frac{n_0^2 + n_p^2 - n_1^2 \sin^2\theta_1}{n_p^2 \mathrm{e}^{-\alpha y}} - 1\right]^{\frac{1}{2}}
\end{aligned}$$

令

$$\varphi = \left[\frac{n_0^2 + n_p^2 - n_1^2 \sin^2\theta_1}{n_p^2 \mathrm{e}^{-\alpha y}}\right]^{\frac{1}{2}} = \left[\frac{n_0^2 + n_p^2 - n_1^2 \sin^2\theta_1}{n_p^2}\right]^{\frac{1}{2}} \mathrm{e}^{\frac{\alpha}{2}y} = k\mathrm{e}^{\frac{\alpha}{2}y} \tag{2}$$

式中

$$k = \left[\frac{n_0^2 + n_p^2 - n_1^2 \sin^2\theta_1}{n_p^2}\right]^{\frac{1}{2}} \tag{3}$$

于是方程变为

$$\frac{\mathrm{d}y}{\mathrm{d}x} = -\frac{n_p \mathrm{e}^{-\frac{\alpha}{2}y}}{n_1 \sin\theta_1}(\varphi^2 - 1)^{\frac{1}{2}}$$

或

$$dx = -\frac{n_1 \sin\theta_1 e^{\frac{\alpha}{2}y}}{n_p(\varphi^2 - 1)^{\frac{1}{2}}} dy$$

由式(2)有

$$d\phi = \frac{k\alpha}{2} e^{\frac{\alpha}{2}y} dy$$

代入 dx 表达式得

$$dx = -\frac{2}{k\alpha}\frac{n_1}{n_p}\sin\theta_1 \frac{d\phi}{(\phi^2 - 1)^{\frac{1}{2}}}$$

积分得

$$x = -\frac{2}{k\alpha}\frac{n_1}{n_p}\sin\theta_1 \operatorname{arch}\phi + C$$

$$\operatorname{arch}\phi = -\frac{k\alpha n_p}{2n_1\sin\theta_1}(x - C)$$

与式(2)联立得

$$\phi = \cosh\left[-\frac{k\alpha n_p}{2n_1\sin\theta_1}(x - C)\right] = k e^{\frac{\alpha}{2}y}$$

故

$$y = \frac{2}{\alpha}\ln\left\{\frac{\cosh\left[-\frac{k\alpha n_p}{2n_1\sin\theta_1}(x - C)\right]}{k}\right\}$$

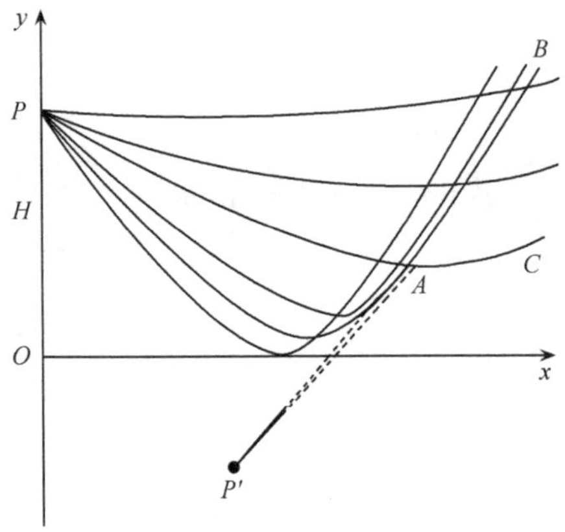

题图 1.35(2)

这就是光线的轨迹方程. 式中 k 由式(3)给出，n_1 是 $y=H$ 处的折射率，积分常量 C 由 $x=0$ 处 $y=H$ 确定为

$$C = \frac{2n_1\sin\theta_1}{k\alpha n_p}\operatorname{arch}(k e^{\frac{\alpha}{2}H})$$

由光线的轨迹方程，从 P 点以不同的角 θ_1 发出的各条光线的轨迹大致如题图 1.35(2)所示. 由于 y 减小，n 增大，相应的角 θ 亦增大，会出现全反射. 人在 A 处观看，以为光线来自 P'（P'是物点 P 的倒影），却看不到物点 P 本身. 人在 B 处，既可以看到物点 P，又可以看到倒影 P'. 人在 C 处，物点 P 和倒影 P'都看不到. 因此，随着人的移动，影像时有时无，不断变化，这正是海市蜃楼的特点.

1.36　在湿冷的海水上空，空气折射率随高度增加而递减，由于光线向下弯曲，会出现上现蜃景. 空气折射率包括一常数项和另一随高度 y 变化的项，为

$$n^2 = n_0^2 + n_p^2 e^{-\alpha y}$$

式中 n_0 为常数，在一定的温度梯度下 n_p 和 α 也是常数. 设物体离海平面的高度为 y_0. 试求光线的轨迹方程，并解释上现蜃景现象.

解　把空气分成许多水平薄层，考虑在 $y=y_0$ 处以 θ_1 为入射角的光线，其轨迹方程

可由下列方程解出(参看上题).

$$\frac{dy}{dx}=\pm\sqrt{\frac{n^2}{n_1^2\sin^2\theta_1}-1} \qquad (1)$$

式中 n_1 是 $y=y_0$ 处的折射率,式中 $n(y)$ 为

$$n^2=n_0^2+n_p^2e^{-\alpha y} \qquad (2)$$

代入式(1)得

$$\frac{dy}{dx}=\pm\frac{1}{n_1\sin\theta_1}\left[n_p^2e^{-\alpha y}-(n_1^2\sin^2\theta_1-n_0^2)\right]^{\frac{1}{2}}$$

$$=\pm\frac{n_pe^{-\frac{\alpha}{2}y}}{n_1\sin\theta_1}\left[1-\frac{n_1^2\sin^2\theta_1-n_0^2}{n_p^2}e^{\alpha y}\right]^{\frac{1}{2}} \qquad (3)$$

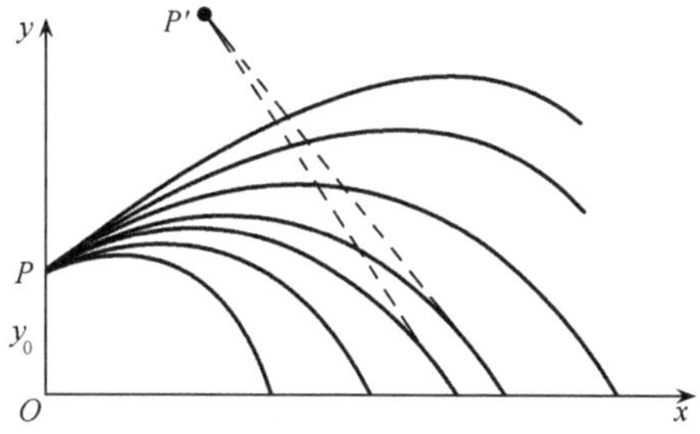

题图 1.36

令

$$k=\sqrt{\frac{n_1^2\sin^2\theta_1-n_0^2}{n_p^2}},\qquad \phi=ke^{\frac{\alpha}{2}y}$$

则

$$\frac{dy}{dx}=\pm\frac{n_pe^{-\frac{\alpha}{2}y}}{n_1\sin\theta_1}(1-\phi^2)^{\frac{1}{2}} \qquad (4)$$

$$d\varphi=\frac{k\alpha}{2}e^{\frac{\alpha}{2}y}dy \qquad (5)$$

因 $n_1>n_0$,对于不太小的 θ_1 角,总有 $n_1^2\sin^2\theta-n_0^2>0$. 把式(4)改写为

$$dx=\pm\frac{n_1\sin\theta_1}{n_pe^{-\frac{\alpha}{2}y}}\frac{dy}{\sqrt{1-\phi^2}}=\pm\frac{2n_1\sin\theta_1}{k\alpha n_p}\frac{d\phi}{\sqrt{1-\phi^2}}$$

积分得

$$x=\pm\frac{2n_1\sin\theta_1}{k\alpha n_p}\arcsin(ke^{\frac{\alpha}{2}y})+C \qquad (6)$$

或

$$\arcsin(ke^{\frac{\alpha}{2}y})=\pm\frac{k\alpha n_p}{2n_1\sin\theta_1}(x-C) \qquad (7)$$

$$y=\frac{2}{\alpha}\ln\left\{\frac{1}{k}\sin\left[\pm\frac{k\alpha n_p}{2n_1\sin\theta_1}(x-C)\right]\right\} \qquad (8)$$

式中积分常量 C 由 $x=0$ 处 $y=y_0$ 决定为

$$C=\mp\frac{2n_1\sin\theta_1}{k\alpha n_p}\arcsin(ke^{\frac{\alpha}{2}y_0}) \qquad (9)$$

从 P 点发出的不同 θ_1 的光线的轨迹如题图 1.36 所示,结果出现了上现蜃景.

1.37 已知光学纤维的折射率 n 沿径向的分布为

$$n^2=n_0^2(1-\alpha^2r^2)$$

式中 n_0 为中心的折射率,α 为比 1 小得多的正数. 试求光线在纤维中传播的轨迹.

解 取坐标如题图 1.37(1)所示,纤维轴线为 x 轴,其横截面的径向为 r 轴. 考察光线在 xr 平面内的传播,把平面分成许多平行于 x 轴的窄条,每一窄条对应薄圆筒的厚度. 设光线从 $r=0$ 处以 θ_0 的掠射角入射到光纤端面 θ_0 也即光线与光纤层的入射角,则由

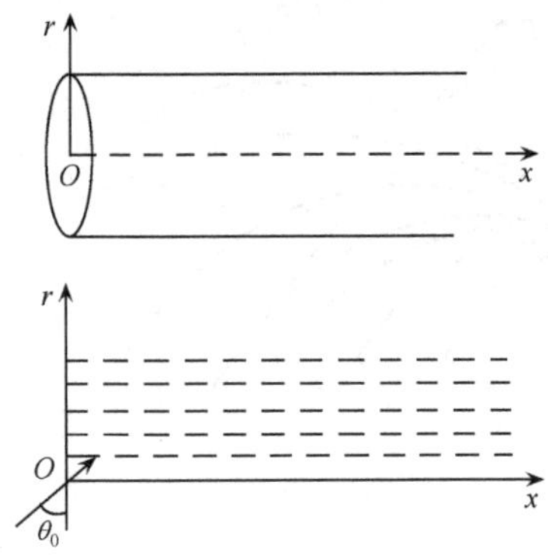

题图 1.37(1)

折射定律和几何关系得(见上两题).

$$\left(\frac{\mathrm{d}r}{\mathrm{d}x}\right)^2 = \frac{n^2}{n_0^2\sin^2\theta_0} - 1$$

对 x 求导得

$$2\left(\frac{\mathrm{d}r}{\mathrm{d}x}\right)\frac{\mathrm{d}^2 r}{\mathrm{d}x^2} = \frac{1}{n_0^2\sin^2\theta_0}\frac{\mathrm{d}n^2}{\mathrm{d}r}\frac{\mathrm{d}r}{\mathrm{d}x}$$

其中

$$n^2 = n_0^2(1-\alpha^2 r^2)$$

代入得

$$\frac{\mathrm{d}^2 r}{\mathrm{d}x^2} = \frac{1}{2n_0^2\sin^2\theta_0}\frac{\mathrm{d}n^2}{\mathrm{d}r} = -\frac{\alpha^2}{\sin^2\theta_0}r$$

即

$$\frac{\mathrm{d}^2 r}{\mathrm{d}x^2} + \frac{\alpha^2}{\sin^2\theta_0}r = 0$$

解出

$$r = A\sin\left(\frac{\alpha}{\sin\theta_0}x + \varphi_0\right)$$

式中的常量 A 和 φ_0 可由入射光的方向和入射点的位置确定. 因

$$x = 0 \text{ 处}, \qquad r = 0$$

故

$$A\sin\varphi_0 = 0$$

因 $x=0$ 处

$$\left.\frac{\mathrm{d}r}{\mathrm{d}x}\right|_{x=0} = A\frac{\alpha}{\sin\theta_0}\cos\varphi_0 = \cot\theta_0$$

故

$$A\alpha\cos\varphi_0 = \cos\theta_0$$

由以上两式解出

$$\varphi_0 = 0 \text{ 或 } \pi, \qquad A = \frac{\cos\theta_0}{\alpha\cos\varphi_0}$$

当入射光向右上入射时,$\cos\theta_0>0$,故 $\cos\varphi_0>0$,$\varphi_0=0$,$A=\frac{\cos\theta_0}{\alpha}$;当入射光向右下入射时,$\cos\theta_0<0$,故 $\cos\varphi_0<0$,$\varphi_0=\pi$,$A=-\frac{\cos\theta_0}{\alpha}$.

因此,入射光从 O 点入射时,光线的轨迹方程为

$$r = \frac{\cos\theta_0}{\alpha}\sin\left(\frac{\alpha}{\sin\theta_0}x\right), \qquad \text{向右上方入射}$$

$$r = -\frac{\cos\theta_0}{\alpha}\sin\left(\frac{\alpha}{\sin\theta_0}x + \pi\right), \qquad \text{向右下方入射}$$

可见,光线的轨迹为正弦波形,其空间周期为 $T=\frac{2\pi}{\alpha}\sin\theta_0$. 显然,从不同方向入射的光线,

其 θ_0 不同，T 也不同. 但对小角度入射到光纤层的光线，$\theta_0\approx\frac{\pi}{2}$，$\sin\theta_0\approx1$，具有近似相同的空间周期 $T=\frac{2\pi}{\alpha}$，它们的轨迹如题图 1.37(2)所示. 故小角度入射的光线在纤维内有自聚焦的作用.

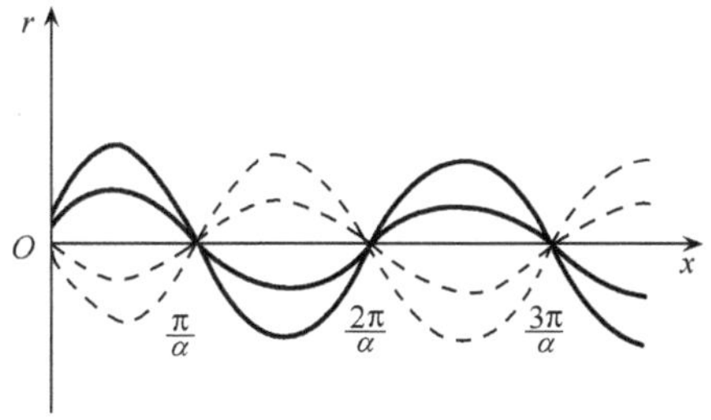

题图 1.37(2)

1.38 对照分析力学中的哈密顿原理，即从时间 t_1 到 t_2，运动粒子的轨迹取极值

$$\delta\int_{t_1}^{t_2}L\mathrm{d}t=0$$

式中 L 称为拉格朗日量. 试从光学费马原理推导光线方程.

解 光学费马原理形式为

$$\delta\int_P^Q n(x,y,z)\mathrm{d}s=0 \tag{1}$$

在笛卡儿坐标系中，无限小的弧长 $\mathrm{d}s$ 可以写成

$$\mathrm{d}s=[(\mathrm{d}x)^2+(\mathrm{d}y)^2+(\mathrm{d}z)^2]^{\frac{1}{2}}=\mathrm{d}z[1+\dot{x}^2+\dot{y}^2]^{\frac{1}{2}} \tag{2}$$

式中 $\dot{x}=\frac{\mathrm{d}x}{\mathrm{d}z}$，$\dot{y}=\frac{\mathrm{d}y}{\mathrm{d}z}$. 于是，式(1)可写成

$$\delta\int_P^Q n(x,y,z)(1+\dot{x}^2+\dot{y}^2)^{\frac{1}{2}}\mathrm{d}z=0 \tag{3}$$

类比分析力学中的哈密顿原理，光学拉格朗日量为

$$L(x,y,\dot{x},\dot{y},z)=n(x,y,z)(1+\dot{x}^2+\dot{y}^2)^{\frac{1}{2}} \tag{4}$$

这里 z 的作用类似于力学中时间 t 的作用. 相应的拉格朗日方程为(参见理论力学)

$$\frac{\mathrm{d}}{\mathrm{d}z}\left(\frac{\partial L}{\partial\dot{x}}\right)=\frac{\partial L}{\partial x},\quad \frac{\mathrm{d}}{\mathrm{d}z}\left(\frac{\partial L}{\partial\dot{y}}\right)=\frac{\partial L}{\partial y} \tag{5}$$

z 轴方向一般取光线传播的主要方向，对于共轴透镜组，即系统光轴的方向. 将式(4)代入式(5)得到

$$\frac{\mathrm{d}}{\mathrm{d}z}\left[\frac{n\dot{x}}{(1+\dot{x}^2+\dot{y}^2)^{\frac{1}{2}}}\right]=(1+\dot{x}^2+\dot{y}^2)^{\frac{1}{2}}\frac{\partial n}{\partial x} \tag{6}$$

从式(2)有

$$\frac{1}{(1+\dot{x}^2+\dot{y}^2)^{\frac{1}{2}}}\frac{\mathrm{d}}{\mathrm{d}z}=\frac{\mathrm{d}}{\mathrm{d}s}$$

所以式(6)成为

$$\frac{\mathrm{d}}{\mathrm{d}s}\left(n\frac{\mathrm{d}x}{\mathrm{d}s}\right)=\frac{\partial n}{\partial x} \tag{7}$$

类似地有

$$\frac{\mathrm{d}}{\mathrm{d}s}\left(n\frac{\mathrm{d}y}{\mathrm{d}s}\right)=\frac{\partial n}{\partial y},\qquad \frac{\mathrm{d}}{\mathrm{d}s}\left(n\frac{\mathrm{d}z}{\mathrm{d}s}\right)=\frac{\partial n}{\partial z} \tag{8}$$

方程式(7)、(8)可写为

$$\frac{\mathrm{d}}{\mathrm{d}s}\left(n\frac{\mathrm{d}\boldsymbol{r}}{\mathrm{d}s}\right)=\nabla n \tag{9}$$

这里 $\boldsymbol{r}$ 是光线路径中任一点的位置矢量,∇n 表示折射率的梯度矢量.

这便是光线方程.对于近轴情况,光线与光轴(z 轴)成很小角度,有 $\mathrm{d}s\approx\mathrm{d}z$,得到近轴光线方程

$$\frac{\mathrm{d}}{\mathrm{d}z}\left(n\frac{\mathrm{d}\boldsymbol{r}}{\mathrm{d}z}\right)=\nabla n$$

1.39　试由光线方程证明,在均匀介质中光线是一条直线.

证　在均匀介质中折射率为常数,其梯度 $\nabla n=0$,所以有

$$\frac{\mathrm{d}^2\boldsymbol{r}}{\mathrm{d}s^2}=0$$

它的解为

$$\boldsymbol{r}=s\boldsymbol{a}+\boldsymbol{b}$$

$\boldsymbol{a}$、$\boldsymbol{b}$ 为常矢量.此式表示一条直线,证毕.

1.40　由光线方程证明,当折射率与 z 无关时,有

$$\frac{\mathrm{d}^2x}{\mathrm{d}z^2}=\frac{1}{2C^2}\frac{\partial n^2}{\partial x}$$

式中 C 为常数.对 $y(z)$ 也有类似的表达式.

证　由于 n 与 z 无关,光线方程的 z 分量可写成

$$\frac{\mathrm{d}}{\mathrm{d}s}\left(n\frac{\mathrm{d}z}{\mathrm{d}s}\right)=0$$

即 $n\dfrac{\mathrm{d}z}{\mathrm{d}s}$ 为常数.

$$n\mathrm{d}z=C\mathrm{d}s=C(1+\dot{x}^2+\dot{y}^2)^{\frac{1}{2}}\mathrm{d}z$$

由此得

$$\frac{n}{(1+\dot{x}^2+\dot{y}^2)^{\frac{1}{2}}}=C$$

参见 1.38 题式(6)有

$$C\frac{\mathrm{d}^2x}{\mathrm{d}z^2}=(1+\dot{x}^2+\dot{y}^2)^{\frac{1}{2}}\frac{\partial n}{\partial x}$$

或

$$\frac{\mathrm{d}^2x}{\mathrm{d}z^2}=\frac{1}{2C^2}\frac{\partial n^2}{\partial x}$$

式中常数为

$$C = n(x_0, y_0)\cos\gamma_0$$

得证.

1.41　利用上题结果,考虑折射率变化为

$$n(x) = n_0 \operatorname{sech}(\alpha x)$$

试证光线路径的变化周期与初始条件无关.

证　对于上题的结果

$$\frac{d^2 x}{dz^2} = \frac{1}{2C^2}\frac{\partial n^2}{\partial x}$$

设光线入射点坐标为$(x_0, 0, 0)$,且$\frac{dx}{dz} = \tan\gamma_0$.

两边乘 $2(dx/dz)dz$ 并积分得到

$$\left(\frac{dx}{dz}\right)^2 = \frac{n^2}{n^2(x_0)\cos^2\gamma_0} - 1$$

令

$$\frac{n_0}{n(x_0)\cos\gamma_0} = A, \qquad \Phi = \frac{1}{(A^2-1)^{\frac{1}{2}}}\sinh(\alpha x)$$

上式进一步写成

$$\frac{1}{\alpha}\int \frac{d\Phi}{(1-\Phi^2)^{\frac{1}{2}}} = \frac{1}{\alpha}\arcsin\Phi = \int dz = z + C$$

光线路径为

$$x(z) = \frac{1}{\alpha}\operatorname{arsh}\{(A^2-1)^{\frac{1}{2}}\sin[\alpha(z+C)]\}$$

表明入射角不同的光线,其路径沿 z 方向都是周期性的,周期为$\frac{2\pi}{\alpha}$,也与入射点坐标无关.

1.42　试解释光学系统的实物、虚物、实像和虚像.

解　入射到该系统的同心光束若是会聚的,其会聚中心(也可能是光线延长线会聚)为虚物;若入射的同心光束是发散的,则发散光束的会聚中心为实物.

若离开系统的光是会聚光,它(或其延长线)的中心为实像;相反,离开系统的光是发散的,该光束的中心为虚像.

1.43　对以下三种系统,入射光和出射光如题图 1.43,试判断物、像的虚实.

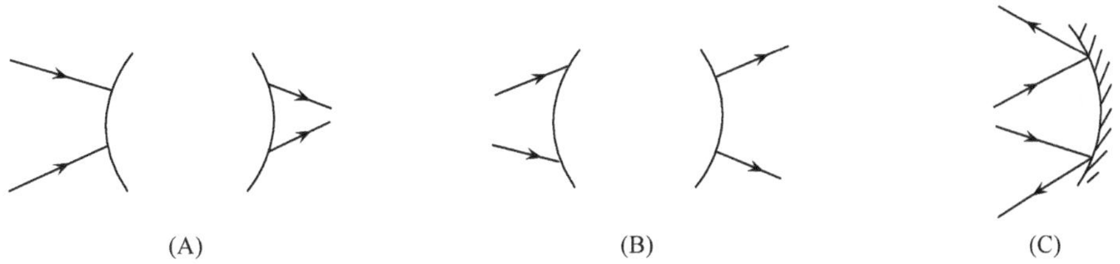

题图 1.43

解　(A) 虚物,实像.

(B) 实物,虚像.

(C) 实物,虚像.

1.44　如题图 1.44,一薄透镜后贴平面镜,物、像在同侧. 求五种情况下该系统(透镜加平面镜)以及该透镜的焦距 f 和 f',将结果填入在表内. 单位均为 cm.

	u	v	f	f'
a	12	60		
b	15	30		
c	20	20		
d	30	15		
e	60	12		

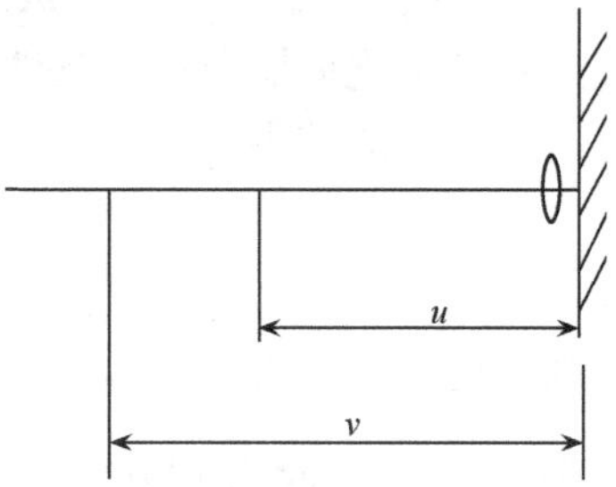

题图 1.44

解　(1)将透镜和平面镜当成一个系统. 由高斯公式

$$\frac{1}{v}+\frac{1}{u}=\frac{1}{f}$$

按符号规定,在此情况下 u 取正,v 取负值.

由此 $f=\dfrac{uv}{u+v}$代入

$$\begin{aligned} u&=12, & v&=-60,\\ u&=15, & v&=-30,\\ u&=20, & v&=-20,\\ u&=30, & v&=-15,\\ u&=60, & v&=-15, \end{aligned} \quad 得到\ |f|=\begin{cases}15\\30\\\infty\\30\\20\end{cases}$$

(2) 将成像过程分解为透镜成像、平面镜反射成像,这个像又被透镜第二次成像,得到最后的结果,第二次成像光线反向,v 为正值.

$$\begin{cases}\dfrac{1}{u_1}+\dfrac{1}{v_1}=\dfrac{1}{f'}\\ v_1=-u_2\\ \dfrac{1}{u_2}+\dfrac{1}{v_2}=\dfrac{1}{f'}\\ v_2=v\\ u_1=u\end{cases}$$

联立得到

$$\frac{1}{u}+\frac{1}{v}=\frac{2}{f'},\qquad f'=\frac{2uv}{u+v}=\begin{cases}20\\20\\20\\20\\20\end{cases}$$

将(1)、(2)结果填入表内.

1.45 如题图 1.45,位置 A 和 B 到透镜的距离分别为 $3f$ 和 $1.5f$.

(1) 若物点从 A 向 B 移动,则物、像之间的距离 ① 不变;② 减小;③ 增加;④ 先增加后减小;⑤先减小后增加. 请选择正确答案.

(2) 若 x 代表物距,物以恒定速度向 B 移动,请在下列 5 种图像中找出正确的选择,纵坐标为实像移动的速度 v.

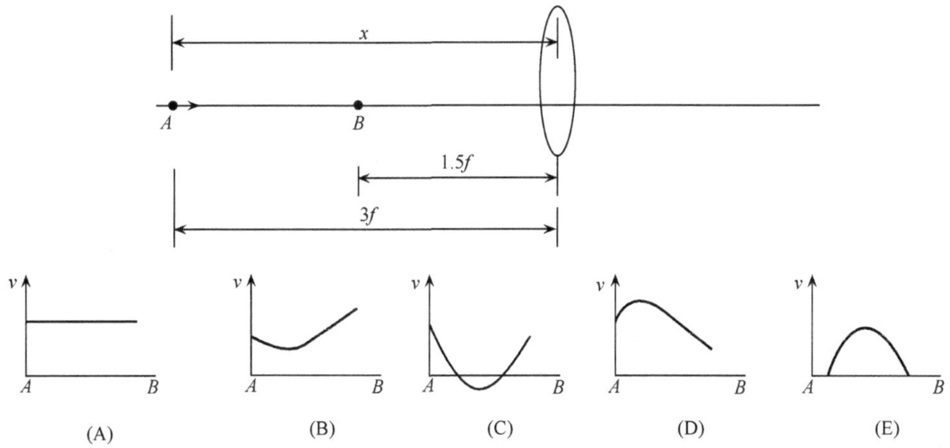

题图 1.45

解 (1) 当物距小于焦距时,成虚像. 而题中从 A 到 B,物距都大于焦距,所以成实像,按

$$\frac{1}{s'}+\frac{1}{s}=\frac{1}{f}$$

$$s'=\frac{sf}{s-f}$$

物与像间距

$$D=s+s'=\frac{s^2}{s-f}$$

$$\Delta D=\frac{s(s-2f)}{(s-f)^2}\cdot\Delta s$$

当 $s>2f$ 时,由于 $\Delta s<0$,所以 $\Delta D<0$,当 $s<2f$ 时,$\Delta D>0$.
所以选择(E),物距先减小后增加.

(2) 由 $s'=\dfrac{sf}{s-f}$

$s=3f-ut$,$-u=\dfrac{\mathrm{d}s}{\mathrm{d}t}$,负号表示物距在减小,$u$ 为物 A 向 B 的移动速度,有

$$v=\frac{\mathrm{d}s'}{\mathrm{d}t}=\frac{f\dfrac{\mathrm{d}s}{\mathrm{d}t}(s-f)-sf\dfrac{\mathrm{d}s}{\mathrm{d}t}}{(s-f)^2}=\frac{f^2u}{(s-f)^2}$$

由于 $3f>s>1.5f$,所以当物在距透镜 $2f$ 以外时,分母 $(s-f)^2>1$,且越来越减小.

1.46　学生用物距-像距法测量凸透镜焦距，留下一张草图，只标出横坐标为物距 u. 试从 5 张图中找出 v-u 图、$(u+v)$-u 图以及$\frac{u}{v}$-u 图.

解　由

$$\frac{1}{v}+\frac{1}{u}=\frac{1}{f}$$

用物距-像距法测焦距，须成实像，所以 u、v 都大于零，且大于焦距 f，有

$$v=\frac{uf}{u-f}=\frac{f}{1-f/u}$$

f/u 为小于 1 但大于零的分数.

u 增大，分母增大，v 减小，又不呈线性关系. 所以题图 1.46(1)为 v-u 图.

由上题，当初始时物距大于 $2f$，物移近透镜有物像之间的距离先减小后增加，所以题图 1.46(3)为$(u+v)$-u 图. 由

$$\frac{u}{v}=\frac{u-f}{f}=\frac{u}{f}-1$$

有$\frac{u}{v}$与 u 呈线性关系，当 $u=f$ 时，$\frac{u}{v}=0$，所以断定题图 1.46(5)为$\frac{u}{v}$-u 图，且在$\frac{u}{v}=0$ 处横坐标必为 f，这时物在焦点，像在无穷远.

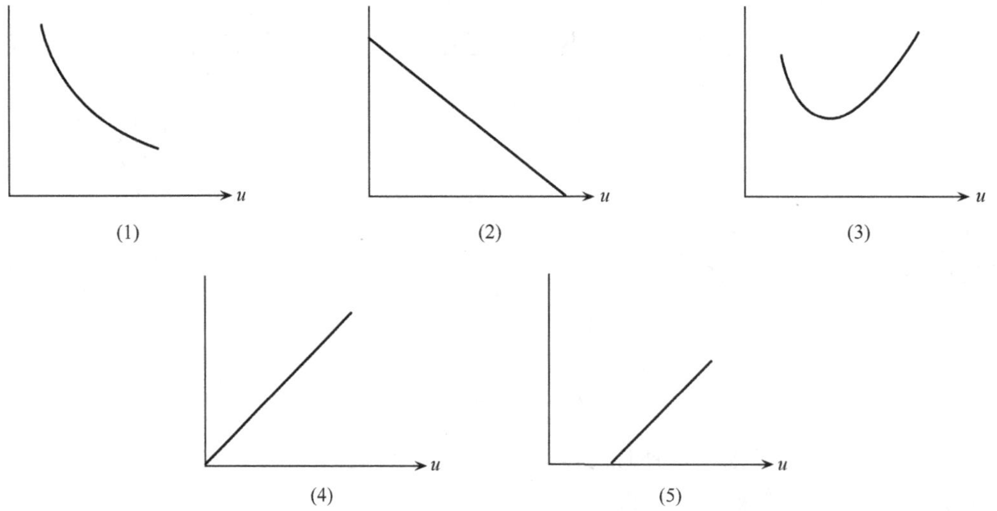

题图 1.46

1.47　如题图 1.47，一平行平面玻璃板的折射率为 n，厚度为 h，点光源 Q 发出的傍轴光束(即接近于正入射的光束)经上表面反射，成像于 Q_1'；穿过上表面后在下表面反射，再从上表面折射的光束成像于 Q_2'. 证明 Q_1'，Q_2' 间的距离为 $2h/n$.

(提示：把平面看成 $r\to\infty$的球面，并利用球面折射公式计算.)

证　证法一　由单球面折射成像公式

$$\frac{n'}{s'}+\frac{n}{s}=\frac{n'-n}{r}$$

把平面看成 $r\to\infty$ 的球面.

Q_1' 是 Q 经上表面 A 反射成像所得. Q_2' 是经 A 面折射、B 面反射、再经 A 面折射成像所得. 先求 Q 经 A 面第一次折射成像的位置 Q_1：

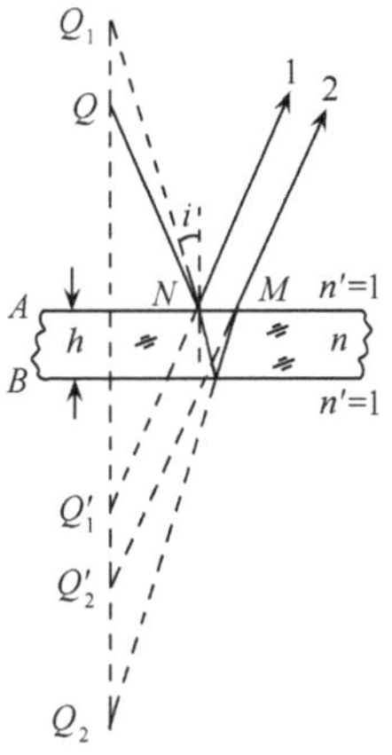

题图 1.47

设 Q 距 A 面 s_1，折射成像公式变为

$$\frac{n}{s_1'}+\frac{n'}{s_1}=0$$

$n'=1$，所以有

$$s_1'=-\frac{n}{n'}s_1=-ns_1$$

即 A 面第一折射像 Q_1 在 A 面上方 ns_1 处，距 B 面为 ns_1+h. 它经 B 面反射，由镜面对称，已知反射像 Q_2 在 B 面下方 ns_1+h 处，距 A 面 ns_1+2h 处. 此 Q_2 再经 A 面折射成像有

$$\frac{1}{s_3'}+\frac{n}{s_3}=0$$

$$s_3=ns_1+2h$$

$$s_3'=-\frac{s_3}{n}=-\left(s_1+\frac{2h}{n}\right)$$

即最终像 Q_2' 在 A 面下方 $s_1+\dfrac{2h}{n}$ 处.

而 Q 经 A 面反射成像 Q_1'，由镜面对称，在 A 面下方 s_1 处，所以 $Q_1'Q_2'$ 间距为

$$\Delta s=\left(s_1+\frac{2h}{n}\right)-s_1=\frac{2h}{n}$$

证法二　如题图 1.47，设在 A 面的入射角为 i_1，折射角为 i_1'，则

$$\overline{MN}=2h\tan i_1'$$

$$\overline{Q_1'Q_2'}=\frac{\overline{MN}}{\tan i_1}=2h\frac{\tan i_1'}{\tan i_1}=2h\frac{\sin i_1'}{\sin i_1}\cdot\frac{\cos i_1}{\cos i_1'}=\frac{2h}{n}\frac{\cos i_1}{\cos i_1'}$$

在近轴条件下，i_1 很小，$\cos i_1\approx1$，$\cos i_1'\approx1$. 所以有

$$\overline{Q_1'Q_2'}=\frac{2h}{n}$$

1.48　求放在空气中玻璃球的焦距和主面、焦点的位置，并作图表示. 已知玻璃球的半径为 2.00cm，折射率为 1.500.

解　在傍轴条件下，玻璃球是由两个折射成像球面组成的共轴光具组. 如题图 1.48 所示，H_1、H_1' 与 A_1 重合，H_2，H_2' 与 A_2 重合，且 $r_1=\overline{A_1C}=2.00\text{cm}$，$r_2=-\overline{CA_2}=-2.00\text{cm}$. 先求出单球面的焦距分别为

$$f_1=4.00\text{cm}$$

$$f_1'=6.00\text{cm}$$

$$f_2=6.00\text{cm}$$

$$f_2'=4.00\text{cm}$$

而且

$$\Delta = -\overline{F_1'F_2} = -8.00\text{cm}$$
$$d = \overline{A_1A_2} = 4.00\text{cm}$$

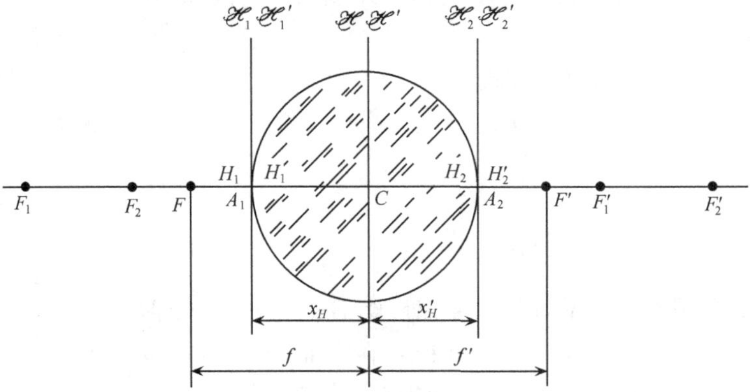

题图 1.48

因此

$$f = -\frac{f_1 f_2}{\Delta} = 3.00\text{cm}$$

$$f' = -\frac{f_1' f_2'}{\Delta} = 3.00\text{cm}$$

$$x_H = f_1 \frac{d}{\Delta} = -2.00\text{cm}$$

$$x_{H'} = f_2' \frac{d}{\Delta} = -2.00\text{cm}$$

即$\mathscr{H}$在 A_1 之右 2.00cm 处，$\mathscr{H}'$在 A_2 之左 2.00cm 处. F 在 A_1 之左 1.00cm 处，F'在 A_2 之右 1.00cm 处，其位置分别标于题图 1.48 中. 由此可见$\mathscr{H}$和$\mathscr{H}'$重合，均在球心 C 处.

1.49 计算 2×，3×，5×，10×放大镜或目镜的焦深.

解 放大镜(或目镜)的工作距离是要使得物体处在第一焦点附近稍靠里一些的小范围内，这样才能形成一个明视距离 s_0 以远的放大虚像供正常人眼观察. 所谓“焦深”就是指的上述小范围的纵向间隔 Δx，此值也正是与明视距离相对应的物距. 令像距 $x' = -(s_0 + f)$，由牛顿公式得

$$x = \frac{f^2}{x'} = -\frac{f^2}{s_0 + f}$$

可知视角放大率 $M = s_0/f$，替换上式中的焦距 f 得

$$x = -\frac{s_0}{M(M+1)}$$

焦深为

$$\Delta x = |x| = \frac{s_0}{M(M+1)}$$

由此算出

$$M = 2\times,\qquad \Delta x = 4.17\text{cm}$$
$$M = 3\times,\qquad \Delta x = 2.08\text{cm}$$

$$M = 5\times, \qquad \Delta x = 0.83\text{cm}$$
$$M = 10\times, \qquad \Delta x = 0.23\text{cm}$$

由此可见，高倍放大镜或目镜的焦距很短，焦深也随之缩短，要求实验调节更要精细.

1.50　显微镜的孔径光阑和入射光瞳通常是其物镜的边缘. 求出射光瞳的位置，并证明在傍轴近似下出射光瞳的直径 D' 与入射孔径角 u_0 的关系是

$$D' \approx \frac{2s_0 n u_0}{|M|}$$

式中 $s_0=25\text{cm}$ 是明视距离，M 是显微镜的视角放大率，n 是物方折射率.

解　(1) 出射光瞳为物镜(孔径光阑)对目镜所成的像，由高斯公式得出射光瞳离目镜的距离(像距)

$$s' = \left(1+\frac{f_e}{f_0'+\Delta}\right)f_e \approx f_e \qquad (\Delta \gg f_e)$$

式中 $\Delta=\overline{F_0'F_e}$ 为显微镜的光学筒长.

(2) 以物镜为物，目镜的横向放大率为

$$V_e = -\frac{f_e}{f_0'+\Delta}$$

故出射光瞳的直径为

$$D' = V_e \cdot D = -\frac{f_e}{f_0'+\Delta}D$$

式中 D 为物镜直径，在傍轴条件下

$$D \approx 2f_0 u_0$$

改写 D' 为

$$D' = -\frac{f_0 f_e}{f_0'+\Delta}2u_0$$

考虑到显微镜总的(角)放大率

$$M = -\frac{s_0\Delta}{f_0' f_e}$$

再改写 D' 为

$$D' = \frac{f_0}{f_0'}\frac{\Delta}{f_0'+\Delta}\frac{2s_0 u_0}{M}$$

考虑到

$$\frac{f_0}{f_0'} = n, \qquad \frac{\Delta}{f_0'+\Delta} \approx 1 \qquad (\Delta \gg f_0')$$

最后得

$$D' \approx \frac{2ns_0 u_0}{M}$$

凡是显微镜中的问题，应注意到它的特点是短焦距，筒长远远大于焦距值；它工作于齐明点时，对物镜来说满足阿贝正弦条件.

1.51　试用两个薄透镜组装一台简易的望远镜，要求：

(1) 该望远镜能分辨 100m 远物面上 1mm 间隔的两条刻线；

(2) 镜筒长度(指物镜与目镜之间的距离)为 62cm.

试求:

(1) 物镜的口径应选多大?

(2) 物镜焦距与目镜焦距应选多长?

(3) 指明这台望远镜的出射光瞳的位置;

(4) 当目镜口径选为 3cm 时,这台望远镜的入射视场角为多少?

解　简易望远镜光路如题图 1.51 所示.

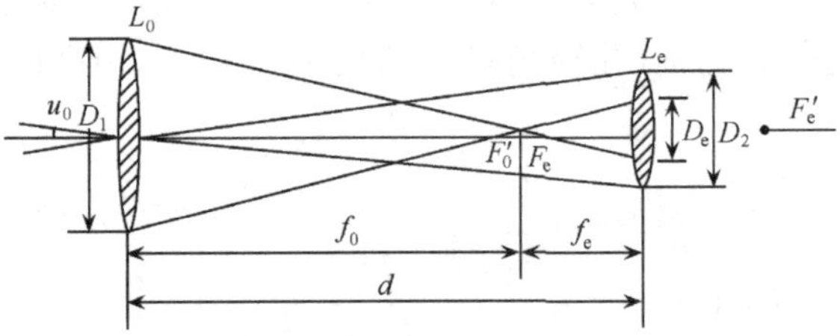

题图 1.51

(1) 按题意应要求此望远镜的最小分辨角为

$$\delta\theta_m = \frac{1\text{mm}}{10^5\text{mm}} = 10^{-5}\text{rad}$$

根据望远镜分辨角公式

$$\delta\theta_m = 1.22\frac{\lambda}{D}$$

物镜口径应不小于

$$D_1 = 1.22\frac{\lambda}{\delta\theta_m} = 1.22\frac{0.55\mu\text{m}}{10^{-5}} = 6.7\text{cm}$$

(2) 考虑到眼睛的最小分辨角为

$$\delta\theta_e = 1' \approx 3\times10^{-4}\text{rad}$$

应使望远镜的视角放大率满足

$$M = \frac{\delta\theta_e}{\delta\theta_m} = 30\text{ 倍}$$

此为正常放大率值,而放大率与焦距的关系为

$$M = \frac{f_0}{f_e} = 30$$

又

$$f_0 + f_e = 62\text{cm}$$

联立解出

$$f_0 = 60\text{cm}$$

$$f_e = 2\text{cm}$$

(3) 望远镜的孔径光阑就是物镜口径本身,它对目镜(短焦距)来说为远物,所以物镜在像方的像位于目镜后焦点 F_e' 附近,此为出射光瞳位置所在. 于是目镜口径便是视场光阑,也是出射窗.

(4) 它对物镜中心所张的角 u_0 就是入射视场角,u_0 角由下式决定:

$$u_0 = \arctan\frac{D_2}{2d} = \arctan\left(\frac{3}{2\times 62}\right) = \arctan\frac{1}{41} \approx 0.024\text{rad} = 1°23'$$

1.52 试推导单球面系统中近轴物体与成像的亥姆霍兹不变式

$$ny\alpha = n'y'\alpha'$$

式中带撇的指像方折射率、像长和成像光线与光轴的夹角，见题图 1.52(1). V_1 为球面顶点，C 为折射球面的曲率中心，F_1、F_1' 为焦点，A、A'为物点和像点. 令轴 AA'绕固定点 C 旋转小角度得新的轴 BB'. 球面顶点、焦点、物点、像点也随之位移到新的位置 V_2、F_2、F_2'、B 及 B'. 它们之间的位置关系与在 AA'轴上的位置关系完全相同，所以 B 和 B'也是一对共轭点，而且物距、像距及焦距与原来相同. 当旋转角度不大时，弧$\overset{\frown}{AB}$及弧$\overset{\frown}{A'B'}$可以用弦$\overline{AB}$及弦$\overline{A'B'}$代替. 而且近似地有$\overline{AB}\perp AA'$，$\overline{A'B'}\perp AA'$. 意指：垂直于光轴的近轴小物体 AB 的像为 $A'B'$.

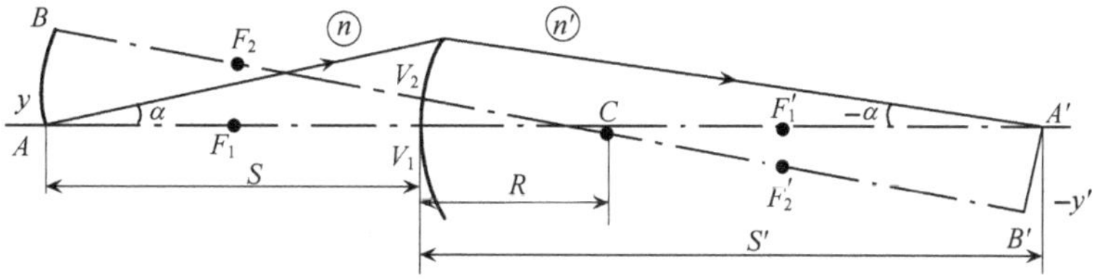

题图 1.52(1)

解 由题图 1.52(1)可知，单一折射球面的横向放大率为

$$M_y = \frac{y'}{y} = \frac{R-S'}{R+S}$$

由近轴成像公式

$$\frac{n'}{S'} + \frac{n}{S} = \frac{n'-n}{R}$$

得到 R 并代入放大率公式有

$$M_y = -\frac{nS'}{n'S}$$

由题图 1.52(1)，折射面对共轭物像点的角放大率为

$$M_\alpha = \frac{\alpha'}{\alpha} = -\frac{S}{S'}$$

比较上述两式有

$$M_\alpha \cdot M_y = n/n'$$

即

$$ny\alpha = n'y'\alpha'$$

此为亥姆霍兹不变式，对于多球面系统也适用. 式中各量物理意义参见题图 1.52(2).

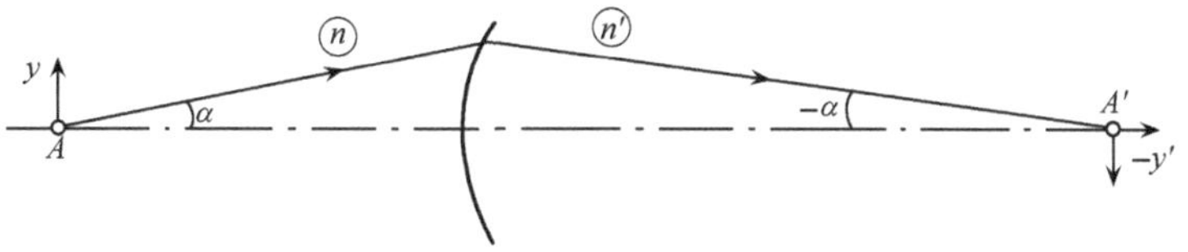

题图 1.52(2)

1.53 有两个完全相同的胶合在一起的表壳薄玻璃片，左片表面镀银. 利用自准直法，如题图 1.53 所示，在 $L=20\text{cm}$ 处得到明锐的焦点，求出当两块表壳玻璃之间充满 $n=4/3$ 的水时，L 为何值可以得到明锐的焦点.

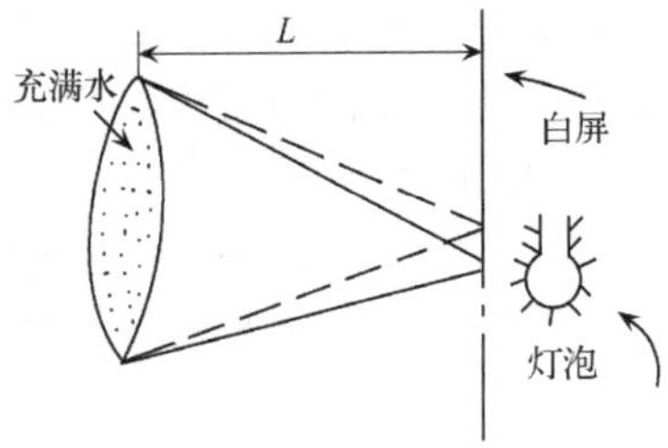

题图 1.53

解 如题图 1.53 所示，当表玻璃之间充满空气时，第一个表壳玻璃对光线无会聚或发散作用，所以只有镀银的表壳玻璃使光线改变行进方向，起反射会聚成像作用. 由近轴球面折射公式（采用新笛卡儿符号规则），有

$$\frac{n'}{l'}-\frac{n}{l}=\frac{n'-n}{r}$$

其中

$$n'=-n=-1$$
$$l'=l=-L=-20\text{cm}$$

解之得表壳球面的曲率半径 $r=-20\text{cm}$.

当表壳玻璃之间充满水时，入射光线经两次折射和一次反射自准直成像，应用近轴球面折反射公式得到

$$\begin{cases}\dfrac{n_1'}{l_1}-\dfrac{n_1}{l_1}=\dfrac{n_1'-n_1}{r_1}\\[2mm]\dfrac{1}{l_2'}+\dfrac{1}{l_2}=\dfrac{2}{r_2}\\[2mm]\dfrac{n_3'}{l_3'}-\dfrac{n_3}{l_3}=\dfrac{n_3'-n_3}{r_1}\end{cases}$$

其中

$$n_1=n_3'=1,\qquad n_1'=n_2=n_3=4/3$$
$$r_1=-r_2=20\text{cm}$$
$$l_1'=l_2,\quad l_2'=l_3,\quad l_1=l_3'$$

将以上数据代入方程组可求得

$$l_1=l_2=l_2'=r_2=-20\text{cm}\qquad\text{（中间像点与第二面球心重合）}$$
$$l_1=l_3'=-L=-12\text{cm}$$

所以，当两表壳玻璃之间充满水时，在 $L=12\text{cm}$ 处可得到明锐的焦点.

1.54 一个物体被放在焦距长为 10cm 的会聚透镜前 10cm 处，在会聚透镜后 5cm 处放置一个焦距为 -15cm 的发散透镜，见题图 1.54(1). 试求出最后像的位置、大小和虚实倒正.

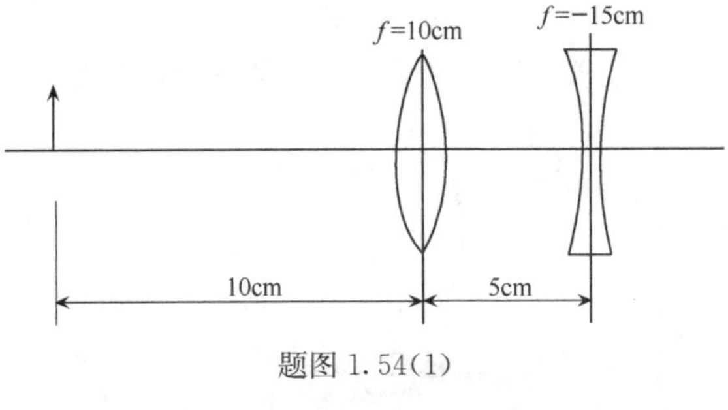

题图 1.54(1)

解　根据题意，会聚透镜的前焦点 F_1 和发散透镜的后焦点 F_2'重合位于会聚透镜前 10cm 处，并且物点位于此点. 设F、F'为这两透镜组合成的组合系统的前焦点和后焦点[如题图 1.54(2)所示].

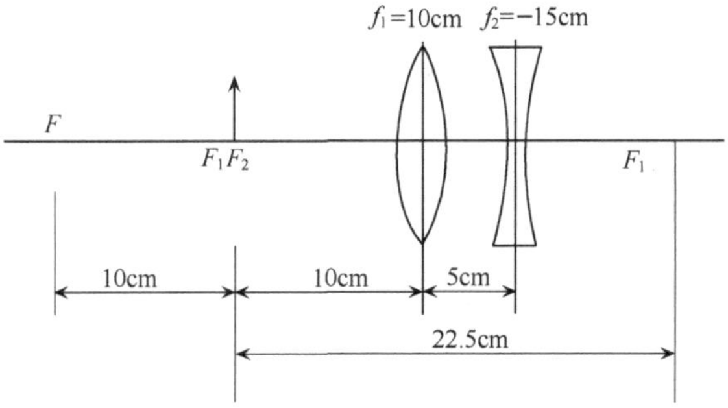

题图 1.54(2)

首先求像的位置(用逐个成像法). 对于第一个透镜(会聚透镜)，

物距 $s_1=-10\text{cm}$，$f_1'=-f_1=10\text{cm}$. 像距 $s_1'=\infty$.

对于第二个透镜(发散透镜)，

物距 $s_2=\infty$，$f_2'=-f_2=-15\text{cm}$.

由高斯公式

$$\frac{f_2'}{s_2'}+\frac{f_2}{s_2}=1, \qquad s_2'=f_2'=-15\text{cm}$$

所以像的位置与物的位置重合.

再求像的大小和特征，因为

$$f'=-\frac{ff_2'}{\Delta}, \qquad \Delta=d-f-f_2', \qquad d=5\text{cm}$$

$$f_1'=10\text{cm}, \qquad f_2'=-15\text{cm}$$

$$f'=15\text{cm}$$

所以

$$\overline{F_1F}=\frac{f_1f_1'}{d-f_1'-f_2'}=-10\text{cm}$$

$$\overline{F_2'F'}=-\frac{f_2f_2'}{d-f_2'-f_1}=22.5\text{cm}$$

则 $x=10\text{cm}$. 由牛顿公式 $xx'=ff'$，得

$$x'=\frac{ff'}{x}=-22.5\text{cm}$$

垂轴放大率 $\beta=-\dfrac{x'}{f'}=-\dfrac{f}{x}=1.5$ 倍，像为正立放大 1.5 倍的虚像.

1.55　如题图 1.55 所示，两个相同的正透镜 L_1 和 L_2，相距 $f/2$.

(1) 在 L_1 左边 $4f$ 处置一物，确定其像的位置.

(2) 将这一透镜组视为一个厚透镜，确定其焦点的位置.

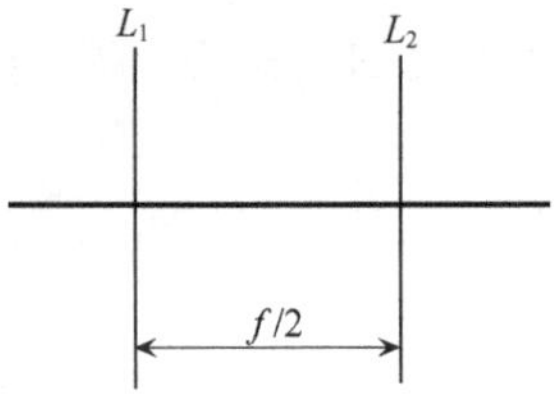

题图 1.55

(3) 将这一透镜组视为一个厚透镜，确定其主平面的位置.

解　(1)根据薄透镜公式$\frac{1}{u}+\frac{1}{v}=\frac{1}{f}$，设 u_1、v_1 和 u_2、v_2 分别表示通过 L_1 和 L_2 成像时的物距和像距，f 为两薄透镜的焦距. 因为 $u_1=4f$，所以

$$\frac{1}{v_1}=\frac{1}{f}-\frac{1}{u_1}=\frac{1}{f}-\frac{1}{4f}=\frac{3}{4f},\qquad v_1=\frac{4}{3}f$$

而

$$u_2=\frac{f}{2}-v_1=\frac{f}{2}-\frac{4}{3}f=-\frac{5}{6}f$$

所以

$$\frac{1}{v_2}=\frac{1}{f}-\frac{1}{u_2}=\frac{1}{f}+\frac{6}{5f}=\frac{11}{5f},\qquad v_2=\frac{5}{11}f$$

像在 L_2 右边$\frac{5}{11}f$ 处.

(2) 设 L_1 左边有平行光射入，即 $v_1=f$，则

$$u_2=\frac{f}{2}-v_1=-\frac{f}{2}$$

所以

$$\frac{1}{v_2}=\frac{1}{f}+\frac{2}{f}=\frac{3}{f},\qquad v_2=\frac{1}{3}f$$

由于左右对称，所以焦点分别位于 L_1 左边和 L_2 右边$\frac{1}{3}f$ 处.

(3) 两个主平面上放大率 $\beta=1$. 由于图中透镜组的左右对称性，在左边主平面上的物通过 L_1 所成的像必定与在右边主平面上的物通过 L_2 所成的像完全重合，并且与两透镜等距.

设左边主平面位于 L_1 左边 x 处，那么

$$u_1=x,\qquad v_1=\frac{1}{2}\left(\frac{f}{2}\right)=\frac{1}{4}f$$

由

$$\frac{1}{f}=\frac{1}{u_1}+\frac{1}{v_2}=\frac{1}{x}+\frac{4}{f}$$

所以 $x=-\frac{1}{3}f$. 所以两个主平面分别位于 L_1 右边和 L_2 左边$\frac{1}{3}f$ 处.

1.56　薄正透镜在很远处形成一物体的实像如题图 1.56(1)所示. 像高 h，像距 $4l$；一负透镜 L_2，焦距 l，放于离 L_1 距离 $2l$ 处. 另一正透镜 L_3，焦距为 $2l$，放在离 L_1 距离为 $3l$ 处. 如题图 1.56(2)所示.

(1)求最后成像位置离 L_1 的距离；

(2)求像高.

解　(1)由已知条件可知 L_1 与 L_2 以及 L_2 与 L_3 之间的间隔分别为 d_1、d_2，如题

图 1.56(1)和题图 1.56(2)所示. 利用透镜成像的高斯公式

$$\frac{1}{u}+\frac{1}{v}=\frac{1}{f}$$

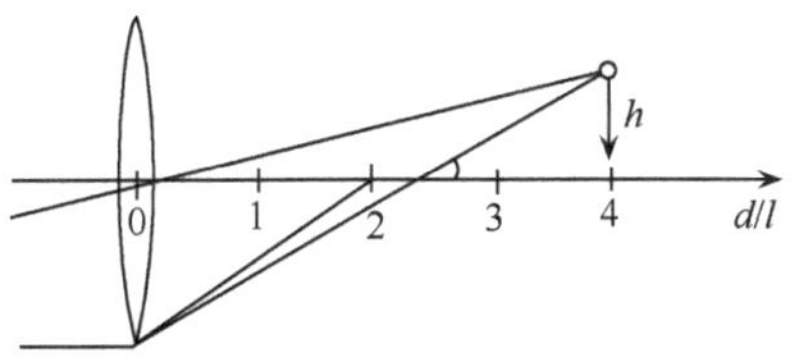

题图 1.56(1)

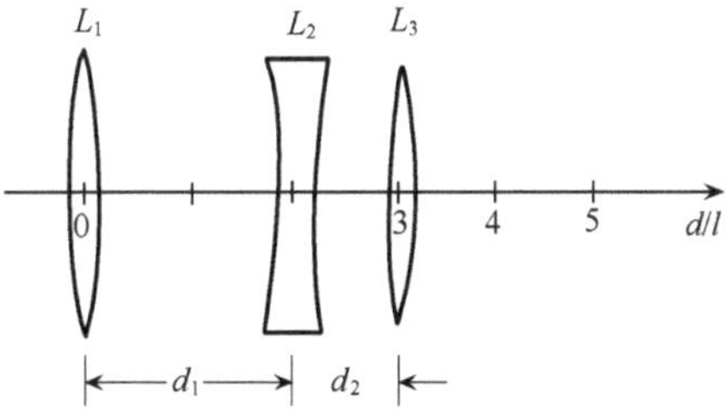

题图 1.56(2)

参见题图 1.56(3)

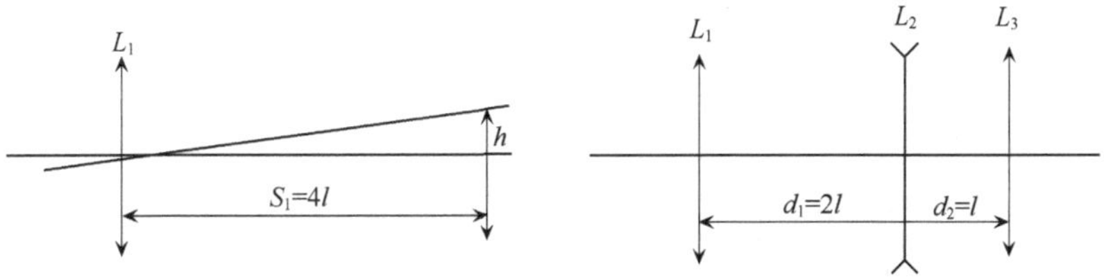

(a) (b)

题图 1.56(3)

对 L_1：$v_1=4l$,

对 L_2：$f_2=-l$, $u_2=-(4-2)l=-2l$, 所以 $v_2=-2l$,

对 L_3：$f_3=2l$, $u_3=2l+l=3l$, 所以 $v_3=6l$.

从 L_1 到最终像的距离为 $3l+6l=9l$.

(2) 横向放大率

$$M=\frac{v_2}{u_2}\cdot\frac{v_3}{u_3}=2$$

所以最终像高为

$$h'=Mh=2h$$

1.57 如题图 1.57 所示的一个棱镜和两个透镜所组成的光学系统,求图中物体所成像的位置和大小(物体长度为 1cm).

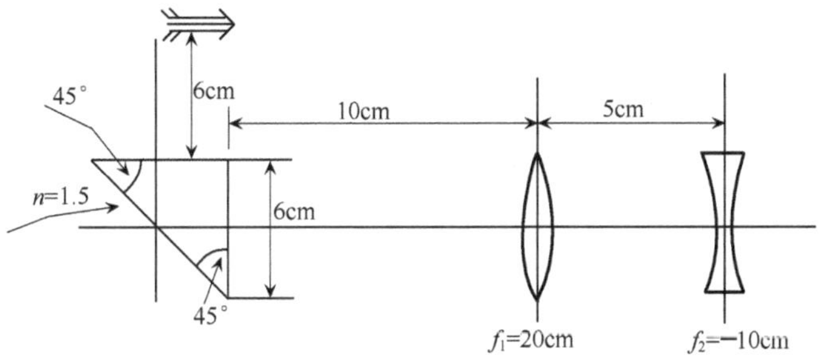

题图 1.57

解　直角棱镜 $n=1.5$，全反射角 $\alpha=\arcsin\frac{1}{n}=42°<45°$，故物体之像在棱镜的斜面上被全反射，即物体将首先在棱镜左侧成虚像. 又考虑到直角棱镜等价于厚 $d=6\text{cm}$ 的平板，会产生像的平移. 即

$$\Delta L=d\left(1-\frac{1}{n}\right)=6\times\left(1-\frac{1}{1.5}\right)=2(\text{cm})$$

故等效物距为

$$u_1=10+6+(6-2)=20(\text{cm})$$

u_1 与 f_1 相等，故 $v_1=\infty$.

对第二个透镜，有

$$u_2=\infty,\qquad f_2=-10\text{cm}$$

可见

$$v_2=f_2=-10\text{cm}$$

即位于第二个透镜左侧 10cm 处，是倒立虚像，像的大小为

$$l_2=\left|\frac{f_2}{f_1}\right|l_1=0.5\text{cm}$$

1.58　一组合显微镜物镜焦距为 0.5cm，目镜焦距 2cm，如果两透镜间距为 22cm，观察者看到的像在∞处，那么物体到物镜的距离应是多少？放大倍数是多少？误差在±10%之内，由透镜公式 $\frac{1}{p}+\frac{1}{q}=\frac{1}{f}$，推出所有必要的公式. 眼睛的正常近点是 15cm.

解　以下标 1 代表物镜，2 代表目镜，物距为 p，像距 q 和焦距 f 均取正值. 由 $q_2=\infty$ 知，$p_2=f_2=2\text{cm}$，即经物镜所成的像在目镜的前焦面上，所以

$$q_1=d-p_2=20\text{cm}\qquad(d\ \text{为两透镜间距})$$

代入

$$\frac{1}{p_1}+\frac{1}{q_1}=\frac{1}{f_1}$$

得

$$p_1=0.51\text{cm}$$

即物体应放在物镜前 0.51cm 处.

设物体高为 y，则经物镜所成像的高度为

$$y'=\frac{q_1}{p_1}y$$

所以，经显微镜所成像的视角为

$$\alpha'=\frac{y'}{p_2}=\frac{q_1}{p_1}\frac{y}{f_2}$$

无显微镜时，人眼近点观察物体，视角为

$$\alpha=\frac{y}{15}$$

所以显微镜的放大倍数为

$$M=\frac{\alpha'}{\alpha}=\frac{15q_1}{p_1f_1}=2.9\times10^2$$

1.59 如题图 1.59(1)所示，把缝和光源成像于屏上. 使两透镜间的光线成为平行光线，棱镜的折射率为 $n(\lambda)=1.5+0.02(\lambda-\lambda_0)/\lambda_0$，其中 $\lambda_0=5000\text{Å}$，系统用 5000Å 的光校准. 问：

(1) 两透镜的焦距各为多少？

(2) 屏上缝的横向放大率和角度放大率各是多少？像是倒的吗？画出光路图.

(3) 光源波长 $\lambda=5050\text{Å}$ 时，光线偏离光轴多少？可做适当的近似.

解 (1) 由于经前透镜 L_1 后的光是平行光，所以光源在 L_1 的前焦面上，即有

$$f_1' = 25\text{cm}$$

而欲使平行光经后透镜 L_2 会聚于屏上，须 $f_2'=10\text{cm}$.

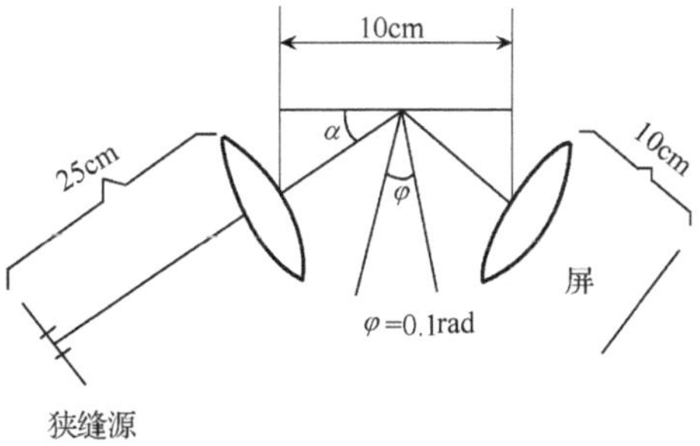

题图 1.59(1)

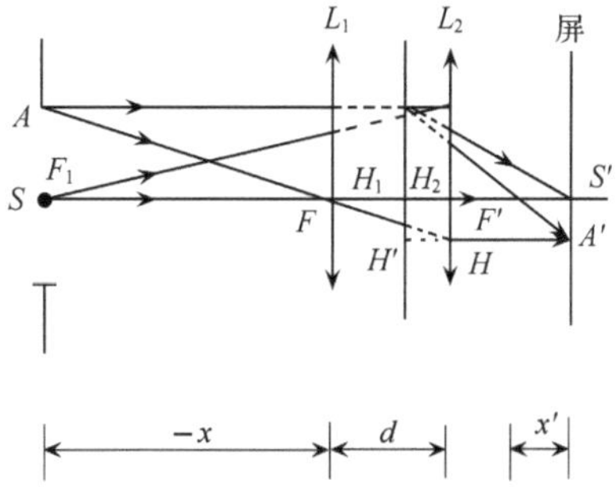

题图 1.59(2)

(2) 可将原装置等效于一个新的共轴系统[如题图 1.59(2)].

对于小角度棱镜. 光线偏向角 $\approx\varphi(n-1)\approx0.05\text{rad}$，所以 L_1、L_2 间距仍可近似认为 $d\approx$ 10cm. 又

$$-f_1=f_1'=25\text{cm},\qquad -f_2=f_2'=10\text{cm}$$

$$\Delta=d-f_1'+f_2'=-25\text{cm}$$

此复合光具组的基点和基面位置分别由下式确定，即：

$$\overline{H_1H}=\frac{f_1\cdot d}{\Delta}=10\text{cm},\qquad \overline{H_2H_1'}=\frac{f_2'\cdot d}{\Delta}=-4\text{cm}$$

$$f=\overline{HF}=\frac{f_1\cdot f_2}{\Delta}=-10\text{cm},\qquad f'=-f=10\text{cm}$$

所以，横向放大率为

$$\beta=\frac{\overline{S'A'}}{\overline{SA}}=-\frac{f}{x}=-\frac{-10}{-25}=-0.4$$

角度放大率为

$$\gamma=\frac{\tan u'}{\tan u}=\frac{f+x}{f'+x'}=\frac{-10-25}{10+4}=-2.5$$

像是倒的($\beta<0$)，光路如题图 1.59(2)所示.

(3) 由

$$\delta=\varphi(n-1),\qquad n(\lambda)=1.5+0.02(\lambda-\lambda_0)/\lambda_0$$

有

$$\Delta\delta = \varphi \frac{dn}{d\lambda} \cdot \Delta\lambda = 0.1 \times \frac{0.02}{5000} \times (5050 - 5000)$$
$$= 2 \times 10^{-5}(\text{rad})$$

1.60　如题图 1.60 所示，在半径为 r 的球面两侧，介质折射率分别为 n_1 和 n_2（$n_1 < n_2$），在光轴上距球面顶点 O 相距为 s 的 Q 点有点光源；另一任意点 Q' 与 O 点相距 s'. 试问在近轴条件下，从 Q 发出的光线哪些能到达 Q'，其光程是极大、极小或稳定值？s 和 s' 应满足什么条件，Q' 才是 Q 的像点？

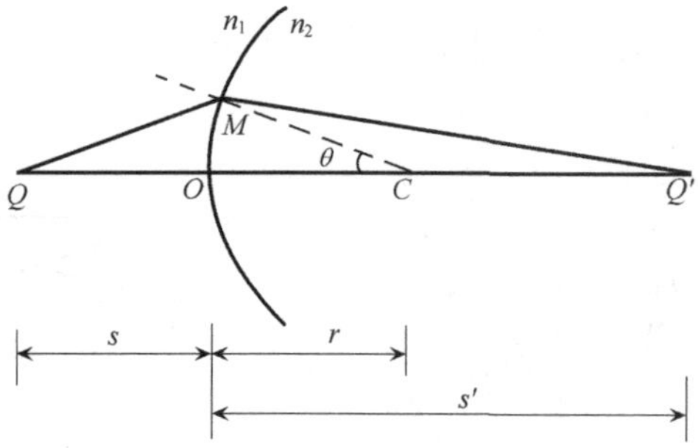

题图 1.60

解　费马原理指出，光沿光程为极值的路径传播. 如题图 1.60，任取一条光线 QM，设经球面折射后到达 Q'. M 与球心 C 的连线与主光轴的夹角为 θ. 光线 QMQ' 是否存在，取决于其光程 L 是否为极值. L 为

$$L = n_1 \overline{QM} + n_2 \overline{MQ'}$$

由余弦定理，$\overline{QM}$ 为

$$\overline{QM} = [r^2 + (s+r)^2 - 2r(s+r)\cos\theta]^{\frac{1}{2}}$$

在傍轴条件下

$$\cos\theta \approx 1 - \frac{\theta^2}{2}$$

代入得

$$\overline{QM} = s\left[1 + \frac{r(s+r)}{s^2}\theta^2\right]^{\frac{1}{2}} \approx s\left[1 + \frac{r(s+r)}{2s^2}\theta^2\right] = s + \frac{r(s+r)}{2s}\theta^2$$

同理，$\overline{MQ'}$ 为

$$\overline{MQ'} = s' - \frac{r(s'-r)}{2s'}\theta^2$$

故光程 L 为

$$L = n_1\left[s + \frac{r(s+r)}{2s}\theta^2\right] + n_2\left[s' - \frac{r(s'-r)}{2s'}\theta^2\right]$$

根据费马原理，L 取极值的光线是真实存在的. L 取极值的条件是

$$\frac{dL}{d\theta} = n_1 \frac{r(s+r)}{s}\theta - n_2 \frac{r(s'-r)}{s'}\theta$$
$$= r\theta\left(n_1 \frac{s+r}{s} - n_2 \frac{s'-r}{s'}\right) = 0$$

因此，满足上述条件的光线是：$\theta=0$，即沿主光轴传播的那条光线；以及 $\theta\neq0$，但 s 和 s' 满足下述条件的光线：

$$n_1\frac{s+r}{s}-n_2\frac{s'-r}{s'}=0$$

即

$$\frac{n_1}{s}+\frac{n_2}{s'}=\frac{n_2-n_1}{r}$$

此即球面折射成像公式(傍轴条件下). 可见，当 Q' 是 Q 的像点时，$\theta\neq0$ 的傍轴光线的光程满足极值条件，都能到达 Q' 点.

再看上述光线的光程是极大、极小还是稳定值. 因

$$\frac{\mathrm{d}^2L}{\mathrm{d}\theta^2}=r\left(n_1\frac{s+r}{s}-n_2\frac{s'-r}{s'}\right)=0$$

故 L 取稳定值. 即若 Q' 是 Q 的像点，则从 Q 点发出的傍轴光线经球面折射后均可到达 Q 点. 这些光线的光程取稳定值，这就是成像系统的等光程原理.

若 Q' 不是 Q 的像点，则

$$n_1\frac{s+r}{s}-n_2\frac{s'-r}{s'}\neq0$$

只有 $\theta=0$ 的那条光线才能到达 Q' 点. 当 Q' 点在像点的左方，即当

$$n_1\frac{s+r}{s}-n_2\frac{s'-r}{s'}>0$$

时，$\frac{\mathrm{d}^2L}{\mathrm{d}\theta^2}>0$，$L$ 取极小值. 当 Q' 点在像点的右方，即当

$$n_1\frac{s+r}{s}-n_2\frac{s'-r}{s'}<0$$

时，$\frac{\mathrm{d}^2L}{\mathrm{d}\theta^2}<0$，$L$ 取极大值.

1.61 如题图 1.61(1)所示，一平凸透镜的折射率为 n，放置在空气中. 透镜孔径的半径为 R，在透镜外主光轴上取一点 F，$\overline{OF}=f$. 当平行光沿主光轴入射时，为使所有光线都会聚在 F 点，试问透镜凸面应取什么形状，透镜顶点 A 点与 O 点相距多少，对透镜的孔径 R 有何限制?

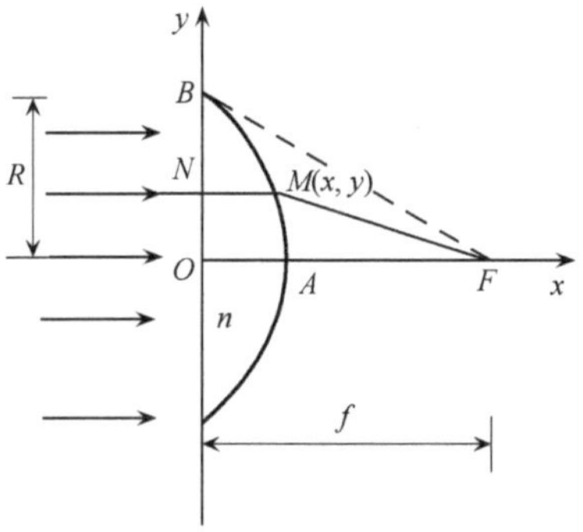

题图 1.61(1)

解 根据费马原理，以平行光入射并会聚于 F 点的所有光线应有相等的光程. 即最边缘的光线 BF 与任一条光线 NMF 的光程应相等[M 是凸面上任一点，其坐标为 $M(x,y)$]，由此，可以确定凸面的方程，其余问题亦可迎刃而解.

取 Oxy 坐标如题图 1.61(1)所示，由光线 BF 和 NMF 的等光程性，得

$$L=nx+\sqrt{(f-x)^2+y^2}=\sqrt{f^2+R^2}$$

把上式取平方，稍加整理，得出透镜凸面上任一点 $M(x,y)$ 的坐标 (x,y) 应满足的方程为

$$(n^2-1)\left(x-\frac{n\sqrt{f^2+R^2}-f}{n^2-1}\right)^2-y^2=\frac{(nf-\sqrt{f^2+R^2})^2}{n^2-1}$$

令

$$x_0=\frac{n\sqrt{f^2+R^2}-f}{n^2-1}$$

$$a=\frac{nf-\sqrt{f^2+R^2}}{\sqrt{n^2-1}}$$

方程简化为

$$(n^2-1)(x-x_0)^2-y^2=a^2$$

这是双曲线的方程. 由旋转对称性,透镜的凸面应是旋转双曲面.

透镜顶点 A 的位置 x_A 应满足

$$(n^2-1)(x_A-x_0)^2=a^2$$

$$x_A=x_0+\frac{a}{\sqrt{n^2-1}}=\frac{\sqrt{f^2+R^2}+f}{n+1}$$

可见,对于一定的 n 和 f,x_A 由 R 决定.

因 F 点在透镜外,即

$$x_A\leqslant f$$

这是对 R 的限制条件,即

$$\frac{\sqrt{f^2+R^2}+f}{n+1}\leqslant f$$

也即要求

$$R\leqslant\sqrt{n^2-1}f$$

在极限情形,即当

$$R=\sqrt{n^2-1}f$$

时,有如下结果:

$$x_A=\frac{\sqrt{f^2+(n^2-1)f^2}+f}{n+1}=f$$

即 A 点与 F 点重合. 又因在此极限情形

$$x_0=\frac{n^2f-f}{n^2-1}=f,\qquad a=0$$

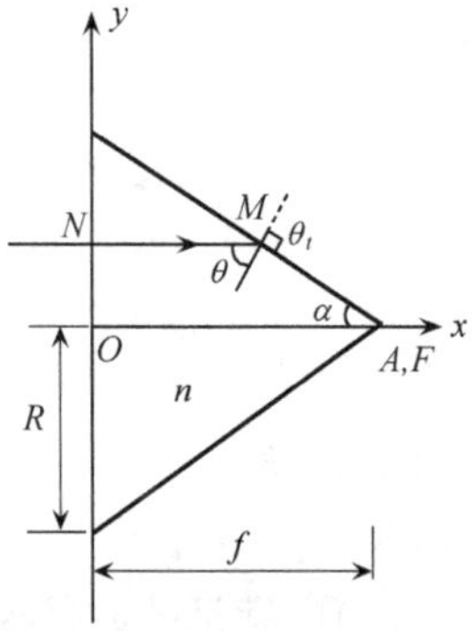

题图 1.61(2)

故透镜凸面的双曲线方程变为

$$(n^2-1)(x-f)^2-y^2=0$$

即

$$y=\pm\sqrt{n^2-1}(x-f)$$

双曲线退化成通过 F 点的两条直线,即这时透镜的凸面变成以 F 点为顶点的圆锥面,如题图 1.61(2)所示. 考虑任意一条入射光线 NM,由折射定律,有

$$n\sin\theta=\sin\theta_t$$

由几何关系

$$\sin\theta = \cos\alpha = \frac{f}{\sqrt{f^2 + R^2}}$$

故

$$\sin\theta_t = \frac{nf}{\sqrt{f^2 + R^2}} = 1, \qquad \theta_t = \frac{\pi}{2}$$

即所有入射的平行光线，折射后均沿圆锥面到达 F 点，此时的 θ 角就是全反射的临界角.

1.62　两个焦距分别是 f_1 和 f_2 的薄凸透镜 L_1 和 L_2，相距为 d，被共轴地安置在光具座上.

(1) 若要求入射光线和与之对应的出射光线相互平行，问该入射光线应满足什么条件？

(2) 根据所得结果，分别画出各种可能情况下的光路示意图.

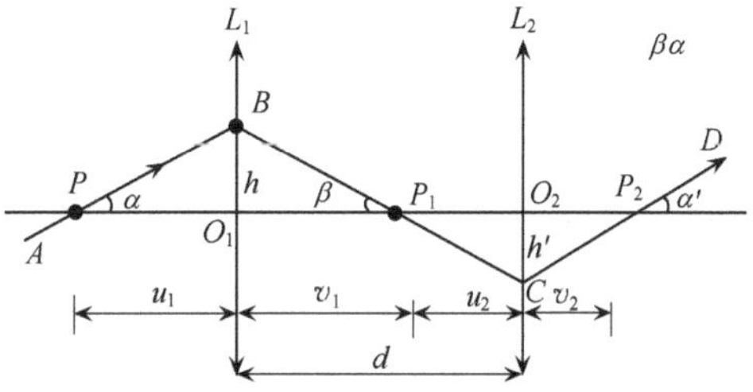

题图 1.62(1)　$d>f_1+f_1$

解　(1) 如题图 1.62(1)所示的光路图中，入射光 AB 经透镜 L_1 折射后沿 BC 射向 L_2，经 L_2 折射后沿 CD 出射. AB、BC、CD 与透镜主轴交点分别为 P、P_1、P_2. 如果 P 为物点，则 P_1 为 P 经 L_1 成的像，P_2 为 P_1 经 L_2 成的像. 所以有关系

$$\frac{1}{u_1} + \frac{1}{v_1} = \frac{1}{f_1} \tag{1}$$

$$\frac{1}{u_2} + \frac{1}{v_2} = \frac{1}{f_2} \tag{2}$$

$$d = v_1 + u_2 \tag{3}$$

当入射光线 PB 与出射光线 CP_2 平行时，即

$$\alpha = \alpha' \tag{4}$$

则从题图 1.62(1)中可得

$$\frac{h'}{h} = \frac{v_2}{u_1}, \qquad \frac{h'}{h} = \frac{u_2}{v_1} \tag{5}$$

得

$$v_1 v_2 = u_1 u_2 \tag{6}$$

联立方程(1)、(2)、(3)、(6)，设法消去 v_1、v_2 和 u_2.

方程(1)两边乘 v_1，方程(2)两边乘 u_2，变为

$$\frac{v_1}{u_1} + 1 = \frac{v_1}{f_1} \tag{7}$$

$$1 + \frac{u_2}{v_2} = \frac{u_2}{f_2} \tag{8}$$

方程(6)变为

$$\frac{v_1}{u_1} = \frac{u_2}{v_2} \tag{9}$$

联立方程(7)、(8)、(9)得到

$$u_2 = \frac{f_2}{f_1} v_1 \tag{10}$$

联立方程(3)和(10)得到

$$v_1 = \frac{f_1 d}{f_1 + f_2} \tag{11}$$

联立方程(1)和(11)得到

$$u_1 = \frac{f_1 v_1}{v_1 - f_1} = \frac{f_1^2 d}{f_1 d - f_1^2 - f_1 f_2} = \frac{f_1 d}{d - (f_1 + f_2)} \tag{12}$$

由于d、f_1、f_2均已给定,所以u_1为一确定值. 这里得到的结果表明,如果入射光与出射光线平行,则入射光线必须通过主轴上一确定的点,此点在L_1左方,与L_1相距为

$$u_1 = \frac{f_1 d}{d - (f_1 + f_2)}$$

由于u_1与α无关,所以凡是通过该点射向L_1的入射光线都和对应的出射光线平行.

(2) 从方程(12)知,当$d > f_1 + f_2$时,$u_1 > 0$,这种情况的光路图就如题图 1.62(1)所示. 当$d = f_1 + f_2$时,$u_1 \to \infty$,$\alpha = 0$,此时入射光线和出射光线均平行于主轴,光路如题图 1.62(2)所示. 当$d < f_1 + f_2$时,$u_1 < 0$,这表明P点在L_1的右方,对L_1是虚物. 由方程(1)知,此时$v_1 > 0$. 再由$u_2 = \frac{f_2}{f_1} v_1$和$\frac{u_2}{v_2} = \frac{v_1}{u_1}$可知$u_2 > 0$,$v_2 < 0$. 因此,此时光路图如题图 1.62(3)所示.

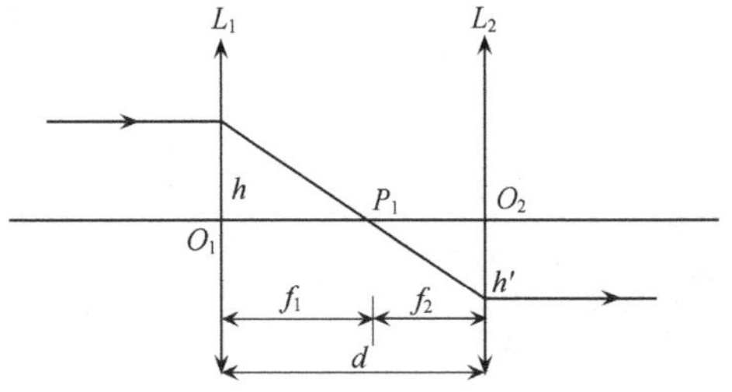

题图 1.62(2)　$d = f_1 + f_1$

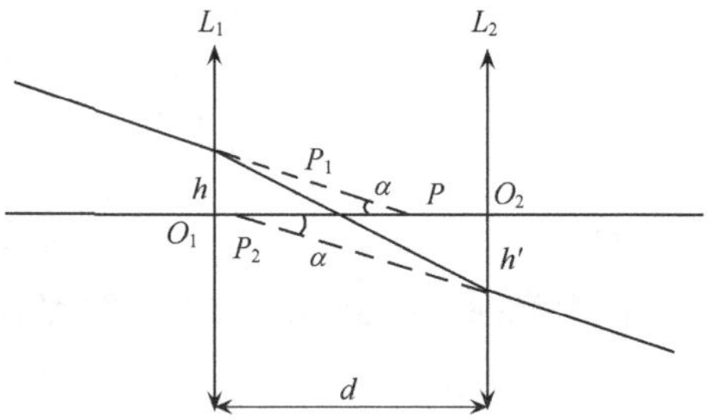

题图 1.62(3)　$d < f_1 + f_1$

1.63　照相机镜头L前 2.28m 处的物体被清晰地成像在镜头后面 12.0cm 处的照相胶片P上. 今将一折射率为 1.50、厚$AB = 0.90$cm、两面平行的玻璃平板插入镜头与胶片之间,与光轴垂直,如题图 1.63(1)所示. 设照相机镜头可看作一个简单薄凸透镜,光线为近轴光线.

(1) 求插入玻璃板后,像的新位置.

(2) 如果保持镜头、玻璃板、胶片三者间距离不变,并要求物体仍然清晰地成像于胶片上,则物体应放在何处?

解　(1) 设未插玻璃板前,由C进入的近轴光束会聚于像点P_1. 当插入玻璃板后,由于光线的折射作用,像点位置的变化如题图 1.63(2)所示. 旁轴光线CP_1,经平行玻璃板折射的光路变为$CDEP_2$. 光线在平板左侧表面的入射角i和折射角r均为小角度. 反向

延长 EP_2 交 D 点处的法线于点 F，因 DFP_2P_1 为平行四边形，所以

$$P_1P_2 = DF = \frac{b}{\tan r} - \frac{b}{\tan i} = d - d \cdot \frac{\tan r}{\tan i}$$

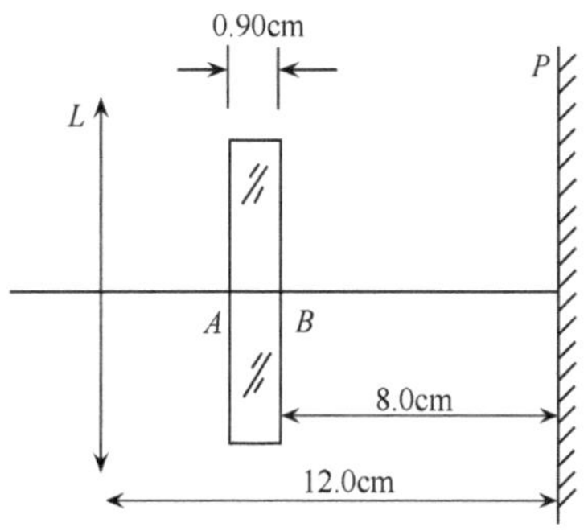

题图 1.63(1)

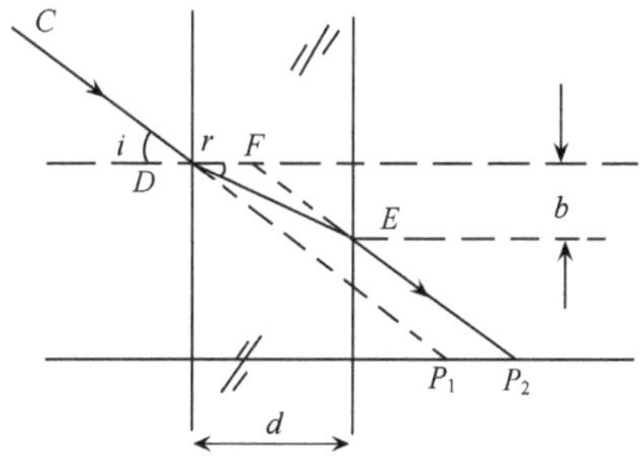

题图 1.63(2)

利用小角度近似

$$\frac{\tan r}{\tan i} = \frac{\sin r}{\sin i} = \frac{1}{n}$$

所以

$$P_1P_2 = d\left(1 - \frac{1}{n}\right)$$

这个结论对任何会聚于 P_1 点的旁轴光线均成立. 因此，向轴上 P_1 点会聚的旁轴光束经平面玻璃板折射后会聚于轴上 P_2 点. 即像点由 P_1 移至 P_2，移动距离为

$$P_1P_2 = 0.90 \times \left(1 - \frac{1}{1.50}\right) = 0.30(\text{cm})$$

像的新位置在镜头后面 12.0+0.30=12.3(cm)处.

(2) 如果镜头、玻璃板、胶片三者距离不变，只有调整物距才能重新成像于胶片上. 此时像距应修正为

$$v = 12.0 - 0.30 = 11.7(\text{cm})$$

利用未插玻璃板时成像条件，求出照相机镜头焦距 f

$$\frac{1}{228} + \frac{1}{12} = \frac{1}{f}$$

$$f = 11.4\text{cm}$$

由 v、f，求解 u

$$\frac{1}{u} + \frac{1}{11.7} = \frac{1}{11.4}$$

解得

$$u = 4.45\text{m}$$

即，物距为 4.45m 时，插入玻璃平板后，仍可在胶片上得到清晰的像.

1.64 有一薄平凸透镜，凸面曲率半径 $R=30\text{cm}$. 已知在利用近轴光线成像时，若将此透镜的平面镀银，其作用等同于一个焦距是 30cm 的凹面镜. 若将此透镜的凸面镀银，

其作用也等同于一个凹面镜，求在这种情况下的等效凹面镜的焦距.

解　解法一　透镜的平面镀银，其光路如题图 1.64(1)所示. 它等同于一个焦距为 30cm 的凹面镜，即等效于一个曲率半径是 60cm 的球面反射镜. 这是因为对于平面镀银的透镜，当物点置于等效曲率中心 C_1 处时，发出的任一近轴光线经凸面折射、再往平面反射后将沿原路返回，然后再经凸面折射后，光线还通过 C_1 点，物像重合. 由此可知，光线在透镜内的方向必垂直于平面，即平行主光轴.

利用折射定律在近轴条件下的表示式

$$i = ni', \qquad i = u + i' \tag{1}$$

所以得到

$$u + i' = ni'$$

即

$$n = 1 + \frac{u}{i'} \tag{2}$$

再利用图中几何关系

$$u = \frac{h}{60}, \qquad i' = \frac{h}{30}$$

得到

$$n = 1.5 \tag{3}$$

透镜的凸面镀银，其光路如题图 1.64(2)所示. 根据前面的分析，在此只需找到等效曲率中心即可求出焦距 f.

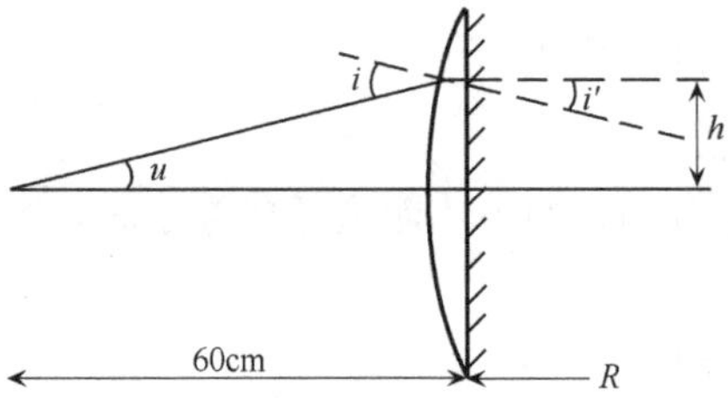

题图 1.64(1)

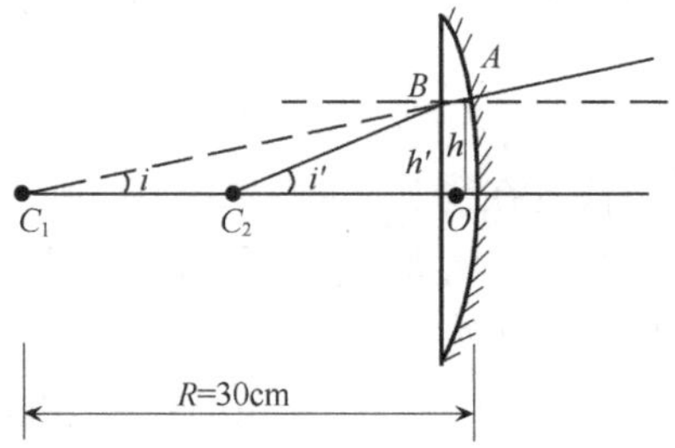

题图 1.64(2)

通过凸面上近轴的任一点 A 作一垂直于球面指向曲率中心 C_1 的光线，此光线经平面上 B 点折射后交主光轴于 C_2.

令 $C_2O=r$，根据近轴条件下的折射定律

$$ni' = i \tag{4}$$

对于薄透镜

$$i = \frac{h}{R}, \qquad i' = \frac{h}{r}$$

代入上式，得到

$$r = \frac{R}{n} \tag{5}$$

根据光路可逆性，在题图 1.64(2)中由 C_2 发出的光线经平面折射、球面反射，沿原路再经平面折射，回到 C_2 点. 则 C_2 就是等效凹面镜的曲率中心. 所以可以得到等效凹面镜的焦距

$$f_1=\frac{r}{2}=\frac{R}{2n}=10\text{cm} \tag{6}$$

解法二　题中所给条件："若将此透镜的平面镀银，其作用等同于一个焦距是 30cm 的凹面镜."我们在前面已经提到，这等于指出，这个平面镀银的透镜等效于一个曲率半径为 60cm 的球面反射镜. 利用题图 1.64(1)，设想在 C_1 点发出一条近轴光线，经球面折射后必成为平行主光轴的光，由于平面镀银，将按原路返回. 如果平面不镀银，则此光线将平行于主光轴向前发出. 由 C_1 发出的别的近轴光线也一样. 因此，若平面不镀银. 则由 C_1 发出的近轴光线经薄透镜变成平行光. C_1 就是焦点，焦距

$$f=60\text{cm} \tag{7}$$

综上所述，题中所给的那个条件，等价于给出了薄透镜的焦距.

把如下条件，$R=30\text{cm}$，$f=60\text{cm}$，用于凸面镀银的透镜. 利用题图 1.64(2)，设想从主轴上 C_2 发出一条近轴光线 C_2B，经平面折射后恰好沿着球半径行进，此光线经球面反射沿原路返回，再经平面折射又回到 C_2 点，C_2 是等效曲率中心，有关系

$$C_2O=2f_1 \tag{8}$$

若凸面不镀银，仍由 C_2 发出一条近轴光线 C_2B，经平面折射后沿球半径行进，经球面不发生折射继续直线行进. 此时反向延长线所交点 C_1 为虚像，像距 $v=-R$，因此有成像公式

$$\frac{1}{2f_1}-\frac{1}{R}=\frac{1}{f} \tag{9}$$

解得

$$f_1=\frac{Rf}{2(R+f)}=10\text{cm} \tag{10}$$

此结果与式(6)相同.

1.65　设球的半径为 R，球心在 C 点，球内外透明介质折射率分别为 n 和 n'，并设 $n>n'$. 若在 Q 点有一光点，与球心 C 的距离 $\overline{QC}=\frac{n'}{n}R$，如题图 1.65(1)所示.

(1) 试证，自 Q 点发出的广角光束（不限于旁轴光线）经球面折射后将聚交于一点 Q'，并求 $Q'C$ 的距离；

(2) 试证，(1) 中的这对共轭点 Q、Q'，有关系

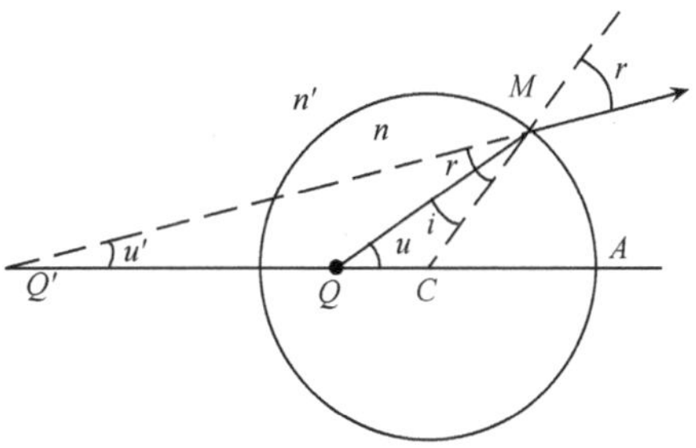

题图 1.65(1)

$$\frac{\sin u}{\sin u'}=\frac{\overline{AQ'}}{\overline{AQ}}$$

证　(1) 我们可以用两种方法证明此题.

方法一　在题图 1.65(1)中，取任一条光线 QM，折射后的延长线与 CQ 相交于 Q'. 在△CQM 中利用正弦定理

$$\frac{\sin i}{\sin u}=\frac{\overline{QC}}{\overline{MC}}=\frac{n'R/n}{R}=\frac{n'}{n} \tag{1}$$

在点 M 处折射，利用折射定律

$$\frac{\sin i}{\sin r}=\frac{n'}{n} \tag{2}$$

由式(1)和(2)得

$$u=r=\angle CMQ'$$

则

$$\triangle CMQ \backsim \triangle CQ'M$$

$$\frac{\overline{CM}}{\overline{CQ}}=\frac{\overline{CQ'}}{\overline{CM}}$$

$$\overline{CQ'}=\frac{\overline{CM}^2}{\overline{CQ}}=\frac{R^2}{(n'R/n)}=\frac{n}{n'}R$$

由于 M 点的任意性，且均聚交于 Q' 点，Q' 点离圆心的距离是确定的，所以 Q' 点是确定的. Q 和 Q' 是一对共轭点，被叫做折射球面的齐明点.

方法二　光线从一点发出，能会聚于另一点，必须满足所有给出的光线等光程条件.

所谓光程，就是光所经历的几何路程与介质折射率的乘积.

在计算光程时，若点光源发出的光会聚成一个虚像，就需用虚光程(取负值的光程)，计算时，须用实际光线所在介质的折射率.

设由 Q 点发出的任意一条光线 QM，M 为球面上的任意一点. 经折射后折射线的延长线交于 CQ 延长线上的 Q' 点. 则由方法一中分析得到

$$\triangle CMQ \backsim \triangle CQ'M$$

则

$$\frac{\overline{QM}}{\overline{MQ'}}=\frac{\overline{CQ}}{\overline{MC}}=\frac{n'}{n}$$

得到由 Q 到 Q' 的光程

$$(QMQ')=n\,\overline{QM}-n'\,\overline{MQ'}=0$$

此处用括号表示光程. 由于 M 是任意选取的，上式表示由 Q 发出的光线经球面折射后的所有的光线，抵达 Q' 所得到的光程均为零，即所有光线的光程均相等. 所以确实会聚于 Q' 点. 再利用

$$\frac{\overline{CQ'}}{\overline{CM}}=\frac{\overline{CM}}{\overline{CQ}}=\frac{n}{n'}$$

得

$$\overline{CQ'}=\frac{n}{n'}R$$

(2) 因为

$$\frac{\sin u}{\sin u'}=\frac{\overline{MQ'}}{\overline{QM}}=\frac{\overline{Q'C}}{\overline{CM}}=\frac{n}{n'}=\frac{1+n/n'}{1+n'/n}=\frac{R+\overline{Q'C}}{R+\overline{QC}}=\frac{\overline{AQ'}}{\overline{QA}}$$

讨论：显微镜物镜组中配有利用齐明点的透镜. 如题图 1.65(2)所示，透镜两表面均

为球面左表面球心在 Q 点(此处放物),右表面球心在 C 点,球半径分别为 R_1 和 R_2. $CQ=\frac{n'}{n}R_2$.

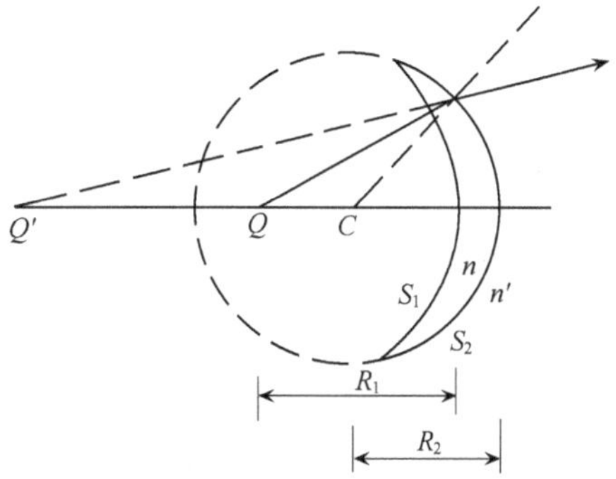

题图 1.65(2)

若物在 Q 点发出光线,在 S_1 面上不发生折射,光线直抵 S_2 球面. 光线折射,反向延长交于 CQ 上 Q' 点. 就其点物而言,广角光束也不会产生像差. 这是齐明点的一大特性.

1.66 求出平凸透镜的表面形状(用方程表示),它能将平行光束聚焦而无球面像差(准确地聚焦于一点,而不必限于旁轴光线). 假定光线是从平面方向垂直射入. 并给出表面中心部分的厚度. 计算时采用的数据:透镜半径 $r=5\text{cm}$,焦点到透镜平面的距离 $f=12\text{cm}$,玻璃折射率 $n=1.5$. 如题图 1.66(1)所示.

解 这里用波动观点分析聚焦过程.

假如透镜要无像差地聚焦平面波,那么过透镜后波面必须是具有同一个中心的球面,这个中心就是题图 1.66(2)中的焦点 F. 入射波面是和透镜的平表面平行. 在透镜内部波面也与透镜平表面平行,只是更密,因为玻璃中的波长比在空气中短,为$\frac{\lambda}{n}$,其中 λ 为空气中波长. 由题图 1.66(2)中知,在焦点 F 和透镜平表面之间波峰的个数是个常数,与沿什么路径计算无关(即光程是一个常数). 我们选择题图 1.66(2)中三条路径:OF、MNF、KF,并作比较. 这里 N 点的坐标为(x,y).

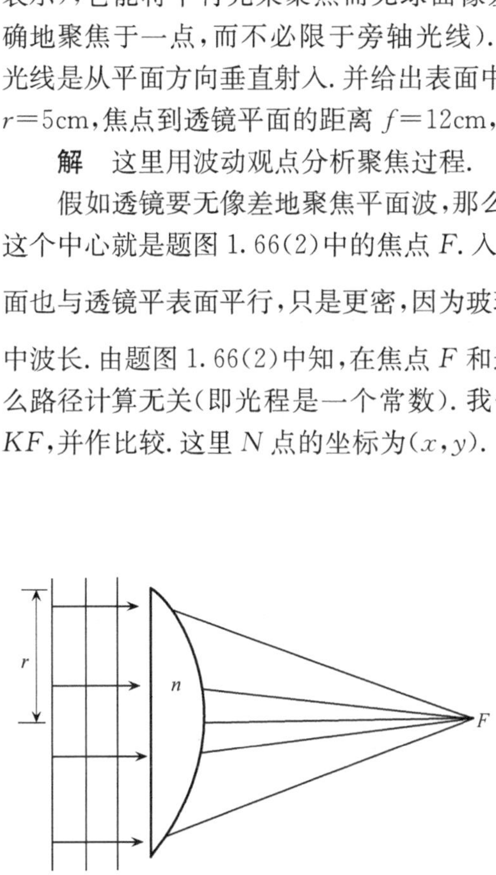

题图 1.66(1)

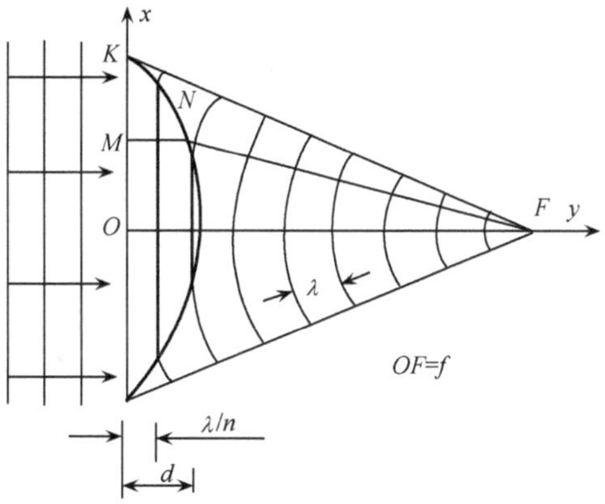

题图 1.66(2)

① 沿 OF 路径波峰数:$\frac{d}{\lambda/n}+\frac{f-d}{\lambda}$,式中 d 为透镜中心处的厚度;

② 沿 MNF 路径波峰数:$\frac{y}{\lambda/n}+\frac{\sqrt{x^2+(f-y)^2}}{\lambda}$;

③ 沿 KF 路径波峰数:$\frac{\sqrt{r^2+f^2}}{\lambda}$.

等光程要求,上述三个数相等. 由①、③得

$$\frac{nd}{\lambda}+\frac{f-d}{\lambda}=\frac{\sqrt{r^2+f^2}}{\lambda}$$

由此,不管波长 λ 为何值,均有

$$d=\frac{\sqrt{r^2+f^2}-f}{n-1}=2\text{cm}$$

这就是透镜中心部分的厚度.

为了写出透镜凸面的表面形状,由②、③得方程

$$ny+\sqrt{x^2+(f-y)^2}=\sqrt{r^2+f^2} \tag{1}$$

把此方程整理变形为

$$(n^2-1)\left[y-\frac{n\sqrt{r^2+f^2}-f}{n^2-1}\right]^2-x^2=\frac{(n^2+1)f^2+r^2-2nf\sqrt{r^2+f^2}}{n^2-1} \tag{2}$$

这是一个双曲线方程. 但应注意,方程(2)是双曲线的两个分支,而方程(1)是这两个分支中的一个. 所以我们所要求的方程是(1),从方程(2)可以清楚看出方程(1)是双曲线中一支.

从方程(1)也能得到透镜的厚度,即取 $x=0$,则对应的 y 就是透镜厚度 d

$$ny+f-y=\sqrt{r^2+f^2},\qquad d=y=\frac{\sqrt{r^2+f^2}-f}{n-1}$$

此结论与前面得到的相同.

1.67　如题图 1.67(1)所示,L_1 和 L_2 为两个共轴薄透镜,OO'为主光轴,L_1 和 L_2 的焦距分别为 f_1 和 f_2,紧靠薄透镜 L_1 和 L_2 有光圈 S_1 和 S_2,光圈透光部分直径分别为 D_1 和 D_2. 两薄透镜相距 $2(f_1+f_2)$,透镜 L_2 右方相距 $2f_2$ 处有一光屏 P(垂直于 OO'). A、B 为亮度相等的两光点,B 点在光轴 OO'上,离 L_1 距离为 $2f_1$,AB 垂直 OO',$AB=a$. 又已知 $D_1=4a$,$D_2=2a$,并设 A、B 点对 L_1 光圈透光孔所张的角相等. 设 A、B 在 P 上成像分别为 A'和 B'.

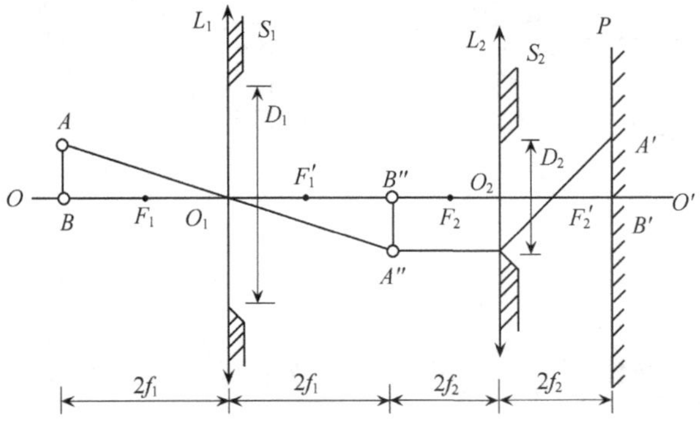

题图 1.67(1)

(1) 求 A'和 B'亮度的比值(此小题设 $f_1=2f_2$);

(2) 若 A、B 点,以及 L_1、L_2、屏 P 位置不变,

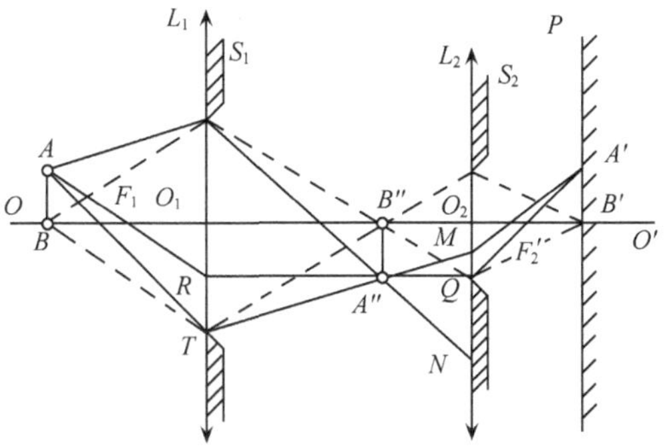

题图 1.67(2)

① 为使 A' 像消失，光圈 S_1 的孔径 D_1 最大为多大(光圈 D_2 不变时)；

② 光圈 D_1 和 D_2 均保持原值不变，并让像 A' 和 B' 亮度相等，但不改变像的位置，可在 OO' 上插放一同轴薄凸透镜 L_3，求 L_3 应放在何处？镜片直径至少要多大？焦距应为多少？

解 (1) 如题图 1.67(2)中，自 B 点发出的光线，经 L_1 成像在 B'' 点，再经 L_2 成像于 B' 点. 自 B 点发出凡通过光圈 S_1 的光线，都能到达 B' 点. 自 A 点发出的光线，经 L_1 通过光圈 S_1 成像在 A'' 点，再经 L_2 成像在 A' 点，从题图 1.67(2)中看到，其中一条光线 $AF_1RA''QF_2'A'$，正好能达 A' 点. 由 A 发出的光线，在图示截面中，只有在 AR 下方的光线经过 L_1 的像点 A''，能够穿过 L_2 成像在屏 P 上的 A' 点，在 AR 上方的光线则不能. 最下面那条临界光线 AT，经透镜 L_1 达像点 A''，由于 $A''B''$ 距 L_1 和屏 P 距离相等(由题设 $f_1=2f_2$ 可知)，因此光线 $TA''M$ 的延长线必过 B'(此光线经 L_2 折射后抵达 P 上像点 A')，因此 $MO_2=\frac{1}{2}a$.

因 A 发出的光线是对着光圈 S_1 的透光孔径，成像在 A'' 点，等效于又以相同的孔径角自 A'' 发出光，照在 L_2 上本该是一个半径为 a 的亮圈区域，但由于 L_2 上光圈的存在，只能透过一部分，如题图 1.67(3)中的阴影部分，透过部分的光成像在 A'，而 B 点发出的光经 L_1 成像于 B'' 点，再以相同孔径角发出通过整个光圈 S_2 成像于 B'，因此，A' 和 B' 亮度之比等于两个面积之比

$$\frac{A'\text{亮度}}{B'\text{亮度}}=\frac{S_{阴影}}{S_{圆}}\approx 0.144$$

其中

$$S_{圆}=\pi a^2$$

$$\begin{aligned}S_{阴影}&=2\left(\pi a^2\cdot\frac{\alpha}{\pi}-\frac{3}{4}\cdot a^2\sin\alpha\right)\\&=2\left[a^2\arccos\frac{3}{4}-\frac{3}{4}a^2\sqrt{1-\left(\frac{3}{4}\right)^2}\right]=0.453a^2\end{aligned}$$

(2) ① 若 A、B 光点，以及 L_1、L_2、屏 P 位置不变，为使 A' 像消失，只需让光线 AF_1R 及其下方所有的光线被阻挡即可. 因此在光圈 S_2 孔径不变条件下，光圈 S_1 的孔径调整为

$D_1 < 2a$.

② 为保持像 A'、B' 的位置不变,薄凸透镜 L_3 应放在中间像 $A''B''$ 处,这样对 L_3 而言,物距像距均为零,即 $A''B''$ 位置和大小均不会因光束通过 L_3 而改变. L_3 的直径只要等于或大于 $A''B''$ 即可.

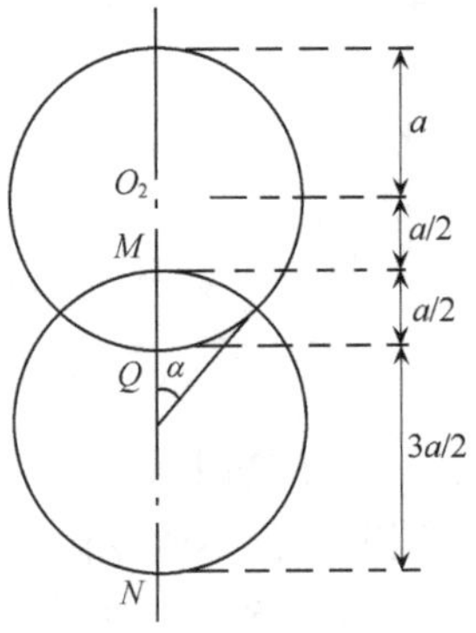

题图 1.67(3)

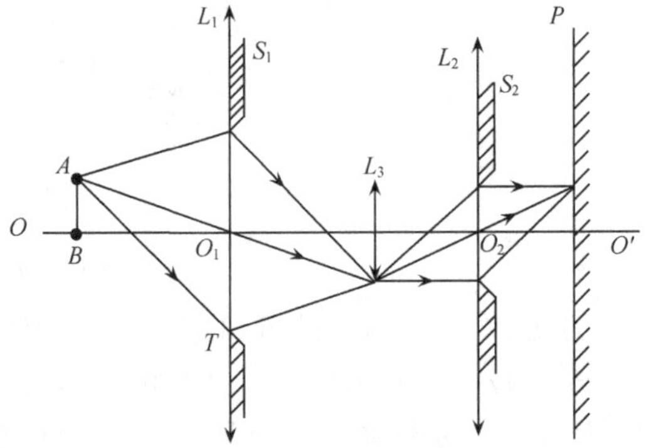

题图 1.67(4)

为了使屏上像 A' 和 B' 的亮度相等,应该要求射到屏 P 上像点的光束大小相等. 在没有凸透镜 L_3 的情况下,由于 A 点发出的通过 L_1 的光束只有一部分通过 L_2,所以屏 P 上的像 A' 比像 B' 要暗. 为使 A 点发出的通过 L_1 的光束全部通过 L_2,就可以利用凸透镜 L_3 使过 A'' 的光束向主轴方向偏转. 若 L_3 的焦距过大,光束偏转不够,不足以使过 A'' 点的光束全部通过 L_2;若 L_3 的焦距过小,光束偏转过分,也会使过 A'' 点的光束部分被阻. 只有当由 A 发出的过 L_1 中心 O_1 的光线 AO_1A'',经 L_3 转向 $A''O_2$(即过 L_2 的中心 O_2),才能使 A 点发出的通过 L_1 的光束全部通过 L_2. 如题图 1.67(4)所示.

在上述情况下,L_1 和 L_2 的位置就是相对于 L_3 的共轭位置. 而且 L_1 处光圈孔径 D_1 经过 L_3 所成的像的大小正好等于 L_2 处光圈孔径 D_2. 则由孔径 D_1 射出的光线都将通过孔径 D_2. 由此,可以算出 L_3 的焦距 f_3

$$\frac{1}{2f_1} + \frac{1}{2f_2} = \frac{1}{f_3}$$

解得

$$f_3 = \frac{2f_1 f_2}{f_1 + f_2}$$

这就是所选凸透镜的焦距.

1.68　长度 5.0mm 的线状物体垂直于光轴置于照相机前 50cm 处,在底片上成像,像长 1.0mm. 若底片后移 1.0cm,像弥散斑宽度为 1.0mm,求相机的 F 数.

解　相机的 F 数为相对孔径的倒数 $F = \frac{1}{D/f}$,D 为相机孔径,f 为镜头焦距. 由物像公式有

$$\begin{cases} \frac{1}{s'} + \frac{1}{s} = \frac{1}{f} \\ \beta = \frac{y'}{y} = \frac{s'}{s} \end{cases}$$

$$s=50\text{cm},\qquad y=5.0\text{mm},\qquad y'=1.0\text{mm}$$

解之得

$$s'=10\text{cm},\qquad f=\frac{50}{6}\approx 8.33(\text{cm})$$

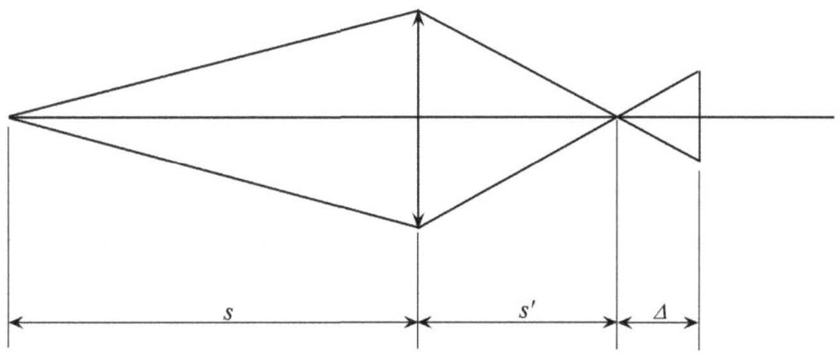

题图 1.68

由题图 1.68 中几何关系知

$$\frac{D}{s'}=\frac{0.10}{\Delta},\qquad D=\frac{0.10}{\Delta}s'=\frac{0.10}{1.0}\times 10=1.0(\text{cm})$$

故

$$F=\frac{1}{D/f}=8.33$$

1.69 如题图 1.69 所示，照相机镜头将一物点聚焦成一像点，若物点移动一段距离 Δq，底片上形成半径为 l 的弥散圆，Δq 称为景深，试推导景深作为物距 q、透镜焦距 f 和相对孔径 D/f 以及弥散圆半径 l 的函数表达式，你可以认为物距远大于焦距.

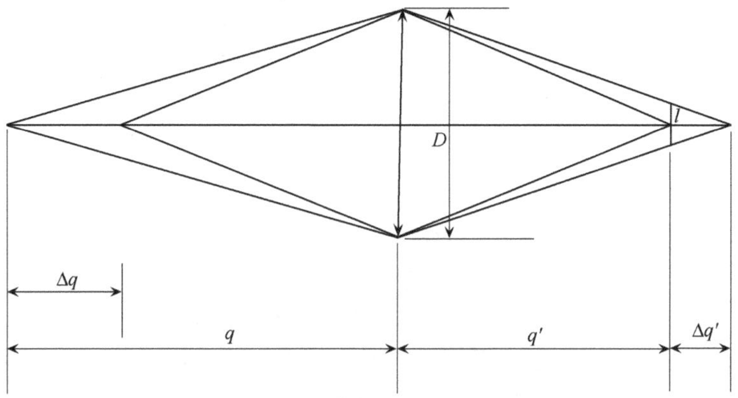

题图 1.69

解 如题图 1.69，由高斯公式

$$\frac{1}{q}+\frac{1}{q'}=\frac{1}{f}$$

有

$$\frac{\mathrm{d}q'}{\mathrm{d}q}=-\left(\frac{q'}{q}\right)^2$$

当物偏离一个小量 Δq 时，有

$$\Delta q' = |\Delta q| \left(\frac{q'}{q}\right)^2$$

由几何关系知

$$\frac{\Delta q'}{l} = \frac{(q' + \Delta q')}{D} \approx \frac{q'}{D}$$

当 $q \gg f$ 时，$q' \approx f$. 我们得到

$$\Delta q \approx \frac{lq'}{D}\left(\frac{q}{q'}\right)^2 \approx \frac{lf}{D}\left(\frac{q}{f}\right)^2 = \frac{l}{F}\left(\frac{q}{f}\right)^2$$

式中相对孔径 $F = D/f$.

1.70 有一老人能看清从 100cm 到 300cm 内的物体，把眼睛简化为离视网膜 2.0cm 的一个简单透镜. 问：

(1) 看远点(300cm)时，透镜的焦距是多少?

(2) 看近点(100cm)时，透镜焦距是多少?

(3) 为看清 25cm 远的物体，需配多少焦距的透镜?

解 (1) 由

$$\frac{1}{u_{远}} + \frac{1}{v} = \frac{1}{f_{远}}$$

代入 $u_{远} = 300\text{cm}$，$v = 2.0\text{cm}$，得 $f_{远} = 1.99\text{cm}$.

(2) 上式中若 $u_{近} = 100\text{cm}$，有 $f_{近} = 1.96\text{cm}$.

(3) 为看清 $u = 25\text{cm}$ 物体，则有

$$\Phi = \frac{1}{u} + \frac{1}{v} = \frac{1}{0.25} + \frac{1}{0.02} = 54(\text{屈光度})$$

而

$$\Phi = \Phi_{眼} + \Phi_{镜}, \qquad \Phi_{眼} = \frac{1}{f_{近}}$$

$$\Phi_{镜} = \Phi - \Phi_{眼} = 54 - \frac{1}{0.0196} = 3(\text{屈光度})$$

或

$$f_{镜} = \frac{1}{\Phi_{镜}} = \frac{1}{3}\text{m} = 33\text{cm}$$

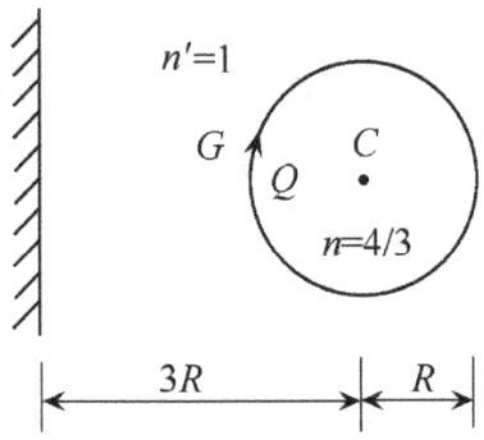

题图 1.71(1)

1.71 在直立的平面镜前放置一个半径为 R 的球形玻璃鱼缸，缸壁很薄，其中心距镜面 $3R$，缸中充满水，远处一观察者通过球心，并以镜面垂直的方向注视鱼缸. 一条小鱼在离镜面最近处以速度 v 沿缸壁游动. 求观察者看到的鱼的两个像的相对速度. 水的折射率 $n = \frac{4}{3}$. 如题图 1.71(1)所示.

解 设鱼在题图 1.71(1)中 Q 处，紧靠鱼缸，观察者在适当距离可以看到鱼的两个像. 一个像是由鱼经右侧球面折射形成的像 Q'，如题图 1.71(2)所示；另一个像是这样形成的：从鱼向左射去的光经平面镜反射在平面镜左侧形成一个虚像 Q_1，与平面镜的距离为 $2R$；Q_1 对球形鱼缸而言是实物，经过左侧球面折射形成像 Q_2；Q_2 对右侧球面而言又是物，再经右侧球面折射形成像 Q''. Q' 和

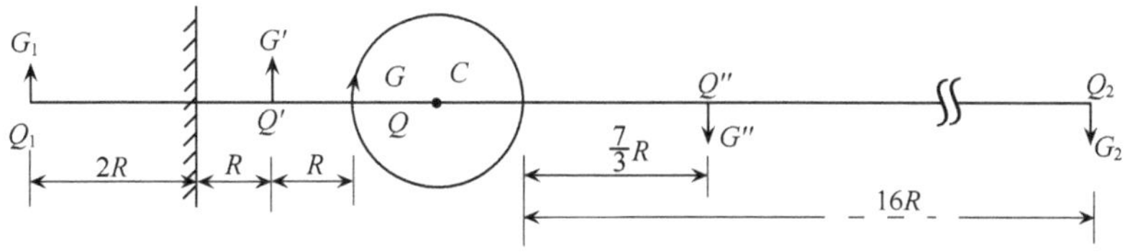

题图 1.71(2)

Q''就是观察者看到的鱼的两个像. 球面折射成像公式为

$$\frac{n}{u}+\frac{n'}{v}=\frac{n'-n}{r} \tag{1}$$

如果在 Δt 时间内,鱼游至题图 1.71(1)中 G 点,$QG=v\Delta t$,其中 v 为鱼游动的速度. 而 G 也将有一系列像 G'、G_1、G_2、G''. 观察到的速度之比,也就是 $Q'G'$ 与 $Q''G''$之比. 如果将 QG 看作在 Q 处的小物体,这一比值即为放大率之比. 有了这个放大率,相对速度就迎刃而解了.

(1) 求 Q':此处方程(1)中各参量分别为

$$n=\frac{4}{3},\quad n'=1,\quad u=2R,\quad r=-R$$

则像距 v'为

$$v'=n'\left(\frac{n'-n}{r}-\frac{n}{u}\right)^{-1}=-3R$$

放大率为

$$K'=-\frac{v'n}{un'}=2 \tag{2}$$

即 Q'在 Q 点左方,相距 R 处,是一个放大的正立虚像.

(2) 求 Q_1 和 Q_2:Q 往左侧平面镜成虚像于 Q_1,Q_1 在平面镜左边与 Q 对称位置,为正立虚像,放大率

$$K_1=1 \tag{3}$$

Q_1 作为物在左侧球面折射将成像于 Q_2. 此处方程(1)中各参量分别为

$$n=1,\quad n'=\frac{4}{3},\quad u=4R,\quad r=R$$

则像距 v_2 为

$$v_2=n'\left(\frac{n'-n}{r}-\frac{n}{u}\right)^{-1}=16R \tag{4}$$

放大率为

$$K_2=-\frac{v_2 n}{un'}=-3 \tag{5}$$

即 Q_2 在左侧球面顶点的右方,相距 $16R$ 处,是一个放大的倒立实像.

(3) 求 Q'':Q_2 作为像在右侧球面折射将成像于 Q''. 此处方程(1)中各参量分别为

$$n=\frac{4}{3},\quad n'=1,\quad u=-14R,\quad r=-R$$

则像距 v''为

$$v'' = n'\left(\frac{n'-n}{r} - \frac{n}{u}\right)^{-1} = \frac{7}{3}R \tag{6}$$

放大率为

$$K_3 = -\frac{v''n}{un'} = \frac{2}{9} \tag{7}$$

即 Q''在右侧球面顶点的右方，相距$\frac{7}{3}R$ 处，是一个放大的，与 Q_2 均在主光轴同侧的实像.

由 Q 最后成像于Q''的总放大率 K''为

$$K'' = K_1 \cdot K_2 \cdot K_3 = 1\times(-3)\times\frac{2}{9} = -\frac{2}{3} \tag{8}$$

所以是一个缩小的倒立实像. Q''向下运动，速度为$\frac{2}{3}v$.

综合起来，由方程(2)和(8)可以知道，右侧观察者将看到鱼的两个像，其中一个像向上运动，由 $Q'\to G'$，另一个像向下运动，由 $Q''\to G''$，其速度大小分别为 $2v$ 和$\frac{2}{3}v$，两者的相对速度为$\frac{8}{3}v$. 如果在 Q 附近的鱼缸壁上刻有刻度，我们将看到鱼的两个像在相同的时间内游到同一刻度处，而事实上两个像在空间以不同的速度运动.

当然，在用肉眼观察时，因为 Q' 和 Q''相距$\frac{16}{3}R$，观察者必须在离鱼缸较远处才能同时看清这两个像.

1.72 薄壁玻璃球内充满 $n=4/3$ 的水. 观察者沿直径方向看沿直径从远端逐渐移近的物体. 设球半径 $r=5\text{cm}$，移动速率为 $v=1\text{cm/s}$. 试分析像的位置如何变化，并计算物体开始时以及移动了 2.5cm、5.0cm 时像的速率.

解 利用近轴条件下单球面的阿贝不变量公式

$$\frac{n_0}{s} - \frac{n_1}{s'} = \frac{n_0 - n_1}{r}$$

式中 s、n_0 属物空间，n_1、s'属像空间.

如题图 1.72，右侧球面与光轴交点 O 为坐标轴 x 的原点，沿光线方向取正号，在本题情况 $s<0$，$r<0$.

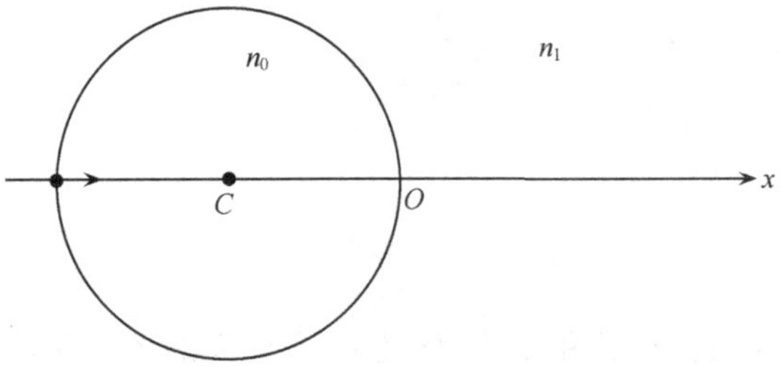

题图 1.72

所以有

$$s' = \frac{srn_1}{n_0 r - (n_0 - n_1)s}$$

开始时

$$s = 2r, \qquad s' \approx 3r = -15\text{cm}$$

而

$$s = \frac{3}{2}r = -7.5\text{cm}, \qquad s' = 1.8r = -9\text{cm}$$

$$s = r = -5\text{cm}, \qquad s' = r = -5\text{cm}$$

又对阿贝不变量方程两端对时间求导，有

$$-\frac{n_0}{s^2}\frac{\mathrm{d}s}{\mathrm{d}t} + \frac{n_1}{s'^2}\frac{\mathrm{d}s'}{\mathrm{d}t} = 0$$

$$v' = \frac{n_0}{n_1}\left(\frac{s'}{s}\right)^2 v$$

可见像的速度与物速度同方向，都是从左到右，向着观察者运动.

物开始运动时，像的运动速率为 2cm/s；$s = \frac{3}{2}r$ 时，像速率为 1.6cm/s；$s = r$ 时，像速率为 1.3cm/s. 即看起来，物体运动好像越来越慢.

1.73 望远镜物镜的直径为 $D = 75\text{mm}$，求放大率为(1)20 倍、(2)25 倍、(3) 50 倍时，望远镜中月亮的像的主观亮度与天然主观亮度之比. 设眼瞳的直径为 $D_e = 3.0\text{mm}$.

解 天然主观亮度是无仪器时视网膜上像的照度，计算公式为

$$H_0 = \frac{k\pi B}{4}\left(\frac{D_e}{f}\right)^2$$

有仪器时的视网膜上像的照度称为主观亮度，计算公式为

$$H = \frac{k\pi B}{4}\left(\frac{D_e'}{f}\right)^2$$

式中 B 为物的亮度，D_e' 为有效眼瞳直径. 当望远镜出瞳直径 $D' > D_e$ 时，应取 $D_e' = D_e$，此时主观亮度与天然主观亮度相等，当 $D' < D_e$ 时，应取 $D_e' = D'$，主观亮度小于天然主观亮度，两者之比为

$$\frac{H_0}{H} = \left(\frac{D_e}{D'}\right)^2 = \left(\frac{D_e M}{D}\right)^2$$

讨论 $D_e = 3.0\text{mm}$，$D = 75\text{mm}$ 时的情况：

(1) 当 $M = 20$ 时，则

$$D' = \frac{D}{M} = 3.75\text{mm} > D_e = 3.0\text{mm}$$

此时

$$\frac{H_0}{H} = 1$$

(2) 当 $M = 25$ 时，则

$$D' = \frac{D}{M} = 3.0\text{mm} = D_e$$

此时

$$\frac{H_0}{H} = 1$$

(3) 当 $M=50$ 时，则

$$D' = \frac{D}{M} = 1.5\text{mm} < D_e$$

此时

$$\frac{H_0}{H} = (\frac{D_e M}{D})^2 = (\frac{3.0 \times 50}{75})^2 = 4.0$$

1.74 一天文望远镜的物镜直径等于 18cm，透光系数为 0.50，已知肉眼可直接观察到六等星. 求：

(1) 用此望远镜所能看到的最高星等；

(2) 最适宜观察星的放大率(正常放大率)；

(3) 当放大率为 10 倍时可见到星的等次. 设眼睛的瞳孔直径可取 3.0mm.

(注：星等增加一等，其亮度减少到 $1/\sqrt[5]{100} \approx 1/2.5$)

解 (1) 此题应将星体当作点光源处理，视网膜上像点的亮度直接取决于进入眼瞳的全部光通量. 无望远镜时，进入眼瞳的光通量为

$$\Delta\Phi_e \propto D_e^2$$

有望远镜时，进入物镜的光通量为

$$\Delta\Phi \propto D^2$$

考虑系统的透光系数 k，从出瞳通过的光通量减为

$$\Delta\Phi' = k\Delta\Phi \propto kD^2$$

当 $D'<D_e$ 时，显然从望远镜出瞳通过的光通量全部进入眼瞳，故此时

$$\frac{\Delta\Phi'}{\Delta\Phi_e} = k\left(\frac{D}{D_e}\right)^2 = 0.50 \times \left(\frac{180}{3.0}\right)^2 = 1800$$

按天文学上关于星等划分标准，此时所能看到的最高星等(弱星)为

$$N = N_0 + \log_{2.5} 1800 \approx 6 + 8 = 14(\text{等})$$

式中 N_0 是裸眼可见的最高星等，为 6 等.

(2) 为满足 $D'<D_e$ 条件，合理的设计应是望远镜的放大率 M 满足

$$D' = \frac{D}{M} = D_e$$

算出

$$M = \frac{D}{D_e} = \frac{180}{3.0} = 60(\text{倍})$$

(3) 若放大率过小，以致 $D'>D_e$，显然从望远镜出瞳通过的光通量只有部分进入眼瞳，按比例应为

$$\Delta\Phi'' \propto k\left(\frac{D_e}{D'}\right)^2 D^2$$

故

$$\frac{\Delta\Phi''}{\Delta\Phi_e} = kM^2$$

当该望远镜的放大率 $M=10$ 时，$D'=D/10=18\text{mm}>D_e$，故按上式算出

$$\frac{\Delta\Phi''}{\Delta\Phi_0} = 50 \text{ 倍}$$

此时可见到的星等为

$$N' = N_0 + \log_{2.5} 50 \approx 6 + 4.3 \approx 10(\text{等})$$

1.75　求数值孔径 $NA=1.5$ 的显微镜的正常放大率，设瞳孔直径为 3.0mm.

解　显微镜的数值孔径、放大率、出瞳孔径之间的关系为

$$D' = 2S_0 \frac{NA}{|M|}$$

式中 S_0 为明视距离 250mm，D' 为显微镜出瞳孔径. 合理地设计出瞳孔径等于人的瞳孔大小，此时放大率 M 为

$$M = 2S_0 \frac{NA}{D_e} = \frac{2 \times 250 \times 1.5}{3.0} = 250(\text{倍})$$

1.76　如题图 1.76 所示，一个玻璃球，$n=1.5$，半径为 R，置于空气中，问：

(1) 物在无限远时经球成像于何处？

(2) 物距球前表面 $2R$ 处时成像于何处，大小如何？

(3) 如果物是一个指向球面的小箭头，在(2)条件下成像的箭头指向何方？

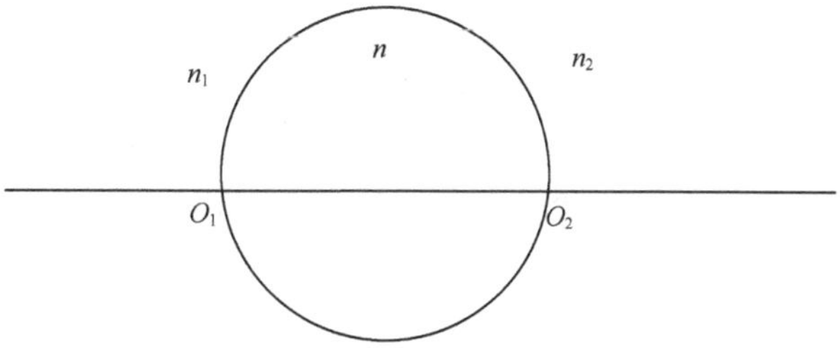

题图 1.76

解　设光线从左侧射来，按符号规定，对于前表面(O_1 为主点)，$r_1=R$，而对后表面(O_2 为主点)，$r_2=-R$.

(1) 物无限远，对第一折射面(前表面)有

$$\frac{1.5}{S_1'} - \frac{1.0}{\infty} = \frac{1.5-1.0}{R}$$
$$S_1' = 3R$$

对第二折射面，物距 $S_2=S_1'-2R=R$(注意不同教科书对物理量的符号规定可能不同)，有

$$\frac{1}{S_2'} - \frac{1.5}{S_1'-2R} = \frac{1-1.5}{-R}$$

得 $S_2'=\frac{R}{2}$，即无限远处成像在第二折射面后 $0.5R$ 处.

(2) 物在第一折射面前 $2R$ 处，$S_1=-2R$，有

$$\frac{1.5}{S_1'} - \frac{1.0}{-2R} = \frac{1.5-1.0}{R}$$

得 $S_1'=\infty$.

对第二折射面有

$$\frac{1}{S_2'} + \frac{1.5}{\infty} = \frac{1-1.5}{-R}$$

得 $S_2'=2R$ 即像点对球后距第二折射面顶点 $2R$ 处.

(3) 对于(2)的情况,设两折射面的垂轴放大率分别为 β_1 和 β_2,则总放大率为

$$\beta=\beta_1\cdot\beta_2=\frac{n_1S_1'}{nS_1}\cdot\frac{nS_2'}{n_2S_2}=\frac{S'S_2'}{S_1S_2}=-1$$

所以像与物大小相等,倒立.此时轴向放大率

$$\alpha=\frac{n_2}{n_1}\beta^2=\beta^2=1$$

即像的方向向右.

1.77 如题图 1.77 所示,一块平凹薄透镜,凹面曲率半径为 0.5m,玻璃折射率 $n=1.5$,且在平面上涂一反射层.在此系统左侧的主轴上放一物 P,P 距系统 1.5m,试问最后成像在何处?大小有何?

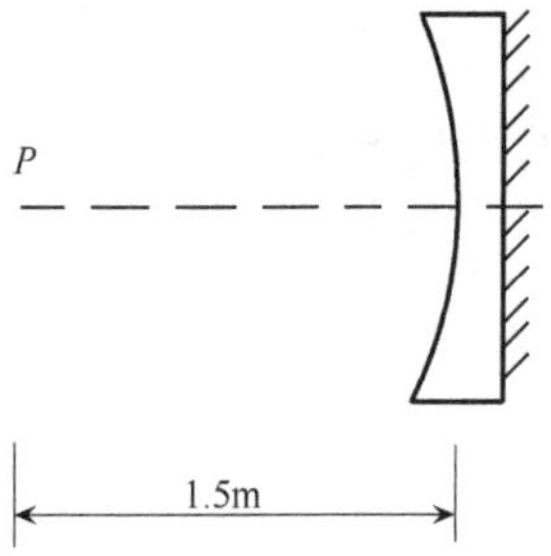

题图 1.77

解 此系统物 P 发出的近轴光线经第一次折射,利用单球面成像公式

$$\frac{n_1}{u_1}+\frac{n_1'}{v_1}=\frac{n_1'-n_1}{R}$$

其中 $n_1=1.0$,$n_1'=n=1.5$,$R=-0.5\text{m}$,$u_1=1.5\text{m}$,代入后解得像距 v_1

$$v_1=-0.9\text{m}$$

即成像在左方,是虚像.再经反射面

$$u_2=-v_1=0.9\text{m},v_2=-u_2=-0.9\text{m}$$

即成像在右方 0.9m 处,是虚像.

第二次折射,仍利用球面成像公式

$$\frac{n_3}{u_3}+\frac{n_3'}{v_3}=\frac{n_3'-n_3}{R}$$

其中 $n_3=n=1.5$,$n_3'=1.0$,$R=0.5\text{m}$,$u_3=0.9\text{m}$(注意:这里认为右方入射),代入后解得像距 v_3

$$v_3=-\frac{3}{8}\text{m}$$

即成像在右方 $\frac{3}{8}\text{m}$ 处,是虚像.

像的放大率 K 为

$$K=K_1\cdot K_2\cdot K_3=\left(-\frac{v_1n_1}{u_1n_1'}\right)\cdot\left(-\frac{v_2}{u_2}\right)\cdot\left(-\frac{v_3n_3}{u_3n_3'}\right)$$

$$=\left(-\frac{-0.9\times1.0}{1.5\times1.5}\right)\left(-\frac{-0.9}{0.9}\right)\left(-\frac{-3/8\times1.5}{0.9\times1.0}\right)=0.25$$

即,最后在右方 3/8m 处形成正立、缩小的虚像.

1.78 如题图 1.78 所示,一个球内壁涂铝,半径为 r,球心在 C 点.今在距球心为 a 处放一小物 Q,试问:此物在左半球面镜 O_1M_1 和右半球面镜 O_2M_2 成的像各在何处?两像相距多远?

解 对于球面镜成像公式为

$$\frac{1}{u}+\frac{1}{v}=\frac{2}{r}$$

对于凹面镜，$r>0$.

小物 Q 对球面镜 O_1M_1 成像，方程中各参量为

$$u=R-a,\qquad r=R$$

则像在 O_1 点右方 Q_1' 点处，距离为

$$v_1=\left(\frac{2}{r}-\frac{1}{u}\right)^{-1}=\frac{R(R-a)}{R-2a}$$

小物 Q 对球面镜 Q_2M_2 成像，方程中各参量为

$$u=R+a,\qquad r=R$$

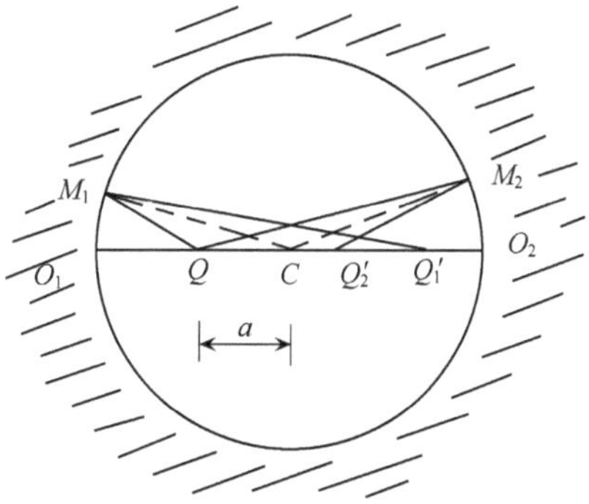

题图 1.78

则像在 O_2 点左方 Q_2' 点处，距离为

$$v_2=\left(\frac{2}{r}-\frac{1}{u}\right)^{-1}=\frac{R(R+a)}{R+2a}$$

两像相距$\overline{Q_1'Q_2'}$为

$$\overline{Q_1'Q_2'}=v_1+v_2-2R=\frac{R(R-a)}{R-2a}+\frac{R(R+a)}{R+2a}-2R=\frac{4a^2R}{R^2-4a^2}$$

1.79　体温计横截面如题图 1.79 所示. 已知细水银柱 Q 离圆柱面顶点 O 的距离为 $2R$，R 为该柱面的半径，C 为圆柱面中心轴位置，玻璃折射率 $n=\dfrac{3}{2}$. 如果人在右方观察，试求：在图示横截面上观察者从右方所看到的水银柱像的位置及其大小.

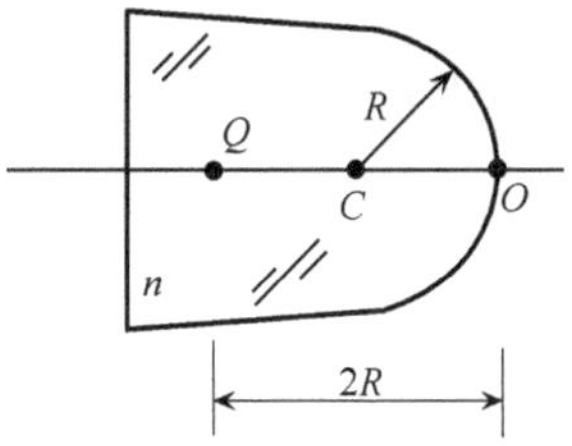

题图 1.79

解　这是一个单球面成像问题. 球面折射成像公式为

$$\frac{n}{u}+\frac{n'}{v}=\frac{n'-n}{r}$$

表达式中各参量数值为

$$n=\frac{3}{2},\quad n'=1,\quad u=2R,\quad r=-R$$

代入得

$$v=n'\left(\frac{n'-n}{r}-\frac{n}{u}\right)^{-1}=-4R$$

放大率为

$$K=-\frac{vn}{un'}=3$$

所以水银柱像的位置在距柱面顶点 O 的左侧 $4R$ 距离处，是一个放大了的(放大率为 3)正立虚像.

1.80　有两个焦距分别为 f_1 和 f_2 的凸透镜，如果把这两个透镜作适当的配置，则可使一垂直于光轴的小物体在原位置成一等大、倒立的像如题图 1.80(1)所示. 试求出满足上述要求的配置方案中各透镜的位置.

解　设光线自左向右，先后经过两个凸透镜而成像于题中所要求的位置. 先考虑第二个透镜，光线经第二个透镜后将继续向右传播，所以最后成的像必为虚像才能满足题中要

求. 由此判定,作为透镜二的物必在其左侧,物距 u_2 小于透镜二的焦距 f_2,并且是倒立的. 再考虑到透镜二的物应该是透镜一对给定的旁轴物体所成的像,它只能是透镜一的倒立实像,成像在透镜一的右侧. 而且是一个缩小的实像,这样才可能经透镜二得到与原物同样大小的像.

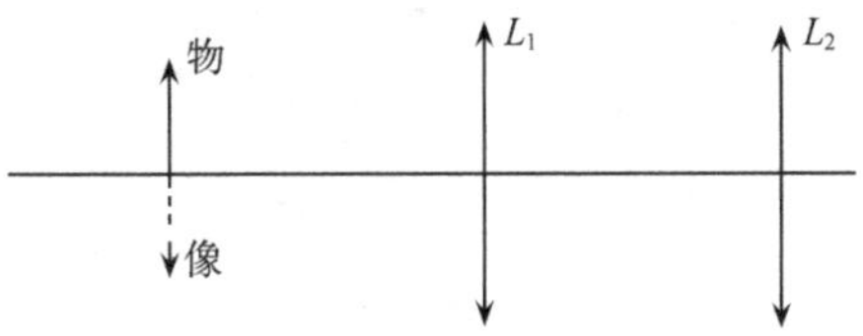

题图 1.80(1)

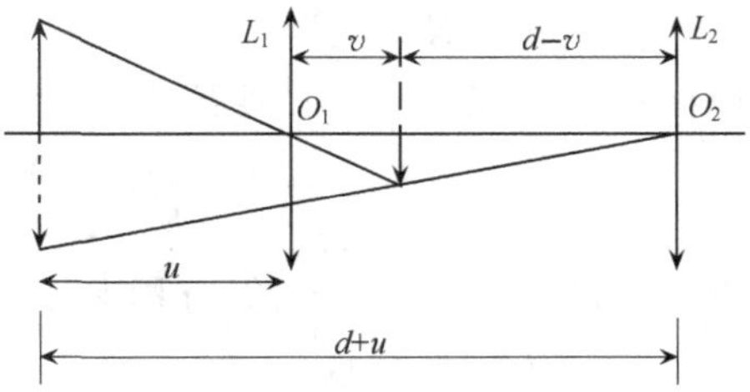

题图 1.80(2)

根据以上分析,可画出系统的配置图,如题图 1.80(2)所示. 由图中知,经第一个透镜,有

$$\frac{1}{u}+\frac{1}{v}=\frac{1}{f_1} \tag{1}$$

经第二个透镜,有

$$\frac{1}{d-v}-\frac{1}{d+u}=\frac{1}{f_2} \tag{2}$$

又因物、像大小相等,有

$$\frac{u}{v}=\frac{d+u}{d-v} \tag{3}$$

以上三个方程中,有三个未知数 u、v、d,联立求解. 先从方程(3),用 u、d 表示 v

$$v=\frac{ud}{2u+d} \tag{4}$$

然后代入方程(1)、(2)解得

$$d=2\sqrt{f_1f_2},\qquad u=\frac{2f_1\sqrt{f_2}}{\sqrt{f_2}-\sqrt{f_1}} \tag{5}$$

因题图中要求 $u>0$,所以要求 $f_2>f_1$. 由以上分析得知,取焦距较小的透镜作 L_1,放在物右方距离 u 处,取焦距较大的透镜作 L_2,放在透镜 L_1 右方距离 d. 这就是题中要求的配置方案.

讨论:本题如果要求一垂直于光轴的小物体经两薄凸透镜在原位置成一等大、倒立的像不变,而已知条件稍做变化,即已知 f_1 和 u_1,求 f_2 和 d.

可以同样给出分析,并得到结果

$$d=\frac{2f_1u_1}{u_1-2f_1},\qquad f_2=\left(\frac{u_1}{u_1-2f_1}\right)^2 f_1$$

1.81 半径为 a 的圆盘形发光面 S、焦距为 d 的凹透镜 L_1、半径为 a 的不透光圆盘 P 以及光屏 Q 共轴放置,并依次相距为 d,如题图 1.81(1)所示.

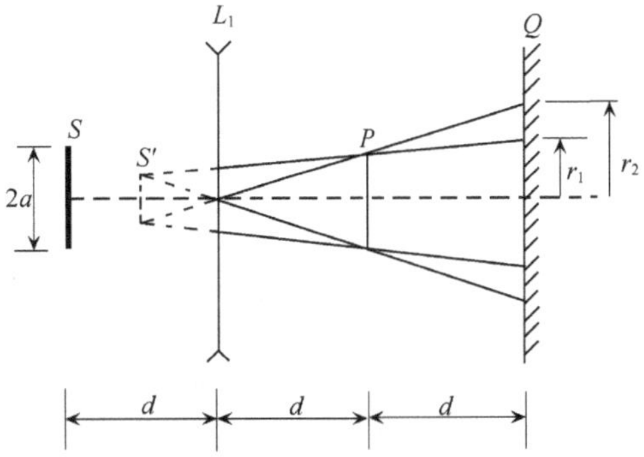

题图 1.81(1)

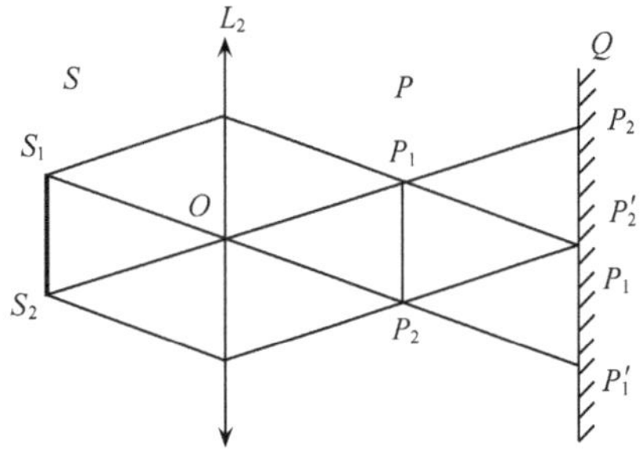

题图 1.81(2)

(1) 求在 S 照射下在 Q 上形成的 P 的本影和半影的半径 r_1 和 r_2(透镜半径足够大);

(2) 若将凹透镜换成同样焦距的凸透镜 L_2,位置和焦距不变,求此时的本影和半影的半径 R_1 和 R_2.

解　(1) 发光圆盘发出的光经透镜折射后照射在 P 上,犹如从其像发出直接照射在 P 上. 因此先求 S 的像 S'. 由薄透镜成像公式

$$\frac{1}{d}+\frac{1}{v}=-\frac{1}{d}$$

得

$$v=-\frac{d}{2}$$

放大率

$$K=-\frac{v}{u}=\frac{1}{2}$$

即,像 S' 在 L_1 左方 $\frac{d}{2}$ 处,圆半径为 $\frac{a}{2}$. 由题图 1.81(1)中几何关系得

$$\frac{r_1-a/2}{a-a/2}=\frac{2d+d/2}{d+d/2},\qquad \frac{r_2}{a}=\frac{2d}{d}$$

解得

$$r_1=\frac{4}{3}a,\qquad r_2=2a$$

(2) 由于 S 发出的光经凸透镜折射后变成平行光(S 在焦平面上的缘故),因此,在此利用作图法确定本影和半影.

如题图 1.81(2)所示,由 S 的上端点(在纸平面的截面上)S_1 发出的过凸透镜中心 O 的光线不改变方向,因此可以断定 S_1 发出的光经凸透镜折射后的光线是平行于 S_1O 的平行光束,此平行光束照射在 P 上并在屏 Q 上产生半径相同的阴影 P_1P_1'. 同理,由 S 的下端点 S_2 发出的光经透镜 L_2 折射后成为平行于 S_2O 的平行光束,在 Q 上产生半径相同的阴影 P_2P_2'. S 上其他点发出的光径 L_2 后均成平行光束,但与主轴的倾角稍小. 由题图 1.81(2)知,Q 上 P_1 和 P_2' 重合所以屏上无本影,即 $R_1=0$,而半影半径为

$$R_2=2a$$

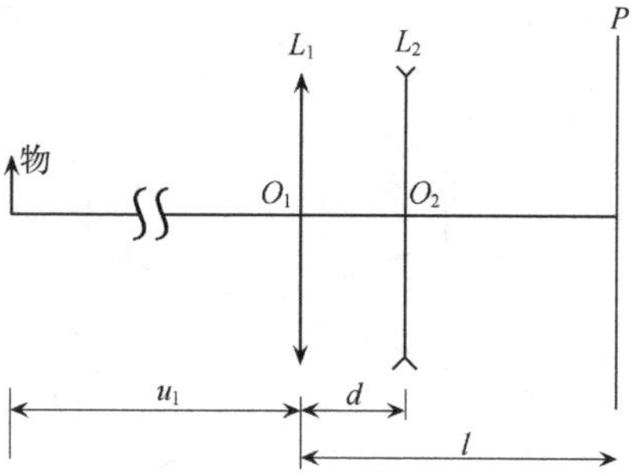

题图 1.82

1.82 一个光学系统结构如题图 1.82 所示，一个薄凸透镜 L_1 焦距为 f_1，另一个薄凹透镜 L_2 焦距为 $-f_2$. 成像面 P 处放有照相底片，L_1 与 P 的位置固定不动. 现给定 $f_1=3.00\text{cm}$，P 与 L_1 之间距离 $l=4.50\text{cm}$. L_1 和 L_2 之间距离 d 是可调的. 要求通过调节 d 使无穷远处的物或近处的物都能在底片上成实像，问：

(1) 如果 $f_2=3.00\text{cm}$，物体从无穷远处移到 $u_1=100.0\text{cm}$ 处，则 L_2 移动的距离应为多少？

(2) 是否只要 f_2 和 d 取值适当，不管物体在什么地方都能在 P 上成实像？如不能，则对物距有何限制？

(3) 如果要求采用一个焦距确定的 L_2，通过调节 d 的数值使物距满足上面(2)中要求的物体都能在 P 上成实像，则 L_2 的焦距 f_2 应满足什么条件及相应的 d 的调节范围.

解 (1) 设物体经 L_1 后所成像距为 v_1，最后成像于 P 时，L_1 和 L_2 之间的距离为 d，则由透镜成像公式有

$$\frac{1}{u_1}+\frac{1}{v_1}=\frac{1}{f_1} \tag{1}$$

$$\frac{1}{d-v_1}+\frac{1}{l-d}=-\frac{1}{f_2} \tag{2}$$

当 $u_1\to\infty$ 时，由式(1)有

$$v_1=f_1 \tag{3}$$

代入上式得

$$\frac{1}{d-f_1}+\frac{1}{l-d}=-\frac{1}{f_2}$$

代入题中所给数据，$f_1=f_2=3.00\text{cm}$，$l=4.50\text{cm}$，得

$$d^2-7.5d+9=0$$

$$d=\frac{7.5\pm4.5}{2}\text{cm}$$

本系统要求 $d<l=4.50\text{cm}$，取合理解

$$d=1.50\text{cm} \tag{4}$$

当 $u_1=100.0\text{cm}$ 时，设像距为 v_1'，L_1 和 L_2 相距 d'，成像于 P 面，则成像公式重新写出

$$\frac{1}{100}+\frac{1}{v_1'}=\frac{1}{3}$$

$$\frac{1}{d'-v_1'}+\frac{1}{4.5-d'}=-\frac{1}{3}$$

联立两方程，消去 v_1' 得

$$d'^2-7.59d'+9.68=0$$

$$d'=\frac{7.59\pm\sqrt{7.59^2-4\times9.68}}{2}=\frac{7.59\pm4.35}{2}(\text{cm})$$

取合理解

$$d' = 1.62\text{cm} \tag{5}$$

因此,物体从无穷远处移到 $u_1=100.0\text{cm}$ 处时,为使物都在底片上成像,L_2 应向 P 移动距离为

$$\Delta d = d' - d = 0.12\text{cm} \tag{6}$$

(2) 考察能在 P 上成实像的条件. 从 L_2 成像开始讨论. 设物距为 u_2,像距为 v_2,有成像公式

$$\frac{1}{u_2}+\frac{1}{v_2}=-\frac{1}{f_2}$$

改写为

$$\frac{1}{v_2}=-\frac{1}{u_2}-\frac{1}{f_2}$$

此处 f_2 为焦距绝对值. 要求经 L_2 成实像于 P 上,即要求

$$v_2 > 0 \tag{7}$$

因而必须有

$$u_2 < 0, \qquad |u_2| < v_2 = l - d \tag{8}$$

而且

$$-\frac{1}{u_2} > \frac{1}{f_2}$$

即

$$|u_2| < f_2 \tag{9}$$

式(8)第一式 $u_2<0$ 表明,实物经 L_1 所成的像(即 L_2 的物)必须位于 L_2 右侧,更在 L_1 的右侧,且是一个倒立实像,必有

$$v_1 \geqslant f_1 \tag{10}$$

由式(9),此像应位于 L_2 的中心和焦点之间,再由式(8)的第二式有

$$v_1 = |u_2| + d < l \tag{11}$$

综合式(10)、(11),有结论:要在 P 上成实像,L_1 所成的像,用像距表示其位置,满足不等式

$$3.00\text{cm} = f_1 \leqslant v_1 < l = 4.50\text{cm} \tag{12}$$

在此条件下,就可以在 L_1 和 L_1 的像之间放 L_2,并适当选取 f_2,即可实现在 P 上成实像的目的,f_2 可由成像公式得到.

v_1 是由 u_1 决定的,对 v_1 的限制可以改写为对 u_1 的限制. 利用成像公式,写出 u_1 和 v_1 的关系

$$u_1 = \frac{f_1}{1-f_1/v_1} \tag{13}$$

此式中 v_1 增大时,u_1 减小. 当 $u_1\to\infty$时,$v_1\to3.00\text{cm}<4.50\text{cm}$. 设 v_1 取值 l 时,u_1 的值为 u_C,则

$$u_C = \frac{f_1}{1-f_1/l} = 9.00\text{cm} \tag{14}$$

所以,为使 P 上成实像,要求

$$u_1 > u_C = 9.00\text{cm} \tag{15}$$

(3) 上面在(2)中的结论告诉我们,在满足式(12)或式(15)条件下,可以在选定 d 后,再选择适当的 f_2 就可实现在 P 上成实像的目的.

由 L_2 的成像公式(2)知

$$\frac{1}{d-v_1}+\frac{1}{l-d}=-\frac{1}{f_2}$$

整理得

$$d^2-(v_1+l)d-f_2(l-v_1)+lv_1=0 \tag{16}$$

设式中 v_1 满足式(12)的要求,上式就是 f_2 与 d 的函数关系. 显然,依题意对 d 有要求

$$0<d<v_1 \tag{17}$$

在此条件下,我们来确定 f_2. 由式(16)解得

$$d=\frac{v_1+l}{2}\pm\frac{1}{2}\sqrt{(v_1+l)^2-4[lv_1-f_2(l-v_1)]} \tag{18}$$

因$\frac{v_1+l}{2}>\frac{v_1+v_1}{2}=v_1$,所以依 $v_1<d$ 的要求式(18)中合理解为

$$d=\frac{v_1+l}{2}-\frac{1}{2}\sqrt{(v_1+l)^2-4[lv_1-f_2(l-v_1)]} \tag{19}$$

又要求 $d>0$,因而有

$$(v_1+l)^2>(v_1+l)^2-4[lv_1-f_2(l-v_1)]$$

即

$$lv_1-f_2(l-v_1)>0,\qquad f_2<\frac{lv_1}{l-v_1}=\frac{l}{l/v_1-1} \tag{20}$$

此式应对满足(12)的所有 v_1 均成立. 当 v_1 取最小值时,式(20)右边的值也最小,若 f_2 小于此最小值,式(20)将成为能够在 P 上成实像的合理选择. 式(12)中 v_1 的最小值等于 f_1,即最小值为 3.00cm,所以 f_2 应满足的条件为

$$f_2<\frac{l}{l/f_1-1}=9\text{cm} \tag{21}$$

只要 f_2 满足此条件,就可以由式(19)求得与任一 v_1 相应的 d 以实现在 P 上成实像.

1.83 有两个用相同材料制成的薄透镜,试证明:若两透镜的距离 $l=(f_1+f_2)/2$,则它们构成消焦距色差系统.

证 设两透镜都在空气中,系统光焦度为

$$\Phi=\Phi_1+\Phi_2-l\Phi_1\Phi_2$$

即

$$\frac{1}{f}=\frac{1}{f_1}+\frac{1}{f_2}-l\frac{1}{f_1f_2}$$

但 $\Phi=(n-1)k$,k 为一个依赖于透镜几何形状的常数,则

$$\frac{1}{f}=(n_1-1)k_1+(n_2-1)k_2-l(n_1-1)(n_2-1)k_1k_2$$

由于 $n_1=n_2$，所以

$$\frac{1}{f}=(n-1)(k_1+k_2)-l(n-1)^2k_1k_2$$

消色差条件$\frac{\partial f}{\partial\lambda}=0$，导致如下关系式：

$$(k_1+k_2)\frac{\partial n}{\partial\lambda}-lk_1k_2\cdot 2(n-1)\frac{\partial n}{\partial\lambda}=0$$

或

$$k_1+k_2=2l(n-1)k_1k_2$$

所以

$$\frac{1}{f}=(n-1)\frac{k_1+k_2}{2}=\frac{1}{2}(\frac{1}{f_1}+\frac{1}{f_2})=\frac{1}{f_1}+\frac{1}{f_2}-\frac{l}{f_1f_2}$$

即

$$l=\frac{1}{2}(f_1+f_2)$$

与两密接透镜系统不同，消焦距色差不意味着消焦面色差. 这种消色差方法常应用于目镜，因为目镜常被置于主焦点附近.

1.84 物质的折射率取决于波长，$n=n(\lambda)$，这种现象叫色散. 透镜焦距与波长有关

$$\frac{1}{f}=(n-1)\left(\frac{1}{R_1}-\frac{1}{R_2}\right)$$

R_1、R_2 分别为透镜两表面的曲率半径. 由于 $f(n-1)=$常数，所以

$$\frac{\delta f}{f}+\frac{\delta n}{n-1}=0$$

量$\frac{\delta n}{n-1}=\Delta$ 称为透镜物质的相对色散. 试求两个密接透镜消色差的条件.

解 对于两透镜密接系统有

$$\frac{1}{f}=\frac{1}{f_1}+\frac{1}{f_2} \tag{1}$$

由此

$$\frac{\delta f}{f^2}=\frac{\delta f_1}{{f_1}^2}+\frac{\delta f_2}{{f_2}^2} \tag{2}$$

对于透镜Ⅰ和Ⅱ，有

$$\frac{\delta f_1}{f_1}+\Delta_1=0,\qquad \frac{\delta f_2}{f_2}+\Delta_2=0 \tag{3}$$

如果系统焦距与波长无关，$\delta f=0$，则消色差条件可写成

$$\frac{\Delta_1}{f_1}+\frac{\Delta_2}{f_2}=0 \tag{4}$$

由式(1)、(4)得

$$\frac{1}{f_1}=\frac{1}{f}\left(\frac{\Delta_2}{\Delta_2-\Delta_1}\right)\text{和}\frac{1}{f_2}=\frac{1}{f}\left(\frac{\Delta_1}{\Delta_2-\Delta_1}\right) \tag{5}$$

由式(4)知，f_1 和 f_2 在符号上永远是相反的，即一个发散，另一个会聚. 为校正色差，一个

要用火石玻璃($\Delta_1 \approx 1/30$),另一个用冕牌玻璃($\Delta_2 \approx 1/60$). 如果系统是会聚的,具有较短焦距的透镜应会聚($f_1>0$,$f_1<f_2$),且应用冕牌玻璃造,以便$(\Delta_2-\Delta_1)>0$.

1.85　有两个薄透镜,其一为双凸透镜. 两透镜分别用冕牌玻璃($n_1=1.5179$,$v_1=1/\Delta_1=60.2$)和火石玻璃($n_2=1.6202$,$v_2=1/\Delta_2=36.2$)制成. 现将它们粘合成一平凸消色差物镜,焦距为1m,试求各球面曲率半径.

解　由上题知,系统中双凸透镜应用冕牌玻璃制成,且焦距较短. 设$f_1<f_2$,利用消色差条件(4)和焦距公式(5)来确定f_1和f_2

$$f_1 = f\frac{\Delta_2}{\Delta_2-\Delta_1} = f\frac{v_1-v_2}{v_1} = \frac{60.2-36.2}{60.2}\times 100 = 38.6(\text{cm})$$

同样有

$$f_2 = -f\frac{v_1-v_2}{v_2} = -66.4\text{cm}$$

但

$$\frac{1}{f_1} = (n_1-1)\left(\frac{1}{r_1}-\frac{1}{r_2}\right)$$

$$\frac{1}{f_2} = (n_2-1)\left(\frac{1}{r_1'}-\frac{1}{r_2'}\right)$$

由于系统是平凸透镜,有$r_1'=r_2$,$r_2'=\infty$. 所以有

$$r_1 = 39\text{cm},\qquad r_2 = -41.1\text{cm}$$

即第一个透镜由半径分别为r_1和r_2的球面包围而成,而第二个透镜由半径为$-r_2$球面和$r=\infty$的平面包围而成.

1.86　试推导对于任何光谱段,空气中厚透镜消焦距色差的条件. 已知厚度为d,曲率半径分别为R_1和R_2的厚透镜的光焦度公式为

$$\Phi = (n-1)\left[\left(\frac{1}{R_1}+\frac{1}{R_2}\right)-\frac{d}{n}\frac{n-1}{R_1R_2}\right]$$

解　将光焦度写成焦距形式有

$$f(n-1)\left[\left(\frac{1}{R_1}+\frac{1}{R_2}\right)-\frac{d}{n}\frac{n-1}{R_1R_2}\right]=1$$

或

$$f(n-1)\left[(R_1+R_2)-\frac{d}{n}(n-1)\right]=R_1R_2$$

有

$$\partial f(n-1)\left[(R_1+R_2)-\frac{d}{n}(n-1)\right]+f\left[\partial n(R_1+R_2)-\frac{2(n-1)n-(n-1)^2}{n^2}d\partial n\right]=0$$

对于所有光谱段,消色差要求$\delta f=0$,则有

$$(R_1+R_2)-d\frac{n^2-1}{n^2}=0$$

或

$$d = n^2\frac{R_1+R_2}{n^2-1}$$

1.87　如题图 1.87 所示是一种常见的光学仪器，叫投影仪，常用于物理学学术报告会和一些讨论会上. 在 A、B、C、D 位置上分别安放有一个至几个光学元件，请给出它们的名称并描述它们在投影仪中所起的作用. 给出这些元件之间需要满足的距离关系. 本装置中何种光学元件在 20 世纪前价格比较昂贵?

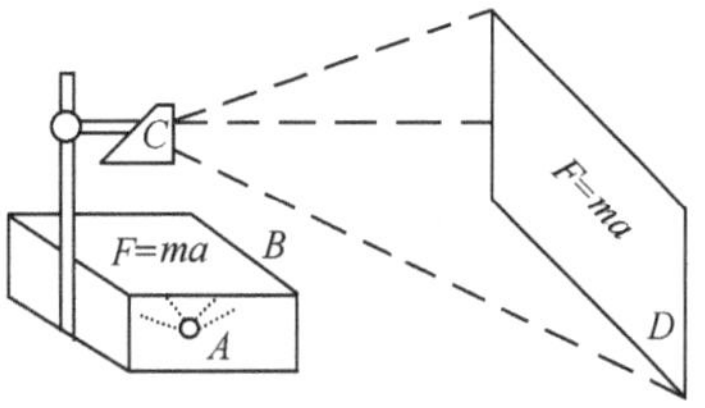

题图 1.87

解　投影仪可分为两大类，即透射式和反射式. 凡是光线透过投影物体而投影成像的属于第一类；第二类是将那些不透明的物体成像：光源自侧面照明待投影物体，然后用物体的漫反射光经投影系统成像在屏上. 本题中所给的投影仪是属于透射式的.

A 为聚光系统，由光源和聚光镜组成. 最常见的聚光镜由两块凸面相对的单凸透镜组成，该系统起照明作用，B 为待投影图片. C 为投影系统，由投影物镜和一单面反射镜组成，该系统是成像系统，也是最主要的部分. 投影物镜的好坏直接影响到成像质量. 一般要求投影物镜需校正球差、色差、像散、场曲等像差，有时则用照相物镜代替，因而该元件在 20 世纪前是很昂贵的. 平面镜的作用是折射光路. D 为投影屏幕. 也就是投影物镜的成像平面.

聚光镜系统的安排应使得屏幕上得到尽可能强的均匀照明为原则. 聚光镜将光源发出的光会聚在投影物镜的入射光瞳中心处，光束的张角 ω 决定了屏幕上成像的范围，光源与镜透的入瞳中心相对于聚光镜应满足物像共轭关系.

投影图片放在聚光镜附近，物镜成像于屏幕上，因而图片与屏之间也应满足物像共轭关系.

此外，当图片较小，而投影仪和屏间距离较大时，常采用长焦距物镜，因此物镜的尺寸也就要相应增加很多. 为了缩小物镜的尺寸，常采用另一种聚光系统，将光源的像成在一场镜上，在场镜附近放置待投图片，而把照明系统的入射光瞳成像在物镜的入瞳上. 场镜相应的尺寸是较大的. 近代仪器中场镜常用菲涅耳透镜，菲涅耳透镜也叫螺纹透镜，它是把球面等像距地分成若干环带. 在保证每个环带的面型不变的情况下，把它们压缩在一个平面上，构成一块类似锯齿形的聚光镜.

1.88　两个光学元件共轴放置，位置固定，每个元件都可能是薄透镜或平面反射镜，一小物垂直于光轴. 已知当小物位于两元件之间的任何位置时，由这光学系统成的像是有限多个，且两个最后的像大小相等. 请对各种可能作分析，论证什么样的光学系统能满足上述要求，什么样的不能满足要求.

解　分别考虑以下几种情况：

(1) 两个平面反射镜相向放置. 这时，对于两个平面镜之间的实物，系统可以形成无限多个像，不合题意.

(2) 焦距为 f 的透镜 L 与平面反射镜 M 相距为 D. 如题图 1.88(1)所示：

物 A 向右发光经 L 成像，由

$$\frac{1}{v}+\frac{1}{u}=\frac{1}{f}$$

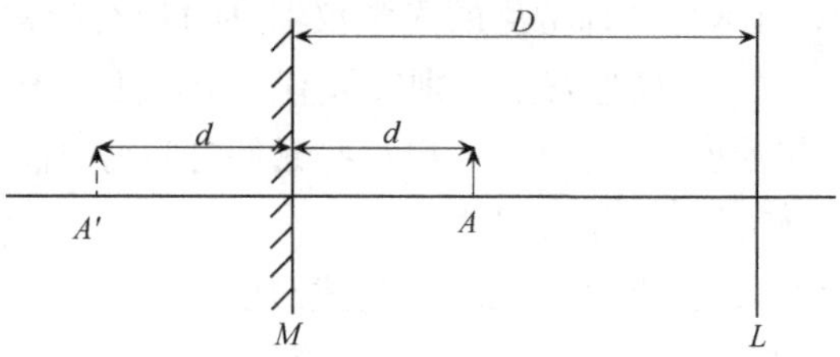

题图 1.88(1)

可得像的位置 v_1.

$$u_1 = D - d, \qquad v_1 = \frac{(D-d)f}{(D-d)-f}$$

式中,v_1 表示 L 向右的距离,$v_1>0$ 表示在 L 的右方,$v_1<0$ 表示像在 L 左方.

由物 A 向左发光经 M 成像在 A'[如题图 1.88(1)]. 反射光再向右经 L 成像,其像距 v_2 为

$$u_2 = D + d, \qquad v_2 = \frac{(D+d)f}{(D+d)-f}$$

两个像的放大率分别为$\frac{v_1}{u_1}$和$\frac{v_2}{u_2}$,由题意,两像大小相等,故

$$\frac{v_1}{u_1} = \pm\frac{v_2}{u_2}$$

即

$$D - d - f = \pm(D + d - f) \tag{1}$$

式中若取"+"号,则 $2d=0$,即 $d=0$. 这要求物位于一个特殊位置,不合题意. 若式中取"−"号,则 $D-d-f=-D-d+f$,即 $D=f$. 这要求两元件间距等于透镜焦距. 又,元件间距 $D>0$,所以 $f>0$,L 为凸透镜. 这种系统满足题目的条件:一反射镜和凸透镜,间距为焦距. 透镜对物成虚像,反射镜不再成像,谓之"最后的像";而反射镜中的物体像位于透镜 2 倍焦距以内,透镜成实像于系统之外,也成了"最后的像".

(3) 焦距分别为 f_1 和 f_2 的两透镜 L_1 和 L_2 见题图 1.88(2).

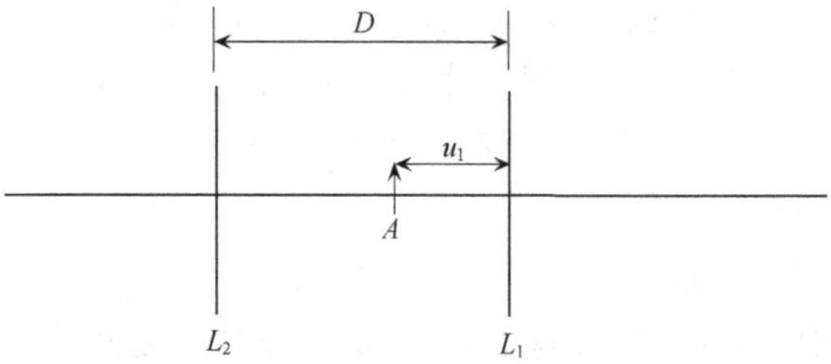

题图 1.88(2)

物 A 向右的光经 L_1 成像

$$v_1 = \frac{u_1 f_1}{u_1 - f_1}$$

物 A 向左的光经 L_2 成像

$$u_2 = D - u_1, \qquad v_2 = \frac{(D-u_1)f_2}{(D-u_1)-f_2}$$

v_2 表示从 L_2 向左的距离，$v_2<0$ 表示像在 L_2 右方，两个像大小相等

$$\frac{v_1}{u_1} = \pm \frac{v_2}{u_2}$$

即

$$\frac{f_1}{u_1-f_1} = \pm \frac{f_2}{D-u_1-f_2} \tag{2}$$

若式中取“+”号，则有

$$f_1(D-u_1-f_2) = f_2(u_1-f_1)$$

$$f_1(D-u_1) = f_2 u_1$$

$$D = \frac{f_1+f_2}{f_1}u_1$$

这表示只有特殊的位置才满足要求，不合题意.

若式(2)中取“−”号，则

$$\frac{f_1}{u_1-f_1} = -\frac{f_2}{D-u_1-f_2}$$

$$f_1(D-u_1-f_2) = -f_2(u_1-f_1)$$

$$f_1 D = (f_1-f_2)u_1 + 2f_1 f_2$$

$$D = \frac{f_1-f_2}{f_1}u_1 + 2f_2$$

按题意，上式应对所有 u_1 值均成立，必须有 $f_1=f_2$，从而 $D=2f$，由 $D>0$，可知 $f>0$，为焦距相同的两凸透镜，相距 $2f$. 这时可保证物体放在其间的任何位置均能得到两个大小相等的像，且一个为虚像(物距小于焦距)，在物的同侧，为实际光线的反向延长线会聚而成，不可能再次被另一个透镜成像，谓之“最后的像”；另一个为实像，位置在两透镜的外侧，也不可能再被成像，也为“最后的像”.

1.89 两共轴的凸透镜 L_1 和 L_2 组成一光学系统，它们相距为 d，焦距记为 f_1 和 f_2.

(1) 若要求入射光线和与之对应的出射光线相互平行，该入射光线应满足什么条件？

(2) 根据所得结果，分别画出各种可能的光路示意图.

解 (1) 设入射光 AB 与光轴的夹角为 α，经 L_1 折射后沿 BC 射向 L_2，经 L_2 折射后沿 CD 出射，如题图 1.89(1).

光线与光轴的交点分别为 p、p' 和 p'' 点. 以 p 为物点，p' 为 p 经 L_1 所成的像，p'' 为 p' 经 L_2 所成的像. 题图 1.89(1)中相应的物、像距关系如下：

$$\frac{1}{u_1} + \frac{1}{v_1} = \frac{1}{f_1} \tag{1}$$

$$\frac{1}{u_2} + \frac{1}{v_2} = \frac{1}{f_2} \tag{2}$$

$$d = u_2 + v_1 \tag{3}$$

当出射光线 CD 与入射光线 AB 平行时，有 $\alpha' = \alpha$. 利用相似三角形关系

$$\frac{h'}{h} = \frac{v_2}{u_1}, \qquad \frac{h'}{h} = \frac{u_2}{v_1}$$

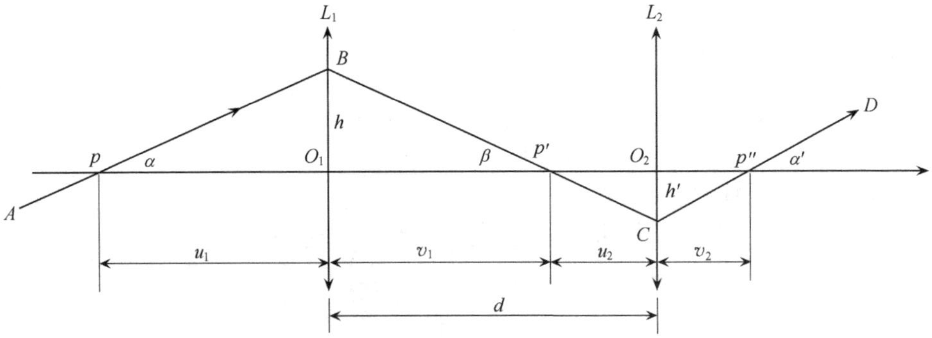

题图 1.89(1)

得到

$$\frac{v_2}{u_1} = \frac{u_2}{v_1} \tag{4}$$

式中 h 和 h' 分别为光线入射到透镜 L_1 和 L_2 的位置到光轴的距离，如题图 1.89(1).

联立式(1)、(2)、(3)、(4)消去 v_1、u_2 和 v_2 得到

$$u_1 = \frac{f_1 d}{d - (f_1 + f_2)} \tag{5}$$

代入式(3)得到

$$d = \left(1 + \frac{f_2}{f_1}\right)v_1, \qquad 即 \qquad v_1 = \frac{f_1 d}{f_1 + f_2} \tag{6}$$

将式(6)代入式(1)得

$$u_1 = \frac{f_1 v_1}{v_1 - f_1} = \frac{f_1^2 d}{f_1 d - f_1^2 - f_1 f_2} = \frac{f_1 d}{d - (f_1 + f_2)} \tag{7}$$

由于 d、f_1、f_2 均已给定，所以 u_1 必为一确定值. 这表明：若出射光与入射光平行，入射光必通过光轴上确定的点，它在 L_1 的左方，相距 $u = f_1 d/(d - f_1 - f_2)$处. 又由于 u_1 与

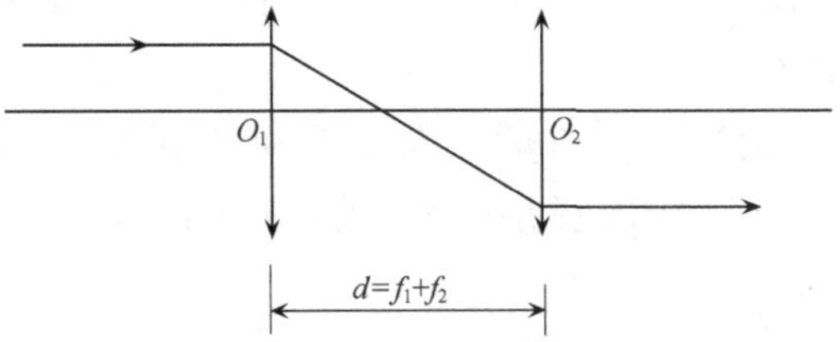

题图 1.89(2)

夹角 α 无关，凡是通过该点射向 L_1 的光线都与对应的出射光线平行.

(2) 由式(7)可知，当 $d>f_1+f_2$ 时，$u_1>0$，即如题图 1.89(1)所示.

当 $d=f_1+f_2$ 时，$u_1\to\infty$，此时入射光和出射光平行于光轴，如题图 1.89(2).

当 $d<f_1+f_2$ 时，$u_1<0$. 这表明点 p 在 L_1 右侧，是 L_1 的虚物. 由式(1)知，这时 $v_1>0$，由 $u_2=\dfrac{f_2}{f_1}v_1$ 知，$u_2>0$. 又由 $\dfrac{u_2}{v_2}=\dfrac{v_1}{u_1}<0$ 可知，$v_2<0$. 光路图如题图 1.89(3).

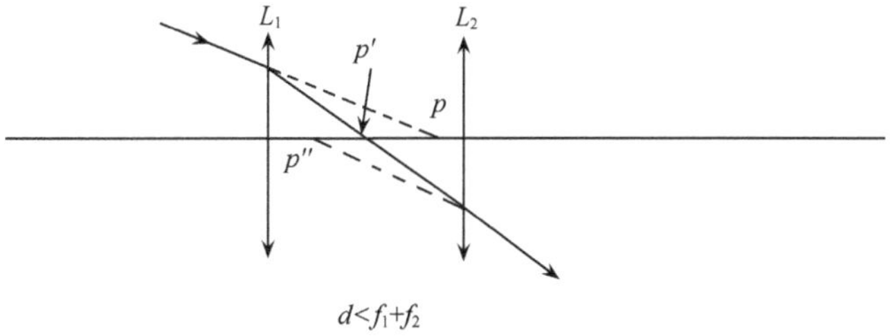

题图 1.89(3)

1.90 (引力透镜仿真镜[①])大质量物体附近的引力场会对经过的光线产生类似透镜的作用，称为引力透镜的效应. 这里我们考虑用有机玻璃制造一个光学透镜以仿真引力透镜现象.

根据广义相对论，当一束光线经过一个拥有球对称、质量为 M 的物体时，会产生弯曲. 当弯曲角度很小，而光线与物体中心最靠近距离为 r 时，该角度可由下面的公式得出：

$$\varepsilon=\frac{4GM}{c^2r}$$

式中 G 为引力常数，c 为光速. 因此我们要求仿真镜以下式中的角度：

$$\varepsilon=\frac{R}{r}$$

使得光线发生弯曲，式中 R 为某个常数.

如题图 1.90 所示为仿真镜的横截面. 为便于手持，仿真镜设计距离大约为手臂长度，观察对象位于图中仿真镜左边远大于一米处. 因此我们可以假设入射光是垂直于仿真镜的前平面，而折射仅发生在仿真镜的后表面. 以 θ 表示入射光与后表面法线的夹角，θ' 表示折射角度，ε 表示弯曲角度. 以上角度皆假设为小角度，仿真镜的折射率是 n.

(1) 试推导透镜后折射面的斜率 $\dfrac{\mathrm{d}x}{\mathrm{d}r}$，答案以 n、R 和 r_1 表达；

(2) 试推导透镜后折射面的表达式 $x(r)$，答案以 n、R 和 r_1 表达；

(3) 考虑一束入射参数 r 为 2cm 的光线. 如果要求该光线在离开透镜后于水平距离 30cm 处与透镜中轴相交，则 R 应取何值？

(4) 计算透镜的有效引力质量.

---

① S. Liebes Jr, *Gravitational lens simulator*, Am. J. Phys. 37, 103(1969).

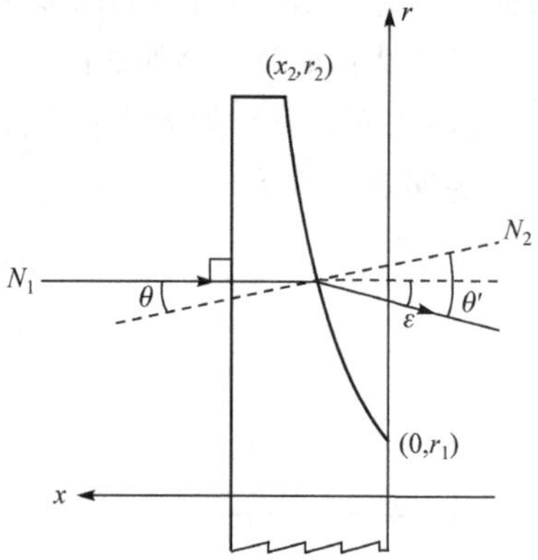

题图 1.90

解　(1) 按题意,光线垂直于仿真镜的前表面入射,对于仿真镜的后表面利用斯涅耳折射定律有

$$n\sin\theta=\sin\theta' \tag{1}$$

对小角情形

$$n\theta=\theta' \tag{2}$$

这样光线偏折角为

$$\varepsilon=\theta'-\theta=(n-1)\theta \tag{3}$$

由图可知 $\tan(-\theta)=-\dfrac{1}{\mathrm{d}r/\mathrm{d}x}$,这样入射光在仿真镜后表面入射点曲线的斜率为

$$\frac{\mathrm{d}x}{\mathrm{d}r}=\tan\theta \tag{4}$$

利用小角条件得

$$\frac{\mathrm{d}x}{\mathrm{d}r}\approx\theta=\frac{\varepsilon}{n-1} \tag{5}$$

(2) 利用 $\varepsilon=\dfrac{R}{r}$

$$\frac{\mathrm{d}x}{\mathrm{d}r}=\frac{R}{(n-1)r},\qquad \frac{\mathrm{d}x}{R}=\frac{\mathrm{d}r}{(n-1)r} \tag{6}$$

上式两边积分得

$$x=\int\frac{R}{(n-1)r}\mathrm{d}r=\frac{R}{n-1}\ln r+C \tag{7}$$

利用图中仿真镜后表面边界点$(0,r_1)$得

$$0=\frac{R}{n-1}\ln r_1+C,\qquad C=-\frac{R}{n-1}\ln r_1 \tag{8}$$

从而

$$x=\frac{R}{n-1}\ln r-\frac{R}{n-1}\ln r_1=\frac{R}{n-1}\ln\frac{r}{r_1} \tag{9}$$

(3) 由题设 $r=2\text{cm}$,并要求该光线在离开透镜以后于水平距离 30cm 处与透镜中轴相交,这样弯曲角度 ε 满足

$$\tan\varepsilon=\frac{2}{30} \tag{10}$$

这样

$$\varepsilon=\frac{R}{r}=\arctan\frac{2}{30} \tag{11}$$

因而

$$R=\arctan\frac{2}{30}\cdot r=0.13\text{cm} \tag{12}$$

或者利用小角条件得 $\varepsilon=\tan\varepsilon=\frac{2}{30}=\frac{R}{r}$,这样 $R=\frac{2\times2}{30}=0.13(\text{cm})$.

(4) 由题设

$$\varepsilon=\frac{4GM}{c^2r}=\frac{R}{r},\qquad \frac{4GM}{c^2}=R$$

从而透镜的有效引力质量

$$M=\frac{Rc^2}{4G}=\frac{0.0013\times(2.9979\times10^8)^2}{4\times(6.67\times10^{-11})}\approx4.49\times10^{23}(\text{kg}) \tag{13}$$

这个质量大约是月球质量的 6 倍.

1.91 (由大量水珠折射而成的虹和霓)阳光在水滴上经两次折射和一次反射如题图 1.91,形成内紫外红的虹;阳光经小滴两次折射和两次反射,形成内红外紫的第二道彩虹(霓,图略).由于霓经过两次反射(相对于虹要多一次反射),因此光线较弱,不容易看到.更高级的反射因为反射处光强逐级减弱而更不容易观察到.试根据水的色散数据,分析阳光中不同波长光照射下,虹和霓的角距离.

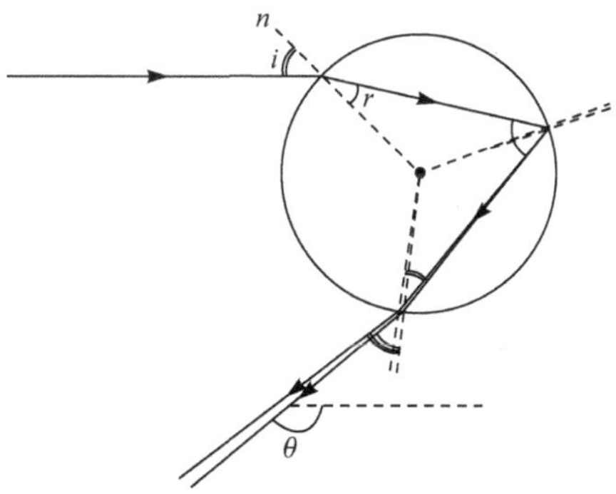

题图 1.91

解 入射的阳光是一束平行的与球面各点的入射角 i 相异的光线,在折射点处,折射角 r 由折射定律给出

$$n\sin r=\sin i \quad 或者 \quad r=\arcsin\frac{\sin i}{n}$$

使得光线产生偏角为 $i-r$. 根据反射定律，每次球面反射使得光线产生偏角为 $\pi-r$. 出射光偏角 θ 随 i 变化，它等于两次折射的折射点、以及 k 次（对于虹 $k=1$，对于霓 $k=2$）反射的反射点处偏角之和，由下式给出：

$$\begin{aligned}\theta&=\theta(i)=2(i-r)+k(\pi-2r)\\&=k\pi+2i-2(k+1)r\end{aligned} \tag{1}$$

当 $\frac{\mathrm{d}\theta}{\mathrm{d}i}=0$ 时（最小偏向角），即取相同的 Δi 对应最小 $\Delta\theta$ 时，出射光最强，最易观察，彩虹即处于最小偏向角方位，记为 (i_0,θ_0).

$$\frac{\mathrm{d}\theta}{\mathrm{d}i}=2-2(k+1)\frac{\mathrm{d}r}{\mathrm{d}i}=2-\frac{2(k+1)}{n}\frac{\cos i}{\cos r} \tag{2}$$

利用折射定律，其中

$$\frac{\cos i}{\cos r}=\frac{\cos i}{\sqrt{1-\sin^2 r}}=\frac{\cos i}{\sqrt{1-\frac{1}{n^2}\sin^2 i}}=\frac{n\cos i}{\sqrt{n^2-\sin^2 i}}$$

$$=\frac{n\cos i}{\sqrt{(n^2-1)+\cos^2 i}}=\frac{n}{\sqrt{(n^2-1)\sec^2 i+1}}$$

即有

$$\frac{\mathrm{d}\theta}{\mathrm{d}i}=2-\frac{2(k+1)}{\sqrt{(n^2-1)\sec^2 i+1}} \tag{3}$$

最小偏向角条件 $\frac{\mathrm{d}\theta}{\mathrm{d}i}=0$ 给出

$$\cos i_0=\sqrt{\frac{n^2-1}{k(k+2)}} \quad 或者 \quad i_0=\arccos\sqrt{\frac{n^2-1}{k(k+2)}} \tag{4}$$

相应偏向角为

$$\theta_0=k\pi+2i_0-2(k+1)\arcsin\frac{\sin i_0}{n} \tag{5}$$

根据水的折射率数据，利用上面式(4)、(5)计算得到不同波长光的偏向角见下表.

光的颜色	红(6563Å)	黄(5893Å)	深绿(4861Å)	紫(4047Å)
折射率 n	1.3311	1.3330	1.3371	1.3428
i_{10}	59.52°	59.41°	59.17°	58.84°
θ_{10}	137.64°	137.92°	138.51°	139.33°
i_{20}	71.90°	71.84°	71.71°	71.53°
θ_{20}	230.39°	230.89°	231.96°	233.42°
虹和霓角位置间距	8.03°	8.81°	10.47°	12.75°

表中虹和霓角位置间距由

$$\theta_{20}-(360°-\theta_{10})=\theta_{10}+\theta_{20}-360°$$

计算给出. 这是由于当同时观测到虹和霓时,虹对应从水珠上端入射从水珠下端出射(共经两次折射和一次反射)的太阳光线,而霓对应从水珠下端入射从水珠上端出射(共经两次折射和两次反射)的太阳光线.

1.92　如题图 1.92(1),介质薄膜波导由三层均匀介质组成:中间层 1 为波导薄膜,其折射率为 n_1,光波在其中传播;底层 0 为衬底,其折射率为 n_0;上层 2 为覆盖层,折射率为 n_2;$n_1>n_0\geqslant n_2$. 光在薄膜层 1 里来回反射,沿锯齿形向波导延伸方向传播. 图中 θ_{ij} 是光波在介质 j 表面上的入射角,θ_{tj} 是光波在介质 j 表面上的折射角.

(1) 入射角 θ_{i1} 在什么条件下光波可被完全限制在波导薄膜里(即光未折射到衬底层和覆盖层中)?

(2) 已知波导薄膜的厚度为 d,求能够在薄膜波导中传输的光波在该介质中的最长波长 λ_{max}.

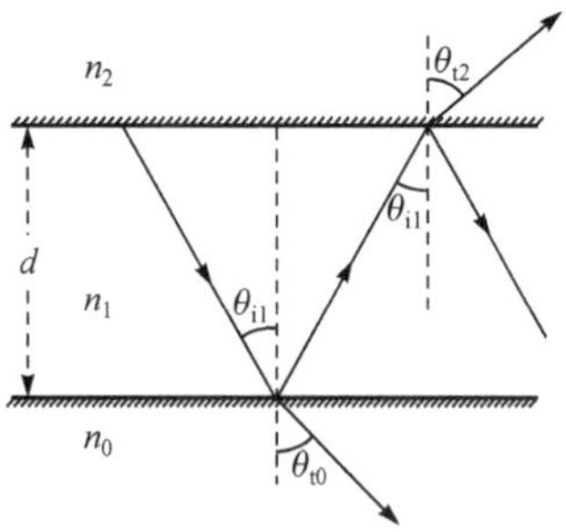

题图 1.92(1)

已知:两介质 j 与 k 的交界面上的反射系数(即反射光的电场强度与入射光的电场强度之比)为

$$r_{jk}=\frac{n_j\cos\theta_{ij}-n_k\cos\theta_{tk}}{n_j\cos\theta_{ij}+n_k\cos\theta_{tk}}=|r_{jk}|\,\mathrm{e}^{-\mathrm{i}\varphi_{jk}}$$

式中,θ_{ij} 和 θ_{tj} 是分别是光波在介质 j 的表面上的入射角和折射角,余类推;正弦函数和余弦函数在复数域中可定义为

$$\sin\theta=\frac{\mathrm{e}^{\mathrm{i}\theta}-\mathrm{e}^{-\mathrm{i}\theta}}{2\mathrm{i}},\qquad\cos\theta=\frac{\mathrm{e}^{\mathrm{i}\theta}+\mathrm{e}^{-\mathrm{i}\theta}}{2}$$

解　(1) 对于光线在波导层和衬底层的折射情况,根据折射定律有

$$n_1\sin\theta_{i1}=n_0\sin\theta_{i0}\tag{1}$$

若要求光线不会折射到衬底中,即发生全反射,应有

$$\theta_{i1}\geqslant\theta_{10C}\tag{2}$$

式中,θ_{10C} 为光线在波导层和衬底层的交界面上发生全反射的临界角

$$\theta_{10C}=\arcsin\left(\frac{n_0}{n_1}\right)\tag{3}$$

同理应有

$$\theta_{i2}\geqslant\theta_{12C}\tag{4}$$

式中,θ_{12C} 为光线在波导层和衬底层的交界面上发生全反射的临界角

$$\theta_{12C}=\arcsin\left(\frac{n_2}{n_1}\right)\tag{5}$$

由题设 $n_1>n_0\geqslant n_2$,可知

$$\theta_{10C}\geqslant\theta_{12C}\tag{6}$$

所以,当入射角 $\theta_{i1}\geqslant\arcsin\left(\dfrac{n_0}{n_1}\right)$时,光被完全限制在波导薄膜里.

(2) 考虑光波在波导薄膜中传播时处于临界的全反射状态. 此时光波的波长可由光的入射角

$$\theta_{i1} \geqslant \arcsin\left(\frac{n_0}{n_1}\right)$$

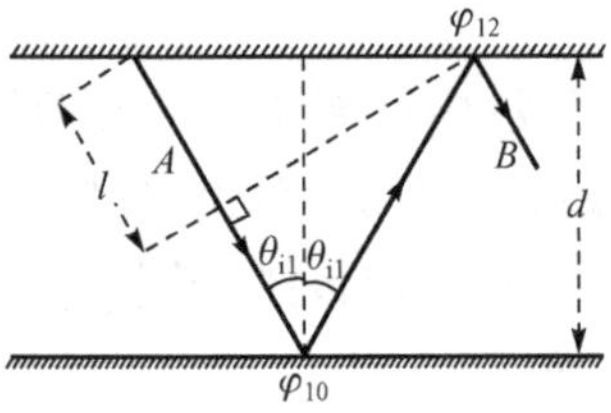

题图 1.92(2)

决定. 此时光在介质 n_1 与 n_0 交界面的反射处于全反射的临界状态，光在介质 n_1 与 n_2 交界面的反射也为全反射. 如题图 2.19(2)所示，φ_{10} 和 φ_{20} 分别为 1 和 0 界面以及 1 和 2 界面上的反射引入的相位($r_{10}=e^{-i\varphi_{10}}$ 和 $r_{12}=e^{-i\varphi_{12}}$). 过 1 和 2 界面上的反射点做直线(虚线)垂直于光线 A，设光线 A 到虚线之前的路程长为 l. 此后，光线 A 与再经过两次反射的光线 B 之间的相位差应该为 2π 的整数倍，以致光可在波导薄膜中传输. 故

$$\begin{aligned} 2m\pi &= \frac{2d\sec\theta_{i1} - l}{\lambda} 2\pi - \varphi_{10} - \varphi_{12} \\ &= \frac{2d\sec\theta_{i1} - 2d\tan\theta_{i1}\sin\theta_{i1}}{\lambda} 2\pi - \varphi_{10} - \varphi_{12} \\ &= \frac{4d\pi\cos\theta_{i1}}{\lambda} - \varphi_{10} - \varphi_{12} \\ &= \frac{4d\pi}{\lambda}\sqrt{1-\frac{n_0^2}{n_1^2}} - \varphi_{10} - \varphi_{12} \end{aligned} \tag{7}$$

式中，$m=0,1,2,3,\cdots$，λ 为所传输光波在波导薄膜介质中的波长.

考虑介质 n_1 与 n_0 交界面的反射，由式(1)得

$$\sin\theta_{i0} = \frac{n_1\sin\theta_{i1}}{n_0} = 1 \tag{8}$$

考虑到式(8)，在介质 n_1 与 n_0 交界面的反射系数为

$$r_{10} = \frac{n_1\cos\theta_{i1} - n_o\cos\theta_{i0}}{n_1\cos\theta_{i0} + n_0\cos\theta_{i0}} = \frac{n_1\cos\theta_{i1}}{n_1\cos\theta_{i1}} = 1 \tag{9}$$

由上式可以得到介质 n_1 与 n_0 交界面的反射相位

$$\varphi_{10} = 0 \tag{10}$$

再考虑介质 n_1 与 n_2 交界面的反射，由式(1)得

$$\sin\theta_{t2} = \frac{n_1\sin\theta_{i1}}{n_2} = \frac{n_0}{n_2} \tag{11}$$

按照题给的推广的定义，上式右边大于或等于 1 也并不奇怪. 当 $n_0 > n_2$ 时，按照题给的推广的正弦和余弦的定义可知，$\cos\theta_{t2}$ 是一个纯虚数，可以写为

$$\cos\theta_{t2} = i\sqrt{\frac{n_0^2}{n_2^2} - 1} \tag{12}$$

考虑到式(12)，则在介质 n_1 与 n_2 交界面的反射系数为

$$r_{12}=\frac{n_1\cos\theta_{i1}-n_2\cos\theta_{t2}}{n_1\cos\theta_{i1}+n_2\cos\theta_{t2}}=\frac{n_1\sqrt{1-\dfrac{n_0^2}{n_1^2}}-n_2\mathrm{i}\sqrt{\dfrac{n_0^2}{n_2^2}-1}}{n_1\sqrt{1-\dfrac{n_0^2}{n_1^2}}+n_2\mathrm{i}\sqrt{\dfrac{n_0^2}{n_2^2}-1}}$$

$$=\exp\left(-2\mathrm{i}\arctan\sqrt{\frac{n_0^2-n_2^2}{n_1^2-n_0^2}}\right) \tag{13}$$

由上式可以得到介质 n_1 与 n_2 交界面的反射相位为

$$\varphi_{12}=2\arctan\sqrt{\frac{n_0^2-n_2^2}{n_1^2-n_0^2}} \tag{14}$$

将式(10)和(14)代入到式(7)中得，在给定 m 的情况下能在薄膜波导中传输的光波在该介质中的最长波长(截止波长)为

$$\lambda=\frac{2\pi d\sqrt{1-\dfrac{n_0^2}{n_1^2}}}{m\pi+\arctan\sqrt{\dfrac{n_0^2-n_2^2}{n_1^2-n_0^2}}} \tag{15}$$

式中，$m=0,1,2,3,\cdots$. 当 $m=0$ 时可得，能在薄膜波导中传输的光波在该介质中的最长波长为

$$\lambda_{\max}=\frac{2\pi d\sqrt{1-\dfrac{n_0^2}{n_1^2}}}{\arctan\sqrt{\dfrac{n_0^2-n_2^2}{n_1^2-n_0^2}}} \tag{16}$$

第二章　波动光学

干　涉　篇

2.1　在真空中传播的平面电磁波,其电场表示为

$$E_x=0,E_y=0,E_z=(10^2\,\mathrm{V/m})\cos\left[\pi\times10^{14}\,\mathrm{s}^{-1}\left(t-\frac{x}{c}\right)+\frac{\pi}{2}\right]$$

求该电磁波的频率、波长、周期、振幅和初相位.

解　对照平面波基本形式

$$E=A\cos\left[2\pi\nu\left(t-\frac{z}{c}\right)+\varphi\right]$$

可见

$$E_z=(10^2\,\mathrm{V/m})\cos\left[2\pi\times\frac{10^{14}}{2}\mathrm{s}^{-1}\left(t-\frac{x}{c}\right)+\frac{\pi}{2}\right]$$

得到频率 $\nu=(10^{14}/2)\,\mathrm{Hz}=0.5\times10^{14}\,\mathrm{Hz}$,振幅 $A=10^2\,\mathrm{V/m}$,初相位 $\varphi=\frac{\pi}{2}$,波长 $\lambda=\frac{c}{\nu}=6\times10^{-5}\,\mathrm{m}$,周期 $T=\frac{1}{\nu}=2\times10^{-14}\,\mathrm{s}$,传播方向,垂直于 z 轴,可设为 x 轴方向.

2.2　已知一平面电磁波的电场表达式

$$E_y(x,t)=A_y\cos\left[w\left(t-\frac{x}{c}\right)+\varphi\right]$$

写出与之相联系的磁场表达式.

解　由麦克斯韦方程组

$$\nabla\times\boldsymbol{E}=-\frac{\partial\boldsymbol{B}}{\partial t}$$

因为 $E_x=E_z=0$,且$\frac{\partial E_y}{\partial z}=0$,所以

$$\frac{\partial E_y}{\partial x}=-\frac{\partial B_z}{\partial t}$$

即

$$\frac{\partial B_z}{\partial t}=-\frac{w}{c}A_y\sin\left[w\left(t-\frac{x}{c}\right)+\varphi\right]$$

对 t 积分得

$$B_z(x,t)=\frac{1}{c}A_y\cos\left[w\left(t-\frac{x}{c}\right)+\varphi\right]=\frac{1}{c}E_y(x,t)$$

可见 $\boldsymbol{B}$ 和 $\boldsymbol{E}$ 相互垂直,又都垂直于传播方向.

2.3　平面电磁波在真空中沿 x 方向传播,频率为 $4\times10^{14}\,\mathrm{Hz}$,电场振幅为 $14.14\,\mathrm{V/m}$.

若该电磁波的振动平面与 xy 平面成 45°，写出 $\boldsymbol{E}$ 和 $\boldsymbol{B}$ 的表达式

解 由题意，电场沿 y 方向和 z 方向分量为

$$A_y = A\cos 45^\circ = \frac{14.14}{\sqrt{2}} = 10(\text{V/m})$$

$$A_z = A\cos 45^\circ = 10\text{V/m}$$

所以电场分量分别为

$$E_x = 0$$

$$E_y = E_z = (10\text{V/m})\cos\left[2\pi \times 4 \times 10^{14}\text{s}^{-1}\left(t - \frac{x}{3\times 10^8\text{m/s}}\right)\right]$$

由上题，$E_y = cB_z$，$E_z = -cB_y$，所以

$$B_x = 0$$

$$B_z = -B_y = \left(\frac{1}{3}\times 10^{-7}\text{T}\right)\cos\left[2\pi\times 4\times 10^{14}\text{s}^{-1}\left(t - \frac{x}{3\times 10^8\text{m/s}}\right)\right]$$

2.4 证明平面电磁波公式 $E = A\cos(\omega t - kx)$ 是波动微分方程 $\frac{\partial^2 E}{\partial x^2} - \frac{1}{v^2}\frac{\partial^2 E}{\partial t^2} = 0$ 的解.

证

$$\frac{\partial E}{\partial x} = -Ak\sin(\omega t - kx)$$

$$\frac{\partial^2 E}{\partial x^2} = -Ak^2\cos(\omega t - kx)$$

$$\frac{\partial E}{\partial t} = -Aw\sin(\omega t - kx)$$

$$\frac{\partial^2 E}{\partial t^2} = -Aw^2\cos(\omega t - kx)$$

由于

$$k = \frac{2\pi}{\lambda} = \frac{w}{v}$$

所以

$$\frac{\partial^2 E}{\partial x^2} = -A\frac{w^2}{v^2}\cos(\omega t - kx) = \frac{1}{v^2}\frac{\partial^2 E}{\partial t^2}$$

即

$$\frac{\partial^2 E}{\partial x^2} - \frac{1}{v^2}\frac{\partial^2 E}{\partial t^2} = 0$$

得证.

2.5 如题图 2.5 所示，一个位于坐标系原点的光源发出球面波，振幅为 $E_1 = A\frac{D}{r}\cdot\cos\left(\omega t - \frac{2\pi r}{\lambda}\right)$，式中 r 为距原点的距离，D 为观察屏到原点的距离. 另有一沿 x 轴传播的平面波，振幅为

$$E_2 = A\cos\left(\omega t - \frac{2\pi x}{\lambda}\right)$$

试求屏上光强分布.在屏上取垂直于 x 轴方向为 y 轴,观察范围 $y \ll D$.

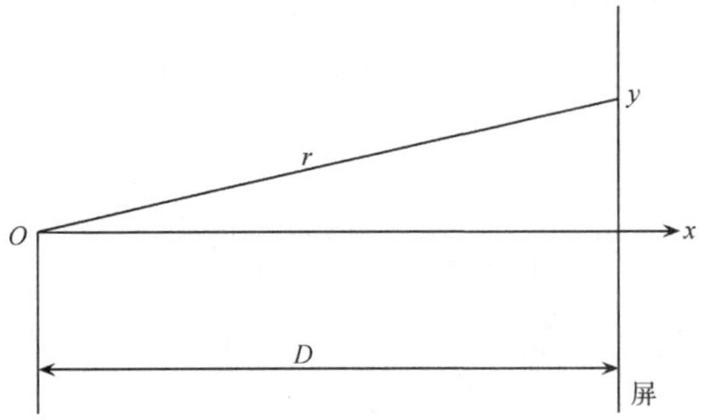

题图 2.5

解　两个波相干叠加得到

$$E = E_1 + E_2 = A\left[\frac{D}{r}\cos\left(\omega t - \frac{2\pi r}{\lambda}\right) + \cos\left[\omega t - \frac{2\pi x}{\lambda}\right)\right]$$

在屏上,$x=D$,$\frac{D}{r} \approx 1$

$$r = \sqrt{D^2 + y^2} \approx D\left(1 + \frac{y^2}{2D^2}\right)$$

则

$$E = A\left\{\left[\cos\left|\omega t - \frac{2\pi D\left(1 + \frac{y^2}{2D^2}\right)}{\lambda}\right|\right] + \cos\left(\omega t - \frac{2\pi D}{\lambda}\right)\right\}$$

$$= 2A\cos\left(\frac{\pi y^2}{D\lambda}\right) \cdot \cos\left[\omega t - \frac{2\pi D\left(1 + \frac{y^2}{4D^2}\right)}{\lambda}\right]$$

$$I = E^2 \propto \cos^2\left(\frac{\pi y^2}{D\lambda}\right)$$

或

$$I = I_0 \cos^2\left(\frac{\pi y^2}{D\lambda}\right)$$

式中 $y=0$ 时,$I=I_0$.

强度分布是一系列同心圆,其直径变化同菲涅耳半波带片类似.

2.6　如题图 2.6 所示,两束相干的平行光传播方向平行于 xz 平面,记录到 xy 平面上的介质上,求干涉条纹的间距,已知波长为 λ,两列波矢 $\boldsymbol{k}_1$ 和 $\boldsymbol{k}_2$ 与 z 轴夹角分别为 θ_1 和 θ_2.

解　两列波的振幅分别为

$$E_1 = E_0 e^{i(\omega t - \boldsymbol{k}_1 \cdot \boldsymbol{r})}$$

$$E_2 = E_0 e^{i(\omega t - \boldsymbol{k}_2 \cdot \boldsymbol{r})}$$

在 xy 平面上,沿 x 方向上则有

$$E_1 = E_0 e^{i(\omega t - k_1 x \cos\alpha_1)} = E_0 e^{i(\omega t - \frac{2\pi x}{\lambda}\sin\theta_1)}$$

$$E_2 = E_0 e^{i(\omega t + k_2 x \cos\alpha_2)} = E_0 e^{i(\omega t - \frac{2\pi x}{\lambda}\sin\theta_2)}$$

式中$|\boldsymbol{k}_1| = |\boldsymbol{k}_2| = \frac{2\pi}{\lambda}$.

$$E_T = E_1 + E_2$$

$$= E_0 e^{i\omega t}\{e^{-i\frac{2\pi x}{\lambda}\sin\theta_1} + e^{+i\frac{2\pi x}{\lambda}\sin\theta_2}\}$$

$$I_T = E_T^* E_T = 4E_0^2\cos^2\left[\frac{\pi x}{\lambda}(\sin\theta_1 + \sin\theta_2)\right]$$

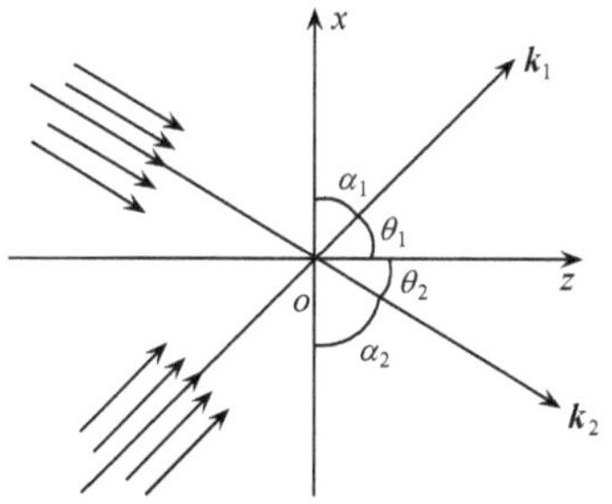

题图 2.6

余弦项中幅角改变 π,强度相同,所以条纹间距 Δx 为

$$\frac{\pi\Delta x}{\lambda}(\sin\theta_1 + \sin\theta_2) = \pi$$

$$\Delta x = \frac{\lambda}{\sin\theta_1 + \sin\theta_2}$$

当两束光关于 z 轴对称时,$\theta_1 = \theta_2 = \theta$,有

$$\Delta x = \frac{\lambda}{2\sin\theta}$$

2.7 波长 $\lambda = 6000\text{Å}$ 的单色平行光正入射到菲涅耳双棱镜的底面,如题图 2.7,棱镜底角 $\alpha \ll 1°$,折射率 $n = 1.5$.

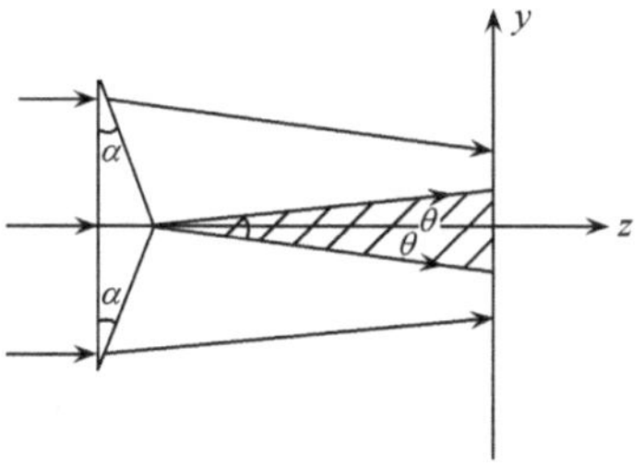

题图 2.7

(1)出射光会在屏幕上形成什么图样,屏幕平行棱镜底面.

(2)若屏上条纹间距为 0.1mm,求棱镜底角 α.

解 (1)当 α 很小时,光线垂直入射到底面经折射后,出射光的偏向角为

$$\theta = (n-1)\alpha$$

棱上下两部分折射的光会发生重叠,在屏上会发生干涉,产生条纹.

(2)条纹间距(见上题)

$$\Delta = \frac{\lambda}{2\sin\theta} = \frac{\lambda}{2(n-1)\alpha}$$

已知 Δ,λ 和 n,并代入数值得到

$$\alpha = \frac{\lambda}{2(n-1)\Delta} = \frac{0.6 \times 10^{-3}}{2(1.5-1) \times 0.1} = 0.006(\text{rad}) \approx 21'$$

2.8 单色点光源 S 照明双面镜,两镜夹角 φ 非常小,其反射光重叠区域的屏上会产生干涉条纹.设双面镜棱到屏的距离为 L_0,点源到棱距离为 r,求干涉条纹的距离.

解 点光源 S 的光经双面镜反射,等效于两个虚光源 S_1 和 S_2 发光,在 P_2 到 P_2' 区域相重叠干涉,如题图 2.8 所示,S_1 和 S_2 的距离

$$t = 2r\varphi$$

S_1 和 S_2 到屏的距离为

$$L = r + L_0$$

按杨氏干涉计算,条纹间距

$$\Delta=\frac{(r+L_0)\lambda}{2r\varphi}$$

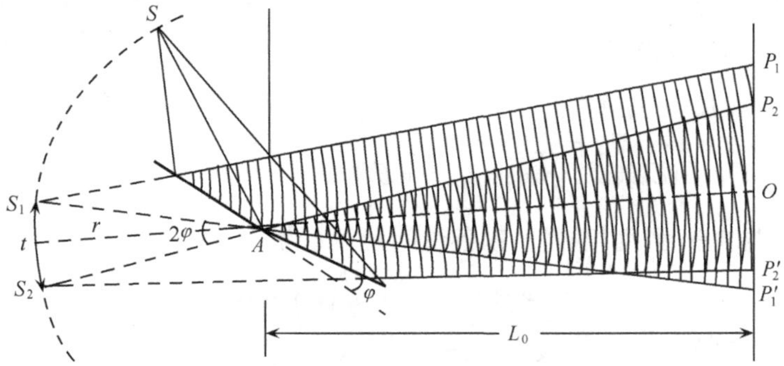

题图 2.8

2.9　缝光源 S_1 掠入射到平面镜,其反射光照到屏幕上,与 S_1 直接照到屏幕上的光重叠,在 P_2P_2' 区域发生干涉,试讨论干涉图的特点.

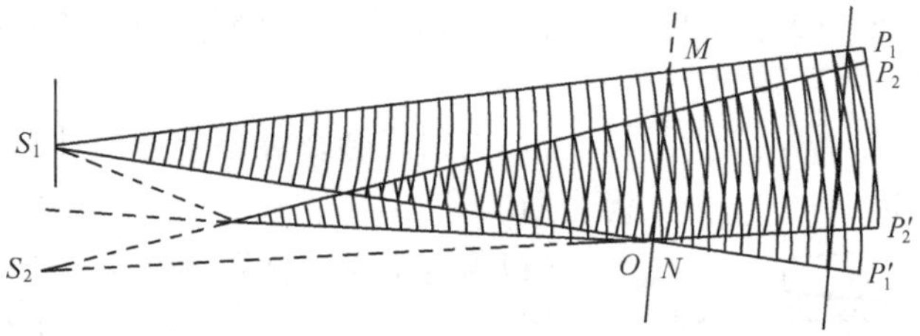

题图 2.9

解　如题图 2.9,S_2 是 S_1 相对镜面的反射像,相当于一个虚光源,S_1 和 S_2 组成了一个双缝干涉装置,叫作洛埃镜,"双缝"的间距等于缝 S_1 到镜面距离的二倍,观察屏大体上垂直于反射镜平面. 与实际双缝实验不同的是,干涉条纹只发生在反射镜面上方一侧,而非杨氏条纹对称分布在零级条纹两侧. 另外,当屏移近至反射镜远端 O 点时,几何上看,S_1O 和 S_2O 是等光程,O 点应是亮纹,但由于光从光疏介质向光密介质入射时,反射光有相位突变 π,相当于光多走了半个波长,称"半波损失". 所以在 O 点处呈现干涉极小的暗纹. 虽然仍算"零级"条纹.

2.10　焦距为 f 的透镜前相距 $l_1(l_1>f)$处放置一单色缝光源(波长为 λ),透镜后相距 L 处放置一观察屏 P,整个系统沿主光轴对称. 现沿平行于线光源方向把透镜对称地切割成两部分,并沿切口垂直方向对称地移开一小段距离 δ,这个装置称比累透镜,如题图 2.10 所示. 求屏 P 上干涉条纹间距和条纹总数.

解　线光源 S 经两个半透镜分别成像,两个像 S_1 和 S_2 成为相干光源,可以在屏 P 上形成干涉条纹.

先求出 S_1 和 S_2 的位置 l_2 和相对距离 d. 因物距 $u=l_1$(由题知 $l_1>f$),则利用成像公式,得像距 l_2

$$l_2 = \frac{l_1 f}{l_1 - f} \tag{1}$$

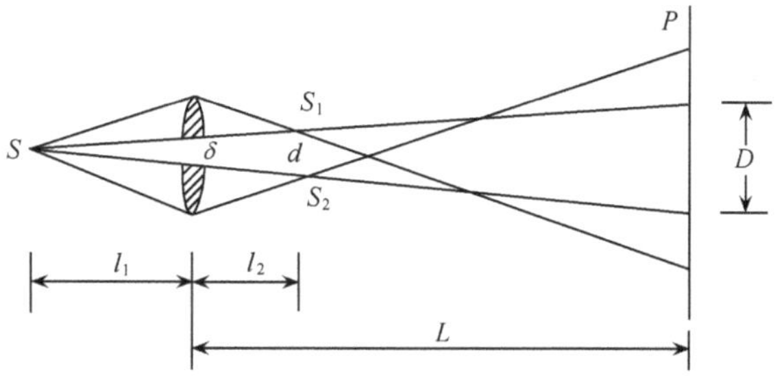

题图 2.10

利用几何关系

$$\frac{\delta}{d} = \frac{l_1}{l_1 + l_2} = \frac{l_1 - f}{l_1}, \qquad d = \delta \frac{l_1}{l_1 - f} \tag{2}$$

因为两个像 S_1 和 S_2 是相干光源，与杨氏双缝实验类似，利用条纹间隔公式得本系统条纹间隔 ΔS

$$\Delta S = \frac{\lambda(L - l_2)}{d} = \frac{\lambda}{d}\left[\frac{L(l_1 - f) - l_1 f}{l_1 - f}\right] = \frac{\lambda}{l_1 \delta}[L(l_1 - f) - l_1 f] \tag{3}$$

此处推导已利用式(1)和(2). 干涉条纹出现在由 S_1 和 S_2 发出的两束光的交叠区. 利用几何关系

$$\frac{\delta}{D} = \frac{l_1}{l_1 + L}, \qquad D = \delta \cdot \frac{l_1 + L}{l_1} \tag{4}$$

因此，条纹数为

$$N = \frac{D}{\Delta S} = \frac{\delta^2}{\lambda} \cdot \frac{l_1 + L}{L(l_1 - f) - l_1 f}$$

如果 $l_1 < f$，S_1 和 S_2 变为虚像，由 S_1 和 S_2“发出”的两束光将不发生交叠，不能产生干涉条纹.

2.11　将焦距 $f = 25\text{cm}$ 的薄凸透镜切去宽为 a 的中央部分，再将其贴合，如题图 2.11(1). 在透镜一侧放置 $\lambda = 6000\text{Å}$ 的点光源，在另一侧设观察屏. 测得屏上相邻亮纹间距 $\Delta x = 0.25\text{mm}$，且当屏移远或移近时，Δx 不变，试问：

(1)切去的宽度 a 为多少？

(2)若透镜尺寸 $d = 5\text{cm}$，如题图 2.11(1)，屏移到何处时干涉条纹最多？是多少？

(3)屏移到何处时干涉条纹消失？

解　(1)由题意，屏移远移近都不影响条纹间距，可断定是两束平行光干涉，即点光源

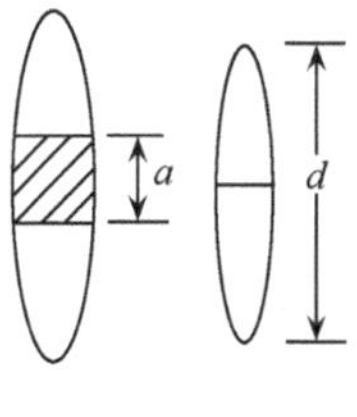

题图 2.11(1)

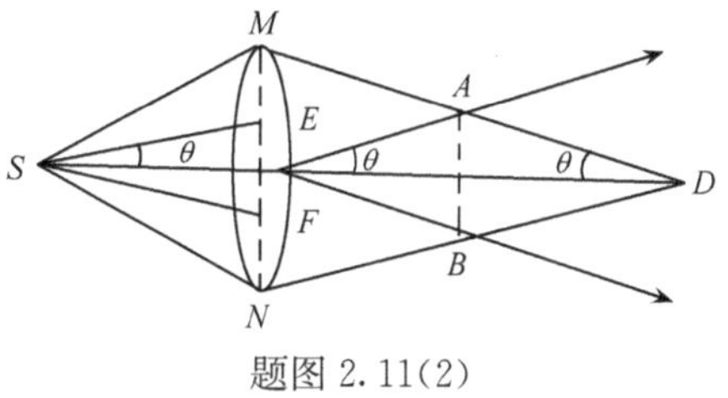

题图 2.11(2)

位置透镜前焦点处. 这两束光间的夹角为 2θ,如题图 2.11(2). 设 $EF=a$,在$\triangle ESF$ 中,

$$\tan\theta=\frac{\frac{1}{2}EF}{f}=\frac{a}{2f}.$$

条纹间距 $\Delta x=\frac{\lambda}{2\sin\theta}$,

$$\sin\theta=\frac{\lambda}{2\Delta x}=\frac{6\times10^{-4}}{2\times0.25}=1.2\times10^{-3}(\text{rad})$$

$$a=2f\tan\theta\approx2f\sin\theta=2\times250\times1.2\times10^{-3}=0.6(\text{mm})$$

(2)如题图 2.11(2),MN 的中心为 O(图中未标出),相干光束交叠区域截面为菱形 $AOBD$ 范围. 在$\triangle MOD$ 中

$$\overline{OD}=\frac{\overline{MO}}{\sin\theta}=\frac{d/2}{\sin\theta}=\frac{25\text{mm}}{1.2\times10^{-3}}=20.8\text{m}$$

当屏移至 AB 处,干涉条纹最多,这时距透镜距离

$$\overline{OC}=\frac{1}{2}\overline{OD}=10.4\text{m}$$

其干涉条纹数

$$N=\frac{\overline{AB}}{\Delta x}=\frac{2\overline{AC}}{\Delta x}=\frac{2\overline{OC}\tan\theta}{\Delta x}\approx\frac{\overline{OD}\sin\theta}{\Delta x}=100$$

(3)当屏移至 D 点时,干涉条纹消失,这时屏到透镜距离$\overline{OD}=20.8\text{m}$.

2.12　一点源置凸透镜前焦点处,透镜后放一双棱镜,其顶角为 $\alpha=3'30''$,如题图 2.12 所示,棱镜折射率 $n=1.5$,其后 $D=5\text{m}$ 处有一观察屏,光波长 5000Å. 问:

(1)屏上干涉条纹间距是多少?

(2)屏上能出现多少条纹?

(3)若在棱镜上半部分推入薄玻璃片,屏上条纹如何变化?

(4)若准单色光相干长度 $l_c=1\text{cm}$,玻片折射率为 1.5,当玻片至少为多厚时,屏中心处干涉现象消失?

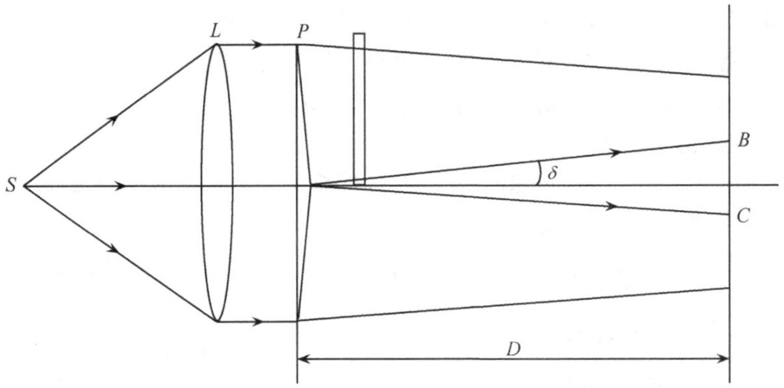

题图 2.12

解　(1)光线经双棱镜折射后,偏向角

$$\delta=(n-1)\alpha$$

从棱镜上、下两半出射的两束平行光之间夹角为 2δ，所以它们相干得到条纹，间距为

$$\Delta x = \frac{\lambda}{2\sin\delta} = \frac{\lambda}{2(n-1)\alpha}$$

代入 $\lambda=5000\text{Å}$，$n=1.5$，

$$\alpha = 3'30'' = 3.5 \times 0.29 \times 10^{-3}\,\text{rad}$$

得

$$\Delta x = 0.49\text{mm}$$

(2)屏上两束光重叠区宽度为

$$BC = 2\delta \cdot D = 5.1\text{mm}$$

$$\frac{BC}{\Delta x} = \frac{5.1}{0.49} = 10.4$$

故屏上出现 10 条干涉条纹.

(3)插入折射率 $n=1.5$、厚度为 d 的玻片，增加光程 $\Delta=(n-1)d$，导致条纹向上平移. 干涉条纹级数改变，但间距不变.

(4)当增加的光程等于光的相干长度时，条纹消失，即

$$l_c = (n-1)d$$

得到

$$d = \frac{l_c}{n-1} = 2\text{cm}$$

即玻片达 2cm 时条纹消失.

2.13　如题图 2.13 所示为梅斯林干涉装置. 将一凸透镜沿直径对切后沿光轴错开一定距离，单色点光源 S 位于光轴上，经上下两个半透镜成像于 S'_1 和 S'_2，在两束相干光重叠区内，垂直于光轴设观察屏.

(1)求屏上干涉条纹的形状.

(2)设透镜焦距 $f=30\text{cm}$，点源距较近的半透镜 L_1 为 60cm，两个半透镜错开 8cm，单色光波长 500nm，屏幕放在 S'_1 和 S'_2 的中点，求旁轴条件下干涉条纹的间距.

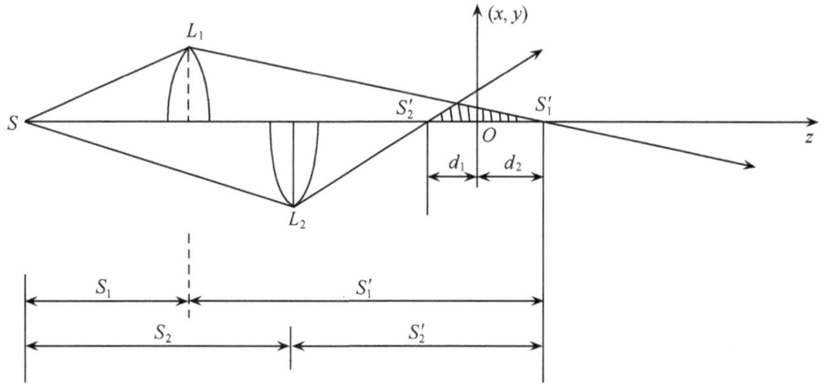

题图 2.13

解　取光轴为 z 方向，屏在 xy 平面，它与光轴交点为 O. 相干光在题图 2.13 中斜线区域重叠，其内的屏上会有干涉条纹.

从点源 S 发出经 L_1 成像于 S'_1 的这一束光在重叠区内是会聚的球面波，在经 L_2 成像于 S'_2 的另一束光在重叠区内是发散的球面波.

会聚球面波的复振幅为

$$\tilde{u}_1(\boldsymbol{r}) = \frac{A_0}{|\boldsymbol{r}-\boldsymbol{r}_0|}\exp[-\mathrm{i}\boldsymbol{k}\cdot(\boldsymbol{r}-\boldsymbol{r}_0)]$$

发散球面波的复振幅为

$$\tilde{u}_2(\boldsymbol{r}) = \frac{A_0}{|\boldsymbol{r}-\boldsymbol{r}_0|}\exp[\mathrm{i}\boldsymbol{k}\cdot(\boldsymbol{r}-\boldsymbol{r}_0)]$$

式中 $\boldsymbol{r}$ 为波场中一点的位置矢量，$\boldsymbol{r}_0$ 为球心的位置矢量，$|\boldsymbol{k}|=\frac{2\pi}{\lambda}$，为波矢大小. 若球心在 z 轴上，则

$$\boldsymbol{r}_0 = (0,0,z_0)$$

在 xy 平面上复振幅为

$$\tilde{u}_1(x,y) = \frac{A_0}{|\boldsymbol{r}-\boldsymbol{r}_0|}\mathrm{e}^{\mathrm{i}k[x^2+y^2+z_0^2]^{1/2}}$$

近轴条件下，$x^2+y^2 \ll z_0^2$，

$$(x^2+y^2+z_0^2)^{1/2} = z_0\left(1+\frac{x^2+y^2}{z_0^2}\right)^{1/2} \approx z_0+\frac{x^2+y^2}{2z_0}$$

这时

$$\tilde{u}_1(x,y) = \tilde{A}_1\exp\left[\frac{\mathrm{i}k}{2z_0}(x^2+y^2)\right] = \tilde{A}_1\exp\left[-\frac{\mathrm{i}k}{2d_1}(x^2+y^2)\right]$$

在近轴条件下，$\tilde{A}_1$ 可视为恒定的. 同理

$$\tilde{u}_2(x,y) = \tilde{A}_2\exp\left[-\frac{\mathrm{i}k}{2z_0}(x^2+y^2)\right] = \tilde{A}_2\exp\left[\frac{\mathrm{i}k}{2d_2}(x^2+y^2)\right]$$

具体到这两个球面波，z_0 分别为 $-d_1$ 和 $+d_2$. d_1 和 d_2 分别为球心 S'_1、S'_2 到屏上原点 O 的距离.

两束光在 xy 平面叠加后的强度

$$I = |\tilde{A}_1|^2+|\tilde{A}_2|^2+2|\tilde{A}_1||\tilde{A}_2|\cos\delta$$

式中

$$\delta = \frac{k}{2}\left(\frac{1}{d_1}+\frac{1}{d_2}\right)(x^2+y^2)$$

在 (x,y) 点上干涉条纹亮纹满足

$$\frac{k}{2}\left(\frac{1}{d_1}+\frac{1}{d_2}\right)(x^2+y^2) = 2n\pi, \qquad n = 0,\pm1,\pm2,\cdots$$

将 $k=\frac{2\pi}{\lambda}$ 代入上式得

$$x^2+y^2 = \frac{2n\lambda}{\frac{1}{d_1}+\frac{1}{d_2}} = \rho^2$$

$$\rho^2 = \frac{2n\lambda}{\frac{1}{d_1}+\frac{1}{d_2}}$$

由 $d_1=d_2=d$ 得

$$\rho^2 = n\lambda d$$

干涉条纹是以 O 为中心的一系列同心圆，类似于菲涅耳半波带片.

由高斯公式，对透镜 L_1，物距 $S_1=60\text{cm}$，

$$S_1' = \frac{S_1 f}{S_1 - f} = 60\text{cm}$$

对 L_2

$$S_2 = 60 + \delta = 68\text{cm}$$

$$S_2' = \frac{S_2 f}{S_2 - f} = 53.7\text{cm}$$

故 S_1' 与 S 距离为 $60+60=120(\text{cm})$，S_2' 与 S 距 121.7cm. S_1' 与 S_2' 相距 $121.7-120=1.7(\text{cm})$. 所以

$$d = d_1 = d_2 = \frac{1}{2}\overline{S_1'S_2'} = 0.85\text{cm}$$

第 n 级亮纹半径为

$$\rho = \sqrt{n\lambda d} = 6.52\times10^{-5}\sqrt{n}\ \text{m}$$

第 n 级与第 $n-1$ 级亮纹间距

$$\Delta\rho = \rho(n) - \rho(n-1) = 6.52\times10^{-5}(\sqrt{n} - \sqrt{n-1})\text{m}$$

每个亮纹环状面积都相等，这也与菲涅耳半波带类似.

2.14 瑞利干涉仪的结构和使用原理如下(参见题图 2.14)，以钠光灯作为光源置于透镜 L_1 的前焦点，在透镜 L_2 的后焦面上观测干涉条纹的变动. 在两个透镜之间安置一对完全相同的玻璃管 T_1 和 T_2. 实验开始时，T_2 管充以空气，T_1 管抽成真空，此时开始观察干涉条纹. 然后逐渐使空气进入 T_1 管，直到它与 T_2 管的气压相同为止. 记下这一过程中条纹移动的数目. 设光波长为 5893Å. 管长 20cm，条纹移动 98 根，求空气的折射率. 假设这些数字的有效数字足够多.

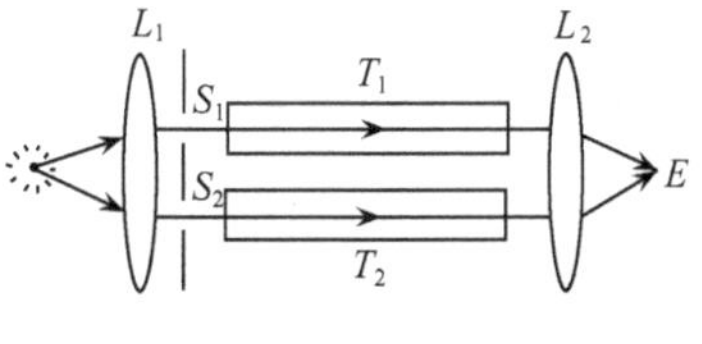

题图 2.14

解　设空气折射率为 n，真空折射率为 n_0，则实验过程中两管光程差的变化等于 T_1 管中光程的变化

$$\delta(\Delta L) = (\Delta n)l = N\lambda$$

所以

$$n = n_0 + \Delta n = 1 + \frac{N\lambda}{l} = 1.000289$$

2.15 在焦距 $f=10\text{cm}$ 的物镜焦平面上观察雅满(YAMIN)干涉仪产生的花样，如题图 2.15. 干涉仪两板用折射率 $n=1.5$ 的玻璃制成，厚度 $h=2\text{cm}$，两板间夹角 $\alpha=1'$. 光射到板上，入射角 45°. 观察到后焦面上条纹间距 $\Delta x=3.84\text{mm}$. 求光波波长.

解　如题图 2.15，若玻璃板 A 与 B 严格平行，光线 2 与 3 之间没有光程差. 由于 $\alpha=1'$，上述光线的光程差为

$$l = 2hn\cos\theta_1 - 2hn\cos\theta_2$$

式中 θ_1 与 θ_2 为光线在 A 板、B 板内的折射角，θ_1 与 θ_2 相差很小，所以有

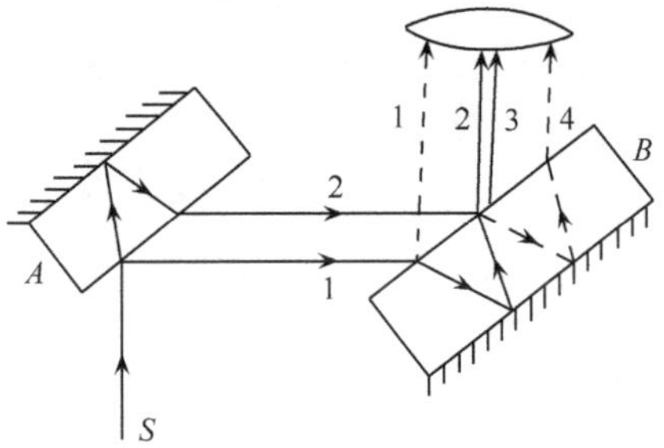

题图 2.15

$$l = 2hn\sin\theta \cdot \Delta\theta$$

$$\theta = \frac{1}{2}(\theta_1 + \theta_2)$$

由折射定律

$$\sin\varphi = n\sin\theta$$

所以

$$\Delta\theta = \frac{\cos\varphi \cdot \Delta\varphi}{n\cos\theta}$$

联立得

$$l = \frac{h\sin 2\varphi \cdot \Delta\varphi}{\sqrt{n^2 - \sin^2\varphi}}$$

对于在垂直于由两板构成的二面角 α 的棱边的平面内传播的光线，$\Delta\varphi=\alpha$. 所以

$$l = \frac{h\alpha\sin 2\varphi}{\sqrt{n^2 - \sin^2\varphi}}$$

从干涉花样的一个位置过度过另一位置，光线间程差发生变化，由上式得

$$\delta l = h\alpha\,\frac{4\cos 2\varphi \cdot (n^2 - \sin^2\varphi) + \sin^2 2\varphi}{2(n^2 - \sin^2\varphi)^{3/2}}\delta\varphi$$

代入 $\varphi=45°$有

$$\delta l = \frac{h\alpha}{2(n^2 - 0.5)^{3/2}}\delta\varphi$$

对于相邻极大，$\delta l=\lambda$，所以

$$\lambda = \frac{h\alpha}{2(n^2 - 0.5)^{3/2}}\delta\varphi$$

由于 $\delta\varphi=\dfrac{\Delta x}{f}$，所以

$$\lambda = \frac{h\alpha \cdot \Delta x}{2f(n^2 - 0.5)^{3/2}} = 5000\text{Å}$$

2.16　如题图 2.16 所示为一种利用干涉现象测定气体折射率的原理性结构，在 S_1 后面放置一长度为 l 的透明容器，当待测气体注入容器而将空气排出的过程中幕上的干涉条纹就会移动. 由移过条纹的根数即可推知气体的折射率.

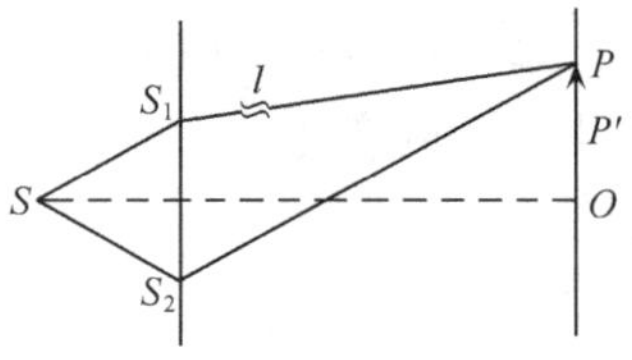

题图 2.16

(1)设待测气体的折射率大于空气的折射率，干涉条纹如何移动?

(2)设 $l=2.0$cm，条纹移过 20 根，光波长 5893Å，空气折射率为 1.000276，求待测气体(氯气)的折射率.

解　(1)判断条纹移动趋向的方法是考察特定级别(确定光程差)的条纹，看它在新的条件下出现在什么方位. 显然，当待测气体的折射率大于空气折射率时，有充气情况下，光程差 $\Delta L=L(S_2P)-L(S_1lP)$变小，则原来光程差为小一些之处 P'(如图)的条纹现在移向 P 处，即条纹向上移动.

(2)凡光程差 $\Delta L(P)$改变一个波长 λ，则 P 处强度变化一次，也即条纹转过一条. 据

此，写出光程差改变量 $\delta(\Delta L)$ 与条纹移动数 N 之关系为

$$\delta(\Delta L)=N\lambda$$

本题光程差的改变是由一路 $L(S,lP)$ 光程改变引起的，即

$$\delta(\Delta L)=\delta L(S_1lP)=(n-n_0)l=\Delta nl$$

于是

$$\Delta n=\frac{N\lambda}{l}$$

$$\begin{aligned}n&=n_0+\Delta n=n_0+\frac{N\lambda}{l}\\&\approx 1.000276+0.0005893\\&\approx 1.0008653\end{aligned}$$

2.17　在单色光杨氏双缝实验中的一个光路中放置玻璃片，其折射率为 n，厚度为 t. 求屏中心处光强；t 取什么值时，中心处光强最小；又若一缝宽是另一缝的 2 倍，上述情况又如何？设 $t=0$ 时中心处光强为 I_0. 忽略玻璃的吸收.

解　设 $S_1=S_2$，单独一个缝时在 C 点造成的光强为 $\frac{1}{4}I_0$（由已知，双缝照明条件下 C 点光强为 I_0）见题图 2.17.

$$I=I_0\cos^2(\delta/2),\qquad \delta=\frac{2\pi(n-1)}{\lambda}t$$

所以

$$I=I_0\cos^2\frac{\pi(n-1)t}{\lambda}$$

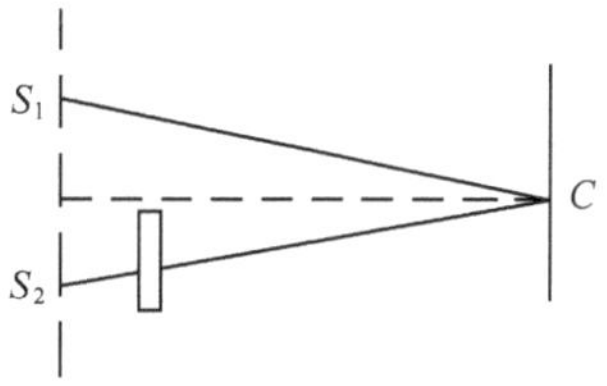

题图 2.17

当 $\frac{\delta}{2}=\left(k+\frac{1}{2}\right)\pi$ 时，C 点光强最小，等于零. 即 $t=\frac{\left(k+\frac{1}{2}\right)\lambda}{(n-1)}$，$k=0,1,2,3,\cdots$. 若缝宽相差一倍，设它们的透光振幅分别为 A 和 $2A$，则 C 点光场有

$$A_C=Ae^{i\omega t}+2Ae^{i(\omega t+\delta)}$$

式中 $\delta=\frac{2\pi}{\lambda}(n-1)t$. 所以

$$\begin{aligned}A_C&=Ae^{i\omega t}(1+2e^{i\delta})\\I_C&=A_0^2(1+2e^{i\delta})(1+2e^{-i\delta})\\&=A_0^2(5+4\cos\delta)\end{aligned}$$

由题设，当 $t=0$ 时，$I_C=I_0$，所以 $I_0=9A_0^2$

$$I_C=\frac{1}{9}I_0\left(5+4\cos\frac{2\pi(n-1)t}{\lambda}\right)$$

当 $\delta=(2k+1)\pi$ 时，I_C 最小，$I_{C\min}=\frac{1}{9}I_0$，即

$$t=\frac{(2k+1)\lambda}{2(n-1)}$$

2.18　考虑一个如题图 2.18 所示三狭缝装置，缝间距分别为 d 和 $\frac{3}{2}d$.

(1)求第一级主极大角位置.

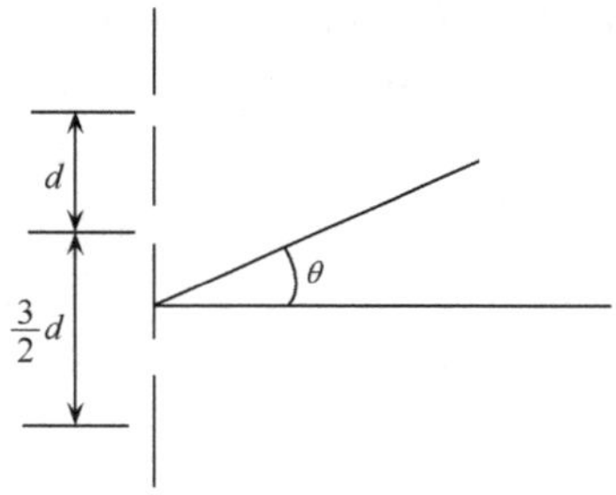

题图 2.18

(2)把(1)的结果写为 θ_1，在零级主极大($\theta=0$)方向的能流记为 F_0. 求在 $\frac{1}{2}\theta_1$ 方向的能流. 设 $d\gg\lambda$.

解 (1)各缝发出柱面波，在衍射角为 θ 时，相邻子波的光程差分别为

$$\Delta_1 = d\sin\theta, \qquad \Delta_2 = \frac{3}{2}d\sin\theta$$

三个子波的合振幅为

$$E = E_0\left[1+\cos\frac{2\pi\Delta_1}{\lambda}+\cos\frac{2\pi(\Delta_1+\Delta_2)}{\lambda}\right]$$
$$= E_0\left[1+\cos\frac{2\pi d\sin\theta}{\lambda}+\cos\frac{5\pi d\sin\theta}{\lambda}\right]$$

若得到第 1 级主极大，须同时满足

$$\frac{2\pi d\sin\theta_1}{\lambda}=2k\pi$$

和

$$\frac{5\pi d\sin\theta_1}{\lambda}=4k\pi+2\pi$$

所以

$$\theta_1=\frac{2\lambda}{d}$$

(2)当 $\theta=0$ 时

$$F_0 = 9E_0^2, \qquad E_0^2 = \frac{F_0}{9}$$

当 $\theta=\frac{\theta_1}{2}=\frac{\lambda}{d}$ 时

$$F = \frac{F_0}{9}(1+1-1) = \frac{F_0}{9}$$

2.19 把直径为 D 的细丝夹在两块平玻璃砖的一边形成尖劈形空气层(如题图 2.19 下方)，在钠黄光($\lambda=5893\text{Å}$)的垂直照射下形成如题图 2.19 上方所示的干涉条纹，试问 D 为多少?

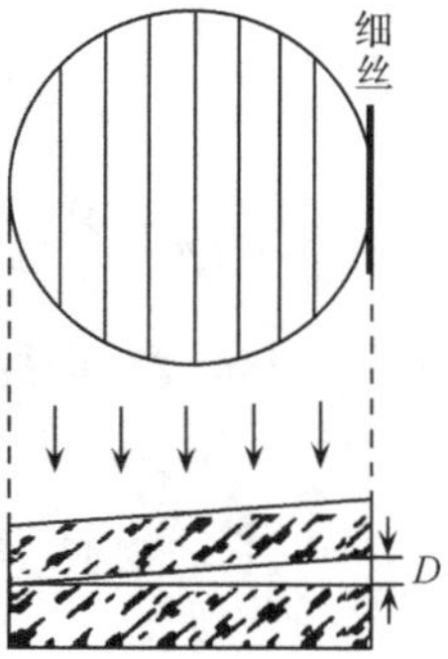

题图 2.19

解 薄膜表面等厚条纹的一条重要性质是，不论条纹形状如何，相邻两条纹所在位置的厚度差为半个波长. 因此，相隔 N 个条纹两处的厚度差为

$$\Delta h = N\frac{\lambda}{2}$$

据此，本题细丝直径

$$D = 8\times\frac{\lambda}{2}\approx 2.36\mu\text{m}$$

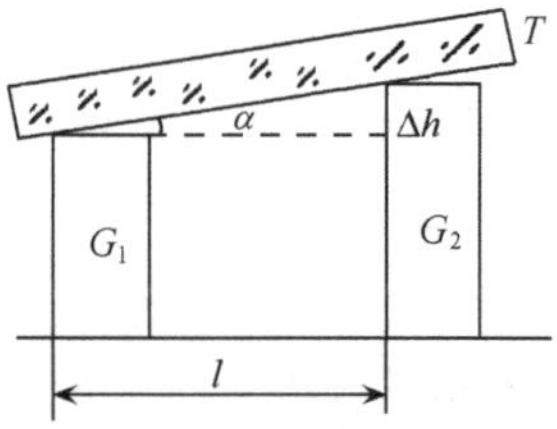

题图 2.20

2.20 块规是机加工里用的一种长度标准，它是一钢质长方体，它的两个端面经过磨平抛光，达到相互平行. 题图 2.20 中 G_1，G_2 是同规号的两个块规，G_1 的长度是标准的，G_2 是要校准的. 校准方法如下：把 G_1 和 G_2 放在钢质平台面上，

使面和面严密接触，G_1，G_2 上面用一块透明平板 T 压住. 如果 G_1 和 G_2 的高度(即长度)不等，微有差别，则在 T 和 G_1，G_2 之间分别形成尖劈形空气层，它们在单色光照射下各产生等厚干涉条纹.

(1)设入射光的波长是 5893Å，G_1 和 G_2 相隔 5cm(即图中的 l)，T 和 G_1，G_2 间干涉条纹的间距都是 0.5mm，试求 G_2 和 G_1 的高度之差. 怎样判断它们谁长谁短?

(2)如果 T 和 G_1 间干涉条纹的间距是 0.5mm，而 T 和 G_2 间的是 0.3mm，则说明什么问题?

解　(1)如题图 2.20 所示，先由条纹间距算出空气层劈角 α，再由两块规距离 l 算出高度差

$$\Delta h \approx \alpha l = \frac{\lambda}{2\Delta x} l$$

$$\approx 29.47\mu\text{m}$$

当然，要判断哪块高，就不是图上画的那么显而易见了，仅靠静态条纹的性质也是无法作出判断的. 为此，轻压盖板 T 的中部，两处条纹疏密变化正好相反. 条纹变密的一端块规长，条纹变疏的一端块规短.

(2)这说明 G_2 上下两表面有不平行度，致使其上表面并不严格平行 G_1 的上表面，造成两边空气层劈角不等，劈角差(用以量度不平行度)为

$$\Delta\alpha = \alpha_2 - \alpha_1 = \left(\frac{1}{\Delta x_2} - \frac{1}{\Delta x_1}\right)\frac{\lambda}{2}$$

$$= \left(\frac{1}{0.3\text{mm}} - \frac{1}{0.5\text{mm}}\right)\frac{\lambda}{2}$$

$$\approx 3.93 \times 10^{-4}\,\text{rad} \approx 1.35'$$

2.21　如题图 2.21 所示为一种干涉膨胀计. G 为标准的石英环，C 为待测的柱形样品. 由于它的膨胀系数与石英环的不同. 当温度改变时，柱体 C 的上表面与石英平板 Π_1 之间楔形空气层的厚度就会改变. 现已知样品与石英环的高度约为 1cm，当温度升高 100℃时，视场中的干涉条纹移过 20 根，求样品的线膨胀系数. 设光波长为 5893Å，石英的线膨胀系数为 0.35×10^{-6}/℃.

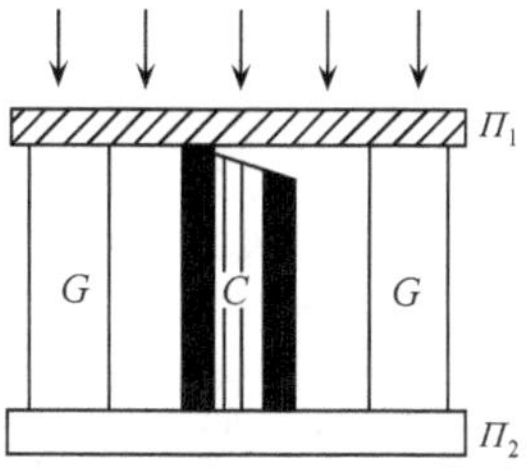

题图 2.21

解　按题意，说明样品上方空气层的厚度改变了

$$\Delta h = \pm N\frac{\lambda}{2}$$

式中 N 为条纹移过的根数. 空气层厚度的改变是由于标准石英环与样品的线膨胀系数不等引起的. 设石英和样品的线膨胀系数分别为 a_1，a_2，则线膨胀之差 Δh 为

$$a_1 l_0 \Delta T - a_2 l_0 \Delta T = \Delta h$$

故得

$$\Delta a = \pm\frac{N\lambda}{2 l_0 \Delta T} \approx \pm 5.89 \times 10^{-6}/℃$$

以上分析并未确认空气层的厚度是变厚了还是变薄了，因而并未确认线膨胀系数谁大谁小，这只能由条纹移动的趋向来确定. 如果条纹移动方向朝交棱，说明空气层变厚，样品线膨胀小于石英环. 总之，样品的线膨胀系数有两个可能的取值，即

$$a_2 = a_1 + \Delta a \approx 6.24 \times 10^{-6}/℃ \quad 或 \quad -5.54 \times 10^{-6}/℃$$

通常固体受热膨胀,此处取正值。

2.22　将一个金属框放入肥皂液中浸一下,然后取出保持垂直,于是形成一个楔形膜,用氩离子激光(λ=514.53nm)近似垂直照射,每厘米可观察到 12 个条纹,求顶角.肥皂液 n=1.33.

解

$$\theta = \frac{\lambda}{2n\Delta x}, \qquad \Delta x = \frac{1}{12}\text{cm}$$

代入 λ, n 值得

$$\theta = 2.3 \times 10^{-4}\,\text{rad}$$

2.23　将曲率半径 1m 的薄凸透镜贴在平晶上,钠光(5 893Å)垂直照明,在反射光中观察牛顿环.然后在球面和平晶间充满四氯化碳(n=1.461).求充液前后第 5 个暗环的半径比,充液后的第 5 个暗环半径是多少?

解　牛顿环装置中充以折射率为 n 的液体,其第 k 个暗环半径为

$$r_k = \sqrt{\frac{k\lambda R}{n}}$$

可见充液前后第 5 个暗环半径比为

$$\frac{r_5}{r_5'} = \frac{\sqrt{5\lambda R}}{\sqrt{5\lambda R/n}} = \sqrt{n} = \sqrt{1.461} = 1.21$$

而充液后,第 5 个暗纹半径为

$$r_5' = \sqrt{\frac{5\lambda R}{n}} = 1.42\text{mm}$$

2.24　(1)两个平凸透镜的凸面紧贴[如题图 2.24(1)],观察垂直照明下反射光的牛顿环,求第 k 级暗环的半径.设两凸面曲率半径分别为 R_1 和 R_2,光波长为 λ.

(2)若将曲率半径为 R_1 的平凸透镜放在曲率半径为 R_2($R_2 > R_1$)的平凹透镜的凹面上[如题图 2.24(2)],第 k 级暗纹的半径是多少?

解　(1)如题图 2.24(1)示,$h = h_1 + h_2$,

$$h_1 = \frac{r^2}{2R_1}, \qquad h_2 = \frac{r^2}{2R_2}$$

$$\Delta = 2h + \frac{\lambda}{2} = r^2\left(\frac{1}{R_1} + \frac{1}{R_2}\right) + \frac{\lambda}{2}$$

当 $\Delta = \left(k + \frac{1}{2}\right)\lambda$ 时得第 k 级暗纹,即

$$r^2\left(\frac{1}{R_1} + \frac{1}{R_2}\right) + \frac{\lambda}{2} = \left(k + \frac{1}{2}\right)\lambda$$

可得第 k 级暗纹半径

$$r_k = \sqrt{k\lambda \Big/ \left(\frac{1}{R_1} + \frac{1}{R_2}\right)} = \sqrt{k\lambda\,\frac{R_1 R_2}{R_1 + R_2}}$$

(2)如题图 2.24(2)，$h=h_1-h_2$，

分析如(1)，有

$$r_k=\sqrt{k\lambda\bigg/\left(\frac{1}{R_1}-\frac{1}{R_2}\right)}=\sqrt{k\lambda\frac{R_1R_2}{R_1-R_2}}$$

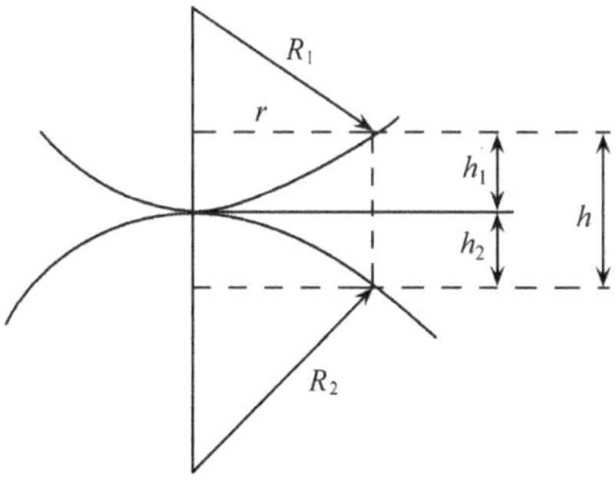

题图 2.24(1)

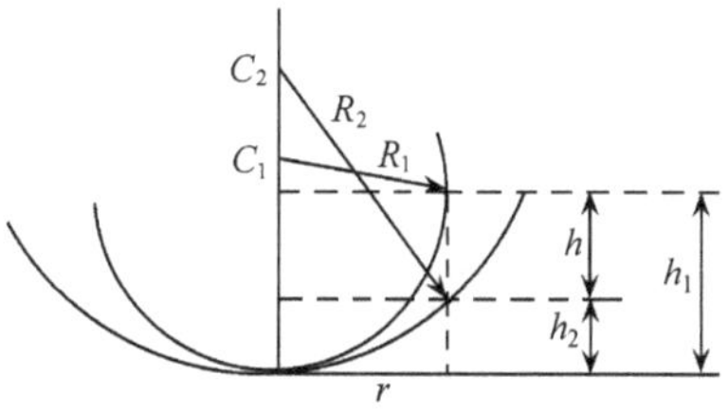

题图 2.24(2)

2.25　求可给出二级红光反射($\lambda=7\ 000$Å)干涉纹的肥皂膜的厚度，膜的折射率为 1.33，设平行光与法向成 30°角入射.

解　在局域的区内，膜可看作 $n=1.33$ 的平行平板. 由折射定律

$$\sin\theta_0=n\sin\theta$$

所以

$$\cos\theta=\sqrt{1-\left(\frac{\sin\theta_0}{n}\right)^2}$$

已知 $\theta_0=30°$，代入得

$$\cos\theta=\frac{\sqrt{55}}{8}$$

上下表面光程差为

$$\Delta=2nd\cos\theta\pm\frac{\lambda}{2}$$

二级干涉极大由相干相长条件

$$\Delta=2nd\cos\theta\pm\frac{\lambda}{2}=k\lambda$$

$k=2$ 时，有

$$d_1=\frac{3\lambda}{4n\cos\theta},\qquad d_2=\frac{5\lambda}{4n\cos\theta}$$

计算得 $d_1=0.425\mu\text{m}$，$d_2=0.709\mu\text{m}$

2.26　借用钠黄光($\lambda=589\times10^{-9}$m)的反射光，在水平方向上观察一垂直的肥皂膜，膜的顶部非常之薄，以至对任何颜色的光看起来都是黑的，此外，共有五条亮条纹，第五条亮纹中心位于膜的底部，肥皂膜底部的厚度为多少？水的折射率为 1.33.

解　在膜顶部，厚度约为零. 膜的前后表面反射光相位差 π(因前表面反射有半波损失，而后表面没有). 所以干涉相消，为暗纹.

在膜底部，前后面反射光的相位差为

$$\delta=\pi+\frac{2nd}{\lambda}\cdot 2\pi$$

底部是第 5 条亮纹，即

$$\delta=5\cdot 2\pi=10\pi$$

代入 $n=1.33$，$\lambda=589\times10^{-9}$m，得

$$d=1.0\mu\text{m}$$

2.27　为减少对 $\lambda=5000$Å 光的反射，一透镜上镀了折射率为 1.2 的薄膜，透镜玻璃的折射率为 1.4，见题图 2.27.

(1)使反射光的强度减到最小时镀层的最小厚度是多少？

(2)在上面的例子中反射光的强度很小但不是零，解释之. 需要改变什么，改变多少，才能使反射光强度降为零？注：当光从折射率为 n_1 的介度射入折射率为 n_2 的介度，反射系数为$[(n_2-n_1)/(n_2+n_1)]^2$.

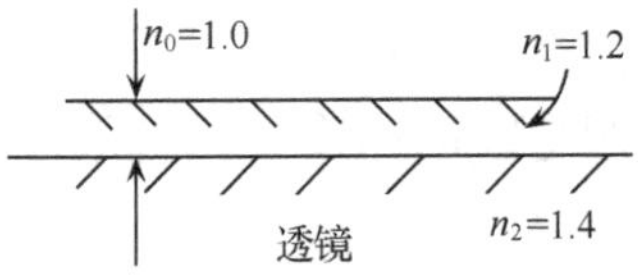

题图 2.27

解　单层膜的反射率为

$$R=\frac{(n_0-n_2)^2\cos^2\frac{\delta_1}{2}+\left(\frac{n_0n_2}{n_1}-n_1\right)^2\sin^2\frac{\delta_1}{2}}{(n_0+n_2)^2\cos^2\frac{\delta_1}{2}+\left(\frac{n_0n_2}{n_1}+n_1\right)^2\sin^2\frac{\delta_1}{2}}$$

其中

$$\delta_1=\frac{4\pi}{\lambda}n_1t_1\cos i_1=\frac{4\pi}{\lambda}n_1t_1$$

t_1 为膜的厚度.

(1)当 $\delta_1=\pi$ 时，反射光强度最小，即 $n_1t_1=\frac{\lambda}{4}$. 所以最小薄膜厚 $t_1=\lambda/4n_1=0.104\mu$m. 对于 $\delta_1=3\pi,5\pi,\cdots$也同样有最小反射.

(2)此时 R 为

$$\left(\frac{\frac{n_0n_2}{n_1}-n_1}{\frac{n_0n_2}{n_1}+n_1}\right)^2=\left(\frac{n_0n_2-n_1^2}{n_0n_2+n_1^2}\right)^2=0.000198$$

显然，只有 $n_1=\sqrt{n_0n_2}$时才能使反射光强度降为零. 即

$$n_1=\sqrt{1.4}=1.18$$

2.28　在白光正入射下，从垂直于介质膜方向观察，相长干涉极大值波长为 0.6μm，相消干涉极小值波长为 0.45μm，且在 0.5～0.7μm 不出现极小值. 已知介质折射率为 1.5，求膜厚.

解　设相干极大波长为 λ_1，相干极小波长为 λ_2，以下方程式成立(考虑到半波损失)：

极大　　$2nh=\left(m_1+\frac{1}{2}\right)\lambda_1$

极小　　$2nh=m_2\lambda_2$

令两式相等

$$nh=\frac{2m_1+1}{4}\lambda_1=\frac{m_2}{2}\lambda_2$$

对于 $m=0,1,2,3,4,5,6,7,8,9,10,\cdots$ 将 λ_1 和 λ_2 分别代入上式有

$$\frac{2m+1}{4}\lambda_1=0.15,0.45,0.75,1.05,1.35,1.65,1.95,2.25,2.55,2.85,3.15,\cdots$$

$$\frac{m}{2}\lambda_2=0,0.225,0.45,0.675,0.90,1.125,1.35,1.575,1.8,2.025,2.25,\cdots$$

可见当 $m_1=1;m_2=2$ 时有

$$nh=\frac{2\times1+1}{4}\times0.6=\frac{2}{2}\times0.45=0.45(\mu\text{m})$$

另外，$m_1=7;m_2=10$ 时有

$$nh=\frac{2\times7+1}{4}\times0.6=\frac{10}{2}\times0.45=2.25(\mu\text{m})$$

由第一个解，求出 h

$$nh=0.45,\qquad h=\frac{0.45}{1.5}=0.3(\mu\text{m})$$

由第二解有 $h=\dfrac{2.25}{1.5}=1.5(\mu\text{m})$. 但在 $0.5\sim0.7\mu\text{m}$ 之间没有干涉极小，对于 $1.5\mu\text{m}$，干涉相消发生在

$$\lambda=\frac{2nh}{m_2}=\frac{2\times1.5\times1.5}{m_2}$$

当 $m_2=7,8,9$ 时，λ_2 分别为 0.64，0.56 和 $0.50\mu\text{m}$，与题意不符，所以只有一个解 $h=0.3\mu\text{m}$.

2.29　波长为 500mm 的光正入射到厚度为 d 的肥皂膜($n=4/3$)上. 在反射方向上观察，近似计算干涉极大和极小光强与入射光强之比.

解　肥皂膜表面的反射率 R 为

$$R=\frac{(n-n_0)^2}{(n+n_0)^2}=\frac{\left(\frac{4}{3}-1\right)^2}{\left(\frac{4}{3}+1\right)^2}\approx0.02$$

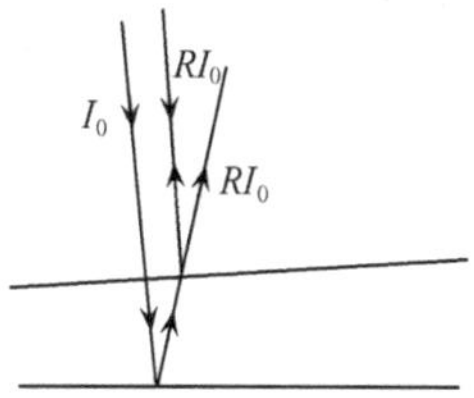

题图 2.29

当入射光强为 I_0 时，对于低折射率板干涉可近似成强度为 RI_0 的双光束干涉(如题图 2.29)，干涉光强

$$I=2RI_0(1+\cos\delta)\qquad(\delta\text{ 为两光束的相位差})$$

所以

$$I_{\max}/I_0=4R=0.08,\qquad I_{\min}/I_0=0$$

2.30　有一个厚 5mm 直径为 2cm 的玻璃窗口，制造者声称它的每一面的平整度在 $\dfrac{1}{4}$ 个汞绿线波长($\lambda=546$nm)以内，而两面的平行度在 5rad · s 以内($1\text{rad}\cdot\text{s}=4.85\times10^{-6}$rad). 你怎样测量这些性质以证实制造者的这番说明？可假设玻璃折射率 $n=1.50$.

解　使用高级球面或平面样板与被检元件造成等厚干涉的办法加以检验.

对于每一面的平整度，用牛顿环实验(如题图 2.30).

用 $\lambda=546$nm 光照射，在暗纹处为

$$\frac{2\pi}{\lambda}\cdot2d_n+\frac{\pi}{2}=(2n+1)\frac{\pi}{2}$$

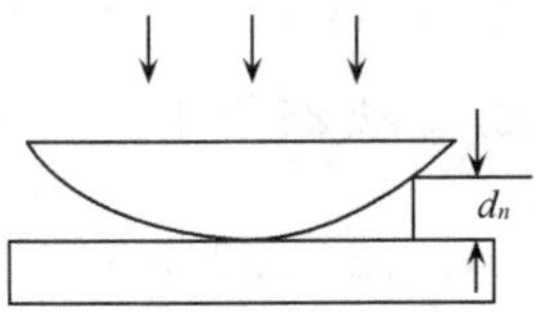

题图 2.30

$d_n=\frac{\lambda}{4}n$. 其中 n 为整数. 相邻暗环对应的空气隙厚度相当于相差$\frac{\lambda}{2}$.

所以只要暗环的畸变小于相邻暗环的间隔的一半，那么平整度就如制造者所说的那样.

对于两面之间的平行度，可将其当作薄楔形板干涉分析. 干涉条纹间隔越大，平行度越好，仍用 $\lambda=546\text{nm}$ 光照射. 对于楔角 $\theta=5\times4.85\times10^{-6}\text{rad}=2.425\times10^{-5}\text{rad}$，相邻条纹的间距是$\frac{\lambda/n}{2\theta}=\frac{546\times10^{-7}/1.500}{2\times2.425\times10^{-5}}=0.75(\text{cm})$. 所以只要条纹间距不小于 0.75cm，则平行度就如制造者所说的那样.

2.31　测得牛顿圈从中间数第五环和第十五环的半径分别为 0.70mm 和 1.7mm，求透镜的曲率半径. 设光波长为 0.63μm.

解　考虑到牛顿环的中心点不一定密接，可靠的测量方法应当如本题所述，这时干涉环的半径与透镜曲率半径的关系应当修改为

$$R=\frac{r_{k+m}^2-r_k^2}{m\lambda}$$

重要的是两圈干涉环的相隔几条 m 数，而不是绝对级别 k 数. 取 $r_{k+m}=1.7\text{mm}$，$r_k=0.70\text{mm}$，$m=15-5=10$，$\lambda=0.63\mu\text{m}$，算得透镜的曲率半径为

$$R=381\text{mm}$$

2.32　在玻璃表面上涂一层折射率为 1.30 的透明薄膜，设玻璃的折射率为 1.5.

(1)对于波长为 5500Å 的入射光来说，膜厚至少应为多少才能使反射光干涉相消？这时光强反射率为多少？与不加膜时相比，光强反射率降了多少？

(2)对波长为 4000Å 的紫光和 7000Å 的红光来说，(1)问所得的厚度在两束反射相干光之间产生多大的相位差？(不考虑色散.)

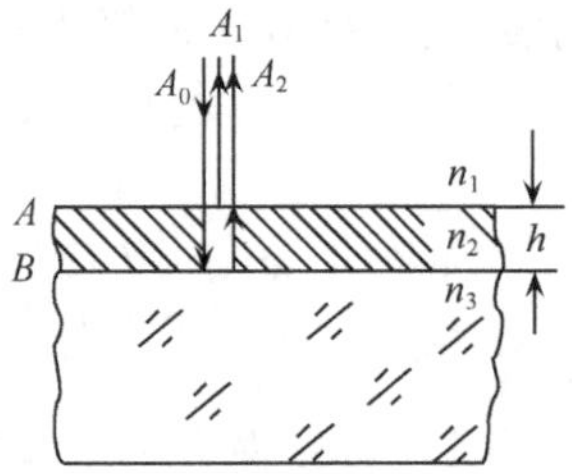

题图 2.32

解　(1)如题图 2.32，因这时膜层为低膜，即 $n_1<n_2<n_3$，反射两光束之间无半波损，有效光程差等于表观光程差. 为达反射光干涉相消，应使光程差为

$$\Delta L=2n_2h=(2k+1)\frac{\lambda}{2}\qquad(k=0,1,2,\cdots)$$

若取 $k=0$，则膜厚

$$h=\frac{\lambda}{4n_2}=\frac{5500}{4\times1.30}\approx1058(\text{Å})$$

此时反射光振幅(双光束干射近似)为

$$A=A_1-A_2$$

式中 A_1 为膜上表面反射光振幅，A_2 为膜与玻璃界面反射并透出膜的上表面的光振幅

$$A_1=r_AA_0=\frac{n_2-n_1}{n_2+n_1}A_0=\frac{1.3-1.0}{1.3+1.0}A_0\approx13\%A_0$$

$$A_2=A_0t_Ar_Bt'_A=r_B(1-r_A^2)A_0$$

$$=\frac{n_3-n_2}{n_3+n_2}(1-r_A^2)A_0$$

$$=\frac{1.5-1.3}{1.5+1.3}(1-0.13^2)A_0=0.07\times0.98A_0$$

$$\approx6.9\%A_0$$

所以膜层反射光强

$$I=(A_1-A_2)^2=[r_A-r_B(1-r_A^2)]^2I_0$$

$$\approx0.37\%I_0$$

反射率

$$R'\equiv\frac{I}{I_0}\approx0.37\%$$

此时接近完全消反射，若无薄膜，空气玻璃单界面反射率为

$$R=\left(\frac{n_3-n_1}{n_3+n_1}\right)^2=4\%$$

由于自然光正入射时光强总反射率

$$R=R_p=R_s$$

所以上面求得的即为总的光强反射率. 可见有了薄膜以后，反射率下降了

$$\Delta R=R-R'\approx3.6\%$$

(2)以上厚度只对原来考虑的特定波长5500Å满足反射相消(反射两光束相位差 π)，对别的波长就不是这样了. 例如对 $\lambda_1=4000$Å 的紫光，反射两光束的相位差

$$\delta_1=\frac{2\pi}{\lambda_1}2n_2h=\frac{2\pi}{\lambda_1}\cdot2n_2\cdot\frac{\lambda}{4n_2}=\frac{2\pi}{\lambda_1}\cdot\frac{\lambda}{2}=\frac{\lambda}{\lambda_1}\pi=\frac{5500}{4000}\pi=1.375\pi(\text{rad})$$

对 $\lambda_2=7000$Å 的红光，反射两光束的相位差

$$\delta_2=\frac{\lambda}{\lambda_2}\pi=\frac{5500}{7000}\pi\approx0.7857\pi(\text{rad})$$

2.33 肥皂膜的反射光呈现绿色. 这时膜的法线和视线的夹角约为35°，试估算膜的最小厚度. 设肥皂水的折射率为1.33，绿光波长为5000Å.

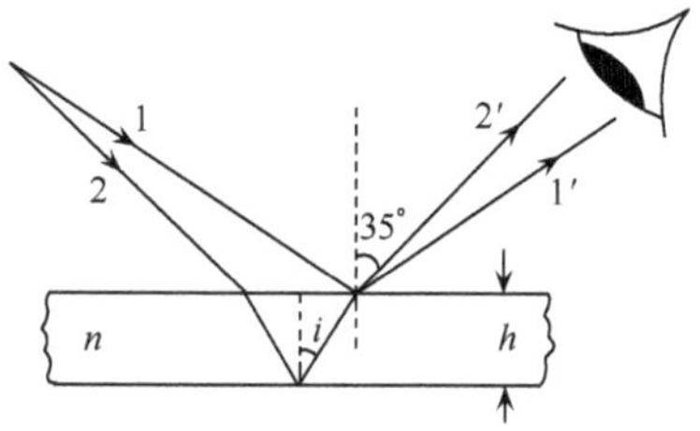

题图 2.33

解 考虑到目前存在半波损，出现亮场的表观光程差应满足(参见题图2.33)

$$2nh\cos i=(2k+1)\frac{\lambda}{2}\qquad(k=0,1,2,\cdots)$$

令 $k=0$，并由折射定律，$\sin35°=n\sin i$，得肥皂膜的最小厚度为

$$h_0=\frac{\lambda}{4n\cos i}=\frac{\lambda}{4n\sqrt{1-\sin^2 i}}=\frac{\lambda}{4\sqrt{n^2-\sin^2 35°}}$$

$$=\frac{5000}{4\sqrt{1.33^2-\sin^2 35°}}\approx1042(\text{Å})$$

2.34 砷化镓发光管制成半球形，以增加位于球心的发光区对外输出功率，减少反射损耗. 已知砷化镓发射光波长为9300Å，折射率为3.4，为了进一步提高输出光功率，常在

球形表面涂敷层增透膜[见题图 2.34(1)].

(1)不加增透膜时,球面光强反射率有多大?

(2)增透膜的折射率和厚度应取多大?

(3)如果用氯化镁(折射率为 1.38)能否增透?光强反射率有多大?

(4)如果用硫化锌(折射率为 2.58)能否增透?光强反射率还有多大?

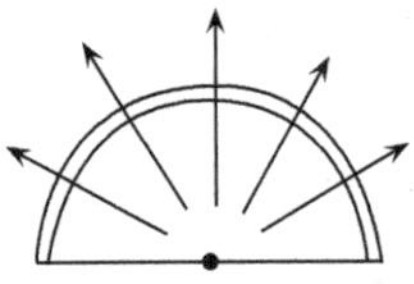

题图 2.34(1)

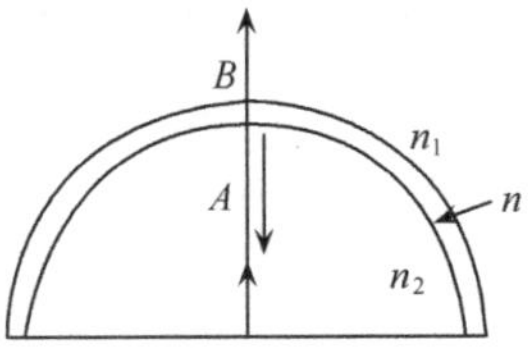

题图 2.34(2)

解　(1)如题图 2.34(2),不加增透膜时,单界面 n_2、n_1 的光强反射率

$$R=\left(\frac{n_2-n_1}{n_2+n_1}\right)^2=\left(\frac{3.4-1.0}{3.4+1.0}\right)^2\approx 29.8\%$$

(2)如欲完全消反射,膜层折射率和光学厚度必须同时满足以下两个条件,即

$$\begin{cases} n=\sqrt{n_1n_2} \\ nh=(2k+1)\dfrac{\lambda}{4} \end{cases}\qquad (k=0,1,2,\cdots)$$

取 $n_1=1.0$,$n_2=3.4$,$\lambda=9300\text{Å}$,$k=0$,算出

$$n\approx 1.84,\qquad h\approx 1264\text{Å}\approx 0.13\mu\text{m}$$

(3)如果只要求增透,即使不是完全消反射,也应使膜层光学厚度 $nh=(2k+1)\lambda/4$,而且应是低膜,即 $n_1<n<n_2$. 因此,选用折射率 $n=1.38$ 的氟化镁作膜层,是可以增透的. 以双光束干涉近似计算反射光强 I,设入射光振幅为 A_0,则经界面 A 一次反射光振幅为 $A_1=A_0r_A$,经界面 B 再反射回来的透射光振幅为 $A_2=A_0t_Ar_Bt_A'$,在正入射情况下

$$r_A=\frac{n_2-n}{n_2+n}=\frac{3.4-1.38}{3.4+1.38}\approx 42.3\%$$

$$r_B=\frac{n-n_1}{n+n_1}=\frac{1.38-1.0}{1.38+1.0}\approx 16.0\%$$

$$t_At'_A=(1-r_A^2)\approx 82.1\%$$

考虑到上述两束光之位相差为 π,故膜层反射光强为

$$I=(A_1-A_2)^2=[r_A-r_B(1-r_A^2)]^2A_0^2$$

光强反射率为

$$R=\frac{I}{I_0}=[r_A-r_B(1-r_A^2)]^2\approx 8.5\%$$

(4)如果选用折射率 $n=2.35$ 的硫化锌作膜层,同理可以增透,光强反射率

$$R=[r_A-r_B(1-r_A^2)]^2$$

式中

$$r_A = \frac{3.4 - 2.35}{3.4 + 2.35} \approx 18.3\%$$

$$1 - r_A^2 \approx 96.7\%$$

$$r_B = \frac{2.35 - 1.0}{2.35 + 1.0} \approx 40.3\%$$

算出

$$R \approx 4.3\%$$

2.35 利用多光束干涉可以制成一种干涉滤光片. 如题图 2.35,在很平的玻璃片上镀一层银,在银面上加一层透明膜,例如水晶石($3NaF-AlF_3$),其上再镀一层银. 于是两个银面之间形成一个膜层,产生多光束干涉. 设银面的反射率 $R=0.96$,透明膜的折射率为 1.55,膜厚 $h=4\times10^{-5}$cm,平行光正入射. 问:

(1)在可见光范围内,透射最强的谱线有几条,它们的光波长为多少?

(2)每条谱线的宽度为多少?

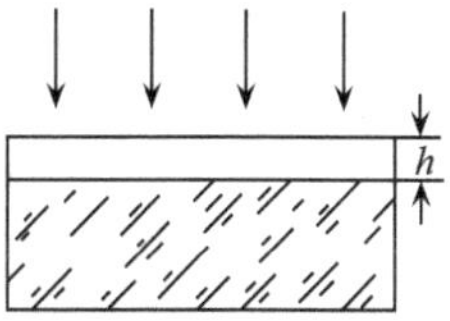

题图 2.35

解 (1)先算纵模频率间隔

$$\Delta\nu = \frac{c}{2nh} \approx 2.4 \times 10^{14}\,\text{Hz}$$

再算可见光频段内包含的纵模个数(即透射最强的谱线条数)

$$\Delta N = \frac{3.5\times10^{14}}{2.4\times10^{14}} \approx 1.5(\text{条})$$

鉴于目前谱线为数很少,不妨算出谱线波长的具体数值. 为此,令 $\lambda_m=4000\text{Å}$,算出

$$k_M = \frac{2nh}{\lambda_m} = 3.1$$

令 $\lambda_M=7600\text{Å}$,算出

$$k_m = \frac{2nh}{\lambda_M} = 1.6$$

因此在可见光范围内,只能在 1.6~3.1 之间取可能的整数值

$$k = 2 \text{ 或 } 3$$

相应的最强谱线波长为

$$\lambda = \frac{2nh}{2} \approx 6200\text{Å}$$

$$\lambda' = \frac{2nh}{3} \approx 4133\text{Å}$$

(2)上述两条谱线的宽度分别为

$$\delta\lambda = \frac{\lambda}{\pi k}\frac{1-R}{\sqrt{R}} = \frac{6200}{2\pi}\frac{0.04}{\sqrt{0.96}} \approx 40.3(\text{Å})$$

$$\delta\lambda' = \frac{4133}{3\pi}\frac{0.04}{\sqrt{0.96}} \approx 17.9(\text{Å})$$

2.36 如题图 2.36(1),用肉眼直接观察薄膜表面的干涉条纹,设薄膜折射率为 1.5,上方为空气,瞳孔直径为 3mm,与观察点 P 相距 30cm,视线与表面法线夹角 30°.

(1)分别计算膜厚 2cm 及 20μm 两种情况下，点源 Q_1、Q_2 在观察点 P 产生的光程差改变量 $\delta(\Delta L)$.

(2)如果为了保证条纹有一定的反衬度，要求上述光程差改变量的数量级不能超过多少？以此来估计对膜厚 h 的限制.

解 本题是为了具体理解薄膜表面条纹的反衬度是如何因扩展光源的影响而下降的，并注意到影响反衬度的光源有效宽度应由观察者(包括仪器)的入射光瞳的孔径来决定.

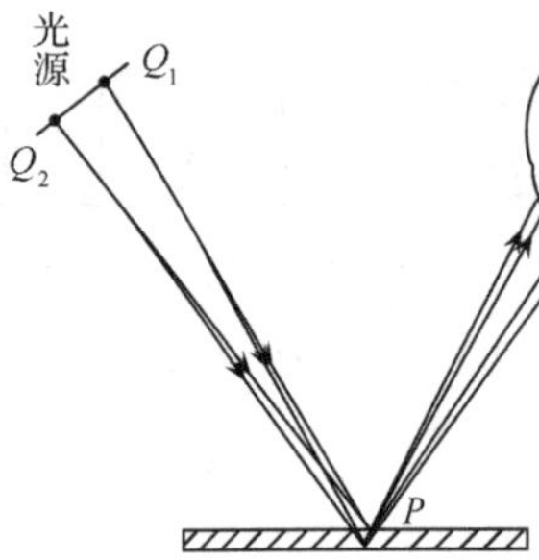

题图 2.36(1)

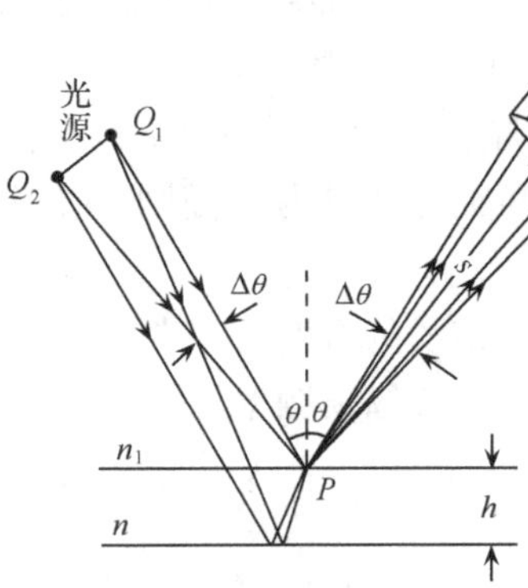

题图 2.36(2)

(1)如题图 2.36(2)，设点源 Q_1 的入射角为 θ，对应的折射角为 γ，点源 Q_2 的入射角为 $\theta+\Delta\theta$，对应的折射角为 $\gamma+\Delta\gamma$，它们在同一场点 P 产生的光程差不等，分别为

$$\Delta L_1(P) = 2nh\cos\gamma$$

$$\Delta L_2(P) = 2nh\cos(\gamma+\Delta\gamma)$$

光程差之改变量为

$$\delta(\Delta L) = 2nh\cos\gamma - 2nh\cos(\gamma+\Delta\gamma) \approx 2nh\sin\gamma\Delta\gamma$$

若要进一步化简，可以考虑到 $\Delta\gamma$ 由 $\Delta\theta$ 确定，而 $\Delta\theta$ 由观察者的距离 s 与入射光瞳孔径 D 共同决定，即

$$\Delta\theta \approx \frac{D}{S}$$

并对折射定律 $n_1\sin\theta = n\sin\gamma$，作如下微分运算：

$$n_1\cos\theta\Delta\theta \approx n\cos\gamma\Delta\gamma$$

得

$$\Delta\gamma \approx \frac{n_1\cos\theta}{n\cos\gamma}\Delta\theta$$

化简

$$\delta(\Delta L) \approx 2h\,\frac{n_1^2\sin\theta\,\cos\theta}{n\cos\gamma}\Delta\theta$$

$$= \frac{n_1^2}{n}\,\frac{\sin 2\theta}{\cos\gamma}\Delta\theta h$$

取 $n_1=1.0$，$n=1.5$，$\theta=30^\circ$，$s=30\text{cm}$，$D=3\text{mm}$，算出

$$\Delta\theta \approx 10^{-2}, \qquad \sin 2\theta \approx 0.8660$$

$$\frac{n_1^2}{n} = 0.6667$$

$$\cos\gamma = \sqrt{1-\sin^2\gamma} = \sqrt{1-\left(\frac{n_1\sin\theta}{n}\right)^2}$$

$$\approx 0.9428$$

得

$$\delta(\Delta L) = 0.0061h$$

当 $h=2\text{cm}$ 时

$$\delta(\Delta L) = 0.0122\text{cm} = 122\mu\text{m}$$

当 $h=20\mu\text{m}$ 时

$$\delta(\Delta L) = 0.122\mu\text{m}$$

(2)为使干涉条纹有一定的反衬度，至少要求

$$\delta(\Delta L) \sim \lambda$$

要使反衬度不至过小，应要求

$$\delta(\Delta L) \leqslant \lambda/2$$

即

$$\frac{n_1^2}{n}\frac{\sin 2\theta}{\cos\gamma}\Delta\theta h \leqslant \frac{\lambda}{2}$$

有其他条件确定的情况下，应使膜层厚度

$$h \leqslant \frac{\lambda}{2}\frac{n\cos\gamma}{n_1^2\sin 2\theta\Delta\theta}$$

本题

$$h \leqslant \frac{\lambda}{2\times 0.0061} \approx 82\lambda$$

若取 $\lambda=0.55\mu\text{m}$，则得

$$h = 45.1\mu\text{m}$$

综上所述，为使薄膜表面出现等厚干涉条纹，膜层应当很薄，且主要原因是光源本身各部分的非相干性，而并不是光源发光的非单色性. 换句话说，这里主要是一个光场的空间相干性问题，而不是光场的时间相干性问题.

2.37 在傍轴条件下，等倾条纹的半径与干涉级数有怎样的依赖关系？牛顿环的情况怎样？两者有区别吗？你怎样把二者区分开来？

解 如题图 2.37，设透镜焦距为 f，薄膜光学厚度为 nh，入射角为 i，对应膜层内的折射角为 γ. 对于等倾干涉条纹来说，内圈干涉环的级别高，外圈干涉环的级别低，而且中心并不一定正好为亮斑(或暗斑). 为方便起见，设最靠里边的干涉环级别为 k_1，则往外相隔 m 圈干涉环的级别为 k_1-m，于是

$$2nh\cos\gamma_1 = k_1\lambda$$

$$2nh\cos\gamma_m = (k_1 - m)\lambda$$

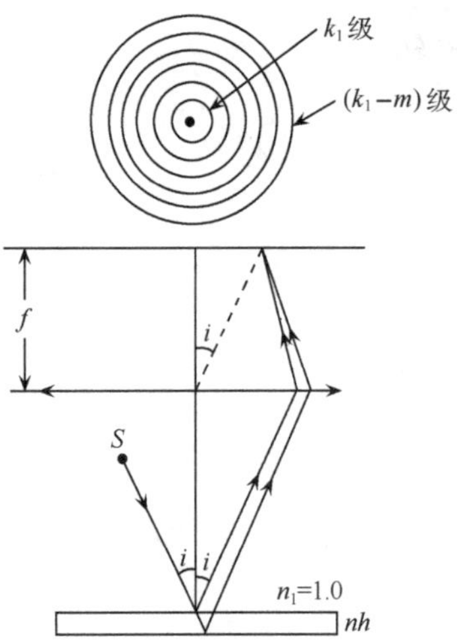

题图 2.37

注意此外 γ_1, k_1 是常量，γ_m, m 是变量. 在傍轴条件下，i_m、γ_m、γ_1 均远小于 1，第 m 圈在透镜后焦面（接收面）上的半径为

$$\begin{aligned}\rho_m &\approx f\sin i_m = nf\sin\gamma_m \\ &= nf\sqrt{1-\cos^2\gamma_m} = nf\sqrt{1-\left(\frac{k_1\lambda - m\lambda}{2nh}\right)^2} \\ &= nf\sqrt{1-\left(\cos\gamma_1 - \frac{m\lambda}{2nh}\right)^2} \\ &= nf\sqrt{1-\left[\cos^2\gamma_1 + \left(\frac{m\lambda}{2nh}\right)^2 - m\frac{\cos\gamma_1\lambda}{nh}\right]}\end{aligned}$$

忽略 $\left(\frac{m\lambda}{2nh}\right)^2 \approx 0$，取近似 $\cos^2\gamma_1 \approx \cos\gamma_1 \approx 1$，于是

$$\rho_m = f\sqrt{m\frac{n\lambda}{h}} = \sqrt{m}\rho_1, \qquad \rho_1 = f\sqrt{\frac{n\lambda}{h}}$$

式中 ρ_1 为一个参量. 总之，等倾条纹的半径与整数的平方根成正比，整数 m 取值为该干涉环与最靠中心干涉环之间的条纹数. 结果表明，等倾圆环间隔是里边疏，外边密，这与牛顿环相似. 但是牛顿环（等效空气膜是中间薄外边厚）的级别是里边低外边高，这一点与等倾条纹不同. 于是，人们可以利用这一点将两者区别开来. 例如，设法加大膜层厚度，看看条纹的变动情况，若是等倾条纹，此时必将外冒；若是中间薄外边厚的牛顿环，此时必将往里吞；若是中间厚外边薄的牛顿环，此时吞吐情况就与等倾条纹相同，仅此操作就难以区别了.

2.38　题图 2.38(1)所示为一种测 pn 结结深 x_j 的方法. 在 n 型半导体的基质硅片表面经杂质扩散而形成 p 型半导体区. p 区与 n 区的交界面叫 pn 结，pn 结距表面的深度（即 p 区厚度）x_j 叫结深. 在半导体工艺上需要测定结深，测量的方法是先通过磨角、染色，使 p 区和 n 区的分界线清楚地显示出来，然后盖上半反射膜，在它与硅片之间形成尖劈形空气薄膜. 用单色光垂直照射时，可以观察到空气薄膜的等厚干涉条纹. 数出 p 区空气薄膜的条纹数目 Δk 即可求出结深

$$x_j = \Delta k\frac{\lambda}{2}$$

由于光在金属或半导体表面反射时位相变化比较复杂，用本方法测量结深 x_j 没有考虑此相位突变，因此测量结果不太精确. 更精确的测量方法见题图 2.38(2)，半反射膜不是像在题图 2.38(1)中那样紧贴在 p 区上表面，而是一端稍微往上翘一点，观察到的干涉条纹如题图 2.38(2)下方所示. 试说明：

(1)干涉条纹为什么会是这样的？

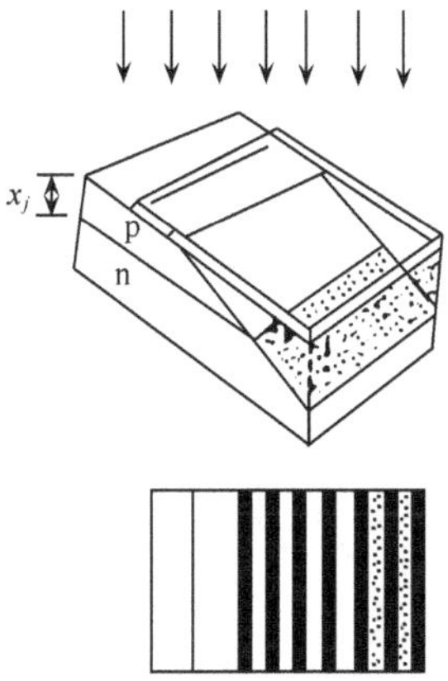

题图 2.38(1)

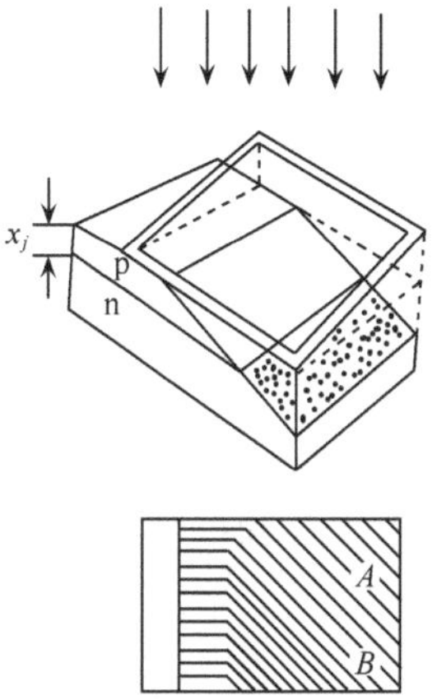

题图 2.38(2)

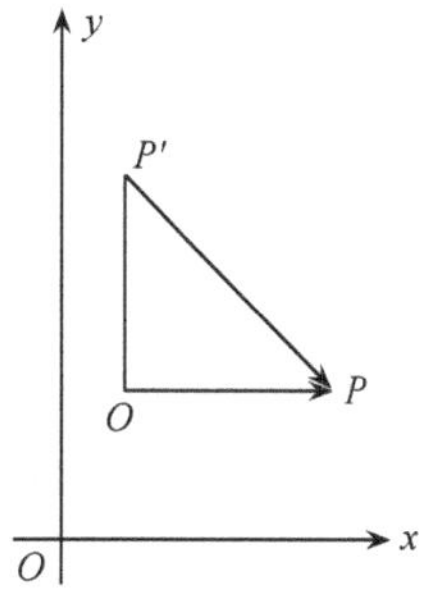

题图 2.38(3)

(2)若用 $\lambda=5500\text{Å}$ 的单色光照明，测得 AB 间的距离为 1.1mm，斜干涉条纹的间隔为 $d=0.20\text{mm}$，结深 x_j 为多少？

(3)此法比题图 2.38(1)所示的方法精确在哪里？

解　(1)薄膜表面等厚条纹形状与空气膜等厚线轨迹一致. p 区上表面的盖片只沿一个方向翘起，交棱沿 x 方向，等厚线平行 x 轴. p 区斜面交棱沿 y 轴，而上方盖片交棱沿 x 轴. 合成结果此区域的尖劈交棱就是斜的了. 或者做如下更细致的分析，在斜面中间任取一点 O 为参考点[题图 2.38(3)]，如果仅有斜面下倾，则沿 x 方向. $h(p)>h(O)$，如果仅有盖片在另一正交方向翘起，则沿 y 方向，$h(P')=h(O)$，而两者同时起作用时，使 $h(P')=h(P)$，即等厚线轨迹理应为斜线.

(2)用读数显微镜进行测量时，先选定左侧一组条纹(平行于 x 轴)中的一条为基准，以其几何延长线的交点 A 为起点，沿 y 轴测长至该条纹实际走向的交点 B，所得数据如题. 等厚点的位移(从 A 移至 B)正是斜面结深引起的. 所以结深为

$$x_j=\Delta k\,\frac{\lambda}{2}=\frac{AB}{d}\,\frac{\lambda}{2}=\frac{1.1\times10^3}{0.20\times10^3}\times\frac{0.55}{2}$$
$$\approx1.51(\mu\text{m})$$

(3)这种方法避开了精确判断盖片与 p 区上表面交棱的困难. 如果采用第一种方法，让盖片与 p 区上表面密接，则由于位相变化的复杂性，其右侧交棱处的干涉强度不一定是极大(亮纹)或极小(暗纹)，换句话说，人们很难在干涉场中精确认定交棱位置，因而条纹数目就难以精确，其误差与干涉测厚精度是可比的. 这就大大降低了测量精度. 而这种改进型的方法，从根本上避开了上述困难. 即使要知道交棱的位置也不难，它正是整套干涉条纹拐点的连线.

2.39　用钠光 5893Å 观察迈克耳孙干涉条纹，先看到干涉场中有 12 个亮环，且中心是亮的，移动平面镜 M_1 后，看到中心吞(吐)了 10 环，而此时干涉场中还剩有 5 个亮环. 试求：

(1)M_1 移动的距离；

(2)开始时中心亮斑的干涉级；

(3)M_1 移动后,从中心向外数第 5 个亮环的干涉级.

解 本题的意义在于通过条纹的移动,由条纹相对级别的变化来确定条纹的绝对级别.

(1)首先定性分析一下,等效空气膜的厚度是增加了还是减少了. 在相同视场(角范围)之内,条纹数目变小,条纹变稀,说明膜厚变薄,条纹向里吞了 10 环,因而位移绝对值为

$$\Delta h = N\frac{\lambda}{2} = 2.947\mu\text{m}$$

(2)中心级别的绝对数 k 取决于膜层厚度 h,而 k、h 以及视场角范围 θ 开始时都是未知的. 为此,考虑镜面移动前有

$$2h = k\lambda \tag{1}$$

$$2h\cos\theta = (k-12)\lambda \tag{2}$$

镜面移动后有

$$2(h-\Delta h) = (k-10)\lambda \tag{3}$$

$$2(h-\Delta h)\cos\theta = (k-15)\lambda \tag{4}$$

由式(1)和式(2),式(3)和式(4),分别得

$$k\lambda\cos\theta = (k-12)\lambda$$

$$(k-10)\lambda\cos\theta = (k-15)\lambda$$

以上两式相比,消去 $\cos\theta$ 得方程

$$\frac{k-10}{k} = \frac{k-15}{k-12}$$

解出

$$k \approx 17$$

(3)显然,移动后中心亮环级别为 7,向外数第 5 个亮环的干涉级别为 2.

2.40 钠光灯发射的黄线包含两条相近的谱线,平均波长为 5893Å. 在钠光下调节迈克耳孙干涉仪,人们发现干涉场的反衬度随镜面移动而周期性地变化. 实测的结果由条纹最清晰到最模糊,视场中吞(吐)490 圈条纹,求钠双线的两个波长.

解 双谱线产生的两套条纹不相干叠加结果,将使干涉场的反衬度随光程差的增加而呈现周期性的变化,从最清晰到最模糊(或从最模糊到最清晰)的光程差改变量 $\delta(\Delta L)$ 以及条纹的吞(吐)数 ΔN 满足

$$\delta(\Delta L) = \frac{\bar{\lambda}^2}{2\Delta\lambda} = \Delta N\bar{\lambda}$$

由此求得双线间隔为

$$\Delta\lambda = \frac{\bar{\lambda}}{2\Delta N} = \frac{5893}{2\times 490} \approx 6.0(\text{Å})$$

波长分别为

$$\lambda_1 = \bar{\lambda} - \frac{\Delta\lambda}{2} = 5890.0\text{Å}$$

$$\lambda_2 = \bar{\lambda} - \frac{\Delta\lambda}{2} = 5896.0\text{Å}$$

2.41　红宝石激光($\lambda=693.2\text{nm}$)在两个纵模下工作,它们相差 0.1nm. 激光照明一个物体,并用底片记录下物体的反射光. 经显影、定影处理后,底片上呈现条纹. 问这些条纹有什么意义,条纹间距是多少?

解　设两个激光纵模的波数分别为 k_1 和 k_2. 物体上某点到底片上某点的距离为 l. 若

$$(k_1-k_2)l=2m\pi$$

m 为整数,物体上那一点反射光到底片上这一点相长干涉. 如果

$$(k_1-k_2)l=(2m+1)\pi$$

则相消干涉. 如此形成条纹. 它们反映出物体到底片的等距离线,或称等高线.

$$l=\frac{2m\pi}{k_1-k_2}=\frac{m}{(1/\lambda_1)-(1/\lambda_2)}\approx\frac{m\lambda^2}{\Delta\lambda}$$

$$\frac{\mathrm{d}l}{\mathrm{d}m}=\frac{\lambda^2}{\Delta\lambda}$$

底片上等高线间距为 $\mathrm{d}l/\mathrm{d}m$. 代入 $\lambda=693.2\text{nm}$,$\Delta\lambda=0.1\text{nm}$,得$\frac{\mathrm{d}l}{\mathrm{d}m}=5\text{mm}$.

2.42　用 He-Ne 激光透明迈克耳孙干涉仪. 在望远镜视场中内有 20 个亮环,中心为亮斑,然后移动 M_1,这时环向中心收拢,并在中心消失了 20 个环,视场中只剩下 10 个亮环,求:

(1)M_1 移动前中心亮斑的干涉级次(设分束板没有镀膜);

(2)M_1 移动后第 5 个亮环的角半径.

解　(1)设 M_1 移动前中心干涉级次为 k_0,虚膜厚为 h,这时中心及边缘处程差关系分别为

$$2h=k_0\lambda \tag{1}$$

$$2h\cos i'=(k_0-20)\lambda \tag{2}$$

移动 Δh 后,膜厚为 $h'=h-\Delta h$,在中心处消失了 20 环,此时中心级次为 $k_0'=k_0-20$. 这时中心及边缘处程差关系分别为

$$2(h-\Delta h)=(k_0-20)\lambda \tag{3}$$

$$2(h-\Delta h)\cos i'=[(k_0-20)-10]\lambda \tag{4}$$

联立四式得

$$k_0=40,\qquad h=20\lambda,\qquad \Delta h=10\lambda$$

(2)设中心外第 5 级亮环的倾角为 i',则有

$$2(h-\Delta h)\cos i'=[(k_0-20)-5]\lambda$$

代入 k_0,h,Δh,得

$$i'=0.7\text{rad}$$

2.43　在迈克耳孙干涉仪的一臂放入一长度 $l=5.00\text{cm}$ 的透明容器,器壁与光束垂直. 若缓缓把空气抽空,将看到等倾条纹在中心陷入 49.5 个. 波长为 5890Å,求空气折射率.

解　在干涉中心处,两臂光路程差关系为

$$\Delta=k\lambda$$

将空气抽空，使程差改变 $\delta\Delta=2(n-1)l$（注意光往返通过容器），条纹变化 δk，则

$$\delta\Delta = \delta k \cdot \lambda$$

解得

$$n = 1 + \frac{\delta k \cdot \lambda}{2l} = 1.000291$$

2.44 用迈克耳孙干涉仪进行精密测长，光源为 6328Å 的氦氖激光，其谱线宽度为 10^3Å，整机接收（光电转换）灵敏度可达 1/10 个条纹，求这台仪器测长精度为多少？一次测长量程为多少？

解 干涉精密测长精度 δl 由接收灵敏度（可达一个条纹的分数 δN）所决定. 按题意 $\delta N=1/10$，算出

$$\delta l = \delta N \frac{\lambda}{2} = \frac{1}{20}\lambda = 316.4\text{Å}$$

$$\approx 0.032\mu\text{m}$$

此精度比螺旋测微器（千分尺）还高两个量级.

一次测长量程 l_M 由相干长度 l_0 所决定，而相干长度 l_0 可由谱线宽度 $\Delta\lambda$ 算出

$$l_M = \frac{1}{2} l_0 = \frac{1}{2} \frac{\lambda^2}{\Delta\lambda} \approx 2\text{m}$$

2.45 迈克耳孙干涉仪中的一臂（反射镜）以速度 v 匀速推移，用透镜接收干涉条纹，将它会聚到光电元件上，把光强变化转换为电讯号.

(1)若测得电讯号的时间频率为 ν，求入射光的波长 λ；

(2)若入射光波长在 0.6μm 左右，要使电讯号频率控制在 50Hz，反射镜平移的速度应为多少？

(3)按以上速度移动反射镜，钠黄光产生电讯号的拍频为多少？（钠黄光双线波长为 5890Å 和 5896Å.）

解 (1)根据

$$\Delta h = \Delta N \frac{\lambda}{2}$$

将上式两边除以时间间隔 Δt，即

$$\frac{\Delta h}{\Delta t} = \frac{\Delta N}{\Delta t} \frac{\lambda}{2}$$

得

$$v = \nu \frac{\lambda}{2}$$

故

$$\lambda = \frac{2v}{\nu}$$

(2)根据以上关系，可按

$$v = \frac{1}{2}\nu\lambda$$

估算动镜速度. 若 $\lambda=0.6\mu m$,$\nu=50Hz$,则

$$v = 15\mu m/s$$

若 $\lambda=40\mu m$,$\nu=100Hz$,则

$$v = 2mm/s$$

快速扫描型傅里叶变换光谱仪的动镜速度属于这一量级.

(3)设钠黄光双线波长为 λ_1,λ_2,则干涉仪中产生电讯号的时间频率分别为

$$\nu_1 = \frac{2v}{\lambda_1}, \qquad \nu_2 = \frac{2v}{\lambda_2}$$

合成结果,产生电讯号的拍频为

$$\Delta\nu = \nu_1 - \nu_2 = 2v\left(\frac{1}{\lambda_1} - \frac{1}{\lambda_2}\right) \approx 2v\frac{\Delta\lambda}{\lambda^2}$$

若取 $v=15\mu m/s$,平均波长 $\lambda=5893Å$,$\Delta\lambda=6Å$,算出拍频数值为

$$\Delta\nu = 5.2 \times 10^{-2}\,Hz \ll \nu_1, \nu_2$$

2.46 迈克耳孙干涉仪中的一臂(反射镜)以速度 v 匀速推移,现用透镜将干涉条纹会聚到光电元件上,把光强变化转换为电讯号. 设电讯号 i 对光强 I 的响应是线性的,且本底为零. 经频谱分析,实测的电讯号可以表示为

$$i(t) = i_0 + i_1\cos\omega_1 t + i_2\cos\omega_2 t$$

求:

(1)入射光谱,即包含几种波长成分及其相对强度为多少,这台干涉仪实现双光束干涉的反衬度为多少?

(2)若入射光选为水银光谱的黄双线 5770Å,5791Å,动臂速度取 $4\mu m/s$. 电讯号的拍频为多少? 在低频包络的一个周期中包含有多少个振荡(参见题图 2.46)?

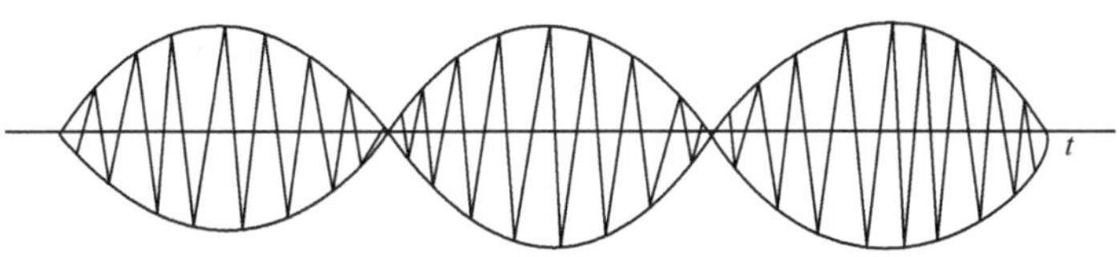

题图 2.46

解 (1)若入射波长为 λ,则电讯号的时间频率为

$$\nu = \frac{2v}{\lambda}$$

因目前电讯号中包含两种圆频率 ω_1,ω_2,所以入射光包含了两条谱线,其波长值分别为

$$\lambda_1 = \frac{2v}{\nu_1} = \frac{4\pi v}{\omega_1}$$

$$\lambda_2 = \frac{2v}{\nu_2} = \frac{4\pi v}{\omega_2}$$

设这两条谱线强度分别为 I_{10},I_{20}. 若忽略干涉仪各元件在光路转换过程中对光强的损耗,则干涉场合成强度应是

$$I(t)=I_{10}(1+\gamma\cos\omega_1 t)+I_{20}(1+\gamma\cos\omega_2 t)$$
$$=(I_{10}+I_{20})+\gamma I_{10}\cos\omega_1 t+\gamma I_{20}\cos\omega_2 t$$

对比电讯号中的三个系数有

$$i_0\propto\cdot(I_{10}+I_{20}),\qquad i_1\propto\gamma I_{10},\qquad i_2\propto\gamma I_{20}$$

由此得到两条谱线的相对强度为

$$\frac{I_{20}}{I_{10}}=\frac{i_2}{i_1}$$

干涉仪实现双光束干涉的反衬度为

$$\gamma=\frac{i_1+i_2}{i_0}$$

(2)如设这两条黄双线的强度相近,则电讯号表示为

$$i(t)=i_0+\frac{1}{2}i_0\gamma\cos\omega_1 t+\frac{1}{2}i_0\gamma\cos\omega_2 t$$
$$=i_0\left[1+\gamma\cos\left(\frac{\omega_1-\omega_2}{2}t\right)\cos\left(\frac{\omega_1+\omega_2}{2}t\right)\right]$$

由此得高频振荡频率为

$$\bar{\nu}=\frac{\nu_1+\nu_2}{2}=\left(\frac{1}{\lambda_1}+\frac{1}{\lambda_2}\right)v\approx 13.84\text{Hz}$$

拍频(低频包络频率)为

$$\Delta\nu=\nu_1-\nu_2=2v\left(\frac{1}{\lambda_1}-\frac{1}{\lambda_2}\right)\approx 0.05\text{Hz}$$

在低频包络的一个周期(波包)中包含的振荡数目有

$$N=\frac{\bar{\nu}}{\Delta\nu}\approx 277$$

2.47　设平行膜两侧折射率不等,见题图2.47(1).设入射光强为I_0,试导出多光束干涉后形成的反射光强I_R和透射光强I_T公式;在什么条件下,波长为λ的光正入射时,反射光强为零?

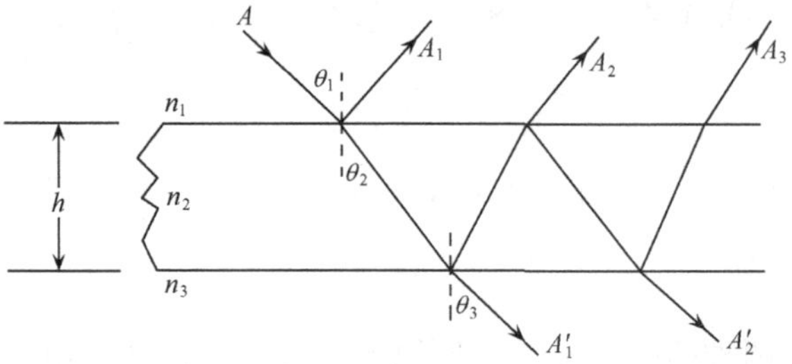

题图2.47(1)

解　设上下界面单次反射或透射的振幅反射率、振幅透射率如题图2.47(2)和题图2.47(3),则反射的多光束复振幅为

$$\tilde{U}_1=Ar_1$$
$$\tilde{U}_2=At_1t_1'r_2e^{i\delta}$$

$$\widetilde{U}_3 = At_1t_1'r_2^2r_1'\mathrm{e}^{\mathrm{i}2\delta}$$
$$\widetilde{U}_4 = At_1t_1'r_2^3r_1'^2\mathrm{e}^{\mathrm{i}3\delta}$$
……

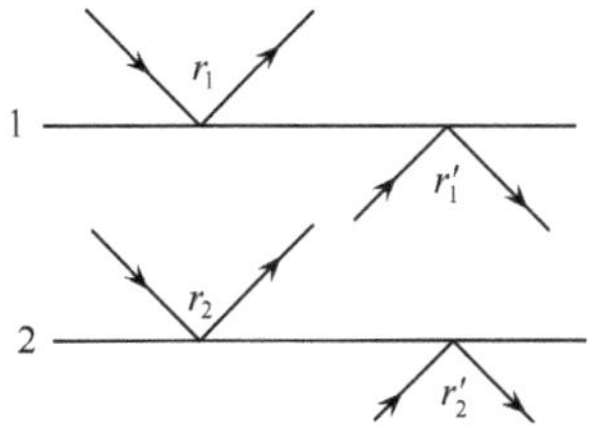

题图 2.47(2)

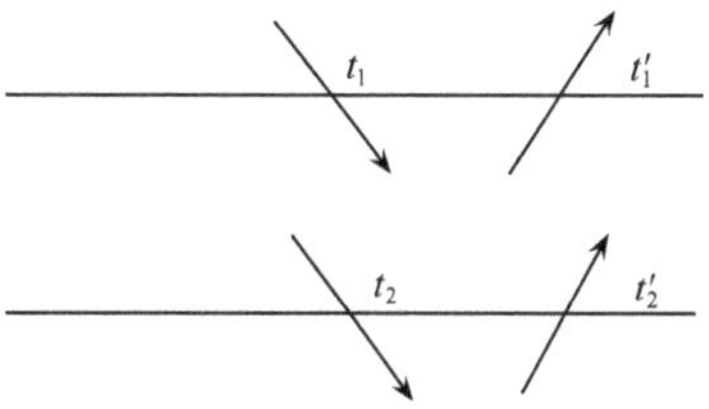

题图 2.47(3)

在界面上反射时可能引起的相位突变已包含振幅反射率中，相邻反射光的光程差为

$$\Delta L = 2n_2h\cos\theta_2$$

相位差为

$$\delta = \frac{2\pi}{\lambda}\Delta L = \frac{4\pi n_2 h\cos\theta_2}{\lambda}$$

反射光总复振幅为

$$\begin{aligned}\widetilde{U}_\mathrm{R} &= \sum_{i=1}\widetilde{U}_i = Ar_1 + At_1t_1'r_2\mathrm{e}^{\mathrm{i}\delta} + At_1t_1'r_2^2r_1'\mathrm{e}^{\mathrm{i}2\delta} \\ &\quad + At_1t_1'r_2^3r_1'^2\mathrm{e}^{\mathrm{i}3\delta} + \cdots \\ &= Ar_1 + At_1t_1'r_2\mathrm{e}^{\mathrm{i}\delta}\times[1 + r_2r_1'\mathrm{e}^{\mathrm{i}\delta} + (r_2r_1')^2\mathrm{e}^{\mathrm{i}2\delta} + \cdots] \\ &= Ar_1 + At_1t_1'r_2\mathrm{e}^{\mathrm{i}\delta}\frac{1}{1 - r_2r_1'\mathrm{e}^{\mathrm{i}\delta}}\end{aligned}$$

由斯托克斯关系有

$$t_1t_1' = 1 - r_1^2 \quad 和 \quad r_1' = -r_1$$

所以

$$\begin{aligned}\widetilde{U}_\mathrm{R} &= Ar_1 + A(1 - r_1^2)r_2\mathrm{e}^{\mathrm{i}\delta}\frac{1}{1 + r_1r_2\mathrm{e}^{\mathrm{i}\delta}} \\ &= \frac{A(r_1 + r_2\mathrm{e}^{\mathrm{i}\delta})}{1 + r_1r_2\mathrm{e}^{\mathrm{i}\delta}}\end{aligned}$$

反射光强为

$$\begin{aligned}I_\mathrm{R} &= \widetilde{U}_\mathrm{R}\cdot\widetilde{U}_\mathrm{R}^* = \frac{A(r_1 + r_2\mathrm{e}^{\mathrm{i}\delta})}{1 + r_1r_2\mathrm{e}^{\mathrm{i}\delta}}\cdot\frac{A(r_1 + r_2\mathrm{e}^{-\mathrm{i}\delta})}{1 + r_1r_2\mathrm{e}^{-\mathrm{i}\delta}} \\ &= \frac{r_1^2 + r_2^2 + 2r_1r_2\cos\delta}{1 + r_1^2r_2^2 + 2r_1r_2\cos\delta}I_0\end{aligned}$$

设入射光束的横截面积为 S_1，透射光束横截面积为 S_3. 由能量守恒，透射光强 I_T 与入射、反射光强的关系为

$$I_\mathrm{T}S_3 = (I_0 - I_\mathrm{R})S_1$$

即

$$I_T = (I_0 - I_R)\frac{S_1}{S_3}$$

由折射定律

$$\frac{S_1}{S_3} = \frac{\cos\theta_1}{\cos\theta_3}$$

故

$$\begin{aligned} I_T &= \frac{\cos\theta_1}{\cos\theta_3}(I_0 - I_R) \\ &= I_0 \frac{\cos\theta_1}{\cos\theta_3}\left(1 - \frac{r_1^2 + r_2^2 + 2r_1 r_2 \cos\delta}{1 + r_1^2 r_2^2 + 2r_1 r_2 \cos\delta}\right) \\ &= I_0 \frac{\cos\theta_1}{\cos\theta_3} \frac{(1 - r_1^2)(1 - r_2^2)}{1 + r_1^2 r_2^2 + 2r_1 r_2 \cos\delta} \end{aligned}$$

以上得到的反射光强和透射光强公式对光的 s 分量和 p 分量均适用.

利用三角恒等式

$$\cos\delta = \cos^2\frac{\delta}{2} - \sin^2\frac{\delta}{2}$$

$$\sin^2\frac{\delta}{2} + \cos^2\frac{\delta}{2} = 1$$

将反射光强公式改写成对称形式

$$I_R = \frac{(r_1 + r_2)^2\cos^2\frac{\delta}{2} + (r_1 - r_2)^2\sin^2\frac{\delta}{2}}{(1 + r_1 r_2)^2\cos^2\frac{\delta}{2} + (1 - r_1 r_2)^2\sin^2\frac{\delta}{2}} I_0$$

在 $n_3 > n_2 > n_1$ 条件下,各反射光线之间没有因相位突变引起的附加相位差,r_1、r_2 中不再含有相位因子.

在正入射中菲涅耳公式为

$$r_1 = \frac{n_2 - n_1}{n_2 + n_1}, \qquad r_2 = \frac{n_3 - n_2}{n_3 + n_2}$$

代入上式得

$$I_R = \frac{(n_1 - n_3)^2\cos^2\frac{\delta}{2} + \left(\frac{n_1 n_3}{n_2} - n_2\right)^2\sin^2\frac{\delta}{2}}{(n_1 + n_3)^2\cos^2\frac{\delta}{2} + \left(\frac{n_1 n_3}{n_2} + n_2\right)^2\sin^2\frac{\delta}{2}} I_0$$

当 $n_2 h = \lambda/4$、并正入射时有

$$\delta = \frac{2\pi}{\lambda}\Delta L = \frac{2\pi}{\lambda}\frac{2\lambda}{4} = \pi$$

$$\cos\frac{\delta}{2} = 0, \qquad \sin\frac{\delta}{2} = 1$$

得到

$$I_R = \frac{\left(n_2 - \frac{n_1 n_3}{n_2}\right)^2}{\left(n_2 + \frac{n_1 n_3}{n_2}\right)^2} I_0 = \left(\frac{n_2^2 - n_1 n_3}{n_2^2 + n_1 n_3}\right)^2 I_0$$

若再满足 $n_2=\sqrt{n_1n_3}$，则$\dfrac{n_1n_3}{n_2}=n_2$，有

$$I_R=0$$

即，当 $n_3>n_2>n_1$，膜的光学厚度满足 $n_2h=\dfrac{\lambda}{4},\dfrac{3}{4}\lambda,\dfrac{5}{4}\lambda,\cdots$时，膜起增透作用，减少反射.这时如若满足 $n_2=\sqrt{n_1n_3}$，则反射光强衰减为零，透射光极大，等于入射光强.

2.48　法布里-珀罗干涉仪透射光强为

$$I_T=\frac{I_0}{1+\dfrac{4R\sin^2\delta/2}{(1-R)^2}}$$

式中 I_0 为单色入射光强度，δ 为相邻两条透射光线之间的相位差，R 为反射面的反射率.若光线入射角为 θ，反射面间距为 t，则

$$\delta=\left(\frac{2\pi}{\lambda}\right)2t\cos\theta$$

试求在接近正入射情况下，法布里-珀罗干涉仪的色分辨率(提示：应用瑞利判据).

解　波长 λ 和 $\lambda+\Delta\lambda$ 的两相邻光线间相差分别为

$$\delta_1=\left(\frac{2\pi}{\lambda}\right)2t\cos\theta_1,\qquad \delta_2=\left(\frac{2\pi}{\lambda+\Delta\lambda}\right)2t\cos\theta_2$$

设波长为 λ 和 $\lambda+\Delta\lambda$ 的光强相等，当透射光强都达到极大值时，两光强曲线的半强度角位置重合时，瑞利判据认为它们是刚可以分辨的，如题图 2.48.

按透射光强公式，当透射光强为最大光强一半时有

$$\frac{4R\sin^2\delta'/2}{(1-R)^2}=1$$

对于明锐的干涉条纹有 $\delta'/2=0,\pi,2\pi,\cdots$所以正弦值可用其幅角代替

$$\delta'=\frac{1-R}{\sqrt{R}}$$

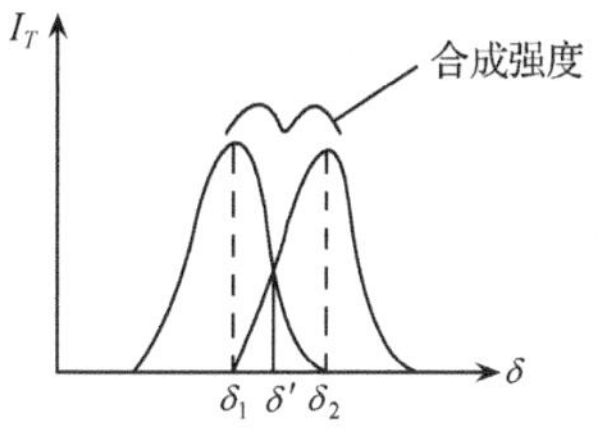

题图 2.48

由图知 $\delta_1-\delta_2=2\delta'$，即

$$\delta_1-\delta_2=\frac{2(1-R)}{\sqrt{R}}$$

对于接近正入射情况，$\cos\theta_1=\cos\theta_2=1$，有

$$\frac{4\pi t}{\lambda}\frac{\Delta\lambda}{\lambda}=\frac{2(1-R)}{\sqrt{R}}$$

或

$$\frac{\Delta\lambda}{\lambda}=\frac{\lambda}{2\pi t}\frac{1-R}{\sqrt{R}}$$

2.49　在上题推导中，我们假设反射面是理想平面.若反射面起伏为波长的 M 分之一，即反射面间距变化范围为 λ/M.若两谱线的波数差 $\Delta\delta=\Delta\left(\dfrac{1}{\lambda}\right)=\left|\dfrac{\Delta\lambda}{\lambda^2}\right|=0.10\text{cm}^{-1}$，面间距 $t=1\text{mm}$，问在这种情况下反射率应为多少？反射面不平度 λ/M 应在什么范

围以内?

解 由上题

$$\frac{\Delta\lambda}{\lambda^2}=\frac{1}{2\pi t}\times\frac{1-R}{\sqrt{R}}=0.1$$

代入 $t=0.1\text{cm}$,得 $R=0.93$.

在接近正入射情况下,$\Delta t=\dfrac{\lambda}{M}$,由

$$\delta=\left(\frac{2\pi}{\lambda}\right)2t\cos\theta$$

则 $\Delta\delta=\dfrac{4\pi}{M}$,这时有

$$\delta_1-\delta_2\geqslant\frac{2(1-R)}{\sqrt{R}}$$

或

$$\frac{4\pi}{M}\geqslant\frac{2(1-R)}{\sqrt{R}}$$

得到

$$\frac{1}{M}\geqslant\frac{1-R}{2\pi\sqrt{R}}$$

代入 $R=0.93$,得 $M=90$.即反射面不平度不应超过波长的 1/90.

2.50 有两个波长 λ_1 和 λ_2,在 6000Å 附近相差 0.001Å,要用法布里-珀罗干涉仪把它们分辨开来,间隔 h 需要多大?设反射率 $R=0.95$.

解 法布里-珀罗干涉仪属于多光束长程干涉仪,有很高的色分辨本领,在光波长为 λ 的 k 级可分辨的最小波长间隔为 $\delta\lambda$,它们满足以下关系(色分辨本领公式):

$$\frac{\lambda}{\delta\lambda}=\pi k\frac{\sqrt{R}}{1-R}$$

其中 k 值很高,中心 k 值决定于

$$2nh=k\lambda$$

按题意,合并以上两式得

$$h=\frac{k\lambda}{2n}=\frac{1}{2n\pi}\frac{1-R}{\sqrt{R}}\frac{\lambda^2}{\delta\lambda}$$

取 $n=1$,$R=0.95$,$\lambda=0.6\mu\text{m}$,$\delta\lambda=10^{-7}\mu\text{m}$,算出

$$h\approx2.94\text{cm}$$

这是题目给出的分辨要求下的腔长下限值.

2.51 如果法布里-珀罗干涉仪两反射面之间的距离为 1.00cm,用绿光(5000Å)做实验,干涉图样的中心正好是一亮斑.求第 10 个亮环的角直径.

解 在法布里-珀罗干涉仪中,极强(亮纹)所满足的角方位条件为

$$2nh\cos\theta_k=k\lambda$$

中心亮斑的级别由下式决定：

$$2nh = k_0\lambda$$

所以第 10 个亮环的角半径 θ_k 满足

$$\cos\theta_k = \frac{(k_0-10)\lambda}{2nh} = 1-10\frac{\lambda}{2nh}$$

取 $n=1, h=1.00\text{cm}, \lambda=0.5\mu\text{m}$，算得

$$\cos\theta_k \approx 0.9998, \qquad \theta_k \approx 1°9'$$

角直径为

$$2\theta_k = 2°18'$$

2.52　设法布里-珀罗腔长为 5cm，用扩展光源实验，波长 0.6μm.

(1)求中心干涉级次；

(2)求光线倾角为 1°附近时干涉环的角半径，设反射率 $R=0.98$；

(3)求该法布里-珀罗腔的色分辨本领和可分辨的最小波长间隔；

(4)如用这个法布里-珀罗腔对白光选频，透射最强的谱线有几条，每条谱线宽度多少？

(5)若热胀冷缩致腔长变化为 10^{-5}(相对值)，谱线漂移量为多少？

解　(1)中心级次

$$k_0 = \frac{2nh}{\lambda} = \frac{2\times 5}{6\times 10^{-5}} = 1.7\times 10^5$$

(2)第 k 级亮环半角宽为

$$\Delta\theta_k = \frac{\lambda}{2\pi nh\sin\theta_k}\cdot\frac{1-R}{\sqrt{R}}$$

当 $\theta_k=1°$时，有 $\Delta\theta_k=2.2\times 10^{-6}\text{rad}=0.45''$.

(3)色分辨本领

$$\frac{\lambda}{\delta\lambda} = \pi k_0\frac{\sqrt{R}}{1-R} \approx 2.6\times 10^7$$

可分辨最小波长间隔为

$$\delta\lambda = \frac{\lambda}{2.6\times 10^7} \approx 2.3\times 10^{-4}\text{Å}$$

(4)法布里-珀罗干涉仪作为一个无源谐振腔具有选频作用，所选纵模(频率)间隔为

$$\Delta\nu = \frac{c}{2nh} = 3\times 10^9\,\text{Hz}$$

白光谱范围为 4000Å 到 7600Å，相应光谱频率范围 $(4.0\sim 7.5)\times 10^{14}$ Hz. 在此范围内包含的纵模数(最强的谱线数)为

$$\Delta N = \frac{\nu_{\max}-\nu_{\min}}{\Delta\nu} = 1.2\times 10^5$$

每条谱线宽度为

$$\delta\nu = \frac{c}{2\pi nh}\frac{1-R}{\sqrt{R}} = \frac{1-R}{\pi\sqrt{R}}\Delta\nu$$

$$\approx 6.4\times 10^{-3}\Delta\nu = 1.9\times 10^{7}\,\text{Hz}$$

换算成 $\lambda=0.55\mu\text{m}$ 附近的波长间隔为

$$\delta\lambda = \frac{\lambda^2}{c}\delta\nu = 1.9\times 10^{-4}\,\text{Å}$$

（5）由 $\Delta\nu=\dfrac{c}{2nh}$ 有 $\delta(\Delta\nu)=\dfrac{c}{2nh}\dfrac{\delta h}{h}=3\times10^{9}\times10^{-5}=3\times10^{4}(\text{Hz})$，折算成 $\lambda=0.55\mu\text{m}$，附近波长的漂移量 $\delta(\Delta\lambda)$ 为

$$\delta(\Delta\lambda) = \frac{\lambda^2}{c}\delta(\Delta\nu) = 3\times 10^{-7}\,\text{Å}$$

2.53　在分析法布里-珀罗腔的选频作用时，为什么不必考虑入射光相干长度的限制？

解　当入射光为非单色时，其波列长度确实是有限的，但是对于法布里-珀罗腔中发生的多光束相干来说，波列有限长度不起限制光程差的作用，这是因为多光束相干本身有着挑选波长压缩线宽的作用．我们不妨将入射的非单色光分解为一系列准单色之和．由于多光束相干结果，在透射一方只有若干准单色谱线被选取，获得相干极强，其他谱线的强度不参与透射一方的不相干叠加．这与杨氏干涉及薄膜干涉等双光束干涉系统那里的情况是根本不同的．在那里没有选频作用，尽管我们仍然可以从数学上对非单色的入射光作频谱分解，但是全体谱线都参与干涉场的不相干叠加，由于条纹间距因波长而异，不相干叠加结果致使光程差超过某一数值的那些区域的条纹反衬度降为零，这与由相干长度的一次分析所得到的光程差限制的结论是完全一致的．对此可作以下粗略的说明．线宽为 $\Delta\lambda$ 的谱线集合，形成一段有限长波列，表示为

$$A(x) = \int_{\lambda_0-\frac{\Delta\lambda}{2}}^{\lambda_0+\frac{\Delta\lambda}{2}} a\cos\left(\frac{2\pi}{\lambda}x\right)\mathrm{d}\lambda$$

$A(x)$ 的有限长度 l_0 与线宽 $\Delta\lambda$ 的关系为

$$l_0 = \frac{\lambda^2}{\Delta\lambda}$$

另一方面如用光程差 ΔL 为变量，描述双光束干涉场的强度叠加，则应表示为

$$I(\Delta L) = I_0 + \int_{\lambda_0-\frac{\Delta\lambda}{2}}^{\lambda_0+\frac{\Delta\lambda}{2}} i\cos\left(\frac{2\pi}{\lambda}\Delta L\right)\mathrm{d}\lambda$$

根据 $I(\Delta L)$ 与 $A(x)$ 函数形式的相似性，可见干涉场中强度起伏是有限的，且 $I(\Delta L)$ 的有效长度 ΔL_M 与线宽 $\Delta\lambda$ 的关系也应当为

$$\Delta L_M = \frac{\lambda^2}{\Delta\lambda}$$

显然

$$\Delta L_M = I_0$$

即由频谱分析得到的最大光程差数值与相干长度一致．

总之，在有选频效应的场合，相干长度对光程差的限制已经失去意义；只有在无选频效应的场合，相干长度对光程差的限制作用才真正地体现出来．

2.54　单色光束通过光阑 DD' 给定的孔 AB 入射到陆末-格尔克板上．光在板内的入

射角略小于全反射时的临界角，如题图 2.54. 从板的上、下平面出射的光束在物镜的焦平面上得到干涉花样. 若没有板时观察点处的强度为 I，试求光强分布.

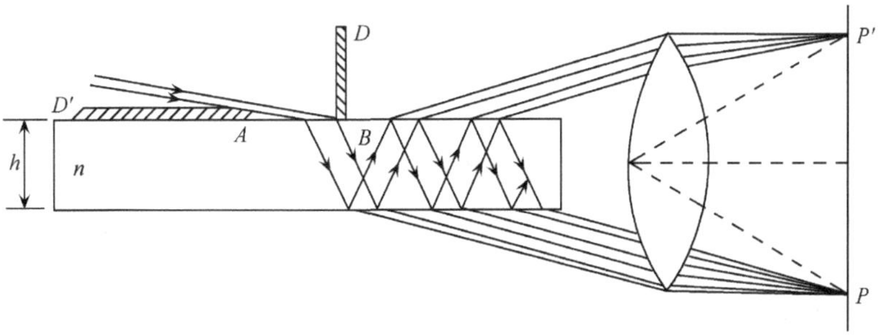

题图 2.54

解　设以出射角 ε 由板出射的光在物镜焦平面上会聚到 P 和 P'. 设没有板时在 P 点处光的复振幅为 A，光强为 $I=|A|^2$. 设光在空气-玻璃界面的振幅反射系数为 r，透射系数为 t，光在玻璃-空气界面的振幅反射系数和透射系数分别为 r' 和 t'，则由板下界面出射的到达 P 点的复振幅分别为(只差一个不重要的常相位因子)

$$tt'A, tt'r'^2 Ae^{i\delta}, \cdots, tt'r'^{(2m-1)}Ae^{i(m-1)\delta}$$

即在 P 点处有 m 束光叠加，合振幅为

$$A''(P) = [1 + r'^2 e^{i\delta} + \cdots + r'^{(2m-1)} e^{i(m-1)\delta}]tt'A$$
$$= \frac{1 - R^m e^{im\delta}}{1 - Re^{i\delta}} TA \tag{1}$$

式中 R 和 T 分别为板的反射本领和透射本领

$$R = r^2 = r'^2, \qquad T = tt'$$

δ 为相邻光线之间的相位差.

在 $m\to\infty$ 的极限条件下有

$$A'' \equiv A''(\infty) = \frac{T}{1 - Re^{i\delta}} A$$

于是在 P 点的强度为

$$I'' = \frac{1}{1 + F\sin^2\delta/2} I \tag{2}$$

式中

$$F = \frac{4R}{(1-R)^2} \tag{3}$$

类似地，由板上表面出射的一系列光束在 P' 处的振幅为

$$tt'r'A, tt'r'^3 e^{i\delta}A, \cdots, tt'r'^{(2m-1)} e^{i(m-1)\delta}A$$

在 P' 点处的合振幅为

$$A'(P) = [1 + r'^2 e^{i\delta} + \cdots + r'^{2(m-1)} e^{i(m-1)\delta}]tt'r'A$$
$$= \frac{1 - R^m e^{im\delta}}{1 - Re^{i\delta}} \sqrt{R} TA \tag{4}$$

当 $m\to\infty$ 时，有

$$I' \equiv I'(\infty) = \frac{R}{1 + F\sin^2\delta/2} I = RI'' \tag{5}$$

由式(2)和式(5)知,位于透镜焦平面观察屏上的干涉极大相对于透镜主焦点是对称的.

2.55 若杨氏实验的光源 S 为白炽灯,在 S 与双缝 S_1、S_2 之间垂直插入一块法布里-珀罗滤光片,其反射层的反射率 $R=0.80$,间隔层厚度 $d=0.50\mu m$,折射率 $n=1.92$.求干涉屏上是什么样的条纹;如何排列?

解 (1)分析:若无滤光片,则屏中心为白色,两侧为彩色纹状图样,不会有其他白色条纹.若滤光片只让一种单色光透过,则屏上出现这种单色明暗条纹,但中心不可能是白色.若滤光片可透过几种单色光,屏上得到各种单色明暗条纹的叠加.按题意,它们的合成色为白色.由于透过的"单色光"也都有一定的带宽 $\Delta\lambda$,屏上远离中心部分条纹逐渐模糊而消失.能观察到的条纹数目将取决于 $\Delta\lambda$(设光源是无限细的).首先要判断滤光片的性质.

(2)由法布里-珀罗干涉仪的斯托克斯定律,滤光片透射光强 I_T 与入射光强 I_0 之比为

$$\frac{I_T}{I_0}=\frac{1}{1+F\sin^2(\delta/2)}$$

式中 $F=4R/(1-R)^2$,$\delta=\dfrac{4\pi nd\cos i'}{\lambda}$,$i'$ 是光线在间隔层中的折射角,在接近正入射时,$i'=0$.所以滤光片透射率极大的条件为

$$\delta=4\pi nd/\lambda=2k\pi,\quad 即\quad \lambda_k=2nd/k$$

式中 $k=1,2,3,\cdots$.代入 $k=1,2,3,\cdots$,得到满足透射极大的波长分别为 $1.92\mu m$、$0.96\mu m$、$0.64\mu m$、$0.48\mu m$ 和 $0.38\mu m$ 等,只有 $\lambda_3=0.64\mu m$(红光)和 $\lambda_4=0.48\mu m$(蓝光)为可见光.

F-P 干涉仪的分辨本领为

$$R_0=\frac{\lambda}{\Delta\lambda}=k\,\frac{\pi\sqrt{R}}{1-R}$$

对于红光($k=3$)有

$$\frac{\lambda_3}{\Delta\lambda_3}=\frac{3\pi\sqrt{R}}{1-R}=3\times 14=42$$

对于蓝光($k=4$)有

$$\frac{\lambda_4}{\Delta\lambda_4}=\frac{4\pi\sqrt{R}}{1-R}=4\times 14=56$$

对于杨氏双缝实验,中心条纹两侧能出现的条纹数为 $2\lambda/\Delta\lambda$.所以本实验中应出现 84 条红色条纹,112 条蓝色条纹,以及每 3 个红条纹与每 4 个蓝条纹重叠形成的品红(也有人认为是偏紫色)的条纹.屏幕上呈现的是红、蓝、品红相间的周期性条纹,其中每个周期中有一条品红色、两条红色、三条蓝色条纹,共有±14 个周期后条纹模糊.加上中心条纹,可呈现 29 条品红色条纹.

2.56 一束可见光经过一个 F-P 滤光膜和一个 F-P 标准具后射向一个迈克耳孙干涉仪.滤光膜反射层的反射率 $R_1=0.99$,间隔层厚度 $d_1=0.25\mu m$,折射率 $n_1=2.0$.标准具各相应量为 $R_2=0.80$,$d_2=0.125mm$,$n_2=1.665$.问干涉仪的一个臂移动多少距离会使条纹从清晰变为模糊?移动多少距离后条纹从最清晰变得完全模糊且不再出现条纹?在此过程中共可以看见几次清晰的条纹?

解 可见光经滤光膜，其透射极大的波长满足

$$k\lambda = 2n_1 d_1$$

式中 k 为整数. 代入 $k=1,2,3$，发现当 $k=1$ 时，$\lambda_1=1.2\mu m$，$k=2$ 时，$\lambda_2=0.50\mu m$，$k=3$ 时，$\lambda_3=0.33\mu m$. 只有 λ_2 在可见光范围. λ_2 的带宽 $\Delta\lambda$ 为

$$\Delta\lambda = \frac{1-R_1}{2\pi\sqrt{R_1}} = 0.8\text{nm}$$

即透射光为(500.0±0.4)nm 的准单色光.

这个波长范围的光通过法布里-珀罗标准具的干涉级次为

$$K' = \frac{2n_2 d_2}{\lambda} = 832.5$$

尝试取 $K'=832$，得 $\lambda=500.3\text{nm}$，$K'=833$，得 $\lambda=499.7\text{nm}$，取 $K'=831$ 或 834，所得波长均不在(500.0±0.4)nm 范围以内.

标准具的带宽

$$\delta\lambda = \frac{1-R_2}{K'\pi\sqrt{R_2}}\lambda = 0.044\text{nm}$$

即从标准具出射的光是(500.3±0.022)nm 和(499.7±0.022)nm 的双波长光.

上述双波长光的波长差为 500.3−499.7=0.6(nm)，因而呈现清晰到模糊的条纹循环周期. 而因准单色光自身带宽 $\delta\lambda$，限制了干涉条纹的总数.

迈克耳孙干涉仪中 M_1' 和 M_2 的距离为零时，条纹最清晰，设 $d=d'$ 时首次模糊，有

$$2d' = m\lambda_1 = \left(m+\frac{1}{2}\right)\lambda_2$$

则

$$d' = \frac{\lambda_1^2}{4(\lambda_1-\lambda_2)} = \frac{(500)^2}{4\times 0.6} = 0.104(\text{mm})$$

设 $d=d''$ 时，条纹不再清晰，即 $2d''$ 等于 λ_1 或 λ_2 的波列长度

$$d'' = \frac{\lambda^2}{2\delta\lambda} = \frac{(500)^2}{2\times 0.044} = 2.84(\text{mm})$$

两次清晰的移动距离为 $2d'$，故在从 $d=0$ 到 $d=d''$ 过程中可以看到清晰的周期为 $d''/(2d')=13.7$，即可以看到 13 次清晰的条纹(不包括 $d=0$ 时的那一次).

2.57 白光正面照耀下并从垂直方向在空气中观察折射率 $n=1.50$ 的介质薄膜. 相长干涉极大波长为 $0.60\mu m$，相消干涉时波长为 $0.45\mu m$，且在 $0.5\sim0.7\mu m$ 不出现极小值. 求薄膜厚度.

解 设干涉相长时波长为 λ_1，相消时为 λ_2，考虑到相位突变则有

$$2nh = \left(m_1+\frac{1}{2}\right)\lambda_1 \qquad (极大)$$

$$2nh = m_2\lambda_2 \qquad (极小)$$

令两式相等

$$nh = \frac{2m_1+1}{4}\lambda_1 = \frac{m_2}{2}\lambda_2$$

对于 $m=0,1,2,3,\cdots$，将 λ_1 和 λ_1 代入

$$\frac{2m+1}{4}\lambda_1 = 0.15、0.45、0.75、1.05、1.35、1.65、1.95、2.25、2.55、2.85、3.15,\cdots$$

$$\frac{m}{2}\lambda_2 = 0, 0.225, 0.45, 0.675, 0.90, 1.125, 1.35, 1.575, 1.8, 2.025, 2.25, \cdots$$

可见当 $m_1=1$、$m_2=2$ 时

$$nh = \frac{2\times1+1}{4}\times0.6 = \frac{2}{2}\times0.45 = 0.45(\mu\text{m})$$

同理，当 $m_1=7$、$m_2=10$ 时

$$nh = \frac{2\times7+1}{4}\times0.6 = \frac{10}{2}\times0.45 = 2.25(\mu\text{m})$$

由此可以得到两个解：

由 $nh=0.45$，有 $h=0.3\mu$m.

由 $nh=2.25$，有 $h=1.5\mu$m.

由题意，在 0.5～0.7μm 没有干涉极小. 而对于 $h=1.5\mu$m，按干涉极小条件 $2nh=m_2\lambda_2$，可得当 $m_2=7,8,9$ 时 λ_2 分别为 0.64、0.56 和 0.50μm，不符合题意，因而第二个解 $h=1.5\mu$m 应舍弃. 所以薄膜厚度为 0.3μm.

2.58 法布里-珀罗标准具的两个反射面平行并严格保持距离 1cm. 标准具两侧各有一个凸透镜，焦距均为 15cm. 在 L_1 的前焦面上有一个直径为 1cm 的单色光源，波长 $\lambda=0.49\mu$m. 设仪器严格共轴，空气折射率为 1.

(1)求第二个透镜后焦点上干涉条纹的级次以及后焦面上有多少明条纹，其最大直径多少？

(2)如果在标准具中插入一不透明板，遮住一半，L_2 后焦面上图像将有何变化？

(3)若用折射率为 1.5、厚度 0.5mm 的均匀透明片取代上述不透明板，情况如何？计算说明；

(4)如果这个透明片插入一组牛顿环装置[如题图 2.58(2)]，对于垂直照明情况，将观察到什么现象？

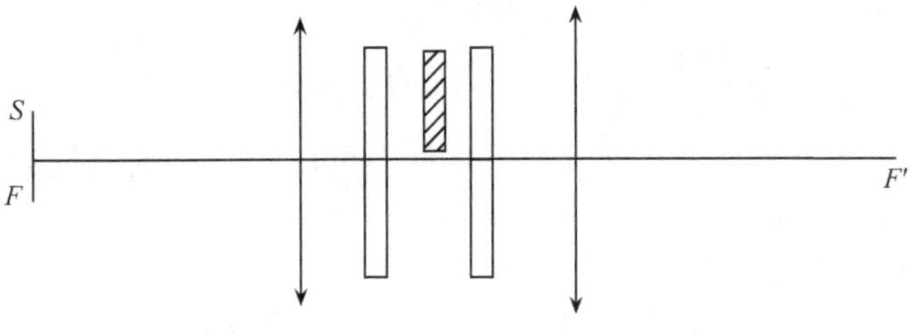

题图 2.58(1)

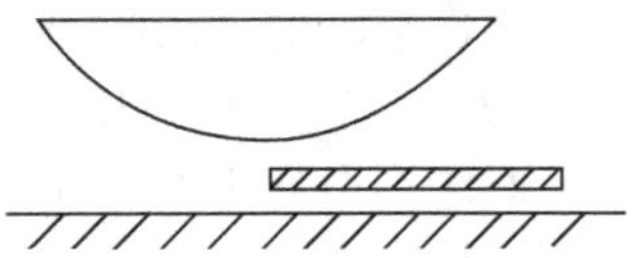

题图 2.58(2)

解　(1)设光线到标准具的入射角为 i，标准具的内间距为 e，射出标准具的两束相邻光线的程差为

$$\delta = 2ne\cos i \approx 2ne\left(1-\frac{i^2}{2}\right)$$

对于空气，$n=1$. 相长干涉得到亮纹，有

$$2e\left(1-\frac{i^2}{2}\right) = k\lambda$$

此处 k 为整数. 中心处干涉级次为

$$k_0 = \frac{2e}{\lambda} = \frac{2\times10^4}{0.49} = 40816.32$$

入射到标准具边缘处光线的最大入射角 i_M 为

$$i_M = 0.5/15 = 1/30(\text{rad})$$

相应干涉级次

$$k_M = \frac{2e}{\lambda}\left(1-\frac{i_M^2}{2}\right) = 40793.65 \approx 40794$$

即直径最大的亮纹的级次. 其半径为

$$r = fi_M = 0.496\text{cm}$$

一共可观察到 23 条明纹.

(2)标准具内被遮住一半，条纹的位置和级次不变，但亮度减半.

(3)设一束平行光与光轴成 i 角，通过标准具下部的两条光线的相位差为

$$\delta_1 = 2e\cos i$$

而通过上部的两条光线的相位差为

$$\begin{aligned}\delta_2 &= 2(e-e')\cos i + 2ne'\cos r\\ &= \delta_1 + 2e'(n\cos r - \cos i)\end{aligned}$$

式中 e' 为透明片的厚度，r 为光线进入透明片的入射角，n 为透明片的折射率.

对于小角度，整理得

$$\begin{aligned}\delta_2 &= \delta_1 + 2e'\left[n\left(1-\frac{r^2}{2}\right)-\left(1-\frac{i^2}{2}\right)\right]\\ &= \delta_1 + 2e'\left[(n-1)+\frac{i^2}{2}\left(1-\frac{1}{n}\right)\right] = \delta_1 + e'\left(1+\frac{i^2}{3}\right)\end{aligned}$$

装置产生两套干涉条纹，上半与下半级次的关系为

$$k_2(i) = k_1(i) + \frac{500}{0.49}\left(1+\frac{i^2}{3}\right)$$

下部和上部条纹的级次和条数见下表：

	下部	上部
级次(中心处)	40816.32	41836.73
级次(边缘处)	40793.65	41814.43
条纹数	23	22

两套条纹为同心圆环[题图 2.58(3)]，加介质板的上部圆环略大.

(4)系统如题图 2.58(4)，在距中心同样距离 x 处，光线 1 与 2 的相位差为

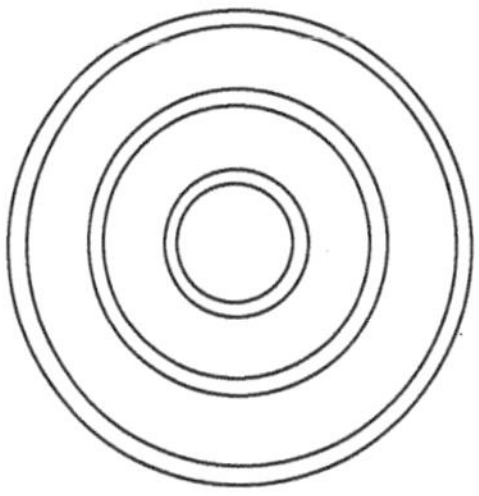

题图 2.58(3)

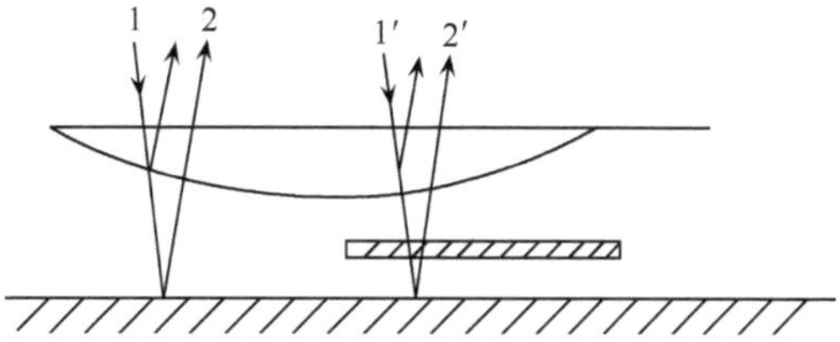

题图 2.58(4)

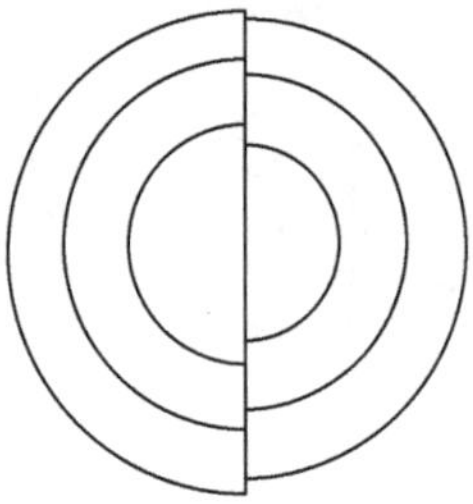
题图 2.58(5)

$$\delta = \frac{x^2}{R}$$

光线 $1'$ 与 $2'$ 的相位差为

$$\delta' = \frac{x^2}{R} + 2e'(n-1)$$

或者说,对于同一级次 k,左右两套条纹的半径略有不同[题图 2.58(5)]令 $\delta=\delta'$,得到

$$\frac{x^2}{R} = \frac{x'^2}{R} + 2e'(n-1)$$

$$(x^2 - x'^2) = 2Re'(n-1)$$

$$2\bar{x} \cdot \Delta x = 2Re'(n-1) = Re'$$

相应条纹错开的距离为 Δx,对于亮纹 $\delta=2k\pi=\frac{x_k^2}{R}$,$k=0,1,2,\cdots$

$$\Delta x_{k'} = \frac{0.5e'R}{x_k} = \frac{0.5e'\sqrt{R}}{\sqrt{2k\pi}}$$

可见,干涉条纹级次越高,两套条纹的差别越小,即直径较大者 Δx 较小.

2.59　(1)推导单色点光源照明杨氏双缝装置,在远场观察屏上的强度分布.

(2)上述装置中,如果光源有一定线宽,试分析观察屏上图样的变化.

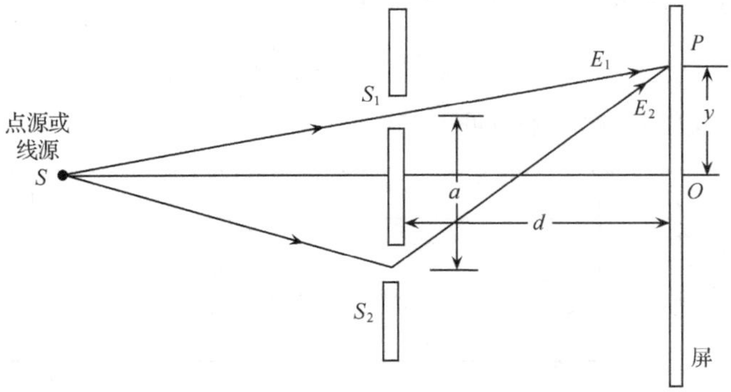

题图 2.59(1)

解　(1)如题图 2.59(1),双缝间距为 a,两个缝的宽度都很小且相等,双缝到观察屏距离为 d,屏中心为坐标原点.考虑距原点 O 距离为 y 处的 P 点两光波的相位差.由 S_1 到 P 与由 S_2 到 P 点的两光波的距离差为

$$\Delta = \sqrt{d^2 + (y + a/2)^2} - \sqrt{d^2 + (y - a/2)^2}$$

由于 $d \gg y + \frac{a}{2}$,应用近似公式

$$\sqrt{1 + x^2} \approx 1 + \frac{1}{2}x^2$$

有

$$\Delta = d\left\{1+\frac{(y+a/2)^2}{2d^2}-1-\frac{(y-a/2)^2}{2d^2}\right\}=\frac{ay}{d}$$

所以两波列在到达 P 点时相位差为

$$\delta = \frac{2\pi}{\lambda}\Delta = \frac{2\pi}{\lambda}\frac{ay}{d}$$

由于几何对称性，两缝宽度相等，由 S_1、S_2 发出的波的振幅应相等，设为 E_0，所以两列波可分别表示为

$$E_1 = E_0, \qquad E_2 = E_0 e^{i\delta}$$

在 P 点合振幅

$$E_T = E_1 + E_2$$

强度

$$I_T = \frac{1}{2}E_T^* E_T$$

式中 E_T^* 与 E_T 互成共轭. 只开一个缝时，光强为 $I_0=\frac{1}{2}E_0^* E_0$. 所以有

$$I_T = 2I_0(1+\cos\delta) = 4I_0\cos^2\frac{\delta}{2}$$

或

$$I_T = 4I_0\cos^2\left(\frac{\pi}{\lambda}\frac{a}{d}y\right)$$

光强分布如题图 2.59(2).

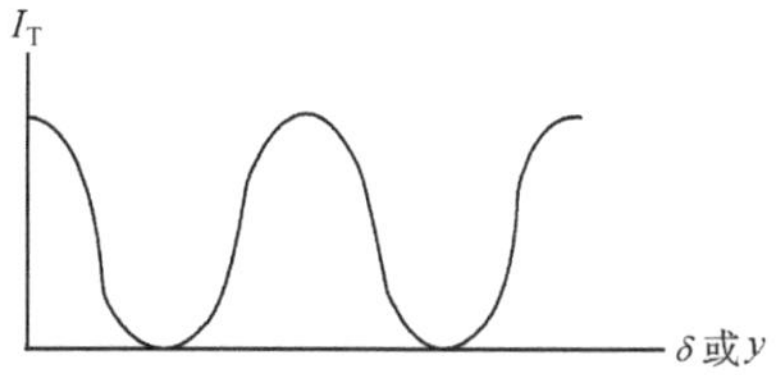

题图 2.59(2)

(2) 设光源为缝宽为 $2u_0$ 的光源，将其沿平行于双缝方向分割成许多狭长的光源，彼此是不相干的. 其强度分布为矩形均匀分布，如题图 2.59(3). 光源到双缝装置距离为 D，如题图 2.59(4)所示.

扩展光源上第 j 个缝光源 S_j 经 S_1、S_2 到达屏上 P 点(坐标为 y)的两波列程差为

$$\Delta = \frac{ay}{d} + \frac{au}{D}$$

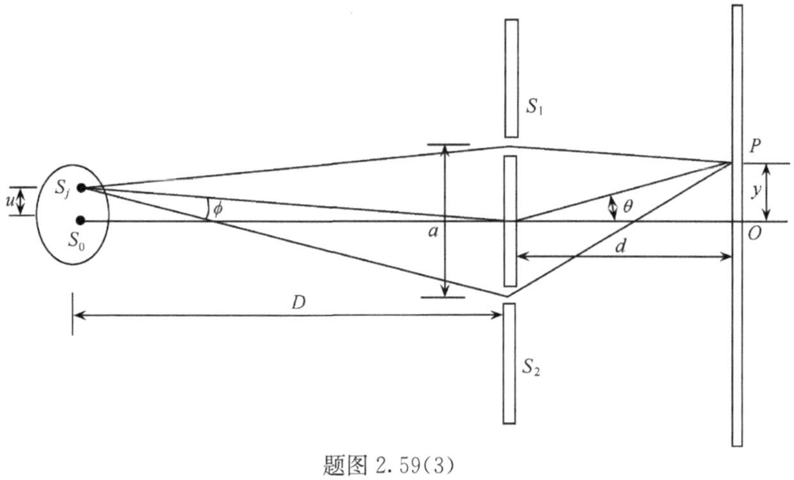

题图 2.59(3)

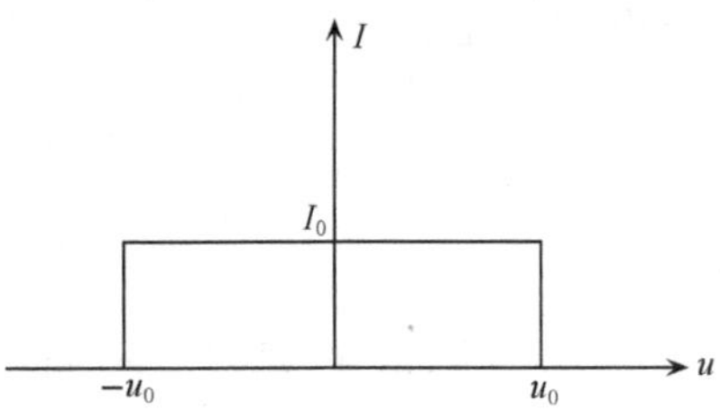

题图 2.59(4)

S_j 在屏上对强度的贡献为

$$dI_j(y) = 2I(u)(1+\cos\delta)du$$

注意,扩展源上不同狭条间是不相干的,所以是强度叠加. 整个光源在 P 点的强度为

$$I_T(y) = 2\int_{-u_0}^{u_0} I(u)(1+\cos\delta)du$$

利用和角公式

$$\cos(A+B) = \cos A\cos B - \sin A\sin B$$

将上式变成

$$I_T(y) = 2\int_{-u_0}^{u_0} I(u)du + 2\int_{-u_0}^{u_0} I(u)\sin\left(\frac{kay}{d}\right)\sin\left(\frac{k\alpha}{D}\right)du$$

式中波数 $k=2\pi/\lambda$,最后得到

$$I_T(y) = 4I_0u_0\left[1+\frac{\sin\alpha u_0}{\alpha u_0}\cos\left(\frac{kay}{d}\right)\right]$$

$$\alpha = ka/D$$

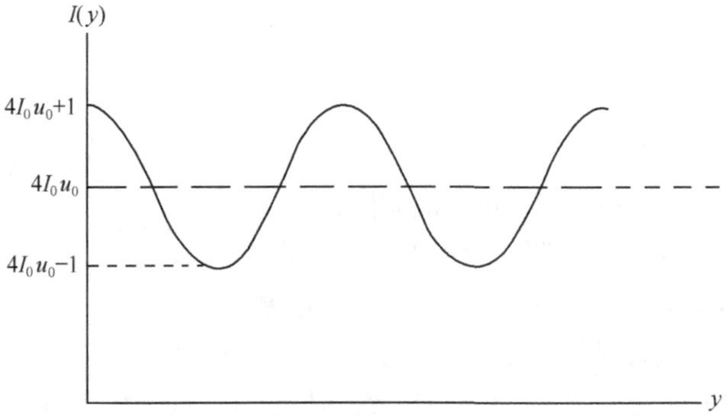

题图 2.59(5)

定义条纹视见度

$$V = \frac{I_{\max}-I_{\min}}{I_{\max}+I_{\min}}$$

得到这种矩形光源照明的杨氏双缝干涉条纹的视见度为

$$V = \left|\frac{\sin\alpha u_0}{\alpha u_0}\right|$$

观察屏上距原点 O 距离 y 处条纹视见度与 y 的分布如题图 2.59(5).

如以视见度降低到 0.5 为光源的极限宽度,并以光源对双缝张角 φ_{coh} 表示,$\varphi=2u_0/D$,则有

$$\alpha u_0 = 1.9, \qquad \varphi_{\mathrm{coh}} = \frac{2u_0}{D} \sim 0.6\,\frac{\lambda}{a}$$

2.60 用钠光灯作杨氏双缝干涉实验,光源宽度被限制为 2mm,带双缝的屏离缝光

源 2.5m. 为了在幕上获得可见的干涉条纹，双缝间隔不能大于多少？

解　由上题结论，$\varphi_{coh}=0.6\dfrac{\lambda}{a}=\dfrac{2u_0}{D}$，

$$a\leqslant\frac{0.6\lambda}{2u_0}=0.5\text{mm}$$

才能在幕上产生有一定反衬度的可观测的条纹.

2.61　一个直径为 1cm 的发光面元，如果用干涉孔径角量度的话，其空间相干范围是多少弧度？如果用相干面积量度，问 1m 远的相干面积为多大？10m 远的相干面积为多大？

解　设光波长为 0.55μm，若空间相干范围用孔径角 $\Delta\theta$ 量度的话，则

$$\Delta\theta\approx\frac{\lambda}{b}=\frac{0.55}{1\times10^4}\approx0.55\times10^{-4}\text{rad}\approx11''$$

在 $R=1$m 远的相干面积为

$$\Delta S_1\approx\frac{\pi}{4}(R\Delta\theta)^2\approx0.0024\text{mm}^2$$

在 $R=10$m 远的相干面积为

$$\Delta S_2\approx0.24\text{mm}^2$$

2.62　考虑题图 2.62 所示的杨氏干涉实验，设 $\lambda=6000$Å，各缝宽度相同，$S_0=S_1=S_2=0.2$mm，缝间距 $d=2.0$mm. 双缝装置到观察屏距离 $L_1=3.0$m.

(1)L_0 大约要多大才能在屏上看到清晰干涉条纹？

(2)亮纹相距多少？

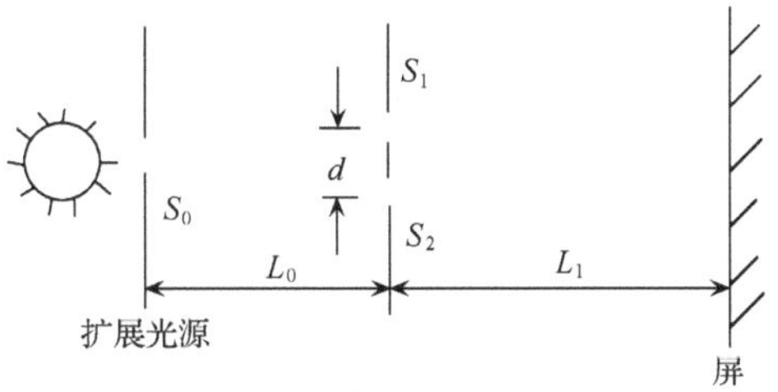

题图 2.62

解　(1)按 2.59 题解，视见度大于 0.5 才能看清条纹，有

$$\frac{2u_0}{D}\sim\frac{0.6\lambda}{a}$$

此题中，$D=L_0$，$a=d$，$2u_0=S_0=0.2$mm，代入

$$L_0\geqslant\frac{S_0d}{0.6\lambda}=1110\text{mm}$$

(2)杨氏干涉条纹间距

$$\Delta = \frac{\lambda L_1}{d} = \frac{0.6 \times 10^{-3} \times 300}{2.0} = 0.9\text{mm}$$

2.63 假设某沿海城市要在岸边建立电视台.由于海中无居民,希望信号集中在市区有居民的地方,为此架设两座天线,彼此相距四分之一波长,以利用干涉效应达此目的.如题图 2.63(1),y 轴沿海岸线,正 x 方向指市区.天线 S_1 发射的电波落后于 S_2,相位差$\frac{\pi}{2}$.试求出市区附近电磁波强度的分布图.

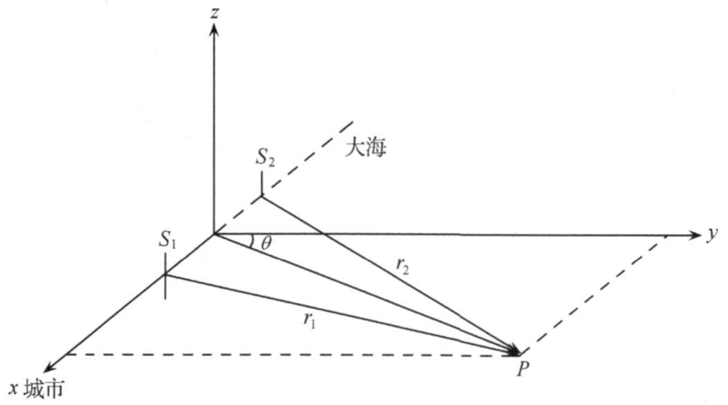

题图 2.63(1)

解 市区任一位置 P 点接收到两个振动的相位差为

$$\delta = \frac{2\pi}{\lambda}(r_2 - r_1) - \frac{\pi}{2} = \frac{2\pi}{\lambda} d \sin\theta - \frac{\pi}{2}$$

式中 $d = \frac{\lambda}{4}$,为两天线之间距离,则

$$\delta = \frac{\pi}{2}\sin\theta - \frac{\pi}{2}$$

在 Oxy 平面上电磁波强度分布为

$$I(\theta) = I_0 \cos^2(\delta/2) = I_0 \cos^2\left(\frac{\pi}{4}\sin\theta - \frac{\pi}{4}\right)$$

沿 x 正向,$\theta = 90°$,则 $\delta = 0$,$I(90°) = I_0$,强度极大.沿 x 负方向,$\theta = -90°$,$\delta = -\pi$,$I = 0$,电磁波强度在 Oxy 平面上分布如题图 2.63(2).

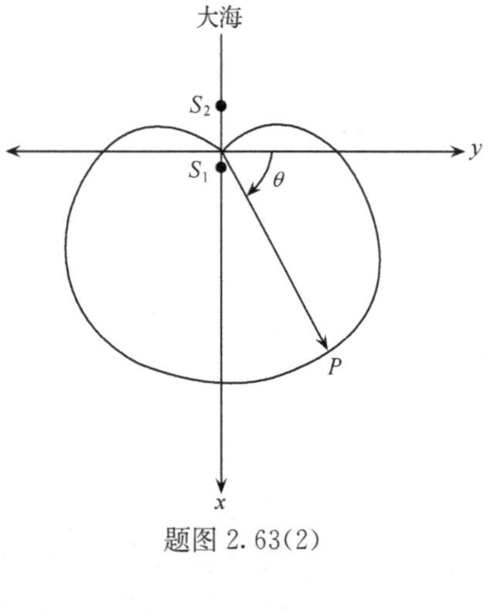

题图 2.63(2)

2.64 相控线阵雷达是沿某方向等间距分布的天线阵列,若调控各天线发射的电磁波的相对相位,可以控制发射方向,使某方向上电磁波强度特别加强,这就是相控线阵雷达.设 S_1 和 S_2 为相距 $d = \lambda/2$ 的两个天线,它们发射波长为 λ、振幅和振动方向相同的电磁波.请求出它们发射的电磁波初相位(1)相同和(2)相差 π 两种情况

下，空间辐射场的强度分布(只要求水平面分量)，并定性画出分布图.

解 计算水平面方向合成电磁波的强度可按杨氏双孔实验公式

$$I = 4I_0\cos^2\delta/2$$

式中 δ 为从 S_1 和 S_2 发射的电磁波到达同一点的相位差

$$\delta = \frac{2\pi}{\lambda}(r_2 - r_1) + \varphi_0$$

φ_0 为 S_1 和 S_2 发射电磁波之间的相位差.

当 r_1 和 r_2 远大于 d 时，有

$$r_2 - r_1 = d\sin\theta$$

并考虑到 $d=\frac{\lambda}{2}$，有 $\delta=\pi\sin\theta+\varphi_0$，

$$I = 4I_0\cos^2\left(\frac{\pi}{2}\sin\theta + \frac{\varphi_0}{2}\right)$$

(1)当 $\varphi_0=0$ 时

$$I = 4I_0\cos^2\left(\frac{\pi}{2}\sin\theta\right)$$

若 $\theta=0$ 或 $180°$，$I=1$，$\theta=90°$或 $270°$时，$I=0$，如题图 2.64(1).

(2)当 $\varphi_0=\pi$ 时

$$I = 4I_0\cos^2\left(\frac{\pi}{2}\sin\theta + \frac{\pi}{2}\right)$$

如题图 2.64(2).

控制调节 S_1 和 S_2 发射电磁波的初始相位，合成的电磁波强度最大的方向便可在空间扫描，而无须改变天线的位置. 这些等间距排列的天线越多，发射场的空间角度分布就越窄，能量得到有效利用. 若用于接收电磁波，则分辨的信号角宽度就越窄. 现代射电干涉天文望远镜往往由十多个这样的天线所组成.

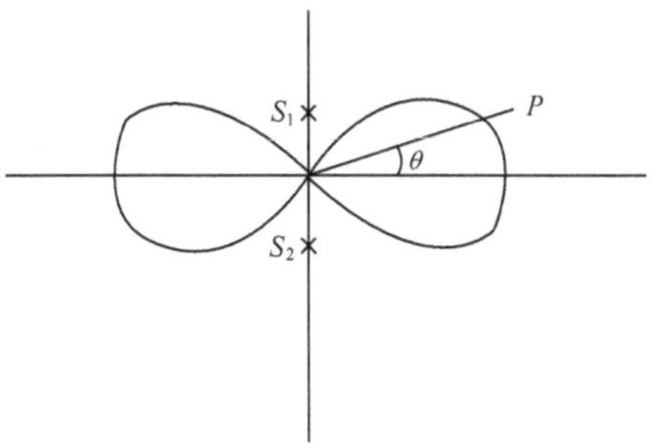

题图 2.64(1)

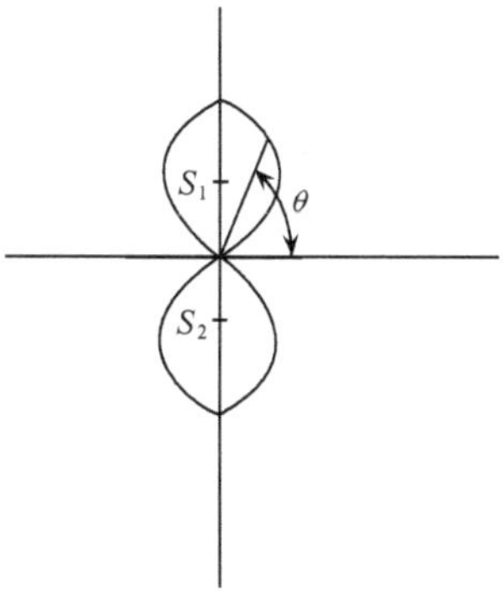

题图 2.64(2)

2.65 穿地雷达车(GPR)向地下发射电磁波并接收地下物体反射波，并以此确定地下物体的位置. 天线和探测器置于车内同一位置.

角频率 ω、沿 z 方向传播的线偏振电磁波为

$$E = E_0 e^{-\alpha z}\cos(\omega t - \beta z) \tag{1}$$

式中 E_0 为振幅，α 为衰减系数，β 为波数，且

$$\alpha = \omega\left\{\frac{\mu\varepsilon}{2}\left[\left(1+\frac{\sigma^2}{\varepsilon^2\omega^2}\right)^{\frac{1}{2}}-1\right]\right\}^{\frac{1}{2}}$$

$$\beta = \omega\left\{\frac{\mu\varepsilon}{2}\left[\left(1+\frac{\sigma^2}{\varepsilon^2\omega^2}\right)^{\frac{1}{2}}+1\right]\right\}^{\frac{1}{2}} \tag{2}$$

其中 μ、ε、σ 分别为介质的磁导率、介电常量和电导率.

当雷达信号振幅下降到初始值的 1/e（约 37%）时，将无法被探测. 雷达频率在 10MHz 到 1000MHz 范围内可调，分辨率因此而改变.

GPR 的分辨率由能探测到的两个相邻反射体的最小距离决定，这时两反射波在探测器上相位差为 π. $\varepsilon=\varepsilon_r\varepsilon_0$，$\varepsilon_0$ 为真空介电常量，ε_r 为物质的相对介电常量.

(1)假设大地为非磁性物质，$\mu\approx\mu_0$，且满足 $\left(\frac{\sigma}{\varepsilon\omega}\right)^2\ll 1$，利用式(1)、(2)导出传播速率 v 的表达式(用 μ 和 ε 表示).

(2)确定地下被测物的最大深度，设大地电导率 $\sigma=1.0\text{mS/m}$，$1\text{S}=1\Omega^{-1}$（电导的单位为西门子，记作 S），$\varepsilon_r=9$. 已知 $\mu_0=4\pi\times10^{-7}\text{H/m}$，$\varepsilon_0=8.85\times10^{-12}\text{F/m}$.

(3)考虑两根沿水平方向平行地埋入地下 4m 深处的导电杆，GPR 就在其中一根的上方. 求使分辨率达到 0.5m 时所需最低频率.

(4)为确定埋在地下深度为 d 的导电杆，考虑沿垂直于杆的方向进行的测量. 如题图 2.65(1)，电磁波从发射器—物体—探测器的传播时间为 t，并探得最短时间 $t_{\min}=100\text{ns}$，求深度 d.

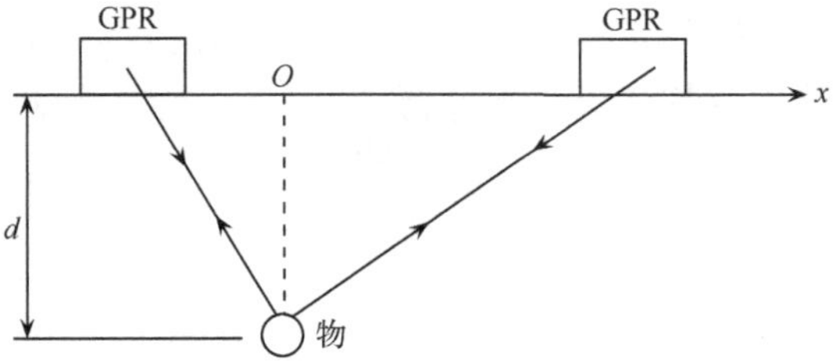

题图 2.65(1)

解 (1)电磁波在介质中传播速率，即等位面传播速率

$$\omega t - \beta z = \text{常数}$$

$$v = \frac{dz}{dt} = \frac{\omega}{\beta}$$

而

$$v = \frac{1}{\sqrt{\mu\varepsilon}} = \frac{1}{\sqrt{\mu_0\varepsilon_r\varepsilon_0}} = \frac{c}{\sqrt{\varepsilon_r}} = \frac{c}{3}$$

式中 c 为光速.

(2)

$$E = E_0 e^{-\alpha z}\cos(\omega t - \beta z)$$

在地表，$z=0$，$E=E_0$，探测深度极限为 $z_{\max}$，

$$E(z_{\max})=E_0\mathrm{e}^{-\alpha z_{\max}}=\frac{1}{\mathrm{e}}E_0$$

得

$$z_{\max}=\frac{1}{\alpha}$$

代入式(2)有

$$z_{\max}=\left(\frac{2}{\sigma}\right)\left(\frac{\varepsilon}{\mu}\right)^{\frac{1}{2}}$$

代入衰减系数，并考虑到 $\left(\frac{\sigma}{\varepsilon\omega}\right)^2\ll 1$，得到

$$z_{\max}=\frac{5.31\sqrt{9}}{1.0}=16(\mathrm{m})$$

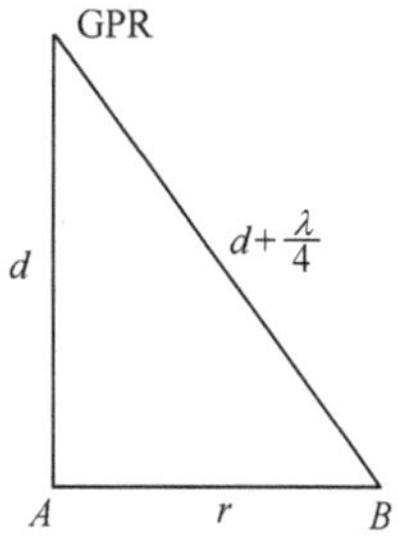

题图 2.65(2)

(3)设两杆距离为 r，深度为 d. 如题图 2.65(2)，若探测器收到它们的反射波相位差 π，则要求两杆与 GPR 的距离相差 $\frac{\lambda}{4}$，有

$$r^2+d^2=\left(d+\frac{\lambda}{4}\right)^2$$

$$r=0.5\mathrm{m},\qquad d=4\mathrm{m}$$

有

$$\frac{1}{2}=\left(\frac{4\lambda}{2}+\frac{\lambda^2}{16}\right)^{\frac{1}{2}}$$

或

$$\lambda^2+32\lambda+4=0$$

解方程得 $\lambda=0.125\mathrm{m}$.

由 $\lambda\nu=v$，有

$$\nu_{\min}=\frac{v}{\lambda}=\frac{c/3}{\lambda}=800\mathrm{MHz}$$

$\nu_{\min}$ 为保证分辨率为 0.5m 的最低可用频率.

(4)由题图，电磁波往返传播时间为 t，有

$$\left(v\frac{t}{2}\right)^2=d^2+x^2$$

$$t(x)=\sqrt{\frac{4d^2+4x^2}{v^2}}=\frac{2}{v}\sqrt{d^2+x^2}$$

已知 $x=0$ 时，$t=t_{\min}=100\mathrm{ns}$，代入 v 值有

$$d=5\mathrm{m}$$

2.66 一种测量空气中光速的装置如题图 2.66：仪器内的发光二极管发出红光，光的强度受到调制，调制频率为 50MHz，调制波经半反射片后分成两路. 一路输入到双踪示波器的 Y 端. 另一路出射，经反射镜组的两次反射后输入到示波器的 X 端. 示波器对这两个强度调制的周期性信号叠加. 观察示波器图形的变化，可以测量光速. 试分析其工作原理. 若反射镜组可同步移动，其沿光束方向移动的范围至少为多少？

解 两个同频率且振动方向相互垂直的简谐振动相干形成李萨如图，图形一般为椭圆. 如果两信号的相位差恰为 O 或 π，则李萨如图为直线，但方位不同，比如说，分别在 1、3 象限和 2、4 象限. 沿光束方向移动反射镜组，使该路光程改变，其相应的电信号的相位也改变，致使李萨如图发生变化. 调整镜组的位置，使李萨如图为一直线，比如说在 1、3 象限. 然后移动镜组，观察示波器上图形的变化. 李萨如图由直线转换成各种位形的椭圆，又变成一直线，在 2、4 象限. 这过程中出射的强度调制光走了 $\Delta=2nl$，n 为空气折射率，l 为镜组位移的距离. Δ 对应于强度调制信号的相差改变了 π，即 Δ 对应于强度调制信号的半波长

$$\Delta = 2nl = \frac{\lambda}{2}$$

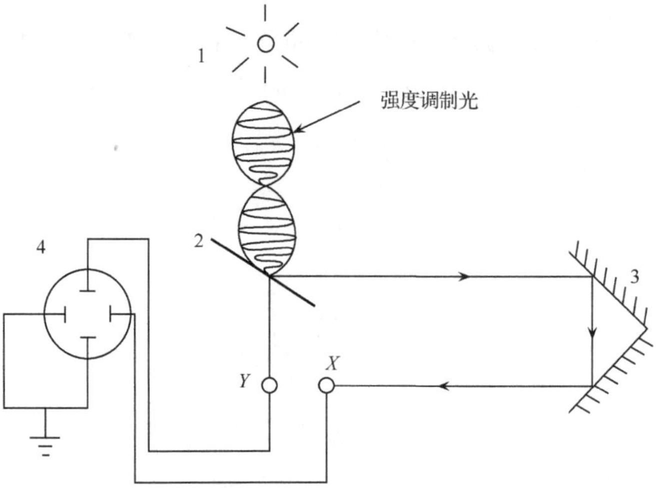

题图 2.66

1——发光二极管；2——半反镜；3——反射镜组；4——示波器

由 $\lambda\nu=c$，$2nl=\dfrac{1}{2}\dfrac{c}{\nu}$，所以光速为

$$c = 4nl\nu$$

即知道了强度调制频率，通过测量反射镜组移动的距离就可以测量光速.

已知 $\nu=50\text{MHz}$，取 $n=1$，有

$$l = \frac{c}{4\nu} = \frac{3\times 10^8\text{m/s}}{4\times 50\text{MHz}} = 1.5\text{m}$$

即镜组沿光束方向移动范围至少为 1.5m.

衍 射 篇

2.67 太阳光经由一个 2cm 见方的孔射入一间大的暗室，该孔被一组宽 $\dfrac{w}{2}$ 的细丝覆盖着，相邻细丝中心间距为 w. 阳光投射到孔后距离 d 处的照相底板上（如题图 2.67 所

示). 太阳的角直径约为 0.01rad. 请描述在下列情形下,像的主要特性:

(1)$(w,d)=(1\text{mm},1\text{mm})$;

(2)$(w,d)=(1\text{mm},10\text{m})$;

(3)$(w,d)=(0.005\text{mm},10\text{m})$.

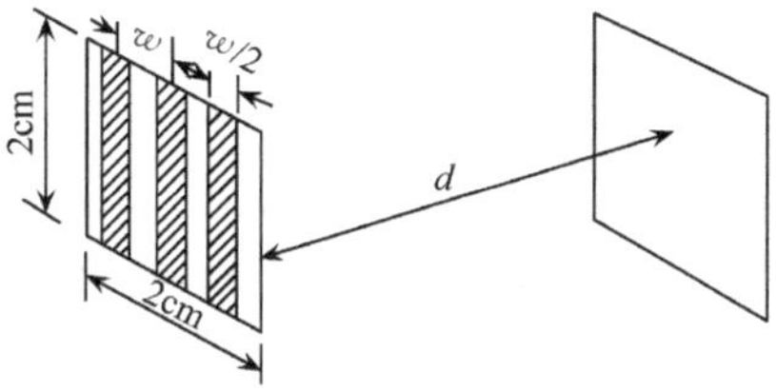

题图 2.67

解　令波长为 $\lambda=6000\text{Å}$,先计算太阳光的横向相干长度为

$$l_t=1.22\frac{\lambda}{\theta}=1.22\times\frac{6000\times10^{-10}}{0.01}$$
$$=7.32\times10^{-5}(\text{m})=0.0732(\text{mm})$$

(1)$w\gg l_t$,缝间无干涉.

$d=w$,底板上得到细丝的几何阴影.

(2)$w\gg l_t$,缝间无干涉. 而$\dfrac{w}{d}=10^{-4}\ll\theta$,每条缝都衍射,彼此不相干,强度叠加后,底板上没有细丝的阴影,几乎是处处均匀曝光.

(3)$w<l_t$,缝间有干涉,底板上虽无细丝的几何阴影,却有多光束干涉引起的条状花纹,并具有不同颜色. 这是因为太阳光是复色光,不同谱成分衍射角不同所致色散.

2.68　一衍射光栅,狭缝宽度为 b,周期 $d=2b$. 试证明:全部偶数的极大都消失了. 设光栅宽度 $L\gg d$.

证　利用衍射光栅的光强分布来证明. 光栅衍射的主极大

$$I_m=I_0\left(\frac{\sin u}{u}\right)^2N^2=I_0N^2\left[\frac{\sin(\pi mb/2b)}{\pi mb/2b}\right]^2$$

$$\begin{cases}\text{当 } m=2n(n=1,2,3,\cdots)\text{ 时}, & I_m=0\\ \text{当 } m=(2n+1)\text{ 时}, & I_m=I_0\left(\dfrac{2}{m\pi}\right)^2N^2\end{cases}$$

可见,全部偶数级次的极大值都消失了.

2.69　波数为 k 的平面波入射到宽为 a 的狭缝(见题图 2.69),狭缝被一块楔形透明体盖住,其厚度正比于从顶端算起的长度($t=\gamma x$),其折射率为 n,θ 角方向上的光强由下式给出:

$$I\propto\sin^2(\beta a)/(\beta a)^2$$

用 k,n,γ 和 θ 表示出 β 来.

解　由题意,楔形透明物 $t=\gamma x$,其顶角为 γ. 设 γ 很小,光通过楔形物将向楔底部方向偏转

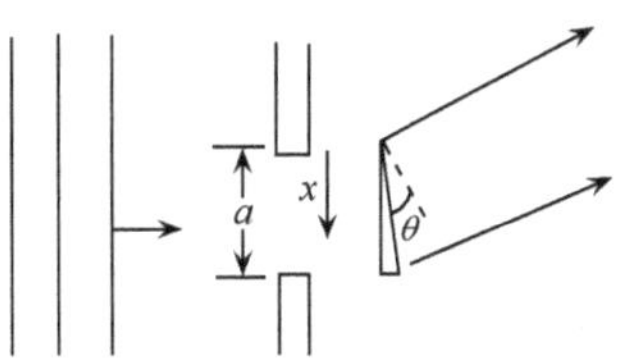

题图 2.69

$$\delta=(n-1)\gamma$$

由单缝衍射强度分布

$$I\propto\frac{\sin^2\left(\frac{1}{2}ak\sin\theta\right)}{\left(\frac{1}{2}ak\sin\theta\right)^2}$$

将上式中 θ 代之以 $\theta-\delta=\theta-(n-1)\gamma$,即得本题情况下的光强分布为

$$I\propto\frac{\sin^2\left\{\frac{1}{2}ak\sin[\theta-(n-1)\gamma]\right\}}{\left\{\frac{1}{2}ak\sin[\theta-(n-1)\gamma]\right\}^2}$$

所以

$$\beta=\frac{1}{2}k\sin[\theta-(n-1)\gamma]$$

当 $n=1$ 时,上述结果将变成单缝衍射的简单表式.

2.70　(1)讨论由宽度不等的两狭缝所产生的夫琅禾费衍射图样.若 a,b 分别为两狭缝的宽度,c 为两狭缝的中心距.导出对于任意衍射角 θ 的光强表达式.设平面波波长为 λ,垂直照射于狭缝上;

(2)应用由(1)中得出的公式,推导以下特殊情况时衍射光强的表达式,并绘出草图.①$a=b$;②$a=0$.

解　(1)单缝 a、b 的衍射光振幅分别为

$$A_a=a\frac{\sin u}{u},\qquad u=\frac{1}{2}ka\sin\theta=\frac{\pi a\sin\theta}{\lambda}$$

$$A_b=b\frac{\sin v}{v},\qquad v=\frac{1}{2}kb\sin\theta=\frac{\pi b\sin\theta}{\lambda}$$

由此可得出两狭缝干涉图样的光强为

$$I(\theta)=|\boldsymbol{A}_a+\boldsymbol{A}_b|^2=A_a^2+A_b^2+2A_aA_b\cos w$$

其中 w 为两狭缝中心之间引入的相位差

$$w=\frac{2\pi c\sin\theta}{\lambda}$$

即

$$I(\theta)=a^2\frac{\sin^2u}{u^2}+b^2\frac{\sin^2v}{v^2}+2ab\frac{\sin u}{u}\cdot\frac{\sin v}{v}\cos w$$

(2) ①当 $a=b$ 时,$u=v$,则

$$I(\theta)=2a^2\frac{\sin^2v}{v^2}(1+\cos w)=4a^2\frac{\sin^2v}{v^2}\cos^2\frac{w}{2}$$

②当 $a=0$ 时

$$I(\theta)=b^2\frac{\sin^2v}{v^2}$$

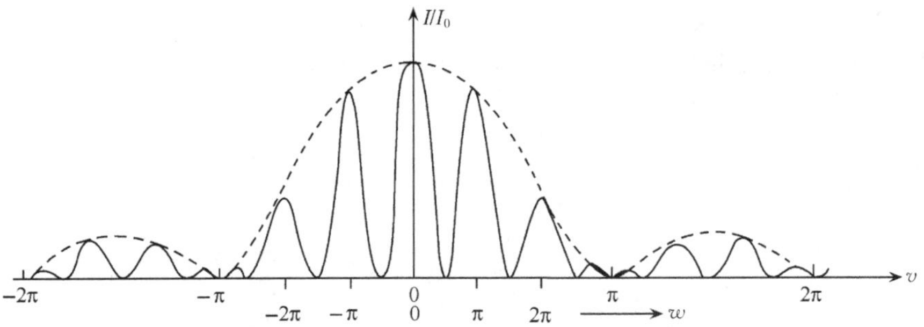

题图 2.70

实线:$a=b$,$u=v$.双缝干涉强度受单缝衍射包络调制

虚线:$a=0$,单缝衍射强度分布

2.71　考虑一单色光入射到一狭缝上.见题图 2.71(1).假定入射光波长为 λ 并且缝宽 $w=5\lambda$.

(1)对于远离狭缝区作衍射光强与角度函数的花样图.

(2)计算第一极大和第一极小的位置.

(3)希望把上半部狭缝的入射光均匀地相移正好 180°. 请设计有这样功能的理想装置,并画出强度花样草图.

(4)计算强度对角度的关系;给出第一极小的位置并估计第一极大位置.

解　(1)对于远离狭缝区,可看作夫琅禾费衍射. 单缝夫琅禾费衍射公式为

$$I = I_0 \sin^2 u/u^2, \qquad u = \pi w \sin\theta/\lambda = 5\pi\sin\theta$$

其光强 I 对 $\sin\theta$ 的关系见题图 2.71(2).

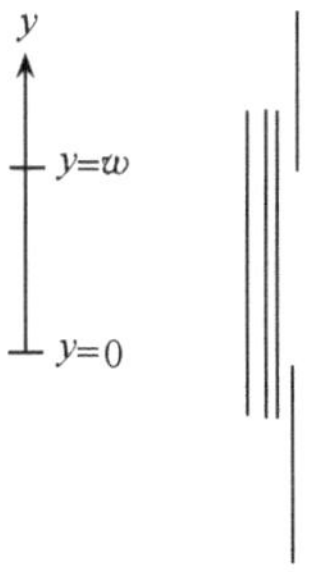

题图 2.71(1)

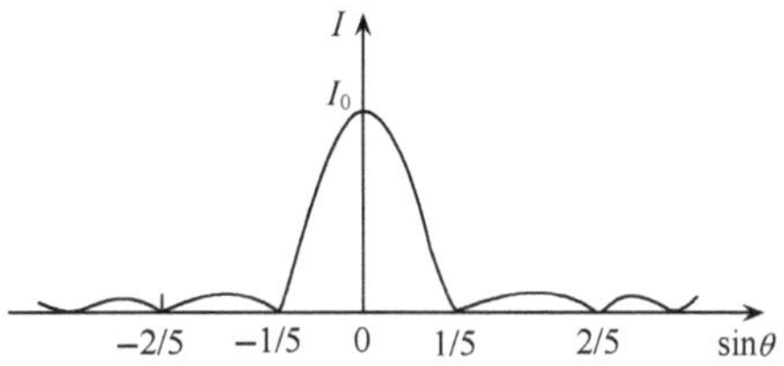

题图 2.71(2)

(2)满足$\frac{\mathrm{d}}{\mathrm{d}u}[I(u)]=0$ 的极大值位于由 $\tan u = u$ 解出的特殊 u 值上. 第一极大时的 $u_1 = 1.43\pi$,即

$$5\pi\sin\theta_1 = 1.43\pi, \quad \sin\theta_1 = \frac{1.43}{5}, \quad \theta_1 = 16.6°$$

而第一极小则位于 $5\pi\sin\theta=\pi$ 所决定的 θ,从而第一极小在 $\theta=\arcsin\frac{1}{5}=11.5°$.

(3)在上半狭缝上贴一块折射率为 n 的等厚平板,选择其厚度 $d=\frac{\lambda}{2(n-1)}$便可使上半狭缝附加 180°相位. 此时的衍射等价于两个$\frac{w}{2}$缝宽相距$\frac{w}{2}$的双缝夫琅禾费衍射,其衍射光强公式为

$$I = I_0 \frac{\sin^2 u'}{u'^2} \cdot \cos^2 v$$

其中

$$u = \frac{\pi w \sin\theta}{2\lambda} = \frac{5}{2}\pi\sin\theta$$

$$v = \frac{\pi w \sin\theta}{2\cdot\lambda} + \frac{\pi}{2} = \frac{5}{2}\pi\sin\theta + \frac{\pi}{2}$$

于是

$$I = I_0 \sin^4\left(\frac{5}{2}\pi\sin\theta\right) \Big/ \left(\frac{5}{2}\pi\sin\theta\right)^2$$

衍射花样见题图 2.71(3).

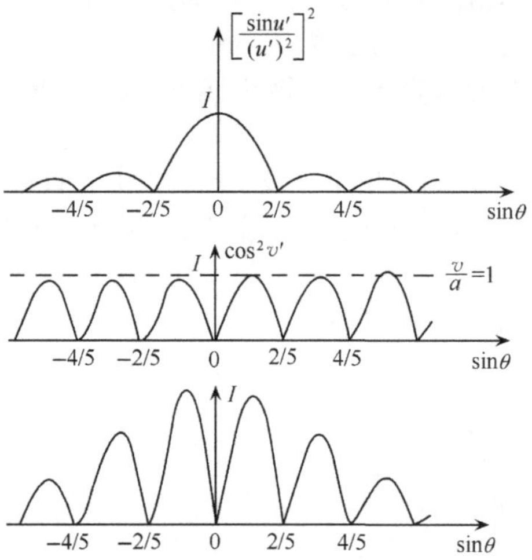

题图 2.71(3)

(4) 第一极小位置

$$\sin\theta=\frac{2}{5},\qquad \theta=23.5^\circ$$

第一极大位置

$$\sin\theta=\frac{1}{5},\qquad \theta=11.5^\circ$$

注意:此时没有零级极大,在中心处是暗纹.

2.72　图题 2.72 所示的是三缝夫琅禾费衍射的图样.缝宽 w,缝间距 d,缝与屏间的距离为 f,光波波长为 λ,求用这些实验参数表示 x,D 和 I_0/I_1 的表达式.

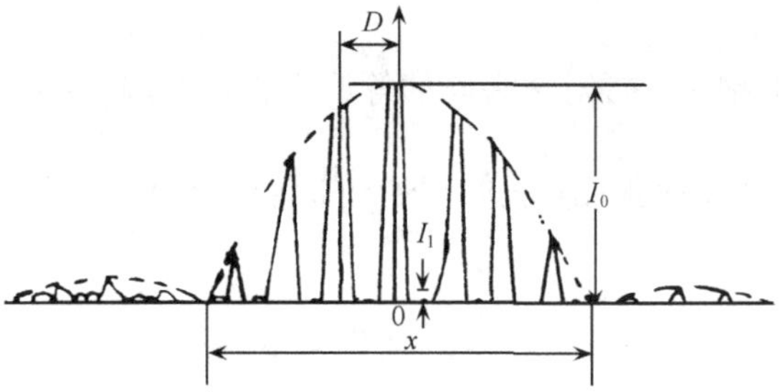

题图 2.72

解　三缝夫琅禾费衍射公式为

$$I=I_0\left(\frac{\sin\frac{3\pi d\sin\theta}{\lambda}}{\sin\frac{\pi d\sin\theta}{\lambda}}\right)^2\cdot\left(\frac{\sin\frac{\pi w\sin\theta}{\lambda}}{\frac{\pi w\sin\theta}{\lambda}}\right)^2$$

此公式的第一个平方项是干涉因子,第二个平方项是单缝的衍射因子.

所要解的 D 为干涉条纹间距.根据干涉的第一级极大条件

$$\frac{\pi d\sin\theta}{\lambda}=\pi$$

再根据 D 与角距离 θ_1 及焦距 f 的关系

$$\sin\theta_1 \approx D/f$$

便得

$$D = \frac{\lambda f}{d}$$

所要解的 x 即为衍射中央主极大的宽度. 根据衍射第一极小出现的条件

$$\frac{\pi w \sin\theta}{\lambda} = \pi$$

再配合几何关系

$$\sin\theta_2 = \frac{x/2}{f}$$

便可得

$$x = \frac{2\lambda f}{w}$$

现求 I_1：当 $\frac{3\pi d\sin\theta_1}{\lambda} = \pi, 2\pi$ 时，$I=0$. 这就是小峰 I_1 的左右二峰脚处的情况（见题图 2.72). I_1 处于其中间，易见 I_1 处的角位置 θ' 应满足

$$\frac{3\pi d\sin\theta'}{\lambda} \approx \frac{3\pi}{2}$$

这时有

$$I_1 \approx I_0\left(\frac{\sin\frac{3\pi}{2}}{3\sin\frac{\pi}{2}}\right)^2 \cdot \left(\frac{\sin\frac{\pi w}{2d}}{\frac{\pi w}{2d}}\right)^2 = \frac{I_0}{9} \cdot \left(\frac{\sin\frac{\pi w}{2d}}{\frac{\pi w}{2d}}\right)^2$$

若 $\frac{w}{d} \ll 1$，则有

$$I_1 \approx \frac{I_0}{9}$$

2.73　波长为 λ 的平面波入射到一个狭缝系统上，该系统有三条宽为 a、彼此间隔为 d 的狭缝，中间狭缝上盖有能引起 180°相位变化的滤光片（如题图 2.73 所示）计算下列各种情况下的角度 θ：

(1)第一级衍射极小；

(2)第一级干涉极小；

(3)第一级干涉极大.

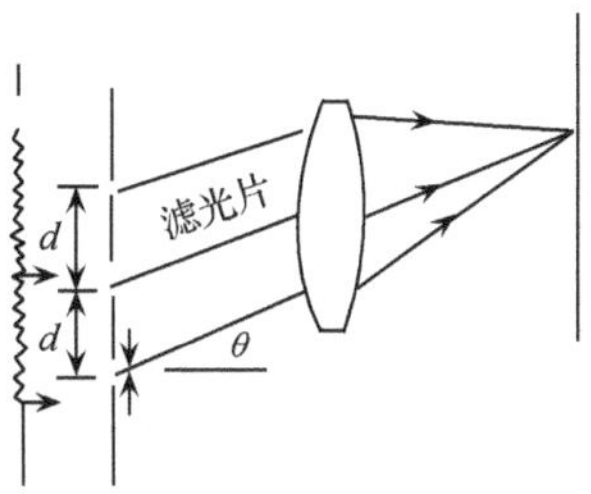

题图 2.73

解　解法一　先求该三缝的干涉项. 设第一条缝的透射光振幅为 A_0，初相位为零，则三条缝透光合振幅为

$$A = A_0 + A_0 e^{i(\varphi+\pi)} + A_0 e^{i2\varphi} = A_0(1 - e^{i\varphi} + e^{i2\varphi})$$

式中 $\varphi = \frac{2\pi d}{\lambda}\sin\theta$，所以

$$A = A_0 e^{i\varphi}[e^{-i\varphi} - 1 + e^{i\varphi}] = A_0 e^{i\varphi}(2\cos\varphi - 1)$$

再考虑单缝衍射因子，总强度为 I

$$I = I_0\left(\frac{\sin\frac{\pi a\sin\theta}{\lambda}}{\frac{\pi a}{\lambda}\sin\theta}\right)^2 (2\cos\varphi - 1)^2$$

解法二 由光栅衍射普遍表达式

$$I = I_0\left(\frac{\sin\beta}{\beta}\right)^2\left(\frac{\sin N\varphi}{\sin\varphi}\right)^2$$

对本题情况，$N=3$，

$$\varphi = \frac{1}{2}\left(\frac{2\pi d}{\lambda}\sin\theta + \pi\right) = \frac{\pi d}{\lambda}\sin\theta + \frac{\pi}{2}$$

所以有

$$I = I_0\left(\frac{\sin\dfrac{\pi a\sin\theta}{\lambda}}{\dfrac{\pi a\sin\theta}{\lambda}}\right)^2 \cdot \left(\frac{\cos\dfrac{3\pi d\sin\theta}{\lambda}}{\cos\dfrac{\pi d\sin\theta}{\lambda}}\right)^2$$

由

$$2\cos\varphi - 1 = \frac{(2\cos\varphi - 1)\cos\dfrac{\varphi}{2}}{\cos\dfrac{\varphi}{2}} = \frac{2\cos\varphi \cdot \cos\dfrac{\varphi}{2} - \cos\dfrac{\varphi}{2}}{\cos\dfrac{\varphi}{2}}$$

而

$$2\cos\varphi\cos\frac{\varphi}{2} = \cos\frac{3\varphi}{2} + \cos\frac{\varphi}{2}$$

有

$$2\cos\varphi - 1 = \frac{\cos\dfrac{3}{2}\varphi}{\cos\dfrac{\varphi}{2}}$$

代入 $\varphi = \frac{2\pi\varphi}{\lambda}\sin\theta$.

可见结果相同.

(1)第一级衍射极小处

$$\frac{\pi a\sin\theta}{\lambda} = \pm\pi, \qquad \theta = \pm\arcsin\frac{\lambda}{a}$$

(2)第一级干涉极小处

$$\frac{3\pi d\sin\theta}{\lambda} = \pm\frac{\pi}{2}, \qquad \theta = \pm\arcsin\frac{\lambda}{6d}$$

(3)第一级干涉极大处

$$\frac{\pi d\sin\theta}{\lambda} = \pm\frac{\pi}{2}, \qquad \theta = \pm\arcsin\frac{\lambda}{2d}$$

2.74 根据谱线的瑞利判据，求光栅第 m 级衍射的分辨率 $\Delta\lambda/\lambda$. 设光栅刻痕 N 个，光栅常数为 d.

解 由多光束干涉公式

$$I \propto \left(\frac{\sin N\varphi}{\sin\varphi}\right)^2$$

式中 $\varphi = \frac{\pi d}{\lambda}\sin\theta$. 谱线 λ 的第 m 级衍射极大的角位置与谱线 $\lambda + \Delta\lambda$ 的第 $m-1$ 级衍射极小相重合的话，根据瑞利判据，为光栅刚可以分辨这两条谱线. 即

$$\frac{N\pi d}{\lambda}\sin\theta = Nm\pi$$

$$\frac{N\pi d}{\lambda+\Delta\lambda}\sin\theta = N(m-1)\pi$$

有

$$\frac{\Delta\lambda}{\lambda^2}N\pi d\sin\theta = \pi$$

而

$$\frac{1}{\lambda}N\pi d\sin\theta = Nm\pi$$

所以有

$$\frac{\Delta\lambda}{\lambda} = \frac{1}{Nm}$$

2.75　一种有用的光栅结构是将平行光束衍射到它自身的相反方向.

(1)如果光栅每单位长度上有 N 条线,问什么样的波长将以入射角 θ 方向衍射,这里 θ 是光栅法线和入射方向之间的夹角;

(2)如果有两种波长 λ_1 和 $\frac{\lambda_1}{2}$ 的光入射,问用这种结构的光栅能否将此光束单色化?为什么?

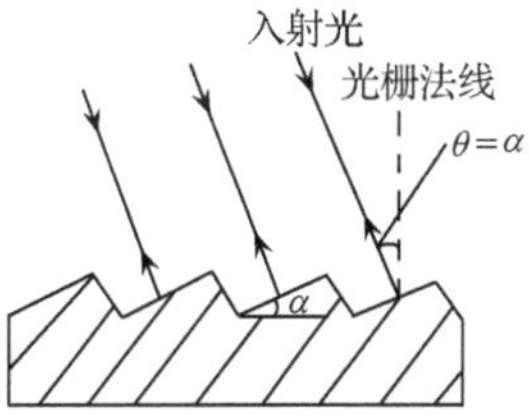

题图 2.75

解　这种光栅叫作闪耀光栅,如题图 2.75.令入射光垂直于刻槽面,即入射光对光栅平面的入射角 θ 等于槽面与光栅平面的夹角 α,此时单缝衍射的主极大为以入射光方向为中心,在这个方向上被反射的光具有最大的强度,而这个方向上相邻衍射光的光程差 $\Delta=2d\sin\alpha$,其中 $d=\frac{1}{N}$,所以被闪耀的波长满足光栅方程 $k\lambda=2d\sin x$. $\lambda=\frac{2d\sin\alpha}{k}(k=1,2,3,\cdots)$.

当对一级闪耀的波长 λ_1 闪耀的光栅也闪耀二级、三级 $\lambda_1/2$,$\lambda_1/3$,等等.因此这种结构的光栅不能将有两种波长 λ_1 和 $\lambda_1/2$ 的光束分开.

2.76　如题图 2.76(1),在透明膜上压上一系列平行等距的劈形纹路,制成一块位相型透射式闪耀光栅,透明膜折射率为 1.5,劈角为 0.1rad,纹路密度为 100 条/mm,求:

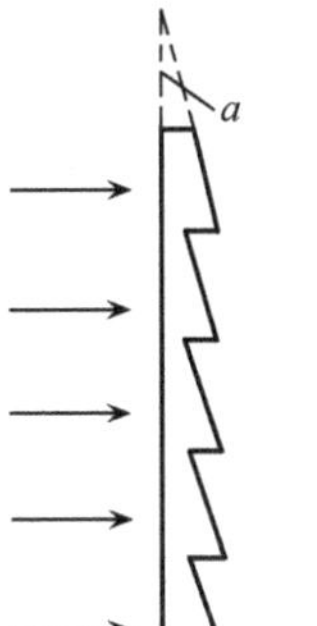

题图 2.76(1)

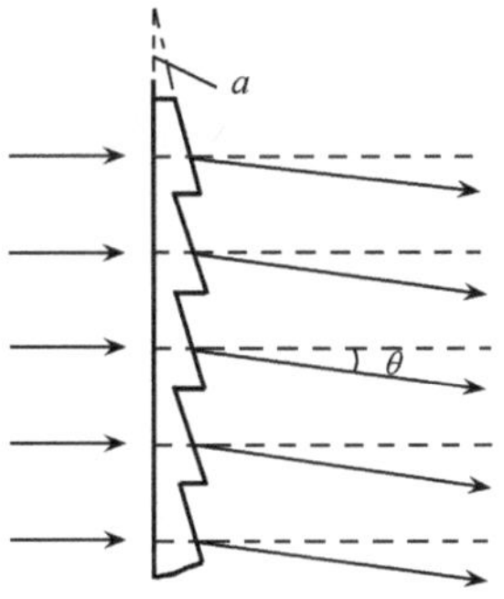

题图 2.76(2)

(1)该光栅单元衍射零级的方位角(以入射方向为准),并在图上标出;

(2)该光栅的一级闪耀波长为多少?

解　(1)单元衍射的零级方向应是几何光学的传播方向.在小棱镜劈角 α 很小的条件下,出射光束的偏转角[如题图 2.76(2)所示]为

$$\theta \approx (n-1)\alpha = 0.5 \times 0.1\text{rad} = 0.05\text{rad}$$

(2)在单元零级方位,两相邻单元之间的光程差为

$$\Delta L = d\sin\theta$$

使其满足一级主极强的波长条件为

$$d\sin\theta = \lambda_1$$

由此便可算出一级闪耀波长为

$$\lambda_{1b} = \frac{1}{100} \times 0.05\text{mm} = 5000\text{Å}$$

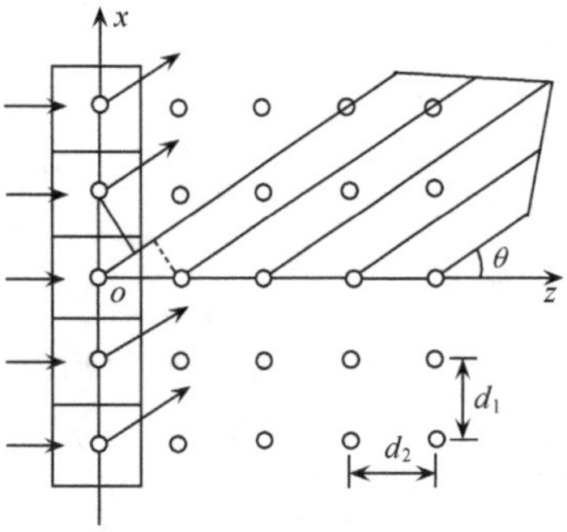

题图 2.77(1)

2.77　如题图 2.77(1)所示光栅模型,它可视为二维列阵的相干点源,试就以下两种情况,分析 xz 平面内的夫琅禾费衍射主极大条件:

(1)入射波长连续;

(2)入射波长单色,且 $d_1=d_2=d=10\lambda$.

解　首先说明,这种光栅模型的实际背景是二维晶片,模型中的相干点源相当于处在原胞(图中以小方格表示)中心的实物粒子,如原子、离子、分子等散射源.应该说原胞中的散射源连同周围的次波源,共同激发了单元衍射波,其具体形态当然是相当复杂的.经第一排原胞作用后而产生的衍射波,先波及第二排原胞,再波及第三排原胞……使整个二维晶片等效于二维列阵的相干点源.虽然沿入射方向自左向右,经一排排原胞的作用,波前变换是复杂的,但是整个衍射场主极大的方位是既满足排内点间干涉主极大条件,又满足排间干涉主极大条件的那些方位,这与每排波前的具体形态是无关的.考虑到沿平行 x 轴方向排内各点等位相,沿 z 轴方向相邻两排相位依次落后 $\Delta\varphi=(2\pi/\lambda)d_2$,故上述两项主极大条件应当写成

$$d_1\sin\theta = k_1\lambda, \qquad k_1 = 0, \pm 1, \pm 2, \cdots \tag{1}$$

$$d_2 - d_2\cos\theta = k_2\lambda, \qquad k_2 = 0, +1, +2, \cdots \tag{2}$$

由此可见

(1)$\theta=0$ 的方向,能同时满足方程(1)、(2).此时 $k_1=k_2=0$,即对于所有波长来说,其零级主极大方向正是入射光直接透射的方向.

(2)根据方程(1),能产生非零级主极大的波长范围上限为

$$\lambda_{1M} = d_1$$

根据方程(2),能产生非零级主极大的波长范围上限为

$$\lambda_{2M} = d_2$$

所以,当入射光为连续谱时,能同时满足两方程(1)、(2),获得二维衍射非零级主极大的波长范围也应当是受限制的,其上限 λ_M 值应取以上 λ_{1M},λ_{2M}两者之中的短者.

(3)当入射光为单色,且 $d_1=d_2=10\lambda$ 时,满足方程(1)的 k_1 取值是受限制的,即

$$|k_1| \leqslant 10$$

即衍射角 θ 的取值是离散的，满足

$$\sin\theta = \frac{k_1}{10}, \qquad k_1 = 0, \pm 1, \pm 2, \cdots, \pm 10$$

将此值代入方程(2)经第二次筛选，只有那些能保证 k_2 取值为整数的解才被保留下来，最终成为二维衍射主极大的方位. 为此把式(1)代入式(2)解出

$$k_2 = \frac{d - d\cos\theta}{\lambda} = \frac{d}{\lambda} - \frac{d}{\lambda}\sqrt{1-\sin^2\theta}$$

$$= \frac{d}{\lambda} - \sqrt{\left(\frac{d}{\lambda}\right)^2 - k_1^2} = 10 - \sqrt{100 - k_1^2}$$

结果列表如下：

k_1	0	± 1	± 2	± 3	± 4	± 5	± 6	± 7	± 8	± 9	± 10
$\sqrt{100-k_1^2}$	10	$\sqrt{99}$	$\sqrt{96}$	$\sqrt{91}$	$\sqrt{84}$	$\sqrt{75}$	$\sqrt{64}$	$\sqrt{51}$	$\sqrt{36}$	$\sqrt{19}$	0
k_2	0	非整数	非整数	非整数	非整数	非整数	2	非整数	4	非整数	10

由此可见，在 $d=10\lambda$ 条件下，这片光栅(二维点阵)在 xz 平面内只出现七个夫琅禾费衍射斑[参见题图 2.77(2)]. 如果 d/λ 是其他比值，甚至是非整数值，则保留下来的夫琅禾费衍射斑的数目也将不同，甚至于一个非零级衍射斑也无法出现. 我们不妨用每一对 (k_1, k_2) 值来标定这七个衍射斑，连同相应的衍射角值，列于下表：

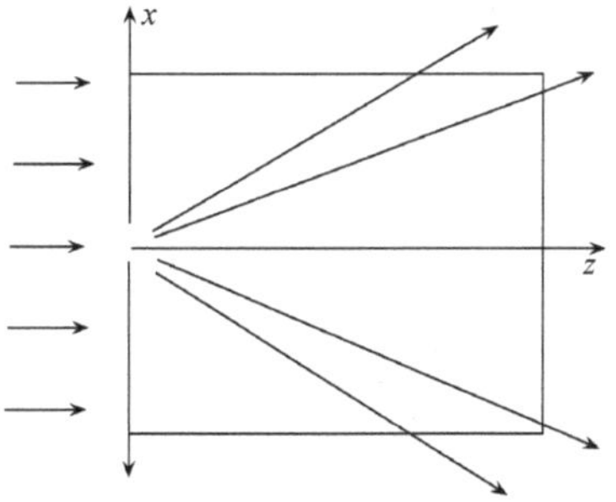

题图 2.77(2)

(k_1,k_2)	(0,0)	(6,2)	(−6,2)	(8,4)	(−8,4)	(10,10)	(−10,10)
θ	0°	36°52′	−36°52′	53°8′	−53°8′	90°	−90°

2.78　在上题二维点阵光栅中，点阵常数为 d，设入射波长连续，并选取衍射角为 80°,70°,60°，试分析出现衍射主极大的波长选择性.

解　二维点阵衍射主极大条件为

$$\begin{cases} d\sin\theta = k_1\lambda, & k_1 = 0, \pm 1, \pm 2, \cdots \\ d - d\cos\theta = k_2\lambda, & k_2 = 0, +1, +2, \cdots \end{cases}$$

由此解出

$$\frac{k_2}{k_1} = \frac{1-\cos\theta}{\sin\theta}$$

由 θ=80°,70°,60°三个值，算出

$$\frac{k_2}{k_1} = \frac{1-\cos 80^\circ}{\sin 80^\circ} \approx 0.84 = \frac{21}{25}$$

$$\frac{k_2}{k_1} = \frac{1-\cos 70^\circ}{\sin 70^\circ} \approx 0.70 = \frac{7}{10}$$

$$\frac{k_2}{k_1}=\frac{1-\cos60^\circ}{\sin60^\circ}\approx 0.58=\frac{29}{50}$$

根据主极大条件,对于 $\theta=80^\circ$,选 $k_1=25$,$k_2=21$,选出波长

$$\lambda_1=\frac{\sin80^\circ}{25}d\approx 0.039d$$

对于 $\theta=70^\circ$,选 $k_1=10$,$k_2=7$,选出波长

$$\lambda_2=\frac{\sin70^\circ}{10}d\approx 0.094d$$

对于 $\theta=60^\circ$,选 $k_1=50$,$k_2=29$,选出波长

$$\lambda_3=\frac{\sin60^\circ}{50}d\approx 0.017d$$

综合上题和本题的分析及计算结果,我们再一次看到,对于周期性结构(光栅)的衍射,当单色光入射时具有角度选择性——只有在某些特定的方位出现衍射主极大;当连续谱入射时具有波长选择性——在某一角方位只有某些特定的波长出现衍射主极大.而随着周期性结构维数的增加,从一维到二维到三维,这两种选择性将更为苛刻.

2.79 考虑一个反射型光栅,槽是等间距的,但具有交替的反射本领,如 $(1+\alpha)$,$(1-\alpha)$,$(1+\alpha)$,….讨论当 α 从零增到比 1 小许多的某数值时,衍射花样如何,能探测到 α 的效应吗?

解 依然假设正入射情况,光栅衍射角为 θ,相邻衍射光的相位差 $\delta=\left(\frac{2\pi}{\lambda}\right)d\sin\theta$,衍射波合振幅为

$$A=a[(1+\alpha)+(1-\alpha)e^{i\delta}+(1+\alpha)e^{i2\delta}+(1-\alpha)e^{i3\delta}+\cdots+(1-\alpha)e^{i(N-1)\delta}]$$

N 很大,不妨取 N 为偶数.上式重新整理得到

$$\begin{aligned}A&=a\left[\sum_{n=0}^{N-1}e^{in\delta}+\alpha\sum_{n=0}^{N-1}(-1)^n e^{in\delta}\right]\\&=ae^{i(N-1)\delta/2}\left[\frac{\sin(N\delta/2)}{\sin(\delta/2)}-i\alpha\frac{\sin(N\delta/2)}{\cos(\delta/2)}\right]\\I&=|A|^2=a^2\left[\frac{\sin^2(N\delta/2)}{\sin^2(\delta/2)}+\alpha^2\frac{\sin^2(N\delta/2)}{\cos^2(\delta/2)}\right]\\&=I_0\frac{\sin^2(N\delta/2)}{\sin^2(\delta/2)}(1+\alpha^2\tan^2\delta/2)\end{aligned}$$

当 α 由零逐渐增加时,衍射强度也逐渐增加.

当 $\delta\approx(2k+1)\pi$ 时,强度 $I\propto\alpha^2 I_0$,α 的效应可以探测得到.

2.80 由 N 条狭缝组成的透射光栅,缝的宽度相等,但每条狭缝的长度为前一条的一半,间距都为 d.设照明光斑足够大.求衍射光强分布.

解 根据惠更斯-菲涅耳原理,相干子波源发出的子波振幅正比于其面积,这里正比于缝的长度.设 a 是第一个狭缝产生的振幅,令 $\delta=\left(\frac{2\pi}{\lambda}\right)d\sin\theta$ 是相邻两狭缝衍射波的相差,θ 为衍射角,这里已假设正入射情况.所以

$$A = a\left[1+\frac{1}{2}e^{i\delta}+\frac{1}{4}e^{i2\delta}+\cdots+\frac{1}{N-1}e^{i(N-1)\delta}\right]$$

$$= a\left(\frac{1-\frac{1}{2^N}e^{iN\delta}}{1-\frac{1}{2}e^{i\delta}}\right)$$

$$I = |A|^2 = a^2\,\frac{1+\frac{1}{4^N}-\frac{1}{2^{N-1}}\cos N\delta}{\frac{5}{4}-\cos\delta}$$

当 N 很大时，有

$$I = \frac{I_0}{\frac{5}{4}-\cos\left(\frac{2\pi}{\lambda}d\sin\theta\right)}$$

I_0 为最长的狭缝单独存在时所产生的光强.

2.81　两组都是由 N 个同相位振子组成的线阵列，两线阵列间距为 a. 求该系统辐射的方向图与间距 a 的关系，分 $a=\lambda/2$，$a=\lambda$，$a=3\lambda/2$ 和 $a=2\lambda$ 四种情况讨论(只限于垂直于两列振子所在平面).

解　考虑其中一列，由 N 个同相位辐射元的辐射相干叠加得总振幅

$$A_1 = A_0(1+e^{i\delta}+e^{i2\delta}+\cdots+e^{iN\delta})$$

$$A_1 = A_0\left[\frac{\sin(\pi Nd\sin\varphi/\lambda)}{\sin(\pi d\sin\varphi/\lambda)}\right],\qquad \delta = \frac{\pi d\sin\varphi}{\lambda}$$

φ 为辐射方向与阵列面法向夹角，d 为辐射元间距.

第二列振子与第一列具有相同振幅，但有相移 α，所以

$$A_2 = A_1 e^{i\alpha}$$

α 为 φ 方向两阵列中相应振子辐射波之间的相移.

系统合扰动为

$$A = A_1 + A_2 = A_1(1+e^{i\alpha})$$

$$I = 4A_1^2\cos^2\frac{\alpha}{2} = 4I_1\cos^2\left(\frac{\pi a\cos\varphi}{\lambda}\right) = 4I_1\cos^2\frac{\alpha}{2}$$

这里运用了

$$\alpha = ka\cos\varphi = \frac{2\pi a\cos\varphi}{\lambda}$$

(1)当 $a=\lambda/2$ 时，若 $\varphi=0$，$\cos\frac{\alpha}{2}=0$，零级极大消失.

(2)当 $a=\lambda$ 时，若 $\varphi=0$，$\cos\frac{\alpha}{2}=1$，零级极大为单一阵列产生光强的 4 倍.

(3)当 $a=3\lambda/2$ 时，若 $\varphi=0$，情况类似于(1).

(4)当 $a=2\lambda$ 时，若 $\varphi=0$，情况类似于(2).

2.82 一个透明的周期性物体其横截面如题图 2.82. 用单色平面波垂直照明，考虑透射后衍射光分布. 设周期为 d，凸部和凹部宽度都为 $a=d/2$. 在给定折射率的条件下，适当选取凹陷深度 h，使得第一级主极大有最大强度. 试问零级主极大的强度 I_0 有多大？

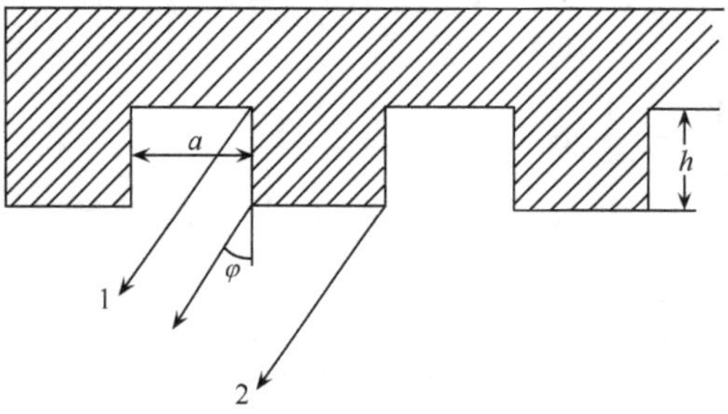

题图 2.82

解 在 φ 方向有两组波传播，分别来自两组宽度为 $a=d/2$ 的带，彼此相移为 α. 合光强分布（见上题）

$$I=4I_1\cos^2\frac{\alpha}{2}$$

第一主极大对应 $d\sin\varphi=\lambda$ 即 $\sin\varphi=\lambda/2a$.

为计算相移 α，考虑光线 1 与光线 2 之间的程差

$$\Delta=h(n-\cos\varphi)+a\sin\varphi\approx h(n-1)+a\sin\varphi$$

这里假设对于第一级主极大方向 $\varphi(\varphi\ll 1)$ 有

$$\alpha=k\Delta=\frac{2\pi}{\lambda}[h(n-1)+a\sin\varphi]=\frac{2\pi}{\lambda}\left[h(n-1)+\frac{\lambda}{2}\right]$$

因为第一主极大具有最大强度，应有 $\alpha/2=\pi$，即 $h=\dfrac{\lambda}{2(n-1)}$. 在这个条件下，对零级主极大来说有

$$\alpha=\frac{2\pi}{\lambda}h(n-1)=\pi,\qquad I_0=0$$

因为 $d=2a$. 故全部偶数级次的极大都消失了.

2.83 有两块完全相同的光栅，缝数、缝宽和光栅常数分别为 N，a 和 d，现将它们在同一平面上平行放置，对接后两块光栅间相邻两缝的间距为 l[参见题图 2.83(1)]. 当(1) $l=d$，(2) $l=1.5d$，(3) $l=2d$ 时，分别讨论原来单一光栅 k 级主极强现在将发生什么变化？设平行光正入射照明光栅.

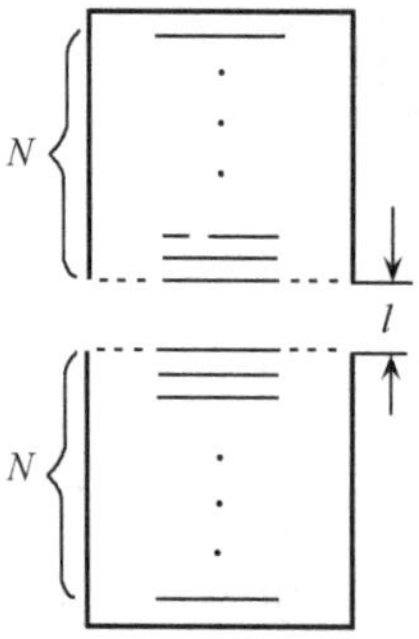

题图 2.83(1)

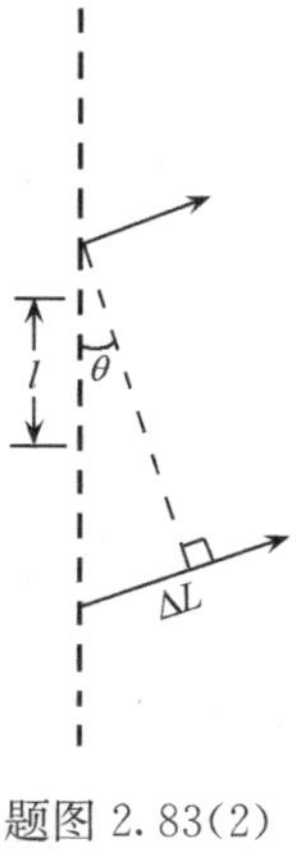

题图 2.83(2)

解 两块光栅对接后，整个衍射屏由两个相同的衍射单元组成，原先的每块单一光栅构成一个衍射单元. 在衍射角为 θ 的方向，两单元间衍射线的光程差[如题图 2.83(2)所

示]为

$$\Delta L=[(N-1)d+l]\sin\theta$$

对原来单一光栅的 k 级主极强来说，有

$$d\sin\theta=k\lambda,\qquad k=0,\pm1,\pm2,\cdots$$

因此合成强度为

$$\begin{aligned}I&=I_1+I_2+2\sqrt{I_1I_2}\cos\frac{2\pi}{\lambda}\Delta L\\&=2I_1\left(1+\cos\frac{2\pi}{\lambda}\Delta L\right)\end{aligned}$$

式中 I_1 为单一光栅 k 级主极强的强度.

(1)当 $l=d$ 时，二者对接后相当于一块 $2N$ 缝，缝宽为 a、光栅常数为 d 的光栅. 显然，原先的 k 级主极强，目前仍为 k 级主极强，且

$$I=4I_k$$

$$\Delta\theta=\frac{\lambda}{2Nd\cos\theta_k}=\frac{1}{2}\Delta\theta_k$$

即强度为原先的 4 倍，半角宽度为原先的一半.

(2)当 $l=1.5d$ 时，则

$$\begin{aligned}\Delta L&=\left[(N-1)d+\frac{3}{2}d\right]\sin\theta\\&=\left(N+\frac{1}{2}\right)d\sin\theta=\left(N+\frac{1}{2}\right)k\lambda=Nk\lambda+\frac{1}{2}k\lambda\end{aligned}$$

有效光程差为

$$\Delta L'=\frac{1}{2}k\lambda$$

因此，当 $k=\pm1,\pm3,\cdots$时，$I=0$. 即原先单一光栅的奇数级主极强成为缺级.

当 $k=0,\pm2,\pm4,\cdots$时，$I=4I_k$ 即原先单一光栅的偶数级主极强，目前仍为主极强，且强度增加到 4 倍，其半角宽度可以由微分近似运算得到. 因主极强位置满足

$$\sin\theta_k=\frac{\left(N+\frac{1}{2}\right)k}{\left(N+\frac{1}{2}\right)d}\lambda\qquad(k\text{ 为偶数})$$

相邻暗线位置满足

$$\sin(\theta_k+\Delta\theta)=\frac{\left(N+\frac{1}{2}\right)k+\frac{1}{2}}{\left(N+\frac{1}{2}\right)d}\lambda$$

取微分近似有

$$\sin(\theta_k+\Delta\theta)-\sin\theta_k\approx\cos\theta_k\Delta\theta$$

而

$$\sin(\theta_k+\Delta\theta)-\sin\theta_k=\frac{\lambda}{2\left(N+\frac{1}{2}\right)d}$$

故

$$\Delta\theta = \frac{\lambda}{2\left(N+\frac{1}{2}\right)d\cos\theta_k} < \frac{1}{2}\Delta\theta_k$$

即半角宽度小于原先单一光栅的一半.

(3)当 $l=2d$ 时,则

$$\begin{aligned}\Delta L &= [(N-1)d+2d]\sin\theta = (N+1)d\sin\theta \\ &= (N+1)k\lambda\end{aligned}$$

故

$$I = 4I_k$$

$$\Delta\theta = \frac{\lambda}{2(N+1)d\cos\theta_k} < \frac{1}{2}\Delta\theta_k$$

即原先单一光栅的 k 级主极强目前仍为主极强,强度增加到 4 倍,其半角宽度小于单一光栅的一半,且比 $l=1.5d$ 时进一步缩小.

本题 $l=2d$ 的情况相当于在制作一块$(2N+1)$缝的光栅时当中漏刻了一条缝,讨论结果表明这在使用中并不造成严重的后果,与一块完整的光栅性能基本相近. 但如果 $l=1.5d$,即仅仅在当中的两条缝之间破坏了空间周期性,尽管其余绝大多数($2N$ 条)缝的制作周期仍然严格保证,但这在使用中带来的后果将是严重的. 可见,刻划一块精密母光栅的要求是很高的,不但要求刻划机的元件非常精密,而且还要求在刻划过程中防止震动和温度变化,以严格保证光栅的空间周期性.

2.84 迈克耳孙阶梯光栅是由 10 块 $n=1.5$、厚度 $d=2\text{cm}$ 的玻璃片组成的玻璃片堆,相邻玻璃片错开约 1mm[如题图 2.84(1)]. 是否可以利用此光栅发现氢原子谱线 H_α ($\lambda=6563\text{Å}$)的双线结构? 已知双线的波长差 $\Delta\lambda=1.4\times10^{-9}\text{cm}$.

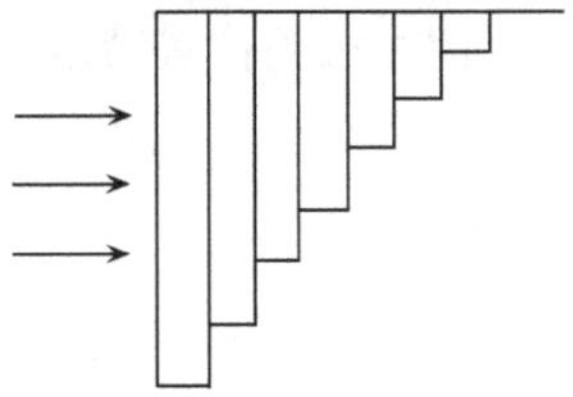

题图 2.84(1)

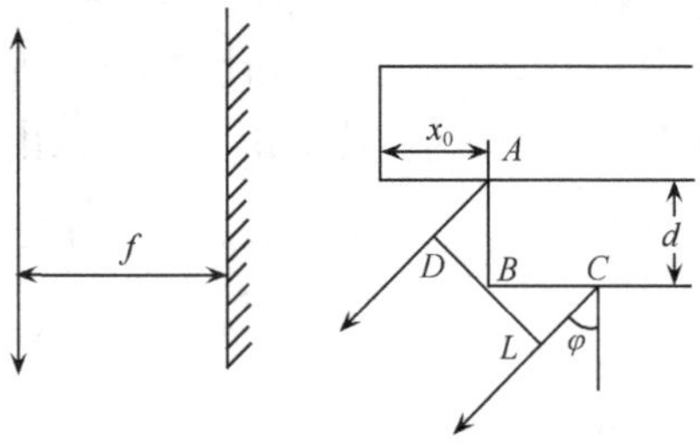

题图 2.84(2)

解 迈克耳孙阶梯光栅是干涉级次 m 很大而干涉光束很少的相位型光栅.

因为光栅很粗糙($x_0\approx1\text{mm}$,$d=2\text{cm}$),所以衍射角很小. 整个衍射图样的角直径很小,视场中的极大数同为 1 或 2,因此图样的光强度大大增强,如题图 2.84(2).

$$\begin{aligned}\Delta &= nd + (CL - AD) = nd + x_0\sin\varphi - d\cos\varphi \\ &= d(n-\cos\varphi) + x_0\sin\varphi \approx d(n-1) + x_0\varphi = \Delta_1 + x_0\varphi\end{aligned}$$

极大条件为 $\Delta=m\lambda$. 衍射图样的角直径决定于由宽度为 x_0 的阶梯给出的第一个衍射极小的方向

$$x_0\sin\varphi=\pm\lambda$$

即 $\Delta\varphi_1=2\lambda/x_0$.

极大之间的角距离 $\Delta\varphi$，由条件 $\delta(\Delta)=\lambda$，即 $x_0\Delta\varphi=\lambda$ 决定. 因此在视场中可以观察到一个或两个 m 阶极大，全部能量都集中在这两个极大上，如题图 2.84(3)所示.

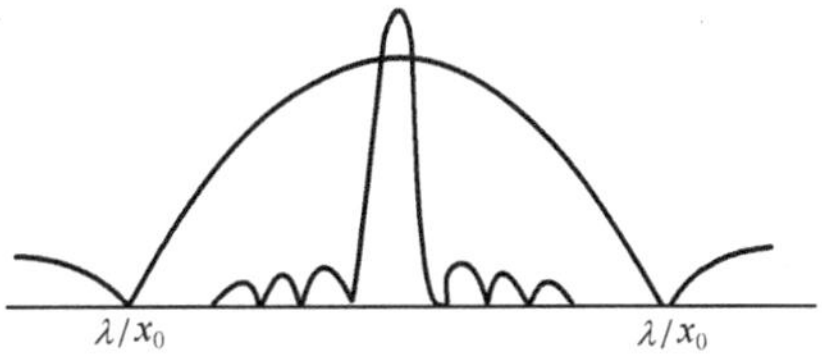

题图 2.84(3)

确定干涉的级次 m

$$\Delta=m\lambda=\Delta_1$$

因为 φ 很小，

$$m=\frac{d(n-1)}{\lambda}=1.5\times10^4$$

阶梯光栅的分辨本领

$$A=\frac{\lambda}{\delta\lambda}=Nm=10\times1.5\times10^4=1.5\times10^5$$

为了分辨 H_α 线的双线，必须使

$$A=\frac{\lambda}{\delta\lambda}=\frac{6.56\times10^{-5}}{1.4\times10^{-9}}=4.7\times10^4<1.5\times10^5$$

由此可见，H_α 的双线是可以分辨的.

2.85 光栅的多普勒频移效应，设单色平面波垂直照明一光栅，光栅常数为 d，假设光栅在垂直于入射光方向以常速度 u 运动，试证明第 m 级衍射光的多普勒频移为 $\Delta\omega=m\dfrac{2\pi u}{d}$.

证 单色光入射方向及光栅移动方向如题图 2.85. 第 m 级衍射光由光栅方程给出

$$d\sin\theta=m\lambda$$

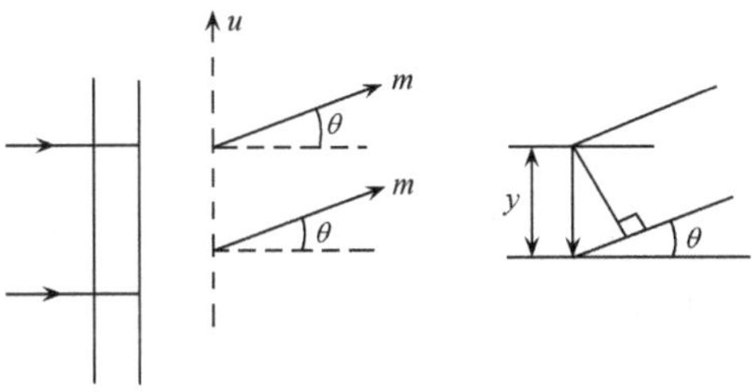

题图 2.85

考察空间某固定点，在 t 时间内在 y 方向第 m 级衍射光的波阵面位移量为 $y=ut$，即其相位有一提前量 $\phi(t)$，它由下式给出：

$$\varphi(t)=ky\sin\theta=kut\sin\theta=\frac{2\pi utm\lambda}{\lambda d}=m\frac{2\pi u}{d}t$$

令 $\omega=2\pi u/d$，将第 m 级衍射光波写成如下形式：

$$A_m\exp\{-\mathrm{i}[\omega_0 t+\varphi(t)]\}=A_m\exp\{-i[\omega_0+m\omega]t\}$$

式中 ω_0 为入射光的角频率. 可见第 m 级多普勒频移为 $\Delta\omega=m(2\pi u/d)$.

用光电接收器可观察到拍频信号频率，就是多普勒频移.

2.86　氦氖激光($\lambda=632.8\text{nm}$)掠入射到一水平钢尺上(题图 2.86)，尺的最小刻度为 0.5mm. 反射光在 10m 处的墙上干涉. 求墙上零级极大与一级极大之间的距离. 用此方法可以用钢尺来测量光的波长.

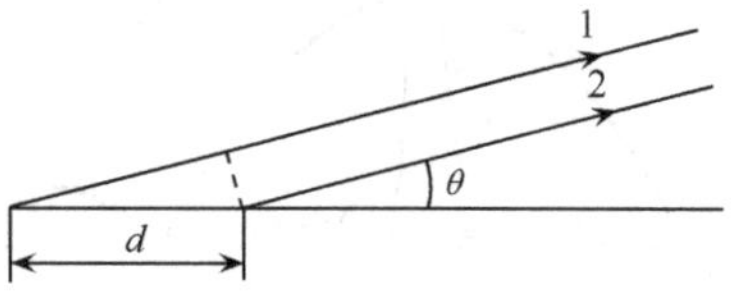

题图 2.86

解　由多光束干涉因子

$$A=A_0\frac{\sin(N\varphi/2)}{\sin(\varphi/2)}$$

由于是掠入射，光线 1 和光线 2 之间的程差 $\Delta=d-d\cos\theta$，所以

$$\varphi=\frac{2\pi d}{\lambda}(1-\cos\theta)$$

干涉极大处为$\frac{\varphi}{2}=m\pi$，即 $d(1-\cos\theta)=m\lambda$.

零级，$m=0$，$\theta_0=0$；

一级，$m=1$，$\cos\theta_1=1-\frac{\lambda}{d}$；

代入 $\lambda=632.8\text{nm}$，$d=0.5\text{mm}$，得

$$\cos\theta_1=0.9997$$

零级极大与一级极大间距为 $y=L\tan\theta_1=0.24\text{m}$.

2.87　题图 2.87 中表示一个相位列阵天线，其单元间隔为四分之一波长，从一单元到另一单元透射的无线电波的相位变化为$\frac{\pi}{6}$，那就是说 0 号单元有 0 相位，1 号为$\frac{\pi}{6}$，2 号为 $2\times\frac{\pi}{6}$，3 号为 $3\times\frac{\pi}{6}$等. 问：

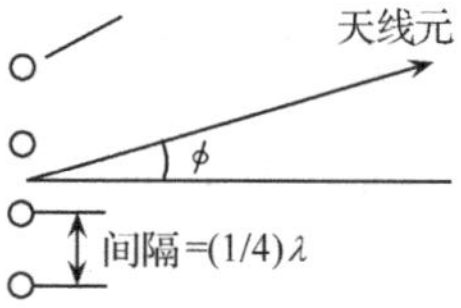

题图 2.87

(1)角度 ϕ 为多少是零级相长干涉(凸部)最大值?

(2)存在不存在第二级极大值?

解　设 0 号单元方向某角 ϕ 方向传递的矢量为 A，则 1 号单元向 ϕ 角传递的矢量为 $Ae^{i\delta}$其中 $\delta=\frac{2\pi}{\lambda}\Delta+\frac{\pi}{6}$. $\Delta=d\sin\phi=\frac{\lambda}{4}\sin\phi$. 所以 $\delta=\frac{\pi}{2}\left(\sin\phi+\frac{1}{3}\right)$. 因此 2、3、4 号向 ϕ 角方向传递矢量分别为 $Ae^{i2\delta}$，$Ae^{i3\delta}$，$Ae^{i4\delta}$，…以此类推.

总的贡献为

$$A+Ae^{i\delta}+Ae^{i2\delta}+\cdots+Ae^{iN\delta}=A\frac{\exp\left(-i\frac{N}{2}\delta\sin N\frac{\delta}{2}\right)}{\exp\left(-i\frac{\delta}{2}\sin\frac{\delta}{2}\right)}$$

所以，干涉最大值位置为$\frac{\delta}{2}=k\pi(k=0,\pm1,\pm2,\cdots)$，即

$$\frac{\pi}{4}\left(\sin\phi+\frac{1}{3}\right)=k\pi,\qquad \sin\phi=4k-\frac{1}{3}$$

(1)当 k 取 0 时,零级最大值为

$$\sin\phi = -\frac{1}{3}, \qquad \phi = \arcsin\left(-\frac{1}{3}\right) = 19.5^\circ$$

(2)因为当 k 取其他值时,$|\sin\phi| > 1$ 无意义,所以不存在其他极大值.

2.88　求下面反射式望远镜所能分辨的两颗最近星体的角距离:8cm 物镜,焦距 1.5m,80×目镜,假设波长为 6000Å,用秒表示角度值.

解　由望远镜物镜可分辨的两点物的最小角间距为

$$\Delta\theta_1 = 1.22 \times \frac{\lambda}{D} = 1 \times 10^{-5}\,\text{rad} \approx 2''$$

眼睛只能分辨视角为 $1'$ 的物体,又目镜的放大率为 80 倍,故可知眼睛能分辨的两颗星体的视角为 $\Delta\theta_2 = \dfrac{1'}{80} \approx 1''$.

故应取 $\Delta\theta = \max(\Delta\theta_1, \Delta\theta_2) = 2''$ 作为这个望远镜的最小可分辨角.

2.89　假如你想观察激光从月球反射的情况,请解释你怎样用一块大口径的望远镜透镜或反射镜,以及一块短焦距透镜和一台激光器来获得一束发散角很小的光束.为使该光束的发散角宽仅为 10^{-6} rad(从一边的极小到另一边的极小),那么望远镜透镜和短焦距透镜将具有什么性质?如果需要的话,你可以假定物镜光孔是矩形的.可以对激光束半径和短焦距透镜参数做出估计.

解　因为光孔衍射是光束发散的主要原因,发散角与光孔口径成反比,所以可以采用扩束的办法减小发散角.题图 2.89(1)和题图 2.89(2)分别是使用透镜或反射镜时的装置,都是共焦配置,它们都可看成倒置使用的望远镜.

设从激光器发出的光束半径为 r,短焦距透镜焦距为 f,望远镜透镜半径为 R,焦距为 F.

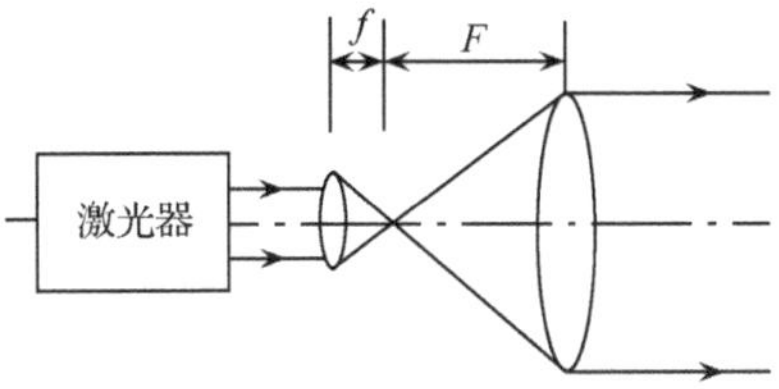

题图 2.89(1)

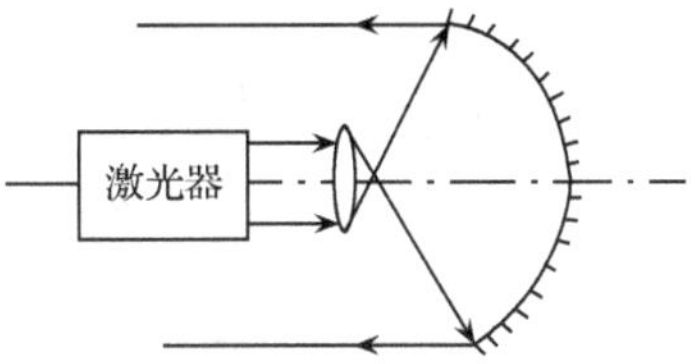

题图 2.89(2)

原激光光束有发散角为

$$\theta_1 = 1.22\,\frac{\lambda}{r}$$

经过透镜系统后,发散角变为

$$\theta_2 = \theta_1 \cdot \frac{f}{F} = 1.22\,\frac{\lambda}{r} \cdot \frac{f}{F}$$

另外,通过望远镜光孔,光线发散角为

$$\theta_3 = 1.22\,\frac{\lambda}{R}$$

按照要求,应有 $\theta_2 \leqslant 10^{-6}$,$\theta_3 \leqslant 10^{-6}$.设波长 $\lambda = 0.6\mu\text{m}$,激光束半径 $r = 2\text{mm}$,透镜焦距 $f = 3\text{mm}$,则 $R \geqslant 0.6\text{m}$,即望远镜口径要大到 1.2m,$F \approx 1\text{m}$.

2.90　平行光照明如题图 2.90(1)(A)、(B)、(C)、(D)所示衍射屏,图中标出的是该处到场点的光程,r_0 是中心到场点的光程. 用矢量图解法求轴上场点的光强比自由传播时小多少?(忽略距离和倾斜因子对振幅的影响.)

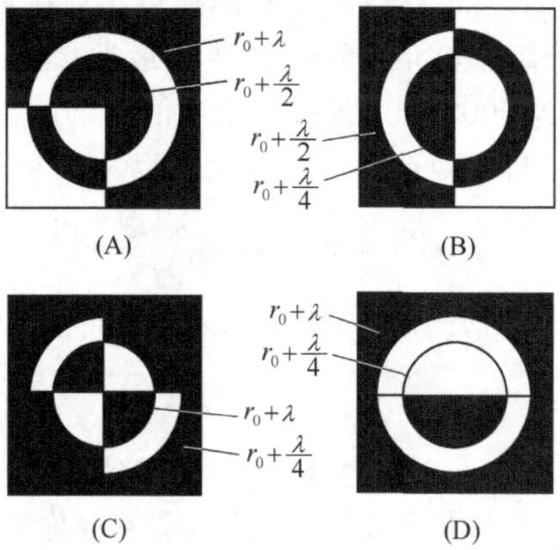

题图 2.90(1)

解　设光自由传播(即无衍射屏)时的振幅为 A_0,它相当于下列各图中圆的半径,光强为 I_0($I_0=A_0^2$).

(1) 衍射屏(A):从中心到第一环为一个“半波带”,但只有 1/4 部分透光,其振幅为 A_1;从第一环到第二环也为一个“半波带”,有 3/4 部分透光,振幅为 A_2;从第二环到无穷等效于光自由传播,但只有 1/4 部分透光,振幅为 A_3. 如题图 2.90(2)所示(注意,A_1、A_3 从圆的底部向上,A_2 从顶部向下). 其总的合振幅为

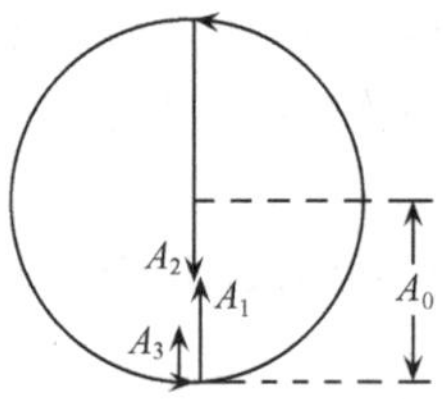

题图 2.90(2)

$$A=A_1-A_2+A_3=\frac{A_0}{2}-\frac{3A_0}{2}+\frac{A_0}{4}=-\frac{3}{4}A_0$$

相应光强为

$$I=A^2=\frac{9}{16}I_0$$

(2) 衍射屏(B):从中心到第一环为半个“半波带”,并只有一半透光,振幅为 A_1;从第一环到第二环也为半个“半波带”,也只有一半透光,振幅为 A_2;从第二环到无穷相当于光自由传播,有一半透光,振幅为 A_3,如题图 2.90(3). 其合振幅如题图 2.90(4)所示,为

$$A=2A_1\cos 45^\circ-A_3=2\frac{\sqrt{2}}{2}A_0\cdot\cos 45^\circ-\frac{A_0}{2}$$
$$=A_0-\frac{1}{2}A_0=\frac{1}{2}A_0$$

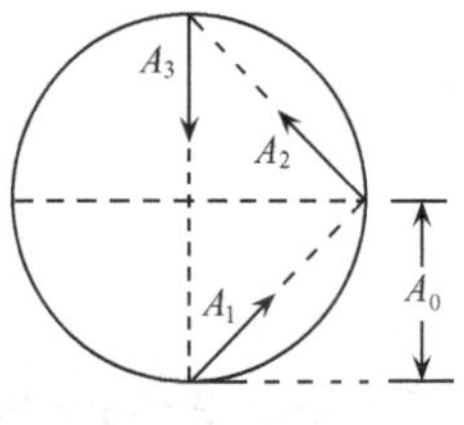

题图 2.90(3)

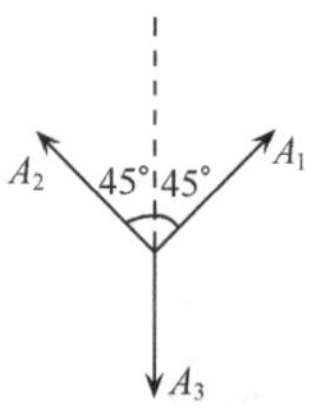

题图 2.90(4)

其光强为

$$I = A^2 = \frac{1}{4}A_0{}^2 = \frac{1}{4}I_0$$

(3) 衍射屏(C):从中心到第一环为两个“半波带”,无论透光为多少,其振幅 A_1 均为零;从第一环到第二环有一个半“半波带”,并只有一半透光,振幅为 A_2,如题图 2.90(5),其合振幅为

$$A = A_2 = \frac{\sqrt{2}}{2}A_0$$

其光强为

$$I = A^2 = \frac{1}{2}I_0$$

(4) 衍射屏(D):从中心到第一环为半个“半波带”,一半透光,振幅为 A_1,从第一环到第二环为 1.5 个“半波带”,振幅为 A_2,如题图 2.90(6),其合振幅为

$$A = A_1 - A_2 = \frac{\sqrt{2}}{2}A_0 - \sqrt{2}A_0 = -\frac{\sqrt{2}}{2}A_0$$

其光强为

$$I = A^2 = \frac{1}{2}I_0$$

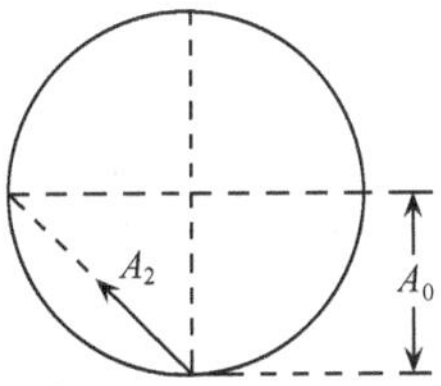

题图 2.90(5)

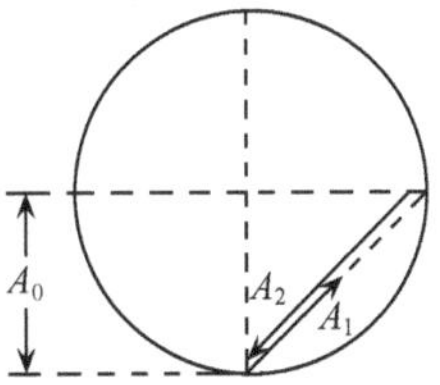

题图 2.90(6)

2.91　单色平面光波波长 5000Å,正入射到如题图 2.91 所示的衍射屏上,$r_1 = \sqrt{2}$mm,$r_2 = 1$mm,轴上观察点离衍射屏 2m,计算观察点处的振幅和强度.

解　透光屏分为两部分,$\rho_1 = r_2 = 1$mm 的四分之三圆孔和 $\rho_2 = r_1 = \sqrt{2}$mm 的四分之一圆孔. 已知 $\lambda = 5\times10^{-4}$mm,$r_0 = 2\times10^3$mm. 先看半径为 ρ_1 的四分之三圆孔包含的“半波带数”

$$k_1 = \frac{\rho_1{}^2}{\lambda r_0} = \frac{1}{5\times10^{-4}\times2\times10^3} = 1$$

即恰为一个“半波带”,令一个“半波带”在观察点的振幅为 a_1,则 $A_1 = \frac{3}{4}a_1$;再看半径为 ρ_2 的四分之一圆孔包含的“半波带”数

$$k_2 = \frac{\rho_2{}^2}{\lambda r_0} = \frac{\sqrt{2}^2}{5\times10^{-4}\times2\times10^3} \approx 2$$

即恰为二个“半波带”,故 $A_2 \approx 0$. 所以

$$A_{总} = A_1 + A_2 = \frac{3}{4}a_1 + 0 = \frac{3}{4}a_1 = \frac{3}{4}\times2A_0$$

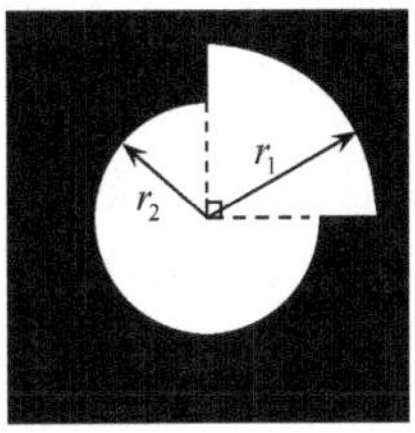

题图 2.91

$$I_{总} = \left(\frac{3}{2}A_0\right)^2 = \frac{9}{4}I_0$$

2.92　波长 550nm 的平行单色光，光强为 I_0，垂直入射到 $d=1.1$mm 的圆孔上. 轴上一点 P 与孔的距离 $r_0=33$cm.

(1) 试求 P 点光强；

(2) 若在小孔处放一焦距为 33cm 的凸透镜，情况又如何？

解　(1) 对于 P 点，圆孔可以划分出多少个半波带片，每个半波带片的面积为

$$S = \frac{\pi R r_0}{R + r_0}\lambda$$

式中 R 为光源到孔的距离，在本题中 $R=\infty$. 所以

$$S = \pi r_0 \lambda$$

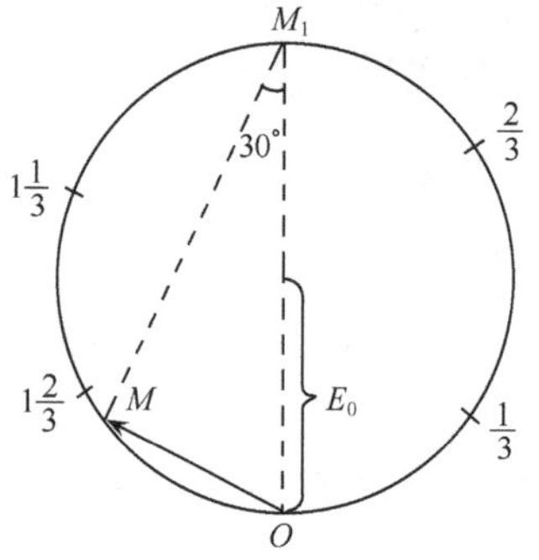

题图 2.92

圆孔所包含的半波带数为

$$n = \frac{\pi(d/2)^2}{\pi r_0 \lambda} = \frac{d^2}{4r_0\lambda} = 1\frac{2}{3}$$

利用相幅矢量图，P 点的光振幅为$\overline{OM}$，有

$$\overline{OM} = \overline{OM_1}\cos 30° = E_0$$

式中 E_0 为圆半径，代表自由光波在 P 点的振幅. 故 P 点光强

$$I(P) = {E_0}^2 = I_0$$

(2) 当在圆孔上加会聚透镜时，因 P 点就是焦点，由等光程性，在 P 点叠加的所有振动都位相相等，P 点处合振幅应为题图 2.92 中弧长$\overparen{OM_1M}$，即

$$E = \overparen{OM_1M} = \frac{5}{6}2\pi E_0 = \frac{5}{3}\pi E_0$$

P 点光强为

$$I'(P) = E^2 = \left(\frac{5}{3}\pi E_0\right)^2 = \frac{25}{9}\pi^2 I_0$$

2.93　焦距 $f=50$cm. 直径 $D=5$cm 的凸透镜. 将 $\lambda=6328$Å 的激光束聚焦，光束截面 $D_1=2$cm. 求焦点处光强是激光束光强的多少倍？估计焦点光斑之大小.

解　由上题，激光截面相对于焦点能分割成多少菲涅耳半波带？(光束截面小于透镜截面，所以选二者中较小的参与计算.)

$$n = \frac{{D_1}^2}{4\lambda f}$$

由透镜使所有入射光线到焦点都具等光程性，因此每个半波带的振幅都是原振幅的 π 倍. 焦点的振幅为

$$A = A_0 n\pi$$

$$I = I_0\left(\frac{D_1^2}{4\lambda f}\right)^2\pi^2 = 10^6 I_0$$

光斑大小由艾里斑决定，半径为

$$r = \frac{1.22\lambda}{D_1}f = 18\mu\text{m}$$

2.94　夜间,在一颗人造卫星上拍地球的照片. 如果所用照相机镜头的焦距为 50mm,f 数为 2,试问在 100km 以外能否分辨开汽车上的两盏车灯?

解　由瑞利判据,该相机的可分辨极限角为

$$\theta_1 = 1.22\frac{\lambda}{d} = 1.22\frac{\lambda}{f'/f}$$

$$\approx 1.22\times\frac{0.6\times10^{-3}}{50/2}\approx 3\times10^{-5}(\text{rad})$$

这里已利用了 f 数为相对孔径的倒数的定义,即

$$\frac{1}{f}\equiv\frac{d}{f'}$$

f' 为焦距. 假设汽车车灯间距约为 1m,则两车灯的视角

$$\theta\approx\frac{1}{100\times10^3}\approx 1\times10^{-5}<\theta_1$$

所以,不能分辨开这两盏车灯.

2.95　一架 35mm 照相机有 50mm 焦距的透镜,用于拍摄 175cm 高的目标,像高是 30mm.

(1) 被摄者要离相机多远?

(2) 若透镜进光孔直径为 1cm,光波长用 $\lambda=5000\text{Å}$,估算在胶片上能得到的最好分辨率.

解　(1) 由成像公式,距离以 cm 为单位

$$\frac{1}{u}+\frac{1}{v}=\frac{1}{5},\qquad \frac{u}{v}=\frac{175}{3}$$

解得

$$u=296.7\text{cm},\qquad v=50.9\text{mm}$$

所以被摄者要离相机 296.7cm 远.

(2) 由瑞利判据,分辨率用最小分辨距离表示为

$$\Delta x = v\cdot\theta = 1.22\frac{\lambda}{d}\cdot v = 1.22\times\frac{5000\times10^{-8}}{1}\times 50.9$$

$$=0.31\times10^{-2}(\text{mm})$$

2.96　双星之间的角距离为 1×10^{-6} rad,其辐射波长均为 5770Å 和 5790Å 两个波长.

(1) 望远镜的口径需要多大才能分辨此双星的像?

(2) 若要分辨此两波长,光栅条数应为多少? 答案要明确完整,并解释原因.

解　(1) 望远镜的分辨角距离为

$$Q=\frac{1.22\lambda}{D}$$

D 是望远镜物镜口径,λ 是入射光波长. 则

$$D=\frac{1.22\lambda}{Q}$$

用 $\lambda=5790\text{Å}$ 代入得

$$D=\frac{1.22\times 5790\times 10^{-8}}{1\times 10^{-6}}=70.6(\mathrm{cm})$$

当 $\lambda=5770\text{Å}$ 时. 所需口径小于以上值. 故应取 $D=70.6\mathrm{cm}$. 即当望远镜物镜口径 $D\geqslant 70.6\mathrm{cm}$ 时,可分辨此双星.

(2) 光栅分辨本领 $\delta\lambda=\frac{\lambda}{jN}, j=1,2,3,\cdots$.

一般光栅中,使用的光谱级数为 1 级到 3 级. 若观察第一级光谱,$j=1$,

$$N=\frac{\lambda}{\delta\lambda}=289\ \text{条}$$

其中 $\lambda=\frac{5790+5770}{2}\text{Å}$ 为平均波长

$$\delta\lambda=20\text{Å}$$

若观察第三级光谱,$j=3$

$$N=\frac{\lambda}{j\,\delta\lambda}\approx 96\ \text{条}$$

所以当 $N=289$ 时,即可分辨双星的两辐射波长.

2.97 两架抛物面型无线电天线,相隔 d,竖直同向而立,每架的口径为 $D(d\gg D)$. 它们由频率 f,波长 $\lambda(=c/f)\ll D$ 的无线电发射机激励. 所有草图必须标写清楚.

(1) 如果单独激励一架天线,远处$(r\gg D^2/\lambda)$大致是什么样的辐射波形?

(2) 如果由同一台发射机同步地激励两架天线,远处$(r\gg D^2/\lambda)$大致是什么样的辐射波形?

(3) 假设两架天线由两台发射机分别激励,每台的频率为 f. 若要产生上面(2)中的波形并基本稳定一段时间 t,那么对两台发射机的频率稳定性有何要求?

解 (1) 衍射产生于波面受到限制. 它相当于平面波照射受到直径为 D 的圆孔限制时产生的夫琅禾费衍射,其强度分布为

$$I=I(0)\left[\frac{2J_1(kD\sin\theta)}{kD\sin\theta}\right]^2$$

其中,$k=2\pi/\lambda$,$\sin\theta=\rho/r$,ρ 是衍射观察屏上到中心点的径向距离. 强度分布如题图 2.97(1),图中横坐标 $w=kD\sin\theta$.

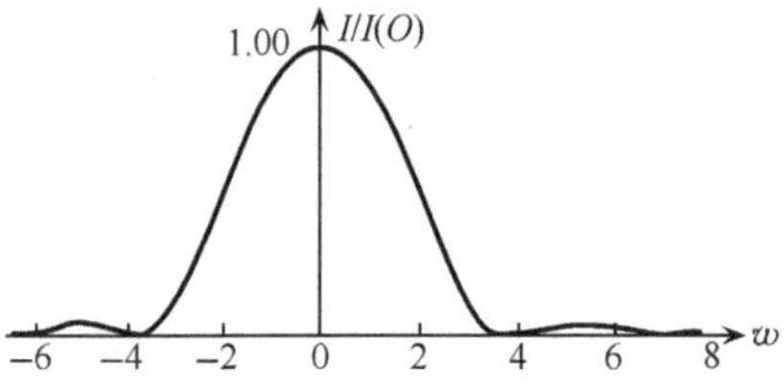

题图 2.97(1)

当 $w=\pm 3.83, \pm 7.02, \pm 10.17\cdots$ 时,强度为零.

当 $w=0, \pm 5.14, \pm 8.46\cdots$ 时,强度极大,其中 $w=0$ 时为强度主极大,设为 1,则各强度极大值依次为 1.00,0.0175,0.0042…,衰减很快.

(2) 这种情况相当于,相干平面波垂直入射到相距为 d 的两个圆孔上,在无穷远处产生的干涉和衍射. 其强度分布为

$$I=I(0)\left[\frac{2J_1(kD\sin\theta)}{kD\sin\theta}\right]^2\cos^2\alpha$$

其中,$\alpha=kd\sin\theta/2$,$\cos\alpha$ 表示干涉细分因子. 其强度分布如题图 2.97(2). 图中横坐标为

α. 图为杨氏双孔干涉强度受到圆孔夫琅禾费衍射强度包络线的调制(虚线). 只有在圆孔衍射零级主极大区域内能有明显的干涉条纹.

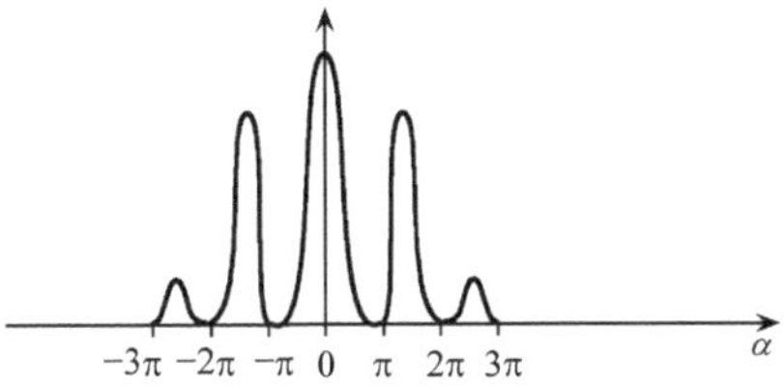

题图 2.97(2)

(3) 这时两束在时间上部分相干的平面波的干涉衍射. 要求干涉图样在 t 时间内稳定,须 $t<t_c$. 其中,相干时间 t_c 决定于

$$t_c \cdot \Delta f \approx 1$$

所以,要求两台发射机的频率宽度为

$$\Delta f \approx \frac{1}{t_c} < \frac{1}{t}$$

2.98 一架对可见光敏感的照相机(焦距 50cm,孔径 D),对恒星清楚地聚焦后,在不重新调焦的情况下,拍摄 100m 处的一个物体. 孔径 D 大致为多大时,对物体分辨得最清楚? D 以 cm 为单位.

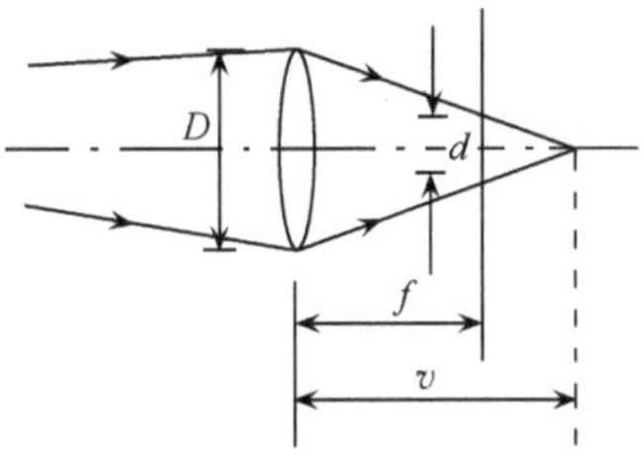

题图 2.98

解 光轴上的一发光点在底板上的像是一直径为 d 的光斑(如题图 2.98). 又由波动光学,经圆孔的衍射将在底板上产生一艾里斑,当艾里斑直径与 d 相等时,对物体的分辨率最高. 这时有

$$2 \times 1.22 \frac{\lambda}{D} \cdot f = d$$

其中,v 决定于

$$\frac{1}{u} + \frac{1}{v} = \frac{1}{f} \qquad (u \text{ 为物距} = 100\text{m})$$

或

$$\frac{1}{u} = \frac{v-f}{fv}$$

由三角形相似有

$$\frac{d}{D} = \frac{v-f}{v}$$

所以

$$D = \sqrt{2.44\lambda u} \approx \sqrt{2.44 \times 0.5 \times 10^{-4} \times 100 \times 10^2}$$
$$= 1.1(\text{cm})$$

2.99 一小孔径的抛物面镜(直径 10cm,焦距 500cm)用来拍摄星空. 讨论其在轴上和离轴时分辨率的主要极限. 一在轴上的星,其可见光"像"点的线度大约是多少?

解 由于抛物面镜的聚焦特性，且 $a \ll f$，"像"点可以看作是其夫琅禾费衍射艾里斑. 在轴上时，由瑞利判据，最小分辨角为

$$\delta_{\min} = 0.61\frac{\lambda}{a} \qquad (a\text{ 为抛物面镜孔径半径})$$

离轴 θ 角时，孔径有效面积减小，其夫琅禾费衍射中心斑点大小有所增大. 其最小可分辨张角约为

$$\delta_{\min} \approx 0.61\frac{\lambda}{a\cos\theta}$$

在轴上发光的星，其"像"点线度为艾里斑直径(可见光 $\lambda \approx 5\times10^{-5}$cm)，故

$$r = f\cdot 2\delta_{\min} \approx 500\times1.22\times\frac{5\times10^{-5}}{5} \approx 6\times10^{-3}(\text{cm})$$

2.100 一个良好的照相机，焦距 60mm，对 15m 处的物精确地聚焦，孔径多大时，可见光的衍射斑粗略地与一星体(位于无限远)散焦斑相等？

解 用高斯成像公式$\frac{1}{s'}+\frac{1}{s}=\frac{1}{f'}$有$\frac{1}{s'}=\frac{1}{f'}-\frac{1}{s}$，式中 $f'=60$mm，$s=15$m，远处物体对于相机镜头可认为是夫琅禾费衍射(题图 2.100)，艾里斑半径为

$$r = \frac{1.22\lambda f'}{D}$$

式中 D 为透镜孔径大小，f' 为焦距.

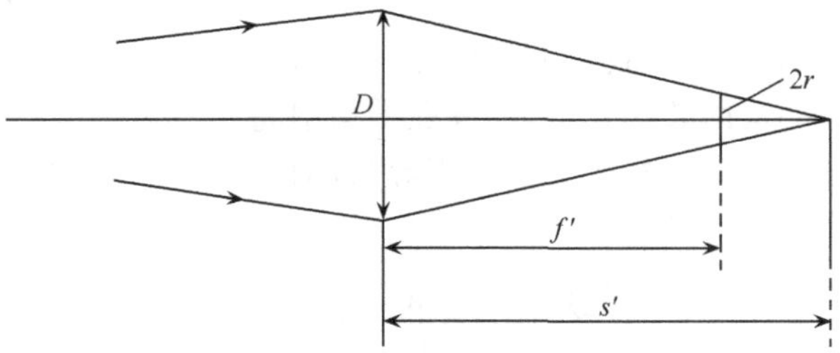

题图 2.100

由几何关系知

$$\frac{2r}{D} = \frac{s'-f'}{s'} = 1-\frac{f'}{s'} = \frac{f'}{s}$$

即

$$\frac{2.44\lambda f'}{D^2} = \frac{f'}{s}$$

$$D = \sqrt{2.44s\lambda}$$

取 $\lambda=0.55\mu$m，得到

$$D = 4.5\text{mm}$$

从结果的表达式看，与透镜焦距并无直接关系.

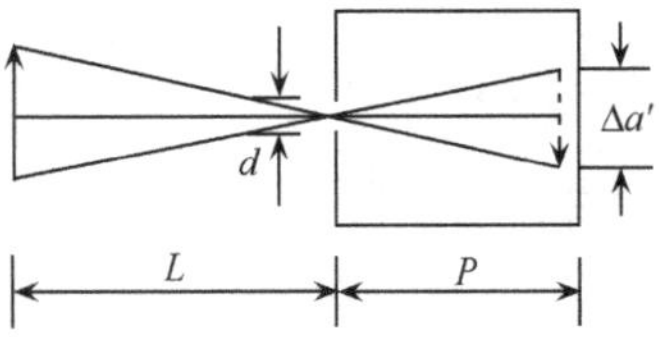

题图 2.101

2.101 一个由暗盒组成的针孔照相机，其小孔直径为 d，暗盒中像成在小孔后距离为 P 的感光胶片面上(如题图 2.101 所示). 物体位于小孔前 L 处，所用光的波长为 λ.

(1) 估计成像清晰时小孔直径的大小?

(2) 若使用(1)中算出的小孔,试问物体上两点之间的最小距离 D 多大时,该两点的像是可分辨的?

解　(1) 考虑物体上的一点,它在底片上成像的大小是由几何投影及衍射效应所决定. 几何投影产生的物点之像直径为

$$\Delta a' = \frac{L+P}{L} \cdot d$$

小孔衍射斑的直径大小为

$$\Delta a'' \approx \frac{2.44P\lambda}{d}$$

当 $\Delta a' = \Delta a''$时,认为成像清晰,得到

$$d = \sqrt{\frac{2.44\lambda LP}{L+P}}$$

(2) 相距为 D 的两点在底片处像点间距刚好等于艾里斑半径时,可以分辨,即

$$\frac{D}{L} = 1.22 \cdot \frac{\lambda P/d}{P} = 1.22\,\frac{\lambda}{d}$$

得到 $D = 1.22\,\dfrac{\lambda L}{d}$.

2.102　估计针孔照相机孔径的最佳尺寸. 你可以假设光强是适当的,物体置于无限远. 并设照相干板平面离针孔 10cm 远(如题图 2.102 所示).

题图 2.102

解　参考上题,可知针孔最佳大小为

$$d = \lim_{L\to\infty} \sqrt{\frac{1.22\lambda PL}{L+P}} = \sqrt{1.22\lambda P}$$

或考虑平行光正入射到底片上,得到小孔的影子,直径为 d. 如小孔衍射斑的直径刚好等于 d,即达到最佳设计. 有

$$\frac{2 \times 1.22\lambda P}{d} = d$$

有

$$d = \sqrt{2.44\lambda P} \approx \sqrt{2.4\lambda P}$$

2.103　讨论 100Å 波长附近的光学与 5000Å 波长附近光学之间的区别. 尤其比较

(1) 透镜的使用;

(2) 面镜的使用;

(3) 一定宽度光栅的色分辨本领;

(4) 一定口径成像系统的最小分辨角.

解　100Å 左右的软 X 射线与 5000Å 左右的可见光在物理性质上有很大差别,因而相应的光学也不相同.

(1) 玻璃对软 X 射线的折射率一般有 $n \lesssim 1$(小于而近似等于 1),所以不能和可见光一样使用玻璃透镜将光聚焦,而需用弯面晶体或波带片代替透镜来聚焦.

(2) 软 X 射线的穿透本领较强，不能用面镜得到高的反射，只能利用在介质表面的全反射（入射角大于临界入射角 arcsin$n$ 时）来得到强反射光.

(3) 光栅的色分辨本领.

由光栅方程：$d\sin\theta=m\lambda$，对可见光，d 为微米级，衍射效应便很显著，对软 X 射线，$\lambda=100\text{Å}$，普通用于可见光的光栅的衍射效应不明显.

另外，软 X 射线很难像可见光一样扩束成大口径光束，从而照明较大宽度的光栅. 光栅的色分辨率

$$R=\frac{\lambda}{\Delta\lambda}=kN$$

式中 k 为衍射级次，N 为被照明部分光栅的刻痕总数，尽管公式与光栅常数 d 无关. 实际上由于软 X 射线的波长小，光束窄，要求光栅常数小得多. 对可见光适用的一定宽度的光栅，其对软 X 射线的角分辨率要小得多.

(4) 口径为 d 的成像系统的分辨率极限为瑞利判据

$$\Delta\theta=\frac{1.22\lambda}{d}\propto\lambda$$

因软 X 射线 $\lambda=100\text{Å}$，比可见光波长小得多，所以同口径系统对软 X 射线分辨角小得多.

2.104 用直径 6m 的巨型天文望远镜，每隔一定时间拍摄一系列照片. 为了通过比较照片，察觉出银河系和仙女座星云绕它们共同质心相互转动，试问这一时间间隔 τ 应该为多少？已知地球到仙女座距离 $R=1.42\times10^{11}R_0$，R_0 为地球绕日轨道半径，银河系质量 $M_1=2.5\times10^{11}M_0$，M_0 为太阳质量，仙女座质量 $M_2=3.6\times10^{11}M_0$. 照片在 $\lambda=5\times10^{-7}$m 可见光下拍摄.

解 可清晰观察这两个天体的最小角距离由衍射条件决定

$$\varphi_0=\frac{1.22\lambda}{D}=1\times10^{-7}\,\text{rad}\tag{1}$$

设银河系和仙女座绕其质心转动周期为 T，则转动 φ_0 角度所需时间为

$$\tau=\frac{T}{2\pi}\varphi_0\tag{2}$$

由行星运动的开普勒定律，有 $a^3/T^2=K$，K 为与行星质量无关的常量，由圆周运动公式和万有引力公式得知 $K=\frac{G}{4\pi}M$，M 为恒星质量. 扩展到两个星（云）绕质心运动情况，同样有 $a^3/T^3=K\propto(M_1+M_2)$，所以

$$\begin{cases}\dfrac{R_0^3}{T_0^2}=\dfrac{G}{4\pi}M_0\\[2ex]\dfrac{R^3}{T^2}=\dfrac{G}{4\pi}(M_1+M_2)\end{cases}\tag{3}$$

有

$$T=T_0\sqrt{\frac{M_0}{M_1+M_2}}\cdot\left(\frac{R}{R_0}\right)^{\frac{3}{2}}\tag{4}$$

式(2)、(4)联立有

$$\tau = \frac{1.22\lambda}{2\pi D}\sqrt{\frac{M_0}{M_1+M_2}}\cdot\left(\frac{R}{R_0}\right)^{\frac{3}{2}}T_0 = 1.1\times10^3\text{ 年}$$

即要用相隔 1100 年时间的照片相比较，才能察觉到银河系和仙女座星云绕它们共同质心的转动. 可见此法并不实用.

2.105　波长为 6500Å 的红光谱线. 经观测发现它是双线，如果在 9×10^5 条刻线光栅的第 3 级光谱中刚好能分辨此双线，求其波长差.

解　由光栅的色分辨本领公式

$$R \equiv \frac{\lambda}{\delta\lambda} = kN$$

得双线间隔

$$\delta\lambda = \frac{\lambda}{kN} = 2.41\times10^{-3}\text{Å}$$

2.106　若要 50 条/mm 的光栅在第 2 级光谱中能分辨钠双线 λ_1（5890Å）和 λ_2（5896Å），光栅宽度应选多少？

解　由光栅色分辨本领公式可得光栅单元总数应当满足

$$N = \frac{\lambda}{k\,\delta\lambda} = 491\text{ 条}$$

光栅尺寸

$$D = Nd = 9.82\text{mm}$$

即应选宽度大于 10mm 的光栅.

2.107　绿光 5000Å 正入射在光栅常数为 2.5×10^{-4}cm、宽度为 3cm 的光栅上，聚光镜的焦距为 50cm.

（1）求第 1 级光谱的线色散；

（2）求第 1 级光谱中能分辨的最小波长差；

（3）该光栅最多能看到第几级光谱？

解　（1）根据光栅的线色散本领公式

$$D_1 \equiv \frac{\delta l}{\delta\lambda} = \frac{k}{d\cos\theta_k}f$$

得光栅一级光谱在 5000Å 附近的线色散为

$$D_1 = \frac{1}{d\sqrt{1-\sin^2\theta_1}}f = \frac{1}{d\sqrt{1-\left(\dfrac{\lambda}{d}\right)^2}}f$$

$$= \frac{1}{\sqrt{d^2-\lambda^2}}f \approx 2\times10^{-2}\text{mm/Å}$$

（2）此光栅一级光谱在 5000Å 邻近可分辨的最小波长间隔为

$$\delta\lambda = \frac{\lambda}{N} = \frac{\lambda d}{D} \approx 0.42\text{Å}$$

（3）根据光栅公式 $d\sin\theta_k = k\lambda$，并考虑到衍射角取值范围为 $0<|\theta_k|<\pi/2$，可见最大级别 k_M 应当满足

$$k_M \frac{d}{\lambda} = \frac{2.5\times10^{-4}}{5\times10^{-5}} = 5$$

取

$$k_M = 4$$

即此光栅最多能看到±4 级光谱.

2.108　一束白光正入射在 600 条/mm 的光栅上,第 1 级可见光谱末端与第 2 级光谱始端之间的角间隔有多少?

解　白光波长范围为 $\lambda_m = 4000\text{Å}$,$\lambda_M = 7600\text{Å}$,由光栅公式 $d\sin\theta_k = k\lambda$ 得白光一级光谱末端的衍射角为

$$\theta_{1M} = \arcsin\frac{\lambda_M}{d} = \arcsin(7600\times10^{-7}\times600)$$
$$= \arcsin 0.456 = 27°8'$$

白光二级光谱始端的衍射角为

$$\theta_{2m} = \arcsin\frac{2\lambda_m}{d} = \arcsin(2\times4000\times10^{-7}\times600)$$
$$= \arcsin 0.48 = 28°41'$$

两者角间隔为

$$\delta_\theta = \theta_{2m} - \theta_{1M} = 1°33'$$

2.109　试证明:对于具有矩形透过率函数的衍射光栅,分辨本领的瑞利判据要求在合光强曲线中存在着 20%的凹部,而这是实际分辨两条靠近的等强度单色谱线的标准.

解　衍射光栅的强度分布为

$$I = I_1\left(\frac{\sin N\delta}{\sin\delta}\right)^2$$

式中 I_1 为光栅中单缝产生的强度,$\delta = \pi d\sin\varphi/\lambda$.

设入射到光栅上的辐射谱中有两种波长成分 λ_1 和 $\lambda_2 = \lambda_1 + \Delta\lambda$. 由于它们是完全非相干的,故强度相加($I_1 = I_2$)

$$I_{光栅} = I_1\left[\left(\frac{\sin N\delta_1}{\sin\delta_1}\right)^2 + \left(\frac{\sin N\delta_2}{\sin\delta_2}\right)^2\right]$$

式中 $\delta_1 = \pi d\sin\varphi/\lambda_1$,$\delta_2 = \pi d\sin\varphi/\lambda_2$.

令 $x = N\delta_2 - N\delta_1$. 第 m 级主极大形成的条件对应着 $N\delta = N\pi m$,因此,$N\delta_1 = N\pi m - x$.

我们来研究两个第 m 级主极大间中心处的合光强,即在 $N\delta_1 = Nm\pi - x/2$、$N\delta_2 = Nm\pi + x/2$ 条件下的合光强

$$I = I_1\left[\left(\frac{\sin\left(Nm\pi - \frac{x}{2}\right)}{\sin\left(m\pi - \frac{x}{2N}\right)}\right)^2 + \left(\frac{\sin\left(Nm\pi + \frac{x}{2}\right)}{\sin\left(m\pi + \frac{x}{2N}\right)}\right)^2\right]$$

$$= I_1\left[\left(\frac{\sin\frac{\pi}{2}}{\sin\frac{x}{2N}}\right)^2 + \left(\frac{\sin\frac{x}{2}}{\sin\frac{x}{2N}}\right)^2\right]_{x/2N\to0}$$

$$= 2I_1N^2\left(\frac{\sin\frac{x}{2}}{\frac{x}{2}}\right)^2 = 2I_1N^2\left(\mathrm{sinc}^2\ \frac{x}{2}\right).$$

按瑞利判据，当 $x=\pi$ 时，一条谱线的极大落在另一谱线的极小，$I_c=2I_1N^2\left(\frac{1}{\pi/2}\right)^2=\frac{8}{\pi^2}N^2I$ 所以

$$\frac{I_c}{I}=\frac{8}{\pi^2}=0.8$$

即合光强曲线中都有 20%的凹部，如题图 2.109 所示.

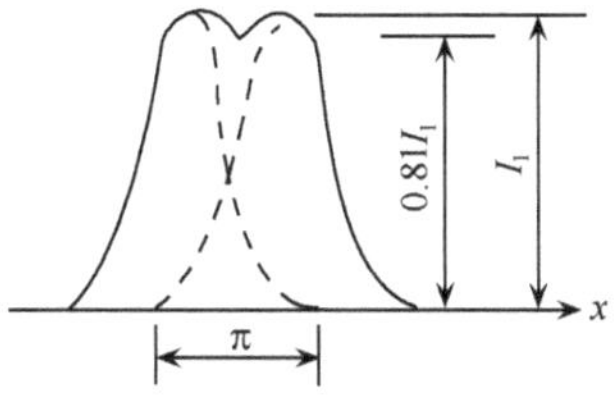

题图 2.109

2.110　设有一个每厘米上刻有 3937 条线的光栅，求该光栅一级光谱的角色散本领(角秒/Å). 设光谱仪使用此光栅，物镜的焦距 $f=50\mathrm{cm}$，试计算光谱仪的线色散本领.

解　平面单色波正入射时，光栅的干涉极大的条件是

$$d\sin\varphi = m\lambda$$

$$d=\frac{0.01\mathrm{m}}{3937}=2.54\times10^{-6}\mathrm{m}$$

对可见光，取 $\lambda=0.55\mu\mathrm{m}$，$\sin\varphi=0.2165$，

$$\cos\varphi=\sqrt{1-\sin^2\varphi}=0.976$$

取微分后得

$$d\cos\varphi\ \mathrm{d}\varphi=\lambda\mathrm{d}m+m\mathrm{d}\lambda$$

一级角色散本领

$$D=\left(\frac{\mathrm{d}\varphi}{\mathrm{d}\lambda}\right)_{m=\mathrm{const}}=\frac{m}{d\cos\varphi}=\frac{1}{2.54\times10^4\times0.976\text{Å}}=8.40''/\text{Å}$$

一级线色散本领

$$D'=\frac{\mathrm{d}x}{\mathrm{d}\lambda}=D\cdot f=\frac{f}{d\cos\varphi}$$

$$\frac{1}{D'}=49.1\text{Å}/\mathrm{mm}$$

2.111　棱镜的顶角 $A=60°$，由折射率 $n=1.70$ 的火石玻璃制成. 试计算两条黄线($\lambda_1=5980\text{Å}$，$\lambda_2=5896\text{Å}$)分开的角度，已知棱镜材料在此波段的色散率

$$\mathrm{d}n/\mathrm{d}\lambda=956\mathrm{cm}^{-1}$$

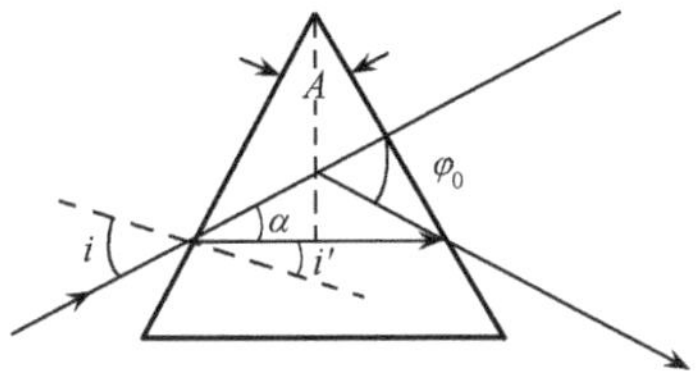

题图 2.111

解　棱镜装置处在最小偏向角位置附近，如题图 2.111 所示. 此时光线的偏向角 φ_0 与折射率 n 的关系是

$$n=\sin\frac{A+\varphi_0}{2}\Big/\sin\frac{A}{2}$$

求导得到

$$\frac{dn}{d\lambda}=\frac{1}{2}\frac{\cos\frac{A+\varphi_0}{2}}{\sin\frac{A}{2}}\cdot\frac{d\varphi_0}{d\lambda}$$

由几何关系

$$\alpha+i'=i,\quad \varphi_0=2\alpha,\quad i'=\frac{A}{2}$$

有

$$\frac{\varphi_0+A}{2}=i$$

所以

$$\cos\frac{A+\varphi_0}{2}=\cos i=\sqrt{1-\sin^2 i}=\sqrt{1-n^2\sin^2\frac{A}{2}}$$

$$\Delta\lambda=6\text{Å}$$

$$\Delta\varphi=\frac{2\sin\frac{A}{2}}{\sqrt{1-n^2\sin^2\frac{A}{2}}}\frac{dn}{d\lambda}\cdot\Delta\lambda$$

$$\Delta\varphi=\frac{2\times0.5\times2}{\sqrt{4-1.7^2}}\times956\times6\times10^{-8}=1.55\times10^{-4}=0.53'$$

2.112　陆末-格尔克板的厚度为 d，折射率为 n. 考虑到物质的色散，求板的角色散本领. 光束的出射角 ε 可以认为是小的，如题图 2.112 所示.

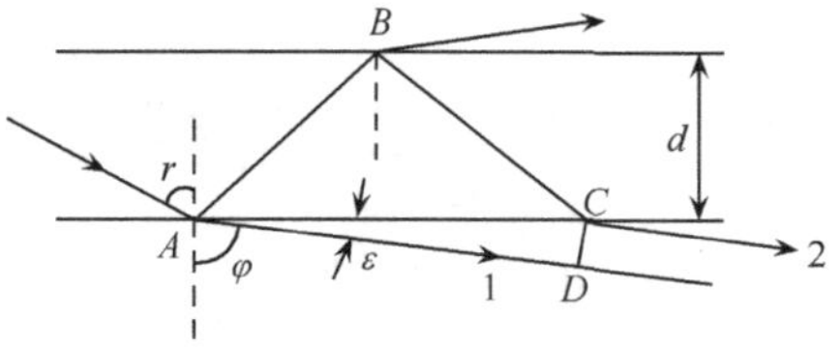

题图 2.112

解　从板下表面出射的光束 1 和光束 2 之间的光程差为

$$\Delta=n(\overline{AB}+\overline{BC})-\overline{AD}$$

光线在板内入射到下表面，入射角为 r，出射角为 φ，并且 $\varphi+\varepsilon=90°$.

$$\overline{AB}=\overline{BC}=\frac{d}{\cos r}$$

$$\overline{AD}=\overline{AC}\cos\varepsilon=2d\tan r\cdot\cos\varepsilon$$

所以

$$\Delta=\frac{2nd}{\cos r}-2d\frac{\sin r}{\cos r}\cdot\cos\varepsilon$$

由折射定律

$$n\sin r=\sin\varphi=\cos\varepsilon$$

$$\Delta=\frac{2nd\left(1-\dfrac{1}{n}\sin r\cdot\cos\varepsilon\right)}{\cos r}=\frac{2nd}{\cos r}\left(1-\frac{\sin^2\varphi}{n^2}\right)$$

$$=\frac{2nd}{\cos r}\cdot\frac{n^2-\sin^2\varphi}{n^2}=\frac{2nd}{\cos r}\cdot\frac{n^2-n^2\sin^2 r}{n^2}=2nd\cos r$$

光束 1 和光束 2 干涉相长的条件是

$$2dn\cos r=m\lambda$$

式中 r 是反射角

$$2dn\cos r=2d\sqrt{n^2-\cos^2\varepsilon}=m\lambda$$

$$\sin r=\frac{1}{n}\sin\varphi=\frac{1}{n}\cos\varepsilon$$

微商求得

$$2d\frac{\left(2n\dfrac{\partial n}{\partial\lambda}+2\cos\varepsilon\sin\varepsilon\mathrm{d}\varepsilon\right)}{2\sqrt{n^2-\cos^2\varepsilon}}=m\mathrm{d}\lambda=\frac{2d\sqrt{n^2-\cos^2\varepsilon}}{\lambda}\mathrm{d}\lambda$$

于是

$$D=\frac{\mathrm{d}\varepsilon}{\mathrm{d}\lambda}=\frac{\dfrac{n^2-\cos^2\varepsilon}{\lambda}-n\dfrac{\mathrm{d}n}{\mathrm{d}\lambda}}{\cos\varepsilon\cdot\sin\varepsilon}\approx\frac{(n^2-1)-n\lambda\dfrac{\mathrm{d}n}{\mathrm{d}\lambda}}{\lambda\varepsilon}\quad(\varepsilon\to 0)$$

2.113　陆末-格尔克板长 $L=30\text{cm}$，厚 $d=1\text{cm}$，折射率 $n=1.52$. 试对氢原子谱线 H_β 计算色散区域和分辨本领. 已知 $\lambda=4861\text{Å}$，$\dfrac{\mathrm{d}n}{\mathrm{d}\lambda}=9.6\times10^{-6}\text{Å}^{-1}$.

解　(1) 求出波长 λ 的相邻两级极大的角距离 $\Delta\varepsilon$，然后确定色散区域

$$G=\frac{\Delta\varepsilon}{D}$$

色散区域 $\Delta\lambda$ 的计算要根据以下条件：波长 λ 的 $m+1$ 级极大与波长 $\lambda+\Delta\lambda$ 的 m 级极大重合.

考虑到相邻极大之间的角距离 $\Delta\varepsilon$ 对应于光程差改变 λ，于是有

$$\delta(2d\sqrt{n^2-\cos^2\varepsilon})=\delta(m\lambda)=\lambda\delta m=\lambda$$

$$\lambda=\frac{2d\cdot\cos\varepsilon\cdot\sin\varepsilon\Delta\varepsilon}{\sqrt{n^2-\cos^2\varepsilon}}$$

当角度 ε 很小时

$$\lambda\approx\frac{2d\cdot\varepsilon\cdot\Delta\varepsilon}{\sqrt{n^2-1}}$$

故色散区域(参考上题)

$$G=\frac{\Delta\varepsilon}{D}=\frac{\lambda^2\sqrt{n^2-1}}{2d[(n^2-1)-n\lambda\,\mathrm{d}n/\mathrm{d}\lambda]}$$

将题目的数据代入，得到

$$G=\Delta\lambda=1.01\times10^{-9}\text{cm}=0.10\text{Å}$$

因为物质的色散率很小，近似地有

$$\Delta\lambda \approx \frac{\lambda^2}{2d(n^2-1)^{1/2}} = \frac{\lambda}{m_{\max}}$$

式中 $m_{\max}$ 是干涉图样中心的干涉最大级次.

(2) 为了计算板的分辨本领,要利用以下条件:由 N 条光强大体上相等的光束相互干涉得到的极大的角宽度 $\delta\varepsilon$ 大约是角距离 $\Delta\varepsilon$ 的 $1/N$ 倍

$$\delta\varepsilon = \Delta\varepsilon/N$$

根据瑞利判据,为使波长相差 $\delta\lambda$ 的两条谱线 λ_1 和 λ_2 可以分辨,λ_1 和 λ_2 的极大之间的角距离应不小于极大值之间的角宽度

$$\delta\lambda = \delta\varepsilon/D$$

因此

$$A = \frac{\lambda}{\delta\lambda} = \frac{\lambda}{\delta\varepsilon}D = \frac{\lambda}{\Delta\lambda}N$$

其中 $\Delta\lambda$ 是色散区域

$$A = \frac{2d[(n^2-1) - n\lambda\,\mathrm{d}n/\mathrm{d}\lambda]}{\lambda\sqrt{n^2-1}}N$$

为了计算干涉光束的数目 N,我们利用 $N \cdot 2d\tan r = L$ 和 $i \approx 90°$,L 为板长,r 为板内光的入射角,i 为出射角(即上题图中的 φ)

$$N = \frac{L\cos r}{2d\sin r} = \frac{Ln\sqrt{1-\sin^2 r}}{2d\sin i} \approx \frac{L}{2d}\sqrt{n^2-1}$$

于是板的分辨本领为

$$A = \frac{L}{\lambda}\left[(n^2-1) - n\lambda\frac{\mathrm{d}n}{\mathrm{d}\lambda}\right] = 8.45\times 10^5$$

即利用陆末-格尔克板可以分辨波长相差 $\delta\lambda = 5.7\times 10^{-3}$ Å 的两条氢谱线.

2.114 计算法布里-珀罗标准具的色散区域和分辨本领. 已知光强反射系数 $R=0.9$,两板之间的距离 $h=2\text{cm}$,$\lambda=5000$Å.

解 (1) 法布里-珀罗标准具的角色散本领

$$D = \frac{\mathrm{d}\varphi}{\mathrm{d}\lambda} = \frac{m}{2h\cos\varphi}$$

极大之间的角距离

$$\Delta\varphi = \frac{\lambda}{2h\sin\varphi}$$

因此 $G = \Delta\lambda = \Delta\varphi/D = \dfrac{\lambda^2}{2h\sin\varphi}$.

(2) 为了求出分辨本领,先确定仪器的功能,计算带宽. 光强分布为

$$I_{透射}/I_{入射} = 1\Big/\left[1 + 4\frac{R}{(1-R)^2}\sin^2\frac{\delta}{2}\right] = 1/(1+F\sin^2\delta/2)$$

式中 $\delta = \dfrac{2\pi}{\lambda}2h\cos\varphi$ 是干涉光束的数目 $N>20\sim30$ 时,相邻两光束之间的相位差. 引入 $\delta = 2\pi n + \varepsilon$(其中 ε 很小),我们可以得到

$$I = I_0\Big/\left(1 + F\frac{\varepsilon^2}{4}\right)$$

根据曲线半值条件，估算 ε

$$I/I_0 = 0.5 = 1\Big/\left(1 + F\frac{\varepsilon^2}{4}\right)$$

得到 $\varepsilon = \dfrac{1-R}{\sqrt{R}}$；当 $R=0.9$ 时

$$\varepsilon = \frac{0.1}{0.944} = 0.105$$

相邻极大之间的距离对应于 $\varepsilon=\pi$，即干涉图样的清晰度

$$V' = \pi/\varepsilon \approx 30$$

极大被很宽的极小分开.

为了计算分辨本领 A，利用如下条件：在图样中心 $m_{\max}=2h/\lambda$ 和 $\lambda \mathrm{d}m + m\mathrm{d}\lambda = 0$，即

$$\lambda/\delta\lambda = m/\delta m$$

当 $\delta m = \varepsilon/\pi$ 时，谱线可以分辨，且

$$A = \frac{\lambda}{\delta\lambda} = m\frac{\pi}{\varepsilon} = m\frac{\pi\sqrt{R}}{1-R} = mN_{\text{有效}}$$

式中 $N_{\text{有效}} = \dfrac{\pi\sqrt{R}}{1-R}$ 是干涉强度随 δ 的增加而下降的干涉光束的有效数

$$A = mN_{\text{有效}} = \frac{2h}{\lambda}\frac{\pi\sqrt{R}}{1-R} \approx 1.18\times 10^6$$

$$\delta\lambda = \lambda/A = 4.2\times 10^{-3}\,\text{Å}$$

2.115 冕牌玻璃对钠黄光双线的平均折射率为 $\bar{n}=1.51630$，它与光在真空波长 λ_0 的关系满足柯西公式

$$n = A + \frac{B}{\lambda_0^2} + \frac{C}{\lambda_0^4}$$

已知

$$B = 4.437\times 10^5\,\text{Å}^2, \qquad C = -1.387\times 10^{12}\,\text{Å}^4$$

在色散较小时群速 v_g 与相速 v_p 的关系为

$$v_g = v_p - \lambda\frac{\mathrm{d}v_p}{\mathrm{d}\lambda} = \frac{C}{n}\left(1 + \frac{\lambda}{n}\frac{\mathrm{d}n}{\mathrm{d}\lambda}\right)$$

式中 λ 指光在介质中的波长.

求钠黄线在该玻璃中的群速.

解

$$\frac{\mathrm{d}n}{\mathrm{d}\lambda} = \frac{\mathrm{d}n}{\mathrm{d}\lambda_0}\frac{\mathrm{d}\lambda_0}{\mathrm{d}\lambda} = \frac{\mathrm{d}n}{\mathrm{d}\lambda_0}\frac{\mathrm{d}(n\lambda)}{\mathrm{d}\lambda} = \frac{\mathrm{d}n}{\mathrm{d}\lambda_0}\left(n + \lambda\frac{\mathrm{d}n}{\mathrm{d}\lambda}\right) \approx n\frac{\mathrm{d}n}{\mathrm{d}\lambda_0}$$

所以 v_g 公式可写成

$$v_g = \frac{c}{n}\left(1 + \lambda\frac{\mathrm{d}n}{\mathrm{d}\lambda_0}\right) = \frac{c}{n}\left(1 + \frac{\lambda_0}{n}\frac{\mathrm{d}n}{\mathrm{d}\lambda_0}\right)$$

由柯西公式

$$\frac{\mathrm{d}n}{\mathrm{d}\lambda_0} = -2\frac{B}{\lambda_0^3} - 4\frac{C}{\lambda_0^5} \approx -3.555\times 10^{-6}/\text{Å}$$

代入上式得到

$$v_g=\frac{3\times10^8}{1.5163}\left(1-\frac{5893\times3.555\times10^{-6}}{1.5163}\right)=1.952\times10^8(\text{m/s})$$

2.116　一块光学玻璃对水银灯蓝、绿谱线 4358Å 和 5461Å 的折射率分别为 1.65250 和 1.62450. 求出色散公式 $n=A+B/\lambda^2$ 中的参数 A 和 B，并计算该玻璃对钠黄线 5893Å 的折射率及色散率 $\mathrm{d}n/\mathrm{d}\lambda$.

解　将两谱线波长以及玻璃对它们的折射率代入柯西公式有

$$1.65250=A+B/4358^2$$

$$1.62450=A+B/5461^2$$

得

$$B=1.464\times10^6\,\text{Å}^2$$

$$A=1.575$$

所以该玻璃对钠 5893Å 的折射率为

$$n=1.575+1.464\times10^6/5893^2=1.617$$

$$\frac{\mathrm{d}n}{\mathrm{d}\lambda}=-2B\frac{1}{\lambda^3}=(-2)\times1.464\times10^6\times\frac{1}{5893^2}=-1.431\times10^{-5}(/\text{Å})$$

2.117　一棱镜顶角 $\alpha=50°$，其色散性质可以用公式 $n=A+B/\lambda^2$ 来描述，式中 $A=1.53974$，$B=4.6528\times10^5\,\text{Å}^2$. 求它对 5500Å 光波在调至最小偏向角情况下的色散率.

解　在最小偏向角状态，棱镜的角色散本领为

$$D_\theta=\frac{\mathrm{d}\delta_m}{\mathrm{d}\lambda}=\frac{2\sin(\alpha/2)}{\sqrt{1-n^2\sin^2(\alpha/2)}}\frac{\mathrm{d}n}{\mathrm{d}\lambda}$$

由柯西公式得该玻璃对 5500Å 光的折射率

$$n=1.53974+\frac{4.6528\times10^5}{5500^2}=1.55512$$

$$\frac{\mathrm{d}n}{\mathrm{d}\lambda}=-2\frac{B}{\lambda^3}=-5.593\times10^{-6}/\text{Å}$$

代入色散本领公式得

$$D_\theta=6.2723\times10^{-8}\,\text{rad/Å}\approx1.29''/\text{Å}$$

2.118　试求以下几种情况的群速度：

(1) $v_p=v_0$(常数)，即无色散介质，如空气中的声波；

(2) $v_p=\sqrt{\frac{\lambda}{2\pi}\left(g+\frac{4\pi^2T}{\lambda^2\rho}\right)}$，水面波，$g$ 为重力加速度，T 为表面张力，ρ 为液体密度；

(3) $n=A+\frac{B}{\lambda_0^2}$，正常色散介质中的柯西公式；

(4) $\omega^2=\omega_0^2+c^2k^2$，波导中的电磁波，$\omega_0$ 为截止角频率.

解　(1) 对无色散介质有

$$\frac{\mathrm{d}v_p}{\mathrm{d}\lambda}=0$$

所以群速等于相速

$$v_g=v_p=v_0$$

（2）对水面波

$$\frac{\mathrm{d}v_{\mathrm{p}}}{\mathrm{d}\lambda}=\frac{\mathrm{d}}{\mathrm{d}\lambda}\sqrt{\frac{\lambda}{2\pi}\left(g+\frac{4\pi^{2}T}{\lambda^{2}\rho}\right)}$$

$$=\frac{1}{2\sqrt{\frac{\lambda}{2\pi}\left(g+\frac{4\pi^{2}T}{\lambda^{2}\rho}\right)}}\left(\frac{g}{2\pi}-\frac{2\pi T}{\lambda^{2}\rho}\right)$$

群速

$$v_{\mathrm{g}}=v_{\mathrm{p}}-\lambda\frac{\mathrm{d}v_{\mathrm{p}}}{\mathrm{d}\lambda}$$

$$=\sqrt{\frac{\lambda}{2\pi}\left(g-\frac{4\pi^{2}T}{\lambda^{2}\rho}\right)}-\frac{1}{2\sqrt{\frac{\lambda}{2\pi}\left(g-\frac{4\pi^{2}T}{\lambda^{2}\rho}\right)}}\left(\frac{g\lambda}{2\pi}-\frac{2\pi T}{\lambda\rho}\right)$$

$$=\frac{\frac{\lambda}{2\pi}\left(g+3\frac{4\pi^{2}T}{\lambda^{2}\rho}\right)}{2\sqrt{\frac{\lambda}{2\pi}\left(g+\frac{4\pi^{2}T}{\lambda^{2}\rho}\right)}}$$

（3）由柯西公式有

$$\frac{\mathrm{d}n}{\mathrm{d}\lambda_{0}}=-\frac{2B}{\lambda_{0}^{3}}$$

式中 λ_0 为光在真空中的波长. 由上题有

$$\frac{\mathrm{d}n}{\mathrm{d}\lambda}\approx n\frac{\mathrm{d}n}{\mathrm{d}\lambda_{0}}$$

所以正常色散介质中群速为

$$v_{\mathrm{g}}=\frac{c}{n}\left(1+\frac{\lambda}{n}\frac{\mathrm{d}n}{\mathrm{d}\lambda}\right)\approx\frac{c}{n}\left(1+\frac{\lambda_{0}}{n}\frac{\mathrm{d}n}{\mathrm{d}\lambda_{0}}\right)$$

$$=\frac{c}{n}\left(1-\frac{2B}{n\lambda_{0}^{2}}\right)=\frac{c}{n}\left(1-\frac{2B}{n^{2}\lambda^{2}}\right)$$

式中 λ 为介质中波长，c 为真空中光速，可知正常色散介质中群速小于相速.

（4）波导中群速

$$v_{\mathrm{g}}=\frac{\mathrm{d}w}{\mathrm{d}k}=\frac{\mathrm{d}w}{\mathrm{d}k}(w_{0}^{2}+c^{2}k^{2})=2ck$$

本题对于不同色散关系 $v_{\mathrm{p}}=v_{\mathrm{p}}(\lambda)$，$n=n(\lambda)$ 和 $\omega=\omega(k)$ 分别采用了三种不同形式的群速公式，它们是瑞利群速公式的不同表示.

2.119　色散棱镜的折射率与波长有关，为$\frac{\Delta n}{\Delta\lambda}$. 设棱镜底宽度为 B，如题图 2.119. 试求棱镜的色分辨率 $\lambda/\Delta\lambda$.

解　如题图 2.119. 设含有 λ_1 和 λ_2 的复色平行光入射到棱镜，折射后两种波长的光线相差 $\Delta\theta$，棱镜的有效孔径为 d. 棱镜对波长为 λ_1 和 λ_2 的光的折射率为 n_1 和 n_2. 平面波照明棱镜，所以经过棱镜顶角和底部的光程必然相等.

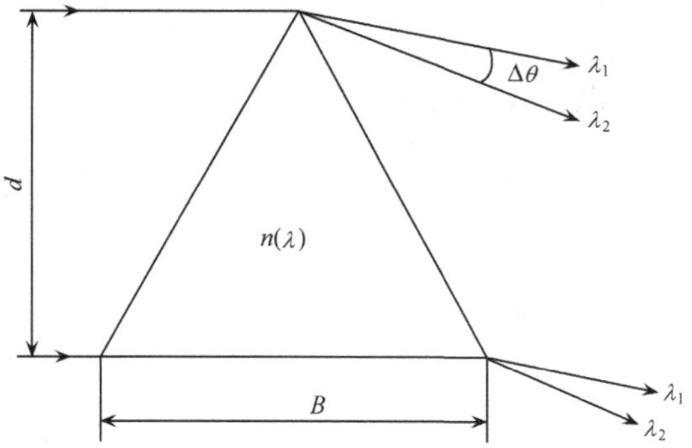

题图 2.119

同样，波长 λ_2 的光也是如此，从图中看出两种波长光线的光程差为 $d\Delta\theta$，因此有

$$d\Delta\theta = B(n_1 - n_2) = B\Delta n$$

考虑到衍射造成的最小分辨角为

$$\Delta\theta = \frac{\lambda}{d}$$

联立得到

$$\lambda = B\Delta n$$

除以 $\Delta\lambda$ 得到

$$\frac{\lambda}{\Delta\lambda} = B\frac{\Delta n}{\Delta\lambda}$$

2.120　一均匀介质的吸收系数 $\alpha = 0.32\text{cm}^{-1}$，求出射光强为入射光强的 0.1、0.2、0.5 倍时介质的厚度.

解　由 $I = I_0 e^{-\alpha l}$，有 $l = \frac{\ln I_0/I}{\alpha} = \frac{\lg(I_0/I)}{0.434\alpha}$. 已知 $\alpha = 0.32\text{cm}^{-1}$，

当 $\frac{I_0}{I} = \frac{1}{0.1} = 10$ 时得

$$l_1 = \frac{\lg 10}{0.434 \times 0.32} = 7.196(\text{cm})$$

当 $\frac{I_0}{I} = \frac{1}{0.2} = 5$ 时得

$$l_2 = 5.0295\text{cm}$$

当 $\frac{I_0}{I} = \frac{1}{0.5} = 2$ 时得

$$l_3 = 2.1661\text{cm}$$

2.121　用 $A = 1.53974$ 和 $B = 4.6528 \times 10^5 \text{Å}^2$ 的玻璃做成 50°棱角的棱镜，当其对 5500Å 入射光处于最小偏向角位置时，求其角色散为多少 rad/Å?

解　棱镜对某一波长处于最小偏向角 δm 位置时，对该波长的角色散公式为

$$\frac{d\delta m}{d\lambda} = \frac{2\sin\frac{\alpha}{2}}{\cos\frac{\alpha + \delta m}{2}} \cdot \frac{dn}{d\lambda} = \frac{2\sin\frac{\alpha}{2}}{\sqrt{1 - n^2\sin^2\frac{\alpha}{2}}} \cdot \frac{dn}{d\lambda}$$

由柯西公式

$$n=A+\frac{B}{\lambda^2} \quad 及 \quad \frac{dn}{d\lambda}=-\frac{2B}{\lambda^3}$$

将 $\alpha=50°$，$\lambda=5500\text{Å}$，$A=1.53974$，$B=4.6528\times10^5\text{Å}^2$ 代入上两式，得

$$n=1.53974+\frac{4.6528\times10^5}{(5500)^2}=1.5551$$

$$\frac{dn}{d\lambda}=-\frac{2\times4.6528\times10^5}{(5500)^3}=-5.5931\times10^{-6}(/\text{Å})$$

将这两个结果代入角色散公式，得

$$\frac{d\delta m}{d\lambda}=\frac{2\sin\left(\frac{50}{2}\right)^{\circ}}{\sqrt{1-1.5551^2\times\sin^2\left(\frac{50}{2}\right)^{\circ}}}\times(-5.5931\times10^{-6})$$

$$=-6.2724\times10^{-6}(\text{rad}/\text{Å})$$

2.122　某种玻璃对不同波长的折射率在 $\lambda=4000\text{Å}$ 时，$n=1.63$；$\lambda=5000\text{Å}$ 时，$n=1.58$. 假定柯西公式 $n=A+\frac{B}{\lambda^2}$ 适用，求此种玻璃在 6000Å 时的色散 $dn/d\lambda$.

解　由柯西公式 $n=A+B/\lambda^2$，将 $\lambda_1=4000\text{Å}$，$n_1=1.63$，$\lambda_2=5000\text{Å}$，$n_2=1.58$ 代入上式，得

$$1.63=A+\frac{B}{4000^2}$$

$$1.58=A+\frac{B}{5000^2}$$

解此二式，得 $A=1.5$，$B=2.22\times10^6\text{Å}^2$. 由柯西公式，有 $\frac{dn}{d\lambda}=-\frac{2B}{\lambda^3}$，将 A、B 值及 $\lambda=6000\text{Å}$ 代入，得

$$\frac{dn}{d\lambda}=-\frac{2\times2.22\times10^6}{(6000)^3}=-2.06\times10^{-5}(/\text{Å})$$

$$=-2.06\times10^3(/\text{cm})$$

2.123　已知相速 v_p，K 为常数，计算下列各情况下的群速：

(1) $v_p=K$，无色散介质，如空气中的声波；

(2) $v_p=K\lambda$；

(3) $v_p=K\sqrt{\lambda}$，重力在水面上所引起的波；

(4) $v_p=\frac{K}{\sqrt{\lambda}}$，在水面上的表面张力波；

(5) $v_p=\frac{K}{\lambda}$，弹性薄片在弯曲时所产生的波.

解　因为相速 v_p 和群速 v_g 的关系为

$$v_g=v_p-\lambda\frac{dv_p}{d\lambda}$$

(1) 已知 $v_p=K$，则 $\frac{dv_p}{d\lambda}=0$，所以 $v_g=v_p$；

(2) 已知 $v_p=K\lambda$,则$\frac{dv_p}{d\lambda}=K$,所以 $v_g=K\lambda-K\lambda=0$;

(3) 已知 $v_p=K\sqrt{\lambda}$,则$\frac{dv_p}{d\lambda}=\frac{1}{2}K\frac{1}{\sqrt{\lambda}}$,所以 $v_g=K\sqrt{\lambda}-\lambda\frac{1}{2}K\frac{1}{\sqrt{\lambda}}=\frac{1}{2}K\sqrt{\lambda}=\frac{1}{2}v_p$;

(4) 已知 $v_p=\frac{K}{\sqrt{\lambda}}$,则$\frac{dv_p}{d\lambda}=-\frac{1}{2}\frac{K}{\sqrt{\lambda^3}}$,所以 $v_g=\frac{K}{\sqrt{\lambda}}-\lambda\left(-\frac{1}{2}\frac{K}{\sqrt{\lambda^3}}\right)=\frac{3}{2}\frac{K}{\sqrt{\lambda}}=\frac{3}{2}v_p$;

(5) 已知 $v_p=\frac{K}{\lambda}$,则$\frac{dv_p}{d\lambda}=-\frac{K}{\lambda^2}$,所以

$$v_g=\frac{K}{\lambda}-\lambda\left(-\frac{K}{\lambda^2}\right)=2\frac{K}{\lambda}=2v_p$$

2.124　证明介质的群速折射率为

$$n_g=\frac{c}{v_g}=n_p-\lambda\frac{dn_p}{d\lambda}$$

式中 n_g,n_p 分别为群速折射率和相速折射率.

解　由 $v_g=v_p-\lambda\frac{dv_p}{d\lambda}$,根据 $v=\frac{c}{n}$则

$$\frac{dv_p}{dn_p}=\frac{-c}{n_p^2}=-\frac{v_p}{n_p}$$

所以

$$n_g=\frac{c}{v_g}=\frac{c}{v_p-\lambda\frac{dv_p}{d\lambda}}=\frac{c}{v_p-\lambda\frac{dv_p}{dn_p}\cdot\frac{dn_p}{d\lambda}}$$

$$=\frac{c}{v_p-\lambda\left(-\frac{v_p}{n_p}\right)\frac{dn_p}{d\lambda}}=\frac{c}{v_p}\left(1+\frac{\lambda}{n_p}\frac{dn_p}{d\lambda}\right)^{-1}$$

$$\approx\frac{c}{v_p}\left(1-\frac{\lambda}{n_p}\frac{dn_p}{d\lambda}\right)=n_p-\lambda\frac{dn_p}{d\lambda}$$

即得 $n_g=n_p-\lambda\frac{dn_p}{d\lambda}$.

2.125　同时考虑介质对光的吸收和散射时,吸收系数 $\alpha=\alpha_0+\alpha_s$,其中 α_0 为真正吸收系数,α_s 为散射系数.朗伯定律为 $I=I_0e^{-(\alpha_0+\alpha_s)l}$,若光经过一定厚度的某种介质后,只有 20%的光强透过,已知该介质的散射系数 α_s 为真正吸收系数 α_0 的 1/2,若不考虑散射,则透射光强增加到多少?

解　由 $I=I_0e^{-(\alpha_0+\alpha_s)l}$,有$\frac{I}{I_0}e^{-(\alpha_0+\alpha_s)l}$将$\alpha_s=\frac{1}{2}\alpha_0$,$\frac{I}{I_0}=20\%=0.2$ 代入,得

$$e^{-\left(\alpha_0+\frac{1}{2}\alpha_0\right)l}=\frac{I}{I_0}=0.2$$

故 $\alpha_0=\frac{2\ln 5}{3l}$,若消除散射,则 $\alpha_s=0$,于是

$$\frac{I'}{I_0}=e^{-\alpha_0 l}=e^{-\frac{2}{3}\ln 5}=0.34=34\%$$

即透射光强增加到 34%.

2.126 光纤制造中材料密度的起伏引起折射率随机变化,光波在其中传播时会受到散射,瑞利散射是最主要的损耗机理.若入射光功率为 P_0,在光纤中传播距离 L 以后出射功率为 P_T,有

$$P_T = P_0 \exp(-\alpha L)$$

α 为衰减系数.实际应用时用 α_{dB} 表示损耗大小,其定义为

$$\alpha_{dB} = -\frac{10}{L}\lg\left(\frac{P_T}{P_0}\right) = 4.343\alpha$$

α_{dB} 的单位是 dB/km.

对于损耗分别为 0.2dB/km、20dB/km 和 2000dB/km 的三种光纤,计算当光功率衰减到初始功率一半时,光脉冲传播的距离,并分别求出它们的衰减系数.

解 按定义稍加改变为

$$\alpha_{dB} = \frac{10}{L}\lg\left(\frac{P_0}{P_T}\right) = \frac{10}{L}\lg 2$$

所以

$$L = \frac{10\lg 2}{\alpha_{dB}}$$

代入 α_{dB} 三种数值,分别得 $L_1 = 15\text{km}$, $L_2 = 0.15\text{km}$ 和 $L_3 = 0.0015\text{km}$.

按 $\alpha_{dB} = 4.343\alpha$,得 $\alpha_1 = 0.046$, $\alpha_2 = 4.6$, $\alpha_3 = 460$.

2.127 介质中束缚电子的振荡吸收电磁辐射的能量,并与频率有关,即折射率与 ω 有关,称为色散.色散参量

$$D = -\frac{2\pi c}{\lambda^2}\beta_2 \approx -\frac{\lambda}{c}\frac{d^2 n}{d\lambda^2}$$

式中 β_2 为群速度色散系数.已知某单模光纤在 $\lambda = 0.8\mu\text{m}$ 时测得 $\lambda^2(d^2 n/d\lambda^2) = 0.02$,求 β_2 和 D.

解 由上式

$$D = \frac{-1}{c\lambda}\lambda^2(d^2 n/d\lambda^2)$$

代入 $c = 3\times 10^5\text{km/s}$, $\lambda = 800\text{nm}$,得

$$D = -83\text{ps}/(\text{km}\cdot\text{nm}) = -83\times 10^{-12}\text{s}/(\text{km}\cdot\text{nm})$$

$$\beta_2 = \frac{D\lambda^2}{2\pi c} = 28.5\times 10^{-24}\text{s}^2/\text{km}$$

物质折射率与波长有关,$n = n(\lambda)$,故透镜焦距依赖于波长,这叫色散.

2.128 试根据经典电磁理论,证明均匀介质对光无散射.介质的任何不均匀性,将导致各散射中心发出的次级波振幅的不一致,设振幅涨落为 ΔA.证明散射光强与 ΔA 的方均根成正比.

证 把介质分成许多小体积元,其线度比波长小许多,每个小体积元等效于一个偶极振子,在入射光驱动下,偶极振子受迫振荡,发出同频次级波,它们相干叠加,偶极振子 p_j 的方向同入射光的电矢量 $\boldsymbol{E}$ 的方向,设不同偶极振子到观察点的矢径为 $\boldsymbol{r}_j$,若以观察点

记矢径，则为$-\boldsymbol{r}_j$. $\boldsymbol{p}_j$ 与 $\boldsymbol{r}_j$ 的夹角为α_j. 当观察点远离散射介质时，可认为$|\boldsymbol{r}_j|=|\boldsymbol{r}_i|=r$，即每个振子到观察点的距离都相等，但各振子极矩与其矢径的夹角按其位置的不同而不同. 又，$|\boldsymbol{p}_j|=|\boldsymbol{p}_i|=p$，第 j 个偶极矩次波的电场为

$$|\boldsymbol{E}_j|=\frac{\omega^2}{4\pi\varepsilon_0 r_j^2}\boldsymbol{p}_j\cdot\boldsymbol{r}_j=\frac{\omega^2}{4\pi\varepsilon_0 r^2}p\sin\alpha_j$$

所以散射波的总电场为

$$|\boldsymbol{E}_{\mathrm{T}}|=\sum_{j=1}^{N}|\boldsymbol{E}_j|=\frac{\omega^2 NP}{4\pi\varepsilon_0 r^2}\sum_{j=1}^{N}\sin\alpha_j$$

由于 N 非常非常大，且介质均匀分布可以认为散射体对于其中心到观察点的连线是轴对称的，即对于第 j 偶极振子，它与 $\boldsymbol{r}$ 的夹角为α_j，总可以找到与之对称的振子，使之与 $\boldsymbol{r}$ 夹角为$-\alpha_j$. 由于正弦函数是奇函数，所以

$$\sum_{j=1}^{N}\sin\alpha_j=0$$

对于光线的传播方向的观察点，所有的偶极振子与矢径都垂直，所以光在均匀介质中沿原方向直线传播，无散射.

若介质不均匀，同样大小的体积元中偶极振子的数量不同，致使产生次波的振幅有涨落. 设各次波的振幅 $A_j=A_0+\Delta A_j$，即在平均值 A_0 附近偏离 ΔA_j. 第 j 个次波的复振幅为

$$\widetilde{A}_j=(A_0+\Delta A_j)\mathrm{e}^{\mathrm{i}\delta_j}$$

式中 δ_j 为与第 j 个偶极振子到观察点距离有关的幅角. 叠加后的总复振幅为

$$\begin{aligned}\widetilde{A}&=\sum_{j=1}^{N}\left[(A_0+\Delta A_j)\mathrm{e}^{\mathrm{i}\delta_j}\right]\\&=\sum_{j=1}^{N}A_0\mathrm{e}^{\mathrm{i}\delta_j}+\sum_{j=1}^{N}\Delta A_j\mathrm{e}^{\mathrm{i}\delta_j}\end{aligned}$$

对于任何散射光方向，由上述证明，上式第一项为零，所以散射光强为

$$\begin{aligned}I=\widetilde{A}\widetilde{A}^*&=\left(\sum_{j=1}^{N}\Delta A_j\mathrm{e}^{\mathrm{i}\delta_j}\right)\left(\sum_{j=1}^{N}\Delta A_j\mathrm{e}^{-\mathrm{i}\delta_j}\right)\\&=\sum_{j=1}^{N}(\Delta A_j)^2+2\sum_{j\neq k}^{N}\Delta A_j\Delta A_k\end{aligned}$$

式中 ΔA_j、ΔA_k 为振幅涨落，由于其大小和正负的无规性，当 N 很大时，上式第二项求和为零. 所以散射光强为

$$I=\sum_{j=1}^{N}(\Delta A_j)^2$$

令振幅涨落的方均值为

$$\overline{(\Delta A)^2}=\frac{1}{N}\sum_{j=1}^{N}(\Delta A_j)^2$$

所以

$$I=N\overline{(\Delta A)^2}$$

即散射光强与次波振幅涨落的方均值成正比.

2.129 根据以下数据比较光栅、棱镜、法布里-珀罗腔三者的分光性能：(1) 分辨本领；(2) 色散本领；(3) 自由光谱范围.

光栅宽度 $D=5\text{cm}$，刻线密度 $1/d=600$ 条/mm；

棱镜底边 $b=5\text{cm}$，顶角 $\alpha=60°$，折射率 $n=1.5$，色散率 $\mathrm{d}n/\mathrm{d}\lambda=0.6\times10^3/\text{Å}$；

法布里-珀罗腔长 $h=5\text{cm}$，反射率 $R=0.99$.

解 (1) 光栅一级光谱的色分辨本领为

$$R_1=N=3\times10^4$$

棱镜的色分辨本领为

$$R_2=b\frac{\mathrm{d}n}{\mathrm{d}\lambda}=3\times10^3$$

法布里-珀罗腔的色分辨本领为

$$R_3=\pi k\frac{\sqrt{R}}{1-R}=\frac{2\pi nh\cos\theta_k}{\lambda}\frac{\sqrt{R}}{1-R}$$

取 $\lambda=5000\text{Å}$，$\cos\theta_k\approx1$，$n=1.0$，得

$$R_3\approx6\times10^5$$

可见 $R_3>R_1>R_2$.

(2) 光栅一级光谱在 5000Å 邻近的角色散本领为

$$D_1=\frac{1}{d\cos\theta_1}=\frac{1}{\sqrt{d^2-\lambda^2}}\approx0.22'/\text{Å}$$

棱镜的角色散本领为

$$D_2=\frac{2\sin(\alpha/2)}{\sqrt{1-n^2\sin^2(\alpha/2)}}\frac{\mathrm{d}n}{\mathrm{d}\lambda}\approx0.031'/\text{Å}$$

法布里-珀罗腔的角色散本领为

$$D_3=\frac{k}{2nh\sin\theta_k}=\frac{2nh\cos\theta_k}{2nh\sin\theta_k}\frac{1}{\lambda}=\frac{1}{\lambda\tan\theta_k}$$

取 $\lambda=5000\text{Å}$，$\theta_k=10°$，算出

$$D_3\approx3.9'/\text{Å}$$

可见 $D_3>D_1>D_2$.

(3) 光栅可测波长的最大值 λ_M 被光栅常数 d 所限制

$$\lambda_M<d=\frac{1}{600}\text{mm}=17000\text{Å}$$

一级光谱上限波长 λ_M 与二级光谱下限波长 λ_m 满足

$$\lambda_M=2\lambda_m$$

所以光栅一级光谱的自由光谱范围(不至于与二级光谱发生重叠)应当为

$$\Delta\lambda_1=\lambda_M-\lambda_m=\frac{1}{2}\lambda_M$$

如果取 $\lambda_M=17000\text{Å}$，则自由光谱范围为 8500～17000Å. 如果取 $\lambda_M=8000\text{Å}$. 则自由光谱范围为 4000～8000Å，恰巧覆盖整个可见光波段.

对法布里-珀罗腔来说. 中心附近区域波长为 λ 的 k 级与波长为 $\lambda+\Delta\lambda$ 的 $k-1$ 级发生重叠的条件为

$$k\lambda=(k-1)(\lambda+\Delta\lambda)$$

所以其自由光谱范围为

$$\Delta\lambda_2=\frac{\lambda}{(k-1)}\approx\frac{\lambda}{k}\approx\frac{\lambda^2}{2nh}$$

如果取 $\lambda=5500\text{Å}$, $n=1.0$ 则

$$\Delta\lambda_2\approx0.03\text{Å}$$

由此可见. 法布里-珀罗仪是一种长程干涉仪. 有很高的色分辨本领，但是其量程很窄. 故适用于高分辨光谱技术.

对棱镜来说. 由于只有一套光谱. 故无光谱级(序)之间的重叠问题. 自由光谱范围不受限制. 当然，考虑到棱镜材料的吸收、对于从红外到可见再到紫外等不同波段. 应分别选用不同材料的棱镜. 棱镜光谱不分级别. 使入射光能充分集中在一套谱线上. 可提高光谱分析的灵敏度. 这是棱镜光谱仪的一大优点.

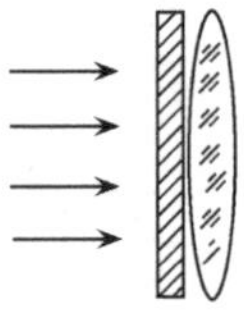
题图 2.130

2.130 见题图 2.130，将一正弦光栅与一薄透镜叠放在一起，试写出此组合系统的屏函数(即振幅透射率).

解 由两个屏密接的组合系统的屏函数应是各单个屏函数的乘积. 即

$$\tilde{t}=\tilde{t}_1\tilde{t}_2$$

目前 $\tilde{t}_1$ 是正弦光栅的屏函数

$$\tilde{t}_1=t_0+t_1\cos2\pi fx$$

$\tilde{t}_2$ 是薄透镜的屏函数

$$\tilde{t}_2=\exp\left(-\mathrm{i}k\frac{x^2+y^2}{2F}\right)$$

于是

$$\begin{aligned}\tilde{t}&=(t_0+t_1\cos2\pi fx)\exp\left(-\mathrm{i}k\frac{x_2+y_2}{2F}\right)\\&=t_0\exp\left(-\mathrm{i}k\frac{x^2+y^2}{2F}\right)+\frac{1}{2}t_1\exp\left[-\mathrm{i}k\left(\frac{x^2+y^2}{2F}-f\lambda x\right)\right]\\&\quad+\frac{1}{2}t_1\exp\left[-\mathrm{i}k\left(\frac{x^2+y^2}{2F}+f\lambda x\right)\right]\end{aligned}$$

2.131 一列平面波，波长为 6328Å，方向角 $\alpha=30°$, $\beta=75°$.

(1) 求其复振幅的空间频率 f_x, f_y, f_z；

(2) 这列平面波中沿什么方向的空间频率最高？最高空间频率为多少？相应的最短空间周期为多少？

(3) 在光谱学中常使用“波数” $\tilde{\nu}=\dfrac{1}{\lambda}$ 的概念，它与平面波场中的空间频率有什么联系和区别？

解 (1) 平面波波函数的标准形式为

$$\tilde{U}(x,y,z)=A\exp[\mathrm{i}(k_xx+k_yy+k_zz)]$$

其空间频率为

$$f_x = \frac{k_x}{2\pi} = \frac{k\cos\alpha}{2\pi} = \frac{\cos\alpha}{\lambda}$$

$$f_y = \frac{k_y}{2\pi} = \frac{k\cos\beta}{2\pi} = \frac{\cos\beta}{\lambda}$$

$$f_z = \frac{k_z}{2\pi} = \frac{k\cos\gamma}{2\pi} = \frac{\cos\gamma}{\lambda}$$

$$= \frac{1}{\lambda}\sqrt{1-\cos^2\alpha-\cos^2\beta}$$

取 $\lambda=6328\text{Å}$，$\alpha=30°$，$\beta=75°$，得

$$f_x \approx 1.37\mu\text{m}^{-1}$$

$$f_y \approx 0.41\mu\text{m}^{-1}$$

$$f_z \approx 0.68\mu\text{m}^{-1}$$

（2）平面波沿波矢 $\boldsymbol{k}$ 方向的波面排列最密．因而空间频率最高．数值为

$$f = \sqrt{f_x^2+f_y^2+f_z^2} = \frac{1}{\lambda} \approx 1.58\mu\text{m}^{-1}$$

光波长 λ 就是沿波矢方向波函数的空间周期．

（3）由以上讨论可见．波数 $\tilde{\nu}=1/\lambda$ 正是沿波矢 $\boldsymbol{k}$ 方向的平面波的空间频率．它比其他任何方向的空间频率都高．

2.132　设正弦光栅的复振幅透过率函数为

$$\tilde{t}(x,y) = t_0 + t_1\cos(2\pi fx+\varphi_0)$$

（1）一束平行光正入射于这正弦光栅上．求透射场的复振幅分布函数 $\tilde{U}_2(x,y)$ 的空间频率；

（2）求透射场强度分布函数 $I_2(x,y)=\tilde{U}_2\tilde{U}_2^*$ 的空间频率；

（3）利用题图 2.132(1)所示的装置制备正弦光栅，所用照明光波长为 6328Å，$\theta_1=\theta_2=30°$，算出这样制出的正弦光栅在(1)、(2)两问中空间频率的具体数值．

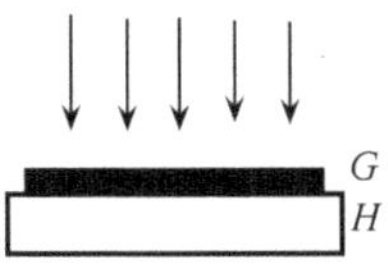

题图 2.132(1)

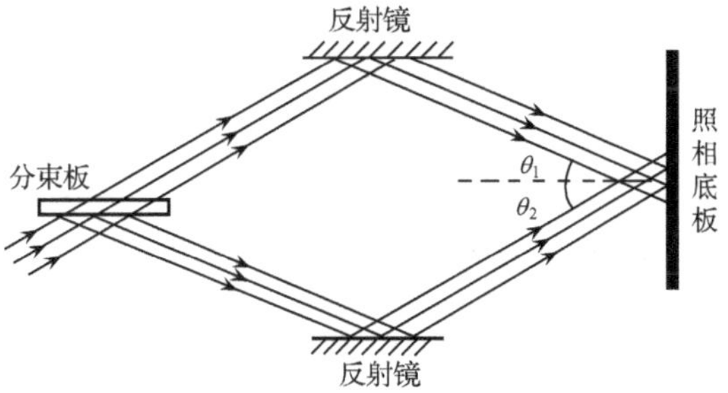

题图 2.132(2)

（4）用此正弦光栅按题图 2.132(2)所示的方法再制备一张新的光栅：将记录介质（感光底片）H 紧贴在正弦光栅 G 的下面，用一束平行光照明，然后对曝了光的记录介质进行线性冲洗，这张新光栅的复振幅透过率函数包含有几种空间频率成分？

解 (1) 透射场

$$\widetilde{U}_2(x,y)=\widetilde{U}_1(x,y)\widetilde{t}$$
$$=A_1[t_0+t_1\cos(2\pi fx+\varphi_0)]$$

可见其空间频率有两个,一是与直流项对应的空间频率

$$f_0=0$$

二是与交流项对应的空间频率

$$f_1=f$$

(2) 透射场强度

$$I_2(x,y)=\widetilde{U}_2\widetilde{U}_2^*=I_1[t_0^2+2t_0t_1\cos(2\pi fx+\varphi_0)+t_1^2\cos^2(2\pi fx+\varphi_0)]$$
$$=I_1\left[\left(t_0^2+\frac{1}{2}t_1^2\right)+2t_0t_1\cos(2\pi fx+\varphi_0)+\frac{1}{2}t_1^2\cos(4\pi fx+2\varphi_0)\right]$$

可见其空间频率有三个,分别是

$$f_0=0,\quad f_1=f,\quad f_2=2f$$

(3) 如用两束相干平行光对称入射,相干叠加而制备一张正弦光栅,则其空间频率为

$$f=\frac{1}{d}=\frac{2\sin\theta}{\lambda}$$

本题 $\theta=30°$,$\lambda=6328\text{Å}$,得(1) (2)两问中

$$f_1=f=\frac{1}{\lambda}\approx 1.58\mu\text{m}^{-1}=1580\text{mm}^{-1}$$

$$f_2=2f\approx 3160\text{mm}^{-1}$$

(4) 对底片曝光起作用的是光强,所以新光栅的复振幅透过率函数为

$$\widetilde{t}_H\propto I_2=I_1\left[\left(t_0+\frac{1}{2}t_1^2\right)+2t_0t_1\cos 2\pi fx+\frac{1}{2}t_1^2\cos 4\pi fx\right]$$

如用(3)所得的正弦光栅,则 t_H 包含的三种空间频率数值为

$$f_0=0,\quad f_1=1580\text{mm}^{-1},\quad f_2=3160\text{mm}^{-1}$$

这个结果说明,以正弦光栅为底片,用曝光线性冲洗的办法不能复制正弦光栅.这一点与黑白光栅是不同的.黑白光栅是可以用母光栅光刻复制的.

2.133 一正弦光栅的屏函数为

$$\widetilde{t}(x,y)=t_0+t_1\cos 2\pi fx$$

现将它沿 x 方向平移 $\Delta x=d/6,d/4,d/2,d,3d/2$.写出移动后的屏函数表达式($d$ 为屏函数的空间周期).

解 位移 Δx 引起相移 $\Delta\varphi$,两者的定量关系为

$$\Delta\varphi=-2\pi f\Delta x=-\frac{2\pi}{d}\Delta x$$

屏函数的表达式写成

$$t(x,y)=t_0+t_1\cos(2\pi fx+\Delta\varphi)$$

当

$$\Delta x = \frac{d}{6} \text{时}, \Delta\varphi = -\frac{\pi}{3}, t(x,y) = t_0 + t_1\cos\left(2\pi fx - \frac{\pi}{3}\right)$$

$$\Delta x = \frac{d}{4} \text{时}, \Delta\varphi = -\frac{\pi}{2}, t(x,y) = t_0 + t_1\cos\left(2\pi fx - \frac{\pi}{2}\right) = t_0 + t_1\sin(2\pi fx)$$

$$\Delta x = \frac{d}{2} \text{时}, \Delta\varphi = \pi, t(x,y) = t_0 - t_1\cos(2\pi fx)$$

$$\Delta x = d \text{时}, \Delta\varphi = 2\pi, t(x,y) = t_0 + t_1\cos(2\pi fx)$$

$$\Delta x = \frac{3}{2}d \text{时}, \Delta\varphi = 3\pi, t(x,y) = t_0 - t_1\cos(2\pi fx)$$

2.134　正弦光栅的屏函数为

$$\tilde{t}(x,y) = t_0 + t_1\cos(2\pi f_x x + 2\pi f_y y)$$

现将它沿斜方向平移 $\Delta\boldsymbol{r} = (\Delta\boldsymbol{x}, \Delta\boldsymbol{y})$. 写出移动后的屏函数表达式.

解　对于空间频率为(f_x, f_y)的正弦光栅. 当位移矢量为$\Delta\boldsymbol{r}(\Delta\boldsymbol{x}, \Delta\boldsymbol{y})$时(参见题图 2.134),相应的相移$(\Delta\varphi_x, \Delta\varphi_y)$为

$$\Delta\varphi_x = -2\pi f_x \Delta x$$

$$\Delta\varphi_y = -2\pi f_y \Delta y$$

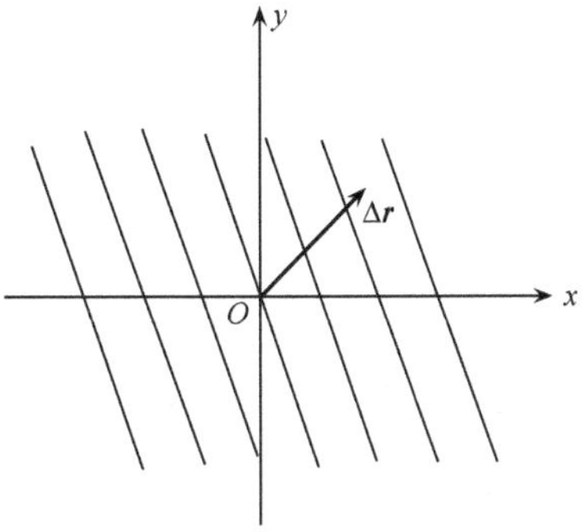

题图 2.134

此时屏函数表达式为

$$t(x,y) = t_0 + t_1\cos[2\pi f_x(x - \Delta x) + 2\pi f_y(y - \Delta y)]$$

2.135　设光栅的复振幅透过率函数为

$$t(x) = t_0 + t_1\cos 2\pi fx + t_1\cos\left(2\pi fx + \frac{\pi}{2}\right)$$

这块光栅的夫琅禾费衍射场中将出现几个衍射斑? 各斑的中心强度与 0 级斑的比值是多少?

解　这块光栅的复振幅透过率函数除直流成分 t_0 项外,后面两项是同一空间频率 f,可以肯定这块光栅仍将只有三个夫琅禾费衍射斑. 但在分析衍射斑中心强度的比值时,必须注意到后两项给出的同级两个衍射斑之间是有 $\pi/2$ 相位差的,因此

$$A_0 \propto t_0$$

$$A'_{+1} = A''_{+1} \propto \frac{1}{2}t_1, \qquad A_{+1} = \sqrt{A'^2_{+1} + A''^2_{+1}} \propto \frac{\sqrt{2}}{2}t_1$$

$$A'_{-1} = A''_{-1} \propto \frac{1}{2}t_1, \qquad A_{-1} = \sqrt{A'^2_{-1} + A''^2_{-1}} \propto \frac{\sqrt{2}}{2}t_1$$

所以± 1 级衍射斑中心强度与 0 级斑之比值为

$$\frac{I_{\pm 1}}{I_0} = \frac{A^2_{\pm 1}}{A^2_0} = \frac{1}{2}\left(\frac{t_1}{t_0}\right)^2$$

另一种算法是将 $\tilde{t}(x)$表达式后两项之和化为一项,即

$$\tilde{t}(x) = t_0 + 2t_1\cos\left(2\pi fx + \frac{\pi}{4}\right)\cos\frac{\pi}{4}$$

$$= t_0 + \sqrt{2} t_1 \cos\left(2\pi f x + \frac{\pi}{4}\right)$$

由正弦光栅衍射特征表查出

$$A_{\pm 1} \propto \frac{1}{2}\sqrt{2} t_1, \qquad A_0 \propto t_0$$

故

$$\frac{I_{\pm 1}}{I_0} = \frac{1}{2}\left(\frac{t_1}{t_0}\right)^2$$

2.136 如题图 2.136(1)，$G(x,y)$为一块正弦光栅，其复振幅透过率函数为

$$\tilde{t}(x,y) = t_0 + t_1 \cos 2\pi f x$$

现用一束会聚球面光波照明. 试用相因子判断法导出傍轴条件下衍射场的主要特征.

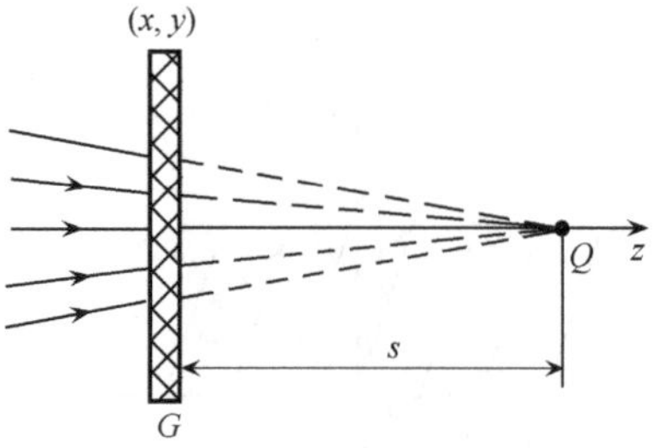

题图 2.136(1)

解 傍轴条件下，中心在轴上的会聚球面波波前函数的标准形式为

$$\tilde{U}_1(x,y) \approx A_1 \exp\left(-\mathrm{i}k\frac{x^2+y^2}{2s}\right)$$

经正弦光栅作用后，透射波前为

$$\begin{aligned}\tilde{U}_2(x,y) &= (t_0 + t_1\cos 2\pi f x)\tilde{U}_1 \\ &= \left[t_0 + \frac{1}{2}t_1\exp(\mathrm{i}2\pi f x) + \frac{1}{2}t_1\exp(-\mathrm{i}2\pi f x)\right]\tilde{U}_1 \\ &= t_0 A_1 \exp\left(-\mathrm{i}k\frac{x^2+y^2}{2s}\right) \\ &\quad + \frac{1}{2}t_1 A_1 \exp\left[-\mathrm{i}k\left(\frac{x^2+y^2}{2s} - f\lambda x\right)\right] \\ &\quad + \frac{1}{2}t_1 A_1 \exp\left[-\mathrm{i}k\left(\frac{x^2+y^2}{2s} + f\lambda x\right)\right]\end{aligned}$$

运用相因子判断法可知衍射场主要包含三种成分的衍射波[如题图 2.136(2)所示]，波前函数的第一项为

$$\tilde{U}_0(x,y) = t_0 A_1 \exp\left(-\mathrm{i}k\frac{x^2+y^2}{2s}\right)$$

它代表会聚于 s 处的球面波，即入射光的直接透射波. 当然，能流减少了：第二项为

$$U_{+1}(x,y) = \frac{1}{2}t_1 A_1 \exp\left[-\mathrm{i}k\left(\frac{x^2+y^2}{2s} - f\lambda x\right)\right]$$

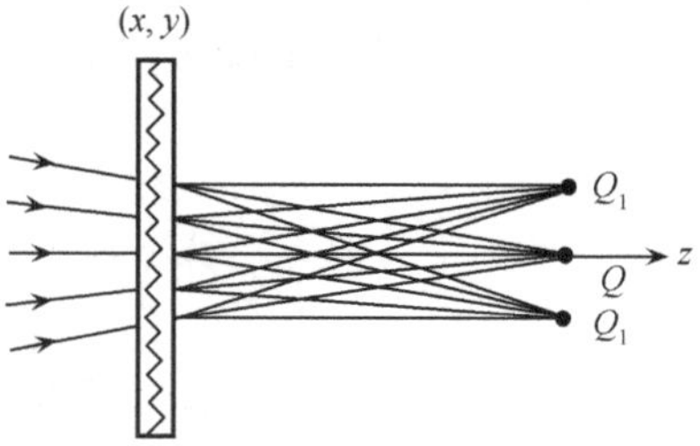

题图 2.136(2)

它代表会聚于轴外上方 Q_{+1} 的球面波. Q_{+1} 的位置坐标为$(f\lambda s, 0, s)$：第三项为

$$\tilde{U}_{-1}(x,y) = \frac{1}{2}t_1 A_1 \exp\left[-\mathrm{i}k\left(\frac{x^2+y^2}{2s} + f\lambda x\right)\right]$$

它代表会聚于轴外下方 Q_{-1} 的球面波，其位置坐标为 $Q_{-1}(-f\lambda s, 0, s)$.

以上结果表明正弦光栅对波前的变换作用同时相当于两个楔形棱镜，一个劈角在下方的棱镜产生像点 Q_{+1}．一个劈角在上方的棱镜产生像点 Q_{-1}．

2.137　装置如题图 2.137(1)，将一点源置于反射镜的焦点，用以实现平面波与球面波的干涉，设记录介质 H 面上平面波振幅为 A_1，球面波(傍轴条件)的振幅为 A_2．

(1) 试分析干涉条纹的形状；

(2) 导出干涉场的强度分布；

(3) 若将感光底片 H 作线性冲洗而成为一张波带片，再用一束相同波长的平行光束正入射于该波带片，试用相因子判断法分析衍射场的主要特征．

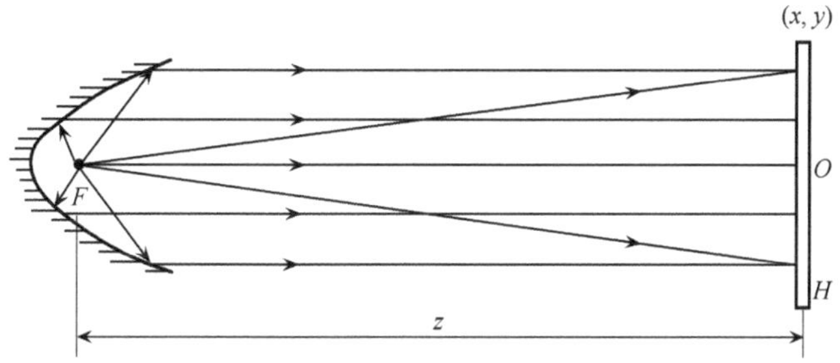

题图 2.137(1)

解　(1) 干涉花样的形状是以 O 点为中心的同心环．

(2) 干涉场强度分布

$$I_H(x,y)=\left[A_1+A_2\exp\left(\mathrm{i}k\frac{x^2+y^2}{2z}\right)\right]\times\left[A_1+A_2\exp\left(\mathrm{i}k\frac{x^2+y^2}{2z}\right)\right]^*$$

$$=A_1^2+A_2^2+2A_1A_2\cos\left(k\frac{x^2+y^2}{2z}\right)$$

$$=A_1^2+A_2^2+2A_1A_2\cos\left(k\frac{r^2}{2z}\right)$$

(3) 入射光波前

$$\widetilde{U}_1(x,y)=A$$

经波带片 H 以后透射场为

$$\widetilde{U}_2(x,y)=\widetilde{t_H}\,\widetilde{U}_1\propto AI_H$$

$$=A(A_1^2+A_2^2)+AA_1A_2\exp\left(\mathrm{i}k\frac{x^2+y^2}{2z}\right)$$

$$+AA_1A_2\exp\left((-\mathrm{i}k\frac{x^2+y^2}{2z})\right)$$

须知透射场便是衍射场的波前，进一步运用相因子判断法可知，此时衍射场主要包含以下三种衍射波，第一项为

$$\widetilde{U}_0(x,y)=A(A_1^2+A_2^2)$$

是一束正出射的平面衍射波；第二项为

$$\widetilde{U}_{+1}(x,y) = AA_1A_2\exp\left(\mathrm{i}k\frac{x^2+y^2}{2z}\right)$$

是一束发散球面衍射波，中心 Q_{+1} 位于底片左侧距离为 z；第三项为

$$\widetilde{U}_{-1}(x,y) = AA_1A_2\exp\left(-\mathrm{i}k\frac{x^2+y^2}{2z}\right)$$

是一束会聚球面衍射波，中心 Q_{-1} 位于底片右侧距离为 z.

这张底片是一张正弦型的菲涅耳波带片. 由以上讨论可知，它对波前的变换作用，同时相当于两个透镜：一个为发散透镜，虚像点在 Q_{+1}，另一个为会聚透镜，实像点在 Q_{-1}，如题图 2.137(2)所示.

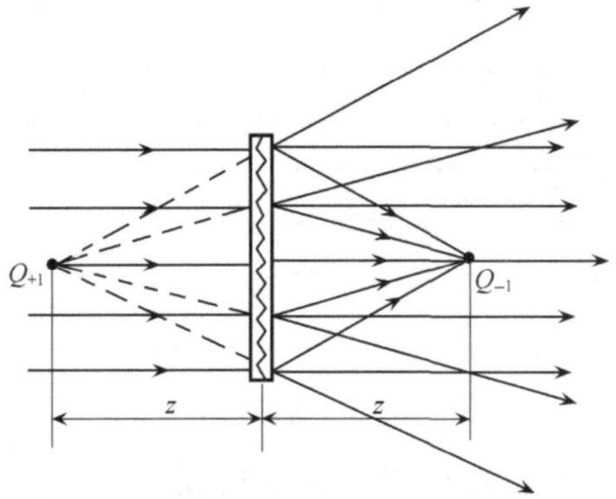

题图 2.137(2)

2.138 算出下列黑白光栅的前 10 个傅里叶系数：$t_0, \tilde{t}_1, \cdots, \tilde{t}_9$.

(1) $a/d=1/3$；

(2) $a/d=1/2$.

解 黑白光栅的透过率函数为

$$t(x) = \begin{cases} 1, & |x| < \dfrac{a}{2} \\ 0, & \dfrac{a}{2} < |x| < \dfrac{d}{2} \end{cases}$$

傅里叶系数为

$$t_0 = \frac{1}{d}\int_{-d/2}^{d/2} t(x)\mathrm{d}x = \frac{1}{d}\int_{-a/2}^{a/2}\mathrm{d}x = \frac{a}{d}$$

$$\begin{aligned}\tilde{t}_n &= \frac{1}{d}\int_{-d/2}^{d/2} t(x)\mathrm{e}^{-\mathrm{i}2\pi f_n x}\,\mathrm{d}x \\ &= \frac{1}{d}\int_{-a/2}^{a/2}\mathrm{e}^{-\mathrm{i}2\pi f_n x}\,\mathrm{d}x \\ &= \frac{1}{d}\,\frac{\sin\pi f_n a}{\pi f_n} = \frac{a}{d}\,\frac{\sin n\pi fa}{n\pi fa}\end{aligned}$$

由于 $t(x+d)=t(x)$，所以基频

$$f = \frac{1}{d}$$

傅里叶系数可写成

$$\tilde{t}_n = \frac{a}{d}\frac{\sin(n\pi a/d)}{n\pi a/d}$$

(1) 当$\frac{a}{d}=\frac{1}{3}$时得

$$t_0 = \frac{1}{3}, \qquad \tilde{t}_1 = \frac{1}{\pi}\sin\frac{\pi}{3} = \frac{\sqrt{3}}{2\pi}$$

$$\tilde{t}_2 = \frac{1}{2\pi}\sin\frac{2\pi}{3} = \frac{\sqrt{3}}{4\pi}, \qquad \tilde{t}_3 = \frac{1}{3\pi}\sin\frac{3\pi}{3} = 0$$

$$\tilde{t}_4 = \frac{1}{4\pi}\sin\frac{4\pi}{3} = -\frac{\sqrt{3}}{8\pi}, \qquad \tilde{t}_5 = \frac{1}{5\pi}\sin\frac{5\pi}{3} = -\frac{\sqrt{3}}{10\pi}$$

$$\tilde{t}_6 = \frac{1}{6\pi}\sin\frac{6\pi}{3} = 0, \qquad \tilde{t}_7 = \frac{1}{7\pi}\sin\frac{7\pi}{3} = \frac{\sqrt{3}}{14\pi}$$

$$\tilde{t}_8 = \frac{1}{8\pi}\sin\frac{8\pi}{3} = \frac{\sqrt{3}}{16\pi}, \qquad \tilde{t}_9 = \frac{1}{9\pi}\sin\frac{9\pi}{3} = 0$$

(2) 当$\frac{a}{d}=\frac{1}{2}$时得

$$t_0 = \frac{1}{2}, \qquad \tilde{t}_1 = \frac{1}{\pi}\sin\frac{\pi}{2} = \frac{1}{\pi}$$

$$\tilde{t}_2 = \frac{1}{2\pi}\sin\frac{2\pi}{2} = 0, \qquad \tilde{t}_3 = \frac{1}{3\pi}\sin\frac{3\pi}{2} = -\frac{1}{3\pi}$$

$$\tilde{t}_4 = \frac{1}{4\pi}\sin\frac{4\pi}{2} = 0, \qquad \tilde{t}_5 = \frac{1}{5\pi}\sin\frac{5\pi}{2} = \frac{1}{5\pi}$$

$$\tilde{t}_6 = \frac{1}{6\pi}\sin\frac{6\pi}{2} = 0, \qquad \tilde{t}_7 = \frac{1}{7\pi}\sin\frac{7\pi}{2} = -\frac{1}{7\pi}$$

$$\tilde{t}_8 = \frac{1}{8\pi}\sin\frac{8\pi}{2} = 0, \qquad \tilde{t}_9 = \frac{1}{9\pi}\sin\frac{9\pi}{2} = \frac{1}{9\pi}$$

2.139 如题图 2.139,设透镜理想成像,证明在成像光束中任意几个次波源(如图中的 a,b,c)在像点 Q' 产生的扰动是同相位的,如果在光路中设有衍射屏,以上结论是否成立?

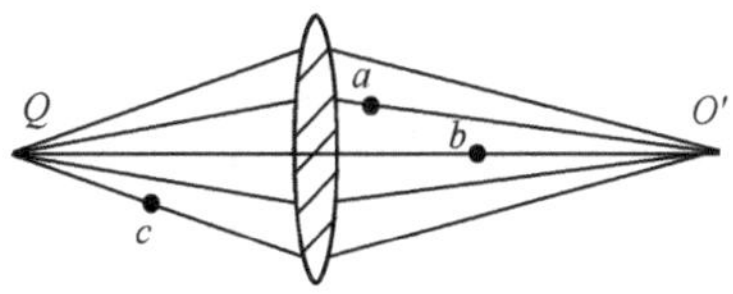

题图 2.139

证 点源在某一场点产生的扰动的相位,既取决于点源本身的相位,又取决于点源至场点的光程.而次波源具有双重性,它既是实际物点 Q 所激发的波场中的一点,又是对像点 Q' 扰动有所贡献的点源.因此,次波源 a,b,c 在 Q' 点所产生的扰动相位应表示为

$$\varphi_a(Q') = \varphi_Q(a) + \frac{2\pi}{\lambda}L(aQ') = \frac{2\pi}{\lambda}L(Qa) + \frac{2\pi}{\lambda}L(aQ')$$

$$= \frac{2\pi}{\lambda}L(QaQ')$$

$$\varphi_b(Q') = \varphi_Q(b) + \frac{2\pi}{\lambda}L(bQ') = \frac{2\pi}{\lambda}L(Qb) + \frac{2\pi}{\lambda}L(bQ')$$

$$= \frac{2\pi}{\lambda}L(QbQ')$$

$$\varphi_c(Q')=\varphi_Q(c)+\frac{2\pi}{\lambda}L(cQ')=\frac{2\pi}{\lambda}L(Qc)+\frac{2\pi}{\lambda}L(cQ')$$
$$=\frac{2\pi}{\lambda}L(QcQ')$$

再考虑到理想成像时所有光线的等光程性，即

$$L(QaQ')=L(QbQ')=L(QcQ')$$

所以

$$\varphi_a(Q')=\varphi_b(Q')=\varphi_c(Q')$$

这个结论在分析计算像面衍射场问题中是有用的. 不论光路中是否有衍射屏，只要是这些次波源对像点的扰动有所贡献，这个结论依然成立.

2.140　证明在傍轴条件下傅里叶面上 $\pm n$ 级衍射斑相对 0 级的相位为

$$\varphi_{\pm n}=-k\frac{(na)^2}{2z}$$

式中 z 是傅里叶面到像面的距离，a 为相邻衍射斑中心间的距离.

证　如题图 2.140(1)，n 级衍射斑的衍射角满足

$$\sin\theta_n=f_n\lambda=nf\lambda$$

如何决定衍射斑中心的相位是个关键. 衍射斑中心的扰动是物面上大量次波源沿 θ_n 方向传播的次级扰动的相干叠加. 中心次波源 O 沿光程 $L(ObS_n)$ 到达 S_n 点的相位为

$$\varphi_0(S_n)=\varphi_0+\frac{2\pi}{\lambda}L(ObS_n)$$

考虑到单频信息是偶函数，上方 OA 段与下方 OB 段在 S_n 处扰动的相位关系具有对称性，从矢量图[题图 2.140(2)]中清楚看出，S_n 点总扰动 OM 的相位与中心点 O 发射的次级扰动(小矢量)相位是一致的.

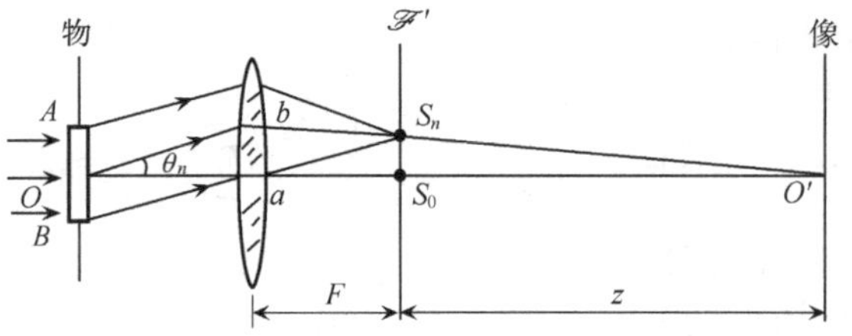

题图 2.140(1)　装置图

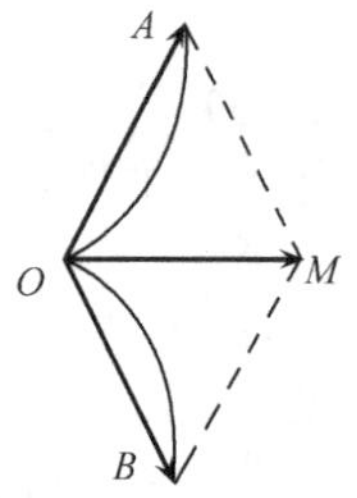

题图 2.140(2)　矢量图解

因此，n 级衍射斑与 0 级斑的相位分别表示为

$$\varphi(S_n)=\varphi_n(S_n)=\varphi_0+\frac{2\pi}{\lambda}L(ObS_n)$$

$$\varphi(S_0)=\varphi_0(S_0)=\varphi_0+\frac{2\pi}{\lambda}L(OaS_0)$$

相位差为

$$\varphi(S_n)-\varphi(S_0)=\frac{2\pi}{\lambda}[L(ObS_n)-L(OaS_0)] \tag{1}$$

注意到前场的光程差可以转换为后场的光程差,即

$$L(ObS_n)=L(ObS_nO')-L(S_nO')$$
$$L(OaS_0)=L(OaS_0O')-L(S_0O')$$

并考虑到成像光线的等光程性

$$L(ObS_nO')=L(OaS_0O')$$

于是有

$$L(ObS_n)-L(OaS_0)=-[L(S_nO')-L(S_0O')] \tag{2}$$

在傍轴条件下

$$\overline{S_nO'}-\overline{S_0O'}\approx\frac{1}{2z}(\overline{S_nS_0})^2 \tag{3}$$

$$\overline{S_nS_0}\approx F\sin\theta_n=nf\lambda F=na \tag{4}$$

式中 $a=f\lambda F$ 是相邻衍射斑中心间的线距离. 综合这 4 个式子,最后得相位差为

$$\varphi(S_n)-\varphi(S_0)=-k\frac{(na)^2}{2z}$$

值得注意的是,对于$\pm n$级衍射斑的相位差表示式也是如此,不必变号. 当然,按我们原先对相位正负号的习惯约定(相位超前算负),上式中的负号说明 n 级衍射斑的实际相位是超前零级斑的.

2.141 在一相干成像系统中,镜头(作为入射光瞳)的相对孔径为 1/5,求此系统的截止频率(mm^{-1}). 设物平面在前焦面附近,照明波长为 0.5μm.

解 如题图 2.141,系统的截止频率 f_M由镜头口径限制的最大出射角 u_0 决定,其关系为

$$\sin u_0=f_M\lambda$$

从几何上看大体上

$$\sin u_0\approx\frac{D}{2F}$$

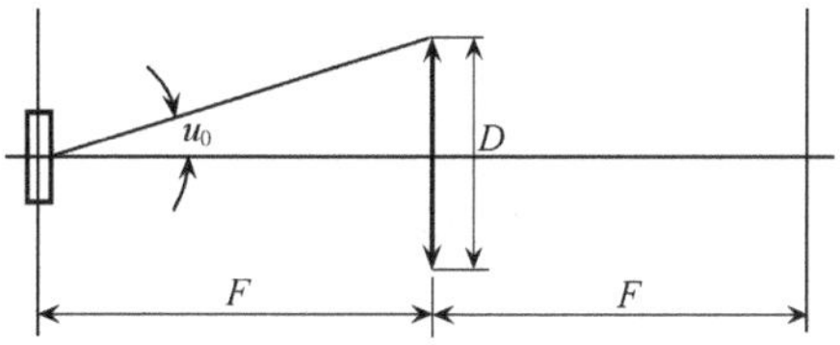

题图 2.141

所以

$$f_M=\frac{1}{2\lambda}\left(\frac{D}{F}\right)$$

取镜头的相对孔径$(D/F)=1/5$,$\lambda=0.5\mu m$,算得

$$f_M=200mm^{-1}$$

2.142 利用阿贝成像原理导出在相干照明条件下显微镜的最小分辨距离公式.

解 上题讨论过的截止频率的倒数,便是镜头口径限制下的相干显微成像系统可分辨的最小空间周期

$$d_m=\frac{1}{f_M}=\frac{\lambda}{\sin u_0}=2\lambda\left(\frac{D}{F}\right)^{-1}$$

而非相干显微成像系统的最小分辨距离公式为

$$\delta y_m=0.61\frac{\lambda}{\sin u_0}$$

由此可见. 两者(d_m 与 δy_m)的数值很相近.

2.143　采用如题图 2.143 所示远场装置接收夫琅禾费衍射场，设单缝宽度约为 100μm，入射光波长 6328Å，问：

(1) 接收屏幕至少应放多远？

(2) 在接收屏幕的多大范围内才算是夫琅禾费衍射场？

(3) 零级半角宽度为多少？

(4) 在接收屏幕上零级的线宽度有多少？

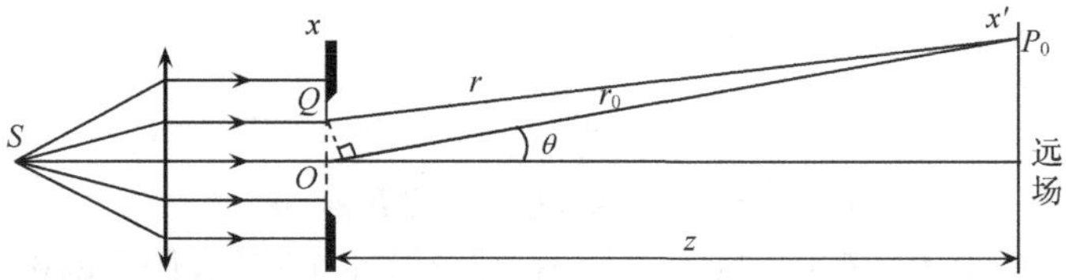

题图 2.143

解　(1) 相对于衍射屏线度 a 来说，远场条件要求纵向距离

$$z \gg \frac{a^2}{\lambda}$$

取 $a \approx 100\mu m$，$\lambda = 0.63\mu m$，选 30 倍作估算，得

$$z = 30\frac{a^2}{\lambda} \approx 48 cm$$

(2) 夫琅禾费衍射远场装置只要求接收范围 ρ 满足傍轴条件

$$\rho \ll z$$

取 $z \approx 50 cm$，选 10 倍作估算，得

$$\rho = \frac{1}{10}z \approx 5 cm$$

(3) 零级半角宽度公式仍然是

$$\Delta\theta_0 \approx \frac{\lambda}{a} = 6.3\times 10^{-3}\,\text{rad} \approx 21.7' = 21'42''$$

(4) 在接收屏幕零级两侧暗点之间的线宽度

$$\Delta l_0 \approx 2\Delta\theta_0 z \approx 2\times(6.3\times 10^{-3})\times 50 cm = 6.3 mm$$

2.144　采用像面接收装置[题图 2.144(1)或题图 2.144(2)]接收单缝的夫琅禾费衍射场，设单缝宽度约为 1mm，入射光波长 4880Å，物距 40cm，像距 80cm.

(1) 如果单缝置于透镜后方，要求像面在 1cm 范围内接收到夫琅禾费衍射场，单缝距像面至少多远？

(2) 如果单缝紧贴透镜后侧，求零级半角宽度和接收屏幕上零级的线宽度；

(3) 如果单缝离透镜 40cm 远，求零级半角宽度及它在幕上的线宽度；

(4) 如果单缝置于透镜前方，紧贴在其左侧，情形如何？

解　(1) 如题图 2.144(1). 像面接收装置对衍射屏和接收屏都只要求傍轴条件，即要求衍射屏线度 a 和接收屏横向线度 ρ 满足

$$z' \gg a, \qquad z' \gg \rho$$

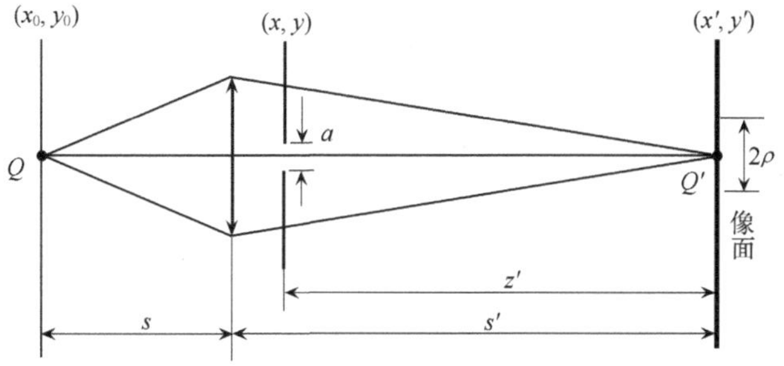

题图 2.144(1)

如果选 $\rho \approx (1/2)\times 1.0\text{cm} = 0.5\text{cm}$,$a \approx 0.1\text{cm}$,取

$$z' = 10\rho = 5\text{cm}$$

即单缝与像面距离大于 5cm,便足以在像面 1cm 范围内接收到夫琅禾费衍射场.

(2) 如果取 $z' \approx s' = 80\text{cm}$,则像面上零级半角宽度公式仍然为

$$\Delta\theta_0 \approx \frac{\lambda}{a} = \frac{0.488}{1000} \approx 4.9\times 10^{-4}(\text{rad})$$

$$\approx 1.7' = 1'42''$$

而零级线宽

$$\Delta l_0 \approx 2\Delta\theta_0 z' = 2\times(4.9\times 10^{-4})\times 80\text{cm} \approx 0.78\text{mm}$$

(3) 如果单缝离透镜距离 $s' - z' = 40\text{cm}$ 远,零级半角宽度不变,仍为

$$\Delta\theta_0 \approx \frac{\lambda}{a} \approx 4.9\times 10^{-4}\text{rad}$$

而零级线宽缩为

$$\Delta l_0 \approx 0.39\text{mm}$$

(4) 如果单缝紧贴透镜左侧,情况与(2)相近,零级半角宽度不变. 仍为

$$\Delta\theta_0 \approx 4.9\times 10^{-4}\text{rad}$$

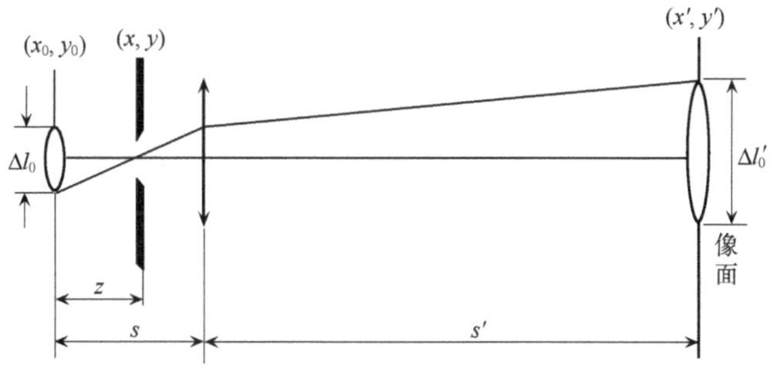

题图 2.144(2)

零级线宽

$$\Delta l_0 \approx 0.78\text{mm}$$

如果衍射屏置于透镜前方某处[如题图 2.144(2)],用可逆共轭原理去处理最简单.先将光路逆转自右向左,视物面 x_0y_0 为像面.此时零级线宽为

$$\Delta l_0 = 2\Delta\theta_0 z = 2\frac{\lambda}{a}z$$

再将光路还原,此时像面 $x'y'$ 上的零级斑就是当初物面 x_0y_0 上零级斑的共轭像,故零级线宽

$$\Delta l_0' = V\Delta l_0 = \frac{s'}{s}\left(2\frac{\lambda}{a}z\right) = 2\frac{\lambda}{a}\frac{s'}{s}z$$

2.145 大量点源无规地分布在 x 轴上,其振幅分布可写为

$$\tilde{U}(x) = \sum_{n=1}^{N}\delta(x-x_n)$$

(1) 求 $\mathscr{F}\{\tilde{U}(x)\}$;

(2) 试证 $\mathscr{F}\mathscr{F}^* = N$.

解 (1) 由傅里叶变换的线性定理得

$$\begin{aligned}\mathscr{F}\{\tilde{U}(x)\} &= \mathscr{F}\{\sum\delta(x-x_n)\}\\ &= \sum\mathscr{F}\{\delta(x-x_n)\} = \sum_{n=1}^{N}\mathrm{e}^{-\mathrm{i}2\pi f x_m}\end{aligned}$$

(2) 此时

$$\begin{aligned}\mathscr{F}\mathscr{F}^* &= (\sum\mathrm{e}^{-\mathrm{i}2\pi f x_m})(\sum\mathrm{e}^{-\mathrm{i}2\pi f x_n})^*\\ &= (\sum\mathrm{e}^{-\mathrm{i}2\pi f x_n})(\sum\mathrm{e}^{\mathrm{i}2\pi f x_m})\\ &= N + \sum_{\substack{n\neq m\\ n,m=1}}^{N}\mathrm{e}^{\mathrm{i}2\pi f(x_n-x_m)}\end{aligned}$$

式中交叉项

$$\sum_{\substack{n\neq m\\ n,m=1}}^{N}\mathrm{e}^{\mathrm{i}2\pi f(x_n-x_m)} = \sum_{\substack{n\neq m\\ n,m=1}}^{N}\cos[2\pi f(x_n-x_m)]$$

由于点源位置 x_n, x_m 无规分布,点源数目 N 足够大,致使交叉项统计结果,内部互相抵消,总和为零,故

$$\mathscr{F}\mathscr{F}^* = N$$

这个例子的意义是,虽然这些大量点源是相干的,由于其空间排列是无序的,致使它们产生的夫琅禾费衍射强度分布回到了非相干叠加的结果,处处是单一点源产生的强度的 N 倍.

2.146 在透镜的前焦面上有一系列同相位的相干光源等距排列在 x 轴上,形成一维点阵.用傅里叶变换法求后焦面上的夫琅禾费衍射场.

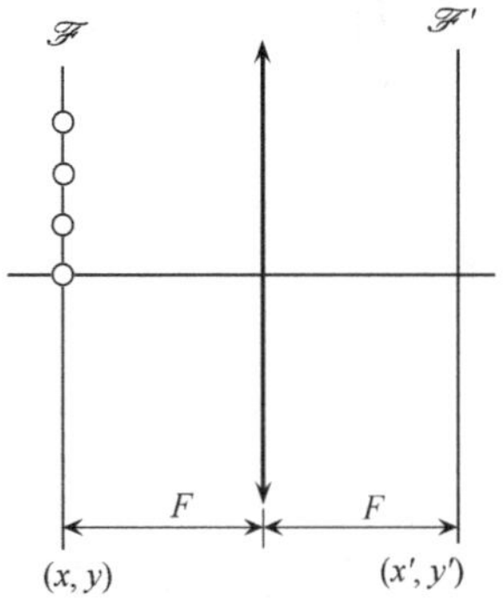

题图 2.146(1)

解 点源的复振幅应由 δ 函数来描述,沿 x 轴等距排列的一维点阵[如题图 2.146(1)]表示为

$$\tilde{U}(x,y)=\sum_{n=0}^{n=N}\delta(x-nd,y)$$

后焦面上的夫琅禾费衍射场为

$$\tilde{U}(x'\cdot y')=\mathscr{F}\{\tilde{U}(x,y)\}=\sum_{n=0}^{n=N}\mathscr{F}\{\delta(x-nd,y)\}$$

$$=\sum_{n=0}^{n=N}\mathrm{e}^{\mathrm{i}2\pi f_x nd}=\frac{1-\mathrm{e}^{\mathrm{i}N\beta'}}{1-\mathrm{e}^{-\mathrm{i}\beta'}}$$

式中 $\beta'=2\pi f_x d$，$f_x=\dfrac{x'}{F\lambda}$.

衍射场强度分布为

$$I(x',y')=\tilde{U}(x',y')\tilde{U}^*(x',y')=\left(\frac{1-\mathrm{e}^{\mathrm{i}N\beta'}}{1-\mathrm{e}^{-\mathrm{i}\beta'}}\right)\left(\frac{1-\mathrm{e}^{-\mathrm{i}N\beta'}}{1-\mathrm{e}^{\mathrm{i}\beta'}}\right)$$

$$=\frac{2-2\cos N\beta'}{2-2\cos\beta'}=\frac{\sin^2\dfrac{N\beta'}{2}}{\sin^2\dfrac{\beta'}{2}}=\frac{\sin^2 N\beta}{\sin^2\beta}$$

式中

$$\beta=\frac{\beta'}{2}=\pi d f_x=\frac{\pi d}{\lambda}\cdot\frac{x'}{F}$$

其强度分布曲线如题图 2.146(2)所示，是一组等间隔等高度的空间脉冲，若横坐标以衍射角正弦值 $\sin\theta$ 标定，则脉冲角间隔 $\Delta\theta$ 和脉冲角宽度 $\delta\theta$ 分别表示为

$$\Delta\theta(d\cos\theta)\approx\lambda$$

$$\delta\theta(Nd\cos\theta)\approx\lambda$$

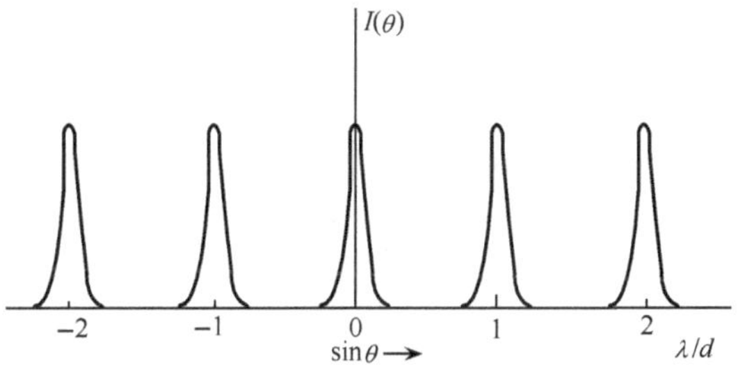

题图 2.146(2)

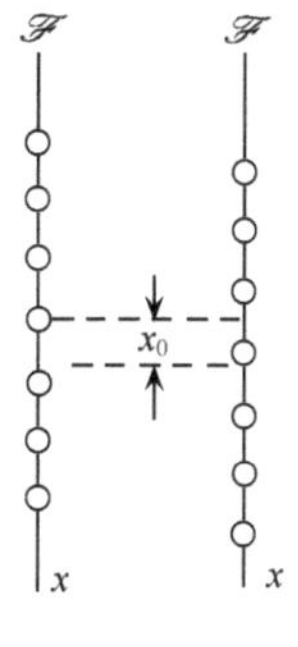

题图 2.146(3)

最后顺便交代一下，实际上总是将一维点阵对称地安排成题图 2.146(3)那样，这相当于把题图 2.146(1)那种安排沿 x 轴向下位移适当距离 x_0，其实这只要在上述复振幅表达式中添加一个常数相因子 $\exp(\mathrm{i}2\pi f x_0)$，而并不影响衍射强度表达式.

2.147　设透镜直径 $D=5\text{cm}$，焦距 $F=60\text{cm}$，位于前焦面上的图像(衍射屏)线度 $l=2\text{cm}$，入射光波长 $\lambda=0.6\mu\text{m}$.

(1) 分别算出后焦面上$(x',y')=(0,0),(0,1),(\sqrt{2}/2,\sqrt{2}/2),(0.5,2),(3,-5),(-10,15)$(单位皆为 mm)等处所对应的空间频率$(f_x,f_y)$的具体数值(单位皆为 mm^{-1})；

(2) 计算系统的截止频率.

解 (1) 夫琅禾费衍射场点位置(x',y')与屏函数空间频率(f_x,f_y)的关系为

$$(x',y') = F\lambda(f_x,f_y),\text{或}(f_x,f_y) = \frac{1}{F\lambda}(x',y')$$

按题意算出(f_x,f_y)值列表如下：

(x',y')/mm	(0,0)(0,1)	$(\sqrt{2}/2,\sqrt{2}/2)$	(0.5,2)	(3,−5)
$(f_x,f_y)^{-1}$/mm	(0,0)(0,2.8)	(2.0,2.0)	(1.4,5.6)	(8.3,−13.9)

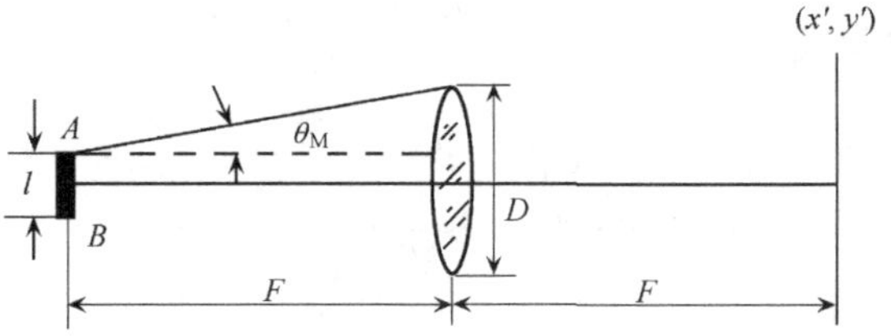

题图 2.147

(2) 如题图 2.147，透镜所能接收的最大衍射角 θ_M 满足

$$\sin\theta_M \approx \frac{(D/2) - l/2}{F} = \frac{D-l}{2F}$$

因此，透镜作为滤高频的低通滤波器，其截止频率为

$$f_M = \frac{\sin\theta_M}{\lambda} = \frac{D-l}{2F\lambda} \approx 42\text{mm}^{-1}$$

2.148 光信息处理的 $4F$ 系统如题图 2.148. 在系统的输入平面 O 上放置一张较大的图片，其振幅透过率函数为

$$\tilde{t_0} = t_0 + t_1\cos 2\pi fx$$

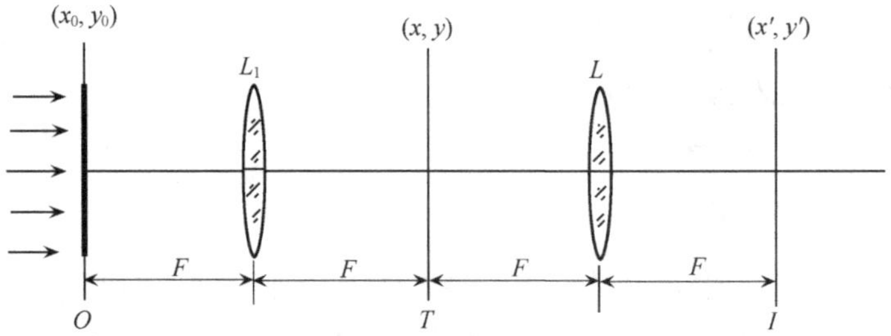

题图 2.148

式中 $t_0=0.6$，$t_1=0.3$，$f=400\text{mm}^{-1}$，$F=20\text{cm}$，现以单色平行光照明图片，光波长为 $\lambda=0.63\mu\text{m}$.

(1) 求变换平面 T 上所获得的衍射图样的主要特征(衍射斑的方位及相对强度)；

(2) 求输出平面 I 上所获得的图像光强分布；

(3) 如果用一张黑纸(作为空间滤波器)挡掉零级斑,求输出图像的光强分布,并算出空间频率的具体数值;

(4) 如果用一张黑纸挡掉上半部非零级衍射斑,求输出图像的光强分布,并算出空间频率的具体数值.

解　(1) 变换平面 T 是系统第一次夫琅禾费的衍射场. 正弦光栅在变换平面上的衍射图样是三个衍射斑. 目前这三个衍射斑沿 x 轴分布,其角方位分别为

$$\sin\theta = \begin{cases} 0 & (\text{零级斑}) \\ \pm f\lambda & (\pm 1\ \text{级斑}) \end{cases}$$

按 $f=400\text{mm}^{-1}$, $\lambda=0.63\mu\text{m}$ 算出

$$\theta_{\pm 1} \approx \pm 14°36'$$

± 1 级衍射斑的中心强度与零级斑的比值为

$$\frac{I_{\pm 1}}{I_0} = \left(\frac{t_1}{2t_0}\right)^2 \approx 6.3\%$$

(2) 在变换平面不加滤波器的情况下,输出图像等于输入图像绕轴倒置,即输出场的复振幅分布为

$$\overline{t_i}(x',y') = \overline{t_0}(-x',-y') = t_0 + t_1\cos 2\pi f x'$$

输出光强分布为

$$I_i(x',y') \propto \overline{t_i}\,\overline{t_i}^* = t_0^2 + 2t_0 t_1 \cos 2\pi f x' + t_1^2\cos^2 2\pi f x'$$

(3) 变换平面上的零级斑反映物平面上的与 t_0 相联系的直流信息. 挡掉零级斑相当于完全通过系统的物信息成为

$$\tilde{t}_0'(x_0,y_0) = t_1\cos 2\pi f x_0$$

这时输出信息为

$$\tilde{t}_1(x',y') = \tilde{t}_0'(-x',-y') = t_1\cos 2\pi f x'$$

输出图像的光强分布为

$$I_1(x',y') \propto \tilde{t}_0\ \tilde{t}_1^* = t_1^2\cos^2 2\pi f x' = \frac{1}{2}t_1^2 + \frac{1}{2}t_1^2\cos 4\pi f x'$$

除直流成分外,其交变成分的空间频率为

$$f' = 2f = 800\text{mm}^{-1}$$

(4) 此时挡掉的是$+1$级斑. 展开输入平面上的物信息得

$$t_0(x_0,y_0) = t_0 + \frac{1}{2}t_1 e^{i2\pi f x_0} + \frac{1}{2}t_1 e^{-i2\pi f x_0}$$

变换平面上的$+1$级斑与物信息$(t_1 e^{i2\pi f x_0})/2$相对应,挡掉$+1$级斑. 相当于完全通过系统的物信息成为

$$\tilde{t}_0''(x_0,y_0) = t_0 + \frac{1}{2}t_1 e^{-i2\pi f x_n}$$

此时输出信息为

$$\overline{t_0}(x',y') = \tilde{t}_0''(-x',-y') = t_0 + \frac{1}{2}t_1 e^{-i2\pi f_x}$$

输出图像的光强分布为

$$I_0(x',y') \propto \tilde{t_0}\,\tilde{t_1^*} = t_0^2 + \frac{1}{4}t_1^2 + t_0 t_1 \cos 2\pi f x'$$

除直流成分外,其交变成分的空间频率为

$$f'' = f = 400\text{mm}^{-1}$$

当然,(3)、(4)两问还可以从以下两种方法解答,一种是将留下来的两个衍射斑作为两个相干点源,经第二个透镜成为两束相干的平行光.则输出图像是两束平行光在后焦面上的干涉场.如此处理对于我们也是熟悉的.或者将留在变换平面上的两个衍射斑当作两个 δ 函数.用傅里叶变换式求得第二次夫琅禾费的衍射场,即为输出场.

2.149　一柱面透镜的一个表面为柱面的一部分,另一面为平面.柱面的曲率半径为 R,透镜的最大厚度为 d_0,材料的折射率为 n,如题图 2.149(1)所示.试证透镜的相位变换函数为

$$\tilde{t}(x,y) = \exp(\mathrm{i}knd_0)\cdot\exp\left(-\mathrm{i}k\frac{x^2}{2f'}\right)$$

注:柱面透镜的焦距$\frac{1}{f'}=(n-1)\left(\frac{1}{R_1}-\frac{1}{R_2}\right)$.

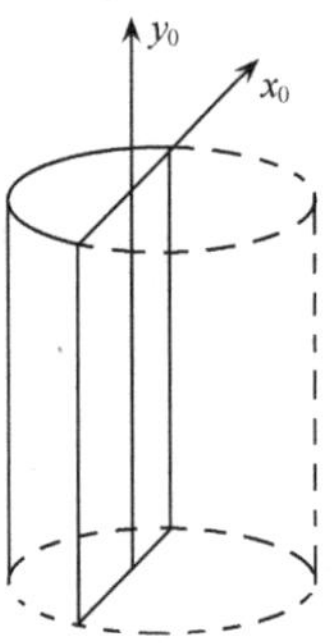

题图 2.149(1)

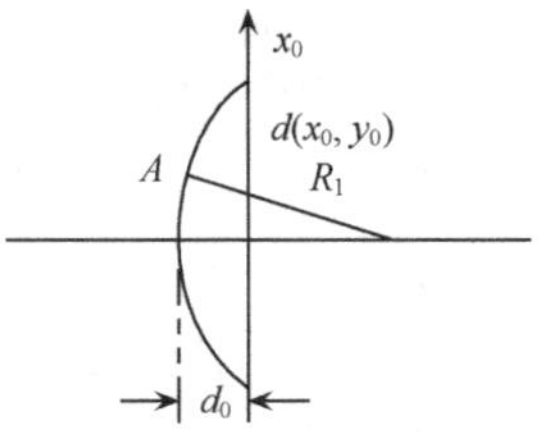

题图 2.149(2)

解　如题图 2.149(2)所示,柱面透镜的厚度函数仅仅与 x_0 方向坐标有关,即

$$d(x_0,y_0) = d_0 - (R_1 - \sqrt{R_1^2 - x_0^2})$$

$$= d_0 - R_1\left(1 - \sqrt{1 - \frac{x_0^2}{R_1^2}}\right)$$

式中 d_0 为中心最大厚度,R_1 为柱面的曲率半径.在傍轴近似条件下,有

$$d(x_0,y_0) \approx d_0 - R_1\left[1 - \left(1 - \frac{x_0^2}{2R_1^2}\right)\right] = d_0 - \frac{x_0^2}{2R_1}$$

设柱面透镜为薄透镜,则光波通过透镜(x_0,y_0)点产生的相位延迟为

$$\Phi(x_0,y_0) = \frac{2\pi}{\lambda}\{nd(x_0,y_0) + [d_0 - d(x_0,y_0)]\}$$

$$= \frac{2\pi}{\lambda}\{d_0 + (n-1)\cdot d(x_0,y_0)\}$$

$$\approx \frac{2\pi}{\lambda}\left[d_0 + (n-1)\left(d_0 - \frac{x_0^2}{2R_1}\right)\right]$$

$$= \frac{2\pi}{\lambda}\left[nd_0 - (n-1)\frac{x_0^2}{2R_1}\right]$$

由于柱面透镜的焦距为

$$\frac{1}{f'} = (n-1)\left(\frac{1}{R_1} - \frac{1}{R_2}\right) = \frac{n-1}{R_1} \qquad (R_2 \to \infty)$$

所以,上式可以写为

$$\Phi(x_0, y_0) = \frac{2\pi}{\lambda}\left(nd_0 - \frac{x_0^2}{2f'}\right) = k\left(nd_0 - \frac{x_0^2}{2f'}\right)$$

故柱面透镜的相位变换函数为

$$\tilde{t}(x_0, y_0) = e^{i\Phi(x_0, y_0)} = e^{iknd_0} \cdot e^{-ik\frac{x_0^2}{2f'}}$$

2.150　按菲涅耳-基尔霍夫定律,振幅透射率为 $T(\xi,\eta)$ 的近轴远场衍射公式为

$$u(x,y,z) = \frac{i}{\lambda}C\iint T(\xi,\eta)\frac{e^{-ikr}}{T}d\xi d\eta$$

式中 $r=[(x-\xi)^2+(y-\eta)^2+z^2]^{1/2}$,且 $T(\xi,\eta)$ 平面处 $z=0$. 当 $x,y,\xi,\eta \ll z$ 时,上式为

$$u(x,y,z) = i\frac{C}{\lambda z}e^{-ikz}\iint T(\xi,\eta)\exp\left\{-i\frac{k}{2z}[(x-\xi)^2 + (y-\eta)^2]\right\}d\xi d\eta$$

对于振幅透射率为一维余弦函数

$$T(\xi) = \cos(2\pi\xi/\xi_0)$$

的物体,求其近轴远场像的强度分布.

解　由于

$$\int_{-\infty}^{\infty}\exp\left[-i\frac{k}{2z}(y-\eta)^2\right]d\eta = \left(\frac{\lambda z}{i}\right)^{1/2}$$

按题意

$$u(x,y,z) = C\left(\frac{i}{\lambda z}\right)^{1/2}e^{-ikz}\int_{-\infty}^{\infty}T(\xi)\exp\left[-i\frac{k}{2z}(x-\xi)^2\right]d\xi$$

代入 $T(\xi)$ 表达式得到

$$u(x,z) = Ce^{-ikz}\exp\left(i\frac{\pi\lambda z}{\xi_0^2}\right)\cos\left(\frac{2\pi x}{\xi_0}\right)$$

其强度为

$$I(x,z) = C^2\cos^2\left(\frac{2\pi x}{\xi_0}\right)$$

可见,在垂直传播方向(z 轴)上所有的平面上都得到与物平面完全相同的强度分布.

2.151　某相位型物体,其振幅透射率为

$$g(x) = e^{i\varphi(x)}$$

式中 $\varphi(x)$ 为物体的相位函数,并假设 $|\varphi(x)| \ll 1$. 试在光学处理器的频谱上用一滤波片,使成像的衬度与 $\varphi(x)$ 成正比. 应如何制备滤波片?

解 将 $g(x)$ 进行泰勒级数展开

$$\begin{aligned} e^{i\varphi(x)} &= 1 + i\varphi(x) + \frac{1}{2!}[i\varphi(x)]^2 + \cdots \\ &\approx 1 + i\varphi(x) \end{aligned}$$

此处利用了 $|\varphi(x)| \ll 1$ 的近似.

其傅里叶变换(即频谱面上的振幅)为

$$\begin{aligned} G(f_x) &= \int_{-\infty}^{\infty} [1 + i\varphi(x)] e^{-i2\pi f_x x} dx \\ &= G_1(f_x) + iG_2(f_x) \end{aligned}$$

$G_1(x)$ 为物平面孔径的衍射函数,可理解为艾里斑.

而

$$i = e^{i\frac{\pi}{2}}$$

$G_2(f_x)$ 可理解为孔径上一个振幅光栅的衍射,由于 $\varphi(x) \ll 1$,这种衍射相对于艾里斑要弱得多.

我们用一个透明膜片在频谱上滤波,膜片上在频谱面中心附近、对应于物平面孔径的艾里斑大小的范围内涂一层透明物质,使光透过这层物质后相位改变 $\pi/2$. 这样,膜片后的振幅分布为

$$G'(fx) = i[G_1(fx) + G_2(fx)]$$

成像透镜的作用相当于对频谱面上函数的傅里叶变换

$$g'(x') = i[1 + \varphi(x')]$$

像面上的强度为

$$|g'(x')|^2 = 1 + 2\varphi(x') + |\varphi(x')|^2 \approx 1 + 2\varphi(x')$$

即成像的衬度与物平面上相位分布成正比. 这种处理被应用于"相衬显微镜"中,可以对一些透明物体进行放大成像. 当然,滤波膜片中央的物质除了能改变光的相位,还能衰减振幅的话,成像的衬度还可以进一步改善.

2.152 求证,在近轴条件下,薄透镜相当于一个傅里叶变换元件.

证 设透镜两球面的曲率半径分别为 R_1 和 R_2,光线从左向右传播为 z 方向. 设单位振幅平面波平行于透镜光轴入射到透镜. 由于是薄透镜,光线离开透镜时距光轴的距离不变. 参见题图 2.152(1).

题图 2.152(1)透镜中心部分厚度为 t_0,从 C 入射光线经过透镜的厚度为 $t(x,y)$;题图 2.152(2)把透镜分成两个平凸透镜处理;题图 2.152(3)处理左边的平凸透镜. 与光轴平行的光线从 C 点射入并穿过图中 p_1 和 p_2 两平面引起的相移为

$$k[t_0 - t(x,y)] + knt(x,y) = kt_0 + k(n-1)t(x,y)$$

式中 $k = \frac{2\pi}{\lambda}$,n 为玻璃的折射率,透镜周围介质折射率为 1. 为计算 $t(x,y)$,我们把透镜分成两部分,见题图 2.152(2);并在题图 2.152(3)中计算 $t(x,y)$

$$t_1(x,y) = MQ = t_{10} - AL = t_{10} - (R_1 - LC) = t_{10} - R_1 + (MC^2 - ML^2)^{1/2}$$

$$= t_{10} - R_1 + [R_1^2 - (x^2 + y^2)]^{1/2}$$

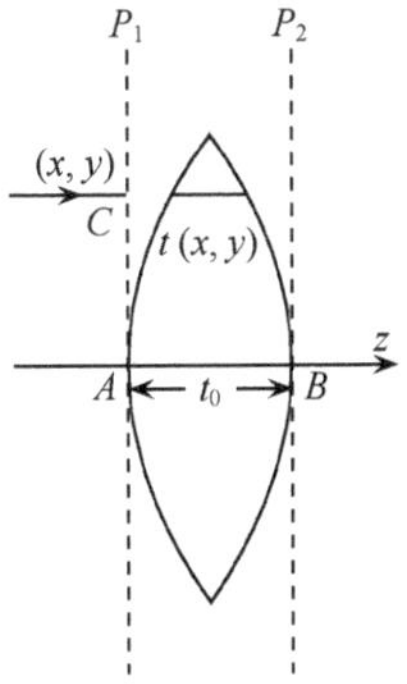

题图 2.152(1)

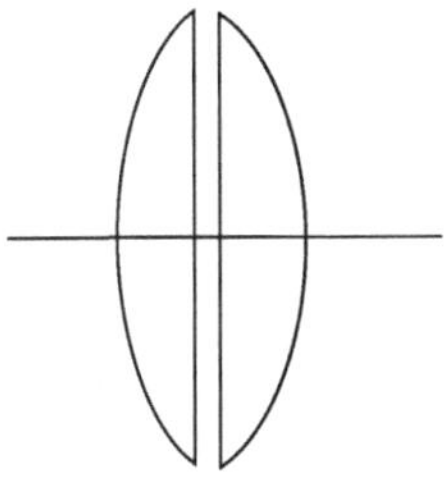
题图 2.152(2)

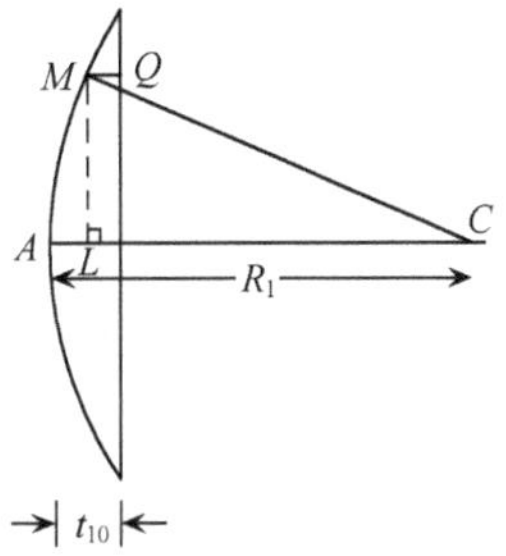

题图 2.152(3)

在近轴条件下，上式近一步可写为

$$t_1(x, y) \approx t_{10} - \frac{x^2 + y^2}{2R_1}$$

同理，对于右侧的平凸透镜有

$$t_2(x, y) \approx t_{20} + \frac{x^2 + y^2}{2R_2}$$

注意：按符号规则，这里的 R_2 为负值. 在 C 点入射的光线穿过透镜的厚度为

$$t(x, y) = t_1(x, y) + t_2(x, y) \approx t_0 - \frac{x^2 + y^2}{2}\left(\frac{1}{R_1} - \frac{1}{R_2}\right)$$

式中 $t_0 = t_{10} + t_{20}$. 所以透镜引入的相位变化为

$$-\left\{kt_0 + k(n-1)\left[t_0 - \frac{x^2 + y^2}{2}\left(\frac{1}{R_1} - \frac{1}{R_2}\right)\right]\right\}$$

$$= -knt_0 + k(n-1)\frac{x^2 + y^2}{2}\left(\frac{1}{R_1} - \frac{1}{R_2}\right)$$

$$= -knt_0 + k\frac{x^2 + y^2}{2f}$$

这里我们已应用了透镜焦距的公式

$$\frac{1}{f} = (n-1)\left(\frac{1}{R_1} - \frac{1}{R_2}\right)$$

所以入射波振幅为 1，出射波变为

$$1 \cdot \exp\{-\mathrm{i}knt_0\} \cdot \exp\left\{\mathrm{i}2\pi\frac{x^2 + y^2}{2\lambda f}\right\}$$

$$= \exp\{-\mathrm{i}knt_0\} \cdot \exp\{\mathrm{i}2\pi(f_x x + f_y y)\}$$

式中 $f_x = \frac{x}{2\lambda f}$，$f_y = \frac{y}{2\lambda f}$. 可见，除了一个常相位因子 $\exp\{-\mathrm{i}knt_0\}$ 以外，透镜对入射波相当于乘以一个相位因子，对整个透镜截面进行积分，即对入射波进行傅里叶变换.

$$u_{\text{out}} = \iint u_{in}\,\mathrm{e}^{\mathrm{i}2\pi(f_x x + f_y y)}\,\mathrm{d}x\mathrm{d}y$$

式中 f_x、f_y 为傅里叶变换的空间频率.

2.153 已知点光源 O 到透镜的距离为 d_1. 求透镜成像的性质和位置.

解 在近轴条件下,$x,y \ll d_1$,物点 O 的光传到透镜处相位为

$$\exp[-\mathrm{i}k(x^2+y^2+d_1^2)^{1/2}] \approx \exp\left[-\mathrm{i}k\left(d_1+\frac{x^2+y^2}{2d_1}\right)\right]$$

由上题,薄透镜的作用是对入射波乘以相位因子

$$p_{\mathrm{L}} = \exp\left[\mathrm{i}k\frac{(x^2+y^2)}{2f}\right]$$

式中$\frac{1}{f}=\frac{1}{d_1}+\frac{1}{d_2}$. d_2 为按几何光学得到与 O 共轭的像点 I 的像距,见题图 2.153.

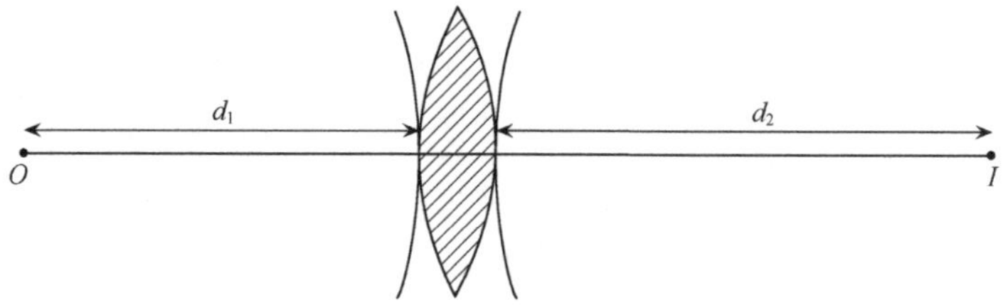

题图 2.153

出射波为上述两式的乘积,得到

$$u_{\mathrm{out}} = \exp\left[\mathrm{i}k\left(d_2+\frac{x^2+y^2}{2d_2}\right)\right]$$

这是距透镜距离为 d_2 的会聚波,考虑到近轴条件,这是当成一个球面波. 如果 I 点在透镜左侧,则 d_2 为负值,结果为发散的球面波,像距仍然为 d_2.

2.154 见题图 2.154(1),设透过率函数为 $t(x,y)$ 的物体被置于透镜的前焦面上. 试证明在透镜的后焦面上得到的是物体透过率函数的傅里叶变换.

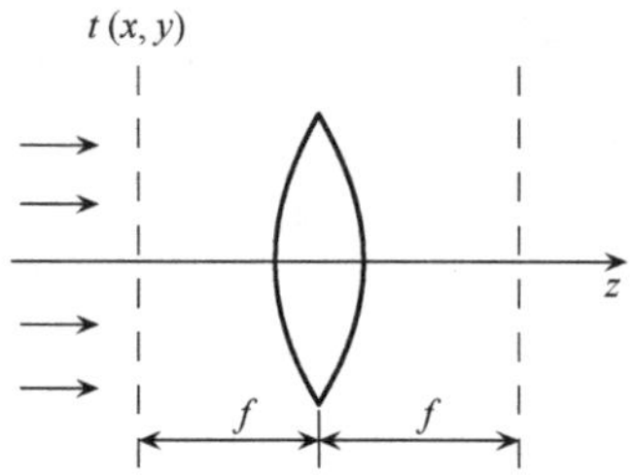

题图 2.154(1)

解 设振幅为 l 的平面波向物体正入射,物体透射光的傅里叶谱为

$$\mathscr{F}_0(\omega_x,\omega_y) = \int_{-\infty}^{\infty} t(x,y)\exp\{\mathrm{i}(\omega_x x+\omega_y y)\}\mathrm{d}x\mathrm{d}y$$

设 $\mathscr{F}_l(\omega_x,\omega_y)$ 为入射到透镜上的光的傅里叶谱,因为透镜和物体的距离为 f,所以

$$\mathscr{F}_l(\omega_x,\omega_y) = \mathscr{F}_0(\omega_x,\omega_y)\exp\left(-\mathrm{i}k\frac{x^2+y^2}{2f}\right).$$

(我们假定,距离 z 是够大,因此可以利用菲涅耳近似,衍射孔的尺寸$\gg\lambda$,即物体之后的场是由衍射波组成的.)这里

$$\omega_x = k_x = \frac{2\pi}{\lambda}\frac{x}{f}, \qquad \omega_y = k_y = \frac{2\pi}{\lambda}\frac{y}{f}$$

因此

$$\mathscr{F}_l(\omega_x,\omega_y)=\mathscr{F}_0(\omega_x,\omega_y)\exp\left\{-\mathrm{i}\frac{f}{4\pi}(\omega_x^2+\omega_y^2)\right\}$$

为了计算透镜后焦面上的复振幅,我们利用基尔霍夫-菲涅耳积分

$$V_f(x_f,y_f)=\frac{\exp\left(\mathrm{i}k\frac{x_f^2+y_f^2}{2f}\right)}{\mathrm{i}\lambda f}\iint_{\text{衍射孔径}}V_l(x_i,y_i)\times\exp\left(-\mathrm{i}k\frac{x_l x_f+y_i y_f}{f}\right)\mathrm{d}x_i\mathrm{d}y_i$$

式中 x_i,y_i 是透镜平面上的坐标,x_f,y_f 是观察平面上的坐标,$V_l(x_i,y_i)$ 是入射到透镜上光的复振幅. 这里二次相位因子消失了,因为透镜的透过率函数 $t_i(x_i,y_i)=\exp\left(-\mathrm{i}k\frac{x_i^2+y_i^2}{2_f}\right)$. 我们假设,透过率函数只在透镜孔径范围内不等于零,因此对衍射孔径的积分可以扩大到无限大. 积分表示入射到透镜上光的傅里叶谱,对于频率

$$\omega_x=k\frac{x_f}{f},\qquad \omega_y=k\frac{y_f}{f}$$

我们得到

$$V_f(x_f,y_f)=\frac{\exp\left(\mathrm{i}k\frac{x_f^2+y_f^2}{2f}\right)}{\mathrm{i}\lambda f}\mathscr{F}_l(\omega_x,\omega_y)=\frac{1}{\mathrm{i}\lambda f}\mathscr{F}_0(\omega_x,\omega_y).$$

物平面的坐标(x,y)和观察平面的坐标(x_f,y_f)彼此之间的关系是 $x=-x_f$, $y=-y_f$[题图 2.154(2)].

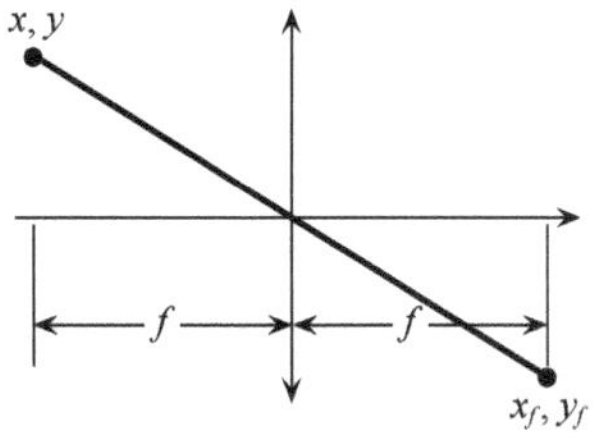

题图 2.154(2)

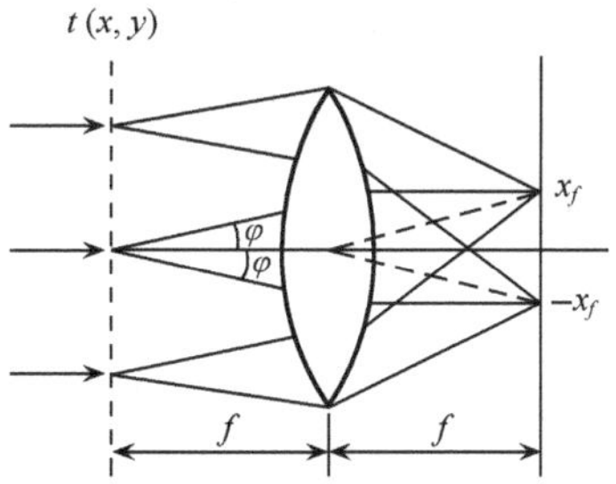

题图 2.154(3)

因此,波在坐标(x_f,y_f)上的振幅与相位,由物体透射光的傅里叶变换谱在频率

$$\omega_x=k_x\frac{x_f}{f}=\frac{2\pi}{d_x},\qquad \omega_y=k_y\frac{y_f}{f}=\frac{2\pi}{d_y}$$

上的取值决定.

设 $t(x,y)=a\cos 2\pi/d_x$ 且用平面波照射物体,则在物体后边得到两个平面波. 这两个平面波分别沿着与原方向成$\pm\varphi$角的方向传播. 角 φ 可以由关系式

$$\omega_x=k_x,\quad \pm\kappa\sin\varphi=2\pi/d,\quad \sin\varphi=\pm\lambda/d$$

求出. 相应地在透镜的后焦面上得到两个斑点[题图 2.154(3)]. 斑点的坐标为

$$\pm x_f = \pm \varphi f = \pm \frac{\lambda}{d} f$$

如果物体的结构是这样的：物体的透射率函数的傅里叶谱含有高次谐波，那么在物体之后，每个谐波都对应着一个平面波的方向，即 $\omega_x = k_x = n\omega_{0x}$，$\omega_y = k_y = n\omega_{0y}$，在透镜的后焦面上将观察到相应的极大值，极大值的幅度由物体透射率函数的傅里叶变换系数决定.

2.155　试证明在与物面共轭的平面上得到物体的像.

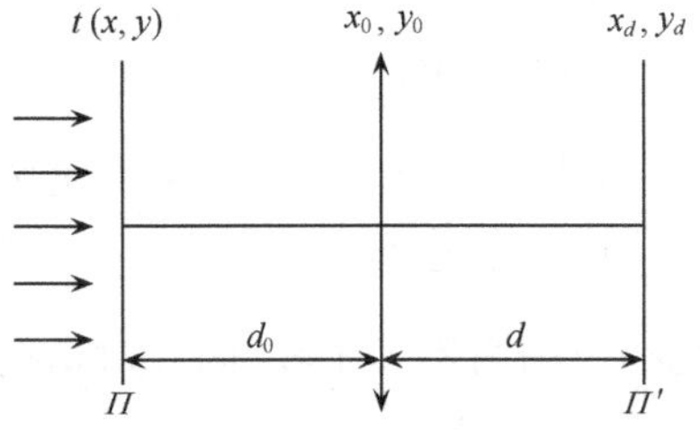

题图 2.155

解　让我们研究如题图 2.155 所示装置.

设 Π 是透射率函数为 $t(x,y)$ 的物平面，Π' 是与 Π 平面共轭的光学系统的像平面，即

$$1/d_0 + 1/d = 1/f$$

设透镜没有像差，根据理论，成像过程由两个阶段组成：

(1) 射到物体上的波，在物体上发生衍射，结果形成入射到透镜上的场 V_l（第一次衍射在物体孔径上发生）.

(2) 这个入射到透镜（相位物体）上的衍射场，经历相位延迟，结果在后焦面上形成物体的傅里叶变换. 像平面上的场是通过透镜的衍射场 V_l'，经过傅里叶逆变换形成物体的像.

为了计算波场，我们利用菲涅耳近似. 透镜前边的场为

$$V_l = \frac{\exp\left[\mathrm{i}k\dfrac{x_0^2+y_0^2}{2d_0}\right]}{\mathrm{i}\lambda d_0} \times \iint_{\Pi} t(x,y)\exp\left[\mathrm{i}k\frac{x^2+y^2}{2d_0}\right]\exp\left[-\mathrm{i}k\frac{xx_0+yy_0}{d_0}\right]\mathrm{d}x\mathrm{d}y$$

假定 $t(x,y)$ 只在物体孔径之内不等于零，可以将积分限变为 $\pm\infty$.

积分是函数

$$t(x,y)\exp\left[\mathrm{i}k\frac{x^2+y^2}{2d_0}\right]$$

的傅里叶变换. 写作 $\mathscr{F}(\omega_x,\omega_y)$，其空间频率为

$$\omega_x = \frac{x_0}{d_0}k, \qquad \omega_y = \frac{y_0}{d_0}k$$

在紧靠透镜后表面处

$$V_l' = \frac{\exp\left[\mathrm{i}k\dfrac{x_0^2+y_0^2}{2d_0}\right]}{\mathrm{i}\lambda d_0}\mathscr{F}(\omega_x,\omega_y)t_l(x_0,y_0)$$

其中 $t_l = \exp\left[-\mathrm{i}k\dfrac{x_0^2+y_0^2}{2f}\right]$ 是透镜的透过率函数.

这个被透镜的孔径所限制的场，在孔径上发生衍射，写出函数 V_l' 的基尔霍夫-菲涅耳积分，便可求得在 Π' 平面上的场

$$V_d(x_d,y_d) = \frac{\exp\left[\mathrm{i}k\dfrac{x_d^2+y_d^2}{2d}\right]}{\mathrm{i}\lambda d}\iint_L V_l'\exp\left[\mathrm{i}k\frac{x_0^2+y_0^2}{2d}\right]$$

$$\times \exp\left[-\mathrm{i}k\frac{x_0x_d+y_0y_d}{d}\mathrm{d}x_0\mathrm{d}y_0\right]$$

$$=\frac{\exp\left[\mathrm{i}k\frac{x_d^2+y_d^2}{2d}\right]}{\lambda^2dd_0}\iint_L\exp\left\{\mathrm{i}k\frac{x_0^2+y_0^2}{2}\left(d_0+\frac{1}{d}-\frac{1}{f}\right)\right\}$$

$$\times\mathscr{F}(\omega_x,\omega_y)\exp\left[-\mathrm{i}k\frac{x_0x_d+y_0y_d}{d}\right]\mathrm{d}x_0\mathrm{d}y_0$$

由前面知，$\frac{1}{d_0}+\frac{1}{d}-\frac{1}{f}=0$，假设透镜孔径外的场等于零，且透镜的尺寸并不对入射光的谱产生限制，即当$|x_0|>a$（a 是透镜尺寸）时，$\mathscr{F}(\omega)=0$，上述积分变为傅里叶逆变换

$$V_d=\frac{\exp\left[\mathrm{i}k\frac{x_d^2+y_d^2}{2d}\right]}{\lambda^2dd_0}\iint_{-\infty}^{\infty}\mathscr{F}(\omega_x,\omega_y)\exp\left[-\mathrm{i}k\frac{x_0x_d+y_0y_d}{d}\right]\mathrm{d}x_0\mathrm{d}y_0$$

但是

$$\frac{x}{d}=-\frac{x_d}{d},\quad \mathrm{d}x_0=d_0\frac{\lambda}{2\pi}(\mathrm{d}\omega_x),\quad \mathrm{d}y_0=d_0\frac{\lambda}{2\pi}(\mathrm{d}\omega_y)$$

于是积分变为下列形式：

$$\frac{1}{4\pi^2}\iint_{-\infty}^{\infty}\mathscr{F}(\omega_x,\omega_y)\exp[\mathrm{i}(\omega_xx+\omega_yy)]\mathrm{d}\omega_x\mathrm{d}\omega_y$$

$$=t(x,y)\exp\left[\mathrm{i}k\frac{x^2+y^2}{2d_0}\right]$$

于是得到

$$V_d=\frac{\exp\left[\mathrm{i}k\frac{x_d^2+y_d^2}{2d}\right]\exp\left[\mathrm{i}k\frac{x^2+y^2}{2d_0}\right]}{d/d_0}t(x,y)$$

考虑到 x 和 x_d 之间的关系，我们得到

$$|V_d|=\frac{d_0}{d}\left|t\left(-x_d\frac{d_0}{d};-y_d\frac{d_0}{d}\right)\right|$$

即在像平面得到物体的倒立的、放大 M 倍的像：$M=d/d_0$ 为系统的放大率.

2.156　两个函数的卷积定义为

$$f_1(x)*f_2(x)\equiv\int_{-\infty}^{\infty}f_1(x')f_2(x-x')\mathrm{d}x'$$

试由菲涅耳-基尔霍夫标量理论，证明光在菲涅耳衍射区间内传播可用一个卷积运算表示，并写出该函数.

证　按惠更斯-菲涅耳原理，波面上每一点都是一个次级子波源，它们发出球面子波，这些子波相干叠加便得到下一个波面上的光场，设 $T(\xi,\eta)$ 表示前一个波面上的光场分布，在离它 z 远处光场分布为

$$u(x,y,z)=\frac{\mathrm{i}}{\lambda}C\iint T(\xi,\eta)\frac{\mathrm{e}^{-\mathrm{i}kr}}{r}\mathrm{d}\xi\mathrm{d}\eta$$

式中 C 为一常数，$r=[(x-\xi)^2+(y-\eta)^2+z^2]^{1/2}$. 这里我们假设第一个波面的 $z=0$，在近轴条件下 $x,y,\xi,\eta\ll z$，

$$r \approx z + \frac{(x-\xi)^2 + (y-\eta)^2}{2z}$$

我们把被积函数中分母的 r 用 z 替代并提到积分符号以外，有

$$u(x,y,z) \approx \mathrm{i}\frac{C}{\lambda z}\mathrm{e}^{-\mathrm{i}kz}\iint T(\xi,\eta)\exp\left\{-\mathrm{i}\frac{k}{2z}[(x-\xi)^2 + (y-\eta)^2]\right\}\mathrm{d}\xi\mathrm{d}\eta$$

对照题中卷积的定义，可得到在近轴条件下波面的菲涅耳传播是该波面光波分布与一个代表球面波二次曲面近似的函数的卷积，我们用 x,y 来表示为

$$T(x,y) * \exp\left\{\mathrm{i}\frac{k}{2z}(x^2 + y^2)\right\}$$

2.157　试证波前的远场衍射即为该波前上光场函数的傅里叶变换.

证　我们用 $f(x,y)$ 来描述一个范围有限的孔径上光场分布. 在近轴条件下，光波大体上沿 z 方向传播. 由上题，在菲涅耳传播范围，得到 z 远处光场为

$$u(x,y,z) = \iint f(\xi,\eta)\exp\left\{-\mathrm{i}\frac{k}{2z}[(x-\xi)^2 + (y-\eta)^2]\right\}\mathrm{d}\xi\mathrm{d}\eta$$

在夫琅禾费远场条件下，观察屏面的范围比起传播距离也小得多时，有

$$\frac{x_1^2 + y_1^2}{\lambda z} \ll 1$$

上式变成

$$u(x,y,z) = \exp\left[-\frac{\mathrm{i}k}{2z}(x^2 + y^2)\right]\iint f(\xi,\eta)\exp\left\{\frac{2\pi\mathrm{i}}{\lambda z}(x_1\xi + y_1\eta)\right\}\mathrm{d}\xi\mathrm{d}\eta$$

或写成

$$u(x,y,z) \propto F[f(x,y)] = F\left(\frac{x_1}{\lambda z},\frac{y_1}{\lambda z}\right)$$

其中

$$F\left(\frac{x_1}{\lambda z},\frac{y_1}{\lambda z}\right) \equiv \iint_{-\infty}^{\infty} f(\xi,\eta)\exp\left\{\mathrm{i}2\pi\left(\frac{x_1}{\lambda z}\xi + \frac{y_1}{\lambda z}\eta\right)\right\}\mathrm{d}\xi\mathrm{d}\eta$$

所以说波前的远场衍射即波前光场函数的傅里叶变换.

2.158　求单色平面波照射振幅透射率为 $T(\xi) = \cos(2\pi\xi/\xi_0)$ 的周期性物体，其菲涅耳传播后光场分布.

解　在第 2.156 题中已经证明菲涅耳传播是一个卷积操作. 对于一维物体，可以写成

$$u(x,y,z) = C\left(\frac{\mathrm{i}}{\lambda z}\right)^{1/2}\mathrm{e}^{-\mathrm{i}kz}\int_{-\infty}^{\infty} T(\xi)\exp\left[-\mathrm{i}\frac{k}{2z}(x-\xi)^2\right]\mathrm{d}\xi$$

代入 $T(\xi)$ 的表达式得到

$$u(x,z) = C\mathrm{e}^{-\mathrm{i}kz}\exp\left(\mathrm{i}\frac{\pi\lambda z}{\xi_0^2}\right)\cos\left(\frac{2\pi x}{\xi_0}\right)$$

其强度分布为

$$I(x,z) = C^2\cos^2\left(\frac{2\pi x}{\xi_0}\right)$$

同理，光场为 $T(\xi) = \sin(2\pi\xi/\xi_0)$ 的菲涅耳衍射光场为

$$u(x,z) = C\mathrm{e}^{-\mathrm{i}kz}\exp\left(\mathrm{i}\frac{\pi\lambda z}{\xi_0^2}\right)\sin\left(\frac{2\pi x}{\xi_0}\right)$$

2.159 泰保效应.设振幅透射率为 $F(x)$ 的一维平面周期性物体,其周期为 x_0.试证明平面波照明该物体,透射波沿 z 方向传播时,存在一系列 z 值,在这些位置会再现原来的物体光场分布;并且在 $z=(2m+1)x_0^2/\lambda$ 处衍射波与原来的光场分布相差半个周期.这种现象叫泰保效应.

证 周期性函数可以展开为傅里叶级数

$$F(x)=\sum_n A_n\cos\frac{2\pi nx}{x_0}+\sum_n B_n\sin\frac{2\pi nx}{x_0}$$

$F(x)$ 所在平面处 $z=0$.由上题,在传播 z 距离后光场分布为

$$u(x,z)=C\mathrm{e}^{-\mathrm{i}kz}\sum_n \exp\left(\mathrm{i}\,\frac{\pi\lambda zn}{x_0^2}\right)\left[A_n\cos\left(\frac{2\pi nx}{x_0}\right)+B_n\sin\left(\frac{2\pi nx}{x_0}\right)\right]$$

各傅里叶分量相对于 $z=0$ 平面的光场有相位漂移.如果指数项为 1,则相叠加的傅里叶分量与原来光场的相位完全相同,即再现原来的分布.这时 $z=(2x_0^2/\lambda)m$. 其中 $m=1,2,3,\cdots$.对于这些 z 值,光场强度分布与原始分布相同.这种现象叫傅里叶像的"自成像",即泰保效应.

由于

$$\mathrm{e}^{\mathrm{i}n\pi}=\begin{cases}1, & \text{当 } n \text{ 为偶数}\\ -1, & \text{当 } n \text{ 为奇数}\end{cases}$$

所以有

$$\mathrm{e}^{\mathrm{i}n\pi}\cos\frac{2n\pi x}{x_0}=\cos\left[\frac{2n\pi}{x_0}\left(x+\frac{x_0}{2}\right)\right]$$

$$\mathrm{e}^{\mathrm{i}n\pi}\sin\frac{2n\pi x}{x_0}=\sin\left[\frac{2n\pi}{x_0}\left(x+\frac{x_0}{2}\right)\right]$$

故当 $z=(2m+1)x_0^2/\lambda$ 时,$m=1,2,3,\cdots$.

$$\exp\left(\mathrm{i}\,\frac{\pi\lambda zn}{x_0^2}\right)=\exp\left(-\mathrm{i}\,\frac{\pi\lambda zn}{x_0^2}\right)$$

$$u'(x,y)=\sum A_n\cos\left[\frac{2n\pi}{x_0}\left(x+\frac{x_0}{z}\right)\right]+\sum B_n\sin\left[\frac{2n\pi}{x_0}\left(x+\frac{x_0}{z}\right)\right]$$

相当于平移了半个周期.

2.160 在 $z=0$ 平面,光场为 $\psi(x,y,z=0)$,求 z 轴附近任意点 $p(x,y,z)$ 处的光场,ψ 函数具体为高斯分布,束腰宽 w_0.

解 菲涅耳传播是一卷积操作,即

$$u(x,y,z)=\frac{\mathrm{i}}{\lambda z}\mathrm{e}^{-\mathrm{i}kz}\iint\psi(\xi,\eta,z=0)\exp\left\{-\frac{\mathrm{i}k}{2z}\left[(x-\xi)^2+(y-\eta)^2\right]\right\}\mathrm{d}\xi\mathrm{d}\eta$$

这里已经假设了 $x,y,\xi,\eta\ll z$.

设在 $z=0$ 面光场为

$$\psi(\xi,\eta,z=0)=A\exp\left[-\frac{(\xi^2+\eta^2)}{w_0^2}\right]$$

上述积分写成为

$$u(x,y,z)=\frac{\mathrm{i}A}{\lambda z}\mathrm{e}^{-\mathrm{i}kz}\iint_{-\infty}^{\infty}\exp\left[-\frac{\xi^2+\eta^2}{w_0^2}-\mathrm{i}k\frac{(x-\xi)^2+(y-\eta)^2}{2z}\right]\mathrm{d}\xi\mathrm{d}\eta$$
$$=\frac{\mathrm{i}A}{\lambda z}\exp\left[-\mathrm{i}kz-\frac{\mathrm{i}k}{2z}(x^2+y^2)-\frac{k^2\alpha^2}{4z^2}(x^2+y^2)\right]$$
$$\times\int_{-\infty}^{\infty}\mathrm{d}\xi\exp\left[-\frac{(\xi-\xi_0)^2}{\alpha^2}\right]\int_{-\infty}^{\infty}\mathrm{d}\eta\exp\left[-\frac{(\eta-\eta_0)^2}{\alpha^2}\right]$$

其中

$$\frac{1}{\alpha^2}=\frac{1}{w_0^2}+\frac{\mathrm{i}k}{2z},\quad \xi_0=\frac{\mathrm{i}k\alpha^2}{2z}x,\quad \eta_0=\frac{\mathrm{i}k\alpha^2}{2z}y$$

由于

$$\int_{-\infty}^{\infty}\exp\left(-\frac{\xi^2}{\alpha^2}\right)\mathrm{d}\xi=2\int_0^{\infty}\exp\left(-\frac{\xi^2}{\alpha^2}\right)\mathrm{d}\xi=\alpha\int_0^{\infty}\exp(-x)x^{-1/2}\mathrm{d}x=\alpha\pi^{1/2}$$

且

$$\alpha^2=\frac{2w_0^2z}{2z+\mathrm{i}kw_0^2}\frac{2z-\mathrm{i}kw_0^2}{2z-\mathrm{i}kw_0^2}=\frac{4z^2w_0^2}{4z^2+k^2w_0^4}-\mathrm{i}\frac{2w_0^4kz}{4z^2+k^2w_0^4}$$

我们得到

$$u(x,y,z)=\frac{\mathrm{i}A\pi}{\lambda}\frac{2w_0^2}{2z+\mathrm{i}kw_0^2}\exp\left\{-\mathrm{i}k\left[z+\frac{x^2+y^2}{2z(1+k^2w_0^4/4z^2)}\right]\right\}\exp\left[-\frac{x^2+y^2}{w^2(z)}\right]$$

其中

$$w^2(z)=w_0^2\left[1+\frac{\lambda^2z^2}{\pi^2w_0^4}\right]$$

可见开始时是高斯强度分布的光波在传播过程中依然为高斯光束，但束宽的增加量随距离的平方而增加. 由于此增量与 z^2 成正比，即若光束沿 $z<0$ 方向传播，情况也是如此. 对于大多数激光都是高斯光束.

对于曲率半径为 r 的球面波的表达式 $\mathrm{e}^{-\mathrm{i}kr}/r$，当 r 很大，且在 z 轴附近范围内，有

$$\frac{1}{r}\exp\left[-\mathrm{i}kz\left(1+\frac{x^2+y^2}{z^2}\right)^{1/2}\right]\approx\frac{1}{r}\exp\left[-\mathrm{i}k\left(z+\frac{x^2+y^2}{2z}\right)\right]$$

与 $u(x,y,z)$ 表达式相比较，可得到等相位面曲率半径近似为

$$R(z)=z\left[1+\frac{k^2w_0^4}{4z^2}\right]$$

2.161 试由惠更斯-菲涅耳原理推导出光学巴比涅原理：有一对互补屏Ⅰ和Ⅱ，它们单独存在时对入射光衍射，在 P 点得到的光场分别为 $u_1(P)$ 和 $u_2(P)$，则没有屏时，在 P 点的光场为

$$u(P)=u_1(P)+u_2(P)$$

解 惠更斯-菲涅耳原理说，波前上每一部分都可作为新的波源，发出次级波，而在光传播途中任一点的光场为波前上所有子波的相干叠加.

我们把入射波的波前按互补屏的形状分为两部分. 由题意，只存在屏Ⅰ时在 P 点的光场为 $u_1(P)$，只存在屏Ⅱ时，光场为 $u_2(P)$. 除去这两个屏就露出整个波前了. 这个波前就是互补屏的整个面积. 没有屏时，P 点的光场就是相当于每个屏大小的波前单独存在时在 P 点造成的光场的相干叠加. 所以有

$$u(P)=u_1(P)+u_2(P)$$

2.162 按光的标量衍射理论，求圆孔轴线上的点光源经圆孔衍射后，在另一侧轴线上任一点造成的光强. 设孔的直径比屏到光源以及观察点的距离小得多.（菲涅耳衍射近似）.

解 如题图 2.162(1)，设孔中心为 O，点光源 P_0 距屏 ρ'，观察点 P 距屏 r'. 考察屏上小孔上半径为 σ 附近的面积元的二级子波.

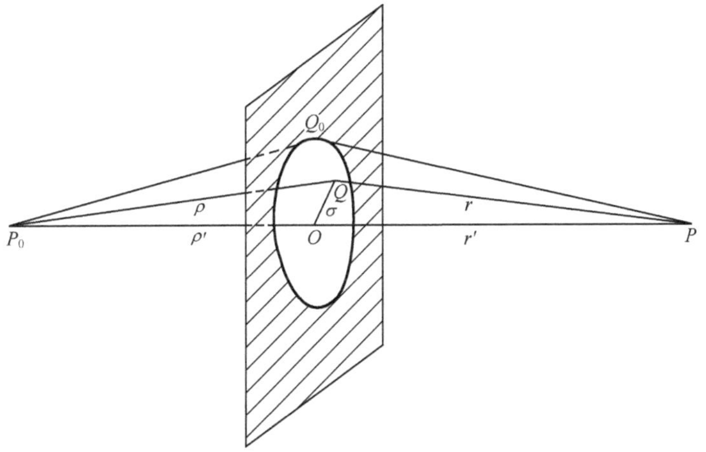

题图 2.162(1)

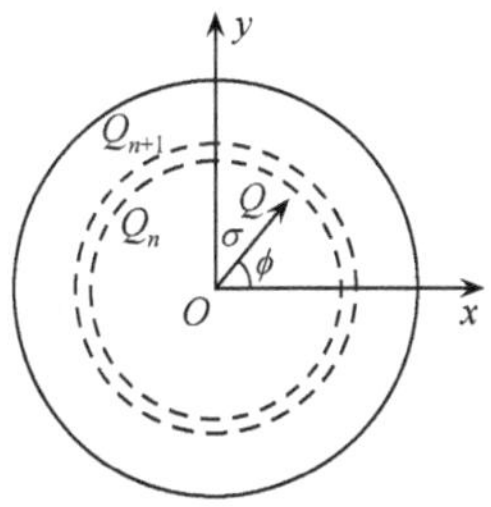

题图 2.162(2)

按标量衍射理论，点源 P_0 发出的光传播到小孔平面距 O 为 σ 的 Q 点，而 Q 点附近的面积元 ΔS 发出次级子波传播到 P 点，所有子波叠加即得到 P 点的光场. 从 P_0 到 Q 传播为球面波，距离为 ρ，从 Q 附近的面积元也发出球面波，距离为 r，面积元 ΔS 在柱坐标下可写为 $\sigma\mathrm{d}\sigma$，σ 为 Q 点到 O 点的距离，所以有

$$u(P)=\frac{\mathrm{i}A}{\lambda}\int_0^a\int_0^{2\pi}\frac{1}{r\rho}\exp[-\mathrm{i}k(r+\rho)\sigma\mathrm{d}\sigma\mathrm{d}\varphi]$$

由于 r,ρ 与 φ 无关，上式可进一步写成

$$u(P)=\frac{2\pi\mathrm{i}A}{\lambda}\int_0^a\frac{\mathrm{e}^{-\mathrm{i}k(r+\rho)}}{r\rho}\sigma\mathrm{d}\sigma$$

由于$\triangle QOP_0$ 和$\triangle QOP$ 是直角三角形，有

$$\sigma^2=\rho^2-\rho'^2=r^2-r'^2,\qquad \sigma\mathrm{d}\sigma=\rho\mathrm{d}\rho=r\mathrm{d}r$$

所以

$$\mathrm{d}(r+\rho)=\left(\frac{1}{r}+\frac{1}{\rho}\right)\sigma\mathrm{d}\sigma$$

代入积分式得到

$$u(P)=\frac{2\pi\mathrm{i}A}{\lambda}\int\frac{\mathrm{e}^{-\mathrm{i}k(r+\rho)}}{(r+\rho)}\mathrm{d}(r+\rho)\approx\frac{2\pi\mathrm{i}A}{\lambda(r'+\rho')}\int_{\xi_0}^{\xi_1}\mathrm{e}^{-\mathrm{i}k\xi}\mathrm{d}\xi$$

式中 $\xi=r+\rho$. 由于孔径很小，已把 $r+\rho$ 提到积分号外面. 令 ξ_0 和 ξ_1 分别代表 ξ 的极小值和极大值，则有

$$\xi_0 = r' + \rho'$$

$$\xi_1 = P_0Q_0 + Q_0P = (\rho'^2 + \sigma^2)^{1/2} + (r'^2 + \sigma^2)^{1/2}$$

式中 Q_0 在小孔边缘. 按菲涅耳半波带片方法，有

$$\xi_1 = \xi_0 + p(\lambda/2)$$

式中 p 为小孔对观察点能划分的半波带的个数，并且有

$$p(\lambda/2) \equiv (P_0Q_0 + Q_0P) - (P_0O + OP)$$
$$= [(\rho'^2 + \sigma^2)^{1/2} + (r'^2 + \sigma^2)^{1/2}] - (r' + \rho')$$

代入积分式并完成积分有

$$u(P) \approx u_0(P)(1 - e^{-i\pi p})$$

式中

$$u_0(P) = A\exp[-ik(r' + \rho')]/(r' + \rho')$$

为假设不存在屏时在 P 点处的光强. 于是

$$I = |u(P)|^2 = 4I_0\sin^2(p\pi/2)$$

即圆孔相对于轴线上不同点，孔面积相当于半波带数奇偶变化，使轴上光强亮暗交替；或者说，对同一观察点 P，改变圆孔尺寸，也会使 P 点光强交替变化.

2.163 根据巴比涅原理求不透明圆盘中心轴线上一点的光强. 设该圆盘被轴线上一点光源照明，观察点距圆盘的距离比盘的半径大得多.

解 由上题，圆孔中心轴线上一点上光场为

$$u_1(P) = u_0(P)(1 - e^{i\pi p})$$

式中 $u_0(P)$ 为不存在任何衍射屏时 P 点的光场，p 为该孔整个面积相对观察点所划分的半波带数.

用 $u_2(P)$ 代表不透明圆盘衍射在 P 点造成的光场. 由巴比涅原理

$$u_2(P) = u_0(P) - u_1(P) = u_0(P)e^{-i\pi p}$$

所以在 P 点衍射光强为

$$I_2(P) = |u_2(P)|^2 = I_0(P)$$

即不透明圆盘轴线上距盘足够远时，各点光强与没有该盘时的光强完全相等.

19 世纪初，科学界普遍相信牛顿的光微粒说. 但微粒说无法解释光的干涉、衍射现象. 作为 1818 年巴黎科学院悬赏征文，菲涅耳发表了波带片理论，试图解释光的衍射性质. 泊松马上从菲涅耳理论中发现了一个“常识性错误”，即在小圆盘阴影区中心会呈现亮斑，并企图以此否定菲涅耳的理论. 然而，随后阿喇果用实验证明了菲涅耳这一论断是正确的. 由于菲涅耳理论对几种遮光屏的衍射光强的计算与实验十分吻合，他的理论又能解释光在均匀介质中的直线传播，此而确立了光的波动学说.

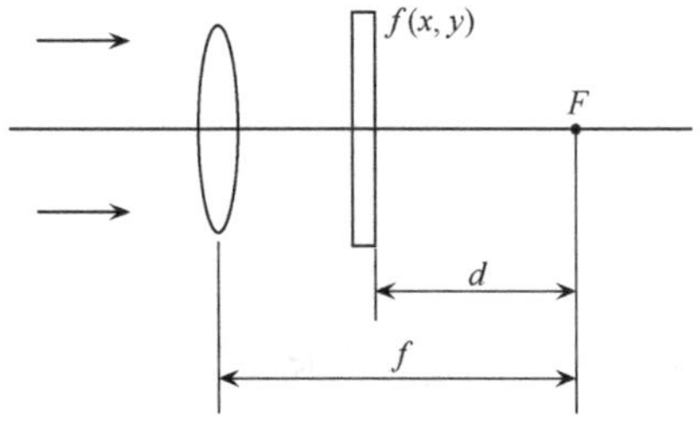

题图 2.164

2.164 如题图 2.164 单色平面波照明一透镜，出射的球面波照明一个振幅透射率为 $f(x,y)$ 的物，物到焦平面的距离为 d，求透镜后焦面上光场.

解 从透镜出射的球面波会聚到焦点 F. 在

到 F 距离为 d 处该球面波的相位分布为

$$\exp[(\mathrm{i}k/2d)(x^2+y^2)]$$

所以物 $f(x,y)$ 右侧光场振幅分布为

$$f(x,y)\cdot\exp[(\mathrm{i}k/2d)(x^2+y^2)]$$

光在距离 d 范围是菲涅耳传播，得到后焦面上的场分布

$$\begin{aligned}g(x,y)&=\frac{1}{\lambda d}\left\{\exp\left[\frac{\mathrm{i}k}{2d}(x^2+y^2)\right]f(x,y)\right\}*\exp\left[-\frac{\mathrm{i}k}{2d}(x^2+y^2)\right]\\&=\frac{1}{\lambda d}\exp\left[-\frac{\mathrm{i}k}{2d}(x^2+y^2)\right]\iint f(x',y')\exp\left[\frac{2\pi\mathrm{i}}{\lambda d}(xx'+yy')\right]\mathrm{d}x'\mathrm{d}y'\\&=\frac{1}{\lambda d}\exp\left[-\frac{\mathrm{i}k}{2d}(x^2+y^2)\right]F\left(\frac{x}{\lambda d},\frac{y}{\lambda d}\right)\end{aligned}$$

$g(x,y)$ 依然是物体振幅透射率的傅里叶变换，但乘以一个相位弯曲因子.

2.165　设一维黑白光栅（即朗奇光栅）的周期为 τ，透光狭缝的宽度为 a. 考虑无限长和有限长（长度为 b）两种情况，如题图 2.165(1)和题图 2.165(2).

在 $4f$ 系统中，光栅置于第一个透镜的前焦面，在后焦面置滤波器，在第二透镜的后焦面得到放大率为 1 的像，如题图 2.165(3).

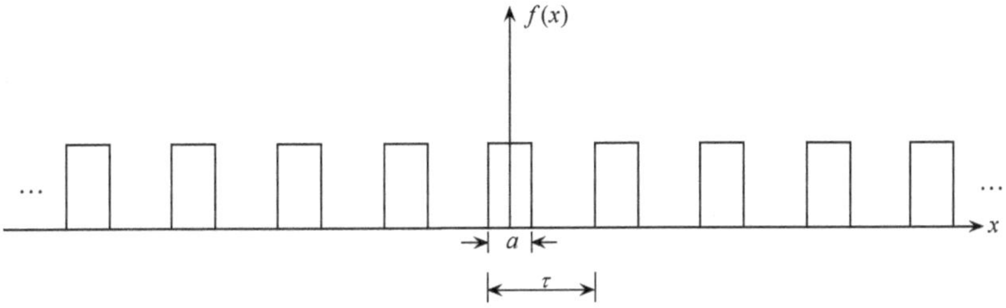

题图 2.165(1)

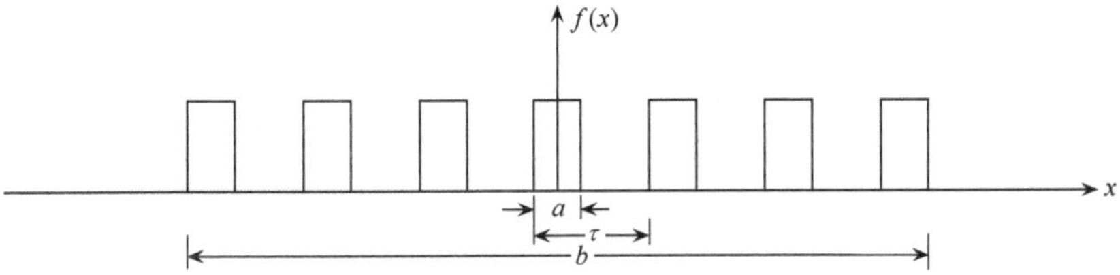

题图 2.165(2)

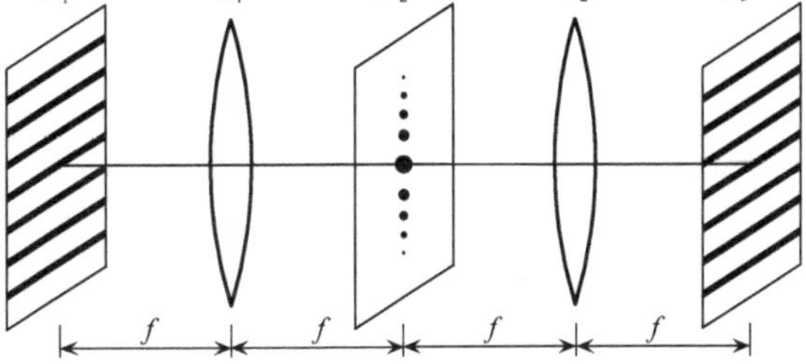

题图 2.165(3)

试分析几种主要滤波操作对像的影响.

解 定义周期为 τ 的梳状函数,它代表狭缝无限细的无穷长的一维光栅

$$\mathrm{comb}\left(\frac{x}{\tau}\right)\equiv\sum_{m=-\infty}^{+\infty}\delta\left(\frac{x}{\tau}-m\right)=\tau\sum\delta(x-m\tau) \tag{1}$$

其傅里叶变换为

$$\mathscr{F}\left[\mathrm{comb}\left(\frac{x}{\tau}\right)\right]=\tau\mathrm{comb}(u\tau)=\tau\sum_{m=-\infty}^{\infty}\delta(u\tau-m) \tag{2}$$

若透光狭缝宽度为 a,则这样的光栅透射率为

$$\sum_{m=-\infty}^{+\infty}\mathrm{rect}\left(\frac{x-m\tau}{a}\right) \tag{3}$$

它是梳状函数与矩形函数的卷积

$$\mathrm{rect}\left(\frac{x}{a}\right)*\mathrm{comb}\left(\frac{x}{\tau}\right)=\tau\int\mathrm{rect}\left(\frac{x'}{a}\right)\sum_m\delta(x-m\tau-x')\mathrm{d}x'=\tau\sum_m\mathrm{rect}\left(\frac{x-m\tau}{a}\right) \tag{4}$$

所以一维无穷长朗奇光栅的振幅透射率可写为

$$\frac{1}{\tau}\mathrm{rect}\left(\frac{x}{a}\right)*\mathrm{comb}\left(\frac{x}{\tau}\right) \tag{5}$$

而有限长光栅,长度为 b,振幅透射率为

$$\sum_{m=-\infty}^{+\infty}\mathrm{rect}\left(\frac{x-m\tau}{a}\right)\mathrm{rect}\left(\frac{x}{b}\right)=\frac{1}{\tau}\left[\mathrm{rect}\left(\frac{x}{a}\right)*\mathrm{comb}\left(\frac{x}{\tau}\right)\right]\mathrm{rect}\left(\frac{x}{b}\right) \tag{6}$$

在透镜后焦面得到它的傅里叶变换谱

$$\begin{aligned}F(u)&=\frac{1}{\tau}\mathscr{F}\left\{\left[\mathrm{rect}\left(\frac{x}{a}\right)*\mathrm{comb}\left(\frac{x}{\tau}\right)\right]\mathrm{rect}\left(\frac{x}{b}\right)\right\}\\&=\frac{1}{\tau}\mathscr{F}\left[\mathrm{rect}\left(\frac{x}{a}\right)*\mathrm{comb}\left(\frac{x}{\tau}\right)\right]*\mathscr{F}\left[\mathrm{rect}\left(\frac{x}{b}\right)\right]\end{aligned} \tag{7}$$

或

$$\begin{aligned}F(u)&=\frac{1}{\tau}\left\{\mathscr{F}\left[\mathrm{rect}\left(\frac{x}{a}\right)\right]\mathscr{F}\left[\mathrm{comb}\left(\frac{x}{\tau}\right)\right]\right\}*\mathscr{F}\left[\mathrm{rect}\left(\frac{x}{b}\right)\right]\\&=\frac{1}{\tau}\left[a\,\mathrm{sinc}(au)\tau\mathrm{comb}(u\tau)\right]*b\,\mathrm{sinc}(bu)\\&=\frac{ab}{\tau}\left[\mathrm{sinc}(au)\sum_m\delta\left(u-\frac{m}{\tau}\right)\right]*\mathrm{sinc}(bu)\\&=\frac{ab}{\tau}\sum_m\mathrm{sinc}\left(\frac{am}{\tau}\right)\delta\left(u-\frac{m}{\tau}\right)*\mathrm{sinc}(bu)\\&=\frac{ab}{\tau}\sum_m\mathrm{sinc}\left(\frac{am}{\tau}\right)\mathrm{sinc}\left[b\left(u-\frac{m}{\tau}\right)\right]\\&=\frac{ab}{\tau}\left\{\mathrm{sinc}(bu)+\mathrm{sinc}\left(\frac{a}{\tau}\right)\mathrm{sinc}\left[b\left(u-\frac{1}{\tau}\right)\right]\right.\\&\quad\left.+\mathrm{sinc}\left(\frac{a}{\tau}\right)\mathrm{sinc}\left[b\left(u+\frac{1}{\tau}\right)\right]+\cdots\right\}\end{aligned} \tag{8}$$

式中 $u=x/\lambda f$. 这是光栅的衍射花样,如题图 2.165(4).

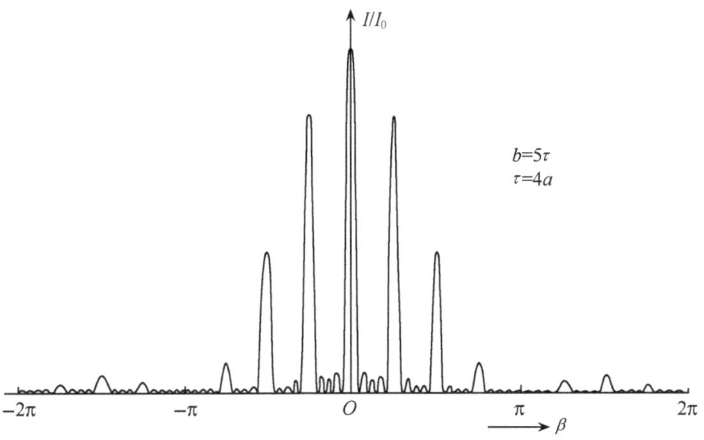

题图 2.165(4)

图中横坐标 $\beta=\pi a u$.

由于谱平面又是在后一个透镜的前焦面,所以谱平面上的光场又经历了一次傅里叶变换,得到最终像平面上的光场. 两次傅里叶变换得到原来的函数,只差一个负号,这对一维光栅函数是不重要的,只相当坐标反转.

(1) 若在滤波平面 P_2 中心留一狭缝,只透过零级分量,而阻挡其他分量,即只透过 $(ab/\tau)\operatorname{sinc}(bu)$,我们分析像平面 P_3 上的光场.

滤波器的振幅透射率为

$$T(u)=\begin{cases}1, & |u|<1/b \text{ 或 } |x|<\lambda f/b\\ 0, & \text{其他}\end{cases} \tag{9}$$

则滤波器后的场为

$$F(u)T(u)\approx\frac{ab}{\tau}\operatorname{sinc}(bu) \tag{10}$$

像平面 P_3 上光场为

$$\mathscr{F}\left[\frac{ab}{\tau}\operatorname{sinc}(bu)\right]=\frac{a}{\tau}\operatorname{rect}\left(\frac{x}{b}\right) \tag{11}$$

这表示为均匀照明,没有了条纹,没有了衬度,滤波过程如题图 2.165(5).

题图 2.165(5)中,(1)为滤波光路;(2)代表物平面 P_1 上的光栅;(3)为滤波平面 P_2 上的傅里叶谱;(4)为滤波器(放在中心的透光狭缝);(5)为滤波器后的光场;(6)为透镜 L_2 后焦面 P_3 上的像,为均匀平坦的函数,反映出均匀照明.

(2) 若滤波狭缝加宽,可以使零级和正负一级透过,则滤波器的振幅透射率近似为

$$\frac{ab}{\tau}\left\{\operatorname{sinc}(bu)+\operatorname{sinc}\left(\frac{a}{\tau}\right)\operatorname{sinc}\left[b\left(u-\frac{1}{\tau}\right)\right]\right.$$
$$\left.+\operatorname{sinc}\left(\frac{a}{\tau}\right)\operatorname{sinc}\left[b\left(u+\frac{1}{\tau}\right)\right]\right\} \tag{12}$$

滤波和成像机制如题图 2.165(6).

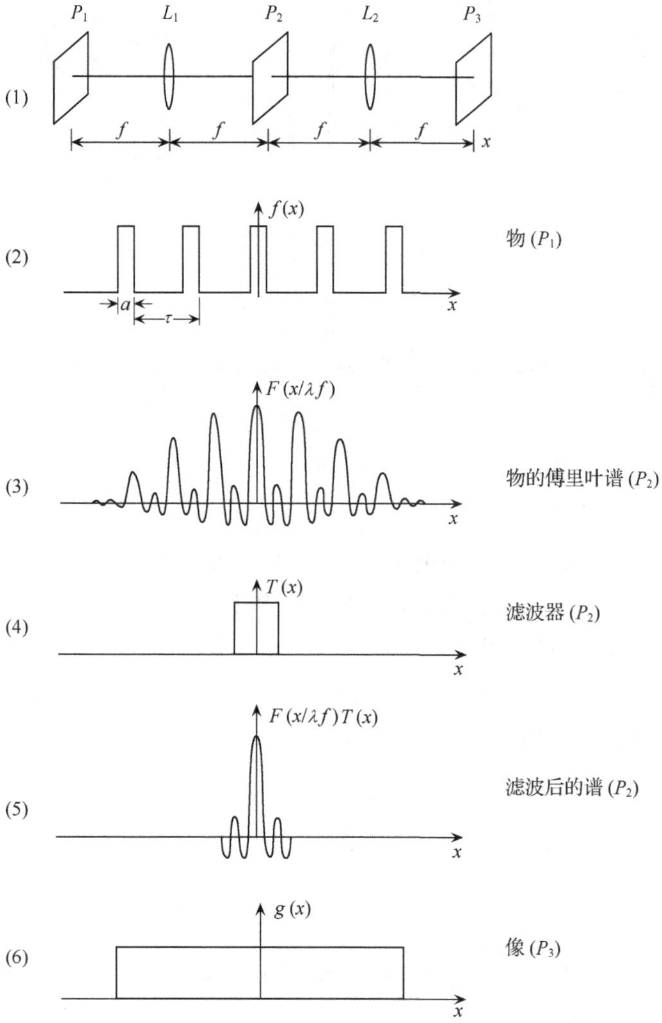

题图 2.165(5)

题图 2.165(6)中,(4′)为滤波器狭缝;(5′)为滤波器透射谱;(6′)为 P_3 上的像.滤波结果得到周期为 τ 的图样(所谓基频分量),但不是黑白分明的条纹,而是呈余弦型分布的条纹,视见度也下降.

由于

$$\mathscr{F}\left\{b\operatorname{sinc}\left[b\left(u-\frac{m}{\tau}\right)\right]\right\}=\operatorname{rect}\left(\frac{x}{b}\right)\exp\left(2\pi i\frac{mx}{\tau}\right) \tag{13}$$

我们得到 P_3 像平面上的光场振幅分布函数

$$\begin{aligned}&\frac{a}{\tau}\left[\operatorname{rect}\left(\frac{x}{b}\right)+\operatorname{sinc}\left(\frac{a}{\tau}\right)\operatorname{rect}\left(\frac{x}{b}\right)e^{2\pi ix/\tau}+\operatorname{sinc}\left(\frac{a}{\tau}\right)\operatorname{rect}\left(\frac{x}{b}\right)e^{-2\pi ix/\tau}\right]\\&=\frac{a}{\tau}\operatorname{rect}\left(\frac{x}{b}\right)\left[1+2\operatorname{sinc}\left(\frac{a}{\tau}\right)\cos\frac{2\pi x}{\tau}\right]\end{aligned} \tag{14}$$

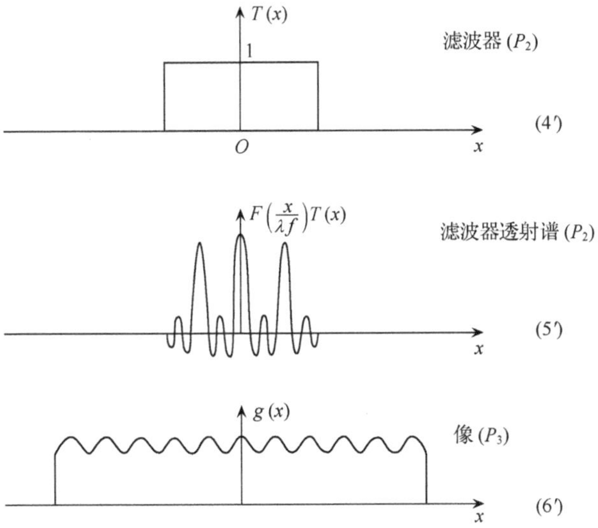

题图 2.165(6)

(3) 若滤波器只透过正负 2 级傅里叶谱,如题图 2.165(7).

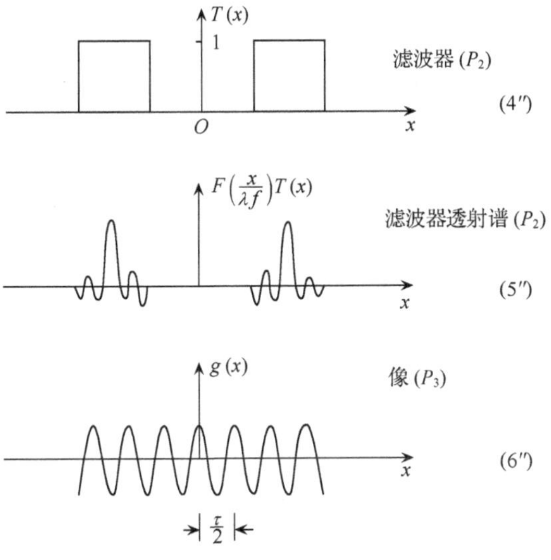

题图 2.165(7)

其中,(4″)为滤波器;(5″)为滤波器透射谱;(6″)P_3 上的像.

这时滤波器透射函数为

$$\frac{ab}{\tau}\operatorname{sinc}\left(\frac{2a}{\tau}\right)\left\{\operatorname{sinc}\left[b\left(u-\frac{2}{\tau}\right)\right]+\operatorname{sinc}\left[b\left(u+\frac{2}{\tau}\right)\right]\right\} \tag{15}$$

P_3 面的像函数为其傅里叶变换,即

$$\frac{2a}{\tau}\operatorname{sinc}\left(\frac{2a}{\tau}\right)\operatorname{rect}\left(\frac{x}{b}\right)\cos\left(\frac{4\pi x}{\tau}\right) \tag{16}$$

其周期为物的一半，即倍频.

(4) 挡位零级谱分量，而透过所有其他分量. 方程(8)为物函数的傅里叶谱，从中减去零级分量，得到滤波后的谱

$$F^{M}(u)=\frac{ab}{\tau}\sum_{m=0,\pm1,\cdots}\operatorname{sinc}\left(\frac{am}{\tau}\right)\operatorname{sinc}\left[b\left(u-\frac{m}{\tau}\right)\right]-\frac{ab}{\tau}\operatorname{sinc}(bu) \tag{17}$$

因此像平面 P_3 上的函数分布为

$$\begin{aligned}g(x)&=\mathscr{F}[F^{M}(u)]=\mathscr{F}\left\{\frac{ab}{\tau}\sum_{m}\operatorname{sinc}\left(\frac{am}{\tau}\right)\operatorname{sinc}\left[b\left(u-\frac{m}{\tau}\right)\right]\right\}-\mathscr{F}\left[\frac{ab}{\tau}\operatorname{sinc}(bu)\right]\\&=\frac{1}{\tau}\left[\operatorname{rect}\left(\frac{x}{a}\right)*\operatorname{comb}\left(\frac{x}{\tau}\right)\right]\operatorname{rect}\left(\frac{x}{b}\right)-\frac{a}{\tau}\operatorname{rect}\left(\frac{x}{b}\right)\end{aligned} \tag{18}$$

计算中我们应用了以下公式：

$$\begin{aligned}&\mathscr{F}\left\{\frac{ab}{\tau}\sum_{m}\operatorname{sinc}\left(\frac{am}{\tau}\right)\operatorname{sinc}\left[b\left(u-\frac{m}{\tau}\right)\right]\right\}\\&=\frac{1}{\tau}\mathscr{F}\left(\mathscr{F}\left\{\left[\operatorname{rect}\left(\frac{x}{a}\right)*\operatorname{comb}\left(\frac{x}{\tau}\right)\right]\operatorname{rect}\left(\frac{x}{b}\right)\right\}\right)\\&=\frac{1}{\tau}\left[\operatorname{rect}\left(\frac{x}{a}\right)*\operatorname{comb}\left(\frac{x}{\tau}\right)\right]\operatorname{rect}\left(\frac{x}{b}\right)\end{aligned} \tag{19}$$

以下考虑几种有趣的情况.

(a) 当缝宽等于半个周期时，$a/\tau=\frac{1}{2}$，滤波过程如下图，在像平面上光强为均匀照明. 题图 2.165(8)中，(1)为物的振幅函数；(2)为滤波器透射部分；(3)为像平面振幅；(4)为像平面强度分布.

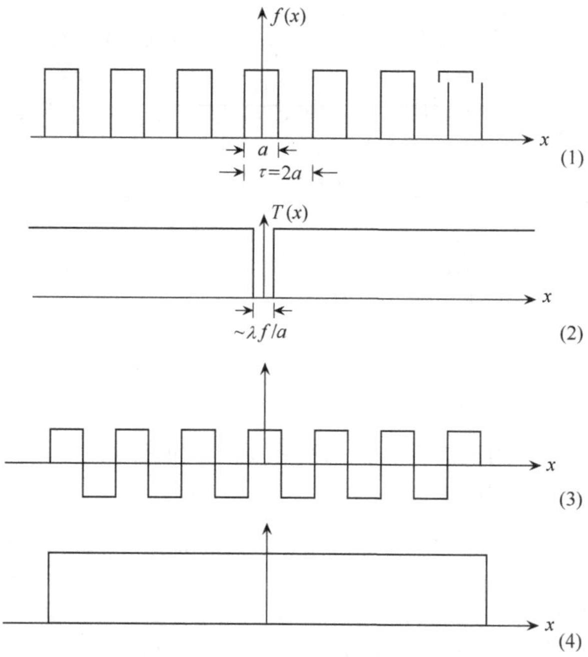

题图 2.165(8)

(b) 当 $a>\frac{\tau}{2}$,即透光部分比不透光部分还要宽时,滤波过程如下图,像平面 P_3 上光强分布与物平面 P_1 上相比出现了对比度反转,即黑白颠倒了.

题图 2.165(9)中,(1)为物函数;(2)为滤波器透射部分;(3)为像平面振幅;(4)为像平面上光强.

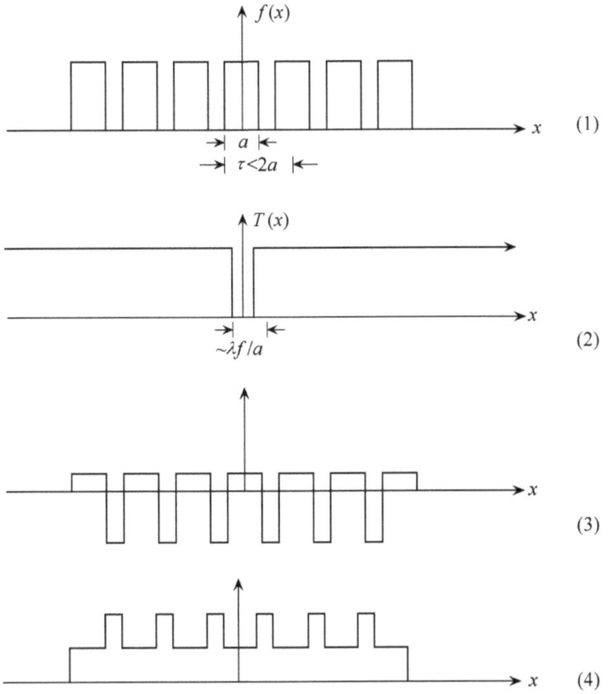

题图 2.165(9)

不难证明,当 $a<\frac{\tau}{2}$时,不出现对比度反转,但对比度会下降.

注 1:在解本题过程中,我们应用了函数以及函数卷积的傅里叶变换定理,即

设函数 $f(x)$和 $F(u)$互为傅里叶变换,记为

$$f(x) \rightleftharpoons F(u)$$

同样设 $g(x) \rightleftharpoons G(u)$,则

$$f(x) \cdot g(x) \rightleftharpoons F(u) * G(u)$$

即两个函数乘积的傅里叶变换等于它们各自傅里叶变换的卷积. 符号"$\rightleftharpoons$"表示正、逆傅里叶变换的运算.

同样地,两个函数卷积的傅里叶变换等于它们各自傅里叶变换的乘积,即

$$f(x) * g(x) \rightleftharpoons F(u) \cdot G(u)$$

注 2:我们假设 $4f$ 系统中两透镜口径足够大,以致光栅衍射的所有分量都能进入透镜参与成像.

2.166　光学切趾术(optical apodisation)是一种通过改变光学系统衍射孔径函数,从而改变像斑的衍射图样的能量分布,以提高光学系统分辨本领的方法. 讨论下面的例子,

若狭缝上从$-\frac{b}{2}$至$+\frac{b}{2}$之间振幅透过率为余弦函数$\cos\pi\frac{x}{b}$所调制. b为狭缝宽度.

(1) 计算单缝夫琅禾费衍射图样第n级极小值的位置,并与同一狭缝未切趾前的衍射条纹第n级极小值位置相比较;

(2) 切趾后,衍射图样中第$n-1$级与第n级极小值中间位置处的光强为多少(靠近第n级次极大)请将计算结果对中央极大值进行归一化.

解　(1) 切趾后,在夫琅禾费单缝衍射装置透镜后焦面上一点P的合振幅为

$$A(\nu)=\int_{-b/2}^{b/2}e^{ikx\sin\theta}\cos\left(\frac{\pi x}{b}\right)dx$$
$$=\cos\left(\frac{\nu b}{2}\right)\left[\frac{1}{\nu-\frac{\pi}{b}}-\frac{1}{\nu+\frac{\pi}{b}}\right]$$

其中$\nu=k\sin\theta$.

衍射光强第n级极小(即零光强)的位置由下面方程求得:

$$\frac{\nu b}{2}=\frac{\pi b}{\lambda}\sin\theta_n=\frac{\pi}{2}(2n+1)$$

解之得

$$\sin\theta_n=\frac{\lambda}{2b}(2n+1)$$

未切趾前的合振幅为

$$A=b\frac{\sin\left(\frac{1}{2}\nu b\right)}{\frac{1}{2}\nu b}$$

光强第n级极小的角位置$\sin\theta_n=\frac{n\lambda}{b}$,故

$$(\sin\theta)_{切趾}-(\sin\theta)_{未切趾}=\frac{\lambda}{2b}$$

即调制后,各级极小位置均向外侧移动了一个距离.

(2) 切趾后,第$n-1$级极小值角位置$\sin\theta_{n-1}=\frac{\lambda}{2b}(2n-1)$. 第$n$级极小值的角位置为$\sin\theta_n=\frac{\lambda}{2b}(2n+1)$. 两者之间的中间位置处于$\sin\theta=\frac{n\lambda}{b}$,其光强为

$$I=A^2=\frac{4}{\left(\frac{\pi}{b}\right)^2(1-4n^2)^2}$$

中央极大值位置在$\sin\theta=0$,因而

$$I_0=\frac{4}{\left(\frac{\pi}{b}\right)^2}$$

则

$$\frac{I}{I_0}=\left(\frac{1}{1-4n^2}\right)^2$$

以上结果表明，切趾后的结果[见题图 2.166(1)和题图 2.166(2)]是根本上减小了次极大相对于中心极大的值，换句话说. 切趾术抑制了较高的空间频率. 利用以上原理，有可能将一个望远镜的孔径光阑进行切趾，从而可能大大地减小出现在多星的像的周围的衍射环的相对强度. 这样一来，它将提高望远镜分辨靠近一个亮星的弱星的像的能力.

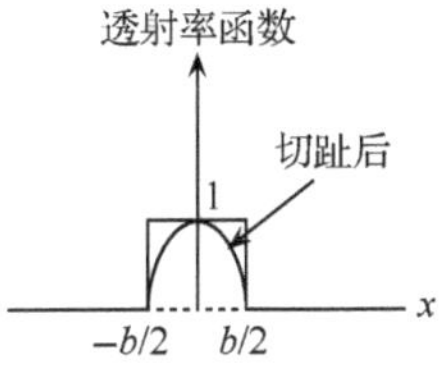

题图 2.166(1)

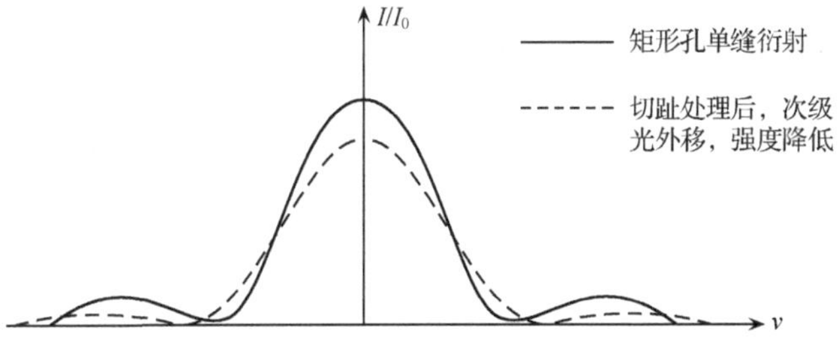

题图 2.166(2)

2.167 用傅里叶变换求单缝衍射光场表达式.

解 设缝宽为 a，则单位振幅平面波垂直照明狭缝得到的振幅透射函数是一维矩形函数

$$\mathrm{rect}(x/a) \equiv \begin{cases} 1, & |x| < a/2 \\ 0, & |x| > a/2 \end{cases}$$

单缝的夫琅禾费衍射为缝振幅透射函数的傅里叶变换. 有

$$\mathscr{F}\left[\mathrm{rect}\left(\frac{x}{a}\right)\right] = \int_{-a/2}^{a/2} \mathrm{e}^{2\pi i u x}\,\mathrm{d}x = \frac{\sin(\pi a u)}{\pi u} = a\,\mathrm{sinc}(au)$$

式中，$u = x/\lambda f$. 光强为

$$I = a^2 \mathrm{sinc}^2(au) = I_0 \mathrm{sinc}^2(au)$$

式中函数定义为

$$\mathrm{sinc}(\pi x) \equiv \frac{\sin(\pi x)}{\pi x}$$

后焦面上强度分布也可写为

$$I = I_0 \mathrm{sinc}^2(au) = I_0 \sin^2(\beta)/\beta^2$$

式中，$\beta = \pi a u = \pi a x/\lambda f$.

2.168 用傅里叶变换求周期为 a 的余弦型振幅透射函数的夫琅禾费衍射，即透镜后焦面的光场.

解 余弦型振幅透射函数为

$$f(x) = A\cos\frac{2\pi x}{a} = \frac{A}{2}\left[\exp\left(\frac{2\pi i x}{a}\right) + \exp\left(-\frac{2\pi i x}{a}\right)\right]$$

由于 e 指数函数的傅里叶变换为 δ 函数，即

$$\mathscr{F}\{\exp(2\pi i x/a)\} = \delta\left(u + \frac{1}{a}\right)$$

所以有

$$F(u) = \mathscr{F}\{f(x)\} = \frac{A}{2}\left[\delta\left(u+\frac{1}{a}\right)+\delta\left(u-\frac{1}{a}\right)\right]$$

式中，$u=x/\lambda f$，这是在 $u=1/a$ 和 $u=-1/a$ 处的两个亮点，对应物函数的空间频率.

2.169 在朗奇光栅的夫琅禾费衍射装置中，光栅与透镜距离为 d，透镜半径为 R，求透镜的截止频率.

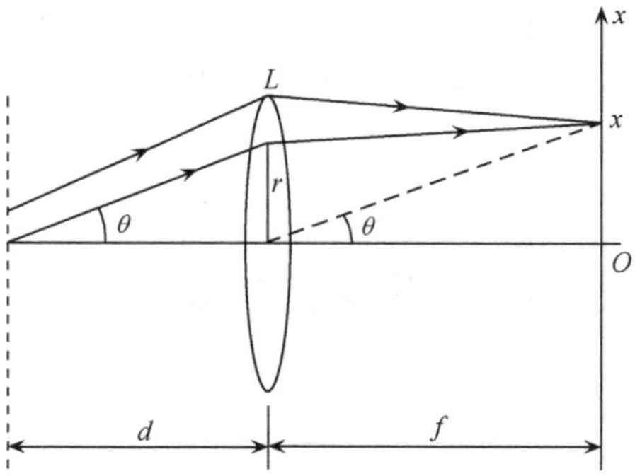

题图 2.169

解 装置如题图 2.169，谱平面上的空间频率 $u=x/\lambda f$. 衍射角为 θ 的平行光在 Ox 轴上会聚到 x 坐标. 由图有

$$r/d = x/f$$

所以

$$u = r/\lambda d$$

物函数中能通过透镜的最大空间频率即截止频率为

$$u_{\max} = R/\lambda d$$

2.170 将宽 $a=2.0$cm 的单缝置于焦距 $f=60$cm 的透镜前焦面上，平行于光轴方向、波长 $\lambda=0.6\mu$m 单色光垂直照明单缝. 求系统的截止频率. 透镜直径为 10cm.

解 装置如题图 2.170，透镜能接收的最大衍射角为 θ_m，

$$\sin\theta_m \approx \tan\theta_m = \frac{\frac{D}{2}-\frac{a}{2}}{f} = \frac{D-a}{2f}$$

截止频率

$$u_m = \frac{\sin\theta_m}{\lambda} = \frac{D-a}{2\lambda f} = 1.1\times10^2\text{mm}^{-1}$$

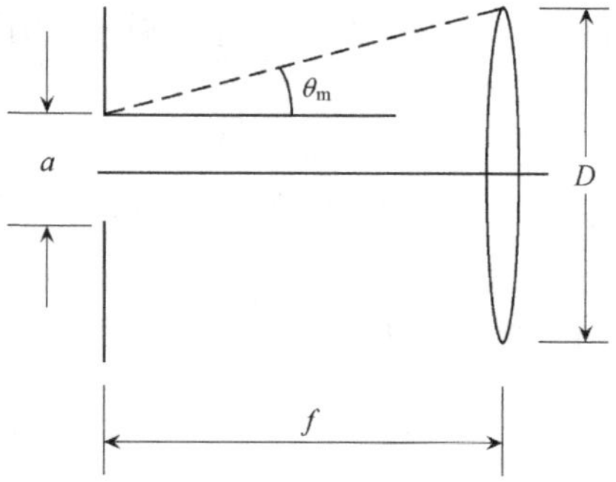

题图 2.170

2.171 波长 $\lambda=6328$Å 的光垂直照明朗奇光栅，光栅每毫米有 100 条刻线. 为使频面上至少获得 ±5 级衍射斑，且相邻斑间距不小于 2mm，问透镜焦距与口径至少要多大？装置如题图 2.171.

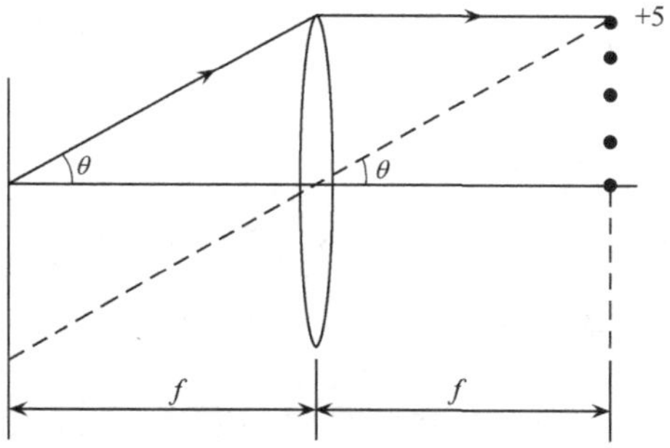

题图 2.171

解 由光栅方程

$$d\sin\theta = n\lambda$$

当衍射角很小时,得到衍射斑的角距离为

$$\Delta\theta = \lambda/d$$

而相邻衍射斑线间距 $\Delta l=\Delta\theta\cdot f=\lambda f/d$. 为使 $\Delta l\geqslant 2\text{mm}$,有

$$f \geqslant \frac{\Delta l\cdot d}{\lambda} = 32\text{mm}$$

而第 5 级衍射斑的衍射角为 θ_5

$$\sin\theta_5 = 5\lambda/d \approx \frac{D/2}{f}$$

为使±5 级衍射都能进入透镜并在后焦面上成像,其直径至少为

$$D = 2f\sin\theta_5 = 2f\cdot(5\Delta\theta) = \frac{10\lambda f}{d} = 20.2\text{mm}$$

2.172 利用阿贝成像原理导出在相干条件下显微镜的最小分辨距离公式,并与非相干照明条件下的最小分辨距离相比较.

解 系统的截止频率 f_{M} 大体上由镜头边缘对物平面中心所张的最大孔径角 u_0 决定,其关系为 $\sin u_0=f_{\mathrm{M}}\lambda$. 从几何上看 $\sin u_0\approx\dfrac{D/2}{F}$,式中 D 为物镜直径,F 为焦距.

所以相干系统的截止频率为

$$f_{\mathrm{M}} \approx \frac{\sin u_0}{\lambda} = \frac{1}{2\lambda}\cdot\frac{D}{F}$$

截止频率的倒数便是相干系统可分辨的最小空间周期,即最小分辨距离 d_{m},它应为

$$d_{\mathrm{m}} = \frac{1}{f_{\mathrm{M}}} = \frac{\lambda}{\sin u_0} = 2\lambda\left(\frac{D}{F}\right)^{-1}$$

按瑞利判据,非相干显微成像系统的最小分辨距离为

$$\delta y = 0.61\,\frac{\lambda}{\sin u_0}$$

由此可见,两者(d_{m} 与 δy)的数值相近,即相干照明并未显著提高系统分辨细节的能力.

2.173 伽博(Gabor)于 1948 年首先提出的全息图概念是一种同轴全息图. 平行光垂直照明一个不大的透明物体,物体衍射光波并与平行光在底片上干涉,得到全息图. 设光波波长 $\lambda=6328\text{Å}$,求全息图上距光轴 $\rho=1\text{cm}$ 处干涉条纹的空间频率 $\nu(\rho)$,已知物与底片的距离为 1m.

解 设物在 z 轴上,物很小,可忽略其横向大小,设物平面上参考波(平面波)与物波的初相位相同、利用近轴公式可将底片上参考波与物波在(x,y)点的光程差写为

$$\Delta = \sqrt{z^2+x^2+z^2} - z = z\left(1+\frac{x^2+y^2}{2z^2}\right) - z = \frac{\rho^2}{2z}$$

若 $\Delta=m\lambda$,m 为整数,对应干涉强大. 相邻条纹的间距可对$\dfrac{\rho^2}{2z}=m\lambda$ 微分得到

$$\frac{\rho\Delta\rho}{z} = \lambda$$

即

$$\Delta\rho = \frac{\lambda z}{\rho}$$

条纹空间频率

$$\nu = \frac{1}{\Delta\rho} = \frac{\rho}{\lambda z} = 1.58 \times 10^4/\text{m} = 15.8/\text{mm}$$

可见离轴越远，空间频率越高，最终取决于底片的记录极限. 就目前常用的全息乳胶干板来说，分辨率都在每毫米数百条以上. 所以上述结论远在记录极限以下，是可以实现的. 另外，从条纹间距公式 $\rho^2/2z = m\lambda$，可以看到所记录到的干涉条纹就是菲涅耳半波带的条纹(物很小，可视为点源).

2.174 如题图 2.174，频率相同的两束平面波照到底片，它们在底片法向两侧，夹角分别为 θ_1 和 θ_2. 求底片形成的干涉条纹空间频率.

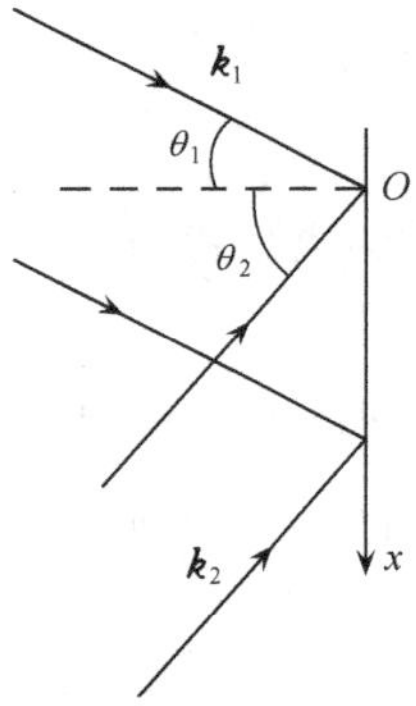

题图 2.174

解 解法一 用 U_1 和 U_2 表示两束平面波，为简单计，它们有共同的振幅和频率

$$U_1 = A\exp\{\mathrm{i}(\boldsymbol{k}_1 \cdot \boldsymbol{r} - \omega t)\}$$
$$U_2 = A\exp\{\mathrm{i}(\boldsymbol{k}_2 \cdot \boldsymbol{r} - \omega t)\}$$

式中 $|\boldsymbol{k}_1| = |\boldsymbol{k}_2| = |\boldsymbol{k}| = \frac{2\pi}{\lambda}$，$\boldsymbol{r}$ 为底片上坐标 x. 去掉共同与 ω 有关的相位因子得到

$$U_1 + U_2 \propto \mathrm{e}^{\mathrm{i}\boldsymbol{k}_1 \cdot \boldsymbol{r}} + \mathrm{e}^{\mathrm{i}\boldsymbol{k}_2 \cdot \boldsymbol{r}}$$

所以

$$U_1 + U_2 \propto \cos\left[\frac{1}{2}(\boldsymbol{k}_1 - \boldsymbol{k}_2) \cdot \boldsymbol{r}\right]$$

而

$$\boldsymbol{k}_1 \cdot \boldsymbol{r} = \frac{2\pi}{\lambda} x \sin\theta_1$$

$$\boldsymbol{k}_2 \cdot \boldsymbol{r} = -\frac{2\pi}{\lambda} x \sin\theta_2$$

$$U_1 + U_2 \propto \cos\left[\frac{\pi x}{\lambda}(\sin\theta_1 + \sin\theta_2)\right]$$

即

$$I \propto \cos^2\left[\frac{\pi x}{\lambda}(\sin\theta_1 + \sin\theta_2)\right]$$

由于底片记录的强度，所以当 $\frac{\pi x}{x}(\sin\theta_1 + \sin\theta_2) = 0, \pi, 2\pi, \cdots$ 时强度极大. 即

$$\frac{\pi x}{\lambda}(\sin\theta_1 + \sin\theta_2) = m\pi$$

即

$$x(\sin\theta_1 + \sin\theta_2) = m\lambda$$

条纹间距

$$\Delta x = \frac{\lambda}{\sin\theta_1 + \sin\theta_2}$$

或空间频率

$$\nu = \frac{1}{\Delta x} = \frac{\sin\theta_1 + \sin\theta_2}{\lambda}$$

解法二　考虑光束 1 到达底片上 $x=0$ 和 x 的光程差

$$\Delta_1 = x\sin\theta_1$$

而光束 2 到达同样两点的光程差

$$\Delta_2 = -x\sin\theta_2$$

所以两光束之光程差 $\Delta=\Delta_1-\Delta_2=x(\sin\theta_1+\sin\theta_2)$ 当 $\Delta=m\lambda$ 时得到干涉条纹，即

$$\Delta x = \frac{\lambda}{\sin\theta_1 + \sin\theta_2}$$

或

$$\nu = \frac{1}{\Delta x} = \frac{\sin\theta_1 + \sin\theta_2}{\lambda}$$

2.175　若一平面物体的全息图记录在一个与物平行的平面上，证明，再现像必定成在一个与全息图平行的平面内.

解　如题图 2.175(1)所示，在全息干板上取直角坐标系，物平面与全息图所在 $z=0$ 平面相平行. 在 $z=z_1(z_1<0)$ 的物平面任选一点 S_1，它发生球面波，与作为参考光的点光源 S_2 发出的球面波在 $z=0$ 面上叠加，由于 z_1 和 z_2 为负值，我们设

$$\zeta_1 = |z_1|,\qquad \zeta_2 = |z_2|$$

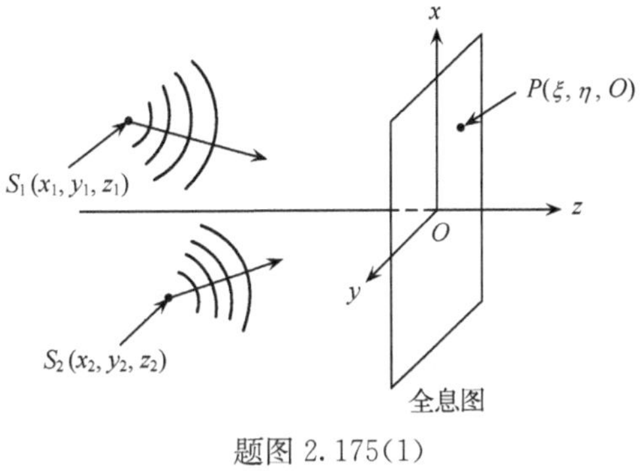

题图 2.175(1)

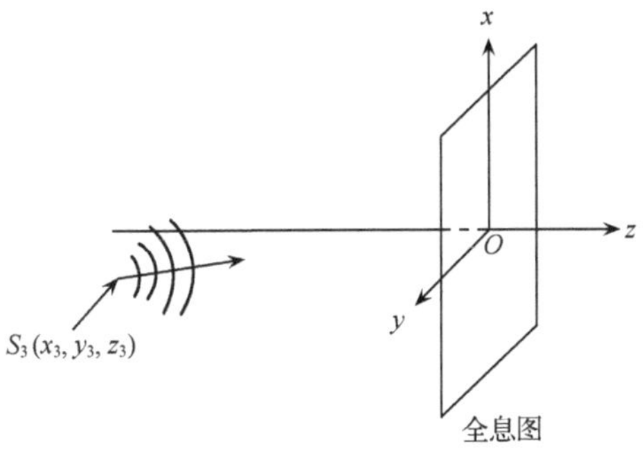

题图 2.175(2)

并满足傍轴近似

$$|x_1|,\quad |y_1|,\quad |x_2|,\quad |y_2| \ll \zeta_1,\zeta_2$$

S_1 所发球面波到达全息干板上任一点 $P(\xi,\eta,0)$，光场为

$$u_1=\frac{A'}{r_1}\mathrm{e}^{-ikr_1} \tag{1}$$

式中，$k=2\pi/\lambda$.

$$\begin{aligned} r_1 &= S_1P=[(x_1-\xi)^2+(y_1-\eta)^2+z_1^2]^{1/2} \\ &= \zeta_1\left[1+\frac{x_1^2+y_1^2}{\zeta_1^2}+\frac{\xi^2+\eta^2}{\zeta_1^2}-\frac{2(x_1\xi+y_1\eta)}{\zeta_1^2}\right]^{1/2} \\ &\approx \zeta_1+\frac{x_1^2+y_1^2}{2\zeta_1}+\frac{\xi^2+\eta^2}{2\zeta_1}-\frac{(x_1\xi+y_1\eta)}{\zeta_1} \end{aligned} \tag{2}$$

于是

$$u_1\approx\frac{A_1}{\zeta_1}\exp\left\{-\frac{\mathrm{i}k}{2\zeta_1}[\xi^2+\eta^2-2(x_1\xi+y_1\eta)]\right\} \tag{3}$$

这里我们令分母中 $r_1=\zeta_1$，并把相位因子

$$\exp\left\{-\mathrm{i}k\left[\zeta_1+\frac{x_1^2+y_1^2}{2\zeta_1}\right]\right\} \tag{4}$$

合并到系数 A_1 中.

类似地，设参考光点源 S_2 发射的相同波长的球面波照到全息平面上 P 点处，光场为

$$u_2\approx\frac{A_2}{\zeta_2}\exp\left\{-\frac{\mathrm{i}k}{2\zeta_2}[\xi^2+\eta^2-2x_2\xi-2y_2\eta]\right\} \tag{5}$$

u_1+u_2 叠加后强度为

$$I=|u_1+u_2|^2=\frac{|A_1|^2}{\zeta_1^2}+\frac{|A_2|^2}{\zeta_2^2}+\frac{A_1A_2^*}{\zeta_1\zeta_2}\mathrm{e}^{-\mathrm{i}\varphi}+\frac{A_1^*A_2}{\zeta_1\zeta_2}\mathrm{e}^{\mathrm{i}\varphi} \tag{6}$$

式中

$$\varphi=\frac{k}{2}\left[(\xi^2+\eta^2)\left(\frac{1}{\zeta_1}-\frac{1}{\zeta_2}\right)-2\xi\left(\frac{x_1}{\zeta_1}-\frac{x_2}{\zeta_2}\right)-2\eta\left(\frac{y_1}{\zeta_1}-\frac{y_2}{\zeta_2}\right)\right]$$

在干板的线性区，则全息图的振幅透射率 $T=I$. 设再现光源（波长为 λ'）S_3 所发出的球面波照明到全息图上的 P 点处，光场为

$$u_3\approx\frac{A_3}{\zeta_3}\exp\left\{-\frac{\mathrm{i}k'}{2\zeta_3}[\xi^2+\eta^2-2x_3\xi-2y_3\eta]\right\} \tag{7}$$

式中 $k'=2\pi/\lambda'$，$\zeta_3=|z_3|$.

全息图透射波为

$$\begin{aligned} \Phi= u_3T=u_3I &= \left(\frac{|A_1|^2}{\zeta_1^2}+\frac{|A_2|^2}{\zeta_2^2}\right)\frac{A_3}{\zeta_3}\exp\left[-\frac{\mathrm{i}k'}{2\zeta_3}(\xi^2+\eta^2-2x_3\xi-2y_3\eta)\right] \\ &+\frac{A_1A_2^*A_3}{\zeta_1\zeta_2\zeta_3}\exp\left[-\frac{\mathrm{i}k'}{2z_p}(\xi^2+\eta^2-2\xi x_p-2\eta y_p)\right] \\ &+\frac{A_1^*A_2A_3}{\zeta_1\zeta_2\zeta_3}\exp\left[-\frac{\mathrm{i}k'}{2z_c}(\xi^2+\eta^2-2\xi x_c-2\eta y_c)\right] \end{aligned} \tag{8}$$

式中

$$z_p=\left(\frac{\mu}{\zeta_1}-\frac{\mu}{\zeta_2}+\frac{1}{\zeta_3}\right)^{-1}=\frac{\zeta_1\zeta_2\zeta_3}{\zeta_1\zeta_2+\mu\zeta_2\zeta_3-\mu\zeta_1\zeta_3} \tag{9}$$

$$x_p=z_p\left[\mu\left(\frac{x_1}{\zeta_1}-\frac{x_2}{\zeta_2}\right)+\frac{x_3}{\zeta_3}\right]=\frac{x_3\zeta_1\zeta_2+\mu x_1\zeta_2\zeta_3-\mu x_2\zeta_1\zeta_3}{\zeta_1\zeta_2+\mu\zeta_2\zeta_3-\mu\zeta_1\zeta_3} \tag{10}$$

$$y_p=z_p\left[\mu\left(\frac{y_1}{\zeta_1}-\frac{y_2}{\zeta_2}\right)+\frac{x_3}{\zeta_3}\right]=\frac{y_3\zeta_1\zeta_2+\mu y_1\zeta_2\zeta_3-\mu y_2\zeta_1\zeta_3}{\zeta_1\zeta_2+\mu\zeta_2\zeta_3-\mu\zeta_1\zeta_3} \tag{11}$$

$$z_c=\left(\frac{\mu}{\zeta_2}-\frac{\mu}{\zeta_1}+\frac{1}{\zeta_3}\right)^{-1}=\frac{\zeta_1\zeta_2\zeta_3}{\zeta_2\zeta_1+\mu\zeta_1\zeta_3-\mu\zeta_2\zeta_3} \tag{12}$$

$$x_c=z_c\left[\mu\left(\frac{x_2}{\zeta_2}-\frac{x_1}{\zeta_1}\right)+\frac{x_3}{\zeta_3}\right]=\frac{\zeta_1\zeta_2x_3+\mu x_2\zeta_1\zeta_3-\mu x_1\zeta_2\zeta_3}{\zeta_2\zeta_1+\mu\zeta_1\zeta_3-\mu\zeta_2\zeta_3} \tag{13}$$

$$y_c=z_c\left[\mu\left(\frac{y_2}{\zeta_2}-\frac{y_1}{\zeta_1}\right)+\frac{y_3}{\zeta_3}\right]=\frac{\zeta_1\zeta_2y_3+\mu y_2\zeta_1\zeta_3-\mu y_1\zeta_2\zeta_3}{\zeta_2\zeta_1+\mu\zeta_1\zeta_3-\mu\zeta_2\zeta_3} \tag{14}$$

$$\mu=\lambda'/\lambda$$

将式(8)中右侧第一项与式(3)相比，可知它代表了从(x_3,y_3,z_3)发出的球面波，即再现波本身. 而式(8)中右侧第二项和第三项都是球面波的表达式，分别代表再现像和它的共轭项. 若$z_p>0$，为发散的球面波，源点在$(x_p,y_p,-z_p)$；若$z_p<0$，为会聚的球面波，源点在$(x_p,y_p,|z_p|)$. 从式(9)可知，z_p代表再现球面波源点到全息图的位置，它只与S_1、S_2、S_3到全息图的距离以及记录光波长λ和再现光波长λ'有关，所以对于与全息图相平行的物平面上任一点，情况均如此. 即再现像必然在与全息图平行的平面内. 若式(9)中的$\mu=1$(即$\lambda'=\lambda$)，$\zeta_2=\zeta_3$，即再现波与参考波相同，则$z_p=\zeta_1$. 同样式(10)和式(11)中的$x_p=x_1$，$y_p=y_1$. 这时，再现像就是原来的物.

2.176　全息图用波长为λ的正入射的平面参考波记录. 物处于距底片$z_1=10\text{cm}$的位置，再现波波长$\lambda_2=10\lambda_1$，且沿z轴传播. 求再现时的角放大率和横向放大率. 记录时和再现时全息图的比例不变.

解　利用上题的结论. 本题中物点坐标为(x_1,y_1,z_1)，其中$z_1=10\text{cm}$；参考光源坐标为(x_2,y_2,z_2)，其中$z_2=\infty$；再现光源坐标为(x_3,y_3,z_3)，其中$z_3=\infty$，代入上题中式(9)、(10)和(11)，式中$\zeta_2=\infty$，$\zeta_3=\infty$，得到

$$z_p=\frac{1}{\mu}\zeta_1=\frac{1}{10}z_1$$

$$z_p=1\text{cm}$$

$$x_p=x_1,\qquad y_p=y_1$$

得横向放大率为

$$N=x_p/x_1=y_p/y_1=1$$

角放大率为

$$\gamma=\left(\frac{x_p}{z_p}\right)\Big/\left(\frac{x_1}{z_1}\right)=\frac{z_1}{y_p}=10$$

2.177　同轴全息图的平面参考光波波长为6328Å，物到底片的距离$z=1\text{m}$. 求在全息图上距轴$\rho=1\text{cm}$处干涉条纹的空间频率$\nu(\rho)$.

解　所谓同轴全息，即物与参考波源均在z轴上，所以

$$x_1 = x_r = y_1 = y_r = 0$$

设在轴上参考波与物波的相位相同. 我们计算参考波与物波在底片上距轴为 $\rho=\sqrt{x_2^2+y_2^2}$ 这一点的相位差. 利用近轴条件有

$$\varphi_r - \varphi_0 = \frac{x_2^2+y_2^2}{2z_1}\cdot\frac{2\pi}{\lambda} = \frac{\rho^2}{2z_1}\cdot\frac{2\pi}{\lambda}$$

即程差 $\Delta=\frac{\rho^2}{2z_1}$. 可见干涉条纹为同心圆环,强度极大对应 $\Delta\varphi=2m\pi$,或 $\rho^2=m\lambda z_1$,强度变化为

$$2R_0A_0\cos\Delta\varphi$$

式中 R_0、A_0 分别为参考波和物波振幅. 因 $\Delta\varphi$ 依赖于坐标,所以强度变化的空间频率也依赖于坐标. 在 $\rho(x_2,y_2)$ 点空间频率 ν 等于干涉图样相位变化的速度除以 2π

$$\nu(\rho) = \frac{\partial}{\partial\rho}(\Delta\varphi) = \frac{\partial}{\partial\rho}\left(\frac{\Delta}{\lambda}\right) = \frac{\partial}{\partial\rho}\left(\frac{\rho^2}{2\lambda z_1}\right) = \rho/\lambda z_1$$

代入 $\rho=1\text{cm}$, $z_1=100\text{cm}$, $\lambda=0.6328\mu\text{m}$,得

$$\nu(\rho) = 158\text{ 条}/\text{cm}$$

点光源的同轴全息图即菲涅耳半波带片. 离轴越远,条纹越密,频率越高. 当 ν 达到底片所能记录的极限 $\nu_{\max}$ 时,$\nu_{\max}\cdot\lambda z_1$ 即为全息图有效的极限尺寸.

2.178 菲涅耳离轴全息图记录在分辨本领为 100 条/mm 的照相底片上. 设全息图尺寸 $x_2=0.1\text{mm}$,且 $z_1=1\text{m}$,$\lambda=5000\text{Å}$. 试求物体的最大尺寸.

解 底片的分辨本领决定干涉条纹的最大空间频率

$$\nu_{\max}(x_2) = N = 100\text{mm}^{-1}$$

参见上题,有

$$\nu(x_2) = -\frac{x_2}{\lambda z} + \frac{x_1}{\lambda z}$$

$$\nu_{\max}(x_2) = [-(x_2)_{\max} + (x_1)_{\max}]/\lambda z$$

我们来比较这两项的贡献

$$x_2/\lambda z = \frac{0.1}{10^3\times 5\times 10^{-4}} = 0.2\text{mm}^{-1} \ll N$$

即 $(x_1)_{\max}/\lambda z\approx N$ 起主要的作用. 由此 $(x_1)_{\max}=N\lambda z=50\text{mm}$,于是物体上距轴 $>50\text{mm}$ 的部分不会记录在全息图上.

2.179 菲涅耳同轴全息图记录在分辨本领为 $0.5\mu\text{m}$ 的照相底片上,试估算物体上可能分辨的两个点之间的距离.

解 全息图上干涉条纹的频率 $\nu(x_2)=x_2/\lambda z_1$(参见上题). 照相底片只能记录宽度大于 $0.5\mu\text{m}=1/N$ 即 $\nu_{\max}\leqslant N$ 的圆环. 由此 $(x_2)_{\max}\leqslant N\lambda z_1$,记录在底片上的全息图的尺寸可由此式确定. 再现像时,全息图的作用等效于波带片或具有一定孔径的透镜

$$A = \sin u = (x_2)_{\max}/z$$

依据分辨判据

$$\delta x_1 \leqslant \lambda/\sin u$$

$$\delta x_1 \leqslant \frac{\lambda z}{(x_2)_{\max}} = \frac{\lambda z}{N\lambda z} = \frac{1}{N} = 5\times 10^3\,\text{Å}$$

并且不依赖于 λ.

2.180 试比较傅里叶全息图和菲涅耳全息图的分辨本领. 全息图的角尺寸 $x_2/z_1=10^{-3}$, 衍射角约为 $10°$.

解 菲涅耳同轴全息图的分辨本领 δx_1 由全息图的角孔径 A 决定

$$\delta x_1 \leqslant \lambda/A \approx \lambda\cdot 10^3$$

其中 $A=\frac{(x_2)_{\max}}{z}=10^{-3}$. 在傅里叶全息图中,全息图的空间频率 $\nu(x_2)$ 仅与物体的坐标 x_1 有关(见题图 2.180).

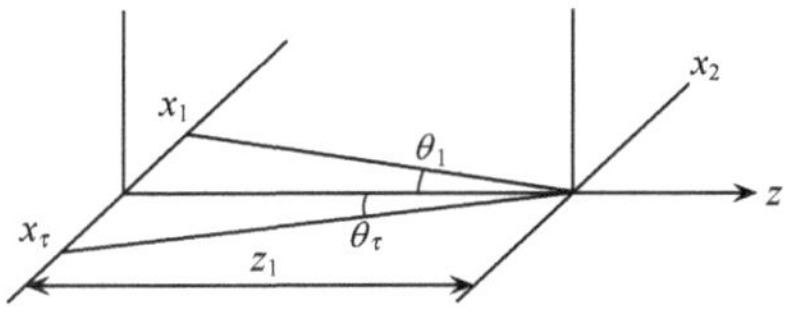

题图 2.180

实际上,相位差等于

$$\varphi_r-\varphi_0=-\frac{2\pi}{\lambda_1}\left(\frac{x_r}{z_r}-\frac{x_1}{z_1}\right)=\frac{2\pi}{\lambda_1}(\theta_1-\theta_2)x_2 \qquad (\theta_2<0)$$

$$\nu(x_2)=\frac{\partial}{\partial x_2}\left(\frac{\Delta\varphi}{2\pi}\right)=\frac{x_1-x_2}{z_1\lambda}=\text{const}$$

即与杨氏光路图的情况相同,干涉条纹在整个场中具有同样的频率. 这个图样对应于两列平面波的干涉,这两列平面波的夹角为 $\theta=\theta_1+\theta_r$, 条纹的频率 $\nu(x)$ 仅与角 θ 有关.

当光在物体上衍射时,物体的透过率函数的每一个空间谐波 f_r 对应于一定的平面衍射波的方向,即

$$f_x=1/d=\sin\theta/\lambda$$

因此,在照相底片上可以记录的最小周期由衍射角 θ 决定,而不是像在菲涅耳光路图中那样由全息图的尺寸决定.

将 δx 与 $d_{\min}$ 作比较,我们得到

$$\frac{\delta x}{d_{\min}}=\frac{\lambda z}{2(x_2)_{\max}}\cdot\frac{\sin\theta}{\lambda}=\frac{10^3}{2}\cdot\sin\theta$$

当 $\theta=10°$ 时, $\delta x/d_{\min}\approx 100$, 且 $\delta x/d_{\min}$ 随着衍射角增大而增大.

注:上述计算适用于小角度 θ.

2.181 在照相底片上记录了点源的同轴全息图,现用与参考光波相同的波照明负片. 试证明:入射光在全息图上衍射的结果形成点源的两个像. 试求像的光强分布规律.

解 因为底片是在特性曲线的线性区曝光,所以底片的透过率函数 $t(x,y)$ 为

$$t(x_2,y_2)=t_0-\beta'\cos\frac{k\rho^2}{2z_1}$$

其中 z_1 是由点物到全息图的距离, $\rho^2=x_2^2+y_2^2$. 全息图类似于波带片. 用与记录时所用波长相同的振幅为 1 的平行光束照明全息图. 考察光在全息图上的衍射,可以求出题图

2.181 中离开全息图的距离为 z_3 的平面 x_3, y_3 上的复振幅分布.

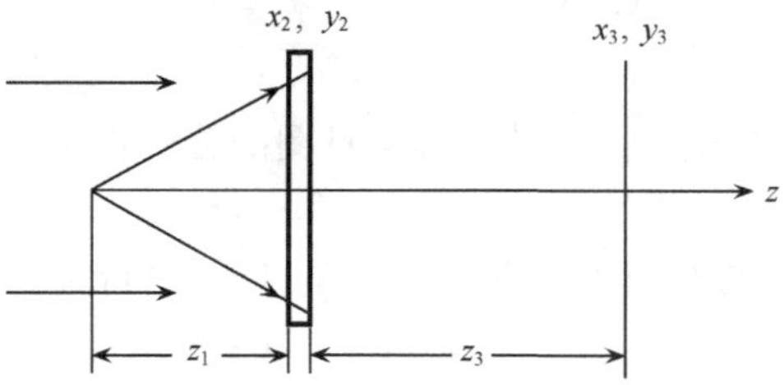

题图 2.181

在菲涅耳近似中,我们得到

$$V(x_3, y_3)=\frac{\exp(ikz_3)}{i\lambda z_3}\exp\left(ik\frac{x_3^2+y_3^2}{2z_3}\right)\int_{-\infty}^{\infty}\int_{-\infty}^{\infty}t\exp\left(ik\frac{x_2^2+y_2^2}{2z_3}\right)$$

$$\times\exp\left(-ik\frac{x_2x_3+y_2y_3}{z_3}\right)dx_2dy_2$$

像应该位于 z 轴上. 在轴上点($x_3=y_3=0$)

$$V(0,0)=\frac{\exp(ikz_3)}{i\lambda z_3}\int_{-\infty}^{\infty}\int_{-\infty}^{\infty}\left(t_0-\beta'\cos\frac{k\rho^2}{2z_1}\right)\exp\left(ik\frac{x_2^2+y_2^2}{2z_3}\right)dx_2dy_2$$

换为极坐标

$$V(0,0)=\frac{\exp(ikz_3)}{i\lambda z_3}\pi\int_{-\infty}^{\infty}\int_{-\infty}^{\infty}\left\{t_0-\frac{\beta'}{2}\underbrace{\left[\exp\left(ik\frac{\rho^2}{2z_1}\right)+\exp\left(-ik\frac{\rho^2}{2z_1}\right)\right]}_{A}\right\}$$

$$\times\exp\left(ik\frac{\rho^2}{2z_3}\right)d(\rho^2)$$

如果在全息图上记录下 N 个圆环,即波带片的半径为 ρ_0,则

$$V(0,0)=\frac{\exp(ikz_3)}{i\lambda z_3}\pi\left[\int_0^{\rho_0}t_0\exp\left(ik\frac{\rho^2}{2z_3}\right)d(\rho^2)\right.$$

$$\left.-\frac{\beta'}{2}\int_0^{\rho_0}A\exp\left(ik\frac{\rho^2}{2z_3}\right)d(\rho^2)\right]$$

第一个积分给出

$$I=4t_0\sin^2\frac{k\rho^2}{4z_3}$$

这是平面波通过半径为 ρ_0 的小孔后在离开小孔足够远的距离上形成的强度分布.

第二个积分可以写成

$$\frac{\beta'}{2}\int_0^{\rho_0}\exp\left[ik\frac{\rho^2}{2}\left(\frac{1}{z_1}\pm\frac{1}{z_3}\right)\right]d(\rho^2)$$

积分后得到

$$-\frac{\beta'}{4z_3}k\rho_0\frac{\sin\left[k\frac{\rho_0^2}{4}\left(\frac{1}{z_1}+\frac{1}{z_3}\right)\right]}{\frac{k\rho_0^2}{4}\left(\frac{1}{z_1}+\frac{1}{z_3}\right)}\qquad(第二个波)$$

$$-\frac{\beta'}{4z_3}k\rho_0^2\frac{\sin\left[k\frac{\rho_0^2}{4}\left(\frac{1}{z_1}-\frac{1}{z_3}\right)\right]}{\frac{k\rho_0^2}{4}\left(\frac{1}{z_1}-\frac{1}{z_3}\right)}\qquad（第三个波）$$

第二个波的振幅，当$\frac{k\rho^2}{4}\left(\frac{1}{z_1}+\frac{1}{z_3}\right)=0$ 即当 $z_3=-z_1$ 时，取极大值. 因为 z_1 是负的，所以 $z_3>0$，这个会聚波在 $z_3=-z_1$ 处给出点源的实像.

第三个波在 $z_3=z_1$ 点取极大值，给出虚像（发散波）. 该处像的宽度 $\Delta z_3=2\lambda/\sin^2\alpha$，其中 $\sin\alpha=\rho_0/z_3$. 当 $\rho_0\to\infty$，$\Delta z_3\to 0$. 由此可见，只有用无限大的全息图才能得到清晰的点像.

如果再现时使用波长为 λ_2（$k'=2\pi/\lambda_2$）的波，则极大值移至点 $z_3=z_1\lambda_1/\lambda_2$，如果 $\lambda_2>\lambda_1$，则像向全息图靠近.

2.182　一近视患者不戴眼镜时，只能看清距眼睛 $a=20\text{cm}$ 以内的物体. 他发现，如果在眼前靠近眼睛处放一带小圆孔的卡片，通过小圆孔不戴眼镜看远处物体时也能清晰些.

（1）若小圆孔的直径为 D，试根据几何光学的原理求出当近视眼直视远处的一个点物时，在眼睛的视网膜上产生的光斑的直径；

（2）再考虑小孔的衍射效应，求小圆孔直径最恰当的大小.

提示：可将眼睛简化成一个焦距 f 可调的薄透镜和一个可成像的视网膜，透镜两侧介质均为空气，视网膜与透镜的距离为 b.

解　近视眼眼轴过长，为看清远处物体，使晶状体焦距为最大，记为 f_M

$$\frac{1}{b}+\frac{1}{a}=\frac{1}{f_M}\quad 或者\quad f_M=\frac{ab}{a+b}$$

远处物体，像距 f_M. 圆孔几何光学成像的光斑直径

$$d=\frac{b-f_M}{f_M}D=\frac{b-\frac{ab}{a+b}}{\frac{ab}{a+b}}=\frac{b}{a}D$$

相应的角直径

$$\Delta\theta_g=\frac{d}{b-f_M}=\frac{D}{a}$$

而圆孔衍射的角直径

$$2\Delta\theta_d=2.44\,\frac{\lambda}{D}$$

当 $2\Delta\theta_d=\Delta\theta_g$ 时，最大光强落在小孔在视网膜上的投影区，此时

$$D=\sqrt{2.44a\lambda}=\sqrt{2.44\times200\times0.5\times10^{-3}}=0.49(\text{mm})$$

2.183　[①]某种蜜蜂的眼睛能够看到平均波长约为 500nm 的光，它是由约 5000 个小

---

① 本题来源 Richard P. Feynman，Robert B. Leighton，Matthew Sands，Feynman Lectures on Physics(The New Millennium Edition)：I[M]. New York：Basic Books，2010；郑永令，华宏鸣，吴子仪（译），费恩曼物理学讲义（新千年版）第 1 卷，上海科学技术出版社，2013. 见该书 § 36. 4.

眼构成的复眼,小眼一个个密集排放在眼睛的整个表面上.小眼构造很精巧,顶部有一个透光的圆形集光装置,叫角膜镜;下面连着圆锥形的透明晶体,使得外部入射的光线会聚到圆锥顶点连接的感光细胞上(入射进入一个小眼的光线不会透过锥壁进入其他小眼),从而造成一个"影像点"(像素);所有小眼的影像点就拼成了一个完整的像.若将复眼看作球面圆锥,球面半径 r 等于 1.5mm,则蜜蜂小眼角膜镜的最佳直径 d 约为(请给出两位有效数字)多少?

解 一个复眼几何投影角距离为

$$\delta\theta_g=\frac{d}{r}$$

d 越小,该角距离越小,似乎分辨率越高.但还应考虑衍射效应,复眼衍射艾里斑的半角距离

$$\delta\theta_d=1.22\frac{\lambda}{d}$$

这使得一个复眼的艾里斑角直径为

$$\delta\theta=\delta\theta_g+2\delta\theta_d=\frac{d}{r}+2.44\frac{\lambda}{d}$$

当

$$\frac{d}{r}=2.44\frac{\lambda}{d}$$

时得到蜜蜂小眼角膜镜的最佳直径

$$d=\sqrt{2.44\lambda r}=\sqrt{2.44\times1.5\times10^{-9}\times500\times10^{-9}\,\mathrm{m}}=0.043\mathrm{mm}$$

偏 振 篇

2.184 解释下列名词:

(1)双折射;(2)光轴;(3)主截面;(4)二向色性;(5)色偏振;(6)色散.

解 (1) 双折射:对于光学性质各向异性的晶体,一束入射光会在晶体内分解为两束折射光的现象.

(2) 晶体内一个方向,光沿该方向不发生双折射,如同在各向同性介质里一样.这个方向称为晶体的光轴.

(3) 包含晶体光轴和光线的平面叫主截面;也有说入射界面的法线与晶体光轴组成的平面.

(4) 光线在双折射晶体内分解为寻常光(o 光)和非常光(e 光).晶体对 o 光和 e 光有不同的吸收.这种现象叫晶体的二向色性.

(5) 当白光照明由两个偏振片和夹在其中的晶体片组成的系统时,由于不同波长成分的光通过同一晶片时所分解的 o 光、e 光成分之间的相位差不同,致使透过第二块偏振片时干涉相消相长情况各异.当转动这两个偏振片之一时,出射光颜色会发生变化.这种现象叫色偏振,或显色偏振.

(6) 色散:光学介质对不同频率光的折射率不同,这种性质叫色散.牛顿最早发现玻璃棱镜将太阳光分解成彩色光谱这种色散现象.

2.185 如题图 2.185,已知:一束自然光入射到折射率 $n=\frac{4}{3}$ 的水面上时反射光是线

偏振的.一块折射率 $n=\frac{3}{2}$ 的平面玻璃浸在水面下,若要使玻璃表面的反射光 $O'N'$ 也是线偏振的,则玻璃表面与水平面夹角 α 应为多大?

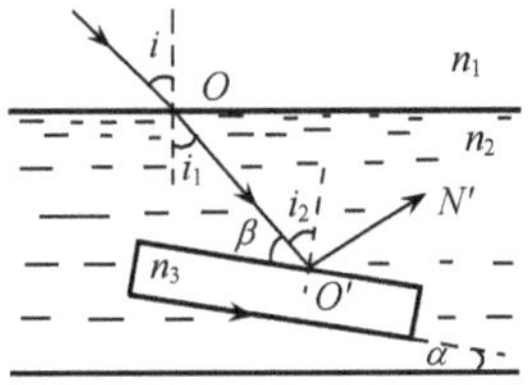

题图 2.185

解 如题图 2.185,当 i 为布儒斯特角时,$i=90°-i_1$,并由 $n_1\sin i=n_2\sin i_1$ 可得

$$\sin i_1=\frac{n_1}{n_2}\sin i=\frac{n_1}{n_2}\cos i_1$$

故

$$i_1=\arctan\frac{n_1}{n_2}=\arctan\frac{1}{1.33}=36°56'$$

因为 i_2 也为布儒斯特角,故

$$i_2=\arctan\frac{n_3}{n_2}=\arctan\frac{n}{n_2}=\arctan\frac{1.5}{1.33}=48°26'$$

由图上的几何关系可得

$$i_2=90°-\beta=90°-(90°-\alpha-i_1)=\alpha+i_1$$

故

$$\alpha=i_2-i_1=48°26'-36°56'=11°30'$$

2.186 如题图 2.186(1),两大小相同的冰洲石晶体 A,B 前后排列.强度为 I 的自然光垂直于晶体 A 的表面入射后相继通过 A,B.A,B 的主截面(入射界面的法线和光轴组成的平面)之间夹角为 α(图中 α 为 0).求 $\alpha=0°,45°,90°,180°$时由 B 射出光束的数目和每束光的强度(忽略反射、吸收等损失).

解 自然光垂直射入 A 以后,被分解为平行于晶体 A 主截面的 e_1 振动和垂直主截面的 o_1 振动,由于光轴与表面既不平行又不垂直,o_1 光和 e_1 光的传播方向不同,从 A 出射后被分解为垂直 A 表面的两束光,其强度分别为

$$I_o=\frac{1}{2}I$$

$$I_e=\frac{1}{2}I$$

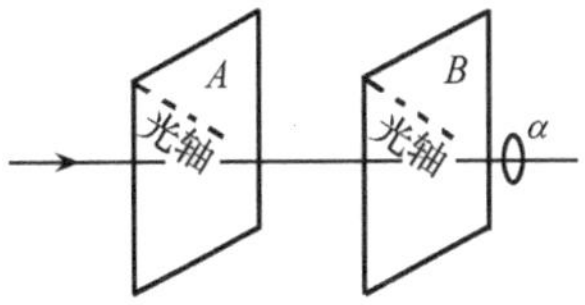

题图 2.186(1)

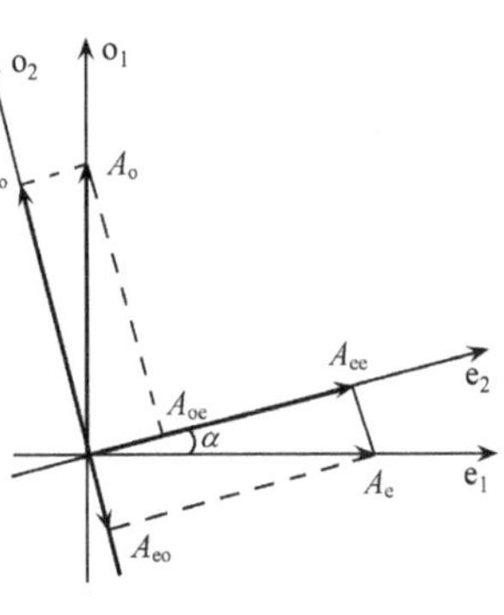

题图 2.186(2)

这两束光射入 B 后,又分别被分解为 B 内的 o_2 振动和 e_2 振动,一般来说其传播方向也要继续分离,从 B 出射的将有四束光(除特殊夹角外),它们的强度与 A,B 两晶体主截面的夹角 α 有关[参见题图 2.186(2)].一般地说,这四束光的强度分别为

$$I_{oo}=A_{oo}^2=I_o\cos^2\alpha=\frac{1}{2}I\cos^2\alpha$$

$$I_{oe}=A_{oe}^2=I_o\sin^2\alpha=\frac{1}{2}I\sin^2\alpha$$

$$I_{eo}=A_{eo}^2=I_e\sin^2\alpha=\frac{1}{2}I\sin^2\alpha$$

$$I_{ee}=A_{ee}^2=I_e\cos^2\alpha=\frac{1}{2}I\cos^2\alpha$$

当 $\alpha=0°$ 时得

$$I_{oo}=I_{ee}=\frac{1}{2}I$$

$$I_{oe}=I_{eo}=0$$

即从 B 出射的为两束光,强度均为 $I/2$. $I_{oe}=I_{eo}=0$,是因为这时两个主截面之夹角为 0,如题图 2.186(3)(a),A 中的 o_1 振动进入 B 后仍为 o 振动,无 e 分量. A 中的 e_1 振动进入 B 后仍为 e 振动,无 o 分量.

当 $\alpha=45°$ 时得

$$I_{oo}=I_{ee}=I_{oe}=I_{eo}=\frac{1}{4}I$$

即从 B 出射的为四束光,强度均为 $I/4$.

当 $\alpha=90°$ 时得

$$I_{oo}=I_{ee}=0$$

$$I_{oe}=I_{eo}=\frac{1}{2}I$$

即从 B 出射的为两束光,强度均为 $I/2$.这时 A 中的 o_1 振动到 B 内全部为 e 振动;A 中的 e_1 振动到 B 内全部为 o 振动.

当 $\alpha=180°$ 时得

$$I_{oo}=I_{ee}=\frac{1}{2}I$$

$$I_{oe}=I_{eo}=0$$

这时 A 中的 o_1 振动进入 B 后仍全部为 o 振动;A 中的 e_1 振动进入 B 后仍全部为 e 振动.两个分量的强度均为 $I/2$.但由于这时 A,B 中的光轴方向对称于表面的法线,如题图

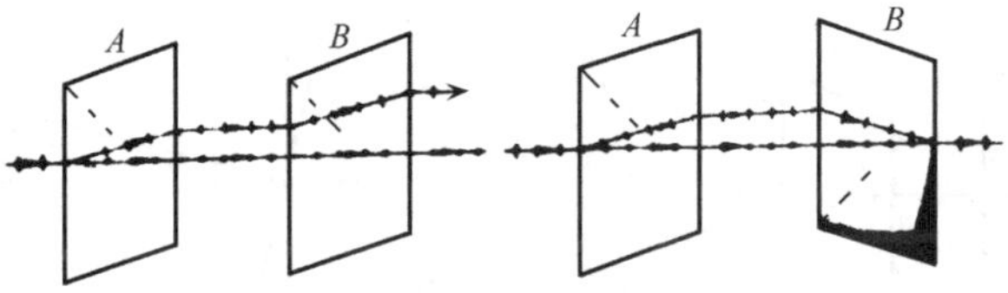

(a) $\alpha=0°$　　(b) $\alpha=180°$

题图 2.186(3)

2.186(3)(b)，e_1 光在 A 中的偏折方向与在 B 中的偏折方向相反，因此从 B 出射后 e，o 振动的传播方向重合，复合为一束光，非相干叠加的结果强度仍为 I.

2.187　用 ADP(磷酸二氢铵 $NH_4H_2PO_4$)晶体制成 50°顶角的棱镜，光轴与棱镜主截面垂直，$n_o=1.5246$，$n_e=1.4792$. 试求 o 光和 e 光的最小偏向角及其二者之差. 实际测量又如何?

解　按题意，此时 o 光和 e 光皆按通常的折射定律在棱镜内部传播. 须知最小偏向角的条件是光线对称入射和出射，即如题图 2.187.

$$i_1=i_1',\qquad i_2=i_2'=\frac{\alpha}{2}$$

由于 o 光和 e 光有不同的折射率，它们的入射、出射角 i_1，i_1'是不同的，分别为

$$i_{1o}=\arcsin\left(n_o\sin\frac{\alpha}{2}\right)=\arcsin(1.5246\times\sin25°)$$
$$\approx40.11°$$
$$i_{1e}=\arcsin\left(n_e\sin\frac{\alpha}{2}\right)=\arcsin(1.4792\times\sin25°)$$
$$\approx38.70°$$

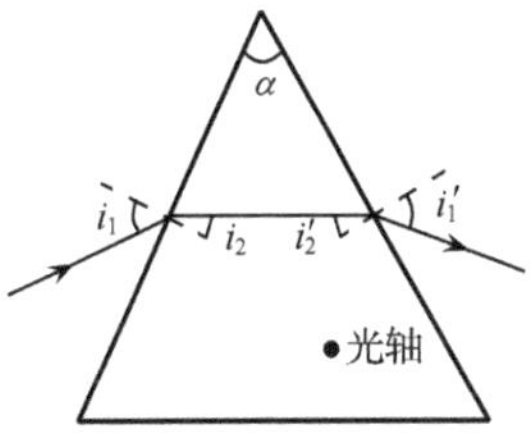

题图 2.187

各自的最小偏向角分别为

$$\delta_o=2i_{1o}-\alpha\approx30.22°$$
$$\delta_e=2i_{1e}-\alpha\approx27.40°$$

偏向角之差为

$$\Delta\delta=\delta_o-\delta_e=2.82°$$

讨论：以上解法看似中规中矩，亦可用最小偏向角公式

$$n=\frac{\sin\dfrac{\alpha+\delta_m}{2}}{\sin\dfrac{\alpha}{2}}$$

求出 o 光、e 光各自的最小偏向角. 二者之差也是 2.82°. 理论上这是对的！但是，入射光在进入棱镜前是不分 o 光、e 光的，它们在晶体中才产生，并出射到空气中. 也就是说，入射到棱镜前，无论怎样的角度，都不能使晶体中的 e 光、o 光“同时”平行于棱镜的底边. 所以，对于“一条”入射到棱镜的光线，无论 o 光、e 光都不能同时达到“最小”偏向角. 只能对于一个平均折射率 $\bar{n}=\dfrac{1}{2}(n_o+n_e)$ 的晶体，认为 o 光、e 光在晶体中都是平行于棱镜底边的，并且在棱镜后表面同一处以 $\dfrac{\alpha}{2}$ 的入射角照到界面，折射到空气中. 实验测量这两支光线的夹角. 于是，我们只需讨论这个折射面.

由折射定律

$$n\sin\theta=\sin i'$$

由于 $\theta=\dfrac{\alpha}{2}$，Δn、$\Delta i'$ 差别很小，可用微分方法

$$\Delta n \cdot \sin\frac{\alpha}{2}=\cos i' \cdot \Delta i'$$

而

$$\cos i'=\sqrt{1-n^2\sin\frac{\alpha}{2}},\qquad \Delta i'=\frac{\Delta n\cdot\sin\frac{\alpha}{2}}{\sqrt{1-n^2\sin\frac{\alpha}{2}}}$$

代入数据得

$$\Delta i'=\delta_o-\delta_e=1.41^\circ$$

为解法一答案的一半. 实验支持这一答案. 可参照 2.238 题.

2.188　设一水晶棱镜的顶角为 60°,光轴与棱镜主截面垂直. 钠黄光以最小偏向角的方向在棱镜中折射,用焦距为 1m 的透镜聚焦,o 光和 e 光两谱线的间隔为多少? 已知 $n_o=1.54425$,$n_e=1.55336$.

解　与上题同理得

$$i_{1o}=i'_{1o}=\arcsin\left(n_o\sin\frac{\alpha}{2}\right)=\arcsin(1.54425\times\sin 30^\circ)\approx 50.55^\circ$$

$$i_{1e}=i'_{1e}=\arcsin\left(n_e\sin\frac{\alpha}{2}\right)=\arcsin(1.55336\times\sin 30^\circ)\approx 50.96^\circ$$

值得注意的是一束光的入射角严格地说不能同时使 o 光和 e 光满足最小偏向角的条件,实际上可近似地以 i_{1o} 和 i_{1e} 的平均值入射,这时两束出射光线的角间隔为

$$\Delta i=i_{1e}-i_{1o}\approx 0.41^\circ\approx 7.16\times 10^{-3}\,\text{rad}$$

经透镜聚焦后,两束光线的间隔为

$$\Delta x=f\Delta i=7.16\text{mm}$$

2.189　求冰洲石晶体中光线和波法线间的最大夹角.

解　根据射线速度倾角(与光轴的夹角)ξ 和法线速度倾角 θ 的关系

$$\cot\theta=\frac{n_o^2}{n_e^2}\cot\xi \tag{1}$$

直接写出两者夹角 α 的公式为

$$\alpha=\xi-\theta=\xi-\operatorname{arccot}\left(\frac{n_o^2}{n_e^2}\cot\xi\right) \tag{2}$$

为求 α 的极值,令 $\frac{d\alpha}{d\xi}=0$,即有

$$\frac{d\alpha}{d\xi}=1-\left[-\frac{\frac{n_o^2}{n_e^2}\left(-\frac{1}{\sin^2\xi}\right)}{1+\left(\frac{n_o^2\cot\xi}{n_e^2}\right)^2}\right]=0$$

整理得

$$\frac{n_e^2}{n_o^2}\sin^2\xi+\frac{n_o^2}{n_e^2}\cos^2\xi=1$$

解出使偏离角 α 出现极大的条件为

$$\cot\xi = \frac{n_e}{n_o}, \quad 或 \quad \cot\theta = \frac{n_o}{n_e} \tag{3}$$

此时偏离角的极大值 α_M 由下式给出：

$$\tan\alpha_M = \frac{n_o^2 - n_e^2}{2n_o n_e} \tag{4}$$

以钠黄光为例，冰洲石的 $n_o = 1.65836$，$n_e = 1.48641$，代入式(4)算得

$$\alpha_M \approx 6.26°$$

2.190　试导出斜入射斜光轴（入射面与主截面重合）情形下 e 光的传播方向公式.

解　这个问题比较复杂，下面我们结合作图程序，逐步导出 e 光折射角 i_e 公式.

如题图 2.190，入射角为 i，光轴与晶体表面夹角为 β，以 O 点（次波源）为原点，取坐标系 xOy，并令 y 轴沿光轴方向. 设 e 光传播方向 r 与 y 轴夹角为 ξ，相应的 e 光波法线方向 N 与 y 轴的夹角为 θ，两者相对晶体表面法线方向的夹角分别为 i_e 和 i_N.

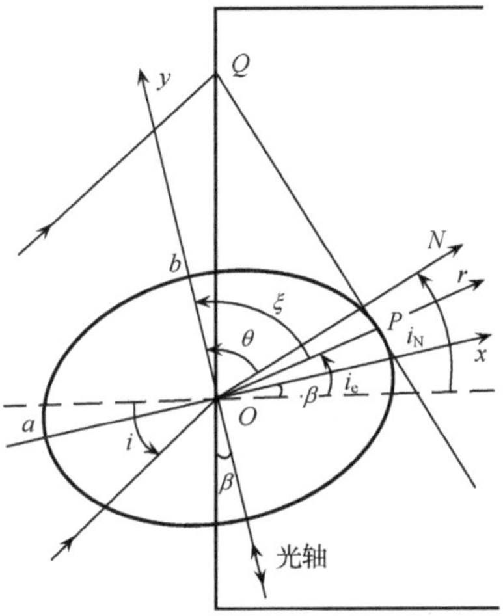

题图 2.190

(1) 设入射角为 i，入射光束两边缘光线的入射点分别为 O 点与 Q 点，并设

$$\overline{OQ} = l \tag{1}$$

(2) 以入射点 O 为原点，取正交坐标系 xy，y 轴沿光轴方向，光轴与晶体表面夹角为 β.

(3) 以次波源 O 为中心，作一次波椭圆，椭圆方程为

$$\frac{x^2}{a} + \frac{y^2}{b} = 1 \tag{2}$$

其长短轴分别为

$$\begin{cases} a = v_e t = \dfrac{c}{n_e} t \\ b = v_o t = \dfrac{c}{n_o} t \end{cases} \tag{3}$$

时间 t 应等于入射光束到达 O，Q 两点的时差，即

$$t = \frac{l\sin i}{c} \tag{4}$$

(4)从 Q 点向椭圆作切线，切点为 P，则 O，P 连线方向便是 e 光传播方向 r，它与光轴(y 轴)的夹角为 ξ，与晶体表面法线夹角为 i_e. 从 O 点作 Q，P 连线的法线 N，便是波法线方向它与光轴(y 轴)的夹角为 θ.

随后有两种计算 i_e 的方法. 一种方法是设法确定 P 点坐标(x_0, y_0)，由此求得 r 与 x 轴的夹角，再加 β 角便是折射角 i_e. 另一种方法是设法确定 PQ 直线方程，由此求得法线 N 与光轴(y 轴)的夹角 θ，再根据

$$\tan\xi = \frac{n_o^2}{n_e^2}\tan\theta \tag{5}$$

和

$$i_e = \left(\frac{\pi}{2} + \beta\right) - \xi \tag{6}$$

求得折射角 i_e. 两种方法的计算量相近，都要利用解析几何中有关直线方程和椭圆切线方程的知识. 我们采取第二种方法. 过椭圆上一点 $P(x_0, y_0)$的切线方程为

$$\frac{x_0 x}{a^2} + \frac{y_0 y}{b^2} = 1 \tag{7}$$

将它写成直线方程的标准形式

$$y = kx + h$$

其中斜率

$$k = -\frac{b^2 x_0}{a^2 y_0}$$

截距

$$h = \frac{b^2}{y_0} \quad 或 \quad h^2 = a^2k^2 + b^2 \tag{8}$$

须知上述切线方程应当与 Q，P 连线的直线方程一致. 设 Q 点坐标为(x', y')，则

$$x' = l\sin\beta$$
$$y' = l\cos\beta$$

过点 $Q(x', y')$而斜率为 k 的直线方程为

$$\frac{y - y'}{x - x'} = k$$

即

$$y = kx + (y' - kx')$$

截距为

$$h = y' - kx' \tag{9}$$

将式(9)代入式(8)就得到斜率 k 所满足的一元二次方程，并解出

$$k=\frac{-x'y'\pm\sqrt{a^2y'^2+b^2x'^2-a^2b^2}}{a^2-x'^2}$$

$$=\frac{-\sin\beta\cos\beta\pm\sqrt{\left(\frac{\sin i\cos\beta}{n_e}\right)^2+\left(\frac{\sin i\sin\beta}{n_o}\right)^2-\left(\frac{\sin i}{n_on_e}\right)^4}}{\left(\frac{\sin i}{n_e}\right)^2-\sin^2\beta}$$

因此有

$$\tan\theta=-k$$

$$\tan\xi=\frac{n_o^2}{n_e^2}\tan\theta$$

$$=n_o^2\frac{\sin\beta\cos\beta\pm\sqrt{\left(\frac{\sin i\cos\beta}{n_e}\right)^2+\left(\frac{\sin i\sin\beta}{n_o}\right)^2-\left(\frac{\sin i}{n_on_e}\right)^4}}{\sin^2 i-(n_e\sin\beta)^2}$$

根号前应取正号,最后得

$$i_e=\left(\frac{\pi}{2}+\beta\right)-\xi$$

2.191　如题图 2.191 所示,由方解石构成的渥拉斯顿棱镜的顶角 $\alpha=15°$时,两出射光线间的夹角为多少?已知 $n_o=1.65836$,$n_e=1.48641$.

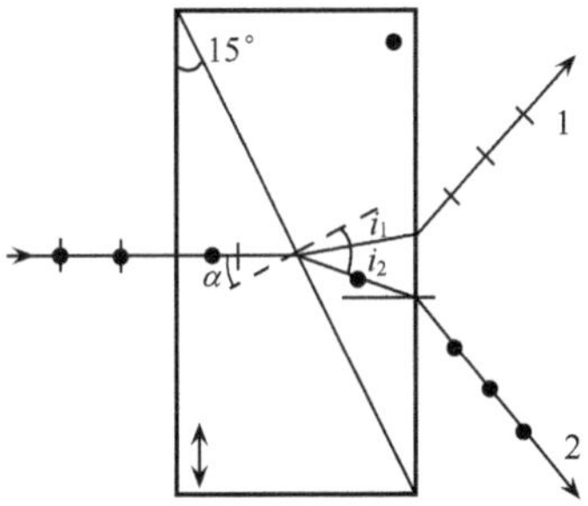

题图 2.191

解　如题图 2.191,在中间界面上发生的折射情形是,光线 1 由折射率 n_e 到 n_o 介质,光线 2 由折射率 n_o 到 n_e 介质,入射角均为 α. 折射角分别设为 i_1 和 i_2. 此时,两光线在第二块棱镜中的传播方向仍由通常的折射定律确定,代入 $n_o=1.65836$,$n_e=1.48641$ 算出

$$i_1=\arcsin\left(\frac{n_e}{n_o}\sin\alpha\right)\approx 13.41°$$

$$i_2=\arcsin\left(\frac{n_o}{n_e}\sin\alpha\right)\approx 16.78°$$

再考虑 1,2 两条光线在最后界面的折射情形. 根据几何关系,此时它们的入射角分别为

$$i_1'=\alpha-i_1\approx 1.59°$$

$$i_2'=\alpha-i_2\approx -1.78°$$

相应的折射角为

$$i_1''=\arcsin(n_o\sin i_1')\approx 2.637°$$

$$i_2''=\arcsin(n_e\sin i_2')\approx -2.646°$$

两光线夹角为

$$\Delta i=i_1''-i_2''\approx 5.28°$$

为说明清楚,图示的方向严重夸大了它们的角度.

2.192　如题图 2.192 所示的尼科耳棱镜中，$\angle CA''C''$ 为直角，SM 平行于 $A''A$. 试计算此时能使 o 光在棱镜粘贴面上发生全反射的最大入射角度以及相应的 $\angle S_oMS$. 设以钠黄光入射，入射方向为 S_oM.

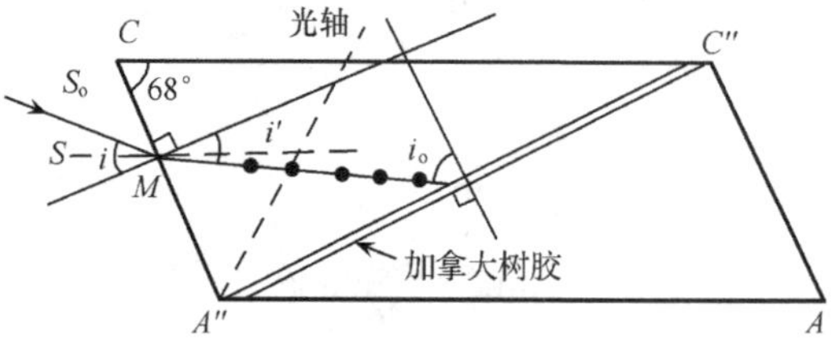

题图 2.192

解　尼科耳棱镜的两部分是用加拿大树胶($n=1.55$)粘贴的，o 光($n_o=1.65836$)在界面上全反射临界角(参见题图 2.192)为

$$i_o=\arcsin\left(\frac{1.55}{1.65836}\right)\approx 69.17^\circ$$

此时第一界面的折射角为

$$i'=90^\circ-i_o\approx 20.83^\circ$$

相应的最大入射角为

$$i=\arcsin(n_o\sin i')\approx 36.14^\circ$$

所以

$$\angle S_oMS=i-(90^\circ-68^\circ)\approx 14.14^\circ$$

2.193　单色线偏振光垂直射入方解石晶体，其振动方向与主截面成 30°角，两折射光再经过方解石后面的尼科耳棱镜，棱镜主截面与原入射光振动方向成 50°角，求两条光线的相对强度.

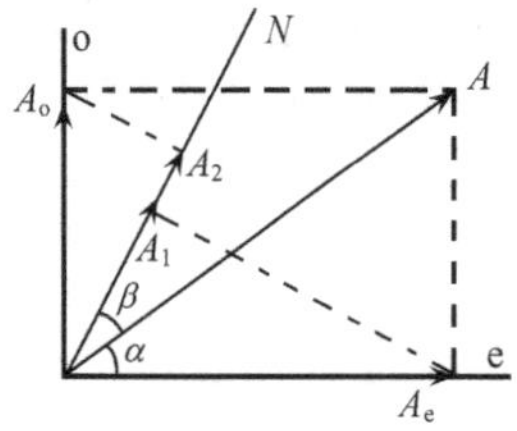

题图 2.193

解　如题图 2.193，经方解石晶体后，单色线偏振光分解为 e 光和 o 光，其振幅分别为

$$A_e=A\cos\alpha,\qquad A_o=A\sin\alpha$$

再经尼科耳棱镜后，其振幅分别为

$$A_1=A_e\cos(\alpha+\beta)=A\cos(\alpha+\beta)\cdot\cos\alpha$$
$$A_2=A_o\sin(\alpha+\beta)=A\sin(\alpha+\beta)\cdot\sin\alpha$$

则两束光强度之比为

$$\frac{I_2}{I_1}=\frac{A_2^2}{A_1^2}=\tan^2(\alpha+\beta)\cdot\tan\alpha=\tan^2(30^\circ+50^\circ)\cdot\tan^2 30^\circ$$
$$=10.72$$

2.194　经尼科耳棱镜观察部分偏振光，当尼科耳棱镜由对应于极大强度的位置转过 60°时，光强减为一半，求光束的偏振度.

解 如题图 2.194，部分偏振光的光强极大 I_M 方位与光强极小 I_m 方位总是正交的，任意斜方位的光强 $I(\alpha)$ 是 I_M 和 I_m 的非相干叠加，即

$$I(\alpha) = I_M\cos^2\alpha + I_m\sin^2\alpha$$

已知 $\alpha=60°$时，$I(\alpha)=I_M/2$，代入上式求出

$$I_m = \frac{1}{3}I_M$$

因此，该部分偏振光的偏振度为

$$P = \frac{I_M - I_m}{I_M + I_m} = 50\%$$

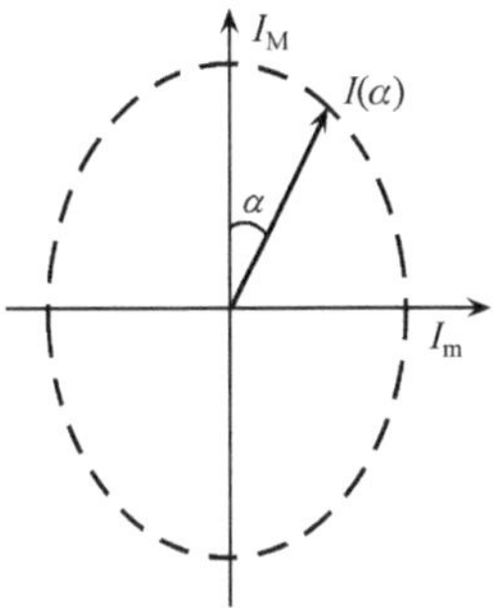

题图 2.194

2.195 设想两个正交的线偏器，其透光轴一个为竖直，另一个水平，现在，在它们中间插入第三块线偏器，透光轴与竖直方向成 45°角. 试以入射自然光束光强为 I_i. 求：

(1) 插入第三个线偏器前，系统透光光强；

(2) 插入第三个线偏器后，系统透光光强.

解 (1) 两个正交线偏器系统不透光，$I_{out}=0$.

(2) 从第一片出射的光强是竖直方向偏振的光强为 $I_i/2$. 这也是中间的第三块线偏器入射光强. 将竖直方向的振动按第三块线偏器透光轴分解为平行和垂直两分量，如题图 2.195. 按马吕斯定律，透过第三片 P 的强度为

$$I = \frac{1}{2}I_i\cos^2 45° = \frac{1}{4}I_i$$

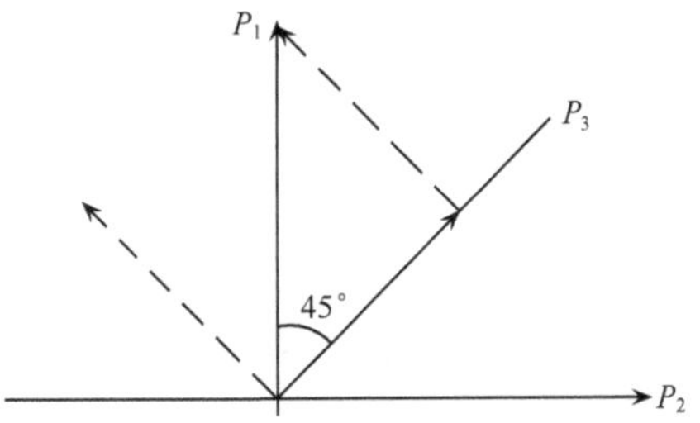

题图 2.195

这时，振动方向沿 P_3，强度为$\frac{1}{4}I_i$ 的线偏光入射到 P_2. 如上述振动分解法，得到最后透射光强为

$$I_{out} = \frac{1}{4}I_i\cos^2\theta = \frac{1}{8}I_i$$

注意，从 P_1 出射的光只有竖直振动分量，何以最终有部分水平振动的光透射呢？这并不是“无中生有”. 二向色性晶体对两个正交偏振态中的一个态的选择吸收，或者人造偏振片中电子的受迫振荡选择性地吸收入射光的某方向的振动，是线偏器的物理机制. 将光波振幅分解到平行和垂直于线偏器透光轴方向是处理这类问题行之有效的方法.

2.196 两个正交的偏振片中间再放一个偏振片，且以角频率 ω 绕中心轴旋转. 若系统的入射光强为 I_{in}. 求系统的出射光强 I_{out}.

解 类似上题，自第一个偏振片 P_1 出射的偏振方向设为竖直方向，强度为 $I_1=\frac{1}{2}I_{in}$. 当中间偏振片的透光轴与 P_1 成 θ 角时，透射光强为 $I_m=I_1\cos^2\theta$，式中 $\theta=\omega t$. 最后一个 P_3 与中间的 P_2 成$(90°-\theta)$角，从 P_3 射出的光强为

$$I_{out}=I_m\cos^2(90°-\theta)=\frac{1}{2}I_{in}\cos^2\theta\cdot\sin^2\theta$$

利用恒等式

$$\cos4\theta=1-2\sin^2 2\theta=1-8\sin^2\theta\cdot\cos^2\theta$$

有

$$I_{out}=\frac{I_{in}}{16}(1-\cos4\omega t)$$

即出射光强以 4ω 的角频率变化.

2.197 在两个正交偏振片之间插入第三偏振片.

(1) 当最后透过的光强为入射光强的 1/8 时，求插入偏振片的方位角；

(2) 使最后透过光强为零，插入的偏振片如何放置?

(3) 能否找到插入偏振片的合适方位，使最后透过的光强为入射自然光强的 1/2?

解 (1) 设插入偏振片 P 与第一偏振片 P_1 的透振方向成 θ 角，入射光强为 I_0，则经 P_1 后，强度为 $I_1=I_0/2$；再经 P 后，强度为$\frac{I_0}{2}\cos^2\theta$，则经 P_2 后强度为

$$I=\frac{I_0}{2}\cos^2\theta\cdot\cos^2\left(\frac{\pi}{2}-\theta\right)=\frac{I_0}{2}\cos^2\theta\cdot\sin^2\theta=\frac{I_0}{8}\sin^2 2\theta$$

若要使 $I=I_0/8$，则需 $\sin^2 2\theta=1$，由此得到 $\theta=45°$.

(2) 若透过光强为零，即 $I=0$，则有 $\theta=0$ 或 $90°$.

(3) 若要使 $I=I_0/2$，则有 $\sin^2 2\theta=4$，这是不可能的. 因此不论插入偏振片 P 的方位如何，最后透过 P_2 的光强都不能为入射自然光光强的 1/2.

2.198 如题图 2.198(1)，在杨氏双缝实验中，在光源孔后置偏振片 P，在缝 S_1、S_2 后分别置 P_1 和 P_2，使 P 的透光方向与 P_1 平行，与 P_2 成 θ 角. 求屏上干涉条纹可见度. 若去掉 P，情况又如何?

解 设光源孔处自然光振幅为 A_0，P 后振幅为$\frac{A_0}{\sqrt{2}}=A$，由于 $P_1/\!/P$，所以 P_1 后光振幅亦为 $A_1=A=\frac{1}{\sqrt{2}}A$.

对 P_2 而言，入射光场振幅与 P_2 透光轴成 θ 角，所以 P_2 透光轴方向振动的振幅为 $A_2=A\cos\theta=\frac{1}{\sqrt{2}}A_0\cos\theta$.

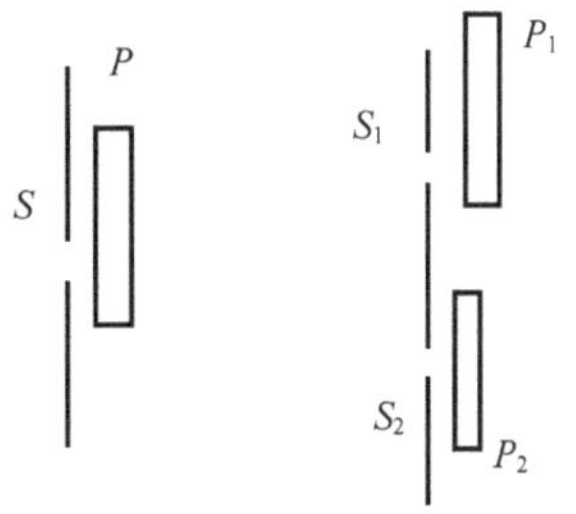

题图 2.198(1)

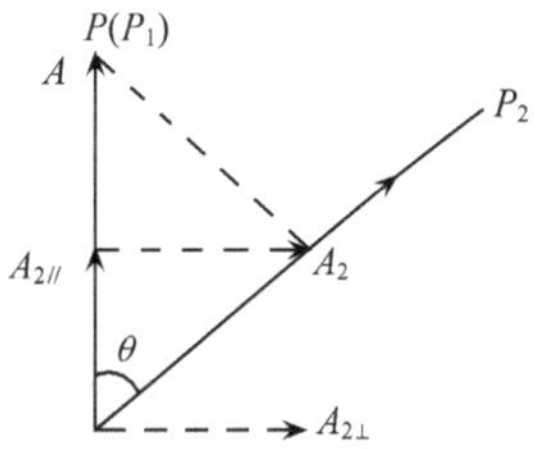

题图 2.198(2)

将 A_2 分解为与 A_1 平行、垂直的两个分量 $A_{2/\!/}$ 和 $A_{2\perp}$，如题图 2.198(2)

$$A_{2/\!/}=A_2\cos\theta=\frac{1}{\sqrt{2}}A_0\cos^2\theta$$

$$A_{2\perp}=A_2\sin\theta=\frac{1}{\sqrt{2}}A_0\cos\theta\cdot\sin\theta$$

$A_{2/\!/}$ 与 A_1 是振动方向相同的相干光，将在屏上发生干涉，而与它们振动方向垂直的 $A_{2\perp}$ 与它们不相干，将形成屏上的背景强度 $|A_{2\perp}|^2$.

相干强度为

$$\begin{aligned}I_{干}&=|A_1|^2+|A_{2/\!/}|^2+2A_1A_{2/\!/}\cos\delta\\&=\frac{A_0^2}{2}+\frac{A_0^2}{2}\cos^4\theta+2\frac{A_0}{\sqrt{2}}\frac{A_0}{\sqrt{2}}\cos^2\theta\cos\delta\end{aligned}$$

非相干强度为

$$I_{非}=|A_{2\perp}|^2=\frac{A_0^2}{2}\cos^2\theta\sin^2\theta$$

强度极大为

$$I_{\mathrm{M}}=A_0^2\left(\frac{1}{2}+\frac{1}{2}\cos^4\theta+\cos^2\theta+\frac{1}{2}\cos^2\theta\sin^2\theta\right)$$

强度极小为

$$I_{\mathrm{m}}=A_0^2\left(\frac{1}{2}+\frac{1}{2}\cos^4\theta-\cos^2\theta+\frac{1}{2}\cos^2\theta\sin^2\theta\right)$$

条纹可见度为

$$\gamma=\frac{I_{\mathrm{M}}-I_{\mathrm{m}}}{I_{\mathrm{M}}+I_{\mathrm{m}}}=\frac{2A_0^2\cos^2\theta}{A_0^2+A_0^2\cos^4\theta+\cos^2\theta\sin^2\theta}=\frac{2\cos^2\theta}{1+\cos^2\theta}$$

若取走 P 则

$A_1'=\frac{1}{\sqrt{2}}A_0$，沿 P_1 方向

$A_2'=\frac{1}{\sqrt{2}}A_0$，沿 P_2 方向，它投影到 P_1 方向得到与 A_1 平行的相干分量 $A_{2/\!/}'=A_2'\cos\theta$ $=\frac{1}{\sqrt{2}}A_0\cos\theta$，与 P_1 垂直的非相干分量 $A_{2\perp}'=A_2'\sin\theta=\frac{1}{\sqrt{2}}A_0\sin\theta$.

$$I_{干}=|A_1'|^2+|A_{2/\!/}'|^2+2A_1'A_{2/\!/}'\cos\delta$$

$$= \frac{1}{2}A_0^2 + \frac{1}{2}A_0^2\cos^2\theta + 2\frac{A_0}{\sqrt{2}} \cdot \frac{A_0}{\sqrt{2}}\cos\theta \cdot \cos\delta$$

$$I_{非} = |A'_{2\perp}|^2 = \frac{1}{2}A_0^2\sin^2\theta$$

$$I_M = \frac{1}{2}A_0^2\sin^2\theta + \frac{1}{2}A_0^2 + \frac{1}{2}A_0^2\cos^2\theta + A_0^2\cos\theta = \frac{A_0^2}{2}(2+2\cos\theta)$$

$$I_m = \frac{1}{2}A_0^2\sin^2\theta + \frac{1}{2}A_0^2 + \frac{1}{2}A_0^2\cos^2\theta - A_0^2\cos\theta = A_0^2(1-\cos\theta)$$

$$\gamma = \frac{I_M - I_m}{I_M + I_m} = \cos\theta$$

2.199　如题图 2.199(1)所示，在杨氏干涉实验装置中，以单色自然光照射小孔 S，幕上将出现杨氏干涉条纹，在中央附近干涉极大的强度相对均匀，在较大范围内则将表现出单缝衍射的影响.

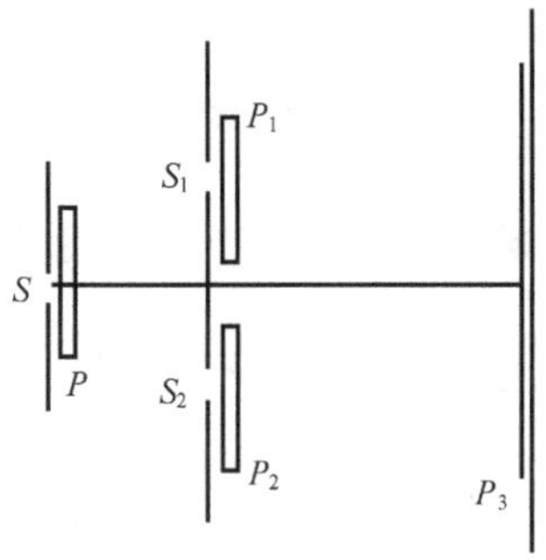

题图 2.199(1)

(1) 若在 S 后放置一偏振片 P，试问幕上的干涉条纹是否变化?

(2) 若在双孔 S_1 和 S_2 后再各加一偏振片 P_1 和 P_2，且使 P_1 和 P_2 的透光轴与 P 的透光轴各夹 45°角.试问幕上的光强分布如何?

(3) 除上述 P, P_1, P_2 外，若在屏幕前再放置偏振片 P_3，其透光轴与 P 的透光轴平行，试问幕上的光强分布如何?

(4) 在第(3)问中，若 P_3 与 P 的透光轴相互垂直，试问幕上的条纹分布有何变化?

(5) 在第(3)问中，若去掉偏振片 P，试问幕上的光强分布如何?

解　(1) S 后加偏振片 P，透出的是线偏振光，因其余部分不变，幕上干涉条纹的形状和间距都不变，反衬度也基本不变. 设不加 P 时，从 S_1 或 S_2 透出的最大光强为 I_0，则幕上干涉极大的最大光强为 $4I_0$，加 P 后，从 S_1 或 S_2 透出的最大光强为 $\frac{I_0}{2}$. 幕上干涉极大的最大光强变为 $\left(2\sqrt{\frac{I_0}{2}}\right)^2 = 2I_0$，为不加 P 时的一半. 干涉极小处的光强都是零，不变.

(2) 从 P 透出的线偏振光经 P_1 和 P_2 后，得到振动方向互相垂直的线偏振光，如题图 2.199(2)所示. 它们的振动是从同一线偏振分解来的，有稳定的相位关系，它们在幕上的叠加是有固定相位差的垂直振动的合成. 合成的结果一般是椭圆偏振光，椭圆的形状和取向由相位差决定. 在原来干涉极大或极小处(相位差是 π 的整数倍)，合成结果是线偏振光，其他地方为椭圆偏振光或圆偏振光. 由于人眼不能区别光的偏振结构，幕上将不再出现干涉条纹，而是相对均匀的强度分布.

(3) 由于存在 P_3 把从 P_1 和 P_2 射出的两种垂直振动引到 P_3 的透光轴方向，从而得到有固定相位差的、沿同一直线的两种振动，如题图 2.199(3)所示. 两者相干叠加，因而幕上将产生干涉条纹. 干涉条纹的形状和间距，与不加任何偏振片的普通杨氏条纹相同，只是干涉强度变弱. 从 P 透出的线偏振光经 P_1 或 P_2，再经 P_3 两次投影后，在 P_3 透光轴方向的两线

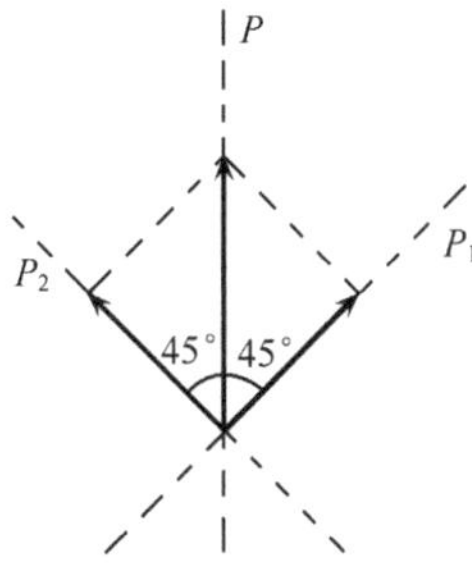

题图 2.199(2)

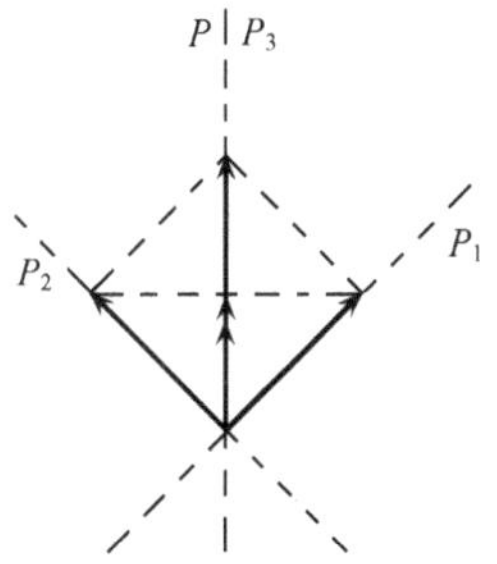

题图 2.199(3)

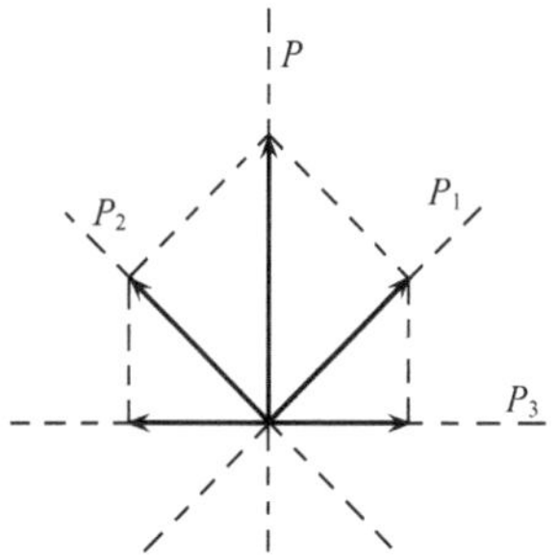

题图 2.199(4)

偏振光的振幅为$\sqrt{\frac{I_0}{2}\cos^2 45^\circ}=\frac{1}{2}\sqrt{\frac{I_0}{2}}$，干涉极大的强度为$\frac{I_0}{2}$，是第 1 问结果的$\frac{1}{8}$.

(4) 条纹的间距和强度与第 3 问相同. 由于在 P_3 透光轴上投影时产生了 π 的附加相位差，如题图 2.199(4)所示. 所以条纹相对第 3 问移动了半个条纹间距，即第 3 问中的亮条纹变为暗条纹，暗条纹变为亮条纹.

(5) 去掉偏振片 P 后，从 P_1 和 P_2 射出的两个垂直振动之间不再具有固定的相位关系. 经 P_3 后，沿 P_3 透光轴方向的两个线振动之间也没有固定的相位关系，它们的叠加是非相干叠加，不能产生干涉. 幕上不再有干涉条纹，只有 S_1 和 S_2 单缝衍射的非相干叠加结果. 幕中央，每个单缝产生的光强为$\frac{I_0}{2}\cos^2 45^\circ=\frac{I_0}{4}$，总光强为$\frac{I_0}{4}+\frac{I_0}{4}=\frac{I_0}{2}$. 两侧强度逐渐减小.

2.200　两偏振片之间插入一半波片，其快轴与 P_1 透振方向成 38°角. 设波长 0.632μm 的光垂直照到 P_1，欲使透射光有最大光强，P_2 应如何放置？若晶片折射率 $n_o=1.52$，$n_e=1.48$，求晶片最小厚度.

解　如题图 2.200，$\lambda/2$ 波片将使入射光振动方向(P_1)转过 $2\theta=76^\circ$，成为 P' 方向. 所以 P_2 应取 P' 方向，与 P_1 成 76°角，才可透光最多. 对半波片有

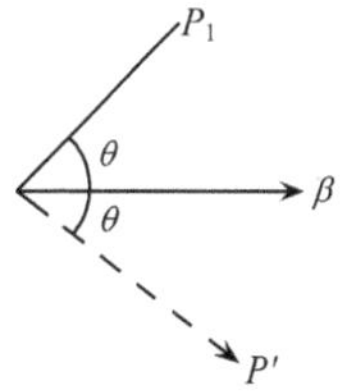

题图 2.200

$$\varphi=\frac{2\pi}{\lambda}d(n_o-n_e)=\pi$$

故

$$d=\frac{\lambda}{2(n_o-n_e)}=7.9\mu\text{m}$$

2.201　如题图 2.201，正交尼科耳棱镜 N_1 和 N_2 之间插入一晶片，其主截面 zz' 与第一个尼科耳棱镜 N_1 夹角 $\theta=15^\circ$. 晶片对波长为 λ 的光的 o 光、e 光折射率分别为 n_o 和 n_e. 若透过第二个尼科耳光强极大，求晶片的最小厚度以及透射光与入射光光强之比. 已知 $\lambda=0.600\mu\text{m}$，$n_o=1.543$，$n_e=1.552$.

解　由上题，透过波片的光振幅

$$A_{2e}=A_{2o}=A\cos\theta\sin\theta$$

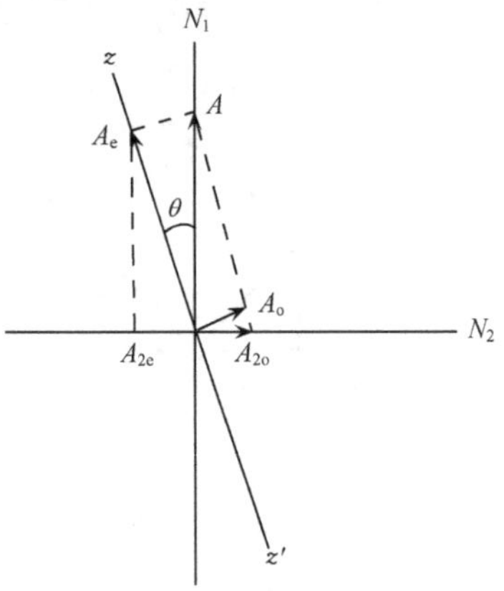

题图 2.201

A 为入射到系统中 N_1 所透射的线偏光振幅，有 $A^2=\frac{1}{2}I_0$，I_0 为入射光光强. 相干的 o 光，e 光之间总相位差为

$$\delta=\frac{2\pi l}{\lambda}(n_e-n_o)+\pi$$

由题意，透过 N_2 光强极大有 $\delta=2k\pi$. 求最小厚度，l 应满足

$$\frac{2\pi l}{\lambda}(n_e-n_o)+\pi=2\pi$$

$$l=\frac{\lambda}{2(n_e-n_o)}$$

代入相关数据，得 $l=33.3\mu m$.

$$I_{out}=(A_{2e}+A_{2o})^2=(2A\cos\theta\cdot\sin\theta)^2=A^2\sin^2 2\theta=\frac{1}{2}I\sin^2 2\theta$$

式中 I 为入射到系统的光强，I_{out} 为出射光强 .

$$\frac{I_{out}}{I}=\frac{1}{2}\sin^2 2\theta$$

代入 $\theta=15°$，

$$\frac{I_{out}}{I}=\frac{1}{8}$$

2.202 用强度为 I 的单色自然光(波长 λ)垂直照射两个正交偏振片. 如这时在偏振片中间插入一个晶片，且厚度恰符合使 o 光、e 光通过晶片时产生一个波长的程差. 求透过第二个偏振片的光强.

解 设 P_1、P_2 表示两相正交的偏振片，入射光经过 P_1 后成为振幅为 A 的线偏光，振动方向与 P_1 平行. 这个线偏光在晶体表面上分解为振幅为 A_e 和 A_o 的相互正交的 e 光

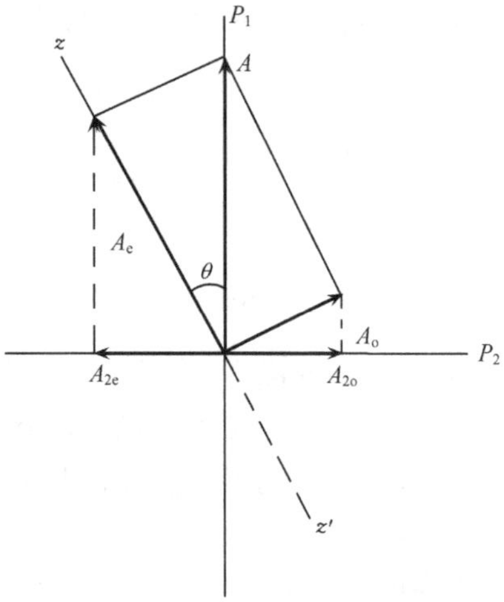

题图 2.202

和 o 光，如题图 2.202 所示.

$$A_e = A\cos\theta, \qquad A_o = A\sin\theta$$

在通过晶体薄片后，o 光、e 光的程差为

$$\Delta = (n_e - n_o)l$$

l 为片厚度. 由题意，$\Delta=\lambda$. 于是线偏光在离开晶体时，o 光、e 光的相位差为 2π，其振动方向并不改变. 但还要考虑到 o 光、e 光再分解到 P_2 主截面上的分振幅 A_{2e} 和 A_{2o}.

$$A_{2e} = A_e\sin\theta = A\cos\theta\sin\theta$$

$$A_{2o} = A_o\cos\theta = A\cos\theta\sin\theta$$

这个分解投影到 P_2 方向的过程还引入相位差 π. 因而 A_{2e} 和 A_{2o} 是同频率、等振幅、相位差为 π 的两个相干光. 尽管它们振动方向与 P_2 平行，但干涉结果为相互抵消. 透过 P_2 的光强为零.

2.203 一块厚度为 0.04mm 的方解石晶片，其光轴平行于表面，将它插入正交偏振片之间，且使主截面与第一偏振片的透振方向成 $\theta(\theta\neq0°,\neq90°)$ 角. 试问哪些光不能透过该装置？已知方解石的 $n_o=1.658$，$n_e=1.486$.

解 此装置将产生偏振光干涉. 因 P_1、P_2 正交，经 P_2 后，两束光的相位差为

$$\delta' = \delta_0 + \delta_{晶} + \delta_{附} = 0 + \frac{2\pi}{\lambda}(n_o - n_e)d + \pi$$

凡满足干涉相消的那些波长的光，将不能透过此装置，因干涉相消时，$\delta'=(2k+1)\pi$，即有

$$\frac{2\pi}{\lambda}(n_o - n_e)d + \pi = (2k+1)\pi \qquad (k=0,1,2,\cdots)$$

由此得 $\lambda=\dfrac{(n_o-n_e)d}{k}$，将 $n_o=1.658$，$n_e=1.486$，$d=0.04$mm 代入得

$$\lambda = \frac{(1.658-1.486)\times 0.04}{k} = \frac{0.00688}{k}(\text{mm})$$

在可见光范围内：$k=9$，$\lambda_9=7644$Å；$k=10$，$\lambda_{10}=6880$Å；$k=11$，$\lambda_{11}=6254$Å；$k=12$，$\lambda=5733$Å；$k=13$，$\lambda_{13}=5292$Å；$k=14$，$\lambda_{14}=4914$Å；$k=15$，$\lambda_{15}=4586$Å；$k=16$，$\lambda_{16}=4300$Å；$k=17$，$\lambda_{17}=4047$Å. 即上述波长的光，不能透过该装置.

2.204 对钠黄光($\lambda=5893$Å)来说，方解石的 $n_o=1.65836$，$n_e=1.48641$；石英的 $n_o=1.54425$，$n_e=1.55336$. 分别用方解石和石英制成 $\lambda/4$ 片，各自的最小厚度为多少？

解 $\lambda/4$ 片的最小厚度 d 应满足

$$(n_o - n_e)d = \pm\frac{\lambda}{4}$$

代入方解石和石英的数据以及钠光波长得

$$d_{方} = 856.8\text{nm}$$

$$d_{石} = 16.17\mu\text{m}$$

2.205 一强度为 I_0 的右旋圆偏振光垂直通过 $\lambda/4$ 片(此 $\lambda/4$ 片由方解石做成，o 光和 e 光在晶片中的光程差正好是 $\lambda/4$)，然后再经过一块主截面相对于 $\lambda/4$ 片向右旋 15°的尼科耳棱镜，求最后出射的光强(忽略反射、吸收等损失).

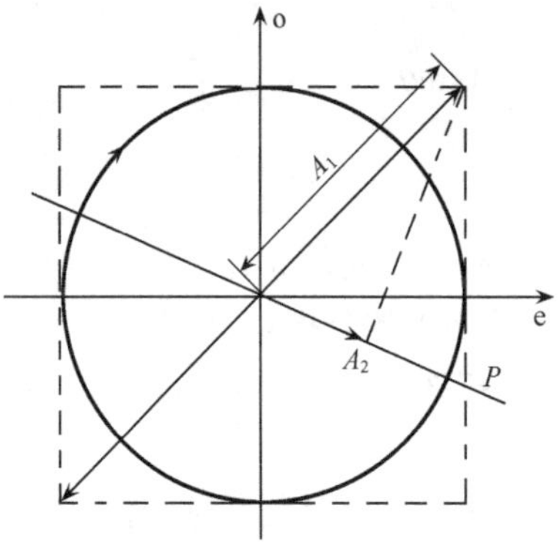

题图 2.205

解　先考察射向尼科耳棱镜的是一种什么状态的偏振光，为此分析两垂直分量间的相位差

$$\delta_1 = +\frac{\pi}{2}$$

$$\delta_2 = \frac{2\pi}{\lambda}(n_e - n_o)d = \frac{2\pi}{\lambda}\left(-\frac{\lambda}{4}\right) = -\frac{\pi}{2}$$

其中 δ_1 是 $\lambda/4$ 片入射点的相位差，δ_2 是 $\lambda/4$ 片体内传播附加相位差. 所以总相位差为

$$\delta = \delta_1 + \delta_2 = 0$$

这说明它是一个在一、三象限的线偏振光(如题图 2.205)，强度为 I_0. 按马吕斯定律就很容易算出它再通过尼科耳棱镜 P 的强度为

$$I_P = I_0\cos^2(45^\circ + 15^\circ) = \frac{1}{4}I_0$$

2.206　平行于光轴切割的一块方解石晶片，被放置在一对尼科耳棱镜之间，光轴方向与两个棱镜主截面均成 15°角，求：

(1) 从方解石晶片射出的 o 光和 e 光的振幅和光强；

(2) 投影于第二个尼科耳棱镜的 o 光和 e 光的振幅和光强.

设入射自然光的光强为 $I_0 = A^2$，反射和吸收等损失可以忽略.

解　(1) 如题图 2.206，设经第一个尼科耳棱镜 N_1 后的线偏振光的振幅为 A_1，光强为 I_1，则

$$I_1 = \frac{1}{2}I_0 = \frac{1}{2}A^2$$

$$A_1 = \frac{1}{\sqrt{2}}A$$

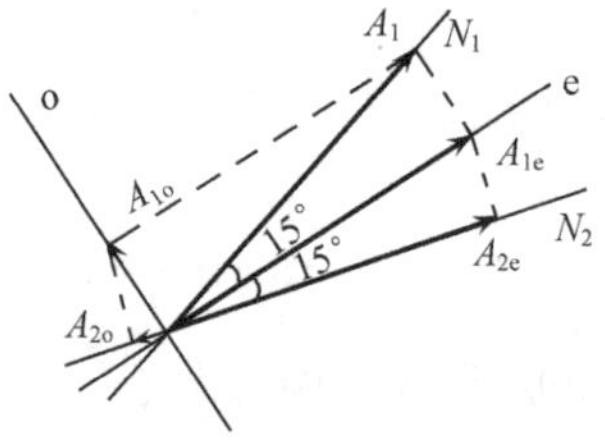

题图 2.206

从方解石晶片出射的 e 光和 o 光的振幅分别为

$$A_{1e} = A_1\cos 15^\circ = \frac{1}{\sqrt{2}}A\cos 15^\circ \approx 0.68A$$

$$A_{1o} = A_1\sin 15^\circ = \frac{1}{\sqrt{2}}A\sin 15^\circ \approx 0.18A$$

光强分别为

$$I_e = A_{1e}^2 = \frac{1}{2}A^2\cos^2 15^\circ = \frac{1}{2}I_0\cos^2 15^\circ \approx 0.47I_0$$

$$I_o = A_{1o}^2 = \frac{1}{2}A^2\sin^2 15^\circ = \frac{1}{2}I_0\sin^2 15^\circ \approx 0.03I_0$$

(2) 投影于第二个尼科耳棱镜 N_2 的 e 光和 o 光的振幅分别

$$A_{2e} = A_{1e}\cos 15^\circ = A_1\cos^2 15^\circ = \frac{1}{\sqrt{2}}A\cos^2 15^\circ \approx 0.66A$$

$$A_{2o} = A_{1o}\sin 15^\circ = A_1\sin^2 15^\circ = \frac{1}{\sqrt{2}}A\sin^2 15^\circ \approx 0.05A$$

光强分别为

$$I'_e = A_{2e}^2 = \frac{1}{2}I_0\cos^4 15° \approx 0.44I_0$$

$$I'_o = A_{2o}^2 = \frac{1}{2}I_0\sin^4 15° \approx 0.0022I_0$$

2.207　强度为 I_0 的单色平行光通过正交尼科耳棱镜.现在两尼科耳棱镜之间插入一 $\lambda/4$ 片,其主截面与第一尼科耳棱镜的主截面成 60°角.求出射光的强度(忽略反射、吸收等损失).

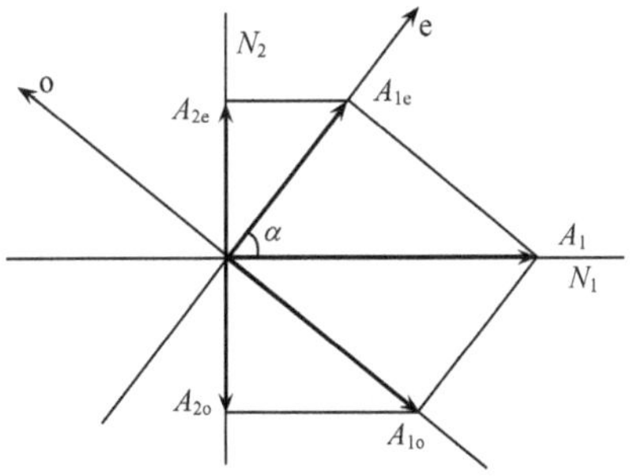

题图 2.207

解　用偏振光干涉的方法求解.如题图 2.207,将通过第一个尼科耳棱镜 N_1 的线偏振光的振幅 A_1 两次投影,得第二个尼科耳棱镜 N_2 透振方向的两个振动的振幅 A_{2e},A_{2o},其值分别为

$$A_{2e} = A_1\cos\alpha\sin\alpha = \frac{1}{2}A_1\sin 2\alpha$$

$$A_{2o} = A_1\sin\alpha\cos\alpha = \frac{1}{2}A_1\sin 2\alpha$$

再仔细分析这两个振动之间的总的相位差

$$\delta = \delta_1 + \delta_2 + \delta_3$$

式中 δ_1 为 $\lambda/4$ 片的入射点的 o、e 振动的相位差,目前 $\delta_1=\pi$;δ_2 为晶片体内传播附加的相位差,目前 $\delta_2=\pm\pi/2$,现取 $\delta_2=\pi/2$;δ_3 为 o 轴、e 轴正向朝 N_2 投影的相位差,目前 $\delta_3=0$.所以

$$\delta = \frac{3}{2}\pi$$

最后通过 N_2 的光强 I_2 是 A_{2e}、A_{2o} 相干叠加的结果,即

$$\begin{aligned} I_2 &= A_{2e}^2 + A_{2o}^2 + 2A_{2e}A_{2o}\cos\delta \\ &= \frac{1}{4}A_1^2\sin^2 120° + \frac{1}{4}A_1^2\sin^2 120° \\ &= \frac{6}{16}A_1^2 = \frac{3}{16}I_0 \end{aligned}$$

2.208　用一石英薄片来产生一束椭圆偏振光,要使椭圆的长轴或短轴在光轴方向,长短轴之比为 2∶1,且是左旋的.问石英片应多厚?如何放置?($\lambda=5893$Å,$n_o=1.5442$,$n_e=1.5533$)

解　设波片光轴置于 y 方向,再将偏振片的透振方向置于Ⅰ、Ⅲ象限,和 y 轴成 θ 角,如题图 2.208 所示.$\theta=\arctan\frac{1}{2}=26.565°$.因石英是正晶体($v_o>v_e$),其厚度必满足

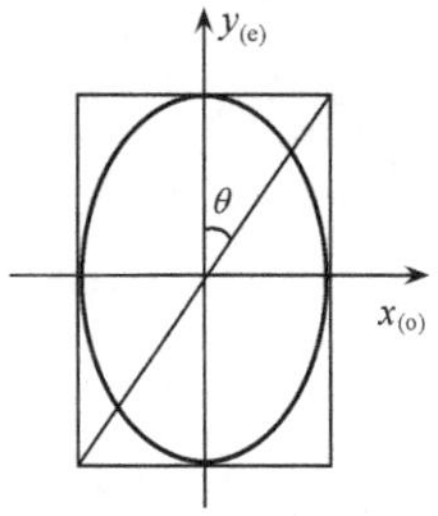

题图 2.208

$$\delta=(4k+1)\frac{\pi}{2}\qquad(k=0,1,2,\cdots)$$

才能形成左旋椭圆偏振光. 所以相应厚度 d 由下式决定：

$$\frac{2\pi}{\lambda}(n_e-n_o)d=(4k+1)\frac{\pi}{2}$$

得

$$d=(4k+1)\frac{\lambda}{4\mid(n_o-n_e)\mid}$$

对于最小厚度，取 $k=0$，再将 $\lambda=5.89\times10^{-4}$ mm，$n_o=1.5442$，$n_e=1.5534$ 代入得

$$d=\frac{5.89\times10^{-4}}{4\times(1.5534-1.5442)}=0.0161(\text{mm})$$

2.209　如题图 2.209，两偏振片 P_1 和 P_2，夹角 60°. 中间插入一四分之一波片，主截面平分上述夹角. 光强为 I_0 的自然光入射. 求通过 P_2 的光强.

解　自然光经 P_1 成为线偏光，振幅 $A_1=\sqrt{I_0/2}$. A_1 在 $\lambda/4$ 的快、慢轴上投影分别为 $A_o=A_1\cos30°$ 和 $A_e=A_1\sin30°$. 离开波片后两种光振幅 A_o 和 A_e 的相位差为 $\frac{\pi}{2}+\pi$. 故

$$\begin{aligned}I_2&=A_{e2}^2+A_{o2}^2+2A_{e2}A_{o2}\cos\frac{3\pi}{2}\\&=A_e^2\sin^2 30°+A_o^2\cos^2 30°\\&=A_1^2\sin^4 30°+A_1^2\cos^4 30°\\&=\frac{5}{16}I_0\end{aligned}$$

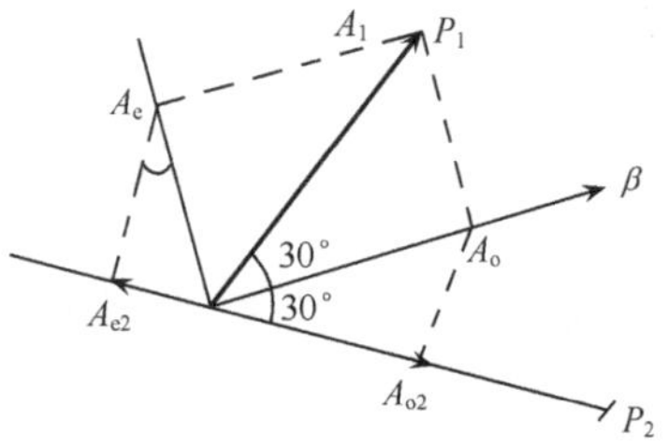

题图 2.209

2.210　如题图 2.210，两个平行尼科耳棱镜之间插入一晶片，其主截面与尼科耳棱镜透光轴成 45°角，强度 I_0. 真空中波长为 λ 的自然光入射到该系统. 求透射光强极小时晶片的最小厚度以及透射光与入射光光强之比. 取 $\lambda=0.600\mu$m，$n_o=1.543$，$n_e=1.552$.

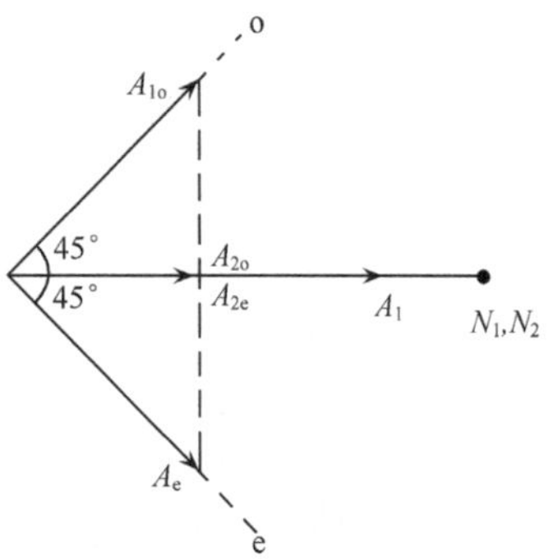

题图 2.210

解　设透过 N_1 的光振幅为 A_1，

$$I_0=2A_1^2,\qquad A_1=\frac{I_0}{\sqrt{2}}$$

将 A_1 分解到 o、e 两方向

$$A_{1o}=A_{1e}=A_1\cos45°$$

再将 o、e 光分解到 N_2（$/\!/N_1$）方向有

$$A_{2o}=A_{2e}=A_{1o}\cos45°=A_1\cos^2 45°$$

A_{2o} 和 A_{2e} 相干叠加在 N_2 方向，透光强度为

$$I_{out}=A_{2o}^2+A_{2e}^2+2A_{2o}\cdot A_{2e}\cdot\cos\left[\frac{2\pi l}{\lambda}(n_e-n_o)\right]$$

出射光强极小时有(对应 l 最小时)

$$\frac{2\pi l}{\lambda}(n_e - n_o) = \pi$$

$$l = \frac{\lambda}{2(n_e - n_o)} = \frac{0.600\mu m}{2(1.552 - 1.543)} = 33.3\mu m$$

将 $\cos\left[\frac{2\pi l}{\lambda}(n_e - n_o)\right] = -1$ 代入光强公式有

$$I_{out} = A_{2o}^2 + A_{2e}^2 - 2A_{2o}^2 = 0$$

出射光强为零.

2.211 将楔角 $\alpha = 0.33°$ 的石英劈置于正交偏振片中间,光轴平行于晶体表面.氢的红光(6563Å)通过此装置发生干涉.求条纹间距.设 $n_o = 1.5419$,$n_e = 1.5509$.

解 线偏光分解为 o 光和 e 光,经过晶片后,两光的相位差为 $\varphi = \frac{2\pi}{\lambda} l(n_e - n_o)$,投影到 P_2 还产生 π 的附加相位差.相邻条纹对应的光的相位差 $\Delta\varphi$ 为 2π,对应的石英片厚度差为 Δl(见题图 2.211),对应条纹间距为 Δx.

题图 2.211

$$\Delta\varphi = \frac{2\pi}{\lambda}\Delta l(n_e - n_o) = 2\pi$$

$$\Delta l = \frac{\lambda}{n_e - n_o}$$

$$\Delta x = \frac{\Delta l}{\alpha} = \frac{\lambda}{\alpha(n_e - n_o)} = \frac{656.3\text{nm}}{0.33 \times \frac{\pi}{180} \times 0.009}$$

$$= 12.7\text{mm}$$

2.212 楔形水晶棱镜顶角 $\alpha = 0.5°$,棱边与光轴平行,置于正交尼科耳棱镜之间,使其主截面与两尼科耳棱镜的主截面都成 45°角,以水银的 4047Å 紫色平行光正入射,问:

(1) 通过第二尼科耳棱镜看到的干涉图样如何?

(2) 相邻暗纹的间隔 d 等于多少?

(3) 若将第二尼科耳棱镜的主截面转 90°,干涉图样有何变化?

(4) 维持两尼科耳棱镜正交,但把水晶棱镜的主截面转 45°,使之与第二尼科耳棱镜的主截面垂直,干涉图样有何变化?

解 (1) 如题图 2.212(1),当第一个尼科耳棱镜的透振方向 P_1 与水晶棱镜的 e 轴成 45°夹角时,从 P_1 透射出来的线偏振光进入水晶后被分解为 o 光和 e 光.如题图 2.212(2)所示,目前 o 振动平行纸面,e 振动垂直纸面.水晶为正晶体,o 光比 e 光传播快,即 $n_o < n_e$.由于水晶棱镜厚度连续变化,使出射面(斜面)上下各点的两个正交振动之间的位相差也随之连续变化,合成结果为各种状态的椭圆光.就传播方向看,它们经斜面折射成为两束平行光,其偏向角(相对于入射方向)在顶角 α 很小的条件下分别近似为

$$\delta_e \approx (n_e - 1)\alpha$$

$$\delta_o \approx (n_o - 1)\alpha$$

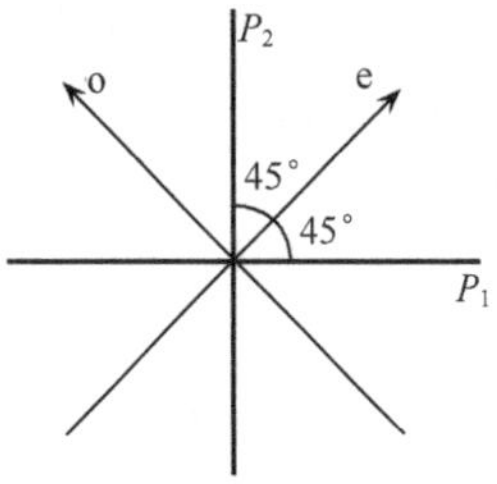

题图 2.212(1)

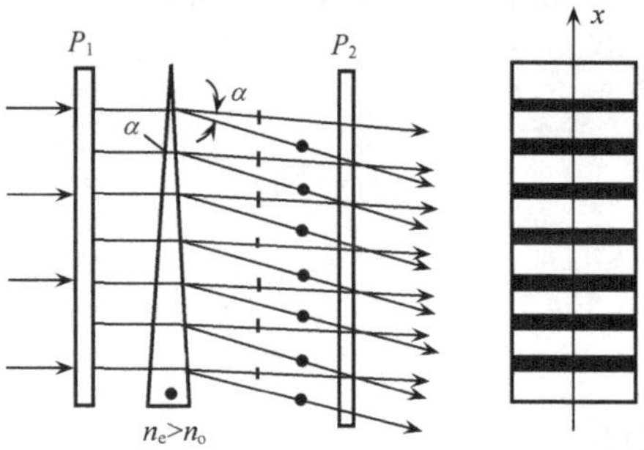

题图 2.212(2)

于是后场是这两束平行光的叠加场. 如果安置第二个偏振片(尼科耳棱镜)P_2,后场就成为这两束平行光的干涉场,干涉图样是一组平行于棱边的直条纹.

(2) 可以按照我们熟悉的两束平行光干涉的条纹间距公式,直接求得目前水晶棱镜造成的相邻暗纹的间距为

$$d=\Delta x=\frac{\lambda}{\sin\delta_e-\sin\delta_o}\approx\frac{\lambda}{\delta_e-\delta_o}=\frac{\lambda}{(n_e-n_o)\alpha}$$

按 $\lambda=4047\text{Å}$,$n_e=1.56671$,$n_o=1.55716$,$\alpha=0.5°$算出

$$\Delta x\approx 4.86\text{mm}$$

这些暗纹的具体位置正是使相位差为 $\Delta\varphi=2k\pi$ 的那些地点.

(3) 当我们将第二个尼科耳棱镜的透振方向(主截面)转 90°,与第一个尼科耳棱镜一致时,由于 o 轴、e 轴正向在 P_2 方向投影的相位差与未转动时相比增加了 π,所以原来的暗纹就成为亮纹,而原来的亮纹成了暗纹. 其他方面,诸如条纹的形状、间距等均无变化.

(4) 如果将水晶棱镜主截面转 45°而与 P_1 主截面一致,则射入水晶棱镜的是单纯 e 光,此时 o 振动与 e 振动的相位差不起作用,从棱镜出射的是同一振动方向的线偏振光,被 P_2 全部消光,P_2 后方一片暗场.

2.213　巴比涅补偿器的结构如题图 2.213(1)所示,它由两个楔形的石英棱镜组成,光轴方向如图.

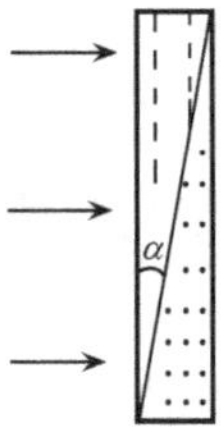

题图 2.213(1)

(1) 将巴比涅补偿器放在正交偏振片之间,你将看到什么现象?

(2) 若楔角 $\alpha=2.75°$,用平行的钠黄光照明,求干涉条纹的间隔.

解　(1) 首先分析巴比涅补偿器的工作原理和特性. 经偏振片 P_1 后的线偏振光正入射于补偿器时,被分解为两个正交振动 $A_{/\!/}$ 和 $A_{\perp}$,如题图 2.213(2),$A_{/\!/}$ 平行纸面,$A_{\perp}$ 垂直纸面. $A_{/\!/}$ 先后以折射率 n_e、n_o 通过两块棱镜,$A_{\perp}$ 先后以折射率 n_o、n_e 通过两块棱镜. 于是,在第一个棱镜内传播的包含两个正交振动的一束平行光,经界面(斜面)后,就开始分离为两束不同方向的平行光,其偏向角(相对于以虚线表示的入射方向)在楔角 α 很小的条件下分别近似为

$$\alpha_{/\!/}\approx\left(\frac{n_e}{n_o}-1\right)\alpha>0\qquad(朝上)$$

$$\alpha_{\perp}\approx\left(\frac{n_o}{n_e}-1\right)\alpha<0\qquad(朝下)$$

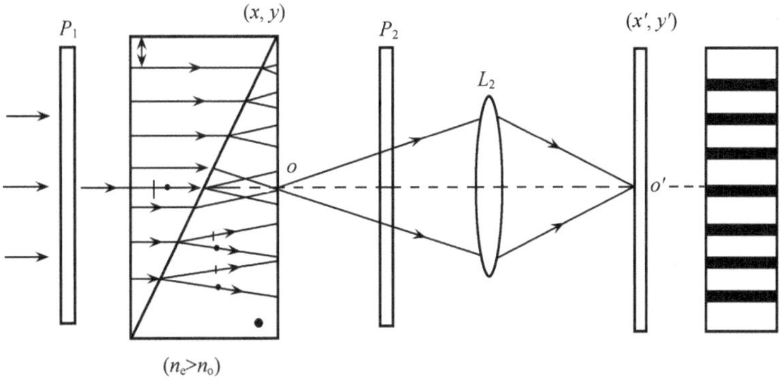

题图 2.213(2)　巴比涅补偿器

夹角为

$$\Delta\alpha=\alpha_{/\!/}-\alpha_{\perp}\approx 2\left(\frac{n_e}{n_o}-\frac{n_o}{n_e}\right)\alpha$$

由此可见，界面以后的空间是两束不同传播方向而振动方向又互相垂直的平行光的叠加场. 这两束平行光在出射面 xy 内的相位分布分别为

$$\varphi_{/\!/}(x,y)=-\frac{2\pi}{\lambda}\sin\alpha_{/\!/}\,x+\varphi_{/\!/}(0)$$

$$\approx-\frac{2\pi}{\lambda}\left(\frac{n_e}{n_o}-1\right)\alpha x+\varphi_{/\!/}(0)$$

$$\varphi_{\perp}(x,y)=-\frac{2\pi}{\lambda}\sin\alpha_{\perp}x+\varphi_{\perp}(0)$$

$$\approx-\frac{2\pi}{\lambda}\left(\frac{n_o}{n_e}-1\right)\alpha x+\varphi_{\perp}(0)$$

式中 $\varphi_{/\!/}(0)$和 $\varphi_{\perp}(0)$分别为两个振动在中心点 0(两楔形棱镜等厚路线所指的地点)的相位，由于两个棱镜对光程的互补作用，致使 $\varphi_{/\!/}(0)=\varphi_{\perp}(0)$，于是两束平行光的相位差分布为

$$\Delta\varphi(x,y)=\varphi_{\perp}-\varphi_{/\!/}=\frac{2\pi}{\lambda}2\left(\frac{n_e}{n_o}-\frac{n_o}{n_e}\right)\alpha x$$

从相位差随 x 连续线性变化这一点上看，几何厚度处处相等的补偿器，相当于一个厚度连续变化的楔形晶片. 但是与单块楔形晶片不同，补偿器在 $x=0$ 的中心地带(即 y 轴)的相位差为零，以此为准确的参考线，朝上下两方展开，相位差依次为 $\Delta\varphi(x)=0,\pm\pi/4,\pm\pi/2,\pm\pi,\pm5\pi/4,\pm3\pi/2,\pm2\pi,\cdots$因此，两束平行光在 xy 面上的合成振动为各种状态的椭圆光，当然若干处仍然是线偏振光，而中心地带必定是与 P_1 透振方向一致的线偏振光. 补偿器的特点就在于此. 利用这一特点于偏振光干涉，可以对体内传播引起的附加相位差进行绝对测量.

为使两束平行光产生相干叠加，必须置放第二个偏振片 P_2. 考虑到这两束平行光从 xy 面出射到空气时将要进一步分离，如果直接接收的屏幕离得较远，将不可能获得交叠区域. 实验上最好的方法是加一个透镜 L_2 将物面 xy 成像于 $x'y'$而实现相干叠加. 此时

像面上将出现一系列平行等距的直条纹.如果所成像的横向放大率等于1,则由两束平行光相干叠加的条纹间距公式得条纹间隔为

$$\Delta x' = \Delta x = \frac{\lambda}{\sin\alpha_{/\!/} - \sin\alpha_{\perp}} \approx \frac{\lambda}{\Delta\alpha}$$

$$= \frac{\lambda}{2\left(\frac{n_e}{n_o} - \frac{n_o}{n_e}\right)\alpha} = \frac{n_o n_e \lambda}{2(n_e + n_o)(n_e - n_o)\alpha}$$

$$\approx \frac{\bar{n}\lambda}{4(n_e - n_o)\alpha}$$

式中 $\bar{n} = \frac{1}{2}(n_e + n_o)$.当 P_1,P_2 正交时,中心地带(y'轴)必定是暗线(零级暗线).

如果不用透镜在像面上接收,而用肉眼在 P_2 后方观察,所看到的现象将因人而异,取决于你的眼睛聚焦于何处.当眼睛(习惯于)聚焦在眼前的实物 P_2,而 P_2 又是贴近 xy 平面时观察到的现象,这与透镜接收时相同.

(2) 取 $\alpha = 2.75°$,$n_o = 1.54425$,$n_e = 1.55336$,$\lambda = 5893\text{Å}$,算出条纹间隔为

$$\Delta x \approx 0.52\text{mm}$$

2.214 以线偏振光照在巴比涅补偿器(参见上题)上,通过偏振片观察时在中央两楔形棱镜厚度 $d_1 = d_2$ 处有一暗线,与中央暗线距离 a 处又有一暗线.今以同样波长的椭圆偏振光照在此巴比涅补偿器上,发现(中央)暗线移至离中央 b 处.

(1) 求椭圆偏振光在补偿器晶体中分解成的两个振动分量的初始相位差与 a,b 的关系;

(2) 如果椭圆的长短轴正好分别与两楔形棱镜的光轴平行,试证此时 $b = a/4$;

(3) 设已知偏振片的透振方向与补偿器一楔的光轴夹角为 θ,找出 θ 与(2)问中椭圆长短轴比值的关系.

解 (1) 因相邻暗线间距为 a,对应的相位差改变为 2π,所以同级暗线位移 b 时,相位差改变量为

$$\delta_1 = \frac{2\pi}{a}b$$

这也正是入射椭圆光两个正交振动 $A_{\perp}$ 与 $A_{/\!/}$ 的初始相位差值,它被补偿器带来的附加相位差所抵消,在非中心的某处出现了零级暗线.

(2) 此时椭圆光为正椭圆,相位差 δ_1 只有取 $\pm\pi/2$ 两种可能,即

$$\delta_1 = \pm\frac{\pi}{2} = \frac{2\pi}{a}b$$

解得

$$b = \pm\frac{a}{4}$$

式中+号说明暗线向上位移,此时入射椭圆光为右旋;一号说明暗线向下位移,相应的入射椭圆光为左旋.

(3) 在巴比涅补偿器后面加偏振片观测,对于暗线位置来说,如题图 2.214,必须保证偏振片的透振方向 P 与从补偿器出射的两个正交振动 $A_{\perp}$,$A_{/\!/}$ 合成的线偏振方向彼此正

交. 从图中可见,此时偏振片透振方向与补偿器一楔光轴的夹角 θ 应满足

$$\theta = \arctan\left(\frac{A_{\perp}}{A_{/\!/}}\right)$$

式中 $A_{\perp}/A_{/\!/}$ 为入射正椭圆偏振光长短轴之比.

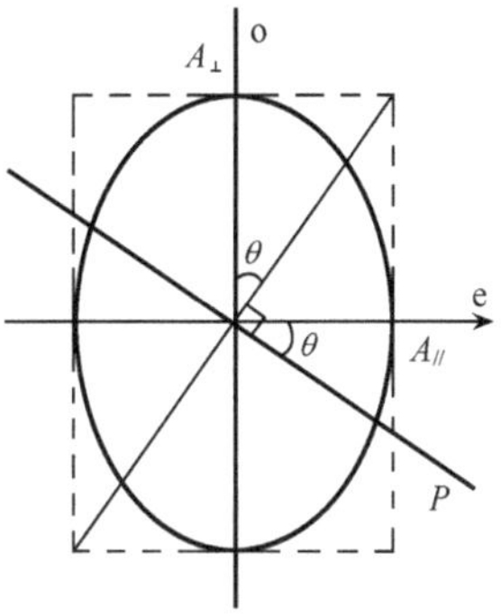

题图 2.214

2.215　在两尼科耳棱镜之间插一块石英旋光晶片,以消除对眼睛最敏感的黄绿光($\lambda=5500\text{Å}$),设对此波长的旋光率为 24°/mm. 求下列情形下晶片的厚度:

(1) 两尼科耳棱镜主截面正交;

(2) 两尼科耳棱镜主截面平行.

解　(1) 当两尼科耳棱镜主截面正交时,为要消除黄绿色光,应使该波长的光在通过石英旋光晶片后,偏振面旋转 180°即

$$\psi = \alpha d = 180°$$

得

$$d = \frac{\psi}{\alpha} = \frac{180°}{24} = 7.5(\text{mm})$$

即当晶片厚度为 7.5mm 的整数倍时都可对此波长消光.

(2) 此时应满足

$$\psi = \alpha d = 90°$$

得

$$d = \frac{\psi}{\alpha} = \frac{90°}{24} = 3.75(\text{mm})$$

即当晶片厚度为 3.75mm 的奇数倍时都能对此波长消光.

2.216　在偏振光干涉的装置中,两尼科耳棱镜的主截面夹 60°角,两者之间插入一顶角 $\alpha=30'$ 的石英尖劈,其光轴平行于表面,尖劈的主截面与两尼科耳棱镜的主截面都成 30°角. 以波长为 589.3nm 的钠黄光垂直入射. 求:

(1) 透射光的光强分布;

(2) 干涉条纹的反衬度. 已知石英的折射率 $n_o=1.54424$, $n_e=1.55335$.

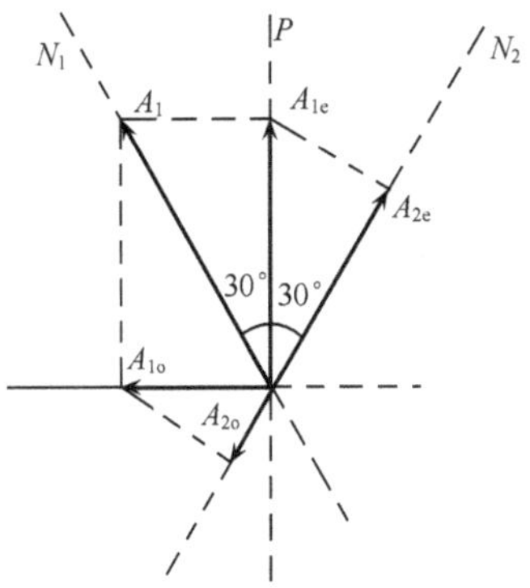

题图 2.216

解　如题图 2.216, N_1 和 N_2 是两个尼科耳棱镜的主截面, P 是石英尖劈的主截面. 从 N_1 透出的线偏振光的振幅表为 A_1,先按与 P 平行和垂直分解为 A_{1e} 和 A_{1o},再把 A_{1e} 和 A_{1o} 投影在 N_2 上. 经两次投影后,沿 N_2 方向振动的两个振幅为

$$A_{2o} = A_1\cos^2 60° = \frac{A_1}{4}$$

$$A_{2e} = A_1\cos^2 30° = \frac{3}{4}A_1$$

两者之间的相位差为

$$\delta = \frac{2\pi}{\lambda}(n_e - n_o)d + \pi$$

式中 π 是投影在 N_2 上引起的相位差，d 是光在尖劈中传播的路径. 它们在 N_2 方向的振动相干叠加后的强度为

$$\begin{aligned} I_2 &= A_{2o}^2 + A_{2e}^2 + 2A_{2o}A_{2e}\cos\delta \\ &= A_1^2\left\{\frac{1}{16} + \frac{9}{16} - \frac{6}{16}\cos\left[\frac{2\pi}{\lambda}(n_e - n_o)d\right]\right\} \\ &= I_1\left\{\frac{5}{8} - \frac{3}{8}\cos\left[\frac{2\pi}{\lambda}(n_e - n_o)d\right]\right\} \end{aligned}$$

式中 I_1 是透过第一尼科耳棱镜 N_1 后的光强. 上式表明，透过第二尼科耳棱镜 N_2 后的光强 I_2 取决于 d，当光从尖劈不同地点通过时，d 值不同，所以光强 I_2 也不同，从而形成与劈棱平行的亮暗相间的直线形状的干涉条纹. 条纹的极小值满足

$$\frac{2\pi}{\lambda}(n_e - n_o)d = 2k\pi$$

即

$$\frac{(n_e - n_o)}{\lambda} = k$$

相邻两暗纹所对应的尖劈厚度之差为

$$\Delta d = \frac{\lambda}{n_e - n_o}$$

故条纹间距为

$$\Delta l = \frac{\Delta d}{d} = \frac{\lambda}{(n_e - n_o)\alpha} = \frac{5.893\times 10^{-4}}{0.00911\times 0.00873} = 7.41(\text{mm})$$

由强度公式，极大值和极小值分别为

$$I_{\max} = I_1, \qquad I_{\min} = \frac{I_1}{4}$$

故干涉条纹的反衬度为

$$\gamma = \frac{I_{\max} - I_{\min}}{I_{\max} + I_{\min}} = \frac{3}{5} = 0.6$$

2.217 两晶片由相同材料制成. 第一块晶片厚度为 d，其快、慢轴均平行于晶片表面. 第二块晶片为四分之一波片，两晶片的快轴夹角为 45°. 波长为 λ 的单色线偏振光垂直照到第一块晶片，相继透过两晶片. 入射光偏振方向与 $\frac{1}{4}$ 波片的快轴一致. 求从第二块晶片透出的光的偏振状态.

解 如题图 2.217，Z_1 和 Z_2 表示第一块晶片的快轴和慢轴；Z_1' 和 Z_2' 表示第二块晶片的快轴和慢轴. Z_1 和 Z_1' 夹角 45°，入射线偏光的振幅 A 与 Z_1' 一致.

线偏光入射到第一块晶片后，分解为沿 Z_1 和 Z_2 两个垂直振动，振幅大小均为 $A\cos 45°$，离开晶体时其相位差为 $\delta_1 = \frac{2\pi}{\lambda}(n_o - n_e)d$，故出射光的两分量可表为复振幅

$$\tilde{A}_1 = A\cos 45°$$
$$\tilde{A}_2 = A\cos 45° e^{i\delta_1}$$

经 $\frac{1}{4}$ 波片后，把上述两振动分别投影到 Z_1' 和 Z_2' 方向，得到在这两个方向上的复振幅

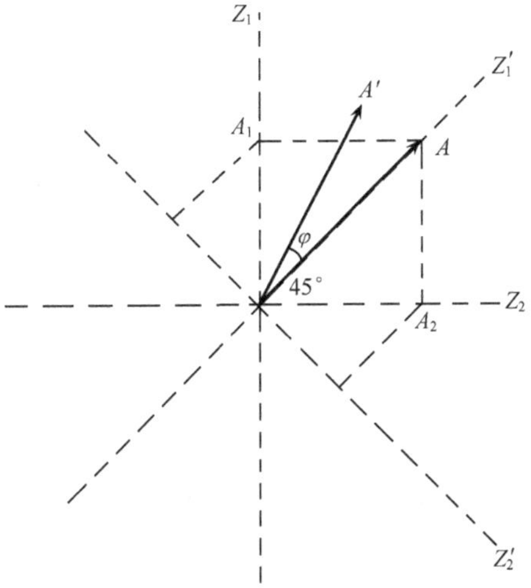

题图 2.217

$$\widetilde{A}_1' = \widetilde{A}_1\cos45° + \widetilde{A}_2\cos45° = A\cos^2 45°(1+e^{i\delta_1})$$

$$= \frac{A}{2}(1+e^{i\delta_1}) = A\cos\frac{\delta_1}{2}\cdot e^{i\frac{\delta_1}{2}}$$

这里应用了欧拉公式

$$\cos x = \frac{e^{ix}+e^{-ix}}{2}$$

如题图 2.217,由投影引起 π 的相位差,有

$$\widetilde{A}_2' = (\widetilde{A}_1\cos45° e^{i\pi} + \widetilde{A}_2\cos45°)e^{i\frac{\pi}{2}}$$

$$= (A\cos^2 45° e^{i\pi} + A\cos^2 45° e^{i\delta_1})e^{i\frac{\pi}{2}}$$

$$= \frac{A}{2}(e^{i\delta_1}-1)e^{i\frac{\pi}{2}} = iA\sin\frac{\delta_1}{2}e^{i\frac{\delta_1}{2}}e^{i\frac{\pi}{2}}$$

式中 $e^{i\frac{\pi}{2}}$ 的$\frac{\pi}{2}$是$\frac{1}{4}$波片引起的 o 光、e 光相位差,由于 $e^{i\frac{\pi}{2}}=i$,上式可进一步写为

$$\widetilde{A}_2' = -A\sin\frac{\delta_1}{2}e^{i\frac{\delta_1}{2}}$$

比较$\widetilde{A}_1'$和$\widetilde{A}_2'$可得,沿 Z_1'和 Z_2'方向的垂直振动有 π 的相位差,合成结果仍为线偏振光,振幅为

$$A' = \sqrt{|\widetilde{A}_1'|^2 + |\widetilde{A}_2'|^2} = A$$

若以 Z_1'和 Z_2'为坐标轴,透射光的偏振方向在第二、四象限,与 Z_1'的夹角为 φ

$$\tan\varphi = \frac{|\widetilde{A}_2'|}{|\widetilde{A}_1'|} = \tan\frac{\delta_1}{2} = \tan\left[\frac{\pi}{\lambda}(n_o-n_e)d\right]$$

即从第二块晶片透射的仍是线偏振光,振动方向与入射光偏振方向夹角为 φ.

2.218 将引起光程差 $\Delta=6500\text{Å}$ 的晶片,置于正交偏振片之间.用白光照明时,透射光缺哪种波长的光?呈什么颜色?

解　晶片引入相位差$\varphi=\frac{2\pi}{\lambda}\Delta$. 而$P_1\perp P_2$,附加相位差$\varphi'=\pi$. 若使某波长的光干涉相消,应

$$\frac{2\pi}{\lambda}\Delta+\pi=(2k+1)\pi \qquad (k=0,1,2,\cdots)$$

在可见光范围内,$k=0$. 须$\Delta=\lambda=6500$Å.

即透射光中缺6500Å的红光,而呈蓝绿色. 或者考虑从P_1出射的白色偏振光,它在晶片中分解为o光和e光. 而从晶片射出时,o光、e光两成分相位相差了2π(因为晶片引起一个波长的程差),偏振方向并不改变,仍与P_2正交. 所以从P_2出射的光中缺$\lambda=$6500Å的红光.

2.219　一厚度$d=0.025$mm的方解石晶片,其光轴与表面平行. 把它放在两个正交偏振片中间,第一个偏振片的透光轴与晶片主截面成45°. 设自然可见光(波长400～700nm)垂直入射.

(1) 问透过第二偏振片的光中缺少哪些波长?

(2) 若两偏振片透光轴平行,情况又如何? 计算时不考虑色散,即$n_o-n_e=0.172$与波长无关.

解　从第一偏振片透出的线偏光可分解为与晶片光轴平行和垂直的两个方向,因第一偏振片透光轴方向与晶片主截面(晶片光轴与光线构成的平面)夹45°角,上述两个垂直振动的振幅相同,经晶片后其间产生相位差$\frac{2\pi}{\lambda}(n_o-n_e)d$. 透出晶片后,把上述两个垂直振动投影在第二偏振片透光轴方向上,其振幅相等,其间的相位差除上述$\frac{2\pi}{\lambda}(n_o-n_e)d$外,在两偏振片正交时还应附加由于投影引起的相位差$\pi$. 当总的相位差为$(2k+1)\pi$时,便不能透过第二偏振片. 由此即可确定透射光中缺少哪些波长.

(1) 两偏振片正交时,把从第一偏振片透出的线偏振光分解为平行和垂直于晶片光轴的两个垂直振动,经晶片后再分别沿第二偏振片的透光轴作投影,则两者振幅相同,相位差为

$$\Delta\varphi_1=\frac{2\pi}{\lambda}(n_o-n_e)d+\pi$$

式中π是两个垂直振动投影在第二偏振片透光轴方向上时引起的附加相位差. 若

$$\Delta\varphi_1=(2k+1)\pi, \qquad k=0,1,2,\cdots$$

光不能通过第二偏振片. 故不能透过的波长满足

$$\frac{(n_o-n_e)}{\lambda}d=k$$

根据可见光的波长范围,可以定出干涉相消的级次k的范围. 对于$\lambda=400$nm

$$k=\frac{0.172\times0.025}{4\times10^{-4}}=10.8$$

对于$\lambda=700$nm

$$k=\frac{0.172\times0.025}{7\times10^{-4}}=6.1$$

故在可见光范围内应取

$$k = 7,8,9,10$$

透射光中缺少的波长为

$$k = 7\text{ 时}, \quad \lambda = 6.1 \times 10^2\,\text{nm}$$
$$k = 8\text{ 时}, \quad \lambda = 5.4 \times 10^2\,\text{nm}$$
$$k = 9\text{ 时}, \quad \lambda = 4.8 \times 10^2\,\text{nm}$$
$$k = 10\text{ 时}, \quad \lambda = 4.3 \times 10^2\,\text{nm}$$

(2)两偏振片透光轴平行时,相位差为

$$\Delta\varphi_2 = \frac{2\pi}{\lambda}(n_o - n_e)d$$

当

$$\Delta\varphi_2 = (2k+1)\pi$$

时,光不能通过第二偏振片,不能通过的波长应满足

$$\frac{2(n_o - n_e)}{\lambda}d = 2k+1$$

与第(1)问相仿,在可见光范围内,透射光中缺少的波长为

$$k = 6\text{ 时}, \quad \lambda = 6.6 \times 10^2\,\text{nm}$$
$$k = 7\text{ 时}, \quad \lambda = 5.7 \times 10^2\,\text{nm}$$
$$k = 8\text{ 时}, \quad \lambda = 5.1 \times 10^2\,\text{nm}$$
$$k = 9\text{ 时}, \quad \lambda = 4.5 \times 10^2\,\text{nm}$$
$$k = 10\text{ 时}, \quad \lambda = 4.1 \times 10^2\,\text{nm}$$

2.220 一强度为 I_0 的右旋圆偏振光垂直通过$\frac{1}{4}$波片,然后通过一尼科耳棱镜.尼科耳棱镜的主截面 N 在$\frac{1}{4}$波片的快轴方向右旋 15°处.试求最后射出的光的强度.

解 如题图 2.220,取$\frac{1}{4}$波片的快轴为 y 轴,慢轴为 x 轴.把入射的右旋圆偏振光分解为沿 y 方向和 x 方向的两个线振动,则入射前 y 分量比 x 分量的相位超前,相位差为 $\Delta\varphi' = \frac{\pi}{2}$,经$\frac{1}{4}$波片后,$y$ 分量又比 x 分量超前 $\Delta\varphi'' = \frac{\pi}{2}$,故从$\frac{1}{4}$波片射出后两个垂直振动之间总的相位差为

$$\Delta\varphi = \Delta\varphi' + \Delta\varphi'' = \frac{\pi}{2} + \frac{\pi}{2} = \pi$$

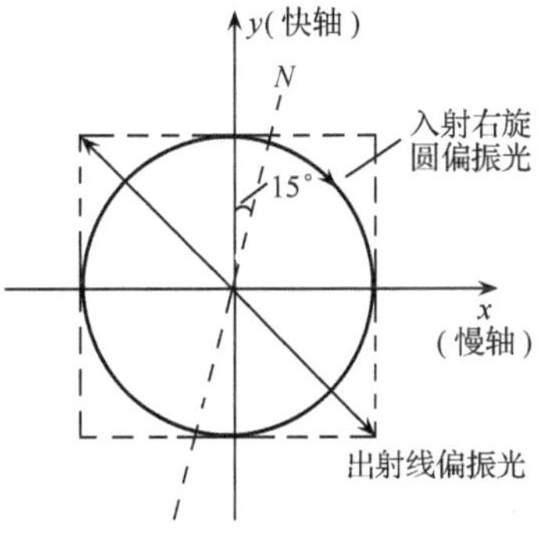

题图 2.220

因此,从$\frac{1}{4}$波片射出的是线偏振光,其振动方向与 y 轴夹 45°角,在第二象限和第四象限,振幅为 $\sqrt{I_0}$,如题图 2.220 所示.由马吕斯定律,该线偏振光透过尼科耳棱镜的振幅为

$$\sqrt{I_0}\cos(45° + 15°) = \sqrt{I_0}\cos 60° = \frac{1}{2}\sqrt{I_0}$$

故最后射出的光强为

$$I = \frac{1}{4} I_0$$

2.221 偏振片和$\frac{1}{4}$波片可组成一个圆偏振器. 自然光通过偏振片后成为线偏振光，若其振动方向与$\frac{1}{4}$波片的光轴方向夹 45°角，则从$\frac{1}{4}$波片射出的是圆偏振光. 今有两组同样的圆偏振器，偏振片分别用 N_1 和 N_2 表示，$\frac{1}{4}$波片用 P_1 和 P_2 表示. 两组圆偏振器的相对取向夹一任意角 θ，并按以下两种方式排列：①P_1, N_1, N_2, P_2；②N_1, P_1, P_2, N_2，以自然光入射，光强为 I_0，试求在上述两种情况下，透射光的光强.

解 (1) 如题图 2.221(1)所示，自然光经$\frac{1}{4}$波片 P_1 后光强不变，仍为 I_0，经偏振片 N_1 后为线偏振光，光强变为$\frac{1}{2}I_0$. 因 N_1 与 N_2 的透光轴夹角 θ，由马吕斯定律，从 N_2 透出的线偏振光的光强为$\frac{1}{2}I_0\cos^2\theta$，再经$\frac{1}{4}$波片 P_2 后为椭圆偏振光，光强仍为$\frac{I_0}{2}\cos^2\theta$.

(2) 如题图 2.221(2)所示，自然光入射，光强为 I_0，经由 N_1 和 P_1 构成的第一组圆偏振器后变为圆偏振光，光强为$\frac{1}{2}I_0$. 该圆偏振光经$\frac{1}{4}$波片 P_2 后，光强仍为$\frac{1}{2}I_0$，但变成线偏振光，其振动方向刚好与偏振片 N_2 的透光轴一致，所以射出的线偏振光的光强不变，仍为$\frac{1}{2}I_0$，与两组圆偏振器之间的夹角 θ 无关.

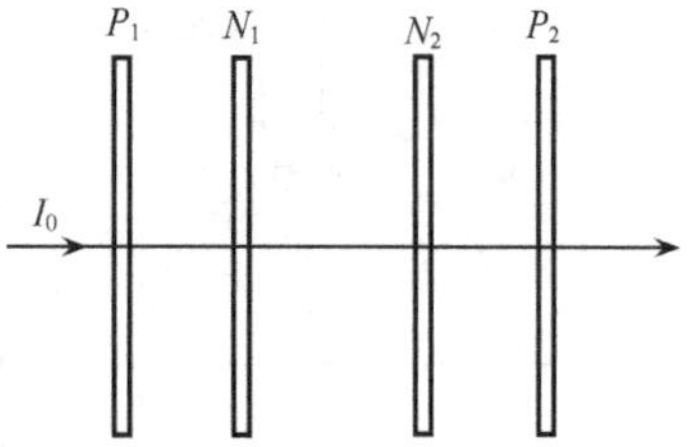

题图 2.221(1)

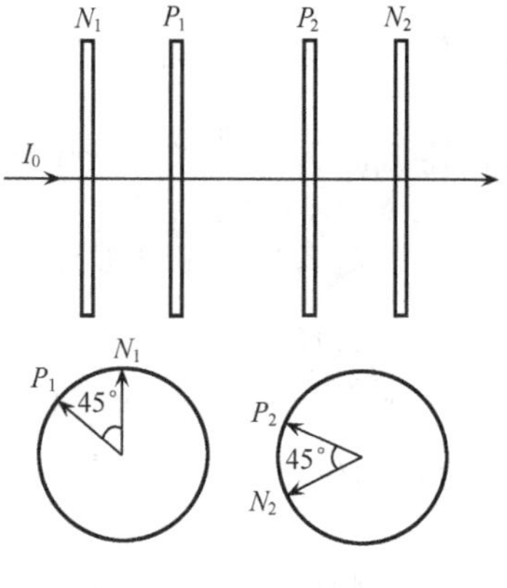

题图 2.221(2)

2.222 如题图 2.222(1)所示，在平面反射镜上相继地放置一个$\frac{1}{4}$波片和一个偏振

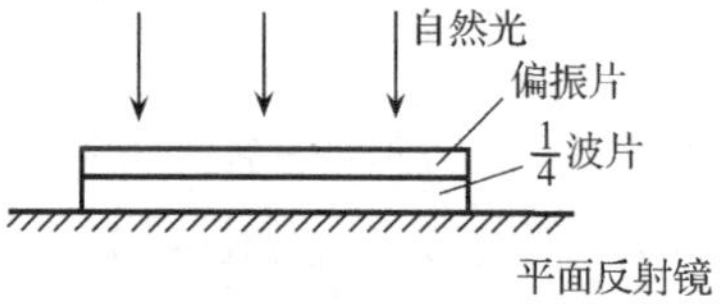

题图 2.222(1)

片，偏振片的透光轴与$\frac{1}{4}$波片的光轴夹角为θ. 光强为I_0的自然光垂直入射. 试求反射光经上述偏振系统后的光强.

解　迎着入射光看，如题图 2.222(2)所示. 自然光经偏振片后变成线偏振光，振动方向为AB. 经$\frac{1}{4}$波片后变成椭圆偏振光. 若y轴为$\frac{1}{4}$波片的快轴方向，则为右旋椭圆偏振光，y分量比x分量相位超前$\frac{\pi}{2}$.

迎着反射光看，如题图 2.222(3)所示. 入射到平面反射镜的右旋椭圆偏振光反射后变成左旋椭圆偏振光，x分量比y分量相位超前$\frac{\pi}{2}$. 该左旋椭圆偏振光经$\frac{1}{4}$波片后，y分量比x分量相位超前$\frac{\pi}{2}$，故x分量和y分量的总相位差为零，合成为线偏振光，振动方向为$A'B'$，与偏振片的透光轴AB成2θ角. 由马吕斯定律，反射光经偏振系统后的光强为$\frac{1}{2}I_0\cos^2 2\theta$.

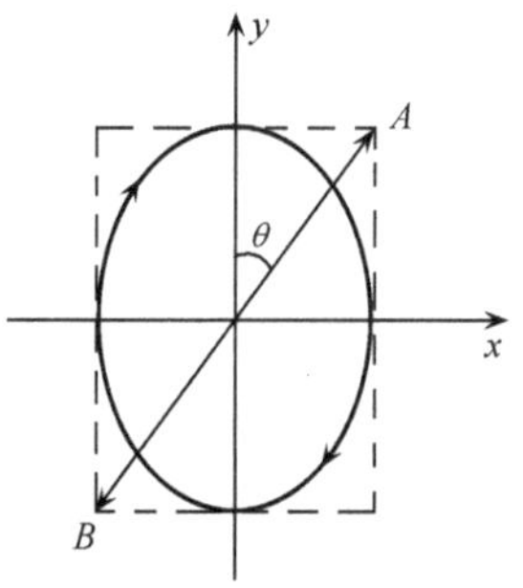

题图 2.222(2)

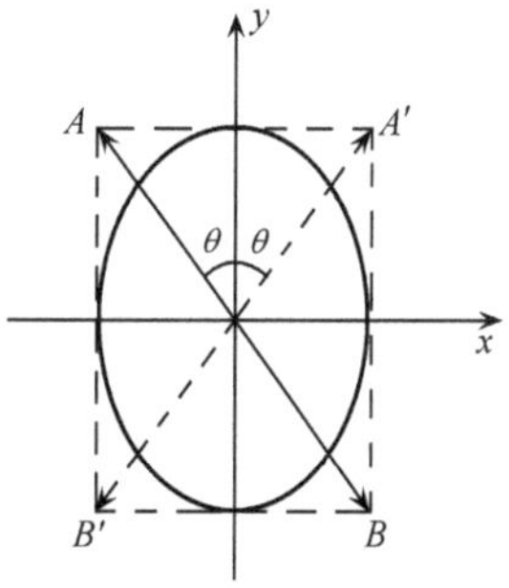

题图 2.222(3)

当$\theta=45°$时，反射光经偏振系统后的光强为零，即从平面镜反射的光不能通过该偏振系统，实用的所谓隔离器就是利用这一原理制成的. 在使用线偏振的激光器时，为了避免外界反射光重新进入谐振腔而引起干扰，常在激光器的输出端放置一个$\frac{1}{4}$波片，波片的光轴与线偏振方向夹 45°角，这样，所产生的椭圆偏振激光经外界反射面反射后不能重新进入谐振腔.

2.223　用一偏振片检验椭圆偏振光时，透过偏振片的光强将随偏振片的旋转角度变化. 对于已设定的坐标系统，已知合成为椭圆偏振光的两个垂直振动之间的相位差为δ.

(1) 试导出透射光强随偏振片旋转角度变化的普遍公式；

(2) 试确定椭圆偏振光长、短轴的方位以及相应的透射光强的极大值和极小值.

解　对设定的xy坐标系，椭圆偏振光可分解为x分量和y分量，其间的相位差δ已知，透过偏振片的振动是x分量和y分量在偏振片透光轴N方向的投影的叠加，参与叠加的两个投影的振幅与N和x轴(或y轴)之间的夹角θ有关，其间的相位差仍为δ. 于是，经偏振片后振动的振幅即光强I可知，显然它是θ的函数，表为$I(\theta)$，当$I=I_{max}$时，相应的θ_{max}表示椭圆偏振光的长轴方向，同样，相应于I_{min}的θ_{min}则表示短轴方向.

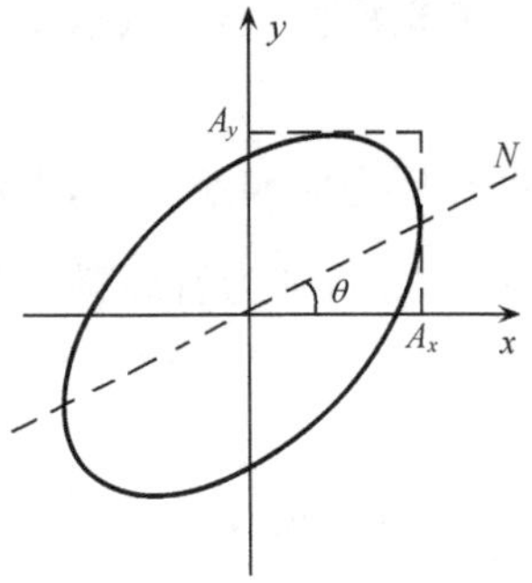

题图 2.223

(1) 如题图 2.223 所示，把椭圆偏振光按设定的 xy 坐标分解为 x 方向和 y 方向的两个振动，其间的相位差为 δ，它们的电矢量可分别表示为

$$E_x = A_x\cos\omega t$$

$$E_y = A_y\cos(\omega t + \delta)$$

设偏振片的透光轴 N 与 x 轴的夹角为 θ，则上述两个振动在 N 方向的投影为

$$E_{xN} = A_x\cos\theta\cos\omega t$$

$$E_{yN} = A_y\sin\theta\cos(\omega t + \delta)$$

透过偏振片的振动是上述两个分量的叠加，为

$$\begin{aligned}E_N &= E_{xN} + E_{yN} = A_x\cos\theta\cos\omega t + A_y\sin\theta\cos(\omega t - \delta)\\ &= (A_x\cos\theta + A_y\sin\theta\cos\delta)\cos\omega t - A_y\sin\theta\sin\delta\sin\omega t\end{aligned}$$

令

$$\begin{cases}A_N\cos\varphi = A_x\cos\theta + A_y\sin\theta\cos\delta\\ A_N\sin\varphi = A_y\sin\theta\sin\delta\end{cases} \tag{1}$$

则

$$E_N = A_N\cos\omega t\cos\varphi - A_N\sin\omega t\sin\varphi = A_N\cos(\omega t + \varphi)$$

因此，通过偏振片的光强为

$$\begin{aligned}I(\theta) &= A_N^2 = (A_x\cos\theta + A_y\sin\theta\cos\delta)^2 + (A_y\sin\theta\sin\delta)^2\\ &= A_x^2\cos^2\theta + A_y^2\sin^2\theta + 2A_xA_y\cos\theta\sin\theta\cos\delta\\ &= I_x\cos^2\theta + I_y\sin^2\theta + \sqrt{I_xI_y}\sin2\theta\cos\delta\end{aligned} \tag{2}$$

式中

$$I_x = A_x^2$$

$$I_y = A_y^2$$

分别是偏振片透光轴 N 与 x 轴和 y 轴一致时透过偏振片的光强. 利用三角公式

$$\cos^2\theta = \frac{1}{2}(1 + \cos2\theta)$$

$$\sin^2\theta = \frac{1}{2}(1 - \cos2\theta)$$

可把 $I(\theta)$ 表示为

$$\begin{aligned}I(\theta) &= \frac{1}{2}I_x(1 + \cos2\theta) + \frac{1}{2}I_y(1 - \cos2\theta) + \sqrt{I_xI_y}\sin2\theta\cos\delta\\ &= \frac{1}{2}(I_x + I_y) + \frac{1}{2}(I_x - I_y)\cos2\theta + \sqrt{I_xI_y}\cos\delta\sin2\theta\end{aligned}$$

这就是椭圆偏振光透过偏振片后的光强 $I(\theta)$ 随 θ 变化的公式. 令

$$\begin{cases}I_1 = \dfrac{1}{2}(I_x + I_y)\\ I_2 = \dfrac{1}{2}(I_x - I_y)\\ I_3 = \sqrt{I_xI_y}\cos\delta\end{cases}$$

则

$$I(\theta)=I_1+I_2\cos2\theta+I_3\sin2\theta=I_1+\sqrt{I_2^2+I_3^2}\cos(2\theta-\alpha)$$

式中

$$\alpha=\arctan\frac{I_3}{I_2} \tag{3}$$

或

$$\alpha=\arccos\frac{I_2}{\sqrt{I_2^2+I_3^2}}$$

(2) 当 $\theta=\theta_{\max}=\frac{\alpha}{2}$ 时,$I(\theta)$取极大值,即

$$\begin{aligned}I_{\max}&=I_1+\sqrt{I_2^2+I_3^2}=\frac{1}{2}(I_x+I_y)+\frac{1}{2}\sqrt{(I_x-I_y)^2+4I_xI_y\cos^2\delta}\\&=\frac{1}{2}(I_x+I_y)+\frac{1}{2}\sqrt{I_x^2+I_y^2+2I_xI_y\cos2\delta}\end{aligned} \tag{4}$$

当 $\theta=\theta_{\min}=\frac{\alpha}{2}+\frac{\pi}{2}$ 时,$I(\theta)$取极小值,即

$$I_{\min}=I_1-\sqrt{I_2^2+I_3^2}=\frac{1}{2}(I_x+I_y)-\frac{1}{2}\sqrt{I_x^2+I_y^2+2I_xI_y\cos2\delta} \tag{5}$$

$\theta_{\max}$和 $\theta_{\min}$分别表示入射椭圆偏振光的长轴和短轴的方向.

特殊情形. 当 $\delta=(2k+1)\frac{\pi}{2}$时,$I_3=0$,由式(3),$\alpha=0$ 或 π,从而 $\theta_{\max}$及 $\theta_{\min}$为 0 或$\frac{\pi}{2}$. 即在此特殊情形,椭圆偏振光的长轴或短轴与 x 轴或 y 轴重合. 换言之,此时椭圆偏振光在 xy 坐标系中是正的椭圆而不是斜的椭圆.

2.224 如题图 2.224(1)和题图 2.224(2)所示,入射的椭圆偏振光的强度为 I_0,椭圆的长短轴之比为 2∶1,相继地通过晶片 C 和偏振片 N. 晶片由负晶体制成,其光轴平行于表面,并与椭圆的短轴一致,o 光和 e 光通过晶片后产生$\frac{\pi}{3}$的相位差. 以晶片的光轴为 x 轴,偏振片透光轴 N 与 x 轴的夹角为 30°.

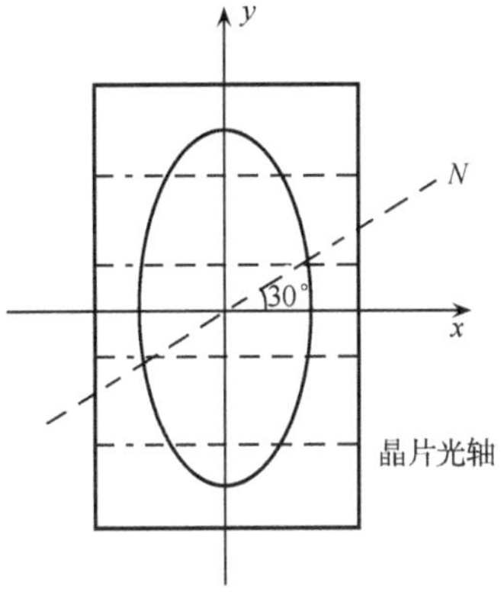

题图 2.224(1)

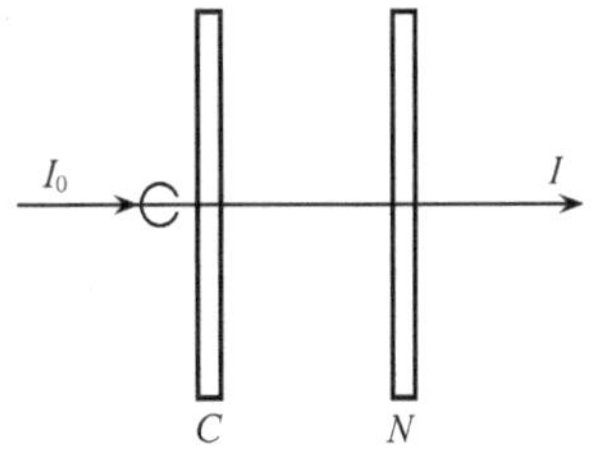

题图 2.224(2)

(1) 若入射光为右旋椭圆偏振光，试求出射光强 I. 当转动偏振片时，试问透过的最大和最小光强各为多少？各在什么方位？

(2) 若入射光为左旋椭圆偏振光，试问结果如何？

解 对于如题图 2.224(1)的 xy 坐标，入射椭圆偏振光是正椭圆，其 x 分量和 y 分量的相位差可知，经晶片后附加的相位差已给定，于是透过晶片后的总相位差亦可知. 由此可确定透过晶片后光的偏振结构，从而可得出通过偏振片后的光强.

(1) 对如题图 2.224(1)的 xy 坐标系，入射的椭圆偏振光是正椭圆，即其长短轴与坐标轴一致. 因

$$I_0 = I_x + I_y$$

$$\frac{I_y}{I_x} = 4$$

故

$$I_x = \frac{1}{5}I_0, \qquad I_y = \frac{4}{5}I_0$$

因入射光是右旋椭圆偏振光，y 分量比 x 分量超前$\frac{\pi}{2}$，又因晶片是负晶体，由题设，通过晶片使 x 分量比 y 分量超前$\frac{\pi}{3}$，所以从晶片透出后的总相位差为

$$\delta = \frac{\pi}{2} - \frac{\pi}{3} = \frac{\pi}{6}$$

即从晶片透出的是斜的椭圆偏振光，其长轴在第一象限和第三象限.

通过偏振片后的光强 $I(\theta)$可利用上题的式(2)求得，为

$$I(\theta) = I_x\cos^2\theta + I_y\sin^2\theta + \sqrt{I_xI_y}\sin2\theta\cos\delta$$

现在 $\theta=30^\circ$，$\delta=\frac{\pi}{3}$，$I_x=\frac{1}{5}I_0$，$I_y=\frac{4}{5}I_0$，代入得

$$I(30^\circ) = \left(\frac{3}{20}+\frac{4}{20}+\frac{6}{20}\right)I_0 = \frac{13}{20}I_0$$

转动偏振片，透过偏振片的最大光强和最小光强可利用上题的式(4)和式(5)求得，为

$$\begin{aligned}
I_{\max} &= \frac{1}{2}(I_x+I_y) + \frac{1}{2}\sqrt{I_x^2+I_y^2+2I_xI_y\cos2\delta} \\
&= \frac{I_0}{2} + \frac{I_0}{2}\sqrt{\left(\frac{1}{5}\right)^2+\left(\frac{4}{5}\right)^2+2\times\frac{1}{5}\times\frac{4}{5}\times\cos\frac{\pi}{3}} \\
&= \frac{5+\sqrt{21}}{10}I_0 = 0.96I_0 \\
I_{\min} &= \frac{1}{2}(I_x+I_y) - \frac{1}{2}\sqrt{I_x^2+I_y^2+2I_xI_y\cos2\delta} \\
&= \frac{5-\sqrt{21}}{10}I_0 = 0.04I_0
\end{aligned}$$

由上题，当透射光强为 $I_{\max}$和 $I_{\min}$时，偏振片透光轴的方位角 $\theta_{\max}$和 $\theta_{\min}$分别为

$$\theta_{\max}=\frac{\alpha}{2}$$

$$\theta_{\min}=\frac{\alpha}{2}+\frac{\pi}{2}$$

式中的 α 由上题式(3)给出，为

$$\alpha=\arccos\frac{I_2}{\sqrt{I_2^2+I_3^2}}=\arccos\left[\frac{\frac{1}{2}(I_x-I_y)}{\sqrt{\frac{1}{4}(I_x-I_y)^2+I_xI_y\cos^2\delta}}\right]$$

$$=\arccos\left[\frac{\left(\frac{1}{5}-\frac{4}{5}\right)}{\sqrt{\frac{9}{25}+\frac{16}{25}\cos^2 30^\circ}}\right]=\arccos\left(-\frac{3}{\sqrt{21}}\right)=130.89^\circ$$

其中因 $I_2<0, I_3>0$，所以 $\tan\alpha<0, \cos\alpha<0$，故 α 应在第二象限取值. 因此，极大值的方位角(偏振光透光轴与 x 轴的夹角)为

$$\theta_{\max}=\frac{\alpha}{2}=65.45^\circ$$

极小值的方位角为

$$\theta_{\min}=\frac{\alpha}{2}+90^\circ=155.45^\circ$$

(2) 当入射光为左旋椭圆偏振光时，有

$$\delta=-\frac{\pi}{2}-\frac{\pi}{3}=-\frac{5}{6}\pi,\qquad I(30^\circ)=\frac{1}{20}I_0$$

可见，左旋椭圆偏振光入射时的 $I(30^\circ)=\frac{I_0}{20}$ 与右旋椭圆偏振光入射时的 $I(30^\circ)=\frac{13}{20}I_0$ 不同. 这是很合理的，因左旋椭圆偏振光入射时，$\delta=-\frac{5}{6}\pi$，从晶片透出的光是在第二象限和第四象限中的斜的椭圆偏振光. 而左旋椭圆偏振光入射时，转动偏振片，透过偏振片的光强最大值 $I_{\max}$ 和最小值 $I_{\min}$ 应与右旋椭圆偏振光入射时相同.

为求左旋椭圆偏振光入射时的 $\theta_{\max}$ 和 $\theta_{\min}$，仍用上题的公式. 但应注意，现在 $I_2<0, I_3<0$(因 $\cos\delta<0$)，故 $\tan\alpha>0, \cos\alpha<0$，所以 α 应在第三象限取值为

$$\alpha=180^\circ+\arccos\left(\frac{3}{\sqrt{21}}\right)=229.1^\circ$$

于是

$$\theta_{\max}=\frac{\alpha}{2}=114.6^\circ,\qquad \theta_{\min}=\frac{\alpha}{2}+90^\circ=204.6^\circ$$

2.225　偏振分束器可把入射的自然光分成两束传播方向互相垂直的线偏振光，其结构如题图 2.225(1)所示. 两个直角玻璃棱镜斜面对斜面合在一起，两斜面之间夹一多层膜，多层膜由高折射率和低折射率材料交替地组合而成. 设高折射率为 n_H，低折射率为 n_L，自然光以 45°的入射角入射到多层膜上.

(1) 为使反射光为线偏振光，玻璃棱镜的折射率 n 必须取特殊值，试导出 n 的公式；

(2) 试问为使透射光有最大的偏振度，高折射率层的厚度 t_H 和低折射率层的厚度 t_L 应怎样决定？试导出最小厚度的公式；

(3) 对于氩离子激光，$\lambda=514.5\text{nm}$，以硫化锌为高折射率层，其折射率 $n_H=2.38$，以冰晶石为低折射率层，其折射率 $n_L=1.25$. 试求 n 和 t_H、t_L 的最小值.

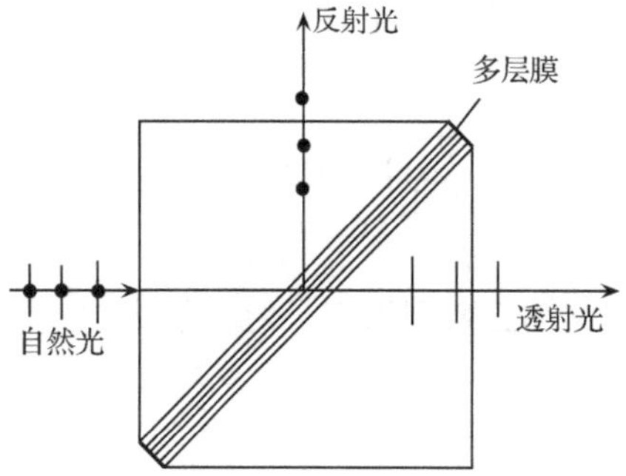

题图 2.225(1)

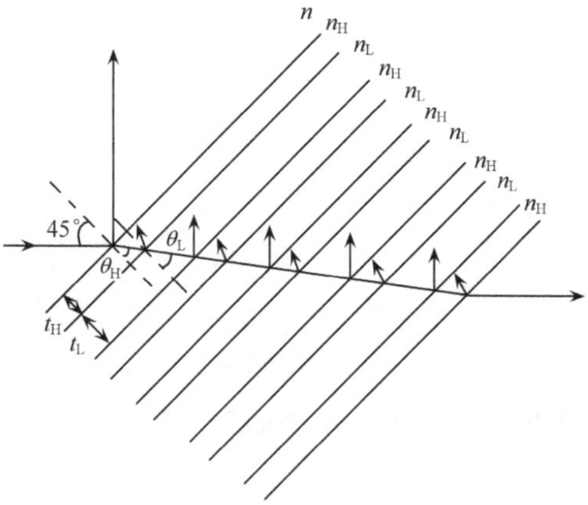

题图 2.225(2)

解　放大后的多层膜如题图 2.225(2)所示. 为使从多层膜各界面上反射的光为线偏振光，在多层膜内传播的光必须满足布儒斯特定律，再结合折射定律的连等式，可得出玻璃折射率 n 与 n_H 和 n_L 的关系.

必须注意，当多层膜中的光线符合布儒斯特定律时，在第一个界面上的入射角 45°不一定符合布儒斯特，因而第一条反射光不一定是线偏振光，但它在全部反射光中只占很小的能量，故可忽略.

为使透射光有最大的偏振度，在每层上反射的 S 分量(垂直分量)应满足干涉极大条件，由此可得出 t_H 和 t_L 的最小值.

(1) 如题图 2.225(2)，根据折射定律，有如下连等式：

$$n\sin 45^\circ = n_H\sin\theta_H = n_L\sin\theta_L \tag{1}$$

多层膜各界面上的反射光为线偏振光时，必须满足布儒斯特定律，即各界面上的反射角与折射角之和应等于 90°

$$\theta_H + \theta_L = 90^\circ$$

由以上两式得

$$n = \sqrt{2}n_H\sin\theta_H$$

或

$$n = \sqrt{2}n_H\cos\theta_L = \sqrt{2}n_L\sin\theta_L$$

解出

$$n^2 = \frac{2n_L^2 n_H^2}{n_L^2 + n_H^2}$$

故

$$n=\frac{\sqrt{2}n_{\mathrm{L}}n_{\mathrm{H}}}{\sqrt{n_{\mathrm{L}}^{2}+n_{\mathrm{H}}^{2}}} \tag{2}$$

(2)与玻片堆类似，各层的折射光中多少包括一部分 S 分量，为使 S 分量透射最少，就要求 S 分量反射为极大. 利用干涉原理，选择适当的 t_{H} 和 t_{L}，可使透射光中的 S 分量尽可能地少，从而提高透射光的偏振度. S 分量满足反射极大的条件为

$$\begin{cases}2n_{\mathrm{H}}t_{\mathrm{H}}\cos\theta_{\mathrm{H}}+\dfrac{\lambda}{2}=k_{1}\lambda\\2n_{\mathrm{L}}t_{\mathrm{L}}\cos\theta_{\mathrm{L}}-\dfrac{\lambda}{2}=k_{2}\lambda\end{cases}$$

厚度最小时

$$k_{1}=1,\qquad k_{2}=0$$

于是

$$\begin{cases}2n_{\mathrm{H}}t_{\mathrm{H}}\cos\theta_{\mathrm{H}}=\dfrac{\lambda}{2}\\2n_{\mathrm{L}}t_{\mathrm{L}}\cos\theta_{\mathrm{L}}=\dfrac{\lambda}{2}\end{cases}$$

得出

$$\begin{cases}t_{\mathrm{H}}=\dfrac{\lambda}{4n_{\mathrm{H}}\cos\theta_{\mathrm{H}}}\\t_{\mathrm{L}}=\dfrac{\lambda}{4n_{\mathrm{L}}\cos\theta_{\mathrm{L}}}\end{cases} \tag{3}$$

由式(1)

$$\begin{cases}\cos\theta_{\mathrm{H}}=\sqrt{1-\sin^{2}\theta_{\mathrm{H}}}=\sqrt{1-\dfrac{n^{2}}{2n_{\mathrm{H}}^{2}}}\\\cos\theta_{\mathrm{L}}=\sqrt{1-\sin^{2}\theta_{\mathrm{L}}}=\sqrt{1-\dfrac{n^{2}}{2n_{\mathrm{L}}^{2}}}\end{cases}$$

(3)把题目给定的数据代入式(2)、(3)得

$$n=1.57$$
$$t_{\mathrm{H}}=6.10\times10^{-8}\,\mathrm{m}$$
$$t_{\mathrm{L}}=2.24\times10^{-7}\,\mathrm{m}$$

2.226　介质 1 和介质 2 的折射率分别为 n_1 和 n_2，一线偏振光从介质 1 向两介质的界面入射，振动方向与入射面的夹角 α 称为振动方位角. 试求反射光和折射光的振动方位角.

解　反射和折射不仅涉及光传播方向的问题，还涉及能量分配以及偏振态和相位变化的问题. 反射定律和折射定律确定了反射光和折射光的传播方向，菲涅耳公式则揭示反射光、折射光的振幅及偏振态与入射光的关系. 求解本题的依据即在于此.

已知入射光为线偏振光，其振动方位角为 α，如题图 2.226 所示. 把入射振动分解为与入射面相垂直的 S 分量和在入射面内振动的 P 分量，它们分别为

$$E_{1S}=E_{0}\sin\alpha$$
$$E_{1P}=E_{0}\cos\alpha$$

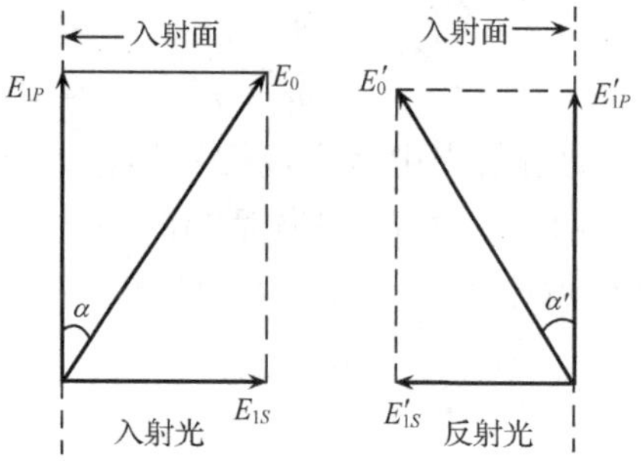

题图 2.226

式中 E_0 是入射光的振幅.根据菲涅耳公式,反射光的相应分量为

$$E_{1S}' = -\frac{\sin(\theta_1 - \theta_2)}{\sin(\theta_1 + \theta_2)} E_{1S}$$

$$E_{1P}' = \frac{\tan(\theta_1 - \theta_2)}{\tan(\theta_1 + \theta_2)} E_{1P}$$

式中 θ_1 为入射角,θ_2 为折射角.所以,反射光的振动方位角 α'满足

$$\tan\alpha' = \frac{|E_{1S}'|}{|E_{1P}'|} = \frac{\sin(\theta_1 - \theta_2)}{\sin(\theta_1 + \theta_2)} \cdot \frac{\tan(\theta_1 + \theta_2)}{\tan(\theta_1 - \theta_2)} \tan\alpha = \frac{\cos(\theta_1 - \theta_2)}{\cos(\theta_1 + \theta_2)} \tan\alpha$$

由折射定律

$$n_1 \sin\theta_1 = n_2 \sin\theta_2$$

代入 $\tan\alpha'$得

$$\tan\alpha' = \frac{\cos\theta_1 \sqrt{n_2^2 - n_1^2 \sin^2\theta_1} + n_1 \sin^2\theta_1}{\cos\theta_1 \sqrt{n_2^2 - n_1^2 \sin^2\theta_1} - n_1 \sin^2\theta_1} \tag{1}$$

必须注意,入射光的两个分量 E_{1S}和 E_{1P}是从同一振动分解出来的,有固定的相位关系.经反射后,每个分量的相位改变是 0 或 π,故 E_{1S}'和 E_{1P}'之间的相位差为 0 或 π,叠加后所得反射光仍为线偏振光.但在 $n_1 > n_2$,且入射角 θ_1 大于全反射临界角时,将发生全反射,此时两分量因反射而引起的相位改变不再是 0 或 π,而是取由入射角 θ_1 决定的某个值,叠加后所得反射光一般为椭圆偏振光,式(1)将失去意义.

对于折射光,由菲涅耳公式,其 S 分量和 P 分量为

$$E_{2S} = \frac{2\cos\theta_1 \sin\theta_2}{\sin(\theta_1 + \theta_2)} E_{1S}$$

$$E_{2P} = \frac{2\cos\theta_1 \sin\theta_2}{\sin(\theta_1 + \theta_2)\cos(\theta_1 - \theta_2)} E_{1P}$$

折射光的振动方位角 α_2 满足

$$\tan\alpha_2 = \frac{E_{2S}}{E_{2P}} = \cos(\theta_1 - \theta_2)\tan\alpha$$

2.227　一束自然光从空气入射到空气-玻璃界面,入射角 $\theta_1 = 30°$,玻璃折射率 $n=1.50$.试求反射光的偏振度.

解　上题入射光是线偏振光.本题入射光则是自然光,但同样可分为 P 分量和 S 分量且振幅相同,并由菲涅耳公式求出它们的振幅反射率.由于反射光的 S 分量和 P 分量振幅不等,所以是部分偏振光,其偏振度容易求出.

由折射定律,折射角为

$$\theta_2 = \arcsin\left(\frac{\sin\theta_1}{n}\right) = 19.47^\circ$$

由菲涅耳公式,S 分量和 P 分量的振幅反射率分别为

$$r_S = \frac{n_1\cos\theta_1 - n_2\cos\theta_2}{n_1\cos\theta_1 + n_2\cos\theta_2} = \frac{\cos\theta_1 - n\cos\theta_2}{\cos\theta_1 + n\cos\theta_2} = -0.240$$

$$r_P = \frac{n_2\cos\theta_1 - n_1\cos\theta_2}{n_2\cos\theta_1 + n_1\cos\theta_2} = \frac{n\cos\theta_1 - \cos\theta_2}{n\cos\theta_1 + \cos\theta_2} = 0.159$$

相应的光强反射率为

$$R_S = r_S^2 = 0.0576, \qquad R_P = r_P^2 = 0.0253$$

反射光中 S 分量和 P 分量的光强分别为

$$I_S = R_S I_{iS} = \frac{1}{2}R_S I_i, \qquad I_P = R_P I_{iP} = \frac{1}{2}R_P I_i$$

式中 I_{iS} 和 I_{iP} 是入射光 S 分量和 P 分量的光强,I_i 是入射光的总光强. 因入射光为自然光,故有 $I_{iS} = I_{iP} = \frac{1}{2}I_i$. 反射光是部分偏振光,其总光强 $I_{总}$ 可以看成是由非偏振成分的光强 $I_{非}$ 和偏振成分的光强 $I_{偏}$ 组合而成,因 S 分量和 P 分量是不相干的,故

$$I_{偏} = I_S - I_P = \frac{1}{2}I_i(R_S - R_P)$$

$$I_{总} = I_{偏} + I_{非} = I_S + I_P = \frac{1}{2}I_i(R_S + R_P)$$

由偏振度的定义,反射光的偏振度为

$$P = \frac{I_{偏}}{I_{偏} + I_{非}} = \frac{\frac{1}{2}I_i(R_S - R_P)}{\frac{1}{2}I_i(R_S + R_P)}$$

$$= \frac{0.0576 - 0.0253}{0.0576 + 0.0253} = 39\%$$

2.228 自然光从空气到玻璃($n=1.50$)以布儒斯特角入射.

(1) 试分别计算垂直分量(S 分量)和平行分量(P 分量)的振幅反射率 r,光强反射率 R 和能流反射率 $\overline{R}$;以及振幅透射率 t,光强透射率 T 和能流透射率 $\overline{T}$;

(2) 试求折射光的偏振度.

解 通常,自然光在介质界面上反射后,反射光为部分偏振光. 但当入射角满足

$$\theta_B = \arctan\frac{n_1}{n_0}$$

时,其中 n_0 和 n_1 分别为入射介质和折射介质的折射率,反射光为垂直于入射面振动的线偏振光,θ_B 称为布儒斯特角或起偏振角.

计算 S 分量和 P 分量的 $r, R, \overline{R}$ 以及 $t, T, \overline{T}$ 的依据是菲涅耳公式. 由于入射角为布儒斯特角,入射角与折射角之和为 $\frac{\pi}{2}$,光强是指平均能流密度即坡印亭矢量的时间平均

值，能流则等于光强与光束横截面积的乘积. 反射光与入射光在同一介质中，且光束横截面积相等；折射光与入射光在不同介质中，且光束横截面积不等，这是值得注意的.

（1）由菲涅耳公式，S 分量的振幅反射率 r_S 和振幅透射率 t_S 分别为

$$r_S=\frac{n_1\cos\theta_1-n_2\cos\theta_2}{n_1\cos\theta_1+n_2\cos\theta_2}=-\frac{\sin(\theta_1-\theta_2)}{\sin(\theta_1+\theta_2)}$$

$$t_S=\frac{2n_1\cos\theta_1}{n_1\cos\theta_1+n_2\cos\theta_2}=\frac{2\sin\theta_2\cos\theta_1}{\sin(\theta_1+\theta_2)}$$

P 分量的振幅反射率 r_P 和振幅透射率 t_P 分别为

$$r_P=\frac{n_2\cos\theta_1-n_1\cos\theta_2}{n_2\cos\theta_1+n_1\cos\theta_2}=\frac{\tan(\theta_1-\theta_2)}{\tan(\theta_1+\theta_2)}$$

$$t_P=\frac{2n_1\cos\theta_1}{n_2\cos\theta_1+n_1\cos\theta_2}=\frac{2\cos\theta_1\sin\theta_2}{\sin(\theta_1+\theta_2)\cos(\theta_1-\theta_2)}$$

式中 $n_1=1$，$n_2=n=1.50$，θ_1 为入射角，θ_2 为折射角. 因入射角为布儒斯特角，故有

$$\theta_1=\theta_B=\arctan n=\arctan 1.50=56.3^\circ$$

又

$$\theta_1+\theta_2=\frac{\pi}{2}$$

代入 r_S 和 r_P 公式，得

$$r_S=-\frac{\sin(56.3^\circ-33.7^\circ)}{\sin(56.3^\circ+33.7^\circ)}=-0.384$$

$$r_P=0$$

反射光与入射光在同一介质中，且横截面积相同，故 S 分量和 P 分量的光强反射率 R_S 和 R_P 以及能流反射率 $\bar{R}_S$ 和 $\bar{R}_P$ 分别为

$$R_S=|r_S|^2=0.148,\qquad R_P=0$$

$$\bar{R}_S=|r_S|^2=0.148,\qquad \bar{R}_P=0$$

对于折射光，把 θ_1 和 θ_2 代入 t_S 和 t_P 得

$$t_S=\frac{2\sin\theta_2\cos\theta_1}{\sin(\theta_1+\theta_2)}=\frac{2\sin 33.7^\circ\cos 56.3^\circ}{\sin\frac{\pi}{2}}=0.616$$

$$t_P=\frac{2\cos\theta_1\sin\theta_2}{\sin(\theta_1+\theta_2)\cos(\theta_1-\theta_2)}=\frac{2\cos 56.3^\circ\sin 33.7^\circ}{\cos(56.3^\circ-33.7^\circ)}=0.667$$

因折射光与入射光在不同介质中，光束横截面积也不同，故光强透射率和能流透射率并不简单地等于振幅透射率的平方. 所谓光强是指平均能流密度即坡印亭矢量的时间平均值，为

$$\bar{S}=\frac{1}{2}\sqrt{\frac{\varepsilon_0\varepsilon_r}{\mu_0\mu_r}}E^2$$

式中 E 为电矢量的振幅. 因 $\mu_r\approx1$，真空中光速 $c=\frac{1}{\sqrt{\varepsilon_0\mu_0}}$，折射率 $n=\sqrt{\varepsilon_r\mu_r}\approx\sqrt{\varepsilon_r}$，上式可写为

$$\overline{S}=\frac{1}{2c\mu_0}nE^2$$

所以光强与 nE^2 成正比,光强透射率为

$$T=\frac{\overline{S}_2}{\overline{S}_1}=\frac{n_2}{n_1}t^2$$

S 分量和 P 分量的光强透射率分别为

$$T_S=\frac{n_2}{n_1}t_S^2=nt_S^2=0.569$$

$$T_P=\frac{n_2}{n_1}t_P^2=nt_P^2=0.667$$

能流等于光强与光束横截面积的乘积,而折射光束与入射光束横截面积的比值为$\frac{\cos\theta_2}{\cos\theta_1}$,故能流透射率为

$$\overline{T}=\frac{\overline{S}_2\cos\theta_2}{\overline{S}_1\cos\theta_1}=\frac{n_2\cos\theta_2}{n_1\cos\theta_1}t^2=\frac{\cos\theta_2}{\cos\theta_1}T$$

代入数据,S 分量和 P 分量的能流透射率分别为

$$\overline{T}_S=\frac{\cos\theta_2}{\cos\theta_1}T_S=0.853$$

$$\overline{T}_P=\frac{\cos\theta_2}{\cos\theta_1}T_P=1$$

P 分量的能流透射率 $\overline{T}_P=1$ 是预料之中的,因为入射光以布儒斯特角入射($\theta_1=\theta_B$)时,反射光中不包含 P 分量成分,入射的 P 分量的能量全部透射.

(2) 折射光为部分偏振光,由偏振度定义,其偏振度为

$$P=\frac{T_P-T_S}{T_P+T_S}=\frac{\overline{T}_P-\overline{T}_S}{\overline{T}_P+\overline{T}_S}=\frac{1-0.853}{1+0.853}=0.079$$

2.229 玻片堆玻璃板的折射率 $n=1.54$,放置在空气中,自然光以布儒斯特角入射.

(1) 试求通过第一、二、四块玻璃板后的偏振度;

(2) 为了使得从玻片堆射出的偏振光达到 99%的偏振度,试问至少需要多少块玻璃板? 不考虑由吸收和散射等原因引起的光能损失,也不考虑多次反射.

解 设入射自然光的强度为 $2I_0$,则入射光中 S 分量和 P 分量的强度各为 I_0. 因入射角为布儒斯特角,P 分量完全不能反射,故通过各板后的偏振光中 P 分量的强度始终为 I_0. 利用反射和折射时的菲涅耳公式,可求得通过各板后 S 分量的强度. 再按偏振度的定义求偏振度.

(1) 入射光以布儒斯特角入射,故入射角为

$$\theta_1=\arctan n=\arctan 1.54=57^\circ$$

由折射定律,玻璃板中的折射角为

$$\theta_2=\arcsin\left(\frac{\sin 57^\circ}{1.54}\right)=33^\circ$$

由菲涅耳公式,S 分量通过一个界面的振幅透射率为

$$t_S = \frac{2\sin\theta_2\cos\theta_1}{\sin(\theta_1+\theta_2)}$$

对每个界面,入射角均为布儒斯特角,故有

$$\theta_1+\theta_2=90^\circ$$

代入

$$t_S = 2\sin\theta_2\cos\theta_1$$

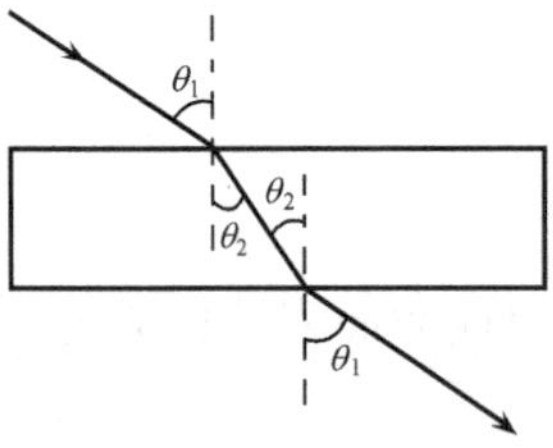

题图 2.229

式中 θ_1 和 θ_2 如题图 2.229 所示. 把上述一般公式应用到第一块玻璃板的上、下两个界面,振幅透射率分别为

$$t_S^{(1)} = 2\sin\theta_2\cos\theta_1$$

$$t_S^{(2)} = 2\sin\theta_1\cos\theta_2$$

故通过第一块板的总振幅透射率为

$$(t_S)_1 = t_S^{(1)}t_S^{(2)} = 4\sin\theta_2\cos\theta_1\sin\theta_1\cos\theta_2 = 0.8346$$

同理,两块板的总振幅透射率为

$$(t_S)_2 = (t_S)_1^2 = (4\sin\theta_2\cos\theta_1\sin\theta_1\cos\theta_2)^2 = 0.6965$$

四块板的总振幅透射率为

$$(t_S)_4 = (t_S)_1^4 = (4\sin\theta_2\cos\theta_1\sin\theta_1\cos\theta_2)^4 = 0.4852$$

通过第一、二、四块板后,S 分量的光强依次为

$$(I_S)_1 = (t_S)_1^2 I_0 = 0.6965I_0$$

$$(I_S)_2 = (t_S)_2^2 I_0 = 0.4852I_0$$

$$(I_S)_4 = (t_S)_4^2 I_0 = 0.2354I_0$$

前已指出,通过任何板后 P 分量的强度始终保持为 I_0,按偏振度的定义,通过第一、二、四块板后的偏振度依次为

$$P_1 = \frac{I_0-0.6965I_0}{I_0+0.6965I_0} = \frac{1-0.6965}{1+0.6965} = 17.9\%$$

$$P_2 = \frac{1-0.4852}{1+0.4852} = 34.7\%$$

$$P_4 = \frac{1-0.2354}{1+0.2354} = 61.9\%$$

(2) 由前,S 分量通过 N 块板的总振幅透射率为

$$(t_S)_N = (t_S)_1^N = (4\sin\theta_2\cos\theta_1\sin\theta_1\cos\theta_2)^N = (0.8346)^N$$

S 分量的相应强度为

$$(I_S)_N = (t_S)_1^{2N} I_0 = (0.8346)^{2N} I_0$$

P 分量的强度仍为 I_0,故通过 N 块板后的偏振度为

$$P_N = \frac{1-(0.8346)^{2N}}{1+(0.8346)^{2N}}$$

即

$$(0.8346)^{2N} = \frac{1-P_N}{1+P_N}$$

两边取对数,得

$$2N\ln(0.8346)=\ln\frac{1-P_N}{1+P_N}$$

即

$$N=\frac{\ln\dfrac{1-P_N}{1+P_N}}{2\ln(0.8346)}$$

要求

$$P_N=0.99$$

代入得

$$N=\frac{\ln\dfrac{0.01}{1.99}}{2\ln(0.8346)}=14.6$$

故至少需要15块板，才能使从玻片堆射出的偏振光达到99%的偏振度.

2.230　线偏振光向电介质的界面入射. 试证明，在全反射条件下，反射光一般为椭圆偏振光.

解　在全反射条件下，折射角不再具有实数值而是虚数. 代入菲涅耳公式算出的 S 分量和 P 分量的振幅反射率都是复数，其模等于1，表明能量全部反射；其幅角不为零且不等，表明反射前后，S 分量和 P 分量的相位均有所改变，且反射光中 S 分量和 P 分量之间有一定相位差（入射光为线偏振光，其 S 分量和 P 分量的相位应相同），合成椭圆偏振光.

设电介质1，2的折射率为 n_1，n_2（$n_1>n_2$），入射角 θ_1 大于全反射的临界角，即

$$\sin\theta_1>\frac{n_2}{n_1}=n$$

由菲涅耳公式，反射光中 S 分量和 P 分量与入射光中相应分量的振幅比为

$$\frac{E'_{S1}}{E_{S1}}=\frac{n_1\cos\theta_1-n_2\cos\theta_2}{n_1\cos\theta_1+n_2\cos\theta_2}=\frac{\cos\theta_1-n\cos\theta_2}{\cos\theta_1+n\cos\theta_2}$$

$$\frac{E'_{P1}}{E_{P1}}=\frac{n_2\cos\theta_1-n_1\cos\theta_2}{n_2\cos\theta_1+n_1\cos\theta_2}=\frac{n\cos\theta_1-\cos\theta_2}{n\cos\theta_1+\cos\theta_2}$$

式中 θ_2 为折射角，在全反射条件下，$\cos\theta_2$ 为虚数，有

$$\cos\theta_2=\sqrt{1-\sin^2\theta_2}=\sqrt{1-\frac{n_1^2}{n_2^2}\sin^2\theta_1}$$

$$=\sqrt{1-\frac{1}{n^2}\sin^2\theta_1}=\frac{\mathrm{i}}{n}\sqrt{\sin^2\theta_1-n^2}$$

代入菲涅耳公式得

$$\frac{E'_{S1}}{E_{S1}}=\frac{\cos\theta_1-\mathrm{i}\sqrt{\sin^2\theta_1-n^2}}{\cos\theta_1+\mathrm{i}\sqrt{\sin^2\theta_1-n^2}}$$

$$\frac{E'_{P1}}{E_{S1}}=\frac{n^2\cos\theta_1-\mathrm{i}\sqrt{\sin^2\theta_1-n^2}}{n^2\cos\theta_1+\mathrm{i}\sqrt{\sin^2\theta_1-n^2}}$$

令

$$\widetilde{Z}_S = \cos\theta_1 + \mathrm{i}\sqrt{\sin^2\theta_1 - n^2}$$

$$\widetilde{Z}_P = n^2\cos\theta_1 + \mathrm{i}\sqrt{\sin^2\theta_1 - n^2}$$

或写成

$$\widetilde{Z}_S = |\widetilde{Z}_S| \mathrm{e}^{\mathrm{i}\varphi_S}, \qquad \varphi_S = \arctan\frac{\sqrt{\sin^2\theta_1 - n^2}}{\cos\theta_1}$$

$$\widetilde{Z}_P = |\widetilde{Z}_P| \mathrm{e}^{\mathrm{i}\varphi_P}, \qquad \varphi_P = \arctan\frac{\sqrt{\sin^2\theta_1 - n^2}}{n^2\cos\theta_1}$$

则菲涅耳公式可写成

$$\frac{E'_{S1}}{E_{S1}} = \frac{\widetilde{Z}_S^*}{\widetilde{Z}_S} = \frac{|\widetilde{Z}_S^*| \mathrm{e}^{-\mathrm{i}\varphi_S}}{|\widetilde{Z}_S| \mathrm{e}^{\mathrm{i}\varphi_S}} = \mathrm{e}^{\mathrm{i}2\varphi_S}$$

$$\frac{E'_{P1}}{E_{P1}} = \frac{\widetilde{Z}_P^*}{\widetilde{Z}_P} = \frac{|\widetilde{Z}_P^*| \mathrm{e}^{-\mathrm{i}\varphi_P}}{|\widetilde{Z}_P| \mathrm{e}^{\mathrm{i}\varphi_P}} = \mathrm{e}^{\mathrm{i}2\varphi_P}$$

上式表明，在全反射条件下，S 分量和 P 分量的振幅反射率$\frac{E'_{S1}}{E_{S1}}$和$\frac{E'_{P1}}{E_{P1}}$都是复数. 其模都等于 1，表明反射光 S 分量和 P 分量的振幅都与入射光相应分量相同，即能量全部反射. 其幅角分别为$-2\varphi_S$ 和$-2\varphi_P$，表明反射前后 S 分量和 P 分量的相位有了不同的变化. 因入射光 S 分量和 P 分量同相位，故反射光中 S 分量和 P 分量的相位差 δ 为

$$\delta = 2(\varphi_P - \varphi_S) = 2\left(\arctan\frac{\sqrt{\sin^2\theta_1 - n^2}}{n^2\cos\theta_1} - \arctan\frac{\sqrt{\sin^2\theta_1 - n^2}}{\cos\theta_1}\right)$$

$$= 2\arctan\left[\frac{\frac{\sqrt{\sin^2\theta_1 - n^2}}{\cos\theta_1}\left(\frac{1}{n^2} - 1\right)}{1 + \frac{\sin^2\theta_1 - n^2}{n^2\cos^2\theta_1}}\right] = 2\arctan\left[\frac{\cos\theta_1\sqrt{\sin^2\theta_1 - n^2}}{\sin^2\theta_1}\right]$$

式中 $n = \frac{n_2}{n_1} < 1$，光从折射率 n_1 的介质射向折射率 n_2 的介质. 上式表明，只要入射的线偏振光的方位角 $\alpha \neq 0$ 或$\frac{\pi}{2}$，即只要入射线偏振光的 S 分量和 P 分量均不为零，则因反射光的 S 分量和 P 分量之间有相位差 δ，故合成的反射光一般为椭圆偏振光.

2.231　界面两侧的折射率分别为 n_1 和 n_2. 光从折射率为 n_1 的第一介质以入射角 θ_1 入射，经界面反射. 定义 S 分量和 P 分量的振幅反射率之比为

$$G = \frac{r_P}{r_S}$$

试证明，第二介质的折射率为

$$n_2 = n_1\sin\theta_1\left[1 + \left(\frac{1-G}{1+G}\right)^2\tan\theta_1\right]^{\frac{1}{2}}$$

本题的结果提供了由已知的 n_1，θ_1 以及测定的 G 来求 n_2 的方法. 这种方法适用于包括金属在内的各种介质.

解 由菲涅耳公式，S 分量和 P 分量的振幅反射率分别为

$$r_S=\frac{n_1\cos\theta_1-n_2\cos\theta_2}{n_1\cos\theta_1+n_2\cos\theta_2},\qquad r_P=\frac{n_2\cos\theta_1-n_1\cos\theta_2}{n_2\cos\theta_1+n_1\cos\theta_2}$$

两者之比为

$$G=\frac{r_P}{r_S}=\frac{(n_2\cos\theta_1-n_1\cos\theta_2)(n_1\cos\theta_1+n_2\cos\theta_2)}{(n_2\cos\theta_1+n_1\cos\theta_2)(n_1\cos\theta_1-n_2\cos\theta_2)}$$

即

$$n_2^2\cos\theta_1\cos\theta_2+n_1n_2(\cos^2\theta_1-\cos^2\theta_2)\left(\frac{1-G}{1+G}\right)-n_1^2\cos\theta_1\cos\theta_2=0 \tag{1}$$

由折射定律有

$$\cos\theta_2=\frac{1}{n_2}\sqrt{n_2^2-n_1^2\sin^2\theta_1}$$

代入式(1)得

$$(n_2^2-n_1^2)\cos\theta_1\sqrt{n_2^2-n_1^2\sin^2\theta_1}+n_1(n_1^2-n_2^2)\sin^2\theta_1\left(\frac{1-G}{1+G}\right)=0$$

即

$$\sqrt{n_2^2-n_1^2\sin^2\theta_1}=n_1\sin\theta_1\left(\frac{1-G}{1+G}\right)\tan\theta_1$$

所以

$$n_2=n_1\sin\theta_1\left[1+\left(\frac{1-G}{1+G}\right)^2\tan^2\theta_1\right]^{\frac{1}{2}}$$

已知 n_1 和 θ_1，测出两分量反射率之比 G，即可由上式算出第二介质的折射率 n_2. 这是求 n_2 的一种方法. 这种方法也适用于金属介质，对于金属，G 是一个复数，可由此求出金属的复折射率.

2.232 试问用两个透光轴未知的偏振片及一个快轴方向已知的$\frac{1}{4}$波片，怎样确定另一个$\frac{1}{4}$波片的快轴和慢轴.

解 (1) 先使两偏振片处在消光位置，这时两偏振片的透光轴 N_1 和 N_2 的方向相互垂直.

(2) 保持两偏振片的相对位置不变，在两偏振片之间插入快轴方向 O_1 已知的$\frac{1}{4}$波片.(对于波长为 λ 的单色光，能使 o 光和 e 光产生$\frac{\lambda}{4}$的光程差的晶片叫作该单色光的$\frac{1}{4}$波片. 光程差的产生是由于 o 光和 e 光在晶片中的传播速度不同即相应的折射率不同，传播较快的那种振动的方向就是波片的快轴，与之垂直的是慢轴.)从偏振片(起偏器)射出的是沿 N_1 方向振动的线偏振光，当 N_1 与$\frac{1}{4}$波片快轴方向的夹角不等于 0 或$\frac{\pi}{2}$时，经$\frac{1}{4}$波片射出的一般是椭圆偏振光，再经第二个偏振片(检偏器)射出的是沿 N_2 方向振动的线偏振光，不消光. 仅当 N_1 与快轴垂直或平行时，透过$\frac{1}{4}$波片的仍是沿 N_1 振动的线偏振光，它经检偏器后消光. 因此，把$\frac{1}{4}$波片放在两偏振片之间，转动$\frac{1}{4}$波片，使重新达到消光，

此时$\frac{1}{4}$波片的快轴与 N_1 平行或垂直.

(3) 再插入待检的$\frac{1}{4}$波片，旋转至重新消光(两偏振片及上述已知快轴方向的$\frac{1}{4}$波片保持原先的位置不动). 此时，两$\frac{1}{4}$波片必定是快轴与快轴相重合，或者是快轴与慢轴相重合. 前者构成$\frac{1}{2}$波片，后者构成零波片. 只需判断属于哪种情形，就可由已知$\frac{1}{4}$波片的快轴方向确定未知$\frac{1}{4}$波片的快、慢轴方向.

(4) 为此，将起偏器的透光轴 N_1 顺时针旋转 45°角，若两$\frac{1}{4}$波片构成零波片，则从起偏器 N_1 射出的线偏振光经零波片后是振动方向不变的线偏振光(即沿 N_1 方向振动)，将检偏器的透光轴 N_2 也顺时针转 45°角后，可重新消光，如题图 2.232(1)所示. 图中 O_1 和 O_2 表示两$\frac{1}{4}$波片的快轴方向相互垂直，(N_1)和(N_2)是起偏器和检偏器原先的透光方向，N_1 和 N_2 则是分别顺时针旋转 45°后的透光轴方向.

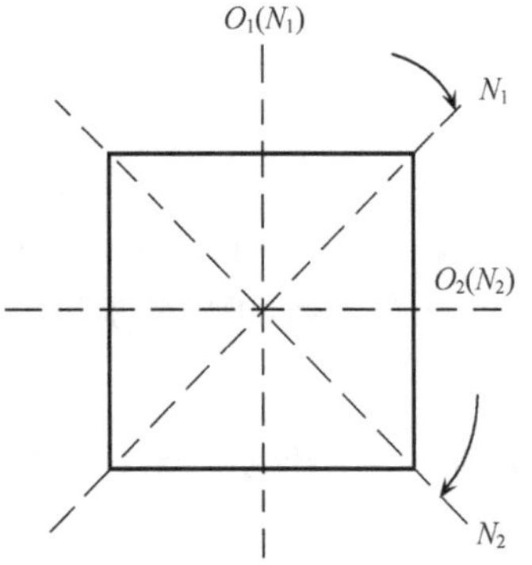

题图 2.232(1)

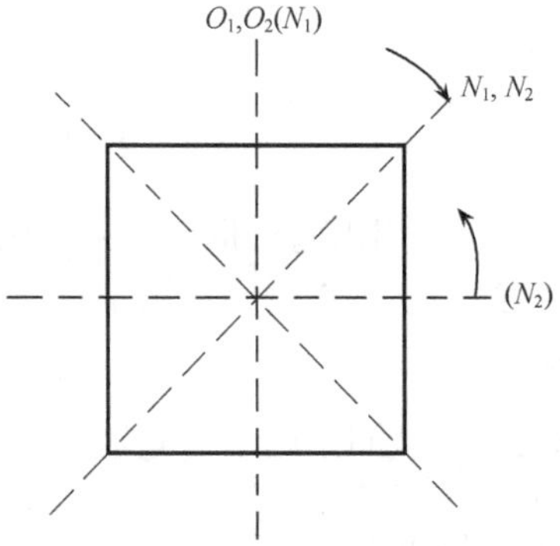

题图 2.232(2)

若两个$\frac{1}{4}$波片构成了$\frac{1}{2}$波片，如题图 2.232(2)所示，则从起偏器 N_1 射出的线偏振光经两个$\frac{1}{4}$波片构成的$\frac{1}{2}$波片，其振动方向要转过 90°角，故检偏器的透光轴 N_2 需逆时针旋转 45°角才能达到消光. 题图 2.232(2)中的 O_1 和 O_2 是两个$\frac{1}{4}$波片的快轴方向，两者重合. (N_1)和(N_2)是起偏器和检偏器原先的透光轴方向，N_1 是起偏器顺时针旋转 45°后的透光轴方向，N_2 是检偏器逆时针旋转 45°后的透光轴方向.

由此，待测的$\frac{1}{4}$波片的快轴或慢轴方向可以确定.

2.233 已知入射光为单色右旋圆偏振光. 试利用一透光轴已知的偏振片确定由方解石制成的$\frac{1}{4}$波片的光轴方向.

解 方解石波片的光轴方向即快轴方向. 若取方解石制成的$\frac{1}{4}$波片的快轴为 y 轴，慢轴为 x 轴，则入射的右旋圆偏振光可分解为 x 和 y 两个分量. y 分量比 x 分量超前$\frac{\pi}{2}$，经$\frac{1}{4}$波片后，y 分量又比 x 分量超前$\frac{\pi}{2}$，总的相位差为 π，故入射的右旋圆偏振光经$\frac{1}{4}$波片后射出的是在题图 2.233 中第二象限和第四象限振动的线偏振光.

(1) 令入射右旋圆偏振光先经$\frac{1}{4}$波片，再经偏振片.

(2) 旋转偏振片，当偏振片的透光轴 N 与经$\frac{1}{4}$波片射出的线偏振光的振动方向垂直时，就达到消光.

(3) 达到消光时，偏振片透光轴 N 的位置如题图 2.233 所示，把 N 逆时针转 45°角，即得方解石波片的光轴方向(亦即图中 y 轴的方向).

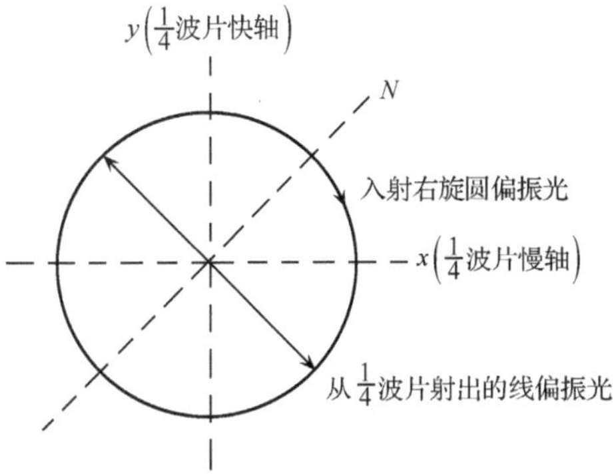

题图 2.233

2.234 通过尼科耳棱镜观察部分偏振光. 当尼科耳棱镜从光强为极大的位置转过 60°角时，光强减为一半. 试求入射的单色部分偏振光的偏振度.

解 由于入射光是部分偏振光，旋转尼科耳棱镜时，可以观察到最大光强和最小光强，相应的尼科耳棱镜的主截面 N 应处在两个互相垂直的位置上，如题图 2.234 所示. 最大光强和最小光强分别表示为 $I_{\max}$ 和 $I_{\min}$.

当 N 从最大光强的位置转过任意 α 角时，在该位置观察到的光强为

$$I(\alpha) = I_{\max}\cos^2\alpha + I_{\min}\sin^2\alpha$$

由题设，当 $\alpha=60°$时有

$$I(\alpha = 60°) = \frac{1}{4}I_{\max} + \frac{3}{4}I_{\min} = \frac{1}{2}I_{\max}$$

故

$$I_{\max} = 3I_{\min}$$

由偏振度的定义，入射部分偏振光的偏振度为

$$P = \frac{I_{\max} - I_{\min}}{I_{\max} + I_{\min}} = \frac{1}{2} = 50\%$$

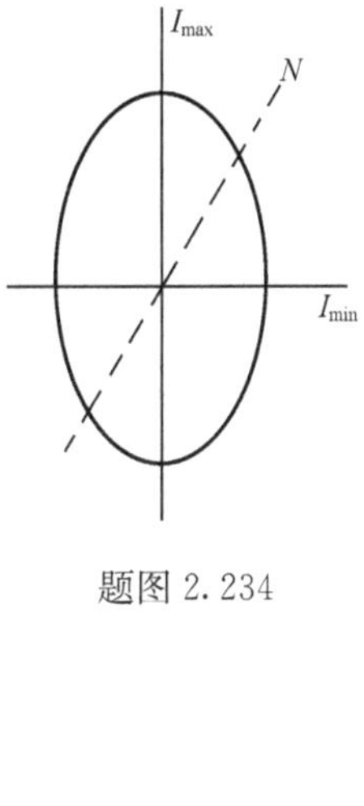

题图 2.234

2.235 已知水晶对钠黄光的旋光率 $\alpha=21.75°/\text{mm}$，求左右旋圆偏振光折射率之差 Δn.

解 由旋光率 α 与折射率差 Δn 之关系

$$\alpha=\frac{\pi}{\lambda}\Delta n$$

得

$$\Delta n=\frac{\lambda\alpha}{\pi}=(5893\times10^{-7})\times\frac{21.75}{180}\approx7.121\times10^{-5}$$

2.236 对 $\lambda=5893\text{Å}$ 的钠黄光，石英旋光率 $\alpha=21.7°/\text{mm}$. 若将一石英片垂直于其光轴切开，置于两平行的偏振片之间. 问使透射光强最小，石英片的最小厚度.

解

$$\varphi=\alpha d$$

当 $\varphi=(2k+1)\frac{\pi}{2}$，光矢量将旋转 90°，而无法透过 P_2. 取 $k=0$. 故

$$d=\frac{\varphi}{\alpha}=\frac{90°}{21.7°}=4.15\text{mm}$$

2.237 垂直于光轴切出厚度为 1.0mm 的石英片，放在两平行的尼科耳棱镜之间，它对某一波长光的偏振面旋转了 20°. 试问石英片应多厚，才使该系统的波长的光完全消失？

解 $P_1 /\!/ P_2$. 所以须使光的偏振面旋转 90°才能消光.

$$\varphi_1=\alpha d_1$$

$$\varphi_2=\alpha d_2$$

$$\varphi_1/\varphi_2=d_1/d_2$$

$$d_2=d_1\varphi_2/\varphi_1=1\times90/20=4.5(\text{mm})$$

2.238 钠光以最小偏向角条件射入顶角为 60°的石英晶体棱镜，棱镜中光轴与底平行. 求出射的左、右旋偏振光之间的夹角. 已知石英对钠黄光折射率 $n=1.544$，对左旋、右旋圆偏光折射率之差

$$\Delta n=n_L-n_R=7.121\times10^{-5}$$

解 如题图 2.238，所谓以"最小偏向角入射"意即选取合适的入射角，使光线经第一折射面后平行棱镜的底边. 本题棱镜底边平行光轴，故光线在水晶棱镜内部沿光轴传播，它将被分解为左旋光和右旋光，折射率分别为 n_L 和 n_R，它们经第二折射面后就有不同的偏向角 δ_L 和 δ_R. 考虑到在第二个折射面 R 光和 L 光的入射角近似于 90°−60°=30°，应用折射定律有

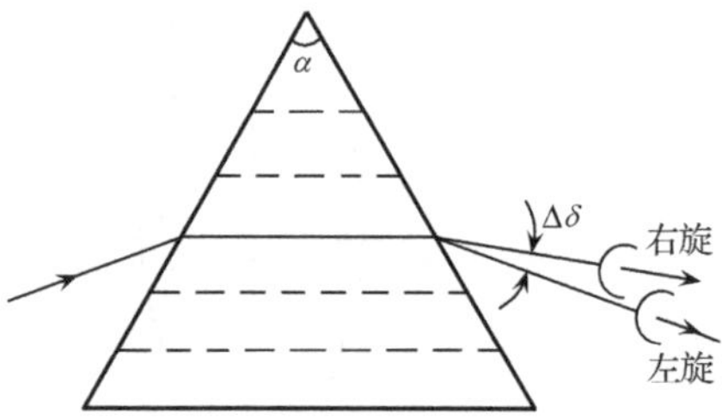

右旋石英 $n_R<n_L$

题图 2.238

$$n_R\sin30°=\sin i_R$$

$$n_L\sin30°=\sin i_L$$

有

$$\sin i_L-\sin i_R=\frac{1}{2}(n_L-n_R)$$

$$2\sin\left(\frac{i_L - i_R}{2}\right)\cos\left(\frac{i_L + i_R}{2}\right) = \frac{1}{2}\Delta n$$

其中

$$\sin\left(\frac{i_L - i_R}{2}\right) \approx \frac{1}{2}(i_L - i_R) = \frac{1}{2}\Delta\delta$$

$$\cos\left(\frac{i_L + i_R}{2}\right) \approx \cos i = \sqrt{1-\sin^2 i} = \sqrt{1-(n\sin 30^\circ)}$$

$$= \sqrt{1-(1.544\times 0.5)^2} \approx 0.6356$$

$\Delta n \approx 7.121\times 10^{-5}$，最后得到出射的两束左右旋圆偏振光传播方向之间的夹角为

$$\Delta\delta \approx \frac{\Delta n}{\cos i} \approx 11.2\times 10^{-5}\,\text{rad}$$

2.239 纯蔗糖溶液的旋光率 $\alpha=6.65^\circ/(\text{cm}\cdot\text{g/cm}^3)$，今有纯度未知蔗糖溶液，浓度 $c=20\%$，即每百立方厘米溶液中有 20g 蔗糖. 如线偏光经过厚度 $d=20\text{cm}$ 的溶液，偏振面旋转了 25°，求这种蔗糖的纯度，即纯蔗糖占的百分比.

解 偏振面转角 φ 与溶液浓度 c、旋光率 α 和厚度 d 关系为

$$\varphi = \alpha c d$$

代入 $\alpha=6.65^\circ/(\text{cm}\cdot\text{g/cm}^3)$ 和 $d=20\text{cm}$，得到对应于偏转角 $\varphi=25^\circ$ 的纯蔗糖浓度为 $c=0.188\text{g/cm}^3$. 现未知纯度的溶液浓度为 20%，即 $c'=0.2\text{g/cm}^3$，得纯度

$$x = \frac{c}{c'} = \frac{0.188}{0.20} = 94\%$$

2.240 如题图 2.240(1)所示，两束同频率的平行光与 z 轴的夹角为 θ_1 和 θ_2，它们分别为左旋圆偏振光和右旋圆偏振光，光强分别为 I_1 和 I_2，同时沿 yz 平面入射到位于 xy 平面的屏幕上. 试求屏幕上的干涉强度分布和反衬度.

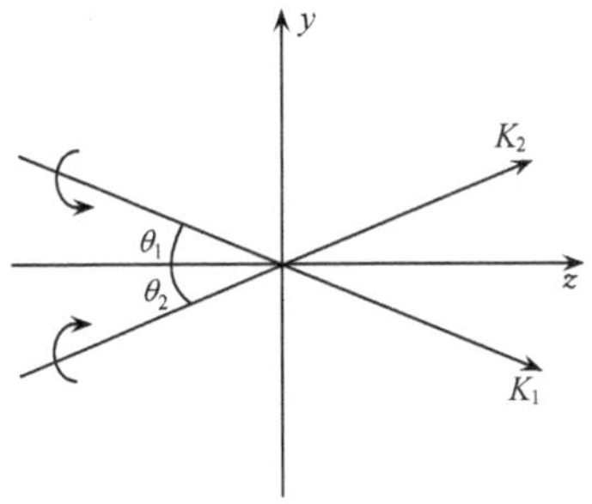

题图 2.240(1)

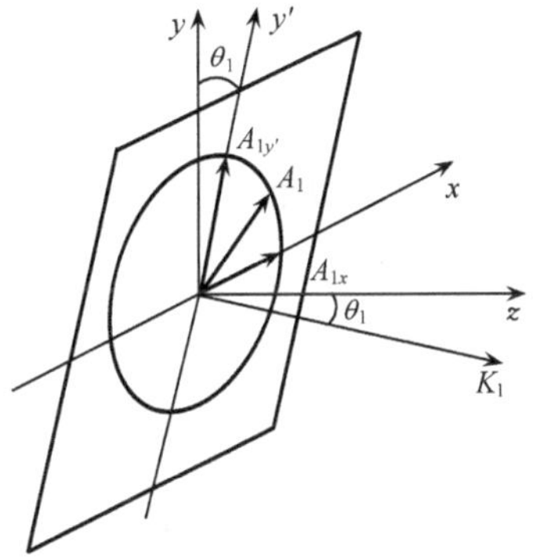

题图 2.240(2)

解 如题图 2.240(2)所示，设入射左旋圆偏振光的旋转电矢量为 $\boldsymbol{A}_1$，其传播方向 K_1 与 z 轴的夹角为 θ_1. 在垂直于 K_1 的平面内取直角坐标(x, y')，$\boldsymbol{A}_1$ 在该平面内作圆运动，圆运动可分解为沿 x 和 y' 方向的两个垂直振动，它们的振幅分别为 A_{1x} 和 $A_{1y'}$，其大小为

$$A_{1x} = A_{1y'} = A_1$$

两垂直振动之间的相位差为

$$\varphi_{1y'} - \varphi_{1x} = -\frac{\pi}{2}$$

圆偏振光的强度为

$$I_1 = A_{1x}^2 + A_{1y'}^2 = 2A_1^2$$

把振幅 $A_{1y'}$ 分解成 A_{1y} 和 A_{1z} 两分量

$$A_{1y} = A_{y'}\cos\theta_1 = A_1\cos\theta_1$$

$$A_{1z} = A_{y'}\sin\theta_1 = A_1\sin\theta_1$$

由于 A_{1y} 只是 $A_{1y'}$ 的投影关系，所以 A_{1x} 与 $A_{1y'}$ 之间的相位关系即为 A_{1y} 与 A_{1x} 的相位关系，即

$$\varphi_{1y} - \varphi_{1x} = -\frac{\pi}{2} \tag{1}$$

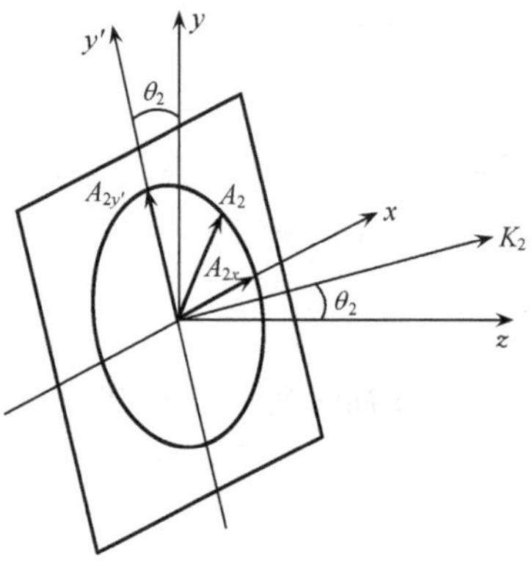

题图 2.240(3)

总之，入射的左旋圆偏振光在屏幕上可以分解成沿 x,y,z 轴的三个垂直振动，它们的振幅分别为 A_{1x},A_{1y},A_{1z}，y 振动与 x 振动之间的相位差由式(1)给定.

同理，如题图 2.240(3)所示，沿 K_2 方向传播的右旋圆偏振光也可在屏幕上分解为沿 x,y,z 轴的三个垂直振动，它们的振幅分别为

$$A_{2x} = A_2$$

$$A_{2y} = A_{2y'}\cos\theta_2 = A_2\cos\theta_2$$

$$A_{2z} = -A_{2y'}\sin\theta_2 = -A_2\sin\theta_2$$

y 振动与 x 振动之间的相位差为

$$\varphi_{2y} - \varphi_{2x} = \frac{\pi}{2} \tag{2}$$

入射的右旋圆偏振光的强度为

$$I_2 = A_{2x}^2 + A_{2y'}^2 = 2A_2^2$$

在屏幕上任取一点 P，两光束在该点的对应分量之间将产生相干叠加，可分别求出三分量的相干强度 I_x,I_y,I_z，于是总强度为

$$I = I_x + I_y + I_z$$

根据上述分析，每束入射光均可分解为三个垂直振动，它们的振幅为

$$\begin{cases} A_{1x} = A_1 \\ A_{1y} = A_1\cos\theta_1 \\ A_{1z} = A_1\sin\theta_1 \end{cases} \tag{3}$$

$$\begin{cases} A_{2x} = A_2 \\ A_{2y} = A_2\cos\theta_2 \\ A_{2z} = -A_2\sin\theta_2 \end{cases} \tag{4}$$

两束光在 P 点叠加时，对应分量进行相干叠加，每种分量的相位差由初相位之差和光程差 Δ 决定，与 Δ 相应的相位差 δ 为

$$\delta = \frac{2\pi}{\lambda}\Delta$$

δ 和 Δ 只与 P 点的 y 坐标有关，且对三种分量均有相同值. 设 x 分量的相位差为 δ_x，则

$$\delta_x = (\varphi_{2x} - \varphi_{1x}) + \delta$$

式中 φ_{1x} 和 φ_{2x} 为两个 x 振动的初相位. y 分量的相位差为

$$\delta_y = (\varphi_{2y} - \varphi_{1y}) + \delta = (\varphi_{2y} - \varphi_{2x}) - (\varphi_{1y} - \varphi_{1x}) + (\varphi_{2x} - \varphi_{1x}) + \delta$$

把式(1)、(2)代入，得

$$\delta_y = (\varphi_{2x} - \varphi_{1x}) + \delta + \pi = \delta_x + \pi$$

由式(3)、(4)，z 分量的振幅反号，这是由投影引起的，说明两个 z 振动之间存在 π 的附加相位差，若以 δ_x 为基准，则有

$$\delta_z = \delta_x + \pi$$

总之，对应分量之间的相位差若以 x 振动为基准，则 y 分量的振动之间存在由圆偏振光本身引进的附加相位差，而 z 分量之间则包括因投影引起的附加相位差.

由一般的干涉原理，三分量的干涉强度分别为

$$\begin{aligned} I_x &= A_{1x}^2 + A_{2x}^2 + 2A_{1x}A_{2x}\cos\delta_x \\ I_y &= A_{1y}^2 + A_{2y}^2 + 2A_{1y}A_{2y}\cos\delta_y \\ &= A_{1y}^2 + A_{2y}^2 - 2A_{1y}A_{2y}\cos\delta_x \\ I_z &= A_{1z}^2 + A_{2z}^2 + 2A_{1z}A_{2z}\cos\delta_z \\ &= A_{1z}^2 + A_{2z}^2 - 2A_{1z}A_{2z}\cos\delta_x \end{aligned}$$

由式(3)、(4)

$$\begin{aligned} I_x &= A_1^2 + A_2^2 + 2A_1A_2\cos\delta_x \\ I_y &= A_1^2\cos^2\theta_1 + A_2^2\cos^2\theta_2 - 2A_1A_2\cos\theta_1\cos\theta_2\cos\delta_x \\ I_z &= A_1^2\sin^2\theta_1 + A_2^2\sin^2\theta_2 + 2A_1A_2\sin\theta_1\sin\theta_2\cos\delta_x \end{aligned}$$

总光强为

$$\begin{aligned} I &= I_x + I_y + I_z \\ &= 2(A_1^2 + A_2^2) + 2A_1A_2\cos\delta_x - 2A_1A_2\cos(\theta_1 + \theta_2)\cos\delta_x \\ &= 2(A_1^2 + A_2^2) + 2A_1A_2[1 - \cos(\theta_1 + \theta_2)]\cos\delta_x \end{aligned}$$

因

$$I_1 = 2A_1^2, \qquad I_2 = 2A_2^2$$

故

$$I = I_1 + I_2 + \sqrt{I_1I_2}[1 - \cos(\theta_1 + \theta_2)]\cos\delta_x \tag{5}$$

干涉极大时有 $\cos\delta_x = 1$，干涉极小时有 $\cos\delta_x = -1$，故

$$I_{max} = I_1 + I_2 + \sqrt{I_1I_2}[1 - \cos(\theta_1 + \theta_2)]$$

$$I_{\min}=I_1+I_2-\sqrt{I_1I_2}[1-\cos(\theta_1+\theta_2)]$$

干涉分布的反衬度为

$$\gamma=\frac{I_{\max}-I_{\min}}{I_{\max}+I_{\min}}=\frac{2\sqrt{I_1I_2}}{I_1+I_2}[1-\cos(\theta_1+\theta_2)]$$

由强度分布公式(5)可知,当

$$I_1=I_2=I_0,\qquad \theta_1=\theta_2=\theta$$

时,强度分布公式简化为

$$I=I_0[2+(1-\cos2\theta)\cos\delta_x]$$

$$\theta=0$$

当两束圆偏振光沿同一方向正入射时,

$$I=2I_0$$

干涉项消失,屏幕上将是光强均匀的分布.事实上,干涉项是入射电矢量 z 分量的贡献,当 $\theta=0$ 时,$A_2=0$,当

$$\theta\neq0$$

时,反衬度为

$$\gamma=2(1-\cos2\theta)$$

可见,θ 越大,z 分量也越大,干涉项和反衬度 γ 就都越大;反之,θ 越小,γ 也越小,$\theta=0$ 时,反衬度 $\gamma=0$.

2.241 如题图 2.241 所示,在杨氏双缝干涉实验装置中,以单色圆偏振光照明狭缝 S,在一条狭缝 S_1 后放置一方解石晶片,晶片的光轴平行于图面和晶片表面,晶片的主折射率为 n_o 和 n_e.试求幕上干涉条纹的反衬度为最大和最小时晶片的厚度 t.

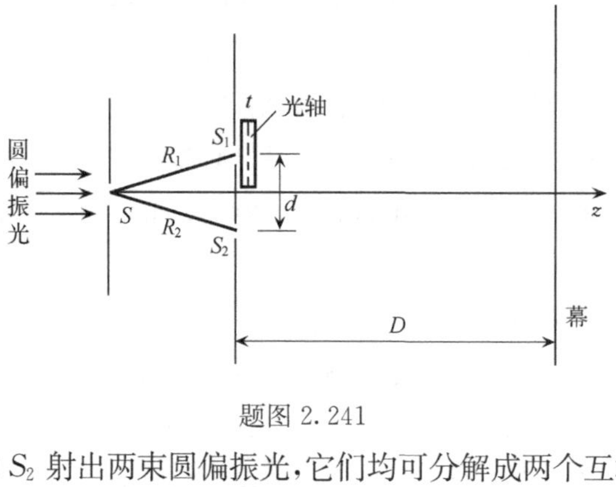

题图 2.241

解 从狭缝 S_1 和 S_2 射出两束圆偏振光,它们均可分解成两个互相垂直的振动,一个振动垂直于图面(垂直于晶片光轴),另一个振动平行于图面(与晶片光轴方向一致),两垂直振动之间的相位差是 $\pm\frac{\pi}{2}$(或它的奇数倍).若 $R_1=R_2$,则从 S_1 和 S_2 射出的圆偏振光完全相同,即分解后的两对垂直振动无论是振幅或相位均上下对应相等.上述垂直和平行两种振动在幕上形成各自的干涉条纹,两套条纹的间距相同(因条纹间距仅由 D,d,λ 决定).

当 S_1 后放置晶片后,由于晶片对垂直振动和平行振动有不同的折射率,分别为 n_o 和

n_e，因而在幕上一点叠加时，两种振动的光程差将出现差异，从而产生不同的干涉条纹. 或者说，由于晶片的 n_o 和 n_e 不等，幕上两套干涉条纹间将产生相对移动，晶片的厚度决定了相对移动的大小，从而决定了条纹的反衬度.

入射到晶片的圆偏振光可以分解成垂直于光轴和平行于光轴的两种振动，它们穿过晶片的光程各不相同，垂直振动为 $n_o t$，平行振动为 $n_e t$，它们与从 S_2 射出的对应振动相干叠加时，产生不同的附加光程差. 对于垂直振动(对应晶片中的 o 光)，附加光程差为

$$\Delta_o = (n_o - 1)t$$

对于平行振动(对应晶片中的 e 光)，附加光程差为

$$\Delta_e = (n_e - 1)t$$

附加光程差之差为

$$\Delta_o - \Delta_e = (n_o - n_e)t$$

当

$$\Delta_o - \Delta_e = k\lambda, \qquad k = 1,2,3,\cdots$$

时，两套干涉条纹的极大值与极大值重合，极小值与极小值重合，反衬度 $\gamma=1$ 最大，条纹最清晰，此时晶片厚度 t 应满足

$$t = \frac{k\lambda}{n_o - n_e}, \qquad k = 1,2,3,\cdots$$

当

$$\Delta_o - \Delta_e = \left(k + \frac{1}{2}\right)\lambda, \qquad k = 0,1,2,\cdots$$

时，一套条纹的极大值落在另一套条纹的极小值，反衬度 γ 最小，此时晶片厚度 t 应满足

$$t = \frac{\left(k + \frac{1}{2}\right)\lambda}{n_o - n_e}, \qquad k = 0,1,2,\cdots$$

在后一种情形，o 振动和 e 振动穿过晶片后产生的附加相位差为

$$\Delta\varphi = \frac{2\pi}{\lambda}(n_o - n_e)t = (2k+1)\pi$$

两垂直振动仍合成圆偏振光，只是旋转方向与入射圆偏振光的旋转方向相反. 于是幕上任一点将是两个旋转方向相反的圆偏振光的叠加. 对实际的杨氏干涉装置，$D \gg d$，且观察范围有限，此条件下可忽略电矢量的 z 分量，由上题可知，叠加后的反衬度 $\gamma=0$，为最小.

2.242 波长 $\lambda=500\text{nm}$ 的线偏振光沿 z 方向传播，其电矢量振动方向与 x 轴夹 $45°$ 角，通过一克尔盒，盒长 $l=1.0\text{cm}$，盒内介质在 x 方向的电场作用下变为各向异性，主折射率之差为

$$n_x - n_y = KE^2$$

式中 E 为电场强度，比例系数 $K=2.5\times10^{-6}\,\text{m}^2/\text{V}^2$，$n_x$ 和 n_y 分别是振动方向为 x 和 y 时的折射率.

(1) 如题图 2.242(1)所示，在克尔盒后放置一偏振片，其偏振化方向与入射光的振动方向垂直. 试求透过偏振片的光最强时电场强度 E 的最小值.

(2) 如题图 2.242(2)所示，将上述克尔盒放置在杨氏干涉装置的双缝之后，克尔盒的上半部加 x 方向的电场，下半部的电场强度保持为零. 连续改变上半部的电场强度，幕上干涉条纹的反衬度将出现周期性的变化. 忽略光在克尔盒中的折射偏离. 试求反衬度 $\gamma=0$ 和 $\gamma=1$

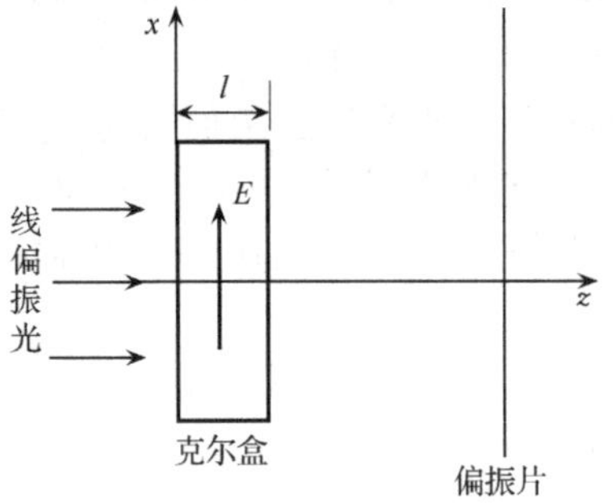

题图 2.242(1)

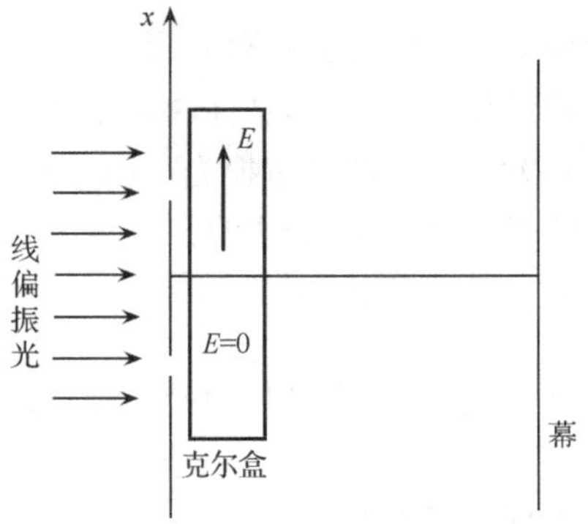

题图 2.242(2)

时的电场强度值.

解　(1) 如题图 2.242(1)所示,入射线偏振光进入克尔盒后分解成两种振幅相同、互相垂直的振动,其一的振动方向沿 x 轴,相应的折射率为 n_x,另一的振动方向沿 y 轴(垂直于图面),相应的折射率为 n_y. 穿出克尔盒后,两振动之间产生的相位差为

$$\Delta\varphi = \frac{2\pi}{\lambda}(n_x - n_y)l$$

一般合成为椭圆偏振光,当 $\Delta\varphi=2k\pi(k=0,1,2,\cdots)$时合成为线偏振光,振动方向与入射线偏振光相同,因而不能透过偏振片. 当 $\Delta\varphi=(2k+1)\pi(k=0,1,2,\cdots)$时也合成为线偏振光,但其振动方向相对入射线偏振光转过 90°角,因而与偏振片的偏振化方向一致,透射光最强. 根据所要求的 $\Delta\varphi$ 值即可算出所需的电场强度.

如题图 2.242(1),从克尔盒射出的两垂直振动之间的光程差为

$$\Delta = (n_x - n_y)l = KE^2 l$$

相应的相位差为

$$\delta = \frac{2\pi}{\lambda}\Delta = \frac{2\pi}{\lambda}KE^2 l$$

当

$$\delta = (2k+1)\pi, \qquad k = 0,1,2,\cdots$$

时,从克尔盒出射的光为线偏振光,且振动方向相对原入射线偏振光的振动方向转过 90°,即其振动方向与偏振片的偏化方向一致,透过偏振片的光最强. 此时

$$\delta = \frac{2\pi}{\lambda}KE^2 l = (2k+1)\pi$$

取 $k=0$,即得所需电场强度的最小值为

$$E^2 = \frac{\lambda}{2Kl} = \frac{5\times 10^{-7}}{2\times 2.5\times 10^{-6}\times 10^{-2}} = 10(\mathrm{V}^2/\mathrm{m}^2)$$

$$E = 3.2\mathrm{V/m}$$

(2) 如题图 2.242(2),从克尔盒上半部射出的光一般为椭圆偏振光,特殊情形为线偏振光. 从克尔盒下半部射出的光始终是线偏振光,其振动方向与入射的线偏振光相同(因 $E=0$,介质无双折射性). 若上半部光束为线偏振光,且振动方向与入射线偏振光的振动

方向垂直，则上、下两束光不发生干涉，反衬度 $\gamma=0$. 若上、下两束光的振动方向一致，则将产生干涉，由于两束光的振幅相等，反衬度 $\gamma=1$.

$$\delta=(2k+1)\pi$$

时，上、下两束光的振动方向互相垂直，不发生干涉，故反衬度

$$\gamma=0$$

此时有

$$\delta=\frac{2\pi}{\lambda}KE^2l=(2k+1)\pi$$

$$E^2=\left(k+\frac{1}{2}\right)\frac{\lambda}{Kl}=20\left(k+\frac{1}{2}\right)\mathrm{V^2/m^2},\qquad k=0,1,2,\cdots$$

$$E=\sqrt{20\left(k+\frac{1}{2}\right)}\mathrm{V/m}$$

当

$$\delta=2k\pi$$

时，上光束的振动方向与入射线偏振光振动方向相同，即上、下两光束的振动方向一致，将发生干涉，反衬度

$$\gamma=1$$

此时有

$$\delta=\frac{2\pi}{\lambda}KE^2l=2k\pi$$

$$E^2=k\frac{\lambda}{Kl}=20k\mathrm{V^2/m^2},\qquad k=0,1,2,\cdots$$

$$E=\sqrt{20k}\mathrm{V/m}$$

当 E 取其他值时，反衬度 γ 介于 0 和 1 之间. 当 E 从零连续增大时，反衬度 γ 将从 1 变到 0，再从 0 变到 1，如此作周期性变化. 从解题过程可以看出，题解与入射光偏振方向与 x 轴夹角并无关系.

2.243 一线偏振光垂直入射到磁光介质板，板厚为 L，光线与介质极内的磁场方向相同. 介质的折射率为

$$n_{\mathrm{R}}(\omega)=1-\frac{K}{\omega(\omega+\Omega)}$$

$$n_{\mathrm{L}}(\omega)=1-\frac{K}{\omega(\omega-\Omega)}$$

式中 K,Ω 为常数，ω 为光振动的角频率，求光穿过介质后偏振面转过的角度.

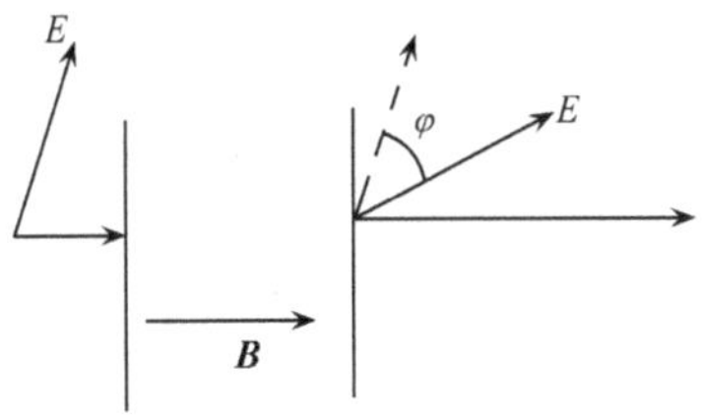

题图 2.243(1)

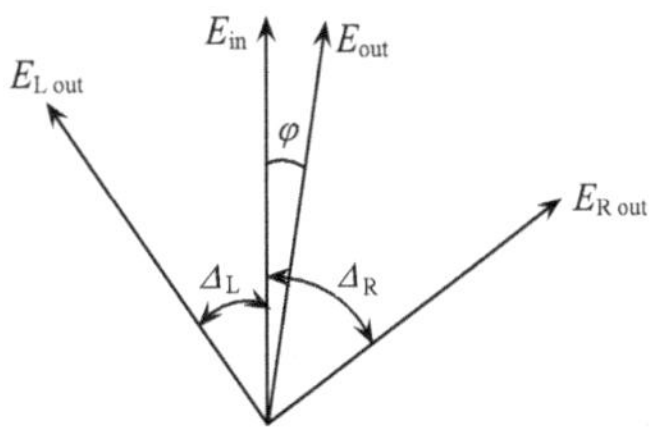

题图 2.243(2)

解 线偏光等效于一个左旋偏光与一个右旋偏光的合成，由于介质对左、右旋光的折射率不同，经过厚度 L 的介质，左右旋光相对于入射时偏振面分别改变了不同的角度 Δ_R 和 Δ_L，如题图 2.243(1)

$$\Delta_R = n_R \frac{2\pi L}{\lambda}$$

$$\Delta_L = n_L \frac{2\pi L}{\lambda}$$

$$\varphi = \frac{1}{2}(\Delta_R - \Delta_L) = (n_R - n_L)\frac{\pi L}{\lambda} = \frac{2\pi K L \Omega}{\lambda(\omega^2 - \Omega^2)\omega}$$

2.244 光线透过一串偏振片，这些偏振片的透光轴向大体相同，但相邻片间具有高斯分布 $B\exp(-a\theta^2)$ 的随机误差，θ 是两透光轴的夹角. 求光通过第一片偏振器后，每块偏振器的平均衰减系数. 假设 $a \gg 1$.

解 按马吕斯定律，通过第一个偏振片后，入射光呈线偏状态，偏振方向与第二个偏振片透光方向成 θ 角，强度乘以因子 $\cos^2\theta$，即强度衰减 $1-\cos^2\theta$.

在 θ 到 $\theta+\mathrm{d}\theta$ 之间相对角度的概率为 $B\mathrm{e}^{-a\theta^2}$. 所以每个偏振片的平均衰减为

$$A = \int_{-\infty}^{\infty}(1-\cos^2\theta)B\mathrm{e}^{-a\theta^2}\mathrm{d}\theta \tag{1}$$

本来 θ 的范围是从 $-\pi$ 到 $+\pi$，但 $a \gg 1$，可以近似地把积分限扩展到无穷大. 由题意，这组偏振片透光方向大体平行，即 θ 只在很小范围，即在 $\theta \approx 0$ 附近被积函数才有意义. 取近似 $\cos^2\theta \approx 1-\theta^2$. 所以有

$$A = B\int_{-\infty}^{\infty}\theta^2\mathrm{e}^{-a\theta^2}\mathrm{d}\theta = -B\frac{\mathrm{d}}{\mathrm{d}a}\int_{-\infty}^{\infty}\mathrm{e}^{-a\theta^2}\mathrm{d}\theta \tag{2}$$

式中 B 由归一化得到

$$\int_{-\infty}^{\infty}B\mathrm{e}^{-a\theta^2}\mathrm{d}\theta = 1 \tag{3}$$

$$B = 1\Big/\int_{-\infty}^{\infty}\mathrm{e}^{-a\theta^2}\mathrm{d}\theta = \frac{1}{\frac{1}{\sqrt{a}}\int_{-\infty}^{\infty}\mathrm{e}^{-x^2}\mathrm{d}x} = \frac{a^{1/2}}{C} \tag{4}$$

此处我们应用了

$$\int_{-\infty}^{\infty}\mathrm{e}^{-x^2}\mathrm{d}x = \sqrt{\pi} = C$$

由式(2)、(4)得到

$$A = -\left(\frac{a^{1/2}}{C}\right)\frac{\mathrm{d}}{\mathrm{d}a}(Ca^{-1/2}) = \frac{1}{2a}$$

每个偏振器的平均衰减为 $\dfrac{1}{2a}$.

2.245 要拍摄玻璃柜中的展品，须减少玻璃反光的干扰. 你能设计一种简单的方法做到这一点吗？

解 玻璃反射光是部分偏振光，偏振方向垂直于反射面. 若在相机镜头前加偏振片，使其透光轴与偏振方向垂直，即可滤掉许多玻璃表面的反射光. 当然，曝光量也须增加一倍，可增大镜头的孔径，或延长曝光时间.

2.246　对于基本上不透光或很浑浊的液体，设计一种简单方法，测量其折射率，画出草图，说明原理.

解　如题图 2.246，在垂直于液面的光滑杆上，加两个活动套筒，套筒通过转轴连接四臂等长的支架，臂与滑杆的夹角可自由改变. 在下面两臂分别固定激光笔和一个圆筒，筒前置一偏振片，使其透光轴垂直于反射光并在反射光主截面内. 另一端置毛玻璃. 移动套筒，改变光的入射角，反射光通常为部分偏振光. 当入射角等于布儒斯特角时，反射光为线偏振光，偏振方向与偏振片轴垂直，毛玻璃无光，这时有

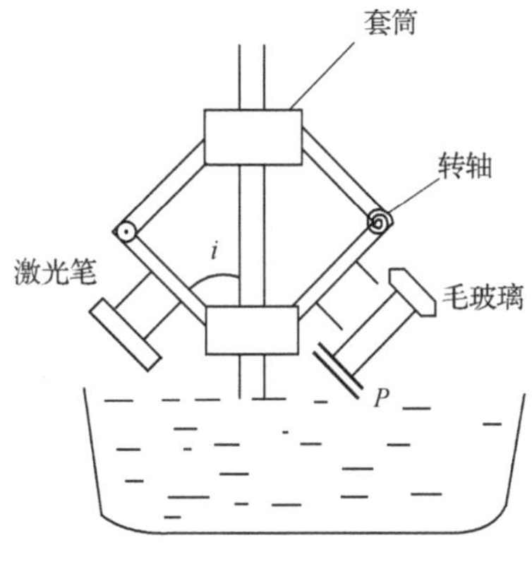

题图 2.246

$$n = \arctan i_P$$

2.247　为了观察太阳的单色光，法国天文学家雷特(B. Lyot)发明了由一组双折射晶体(C)所组成的双折射滤光器：从第一个晶体起，后面一个晶体的厚度是前面一个晶体厚度的两倍，偏振膜(P)放在晶体之间和两端[见题图 2.247(1)]，所有晶体的光轴都放置得彼此平行，并与光的传播方向垂直，偏振膜的偏振轴也都平行，但和光轴的方向呈 45°角[见题图 2.247(2)]. 仅有某些光带能够穿过滤光器，对于由 s 个晶体组成的滤光器，试计算作为波长 λ 的函数的传输系数，并求出能通过滤波器的带宽 $\Delta\lambda$，以及这些带之间的波长间隔.

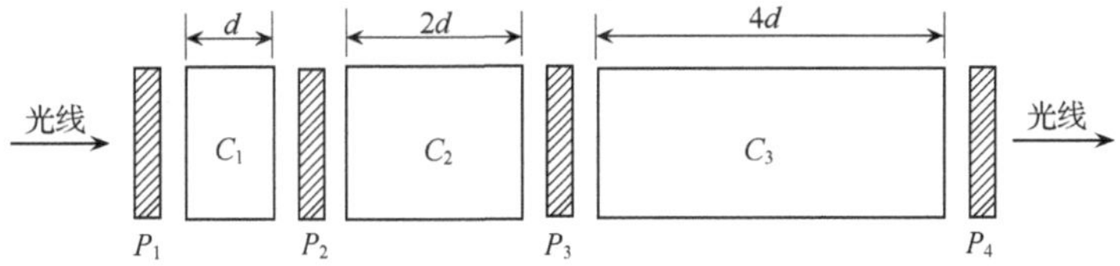

题图 2.247(1)

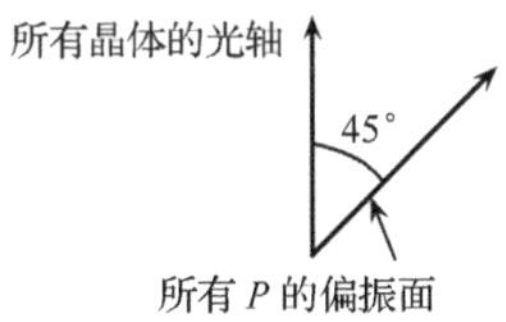

题图 2.247(2)

解　在双折射晶体中，振动方向平行或垂直于光轴的光波传播速度不同，即折射率不同. 设 z 方向为光传播方向，y 方向为光轴方向，则按题意，所有偏振器透光轴与 y 轴都成 45°，可把这种线偏振波表述为

$$\frac{E_0}{\sqrt{2}}(\boldsymbol{x}_0 + \boldsymbol{y}_0)$$

式中 $\boldsymbol{x}_0$ 和 $\boldsymbol{y}_0$ 分别为 x 方向和 y 方向的单位矢量. 电磁波在晶体中传播距离 z 后振幅成为

$$\boldsymbol{E} = \frac{E_0}{\sqrt{2}}\{\boldsymbol{x}_0 \mathrm{e}^{\mathrm{i}n_x kz} + \boldsymbol{y}_0 \mathrm{e}^{\mathrm{i}n_y kz}\}\mathrm{e}^{\mathrm{i}\omega t}$$

式中 n_x 和 n_y 分别为双折射晶体垂直和平行于光轴方向的折射率.

把偏振膜透光轴方向写成 $\boldsymbol{P}_0=\frac{1}{\sqrt{2}}(\boldsymbol{x}_0+\boldsymbol{y}_0)$，则电磁波在晶体传播 $2^n d$ 距离后又穿过偏振膜，这时透射波振幅大小为

$$\boldsymbol{E}\cdot\boldsymbol{P}_0=\frac{E_0}{2}\{\mathrm{e}^{\mathrm{i}n_x k 2^n d}+\mathrm{e}^{\mathrm{i}n_y k 2^n d}\}$$

$$=E_0\cos(2^n\phi)\mathrm{e}^{\mathrm{i}k 2^{n-1}d(n_x+n_y)}$$

式中 $\phi=\frac{1}{2}kd(n_y-n_x)$. 通过 s 个晶体以及晶体之间的偏振膜后，透射率强度的衰减因子为

$$T=\{\cos\varphi\cdot\cos(2\varphi)\cdot\cdots\cdot\cos(2^{s-1}\varphi)\}^2$$

重复利用恒等式 $\cos\theta=\frac{1}{2}\sin2\theta/\sin\theta$，得到

$$T=\left[\frac{\sin(2^s\varphi)}{2^s\sin\varphi}\right]^2$$

由三角函数周期性知 $T(\varphi)=T(\varphi+\pi)$. 透光极大时有 $\varphi=p\pi$，p 为整数.

由透光极大 $2^s\varphi=\pi$ 和透光极小 $2^s(\varphi+\delta\varphi)=2\pi$ 解得透光半角宽度 $\delta\varphi=\pi/2^s$.

从波长看，透光极大时有

$$\varphi=(n_x-n_y)kd/2=p\pi$$

$$\delta\varphi=\pi\delta p=\pi/2^s$$

故

$$\delta p=1/2^s$$

而

$$\lambda=(n_x-n_y)d/p$$

$$\delta\lambda=\left|\frac{(n_x-n_y)d}{p^2}\delta p\right|$$

透光波长相对宽度为

$$\frac{\delta\lambda}{\lambda}=\frac{2}{p2^s}=\frac{1}{p2^{s-1}}$$

第三章　量子光学

3.1　桌面上方 1.0m 处有盏 100cd 的电灯 L,它可视为各向同性点光源.求:

(1) 桌面上 A、B 两点的照度(见题图 3.1);

(2) 若灯 L 可上下移动,求怎样高度使 B 点照度最大.

解　(1) 点源照度公式

$$E = \frac{I\cos\theta}{r^2}$$

$I=100\text{cd}, \theta_A=0°, \theta_B=45°, r_A=1.0\text{m}, r_B=1.4\text{m}$ 代入上式得

$$E_A = 100\text{lx}, \qquad E_B = 35\text{lx}$$

(2) 设灯泡距 A 点为可变距离 y,则 L 到 B 距离

$$r = \frac{y}{\sin\theta}$$

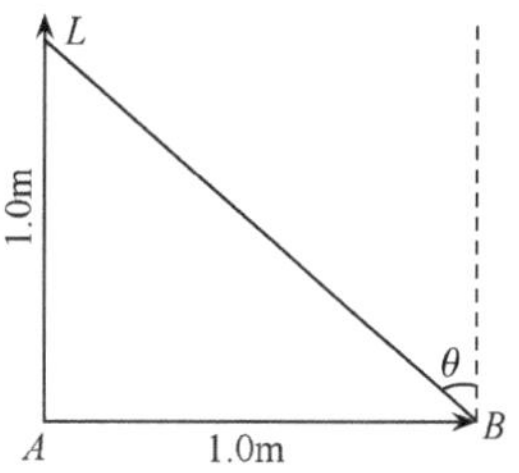

题图 3.1

θ 为光线与桌面法线的夹角.

照度公式为

$$E = \frac{I}{y^2}\cos\theta\sin^2\theta$$

求导有

$$\frac{\mathrm{d}E}{\mathrm{d}\theta} = \frac{I}{y^2}(-\sin^3\theta + 2\sin\theta \cdot \cos^2\theta)$$

令 $\frac{\mathrm{d}E}{\mathrm{d}\theta}=0$ 有

$$\tan\theta = \sqrt{2} = \frac{\overline{AB}}{y}$$

所以

$$y = \frac{\overline{AB}}{\sqrt{2}} = 0.7\text{m}$$

3.2　近处的灯给出截锥形的光,圆锥张角 $2\theta_0=40°$.灯的光通量为 $\phi=80\text{klm}$.设光通量在圆锥内均匀分布.求灯的发光强度.

解　各向同性光源的发光强度 I 等于光通量 ϕ 对在其中传输光通量的立体角 ω 的比值,即

$$I = \phi/\omega$$

题图 3.2 中立体角元 $\mathrm{d}\omega=2\pi\sin\theta\mathrm{d}\theta$.

当距光源为 R 时,$\mathrm{d}\theta$ 内环的面积为

$$\mathrm{d}S = 2\pi R^2\sin\theta\mathrm{d}\theta$$

$$\mathrm{d}\omega = \frac{\mathrm{d}S}{R^2} = 2\pi\sin\theta\mathrm{d}\theta$$

对应 $2\theta_0$ 的立体角为

$$\omega = 2\pi\int_0^{\theta_0} \sin\theta \mathrm{d}\theta = 2\pi(1-\cos\theta_0) = 4\pi\sin^2(\theta_0/2)$$

$$I = \frac{\phi}{\omega} = \frac{80}{4\pi\sin^2 10^\circ} = 211(\mathrm{kcd})$$

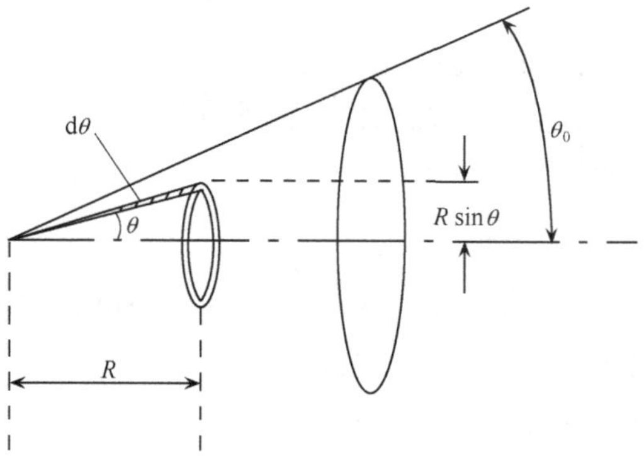

题图 3.2

3.3 直径 $d=2.5\mathrm{cm}$、长 $l=40\mathrm{cm}$ 的柱形荧光灯管在其垂直平分线的方向距离 $r=5\mathrm{m}$ 处造成 $E=2\mathrm{lx}$ 的光照度. 将灯视为余弦发射体，求：

(1) 在管轴方向上的发光强度 I；

(2) 灯的光亮度 B；

(3) 灯的面发光度.

解 (1) 测量光照度的距离远大于灯管自身的长度，所以可把灯管当成点源. 所以发光强度

$$I = Er^2 = 2\times 5^2 = 50(\mathrm{cd})$$

(2) 光亮度

$$B = \frac{I}{\sigma}$$

式中 σ 是长形光源在垂直于观察方向上投影的面积；$\sigma=ld$，代入得

$$B = \frac{50}{0.025\times 0.4} = 5.0(\mathrm{kcd/m^2})$$

(3) 将灯视为余弦发射体，其面发光度是

$$R = \pi B = 16\mathrm{klx}$$

3.4 太阳在地球附近的能量密度为 $1.4\mathrm{kW/m^2}$，即太阳常数. 若设计一太阳能浴室，希望在 1 小时内将 10t 水从 14℃加热到 50℃，需要多大面积的太阳能接收板？设板的热效率为 41.8%.

解 加热水所需热量

$$Q = mc\Delta T = 3.6\times 10^8\,\mathrm{cal} = 3.6\times 4.18\times 10^8\,\mathrm{J}$$

考虑到热效率，板实际需接收热量 $Q'=Q/\eta$

$$Q' = ISt$$

式中 $I=1.4\text{kW/m}^2$，S 为面积，$t=3600\text{s}$，

$$S=\frac{Q'}{It}=\frac{Q}{It\eta}=\frac{3.6\times10^8\times4.18}{1.4\times10^3\times3.6\times10^3\times0.418}=714(\text{m}^2)$$

3.5　如题图 3.5，互成直角的两个平面反光板置于平行光束中，反射系数分别为 k_1 和 k_2. 若要两板的面亮度相等，求板面与平行光束的夹角 α_1 和 α_2，平面反光服从朗伯定律.

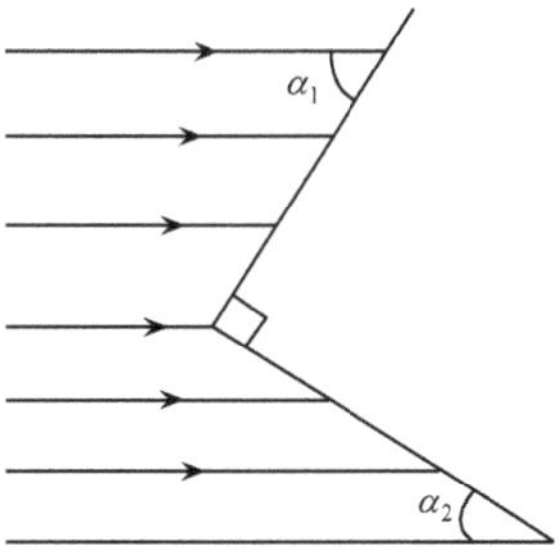

题图 3.5

解　$\alpha_1=\tan(k_2/k_1)$，　　$\alpha_2=\tan(k_1/k_2)$

3.6　在地球大气层边缘，太阳的辐射亮度值为 $B=2.0\times10^7\text{W/(m}^2\cdot\text{sr)}$. 求该处正对太阳的单位面积上的光功率以及地球接收到的光功率. 已知太阳直径 $D=1.4\times10^6\text{km}$，地球直径 $d=1.3\times10^4\text{km}$，日地距离 $z=1.5\times10^8\text{km}$.（sr 为立体角单位.）

解　B 为太阳（作为余弦发射体，等价直径为 D 的发光圆盘）上单位面积、向单位立体角内的辐射功率，地球上单位面积对太阳所张立体角 $\Omega=\frac{1m^2}{z^2}=\frac{1}{(1.5\times10^{8+3})^2}$，故太阳常数，即地球大气上方单位面积接收到的太阳功率

$$S=B\cdot\frac{\pi}{4}D^2\cdot\Omega=\frac{B\pi}{4}\left(\frac{D}{z}\right)^2=\frac{2.2\pi\times10^7}{4}\left(\frac{1.4\times10^9}{1.5\times10^{11}}\right)^2=1.4\times10^3(\text{W/m}^2)$$

地球接收的光功率

$$E=S\cdot\frac{\pi d^2}{4}=1.86\times10^{17}\text{W}$$

3.7　极地探险家用冰制作透镜，以会聚太阳光引燃火种. 若透镜直径 $d=0.20\text{m}$，焦距 $f=0.50\text{m}$，求焦点处光功率密度. 已知太阳直径 $D=1.4\times10^6\text{km}$，日地距离 $z=1.5\times10^8\text{km}$. 太阳的辐射亮度值 $B=2.0\times10^7\text{W/(m}^2\cdot\text{sr)}$.

解　透镜正对太阳能收集到的光功率为

$$E=B\cdot\left(\frac{\pi}{4}D^2\right)\cdot\frac{\frac{\pi}{4}d^2}{z^2}=44\text{W}$$

焦点处太阳的像的面积

$$\Delta S=\frac{\pi}{4}D^2\cdot M^2$$

M 为透镜线放大率

$$M=f/z$$

故焦点处光功率密度为

$$\frac{E}{\Delta S}=\frac{B\cdot\frac{\pi}{4}D^2\cdot\frac{\pi}{4}d^2/z^2}{f^2\cdot\frac{\pi}{4}D^2/z^2}=\frac{B\cdot\frac{\pi}{4}d^2}{f^2}=\frac{B}{4}\pi\left(\frac{d}{f}\right)^2$$

$$=\frac{2.0\times10^7}{4}\times3.1\times\left(\frac{0.2}{0.5}\right)^2=\frac{6.2\times10^7\times0.16}{4}=2.5\times10^6(\text{W/m}^2)$$

3.8 光源和屏相距 100cm,其间有两个位置放置透镜,可在屏上成像,这两个位置相距 20cm. 问两次像的照度比. 成放大像和缩小像时,哪个照度大?

解 根据共轭关系,可知物距 s、像距 s' 关系为

$$s_1 = s_2' = 40,\qquad s_2 = s_1' = 60$$

设透镜面积为 A,在两位置接收光能为 E_1 和 E_2,光源强度为 I,对光源张立体角为 Ω_1 和 Ω_2

$$E_1/E_2 = \Omega_1/\Omega_2 = (s_2/s_1)^2$$

在两次位置时,像面积之比

$$\frac{\Delta_1}{\Delta_2} = \left(\frac{s_1'}{s_1}\right)^2\Big/\left(\frac{s_2'}{s_2}\right)^2 = \left(\frac{s_1'\cdot s_2}{s_1\cdot s_2'}\right)^2$$

照度比为

$$\frac{E_1}{\Delta_1}\Big/\frac{E_2}{\Delta_2} = \frac{E_1\cdot\Delta_2}{E_2\cdot\Delta_1} = \left(\frac{s_2}{s_1}\cdot\frac{s_1\cdot s_2'}{s_1'\cdot s_2}\right)^2 = \left(\frac{s_2'}{s_1'}\right)^2 = \left(\frac{40}{60}\right)^2 = \frac{4}{9}$$

第一种位置成放大像,照度小.

3.9 太阳光直射地面时,照度为 1.0×10^5 lx. 若认为太阳的亮度与光流方向无关,且忽略大气吸收,求太阳的亮度. 已知地球轨道半径为 1.5×10^8 km,太阳直径为 1.4×10^6 km.

解 解法一 由对称性,太阳的总光通量为

$$\Phi = E4\pi z^2$$

式中 E 为地面上的光照度,z 为日地距离. 太阳的面发光度

$$R = \frac{\Phi}{4\pi r^2} = \frac{Ez^2}{r^2}$$

式中 r 为太阳半径. 由面发光度与亮度的关系. 得亮度为

$$B = \frac{R}{\pi} = \frac{Ez^2}{\pi r^2} = 1.5\times10^5 \text{ 熙提}$$

$$= 1.5\times10^9\,\mathrm{lm/(sr\cdot m^2)}$$

考虑到光功当量 $k_M = 683\,\mathrm{lm/W}$,则太阳面发光度为

$$B = 2.2\times10^6\,\mathrm{W/(sr\cdot m^2)}$$

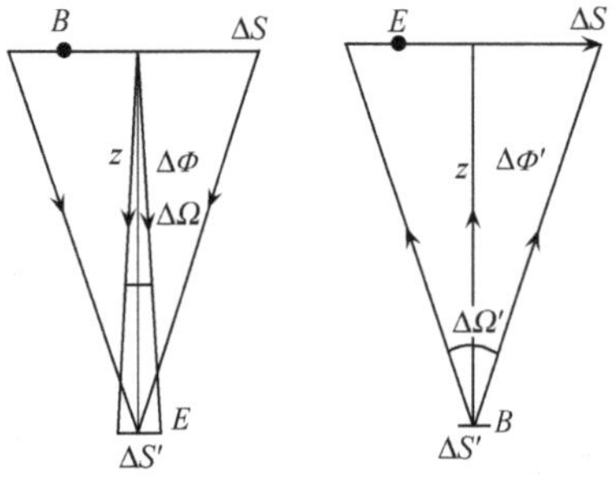

题图 3.9

解法二 如题图 3.9,由互易原理,亮度为 B 的太阳照到地面 $\Delta S'$ 上的光通量等于亮度为 B 的面元 $\Delta S'$ 照射到太阳上的光通量. 即

$$\Delta\Phi = \Delta\Phi' = B\Delta S'\Delta\Omega'$$

现已知太阳光投射于地球的照度

$$E = \frac{\Delta\Phi}{\Delta S'}$$

由太阳半径和日地距离可求出太阳对地球所张的立体角

$$\Delta\Omega' \approx \pi r^2/z^2$$

解得

$$B=\left(\frac{\Delta\Phi}{\Delta S'}\right)\cdot\left(\frac{z^2}{\pi r^2}\right)=\frac{Ez^2}{\pi r^2}$$

结论不变.

3.10 常用的氦氖激光器的辐射功率为 10mW,光束发散角为 $\Delta\theta=2'$,光束截面 $\Delta S=10\text{mm}^2$. 试比较它与太阳的辐射亮度.

解 由 $\Delta\theta=2'=6\times10^{-4}$ rad,从而光束立体角为 $\Delta\Omega\approx\pi(\Delta\theta)^2=10^{-6}$ sr. 在光束内 $\cos\theta\approx1$. 由此得光束辐射亮度为

$$B=\frac{\Delta\psi}{\Delta S\cdot\Delta\Omega\cdot\cos\theta}\approx5\times10^8\,\text{W/(sr}\cdot\text{m}^2)$$

而太阳的辐射亮度为 $2.2\times10^6\,\text{W/(sr}\cdot\text{m}^2)$(见上题),可见普通激光器的辐射亮度比太阳大数百倍,千万不可直视激光!

3.11 试证明,若忽略光具组对光的吸收和散射,像的亮度只与物的亮度以及物方、像方的介质折射率有关,与物像位置及放大率无关.

证 设 y、σ、B、u_0、n 分别为傍轴物体的线度、面积、亮度、入射孔径角和物方折射率,而 y'、σ'、B'、u_0'、n' 分别为像方对应量,成像示意图题图 3.11 如下:

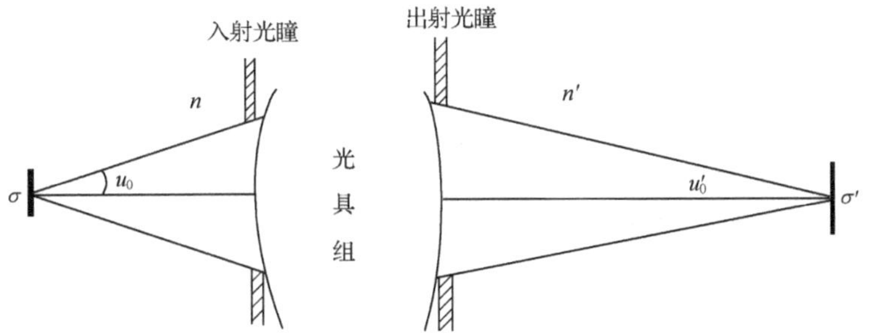

题图 3.11

射入光瞳的光通量为

$$\Phi=\int B\sigma\cos u\mathrm{d}u=\int_0^{u_0}B\sigma\cos u\sin u\mathrm{d}u\int_0^{2\pi}\mathrm{d}\varphi$$

对于朗伯发光体,上式得到

$$\Phi=\pi B\sigma\sin^2u_0\quad\text{或}\quad B=\frac{\Phi}{\pi\sigma\sin^2u_0}$$

同理,由出射光瞳射出的光通量为

$$\Phi'=\pi B'\sin^2u_0',\qquad B'=\frac{\Phi'}{\pi\sigma'\sin^2u_0'}$$

两式相除得到

$$\frac{B'}{B}=\frac{\Phi'}{\Phi}\frac{\sin^2u_0'}{\sin^2u_0}\frac{\sigma}{\sigma'}$$

由题意,忽略光在光具组内的损失,应 $\Phi'=\Phi$,并考虑到正弦条件(即拉氏不变式)

$$ny\sin u_0=n'y'\sin u_0'$$

和

$$\frac{\sigma}{\sigma'}=\left(\frac{y}{y'}\right)^2$$

所以得到

$$\frac{B'}{B}=\left(\frac{n'}{n}\right)^2$$

即

$$B'=B\left(\frac{n'}{n}\right)^2$$

若物方、像方介质折射率相等，则物、像亮度相等. 正弦条件表明若像被放大，光束孔径则减小. 虽然来自单位面积的总光通量减少了，但它集中在较小的孔径内，从单位面积上在单位立体角内发出的光通量保持不变.

3.12 在上题中的光具组是一架照相机，试求底片上照度的公式.

解 由上题，光射光通量

$$\Phi'=\pi B\sigma'\sin^2 u_0'$$

所以像屏(即底片)上的照度为

$$E=\frac{\Phi'}{\sigma'}=\pi B'\sin^2 u_0'=\pi B\left(\frac{n'}{n}\right)^2\sin^2 u_0'=\pi B\,\frac{\sin^2 u_0}{V^2}$$

式中 $V^2=\sigma'/\sigma$，V 为横向放大率. 在近轴条件下，上式为

$$E=\pi B\left(\frac{n'}{n}\right)^2 u_0'^2=\frac{\pi B u_0^2}{V^2}$$

这里应用了正弦条件 $ny\sin u_0=n'y'\sin u_0'$.

照相机镜头可视为一个薄透镜，孔径光阑和光瞳就在透镜附近，且像距近似等于焦距

$$s'\approx f'=\frac{n'}{n}f,\qquad D\approx D'$$

D 与 D' 分别为入射光瞳和出射光瞳的直径.

$$u_0'\approx\frac{D}{2f'}=\frac{n}{n'}\cdot\frac{D}{2f}$$

联立照度公式得到

$$E=\frac{\pi B}{4}\left(\frac{D}{f}\right)^2=\frac{\pi B}{4F}$$

式中 F 数为相对孔径(D/f)的倒数，或称光圈，其刻度值常记为 1.4，2，2.8，4，5.6，8，11，16，…. 后一个数为前一个数的$\sqrt{2}$倍，从而照度依次减半. 若需保持照度相同，采用后一个光圈数，曝光时间应加倍.

3.13 一个焦距为 f 的透镜在焦平面得到太阳的像. 试证明像的亮度(W/cm^2)与太阳表面的亮度相近.

证 设太阳为余弦发射体，其截面积为 σ，表面亮度为 B，对透镜所张的孔径角为 u_0，则太阳发出并入射到透镜的光通量为

$$\Phi=\pi B\sigma\sin^2 u_0\quad 或\quad B=\frac{\Phi}{\pi\sigma\sin^2 u_0}$$

同理,透镜出射光瞳射出并到达焦点处的光通量为

$$\Phi' = \pi B'\sigma' \sin^2 u_0' \quad 或 \quad B' = \frac{\Phi'}{\pi\sigma' \sin^2 u_0'}$$

式中加"撇"者为像方相应的量.

两式相除得到

$$\frac{B'}{B} = \frac{\Phi'}{\Phi} \frac{\sin^2 u_0}{\sin^2 u_0'} \cdot \frac{\sigma}{\sigma'}$$

考虑到透镜成像的正弦条件

$$ny\sin u_0 = n'y'\sin u_0'$$

和

$$\frac{\sigma}{\sigma'} = \left(\frac{y}{y'}\right)^2$$

考虑到透镜对光的吸收,通常有 $\Phi'<\Phi$,得到

$$\frac{B'}{B} = k\left(\frac{n'}{n}\right)^2$$

式中 $k=\dfrac{\Phi'}{\Phi}<1$. 所以有

$$\frac{B'}{B} = k\left(\frac{n'}{n}\right)^2$$

由于大气也对光有吸收和散射作用,而 B 为太阳表面的亮度,在计算进入透镜的光通量时,采用太阳表面的亮度,其值会偏大. 所以,只有忽略这种影响,上式才成立. 透镜两侧的折射率相等,并再忽略透镜材料对光的衰减作用,才有

$$B' \approx B$$

3.14 某光源单位面积上在单位时间内各向同性地向单位立体角内辐射 S 单位的光能量. 若所张立体角大于观察它的望远镜接收的立体角 Ω. 望远镜面积为 A.

(1) 试求每秒钟射入望远镜的光能量;

(2) 求物镜所成像的面积和物镜对像所张立体角之乘积;

(3) 解释为什么上述结果表明扩展光源的表观亮度不能用望远镜的物镜来改变.

解 (1) 按题意,光源的亮度即为 S. 进入望远镜的光通量为

$$\Phi = \int S\mathrm{d}\Sigma \mathrm{d}\Sigma' \cos\theta \cdot \cos\theta'/r^2$$

式中 $\mathrm{d}\Sigma$ 是光源上的面积元,$\mathrm{d}\Sigma'$ 是望远镜透镜的面积元,r 为光源到望远镜距离,θ 是光线与光源面积元法线的夹角,θ' 是光线与透镜表面法线之间的夹角. 设望远镜正对光源,所以 $\theta'=0$,而 $\cos\theta'=1$.

光源对望远镜的立体角为

$$\int \frac{\cos\theta}{r^2}\mathrm{d}\Sigma > \Omega$$

式中 Ω 为望远镜接收立体角,所以只有在 Ω 内的光才能进入望远镜. 所以进入望远镜的光通量为

$$\Phi = S\Omega A$$

(2) 像的面积 σ' 为

$$\sigma' = \Omega f^2$$

式中 f 为物镜焦距. 而物镜对像所张立体角为

$$\Omega' = \left(\frac{\pi D^2}{4}\right) \Big/ f^2$$

D 为物镜的直径. 所以有

$$\sigma'\Omega' = \Omega f^2 \cdot \left(\frac{\pi D^2}{4}\right) \Big/ f^2 = \frac{\pi D^2}{4} \cdot \Omega = A\Omega$$

即像的面积和物镜对像所张立体角之乘积等于物镜面积和望远镜接收立体角之乘积,如果光源足够大的话.

(3) 像面光通量为

$$\Phi' = \pi S'\sigma' \sin^2 u'$$

S' 为像的亮度,u' 为透镜孔径角,$u' \approx D/2f$. 所以有

$$\Phi' = \pi S'(\Omega f^2)\left(\frac{D}{2f}\right)^2 = S'\Omega A$$

考虑到透镜对光的吸收等影响,有 $\Phi' \leqslant \Phi$. 所以有 $S' \leqslant S$. 即不可能用望远镜物镜来增加扩展光源的表观亮度.

3.15　一个白色屏正对着太阳接收一定的光通量. 现用半径为 r、焦距为 f 的透镜成像在屏上. 问像的光通量增大多少. 给定 r 时,f 为何值将不再增加像的光通量? 已知太阳直径对地球张角为 0.01rad,只有通过透镜的光才能到达像面.

解　照射到屏上面积为 σ' 的区域的光通量为

$$\Phi = B\sigma' \mathrm{d}\Omega$$

式中 B 为太阳亮度,σ' 为透镜成像的面积,$\mathrm{d}\Omega$ 为太阳对地所张立体角,并且

$$\mathrm{d}\Omega = \pi\alpha^2 = \pi(0.01)^2$$

透镜像上的光通量为

$$\Phi' = \pi B\sigma' \sin^2 u = \pi B\sigma'(r/f)^2$$

σ' 为像的面积,u 为透镜对像的孔径角. 两式相除得到

$$\frac{\Phi'}{\Phi} = \frac{\pi B\sigma'(r/f)^2}{B\sigma'(0.01)^2} = \frac{10^4 r^2}{f^2}$$

即像的光通量是无透镜时屏上光通量的 $\left(\frac{100r}{f}\right)^2$ 倍. 当 $f \geqslant 100r$ 时,透镜将不增加像上的光通量.

3.16　面积为 1cm^2 的圆盘,表面均匀而各向同性地辐射单色光,亮度为 $1\text{W}/(\text{sr}\cdot\text{cm}^2)$.

(1) 求此盘面辐射能量的速率;

(2) 给一个熔石英透镜(n=1.5),直径为 10cm,焦距 100cm,其成像面积为 0.25cm^2,求透镜成像过程;

(3) 估算到达这 0.25cm^2 像上的能流,误差不超过百分之几;

(4) 通过改变折射率 n 和透镜的大小,可以增加入射到该像面上的能流. 你有什么理由能使到达此 0.25cm^2 像上的能流达到最大,等于多少?

解 (1) 由题意,像的亮度 $B=1\text{W}/(\text{sr}\cdot\text{cm}^2)$,其辐射能流为

$$\Phi = BS\int_0^{2\pi}\mathrm{d}\varphi\int_0^{\pi}\sin\theta\cdot\cos\theta\cdot\mathrm{d}\theta = \pi BS = 3.14\text{W}$$

式中 θ 为光与光源表面法线之间的夹角,S 为光源面积.

(2) 透镜的线放大率为

$$M = \frac{v}{u} = \left(\frac{S'}{S}\right)^{\frac{1}{2}} = \sqrt{0.25} = 0.5$$

其中 S' 和 S 分别像和物的面积,u、v 分别为物距和像距,所以 $u=2v$. 由

$$\frac{1}{u}+\frac{1}{v}=\frac{1}{f}$$

已知 $f=100\text{cm}$,所以得到物距 $u=300\text{cm}$,像距 $v=150\text{cm}$,几何成像过程见题图 3.16.

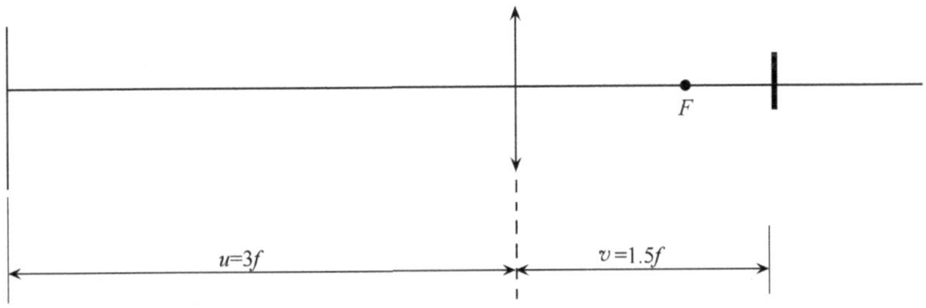

题图 3.16

(3) 透镜对光源所张立体角为

$$\Omega = \pi(r/u)^2$$

到达透镜(从而到达像面)的能流为

$$\Phi' = BS\Omega = 1\times1\times\pi(5/300)^2 = 8.7\times10^{-4}(\text{W})$$

(4) 在上式中,物距 u 是固定不变的,增加 r 即可增加照射到透镜、从而到达这 0.25cm^2 像上的光能. 但热力学第二定律指出,像的亮度不可超过物的亮度,否则像的温度会超过光源,而热量是不可能自发地从低能源流到高温源的. 像的极大亮度即光源的亮度,而像的面积为源的四分之一,所以照射到像的能流极大值为

$$\Phi_{\max} = \frac{\Phi}{4} = \frac{3.14}{4}\text{W} = 0.785\text{W}$$

另外,从增加折射率和透镜截面考虑. 焦点一定在透镜以外. 极而言之,即使处在球面上,透镜中心到焦点的距离为 f. 这个透镜的最大半径 $r_{\max}=f$,为一完整球体. 它可以接收到的最大能流

$$\Phi'_{\max} = BS\pi\left(\frac{f}{u}\right)^2 = 1\times1\times\pi\left(\frac{100}{300}\right)^2 = 0.35(\text{W})$$

$\Phi'_{\max}<\Phi_{\max}$. 即像面上能流不可能大于 0.35W. 实际上,球状透镜的出射光不可能会聚到球面上的一点;再考虑像差的影响,透镜口径要比焦距小得多. 也就是说,它能接收到的能流比 $\Phi'_{\max}$ 小得多.

3.17　在加热某黑体过程中，测得其最大单色辐射度从 0.69μm 变到 0.50μm. 求总辐射度增加的倍数.

解　由维恩位移定律

$$\lambda_m T = b$$

b 为常数. 所以有

$$\frac{T_2}{T_1} = \frac{\lambda_1}{\lambda_2}$$

再由斯特藩-玻尔兹曼定律，辐射度

$$R = \sigma T^4$$

$$\frac{R_2}{R_1} = \left(\frac{T_2}{T_1}\right)^4 = \left(\frac{\lambda_1}{\lambda_2}\right)^4$$

代入 $\lambda_1 = 0.69\mu\text{m}$，$\lambda_2 = 0.50\mu\text{m}$. 得

$$R_2 = 3.63R_1$$

或者说，这一过程后，该黑体总辐射度增加了 2.63 倍.

3.18　核爆炸中火球的瞬时温度可达 10^7K.

(1) 估算辐射最强的电磁波长；

(2) 这种波的能量为多少？

解　(1) 作黑体近似，按维恩定律得

$$\lambda = \frac{b}{T} = \frac{0.288}{10^7}\text{cm} \approx 0.3\text{nm}$$

属于 X 射线波段.

(2) 每个光子的能量为

$$\varepsilon = h\nu = \frac{hc}{\lambda} \approx 7 \times 10^{-16}\text{J} \approx 4 \times 10^3\text{eV}$$

3.19　某空腔辐射器内处于 6000K，器壁上小孔直径为 0.10mm. 求每秒钟从该小孔发出的波长在 550～551nm 的光子数.

解　普朗克公式给出面元 ΔS 的黑体在 $\lambda - \lambda + \Delta\lambda$ 波长间隔内的辐射通量为

$$\Delta\Psi = \frac{2\pi hc^2}{\lambda^3}\frac{1}{e^{\frac{h\nu}{kT}} - 1}\Delta S\Delta\lambda$$

相应的光子流量为

$$\Delta N = \frac{\Delta\Psi}{h\nu} = \frac{2\pi c}{\lambda^2}\frac{1}{e^{\frac{h\nu}{kT}} - 1}\Delta S\Delta\lambda$$

取

$$\bar{\lambda} = 550.5\text{nm}, \quad \Delta\lambda = 1\text{nm}, \quad \Delta S = \frac{\pi}{4}(0.1\text{mm})^2$$

$$c = 3 \times 10^8\text{m/s}$$

k 为玻尔兹曼常量. 代入式中得

$$\Delta N = 2.12 \times 10^{15}/\text{s}$$

3.20　太阳照射一个小圆盘，盘的截面为 S，并处于均匀温度. 太阳相当于 6000K 的

绝对黑体，其辐射本领为 H，太阳对圆盘的张角为 2α，计算小盘的平衡温度.

(1) 小盘作为绝对黑体，取 2α 分别为 10^{-2}rad 和 10^{-4}rad，太阳垂直照明；

(2) 斜照射，入射角的余弦值为 0.25；

(3) 小盘变成同样直径的圆球.

解 太阳的辐射本领 $H=\sigma T_0^4$，σ 为斯特藩-玻尔兹曼常量，$\sigma=5.67\times10^{-8}\,\mathrm{W/(m^2\cdot K^4)}$.

太阳半径为 R，所以总辐射功率为

$$\Phi = HS = 4\pi R^2 H$$

在距太阳为 r 处，截面为 S 所接收到的辐射量为

$$\frac{\Phi_S}{4\pi r^2} = S\frac{R^2}{r^2}\sigma T_0^4 = S\alpha^2\sigma T_0^4$$

式中 $\alpha=R/r$.

另外，小圆盘处于温度 T'，它的辐射本领为 $H'=\sigma T'^4$.

(1) 太阳垂直照射小盘，小盘两个表面辐射，在热平衡条件下

$$S\alpha^2\sigma T_0^4 = 2S\sigma T'^4$$

取 $\alpha=0.5\times10^{-2}$有

$$T'_a = \sqrt[4]{\frac{\alpha^2}{2}}T_0 = 356.8\mathrm{K}$$

取 $\alpha=0.5\times10^{-4}$有

$$T'_b = 35.8\mathrm{K}$$

(2) 斜入射情况，小盘的有效面积为 $S\cos i$，所以有

$$S\cos i\cdot\alpha^2\sigma T_0^4 = 2S\sigma T''^4$$

得

$$T'' = \sqrt{\alpha}\sqrt[4]{\frac{\cos i}{2}}T_0 = T'/\sqrt{2}$$

取 $\alpha=0.5\times10^{-2}$有

$$T''_a = 254\mathrm{K}$$

取 $\alpha=0.5\times10^{-4}$有

$$T''_b = 25.4\mathrm{K}$$

(3) 对于半径为 ρ 的小球，有效光照面积为 $\pi\rho^2$，而辐射面积为 $4\pi\rho^2$，所以热平衡时有

$$\pi\rho^2\alpha^2\sigma T_0^4 = 4\pi\rho^2\sigma T'^4$$

$$T' = \sqrt{\alpha}\sqrt[4]{\frac{1}{4}T_0} = \sqrt{\alpha}\frac{T_0}{\sqrt{2}}$$

取 $\alpha=0.5\times10^{-2}$有

$$T'''_a = 300\mathrm{K}$$

取 $\alpha=0.5\times10^{-4}$有

$$T'''_b = 30\mathrm{K}$$

3.21 假设在上题中，小盘只在波长 0.40μm 附近吸收和辐射能量，对其他光谱既不吸收也不辐射. 而在 0.40μm 附近其辐射行为像黑体，其辐射行为可用下式表述：

$$\log H_\lambda = a - \frac{b}{T}$$

式中 a 为常数，$\frac{6000}{b}=0.385$. 求小盘在上题中(1)和(2)条件下的平衡温度.

解 设小盘吸收和辐射的频率范围为 0.40μm 附近 $\Delta\lambda$ 以内，太阳的辐射本领为 $H_{\lambda T_0}$，小盘在该范围内的黑体辐射本领为 $H_{\lambda T'}$. 小盘总面积为 S，吸收辐射的面积为 s，它吸收太阳的辐射能为

$$s\alpha^2 H_{\lambda T_0}\Delta\lambda$$

其辐射通量为

$$SH_{\lambda T'}\Delta\lambda$$

热平衡有

$$H_{\lambda T'} = \frac{s}{S}\alpha^2 H_{\lambda T_0}$$

两边取对数，并利用题中的表达式有

$$a - \frac{b}{T'} = \lg\frac{s\alpha^2}{S} + a - \frac{b}{T_0}$$

得到

$$T' = \frac{6000}{1 + 0.385\lg\left(\frac{S}{s\alpha^2}\right)}$$

(1) 小盘两面辐射，但只有一面吸收太阳能，$S=2s$.

当 $\alpha=0.5\times10^{-2}$ 时

$$T'_a = 2070\text{K}$$

当 $\alpha=0.5\times10^{-4}$ 时

$$T'_b = 1355\text{K}$$

(2) 斜入射情况，光照有效截面乘 0.25，这时辐射面积与有效截面之比为 8∶1.

当 $\alpha=0.5\times10^{-2}$ 时

$$T'_a = 1923\text{K}$$

当 $\alpha=0.5\times10^{-4}$ 时

$$T'_b = 1288\text{K}$$

3.22 尺度很小的黑体，其温度总是均匀的，其热容量为 M. 开始时它被遮住，温度很低. 然后暴露到阳光下. 它的绝对温度将按什么规律随时间而增加?

解 当该物体温度为 T 时，黑体辐射为 $S\sigma T^4$，S 为其辐射面积. 设在时间 $\mathrm{d}t$ 内其温度增加量为 $\mathrm{d}T$，其能量平衡方程为

$$S\sigma(T'^4 - T^4)\mathrm{d}t = M\mathrm{d}T$$

令 $T/T'=x$，$B=S\sigma T'^3/M$，上式变成

$$\frac{dx}{1-x^4}=Bdt$$

由于

$$\frac{4}{1-x^4}=\frac{2}{1+x^2}+\frac{1}{1-x}+\frac{1}{1-x}$$

积分得

$$4Bt+C=2\arctan x+\ln(1+x)-\ln(1-x)$$

C 为积分常数.

当温度接近平衡值时，$x\to1$，$\arctan x\to\frac{\pi}{4}$，$\ln(1+x)\to\ln2$，上式成为

$$\ln\frac{T'-T}{T'}=C'-4Bt$$

或

$$\frac{T'-T}{T'}=C''e^{-4Bt}$$

即 $T'-T$ 随时间 t 呈负指数下降.

3.23 试从普朗克公式推导斯特藩-玻尔兹曼定律.

解 普朗克黑体辐射公式给出黑体辐射能量分布

$$r_{\lambda,T}d\lambda=\frac{2\pi hc^2}{\lambda^5}\frac{1}{e^{hc/\lambda kT}-1}d\lambda$$

即在绝对温度为 T 时，黑体在波长 λ 到 $\lambda+d\lambda$ 范围的辐射能量. 对所有波长求积分得到总辐射度 R

$$R=\int_0^\infty r_{\lambda,T}d\lambda=\int_0^\infty\frac{2\pi hc^2}{\lambda^5}\frac{d\lambda}{e^{hc/\lambda kT}-1}$$

令 $x=\frac{hc}{\lambda kT}$，则

$$dx=-\frac{hc}{kT}\frac{1}{\lambda^2}d\lambda=-\frac{kT}{hc}x^2d\lambda$$

于是

$$\begin{aligned}R&=\int_0^\infty\left(\frac{hc}{\lambda kT}\right)^5 2\pi hc^2\left(\frac{kT}{hc}\right)^5\frac{1}{e^{hc/\lambda kT}-1}d\lambda\\&=-\int_\infty^0 x^5 2\pi hc^2\left(\frac{kT}{hc}\right)^5\frac{1}{e^x-1}\frac{hc}{kTx^2}dx\\&=\frac{2\pi k^4T^4}{h^3c^2}\int_0^\infty\frac{x^3}{e^x-1}dx\end{aligned}$$

其中积分可如下表示为 Γ 函数与 Riemann ξ 函数的乘积：

$$\int_0^\infty\frac{x^3}{e^x-1}dx=\int_0^\infty\frac{x^3dx}{e^x(1-e^{-x})}=\Gamma(4)\xi(4)=3!\times\frac{\pi^4}{90}=\frac{\pi^4}{15}$$

上述第二个等号可通过将$\frac{1}{1-e^{-x}}$按小量 e^{-x}的幂级数展开以后逐级积分再求和得到. 所以

$$R=\frac{2\pi^4k^4}{15h^3c^2}T^4=\sigma T^4$$

此式即为斯特藩-玻尔兹曼公式，代入相应常数得到

$$\sigma = \frac{2\pi^5 k^4}{15h^3c^2} = \frac{2\pi^5 \times (1.381 \times 10^{-23})^4}{15 \times (6.626 \times 10^{-34})^3 \times (2.998 \times 10^8)^2} = 5.670 \times 10^{-8}[\mathrm{W/(m^2 \cdot K^4)}]$$

3.24 接上题，从黑体辐射的普朗克公式导出黑体表面单位面积上单位波长间隔所发出的光子数为

$$n_\lambda = \frac{2c}{\lambda^4(\mathrm{e}^{hc/\lambda kT} - 1)}$$

并证明辐射光子数量最多的波长 λ_m 满足维恩位移定律

$$\lambda_m T = 3670 \times 10^{-6}\mathrm{m \cdot K}$$

解 在黑体表面单位面积上单位波长间隔的辐射功率，即光谱辐射出射度，根据普朗克公式可写为

$$b_{\lambda,T} = 2hc^2\lambda^{-5}\frac{1}{\mathrm{e}^{hc/\lambda kT} - 1}$$

设每个光子的能量 $\varepsilon = h\dfrac{c}{\lambda}$，则单位面积上单位波长间隔所发出的光子数为

$$n_\lambda = \frac{b_{\lambda,T}}{\varepsilon} = \frac{2c}{\lambda^4}\frac{1}{\mathrm{e}^{hc/\lambda kT} - 1}$$

在一定温度下，$n_\lambda = f(\lambda)$，即 n_λ 为波长的函数. 求光子数最多时所对应的波长 λ_m 可由 $\dfrac{\mathrm{d}n_\lambda}{\mathrm{d}\lambda} = 0$ 导出

$$\frac{\mathrm{d}n_\lambda}{\mathrm{d}\lambda} = -\frac{8c}{\lambda^5}\frac{1}{\mathrm{e}^{hc/\lambda kT} - 1} + \frac{2c}{\lambda^4}\frac{\mathrm{e}^{hc/\lambda kT}}{(\mathrm{e}^{hc/\lambda kT} - 1)^2} \cdot \frac{hc}{\lambda^2 kT} = 0$$

得到超越方程

$$1 - \mathrm{e}^{-x} = \frac{x}{4}$$

其中 $x = \dfrac{hc}{kT\lambda_m}$. 上式通过数值求解得 $x = \dfrac{hc}{\lambda_m kT} = 3.921$，即

$$\lambda_m T = \frac{hc}{3.921k} = \frac{1.240\ \mathrm{eV \cdot nm}}{3.921 \times 8.617 \times 10^{-5}\mathrm{eV \cdot K^{-1}}} = 3670 \times 10^{-6}\mathrm{m \cdot K}$$

即维恩位移定律. 黑体单位面积上单位波长辐射光子数对波长的分布与辐射能量对波长的分布的函数形式不同，其峰值波长也会不同，但我们看到一样满足维恩位移定律.

3.25 设在太阳系中有一球形天体，它与太阳的距离等于地球到太阳的距离，$R = 1.5 \times 10^{11}\mathrm{m}$. 设太阳等同于 $T_c = 6000\mathrm{K}$ 的黑体，半径 $R_c = 7 \times 10^8\mathrm{m}$. 试由下列假设决定天体的温度：

(1) 天体具黑体特征；

(2) 天体选择吸收 $\lambda = 5000\text{Å}$ 附近的光；

(3) 天体选择吸收 $\lambda = 5\mu\mathrm{m}$ 附近的光.

解 (1) 设天体的直径为 d，因其为黑体，吸收系数为 $\alpha = 1$，则其吸收功率为

$$P_1 = \alpha\frac{\pi d^2}{4} \cdot \sigma T_c^4\left(\frac{R_c}{R}\right)^2$$

该天体向各方向辐射总功率为

$$P_2 = \pi d^2 \cdot \sigma T^4$$

平衡时 $P_1=P_2$，有

$$T=T_c\sqrt{\frac{R_c}{2R}}=290\text{K}$$

基本等于地球表面的平均温度. 注意:这个结论与该天体大小并无关系.

(2) 天体吸收波长在 $\lambda\sim\lambda+\Delta\lambda$ 区间的太阳辐射功率为

$$P_1'=\frac{\pi d^2}{4}\frac{2\pi hc^2\Delta\lambda}{\lambda^5(e^{hc/\lambda kT_c}-1)}\cdot\frac{R_c^2}{R^2}$$

该天体辐射功率仍为 P_2，平衡时 $P_1'=P_2$. 代入波长 $\lambda=5000\text{Å}=5\times10^{-7}\text{m}$，$T_c=6000\text{K}$，以及 h,c,k 等常数值，并设 $\Delta\lambda=500\text{Å}$，有

$$T=146\text{K}$$

(3) 计算同上，代入 $\lambda=5\times10^{-6}\text{m}$，$\Delta\lambda=0.05\times10^{-6}\text{m}$ 和其他常数得

$$T=8.2\text{K}$$

3.26　一个 $F=2$ 的凸透镜将太阳光通过一小孔会聚到一个内壁涂黑的箱子中，孔的直径等于太阳的像的直径. 忽略大气和透镜对光的吸收. 求箱内达热平衡后的温度，已知太阳表面温度为 $T_c=6000\text{K}$，设箱子除小孔辐射能量外，对外绝热.

解　设透镜的直径为 d，焦距为 f(如题图 3.26). 由题意

$$F=f/d=2$$

以 R_c 表示太阳半径，R 为日地距离. 则透镜接收到的能流为

$$\sigma T_c^4\left(\frac{R_c}{R}\right)^2\cdot\frac{\pi d^2}{4^2}$$

太阳的像的面积为

$$\pi r^2=\pi\left(\frac{R_c\cdot f}{R}\right)^2$$

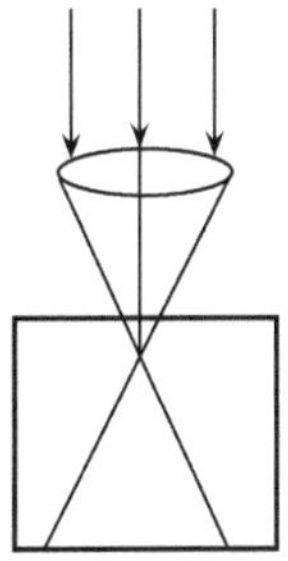

题图 3.26

这里应用了 $\frac{r}{R_c}=\frac{f}{R}$，透过面积为 S 的小孔落入箱内的能量为透镜接收的流量，即

$$\sigma T_c^4\left(\frac{R_c}{R}\right)^2\cdot\frac{\pi d^2}{4^2}\frac{S}{\pi\left(\frac{R_c\cdot f}{R}\right)^2}=\sigma T_c^4 S\frac{d^2}{4^2f^2}$$

设箱内温度为 T，则通过小孔 S 辐射的能量为

$$S\sigma T^4$$

在平衡时有

$$S\sigma T^4=\sigma T_c^4 S\frac{d^2}{4^2f^2}$$

所以

$$T=T_c\sqrt{\frac{d}{4f}}=2100\text{K}$$

3.27　如果要观测一个大小为 2.5Å 的物体，可用的

(1) 光子的最小能量是多少?

(2) 电子的最小能量是多少?

解 要观测一个物体,就要与之相互作用,即使被观测的物体产生散射. 题中能采用的最大波长 $\lambda_m=2.5\text{Å}$. 由此可求出相应的最小能量.

(1) 对于光子(已属于 X 波段)

$$E_{小}=\frac{hc}{\lambda_m}=\frac{6.63\times10^{-34}\times3\times10^{8}}{2.5\times10^{-10}}=8.0\times10^{-16}(\text{J})=5.0\times10^{3}(\text{eV})$$

(2) 对于非相对论电子,$P=\sqrt{2m_0E_k}$,P 为动量

$$\lambda=\frac{h}{P}=\frac{h}{\sqrt{2m_0E_k}}$$

所以

$$E_{k小}=\frac{h^2}{2m_0\lambda_m^2}=\frac{(6.63\times10^{-34})^2}{2\times9.1\times10^{-31}\times(2.5\times10^{-10})^2}$$
$$=3.9\times10^{-18}(\text{J})=24(\text{eV})$$

可见对于给定的能量,电子比光子有很高的分辨率. 所以观测微观结构要采用电子显微镜.

3.28 一个光子"迎头""击中"一个静止的电子,并沿着入射方向反冲回来. 若该电子以 βc 离开,且 $\beta\ll1$,试证电子最终动能与光子的最初能量之比恰好是 β(把问题当非相对论处理).

解 光子的最初能量 $E=\dfrac{hc}{\lambda}$. 电子的最终动能 $E_k=\dfrac{1}{2}m_0(\beta c)^2$.

由动量守恒

$$\frac{h}{\lambda}=m_0\beta c-\frac{h}{\lambda'} \tag{1}$$

λ'为反冲回来光线的波长.

由能量守恒

$$\frac{hc}{\lambda}=\frac{1}{2}m_0(\beta c)^2+\frac{hc}{\lambda'} \tag{2}$$

联立得

$$\frac{hc}{\lambda}=\frac{1}{2}m_0(\beta c)^2-\left(\frac{hc}{\lambda}-m_0\beta c^2\right)$$
$$2\frac{hc}{\lambda}=m_0\beta c^2\left(\frac{\beta}{2}+1\right)$$

因 $\beta\ll1$ 有

$$\frac{hc}{\lambda}=\frac{1}{2}m_0\beta c^2$$

所以$\dfrac{\frac{1}{2}m_0(\beta c)^2}{\frac{hc}{\lambda}}=\beta$,得证.

3.29 中子质量为 1.67×10^{-27}kg，为使 $E_k=20$keV 的中心通过圆孔衍射后，其衍射主极大方向的半角宽 $\theta=2^\circ$，孔径应是多少？

解 按非相对处理：由

$$E_k=\frac{1}{2}mv^2,\qquad v=\sqrt{2E_k/m}$$

$$\lambda=\frac{h}{mv}=\frac{h}{\sqrt{2E_km}}\approx2\times10^{-13}\text{m}=0.002\text{Å}$$

由衍射理论，圆孔衍射第一级极小的衍射角为

$$\theta=1.22\frac{\lambda}{a}=2^\circ=2\times\frac{\pi}{180}=0.035(\text{rad})$$

小孔直径

$$a=1.22\frac{\lambda}{\theta}=1.22\frac{\sqrt{2E_km}}{h\theta}=0.07\text{Å}$$

3.30 气体由具有两个非简并能级 E_1 和 $E_2(E_1<E_2)$ 的分子组成，且处于平衡态. 考虑受激辐射，试用 $T=0$ 时气体的吸收系数 χ_0 来表示温度为 T 时气体的吸收系数 $\chi(T)$. 研究两种极限情况：

(1) $kT\gg h\nu=E_2-E_1$；

(2) $kT\ll h\nu=E_2-E_1$.

解 设气体分子处于 E_1 和 E_2 能级的分子数分别为 N_1 和 N_2，在热平衡状态下吸收概率和发射概率相等. 因此吸收系数 χ 正比于 (N_2-N_1). 由玻尔兹曼公式

$$N_2=N_1e^{-(E_2-E_1)/kT}=N_1e^{-h\nu/kT}$$

所以

$$N_1-N_2=N_1[1-e^{-h\nu/kT}]$$

得

$$\chi(T)=\chi_0[1-e^{-h\nu/kT}]$$

(1) 若 $h\nu/kT\ll1$，则 $\chi(T)=\chi_0\dfrac{h\nu}{kT}$，因此 $\chi(T)\ll\chi_0$. 无线电波就属这种情况. 如毫米波在 $T=300$K 时，$h\nu/kT\approx0.05$.

(2) 若 $h\nu/kT\gg1$，则 $\chi(T)=\chi_0$. 这发生在光学波段. 对 5000Å，$T=1500$K 时，$h\nu/kT\approx20$.

3.31 由黑体辐射的普朗克公式，推导长波段辐射的瑞利-金斯公式.

解 处于平衡温度 T 的黑体在波长从 λ 到 $\lambda+d\lambda$ 范围的辐射度为

$$r_{\lambda,T}d\lambda=2\pi hc^2\lambda^{-5}\frac{1}{e^{hc/\lambda kT}-1}d\lambda$$

即普朗克公式. 在长波段，光子能量 $h\nu=\dfrac{hc}{\lambda}\ll kT$ 时，普朗克公式分母中的 e 指数可展开为

$$e^{hc/\lambda kT}=1+\frac{hc}{\lambda kT}+\frac{1}{2}\left(\frac{hc}{\lambda kT}\right)^2+\cdots$$

只取前两项，则分母

$$e^{hc/\lambda kT}-1=\frac{hc}{\lambda kT}$$

代入普朗克公式则有

$$r_{\lambda,T}\mathrm{d}\lambda=\frac{2\pi c}{\lambda^4}kT\mathrm{d}\lambda$$

考虑到$\nu=c/\lambda$，$|\mathrm{d}\nu|=(c/\lambda^2)\mathrm{d}\lambda$，上式也可写成

$$r_{\nu,T}\mathrm{d}\nu=\frac{2\pi}{c^2}\nu^2kT\mathrm{d}\nu=\frac{2\pi}{\lambda^2}kT\mathrm{d}\nu$$

这两个式子都叫瑞利-金斯公式.

3.32 晕是太阳的米波段无线电波辐射源.假设辐射的有效温度为$T\approx10^6$K，晕环的等效半径$r=6.95\times10^8$m，求太阳到地球的带宽为1MHz的无线电辐射通量.

解 $\mathrm{d}\nu=10^6$，考虑到晕对地球张角$\alpha=r/R_0$，R_0为日地距离.

由瑞利-金斯公式有

$$S=\frac{2\pi kT}{\lambda^2}\left(\frac{r}{R_0}\right)^2$$

代入$R_0=1.5\times10^{11}$m，$r=6.95\times10^8$m，$\lambda=1$m，$T=10^6$K，有

$$S=1.86\times10^{-15}\,\mathrm{W/MHz}$$

3.33 光压.假设单色光波长为λ，频率为ν，单位体积内有N个光子，光在真空中以入射角i照到一平面[题图3.33(1)].求辐射压强：

(1) 平面为黑体；

(2) 平面为镜面，反射系数为R；

(3) 平面为理想的漫散射体.

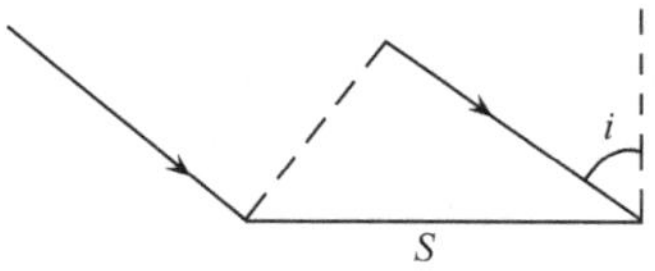

题图3.33(1)

解 单个光子的动量为$h/\lambda=h\nu/c$.在1秒钟内照到截面S上光子的总动量为

$$N\frac{h\nu}{c}cS\cos i$$

即光对S面所施加的力

$$F=Nh\nu S\cos i$$

辐射压强为S面法向单位面积受的力

$$P=\frac{F\cos i}{S}=Nh\nu\cos^2 i \tag{1}$$

(1) S面为黑体表面，光辐射压强即为式(1).

(2) S面为反射率为R的镜面，即入射光子数的一部分(乘以R)以反射角i离开表面，这些光子对动量的影响为

$$RNh\nu S\cos i$$

相应的压强为

$$P'=RNh\nu\cos^2 i$$

总辐射压为

$$P+P'=(1+R)Nh\nu\cos^2 i$$

(3) S 为理想散射面，这时入射光子向各方向散射离开表面的概率相等[题图 3.33(2)]考虑母线与 S 面法线分别成 i'和 $i'+\mathrm{d}i'$的两个圆锥体之间，其立体角为 $\mathrm{d}\Omega$，在其内散射概率为

$$\frac{\mathrm{d}\Omega}{2\pi}=\sin i'\mathrm{d}i'$$

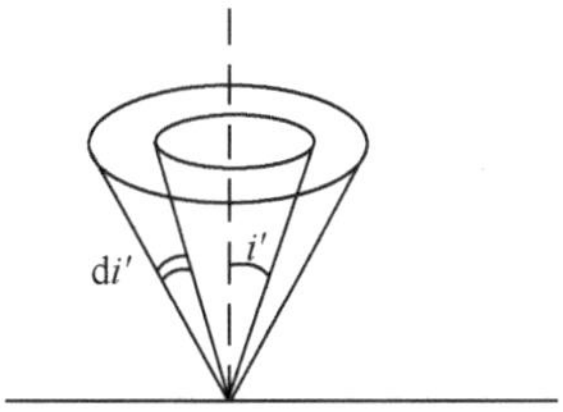

题图 3.33(2)

离开表面的光子动量的平均值为

$$\int_0^{\pi/2}\frac{h\nu}{c}\cos i'\sin i'\mathrm{d}i'=\frac{h\nu}{2c}$$

单位时间有 $NcS\cos i$ 个光子入射并散射，所以动量的改变，即压强为

$$Nh\nu\cos^2 i+\frac{1}{2}Nh\nu\cos i=Nh\nu\left(\cos^2 i+\frac{1}{2}\cos i\right)$$

3.34 平面光照到球体表面，球体直径远大于波长. 试用入射光密度表示光对球的压力，假如球是：

(1) 绝对黑体；

(2) 绝对镜面；

(3) 绝对粗糙(满足朗伯定律).

解 (1) 如题图 3.34(1)，以入射光为对称轴，将迎光球面分成许多环形面积元，其面积为

$$\mathrm{d}S=2\pi a^2\sin i\mathrm{d}i$$

式中 a 为球半径，i 为入射角.

由上题，光对 $\mathrm{d}S$ 施加的力为 $\mathrm{d}F=Nh\nu\mathrm{d}S\cos i$，方向沿光线方向. 所以沿该方向球受力总和为

$$F=\int\mathrm{d}F=\int_0^{\frac{\pi}{2}}Nh\nu 2\pi a^2\cos i\sin i\mathrm{d}i=Nh\nu\pi a^2=Su$$

式中能流密度 $u=Nh\nu$，S 为球的截面面积.

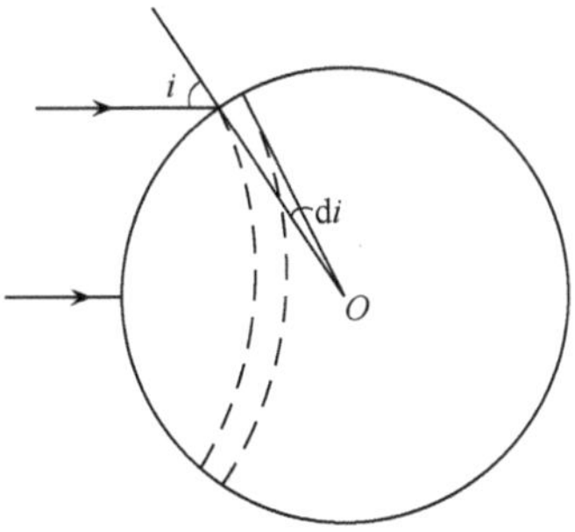

题图 3.34(1)

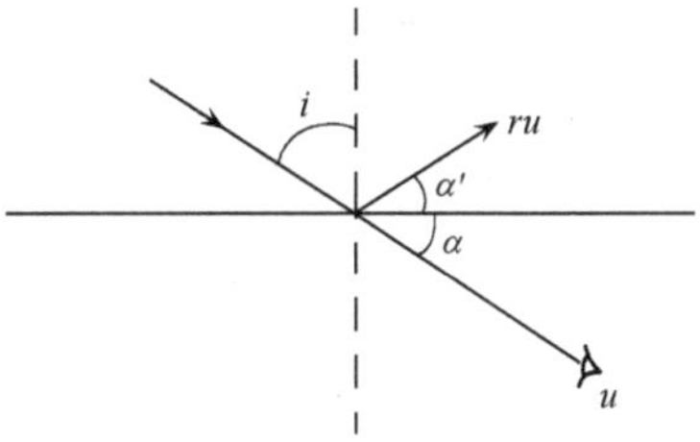

题图 3.34(2)

(2) 为一般起见，设表面反射率为 r. 见题图 3.34(2)：入射能流在入射方向损失了 $ru\cos(2\alpha)$. 所以沿入射方向，$\mathrm{d}S$ 受力为

$$\mathrm{d}F'=u\mathrm{d}S\cos i-ru\mathrm{d}S\cos(2\alpha)\cdot\cos i$$

而
$$i+\alpha=\frac{\pi}{2}$$
所以
$$\cos 2\alpha=2\cos^2\alpha-1=2\cos^2\left(\frac{\pi}{2}-i\right)-1$$
$$=2\sin^2 i-1$$
球受力总和为
$$F'=\int \mathrm{d}F'=\int u\mathrm{d}S\cdot\cos i-ru\int\cos i(2\sin^2 i-1)\mathrm{d}S$$
式中第一项即题(1)的解:Su.

式中第二项为
$$ru\int_0^{\frac{\pi}{2}}2\pi a^2\sin i\cos i(2\sin^2 i-1)\mathrm{d}i=-\pi a^2 ru$$
$$F'=Su+\pi a^2 ru=(1+r)Su$$

(3) 由上题知,理想漫散射体离开表面的光子动量平均值为$\frac{1}{2}\frac{h\nu}{c}$. 由朗伯定律,沿各方向漫散射的光强与 $\cos i$ 成正比. 所以漫散射光造成的附加压力为
$$\Delta F=\frac{1}{2}Nh\nu\int_0^{\frac{\pi}{2}}2\pi a^2\sin i\cdot\cos i\cdot\cos i\cdot\mathrm{d}i=\frac{1}{3}Nh\nu\pi a^2=\frac{1}{3}Su$$
再应加上入射光强产生的压力 F,总压力为
$$F''=F+\Delta F=\frac{4}{3}Su$$

3.35 试按经典力学理论,推算光子不能离开大质量星球的条件.

解 设想光是由质量为 m 的微粒构成(例如,设 $m=\frac{h\nu}{c^2}$,其中 $h\nu$ 是光子能量). 当满足$\frac{mv^2}{2}\geqslant GMm/r$ 条件时,该微粒能离开质量为 M 的物体从距离 r 跑到无穷远,式中 v 是微粒的径向速度. 设 $v=c$,由此得到星球表面不可见的条件:$r\leqslant r_g\equiv 2GM/c^2\approx 3M/M_c$(km),其中 M_c 是太阳质量. 结果与微粒质量 m 无关,而且对光运用非相对论公式与用广义相对论得到的结果意外地精确符合. 半径 r_g 称为物体的引力半径.

上式中的近似,是因为简单的计算表明,若太阳成为黑洞,其直径要压缩到 3km. 所以质量为 M 的星体若成为黑洞,其引力半径为
$$3\frac{M}{M_c}\mathrm{km}$$

3.36 若作用于太空中一铁质小球上的太阳引力与其光压力相互平衡,太阳的温度为 6000K. 求该小球的直径,铁密度 $\rho=7.86\times10^3\,\mathrm{kg/m^3}$.

解 设太阳质量为 M,铁球质量 $m=\frac{4}{3}\pi r^3\rho=\frac{\pi}{6}d^3\rho$,太阳与小球距离为 R,则引力为
$$F_1=G\frac{Mm}{R^2}=G\frac{\pi M\rho d^3}{6R^2}$$
将小球看作黑体,则光压力为太阳朝球的辐射功率除以光速,压力为

$$F_2 = \frac{\pi}{4}d^2\sigma T^4\left(\frac{R_s}{R}\right)^2\frac{1}{c}$$

式中 $R_s=7\times10^8\text{m}$ 为太阳半径，σ 为斯特藩-玻尔兹曼常量.

$$\sigma = 5.7\times10^{-8}\text{W}/(\text{m}^2\cdot\text{K}^4)$$

按题意，$F_1=F_2$ 代入有关数据，得

$$d = 1.7\times10^{-7}\text{m} = 17\mu\text{m}$$

3.37 电灯中钨丝直径为 $d=0.05\text{mm}$，若灯丝发光时温度为 $T_1=2700\text{K}$，求切断电流后多长时间灯丝降温至 $T_2=600\text{K}$. 设钨丝当作绝对黑体，钨的密度及比热容为已知.

解 灯丝在 $\text{d}t$ 时间内辐射的能量等于其温度下降 $\text{d}T$ 时放出的能量

$$S\sigma T^4\text{d}t = mc\ |\ \text{d}T\ |$$

式中钨丝表面积 $S=\pi dL$，L 为长度，钨丝质量 $m=\rho\frac{\pi}{4}d^2L$，$\rho=1.9\times10^4\text{kg/m}^3$，钨的比热为 c，$c=1.55\times10^2\text{J}/(\text{kg}\cdot\text{K})$.

$$\text{d}t = \frac{mc}{\sigma T^4S}\ |\ \text{d}T\ |$$

$$t=\int_0^t\text{d}t = \int_{T_1}^{T_2}\frac{mc}{\sigma T^4S}\text{d}T = \frac{mc}{\sigma S}\frac{1}{3}\left(\frac{1}{T_2^3}-\frac{1}{T_1^3}\right)$$

$$=\frac{\rho cd}{12\sigma}\left(\frac{1}{T_2^3}-\frac{1}{T_1^3}\right)\approx 1\text{s}$$

3.38 长度 $l=10\text{cm}$、直径 $d=0.03\text{mm}$ 的灯丝消耗功率 $P=25\text{W}$，其中有 $P_1=2\text{W}$ 由于热传导而散失，求其辐射极大对应的波长 λ_m. 若该灯放在外表面面积 $S=150\text{cm}^2$ 的黑色金属圆筒中，且热传导损失不变时，情况如何？灯丝可当黑体.

解 维恩位移定律为

$$T\lambda_m = b = 2.9\times10^{-3}\text{m}\cdot\text{K}$$

$$\lambda_m = \frac{b}{T}$$

灯丝辐射功率为

$$P-P_1 = \pi dl\sigma T^4$$

$$\lambda_m = \frac{b}{T} = b\sqrt[9]{\frac{\pi dl\sigma}{P-P_1}}$$

式中 σ 为斯特藩-玻尔兹曼常量. 代入有关数值得

$$\lambda_m = 1.1\mu\text{m}$$

若灯放于圆筒中，筒辐射之功率为

$$S\sigma T^4 = P-P_1$$

$$T = \sqrt[4]{\frac{P-P_1}{\sigma S}}$$

$$\lambda_m' = \frac{b}{T} = b\sqrt[4]{\frac{S\sigma}{P-P_1}} = 7.2\mu\text{m}$$

3.39 地球正对太阳时单位面积接收到太阳的辐射功率为 $e=1.35\text{kW/m}^2$，这个数

值叫太阳常数. 日地距离 $r_1=1.50\times10^8$ km,太阳半径 $r_2=6.95\times10^5$ km,假设太阳为绝对黑体. 求:

(1) 太阳的辐射总功率;

(2) 太阳的质量损失率;

(3) 太阳表面温度.

解 解法一

(1) 太阳辐射总功率

$$\psi = 4\pi r_1^2 \mathrm{e} = 38.17\times10^{22}\,\mathrm{kW}$$

(2) 按质能关系 $E=mc^2$

$$\Delta m = \frac{\Delta E}{c^2} = \frac{38.17\times10^{22}}{(3\times10^8)^2} = 4.24\times10^9\,(\mathrm{kg/s})$$

(3) 太阳的辐射本领(即面辐射度)R 为

$$R = \frac{\psi}{S} = \frac{4\pi r_1^2 \mathrm{e}}{4\pi r_2^2} = \mathrm{e}\left(\frac{r_1}{r_2}\right)^2$$

由斯特藩定律,$R=\sigma T^4$,有

$$T = \sqrt[4]{\frac{R}{\sigma}} = \sqrt[4]{\frac{e}{\sigma}\left(\frac{r_1}{r_2}\right)^2} = 5773\mathrm{K}.$$

解法二　设太阳的辐射亮度为 b,把太阳当成余弦发射体,则太阳的辐射本领为

$$R = \pi b$$

而 b 与地面照度的关系为

$$e = \Omega b$$

式中 Ω 为太阳对地面被照点所张的立体角

$$\Omega = \pi\frac{r_2^2}{r_1^2}$$

故太阳的辐射本领为

$$R = e\left(\frac{r_1}{r_2}\right)^2$$

太阳温度 $T=\sqrt[4]{\frac{R}{\sigma}}=\sqrt[4]{\frac{e}{\sigma}\left(\frac{r_1}{r_2}\right)^2}=5773\mathrm{K}$.

3.40　光子的引力红移. 能量为 $h\nu$ 的光子从地球表面射向无穷远,求在无穷远处观察到的频率 ν',设 $\nu'\approx\nu$.

解　按

$$E = h\nu,\qquad E = mc^2$$

光子的引力质量 $m=h\nu/c^2$,因为 $\nu'\approx\nu$,我们可以认为这个光子的引力质量不变. 在射向无穷远过程中克服引力所做的功为

$$\int_R^\infty \frac{h\nu}{c^2}\frac{GM}{r^2}\mathrm{d}r = \frac{h\nu}{c^2}\frac{GM}{R}$$

式中 G 为万有引力常数,M、R 分别为地球质量和半径. 所以无穷远处观察的 ν' 为

$$\nu' = \nu\left(1-\frac{GM}{Rc^2}\right)$$

或

$$\frac{\Delta\nu}{\nu}=-\frac{GM}{Rc^2}$$

3.41　如题图 3.41，均匀引力场方向 **g** 与 x 坐标反向，一光子初始时频率为 ν_0 沿 x 方向运动，求初始时引力场对光子的作用力，并求光子运动到 x'时频率为多少.

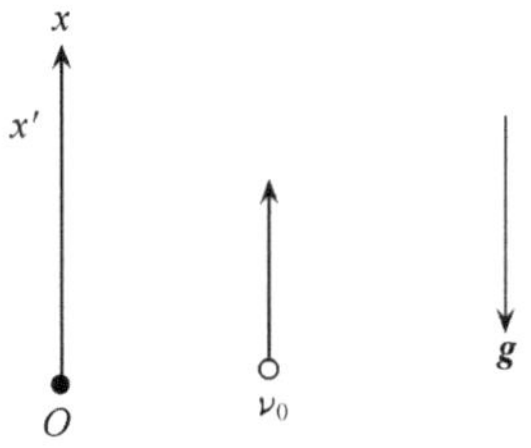

题图 3.41

解　光子质量

$$m_p=h\nu_0/c^2$$

初始时所受引力

$$F=m_p g=h\nu_0 g/c^2$$

设在 x 处光子能量为 $h\nu$，在 $x+\Delta x$ 处为 $h(\nu+\Delta\nu)$，且在 $x-x+\Delta x$ 范围内引力为常数. 由动量原理，光子能量变化等于引力作用，即

$$h\Delta\nu=(-h\nu g/c^2)\Delta x$$

或

$$\frac{\Delta\nu}{\nu}=-\frac{g}{c^2}\Delta x$$

积分得

$$\nu_{x'}=\nu_0\exp\{-gx'/c^2\}$$

$\nu_{x'}<\nu_0$，即引力红移.

3.42　太阳常数为 $S=1.35\text{kW/m}^2$，若以此不变速率，每年太阳减少多少质量？已知日地距离为 $1.5\times10^{11}\text{m}$，若按此质量减少速率，多少年后太阳质量为零？已知太阳质量为 $2.0\times10^{30}\text{kg}$，用这种方法计算的太阳“寿命”准确吗？

解　太阳总辐射功率为 $4\pi r^2\cdot S$，式中 r 为日地距离.

由 $E=mc^2$，所以每秒质量减少量为

$$m=\frac{4\pi r^2\cdot S}{c^2}=\frac{3.8\times10^{26}}{9\times10^{16}}=4.2\times10^9(\text{kg/s})$$

考虑到每年有 $3.2\times10^7\text{s}$. 每年将消耗质量 $1.4\times10^{17}\text{kg}$.

按此质量消耗速率，太阳质量为零需时间

$$\frac{2.0\times10^{30}}{1.4\times10^{17}}=1.4\times10^{13}(\text{a})$$

这种方法计算到的“寿命”约十万亿年以上，并不准确. 需要根据太阳上氢的含量由于热核反应全部耗尽所需时间计算. 那时，即使不进行热核反应，从而不再发光，但仍有大量的氦存在. 而“太阳”已经“死亡”了.

3.43　一个光子的波长为 $0.3\mu\text{m}$，若测定波长的不确定度为 10^{-4}，求此光子的位置的不确定度.

解　光子动量 $p=\dfrac{h}{\lambda}$，其动量不确定度 $\left|\dfrac{\Delta p}{p}\right|=\left|\dfrac{\Delta\lambda}{\lambda}\right|$，由不确定性关系 $\Delta x\cdot\Delta p\sim\dfrac{h}{2\pi}$. 故位置不确定度

$$\Delta x = \frac{h}{2\pi}\frac{1}{\Delta p} = \frac{h}{2\pi}\frac{1}{p\frac{\Delta\lambda}{\lambda}} = \frac{\lambda}{2\pi}\left(\frac{\lambda}{\Delta\lambda}\right) = 0.5\text{mm}$$

3.44　试由太阳常数求地球表面的光压,并与大气压作比较.

解　$$E = pc, \qquad \frac{dE}{dt} = c\frac{dp}{dt}$$

压强 P 等于单位面积上的动量变化率

$$P = \frac{dp}{dt} = \frac{1}{c}\frac{dE}{dt} = \frac{1}{3\times10^8\text{m/s}}\cdot 1.4\times10^3\text{J/m}^2\cdot\text{s} \approx 0.5\times10^{-5}\text{N/m}^2$$

即光压 $P=0.5\times10^{-5}\text{N/m}^2$. 比较大气压 $P_0=10^5\text{N/m}^2$,约是太阳光压的 10^{10} 倍. 在太空中没有气体,彗星进入太阳系中,彗尾物质受光压作用,在背着太阳的方向散成"扫帚"形,人称"扫帚星".

3.45　氮分子激光器脉冲输出功率 $I=600\text{kW}$,聚焦到 1mm^2 的靶上. 求靶上的光压,并与大气压相比. 设靶全部吸收光能.

解　光子的能量与动量关系为 $E=pc$,所以

$$\frac{dE}{dt} = c\frac{dp}{dt}$$

靶完全吸收光的动量,按动量定理,产生的作用力

$$F = \frac{dp}{dt} = c^{-1}\frac{dE}{dt}$$

压强

$$P = \frac{F}{S} = \frac{1}{cS}\frac{dE}{dt} = \frac{600\times10^3}{3\times10^8\times1\times10^{-6}} = 2\times10^3(\text{Pa})$$

而大气压 $P_0=10^5\text{Pa}$. 可见这种脉冲激光的光压仍远小于大气压.

3.46　据报道,用于受控热核反应的脉冲激光功率已达 $3.0\times10^{13}\text{W}$. 如聚焦到 0.1mm^2 面积,光压为大气压的多少倍?

解　$$P = \frac{I_0}{Sc} = \frac{3.0\times10^{13}}{3\times10^8\times10^{-7}} = 1\times10^{12}(\text{N/m}^2)$$

$$\frac{P}{P_0} = \frac{10^{12}}{10^5} = 10^7$$

为大气压的 10^7 倍.

3.47　有人提出用辐射压力来驱动飞船. 若太阳的能流密度为 1.4kW/m^2,全部被地球附近的飞船接收,飞船的接收器面积为 1000m^2. 总质量 1000kg. 问使飞船速度增加 1m/s 需多长时间? 设太阳的能流密度在地球附近不改变.

解　设飞船完全吸收了太阳辐射,有压强 $P=\frac{I_0}{c}$,辐射压力 $F=PS=\frac{I_0 S}{c}$,式中 I_0 为太阳常数,S 为接收器面积.

由牛顿第二定律,有

$$F = PS = ma = \frac{I_0 S}{c}$$

按飞船均匀加速,有 $v_t=at$,故

$$t=\frac{v_t}{a}=\frac{mv_tc}{I_0S}=\frac{10^3\times1\times3\times10^8}{1.4\times10^3\times10^3}=2\times10^5(\mathrm{s})$$

3.48　太空站释放一枚小火箭，质量 1kg，初速为零. 若以功率为 1W 的激光做动力，需多长时间可以将小火箭加速到 1m/s? 这枚小火箭发射激光对它的质量有多少改变? 这种光子火箭的效率如何?

解　由质能关系 $E=mc^2$，发射激光使得质量损失率为

$$\frac{\mathrm{d}m}{\mathrm{d}t}=\frac{1}{c^2}\frac{\mathrm{d}E}{\mathrm{d}t}=\frac{1\mathrm{W}}{c^2}\approx10^{-17}\mathrm{kg/s}\approx3\times10^{-10}\mathrm{kg/a}$$

可以忽略对火箭质量的影响，1a=1 年.

由动量守恒，光向后方的动量及其变化率等于火箭向前方的动量及其变化率

$$\frac{\mathrm{d}p}{\mathrm{d}t}=m\frac{\mathrm{d}v}{\mathrm{d}t}$$

而

$$\frac{\mathrm{d}p}{\mathrm{d}t}=\frac{1}{c}\frac{\mathrm{d}E}{\mathrm{d}t}=m\frac{\mathrm{d}v}{\mathrm{d}t}$$

加速度

$$a=\frac{\mathrm{d}v}{\mathrm{d}t}=\frac{1}{mc}\frac{\mathrm{d}E}{\mathrm{d}t}$$

$$t=\frac{v_t}{a}=\frac{v_tmc}{\mathrm{d}E/\mathrm{d}t}=3\times10^8\mathrm{s}\approx10\mathrm{a}$$

大约需 10 年才能将小火箭加速到 1m/s.

求光子火箭的效率，即所消耗的光能中有多少转化成动能

$$\eta=\frac{\frac{1}{2}mv_t^2}{\frac{\mathrm{d}E}{\mathrm{d}t}\cdot t}=\frac{\frac{1}{2}\times1\times1^2}{1\times3\times10^8}\approx10^{-9}$$

注意，不可用能量守恒来求解此题，即以为全部光能都转化成火箭动能，那将得到荒唐的结果

$$1\mathrm{W}\times t'=\frac{1}{2}mv^2$$

得 $t'=0.5\mathrm{s}$.

3.49　一个漂浮在太空中的宇航员，若利用功率为 10kW 的定向辐射来做动力，需多长时间才能从静止达到 1m/s 的速率? 设他的总质量为 100kg.

解　$F=\dfrac{\mathrm{d}p}{\mathrm{d}t}=\dfrac{1}{c}\dfrac{\mathrm{d}E}{\mathrm{d}t}$

$$t=\frac{v}{a}=\frac{v}{F/m}=\frac{mvc}{\mathrm{d}E/\mathrm{d}t}=\frac{100\times1\times3\times10^8}{10\times10^3}=3\times10^6(\mathrm{s})$$

大约一个月才能达到 1m/s 的速度.

3.50　已知太阳常数为 $1.4\times10^3\mathrm{W/m^2}$，求地表附近电场和磁感应强度的大小.

解　由光的电磁理论知，能流密度为

$$S=\frac{1}{\mu_0}EB=\frac{1}{\mu_0c}E^2=\frac{c}{\mu_0}B^2$$

式中 c 为光在真空中速度，μ_0 为真空磁导率，$\mu_0=4\pi\times10^{-7}\text{N/A}^2$. 所以

$$E=\sqrt{\mu_0 cS}=419\text{V/m}$$

$$B=\sqrt{\frac{\mu_0}{c}S}=1.40\times10^{-6}\text{T}$$

3.51　在一定条件下，人眼能够感觉到 5 个蓝绿光光子（$\lambda=4861\text{Å}$）. 这时视网膜接收到多大能量？如果每 $\frac{1}{25}$s 都收到这样 5 个光子，使眼睛有连续的视觉，这种光的功率为多少？

解

$$E=nh\frac{c}{\lambda}=2.05\times10^{-18}\text{J}\approx1.25\text{eV}$$

$$P=\frac{E}{t}=5.0\times10^{-17}\text{W}$$

3.52　已知单色光（$\lambda=4800\text{Å}$）通过 1cm^2 截面的辐射通量为 20W. 求该光束内每立方毫米内的光子数.

解　单个光子的能量为

$$\varepsilon=h\frac{c}{\lambda}$$

每秒钟 20J 的光束中含光子数

$$N=\frac{20}{\varepsilon}=\frac{20\cdot\lambda}{hc}$$

这些光子在截面为 A 内每秒钟走过的体积为

$$V=Ac$$

所以单位时间每立方毫米内光子数

$$n=\frac{N}{V}=\frac{20\cdot\lambda}{hc\cdot Ac}=1.61\times10^{6}(\text{mm})^{-3}$$

3.53　将紫外光（$\lambda=2000\text{Å}$）照到铝表面，其功函数 $\Phi=4.2\text{eV}$.

(1) 求出射的最快的光电子能量；

(2) 求遏止电压；

(3) 若入射光强为 20W/m^2，单位时间打到单位面积的铝表面有多少光子？

解　(1) 按爱因斯坦光电效应方程

$$h\nu=\frac{1}{2}mv_{\text{m}}^2+\phi$$

式中 v_{m} 为光电子可能的最大速度.

$$\frac{1}{2}mv_{\text{m}}^2=h\nu-\phi=\frac{hc}{\lambda}-\phi=2.0\text{eV}$$

注意 $1\text{eV}=1.6\times10^{-19}\text{J}$.

(2) 遏止电压等于 2.0V.

(3) $N=\frac{I}{h\nu}=\frac{I\lambda}{hc}=\frac{20\times0.2\times10^{-6}}{6.6\times10^{-34}\times3\times10^{8}}=2\times10^{19}(\text{m}^2/\text{s})$.

3.54　电子的速度达光速的五分之一.求该电子束的德布罗意波长.

解　运动电子质量为

$$m = m_0 / \sqrt{1-\beta^2}$$

式中 $\beta=v/c$.

德布罗意波长

$$\lambda = \frac{h}{mv} = \frac{h\sqrt{1-\beta^2}}{m_0 v} = \frac{h\sqrt{1-(v/c)^2}}{m_0 \frac{1}{5}c}$$

$$= \frac{5h}{m_0 c}\sqrt{1-0.2^2} = 0.012\text{nm}$$

3.55　求动能为 20keV 的中子束通过直径为 0.035Å 的圆孔后，其中心衍射束的半角宽.中子质量为 1.67×10^{-27}kg.

解　按非相对论，$E_k=\frac{1}{2}mv^2$.中子束的德布罗意波长为

$$\lambda = \frac{h}{mv} = \frac{h}{\sqrt{2mE_k}}$$

圆孔衍射第一极小对应的衍射角为

$$\theta = 1.22\frac{\lambda}{d} = \frac{1.22h}{d\sqrt{2mE_k}}$$

代入相关量，注意 $1\text{eV}=1.6\times10^{-19}$J，得

$$\theta = 0.70\text{rad} = 4^\circ$$

3.56　在康普顿散射实验中，一个 X 光光子与一静止电子发生弹性碰撞，如题图 3.56，写出动量守恒和能量守恒方程.电子动量为 mv，散射光频率为 ν'，与入射光成 θ 角.

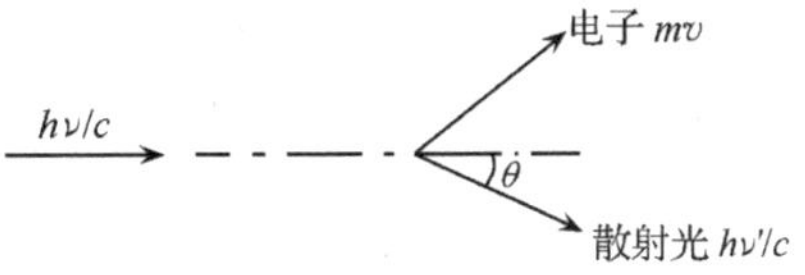

题图 3.56

解　入射光子动量 $p=h\nu/c$，散射光子动量 $p'=\frac{h\nu'}{c}$

$$\begin{cases}(mv)^2 = \left(\frac{h\nu}{c}\right)^2 + \left(\frac{h\nu'}{c}\right)^2 - 2\frac{h^2}{c^2}\nu\nu'\cos\theta \\ h\nu + m_0c^2 = h\nu' + mc^2\end{cases}$$

3.57　波长为 200nm 的光照到铝表面.已知移去一个电子的能量为 4.2eV.问：

(1) 出射的最快的光电子的能量是多少?

(2) 遏止电压是多少?

(3) 铝的截止波长为多少?

(4) 如果入射光强为 2.0W/m^2，单位面积打到单位面积的平均光子数为多少?

解　光子能量为

$$E = \frac{hc}{\lambda} = \frac{6.626\times10^{-34}\times3\times10^8}{2\times10^{-7}\times1.602\times10^{-19}}\text{eV} = 6.2\text{eV}$$

(1) 出射的最快的光电子能量为

$$W = h\nu - A = 6.2 - 4.2 = 2.0(\text{eV})$$

(2) 遏止电压即为 2.0V.

(3) 铝的截止波长(红限)为 $h\nu_0 \geqslant A$ 或 $\frac{hc}{\lambda_0} \geqslant A$

$$\lambda_0 = \frac{hc}{A} = 295\text{nm}$$

(4) 光强与光子流平均流量 N 关系为

$$I = Nh\nu$$

$$N = \frac{I}{h\nu} = \frac{I\lambda}{hc} = \frac{2.0 \times 0.2 \times 10^{-6}}{6.6 \times 10^{-34} \times 3 \times 10^{8}} = 2 \times 10^{8}(\text{m}^2 \cdot \text{s})^{-1}$$

3.58　某光电阴极对 $\lambda = 491\text{nm}$ 的光发射光电子的遏止电压为 0.71V,当改变入射光波长时,其遏止电压变为 1.43V,求与此对应的波长.

解　爱因斯坦光电效应方程为

$$eV_0 = h\nu - A$$

式中 $h\nu$ 为入射光子的能量,A 为材料逸出功.对于另一种材料有

$$eV_0' = h\nu' - A$$

联立得

$$eV_0' - eV_0 = h\nu' - h\nu = hc\left(\frac{1}{\lambda'} - \frac{1}{\lambda}\right)$$

$$\frac{1}{\lambda'} = \frac{e(V_0' - V_0)}{hc} + \frac{1}{\lambda}$$

$$\lambda' = 382\text{nm}$$

3.59　试导出康普顿散射实验中电子的反冲角与光子散射角 θ 的关系式.

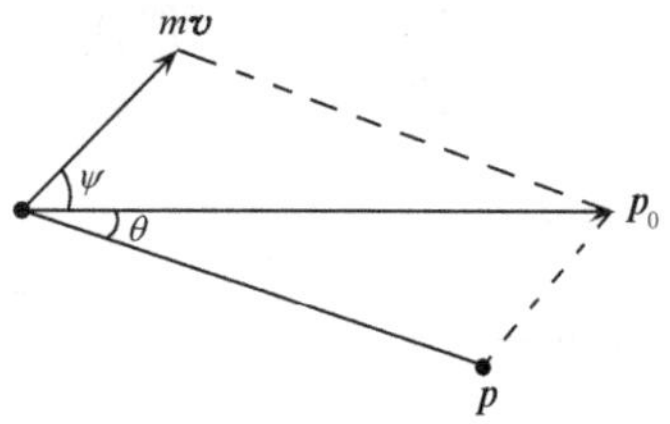

题图 3.59

解　如题图 3.59,光子入射动量为 $\boldsymbol{p}_0$,原来静止的电子作用后动量为 $m\boldsymbol{v}$,光子散射后动量为 $\boldsymbol{p}$.将动量守恒写成分量形式

$$mv\sin\psi - \frac{h}{\lambda}\sin\theta = 0$$

$$mv\cos\psi + \frac{h}{\lambda}\cos\theta = \frac{h}{\lambda_0}$$

联立得到

$$\tan\psi = \frac{\sin\theta}{(\lambda/\lambda_0) - \cos\theta}$$

其分母

$$\frac{\lambda}{\lambda_0} - \cos\theta = \frac{\lambda_0 + \Delta\lambda}{\lambda_0} - \cos\theta = (1 - \cos\theta) + \frac{\Delta\lambda}{\lambda_0}$$

而

$$\Delta\lambda = \frac{h}{mc}(1 - \cos\theta) = \frac{2h}{mc}\sin^2\frac{\theta}{2} = 2\lambda_C\sin^2\frac{\theta}{2}$$

式中

$$\lambda_C = \frac{h}{mc} = 0.00241\text{nm}$$

为康普顿波长. 所以有

$$\tan\psi = \left[\left(1+\frac{\lambda_C}{\lambda_0}\right)\tan\frac{\theta}{2}\right]^{-1}$$

或

$$\psi = \left(1+\frac{\lambda_C}{\lambda_0}\right)\tan\frac{\theta}{2}$$

3.60　试求康普顿散射中反冲电子的动能 K 与入射光子能量 E 之间的关系,用入射光波长 λ_0,散射光波长 λ_C 以及散射角 θ 表示.

解　碰撞前后光子的能量分别为

$$E = h\nu_0 = hc/\lambda_0$$
$$E' = h\nu' = hc/\lambda'$$

由能量守恒,反冲电子动能

$$K = E - E'$$

其与入射光子动能之比为

$$\frac{K}{E} = \frac{E-E'}{E} = \frac{\lambda'-\lambda_0}{\lambda'} = \frac{\Delta\lambda}{\lambda'} = \frac{\Delta\lambda}{\lambda_0+\Delta\lambda}$$
$$= \frac{2\lambda_C\sin^2(\theta/2)}{\lambda_0+2\lambda_C\sin^2(\theta/2)}$$

式中 λ_C 为康普顿波长.

3.61　讨论波长为 0.100nm 的 X 射线和从铯 Cs^{137} 样品得到的波长为 0.188×10^{-2} nm 的 γ 射线与自由电子的碰撞. 如果从与入射方向成 90°角的方向观察散射线,求:

(1) 每种入射光的康普顿波长;

(2) 入射光碰撞后失去的能量占总能量的比例;

(3) 入射光给予反冲电子的动能.

解　(1) 康普顿波长偏移公式为

$$\Delta\lambda = 2\lambda_C\sin^2(\theta/2)$$

它与入射光波长无关.

(2) 由于

$$\frac{K}{E} = \frac{2\lambda_C\sin^2(\theta/2)}{\lambda_0+2\lambda_C\sin^2(\theta/2)}$$

当 $\theta=90°$ 时

$$\frac{K}{E} = \frac{\lambda_C}{\lambda_0+\lambda_C}$$

当 $\lambda_0=0.100$nm 时

$$\frac{K}{E} = 2.35\%$$

当 $\lambda_0=0.188\times10^{-2}$nm 时

$$\frac{K}{E}=56\%$$

(3) 当 $\lambda_0=0.100\text{nm}$ 时,反冲电子获得动能

$$K=2.35\%\times E=2.35\%\times\frac{hc}{\lambda_0}=292\text{eV}$$

当 $\lambda_0=0.188\times10^{-2}\text{nm}$ 时

$$K=56\%\times\frac{hc}{\lambda_0}=370\text{keV}$$

3.62 CO 分子中碳和氧的结合能为 11eV. 若用辐射能光解一氧化碳分子. 频率至少应为多少,这是什么波段的光?

解
$$h\nu\geqslant E$$

$$\nu_{\min}=\frac{E}{h}=\frac{11\times1.6\times10^{-19}}{6.6\times10^{-34}}=2.7\times10^{15}(\text{Hz})$$

$$\lambda=\frac{c}{\nu}\approx1100\text{Å}\qquad(\text{紫外})$$

3.63 图示中可连续调谐的激光器和离子源,一个带电离子以速度 v 迎着光束运动. 当 $v=0$ 时,离子可被波长 $\lambda_1=600.000\text{nm}$ 的激光激发,从而再发射出光子. 由于多普勒效应,为了激发运动离子,需要一个波长分布 $\lambda(v)$. 设离子数目在 $v_1=0$ 和 $v_2=6000\text{m/s}$ 区 间内呈均匀分布[如题图 3.63(1)]. 试解答:

(1) 为激发所有离子,激光波长必须在什么范围内可变? 画出受激后的离子所发射的光子数按波长的分布曲线.(用经典多普勒频移公式.)

(2) 设离子在激发前先经过一个电势差为 U 的加速电场,求离子速度分布区间的宽度与加速电压的定量关系,这加速电压使速度分布区间变宽还是变窄?

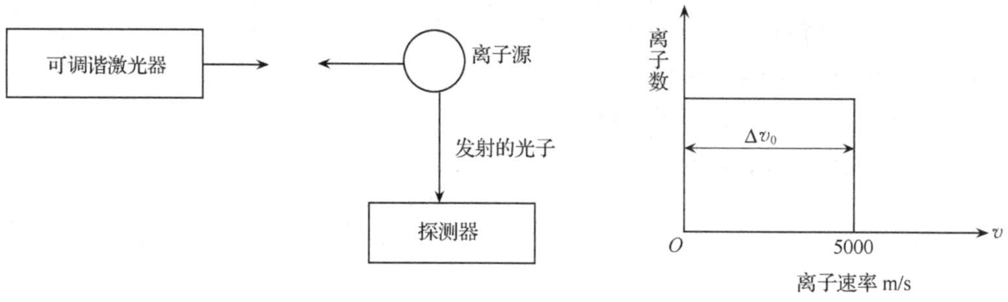

题图 3.63(1)

解 (1) 设激光频率为 ν,波长为 λ,按经典多普勒频移公式,迎着激光运动的离子接收到的频率为

$$\nu'=\nu\left(1+\frac{v}{c}\right)\tag{1}$$

利用 $\nu\lambda=c$,将上式改写为

$$\lambda=\frac{c}{\nu'}\left(1+\frac{v}{c}\right)\tag{2}$$

由题设，$v=0$ 时 $\lambda=\lambda_1$，$\lambda_1=\frac{c}{\nu}$或$\nu'=\frac{c}{\lambda_1}$，代入式(2)得

$$\lambda(v)=\lambda_1\left(1+\frac{v}{c}\right) \tag{3}$$

将离子速度的上下限 $v_1=0$ 和 $v_2=6000\text{m/s}$ 代入式(3)，得到

$$\lambda_1=600.000\text{nm},\qquad \lambda_2=600.012\text{nm}$$

所以为了激发所有离子，激光波长必须能在 600.000～600.012nm 之间连续可调，又由于激光波长与离子速度为线性关系，且每个离子只重新发射一个光子，故发射光子数按激光波长分布的曲线与离子数按离子速度分布曲线都呈均匀分布，如题图 3.63(2).

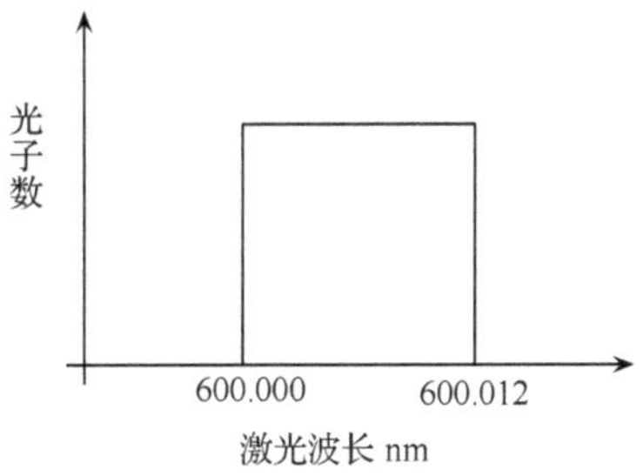

题图 3.63(2)

(2) 设带电为 e 的离子经电场加速后，速度达到 v'，按非相对论情况，有

$$\frac{1}{2}mv'^2=\frac{1}{2}mv^2+eU \tag{4}$$

$$v'=\sqrt{v^2+\frac{2eU}{m}} \tag{5}$$

将离子初速度的上下限代入式(5)，得到末速度 v'的上下限

$$v_1'=\sqrt{\frac{2eU}{m}}\quad 和 \quad v_1'=\sqrt{v_2^2+\frac{2eU}{m}}$$

所以经电场加速后，离子速度分布区间的宽度为

$$\Delta v'=v_2'-v_1'=\sqrt{v_2^2+\frac{2eU}{m}}-\sqrt{\frac{2eU}{m}}$$

$$=\frac{v_2^2}{\sqrt{v_2^2+\frac{2eU}{m}}+\sqrt{\frac{2eU}{m}}}<v_2=\Delta v_0$$

加速电场使离子速度分布区间 Δv_0 变窄了.

3.64　史密斯-帕塞尔(Smith-Purcell)效应. 当一束带电粒子平行地掠过金属光栅表面时，会有电磁波从光栅中发射出来，这就是史密斯-帕塞尔效应. 如题图 3.64(1)所示，带电粒子的速度为 v，光栅常数为 d，光栅在 xy 平面，刻痕沿 y 方向，粒子运动沿 x 方向. 只考虑垂直于光栅表面、且又包括粒子轨迹平面上的辐射光.

(1) 辐射频率与方向角 θ 关系如何?

(2) 如果用一个透射光栅，比如在玻璃上的刻槽光栅(具有相同的光栅常数)来代替金属光栅，这时辐射情况如何? 定性解释之.

解　解法一

(1) 带电粒子在金属表面掠过，会在金属中感生出异号电荷随之运动. 刻痕将阻止感应电荷的运动，即感应电荷有加速度，从而产生韧致辐射. 在垂直于光栅表面又包含粒子轨迹的平面[即题图 3.64(2)中的 xz 平面]内，沿与粒子速度成 θ 角方向上观察，相邻刻

痕产生辐射的时间差为 $t_0=\dfrac{d}{v}$，它们产生的辐射沿该方向的程差为

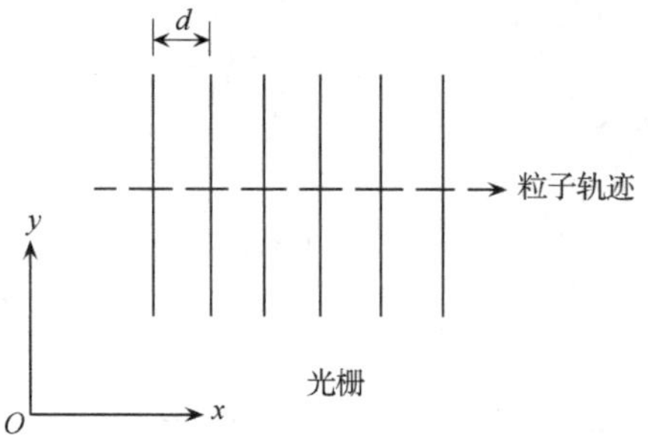

题图 3.64(1)

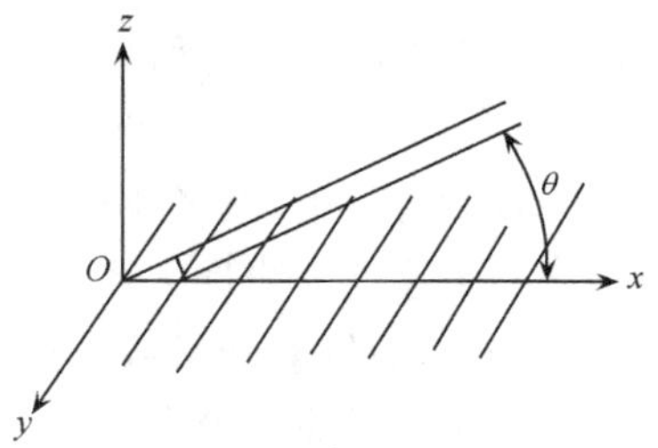

题图 3.64(2)

$$ct_0-d\cos\theta$$

只有当

$$\frac{c}{v}d-d\cos\theta=\pm m\lambda$$

时，相邻辐射相长干涉，才能被观察到. 这里 m 为整数，取 $m=1$，并考虑到 $\cos\theta<1$. 所以有

$$\left(\frac{c}{v}-\cos\theta\right)d=+\lambda$$

或

$$\lambda=d\left(\frac{c}{v}-\cos\theta\right)$$

$$\nu=\frac{c}{\lambda}=\frac{c}{d\left(\dfrac{c}{v}-\cos\theta\right)}=\frac{v}{d}\Big/\left(1-\frac{c}{v}\cos\theta\right)\approx\frac{v}{d}\left(1+\frac{v}{c}\cos\theta\right)$$

(2) 玻璃中无自由电子，也就不产生感应电荷. 所以不产生韧致辐射.

解法二　带电粒子在金属内镜像位置感生出一个异号电荷，形成了一个运动中的偶极子，其辐射随时间改变. 已知刻痕间距为 d，电荷速度为 v，则辐射频率为

$$\nu=\frac{v}{d}$$

若在与移动方向成 θ 角的前方观测，根据多普勒效应，振动频率为

$$\nu+\Delta\nu=\nu\left(1+\frac{v}{c}\cos\theta\right)=\frac{v}{d}\left(1+\frac{v}{c}\cos\theta\right)$$

3.65　红宝石激光器输出 $\lambda=6943\text{Å}$ 的平面波(一种合适的近似).

(1) 定性描述这种激光器的工作原理，并粗略地做出有关的原子能级图.

(2) 当激光通过折射率 $n=4/3$ 的水时，波长和频率各为多少？

(3) 当激光以 45°倾角斜入射于水中时，其反射光中每一种偏振分量有多少比例？

(4) 平面波在水中传播时，电、磁场振幅各为多少？设波在水中的时间平均功率为 100mW/cm^2；

(5) 激光在真空中的相干长度为多少？(即光保持相干性到 $\lambda/4$ 时传播的距离). 设激光带宽为

$$\Delta\nu = 30\text{MHz}$$

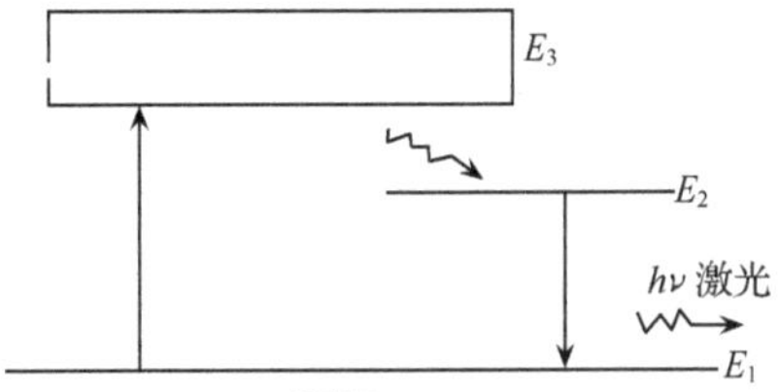

题图 3.65

解　(1) 红宝石激光器是一个三能级系统，其能级简图如题图 3.65 所示.

在闪光灯泵浦下，处于基态 E_1 的原子，吸收了输入能量，跃迁到能级 E_3 上，由于 E_3 能级的寿命很短(约为 10^{-9}s)，处于 E_3 能级的原子能迅速地通过无辐射跃迁转移到亚稳态能级 E_2 上. 当泵浦光的能量足够大，可以在 E_2 和 E_1 能级之间实现粒子数反转，于是红宝石就变成为具有对光放大能力的激活介质. 若这个介质置于由两个平面反射镜构成的谐振腔之中，腔对其中的光场起着限制模式的作用，即只有传播方向沿光轴附近、且频率为腔的共振频率并落在红宝石的增益线宽之内的光模，才有可能在腔中来回反射，不断地被放大增强，结果红宝石激光器将在这些光模上输出激光.

(2) 当激光通过折射率为 $n=4/3$ 的水时，频率不变

$$\nu = \frac{V_{水}}{\lambda_{水}} = \frac{c/n}{\lambda_{空}/n} = \frac{c}{\lambda_{空}}$$

c 为在真空中的光速，取 $c\approx 3\times 10^{10}$cm/s，因而

$$\nu = \frac{3\times 10^{10}}{6943\times 10^{-8}} \approx 4.32\times 10^{14}(\text{Hz})$$

在水中的波长

$$\lambda = \frac{\lambda_{空}}{n} = \frac{6943}{4/3} \approx 5207(\text{Å})$$

(3) 当入射角为 45°时，根据折射定律可求得折射角

$$i_2 = \arcsin\left(\frac{3}{4}\sin 45^\circ\right) \approx 32^\circ$$

根据菲涅耳公式，反射光的垂直分量

$$R_\perp = \left|\frac{\sin(i_1 - i_2)}{\sin(i_1 + i_2)}\right|^2 \approx 0.053$$

平行分量

$$R_{/\!/} = \left|\frac{\tan(i_1 - i_2)}{\tan(i_1 + i_2)}\right|^2 \approx 0.0028$$

垂直分量占比例为

$$\frac{R_\perp}{R_T} = \frac{0.053}{0.053 + 0.0028} = 94.7\%$$

平行分量占比例为

$$\frac{R_{/\!/}}{R_T} = \frac{0.0028}{0.053 + 0.0028} = 5.3\%$$

(4) 根据光的电磁理论，辐射强度

$$I = \langle EH \rangle = \frac{1}{2}\sqrt{\frac{\varepsilon}{\mu}}E_0^2 = \frac{n}{2c\mu}E_0^2$$

式中 E_0 为电场矢量振幅，c 为光速，ε 为介质的介电常量，μ 为磁导率，n 为折射率，对于水，$\mu=\mu_0=4\pi\times10^{-7}\,\mathrm{H/m}$，$n=4/3$，所以

$$E_0 = \sqrt{\frac{2I_c\mu}{n}} = 7.5\mathrm{V/m}$$

$$B_0 = \frac{E_0}{v} = \frac{nE_0}{c} = 3.3\times10^{-8}\mathrm{T}$$

B 为磁感应强度，单位 T 即特斯拉.

(5) 相干长度定义为

$$l_c = \frac{\lambda^2}{\Delta\lambda}$$

由 $\lambda\nu=c$ 有 $\frac{\Delta\nu}{\nu}=\left|\frac{\Delta\lambda}{\lambda}\right|$，所以

$$l_c = \frac{\lambda\cdot\lambda}{\Delta\lambda} = \frac{\lambda\nu}{\Delta\nu} = \frac{c}{\Delta\nu} = \frac{3\times10^8}{30\times10^6} = 10(\mathrm{m})$$

3.66 如题图 3.66(1)，一台染料激光器由两个近乎理想的反射镜 M 和增益介质(其带宽为 Δf，中心频率为 f_0)构成.

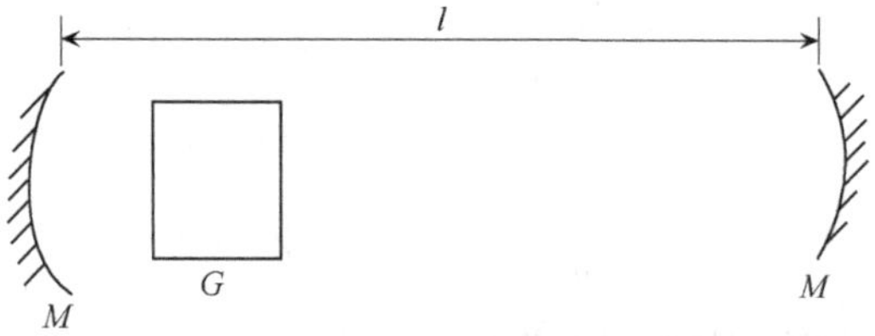

题图 3.66(1)

(1) 设光线在腔内往返一次的时间为 τ，问此光腔允许激光器工作的频率是多少？并用 τ 来表示.

(2) 假定激光器运转于增益带宽内的一切可能腔模，并假设这些模的相位是稳定的，亦即没有相位的起伏，而且设法将这些模的相位调整得使它们在 $t=0$ 时刻具有相同的相位，问激光器的输出将如何随时间变化？

(3) 若要产生脉宽为 1ps(10^{-12}s)的脉冲(波长为 6000Å). 问需要多大带宽 Δf？应当包括多少激光腔模？(取腔长 $l=1.5$m.)

解 (1) 要在腔内产生驻波，应满足

$$n\frac{\lambda}{2} = l \quad 或 \quad \frac{nc}{2f_n} = l$$

式中 n 为整数，由题意 $\tau=\frac{2l}{c}$，所以有

$$f_n = \frac{n}{\tau}$$

(2) 设有 N 个模处于介质增益带宽内,激光输出应为

$$E(t)=\sum_{n=1}^{N}\left(A_n\cos\frac{2\pi nt}{\tau}+B_n\sin\frac{2\pi nt}{\tau}\right)$$

可见是时间的周期函数,基频的周期为 τ,如题图 3.66(2).

(3) 当最高次模($n=N$)与最低次模($n=1$)的相位差为 2π 时,输出为零,所以脉宽 Δt 为

$$\frac{2\pi(N-1)\Delta t}{\tau}=2\pi$$

$$\Delta t\approx\frac{\tau}{N}$$

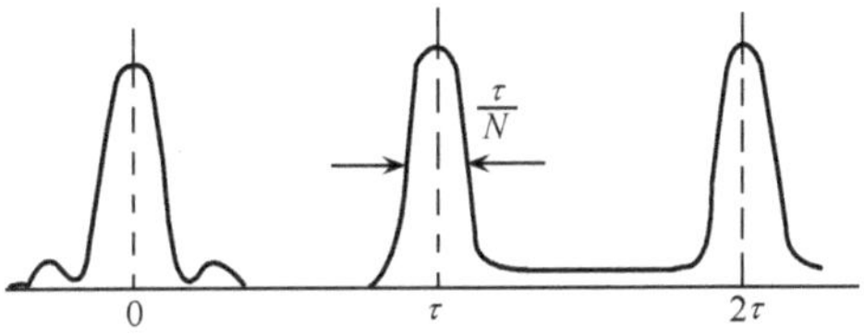

题图 3.66(2)

由不确定性原理,$\Delta t\cdot\Delta f\approx 1$,有

$$\Delta f\approx\frac{1}{\Delta t}=10^{12}\,\text{Hz}$$

由 $\lambda f=c$ 或 $d\lambda=-\frac{\lambda^2}{c}df$,得波长线宽为

$$\Delta\lambda=\Delta f\frac{\lambda^2}{c}\approx 12\text{Å}=1.2\text{nm}$$

由 $\tau=\frac{2l}{c}=10^{-8}\text{s}$ 有

$$N=\frac{\tau}{\Delta t}=10^4$$

3.67 一台 He-Ne 激光器(在 6328Å 运转)的谐振腔两端平面镜相距 0.5m,计算该激光器纵模间频率间隔. 假定 Ne 6328Å 线自发辐射线宽典型值是 0.016Å,估算该激光器能在一个还是几个纵模下工作.

解 纵模频率 f 即谐振腔中驻波频率,设相应波长为 λ,有驻波条件

$$\frac{\lambda}{2}\cdot n=L$$

其中 n 为整数,L 为腔长. 所以

$$f=\frac{c}{\lambda}=\frac{c}{2l}\cdot n$$

相邻纵模间隔

$$\Delta f=\frac{c}{2l}=\frac{3\times10^8}{2\times0.5}=3\times10^8(\text{Hz})$$

Ne 6328Å 线宽 $\Delta\lambda'=0.016\text{Å}$ 相当于频宽 $\Delta f'=\frac{c}{\lambda'^2}\Delta\lambda'$.

其中 $\lambda'=6328\text{Å}$. 所以

$$\Delta f'/\Delta f=\frac{c\Delta\lambda}{\lambda^2}\bigg/\frac{c}{2l}=\frac{\Delta\lambda}{\lambda^2}\cdot 2L=\frac{0.016\times10^{-10}}{(6328\times10^{-10})^2}\times2\times0.5=4.0$$

该激光器在 4 个纵模下工作.

3.68 第一台自由电子激光器(FEL)是在 1976 年末至 1977 年初运行的.

(1) laser(激光)是哪些词的缩写?

(2) 激光器输出光的特性是什么?

(3) FEL 是怎样产生输出的? 怎样提供能量? 怎样把能量转化为输出?

(4) 指出 FEL 的一个独特的优点.

解　(1) laser(激光)是 light amplification by stimulated emisson of radiation(光的受激辐射放大)的缩写.

(2) 激光器输出的是频率上、空间方向上甚至时间上能量高度集中的相干光.

(3) FEL 的能量来源于高能电子.

如题图 3.68 所示,高能电子入射于周期性变化的横向磁场中,由于磁韧致辐射效应,产生电磁波(光子),电子与光子发生康普顿散射从而产生受激辐射,输出激光.

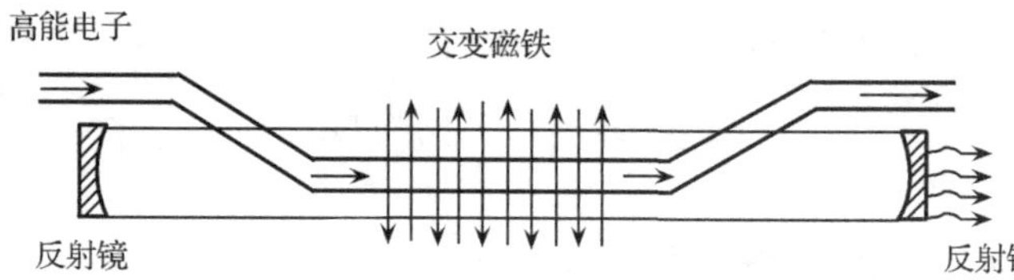

题图 3.68

(4) 比起以前其他类型的激光器,FEL 一个独特的优点是可以通过改变电子束的能量在很宽的范围内实现波长连续可调谐.

3.69　研究瞬间现象的超短光脉冲是一种新技术,正在广泛地应用到物理学各领域中去.超短脉冲是用模式锁定的激光器产生的,本题就要研究这种方法.

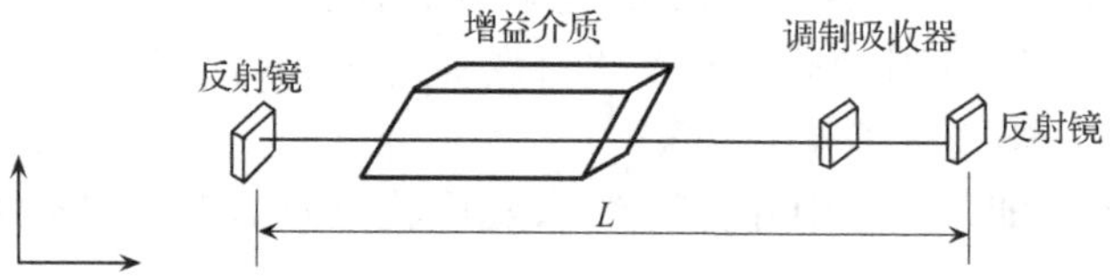

题图 3.69(1)

锁模激光器是一个由横向尺寸为 d 的平面镜组成的一个长 L 的光学腔[如题图 3.69(1)],放大介质(可以是固体、液体或气体)特征是具有某种增益谱[如题图 3.69(2)],只有在这个谱带内光才被放大.为简化计算,假定其具有矩形增益谱[如题图 3.69(3)].具体地考虑钕玻璃,它的 $\omega_0=1.8\times10^{15}\,\mathrm{s}^{-1}$,$\Delta\omega=6\times10^{12}\,\mathrm{s}^{-1}$,并取激光器长为 $L=150\mathrm{cm}$.

(1) 试求出此腔内的两相邻纵向模的频率间隔 $\Delta\omega_L$,此处忽略色散以及调制吸收器的影响,为简单起见取放大介质折射率为 1.

(2) 矩形的增益谱将导致所有在它增益频率范围内模具有相等的振幅,假定每个模的强度为 I_0,问当不同模之间相位差 ϕ_n 是随机分布时,总强度为多少?

(3) 若在腔中插入一调制吸收器,则可以使所有模式的相位锁定为一致的值,从而使这些行波相长干涉,产生出光脉冲.试找出在相位锁定或模式锁定时强度与时间的关系.脉冲宽度、间隔、峰值强度(用 I_0 表示)分别为多少? 只考虑一种偏振光.(以下与题目无

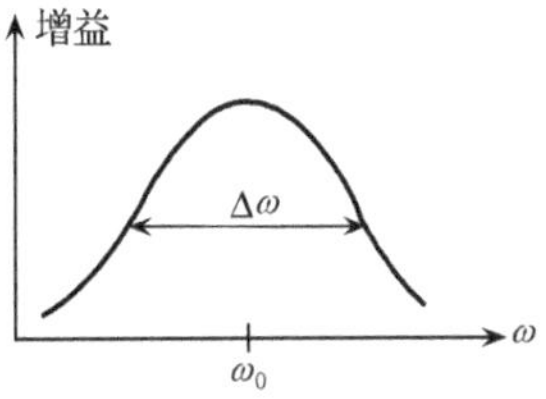

题图 3.69(2)

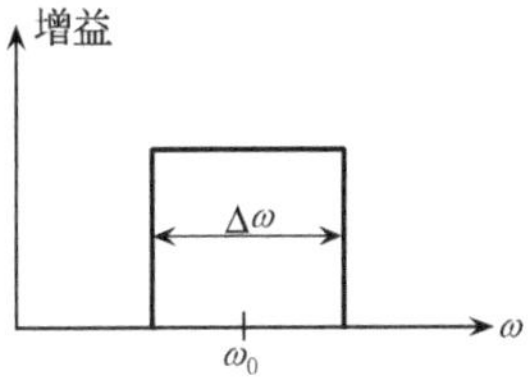

题图 3.69(3)

关,但可作为你的参考材料.调制吸收器具有与时间有关的吸收系数,如 $\alpha=\alpha_1+\alpha_2\cos\omega t$,任何腔模与此调制器相位不同则被削减,因此只有锁定相位的模被放大).

解 (1) $L=n\dfrac{\lambda}{2}$是纵模存在的条件,模频率为

$$\omega_L=\frac{2\pi c}{\lambda}=\frac{\pi nc}{L}$$

纵模间隔为 $\Delta\omega_L=\dfrac{\pi c}{L}$,对于钕玻璃激光器,$\Delta\omega_L=6.3\times10^8\,\text{Hz}$.

(2) 此时总强度为各个模强度和

$$I=I_0\cdot(\Delta\omega/\Delta\omega_L\ \text{取整})=9549I_0$$

(3) $$I=I_0\left|e^{-i\omega_1 t}+\cdots+e^{-i\omega_n t}\right|^2=I_0\left|\frac{1-e^{-in\Delta\omega_L t}}{1-e^{-i\Delta\omega_L t}}\right|^2$$

其中 $\omega_1,\cdots,\omega_n$ 为允许模式.

$$I=I_0\frac{\sin^2\dfrac{n\Delta\omega_L}{2}t}{\sin^2\dfrac{\Delta\omega_L}{2}t}$$

$n=\text{Int}(\Delta\omega/\Delta\omega_L)$,Int 为取整函数.对于钕玻璃激光器,$n=9549$.

$$I=I_0\frac{\sin^2(3\times10^{12}t)}{\sin^2(3.15\times10^8 t)}$$

最大值位于$\dfrac{\Delta\omega_L t}{2}=m\pi$ 处,m 为整数.脉冲间隔

$$\Delta t=\frac{2\pi}{\Delta\omega_L}=10^{-8}\,\text{s}$$

第一最小值在$\dfrac{n\Delta\omega_L t}{2}=nm\pi+\pi$ 处.脉冲宽度

$$\overline{\Delta t}=2\times\frac{2\pi}{n\Delta\omega_L}=\frac{2}{n}\Delta t=2.1\times10^{-12}\,\text{s}$$

脉冲峰值为

$$I_m=I_0\cdot n^2=9.1\times10^7I_0$$

3.70 一个轰击光子,在靶电子的静止系中频率为 f,被观察到散射在$-90°$的方向频率为 f',同时这个靶电子被散射在 θ 角的方向,如题图 3.70(1)、(2).

题图 3.70(1)

(1) 给出 f'/f 与 θ 的关系;

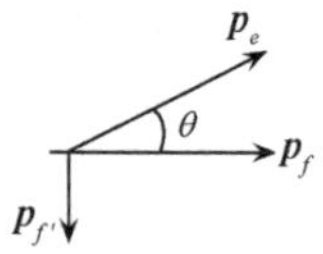

题图 3.70(2)

(2) 用 f、f'和电子质量 m 表示电子的总能量;

(3) 如果光子能量损失为 0.2 倍的电子静止能量,那么散射电子的速率是多少?

(4) 当散射进行时,观察者正以速度 u 在与入射光子平行的方向上运动,问他测到的散射电子的能量表达式是什么?(用 m、V、v、c 表示.)

解 (1) 由动量守恒知,在垂直于光子入射方向的动量分量和为零. 而

$$\boldsymbol{p}_f = \boldsymbol{p}_e + \boldsymbol{p}_{f'}$$

$$p_e \sin\theta = p'_f, \qquad p_e \cos\theta = p_f$$

其中

$$p_e = mv, \quad p_f = \frac{hf}{c}, \quad p_{f'} = \frac{hf'}{c}$$

$$\tan\theta = \frac{hf'}{c}\Big/\frac{hf}{c} = f'/f$$

(2) 电子总能量为

$$E = \sqrt{m^2c^4 + P_e^2c^2} = \sqrt{m^2c^4 + (f^2 + f'^2)h^2}$$

(3) 电子的静止能量为 mc^2,光子损失的能量为 $0.2mc^2$,根据能量守恒

$$mc^2 + hf = \gamma mc^2 + hf'$$

式中

$$\gamma = \frac{1}{\sqrt{1-v^2/c^2}}$$

则有

$$hf - hf' = (\gamma - 1)mc^2 = 0.2mc^2$$

得到

$$\gamma = 1.2$$

$$v = 0.53c$$

(4)
$$E' = \frac{E - \boldsymbol{p}_0 \cdot \boldsymbol{u}}{\sqrt{1-u^2/c^2}} = \frac{E - \boldsymbol{p}_0 u\cos\theta}{\sqrt{1-u^2/c^2}}$$

其中 $E = mc^2/\sqrt{1-v^2/c^2}$,$P_0 = hf/c$.

3.71 扼要描述光电倍增管如何工作. 这样一个管子能否用于分辨能量相差 50%的两个光子?

解 (1) 参见题图 3.71(1),光电倍增管由光阴极 K,电子光学输入系统、二次发射倍增系统(8~13个倍增极 $D_1 \sim D_n$)和阳极 A 构成. 光阴极由光电效应概率较大、而光电子脱出功较小的材料制成,光子打到它上面由于光电效应能产生出电子来. 倍增极也是由电子脱出功较小的材料制成,一个能量较高的快速电子打到它上面会使它发射出许多个电子(即二次电子发射效应).

光电倍增管工作时,从光阴极到各个倍增极再到阳极上加上依次递增的电压. 一个光子入射到光阴极上,产生的光电子经阴极电子光学系统加速和聚焦,被收集到第一个倍增极 D_1 上,倍增极被电子轰击后发生更多个电子,电子增加的倍数称为二次倍增系数 δ,一般是 3~6 倍. 这些二次电子又被电场加速和聚焦打到第二倍增极 D_2 上得到倍增,这样

不断地倍增下去,通常有 8 到 13 个倍增极,直到最后,一个被大大放大了的电子流由阳极 A 收集,如题图 3.71(1).

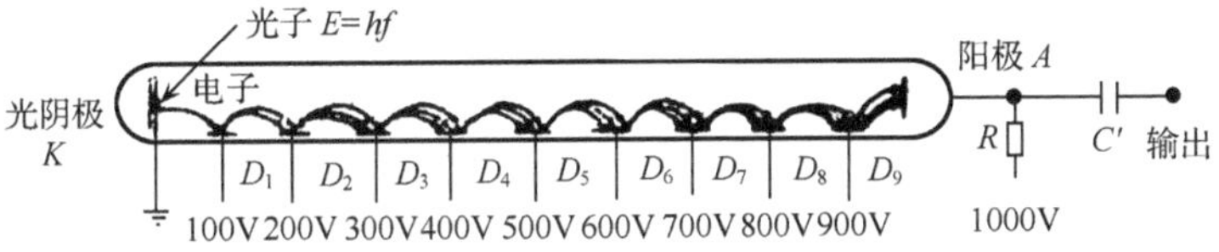

题图 3.71(1)

(2) 由第一部分知,对于能量为 E($E>$光阴极光电效应阈值)的入射光子,光电倍增管会在输出端阳极上产生一个大电流输出 I,I 与阳极收集到的电子数 N 成正比.重复进行多次测量,会发现每次得到的电流 I 都不相同,但平均电流$\overline{I}$(与阳极收集到的平均电子数$\overline{N}$成正比)与光子能量成正比,即有如下关系:

$$\overline{I}\propto\overline{N}\propto E$$

这是因为光电过程以及诸次倍增过程中的量子效应,使得即使入射光子能量 E 是确定的,最后在阳极上收集到的电子数也不是一定的,它们服从均值为$\overline{N}$的泊松分布,即收集到 N 个电子的概率为 $P(N)=\overline{N}^N e^{-\overline{N}}/N!$,如题图 3.71(2).

现在假设二次倍增系数 $\delta=5$,倍增极个数 $n=10$,且假定入射的一个光子只打出了一个光电子,则阳极上收集的平均电子数为

$$\overline{N}\approx 1\cdot\underbrace{\delta\cdot\delta\cdot\delta\cdots\delta}_{n}=5^{10}$$

能否分辨能量相差 50%的两个光子?

由题图 3.71(2),只要 $\Delta N_1/\overline{N}_1\leqslant 50\%$即可.

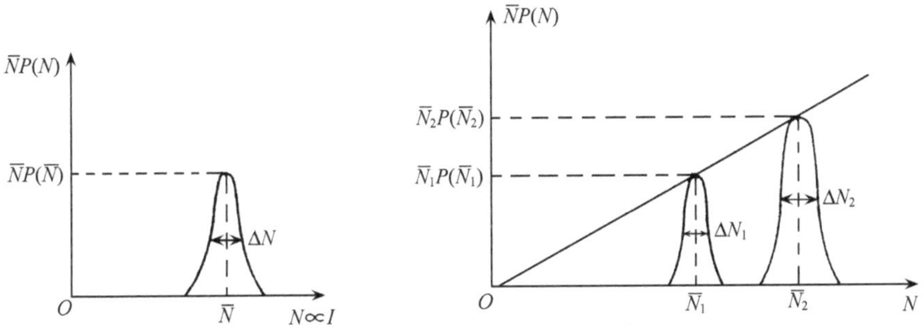

题图 3.71(2)

由于$\overline{N}$很大时,泊松分布⟶高斯分布,即$\overline{N}\gg 1$

$$P(N)\approx\frac{1}{\sqrt{2\pi}\sigma}\exp\left[-\frac{(N-\overline{N})^2}{2\sigma^2}\right],\qquad \sigma=\sqrt{\overline{N}}$$

利用

$$P\left(\overline{N}+\frac{\Delta N}{2}\right)\Big/P(\overline{N})=\frac{1}{2}=\frac{e^{-\frac{(\Delta N/2)^2}{2\sigma^2}}}{1}$$

可得

$$\Delta N = 2\sqrt{2\ln 2 \cdot \sigma^2} = 2\sqrt{2\overline{N}\ln 2}$$

则

$$\frac{\Delta N_1}{\overline{N}_1} \approx \frac{\Delta N}{\overline{N}} = \frac{2\sqrt{2\overline{N}\ln 2}}{\overline{N}} = 2\sqrt{\frac{2\ln 2}{\overline{N}}}$$

$$\approx 2\sqrt{\frac{2\ln 2}{5^{10}}} \ll 50\%$$

因此,这样的管子可以用于分辨能量相差为50%的两个光子.

3.72 (1) ①多普勒线宽,②谱线的自然线宽,各是什么意思?

(2) 描述一种"无多普勒"的光谱测量实验.(不必定量描述,但必须清楚表达出你对其中基本物理内容的理解.)

解 (1) ①发光体相对于观察者运动时,所观察到的光的频率会产生变化(称为多普勒效应).发光粒子朝各不同方向的无规运动,不同运动速度的粒子发出光的视在频率不相同,所有这些不同的视在频率形成某个频率范围,称此范围为多普勒线宽.

②激发态能级总有一定的寿命(τ),所以,由不确定性关系 $\tau \cdot \Delta E \sim h$,能级总有一定的宽度 ΔE,因而辐射光的频率也有一定的宽度 $\Delta\nu$,称为自然线宽. $\Delta\nu = \Delta E/h$.

(2) 利用双光子吸收可得到"无多普勒"的光谱.两个光子 $h\omega_1(\boldsymbol{k}_1)$、$h\omega_2(\boldsymbol{k}_2)$被同一分子吸收时,产生能态 $i \rightarrow f$ 的跃迁.分子静止时

$$E_f - E_i = \hbar(\omega_1 + \omega_2)$$

无多普勒频移.分子以速度 $\boldsymbol{v}$ 运动时

$$E_f - E_i = h[\omega_1 + \omega_2 - \boldsymbol{v} \cdot (\boldsymbol{k}_1 + \boldsymbol{k}_2)]$$

产生多普勒频移 $\boldsymbol{v} \cdot (\boldsymbol{k}_1 + \boldsymbol{k}_2)$.可见,当 $\boldsymbol{k}_1 = -\boldsymbol{k}_2$ 时,频移为0,所以,如果让两列具有相同频率 $\omega_1 = \omega_2 = \omega$ 的反向平行波落在一个气态样品上,就会发生无多普勒双光子吸收.实验装置大致如题图3.72,通过 $f \rightarrow m$ 态(中间态)的荧光跃迁即可检测双光子吸收.

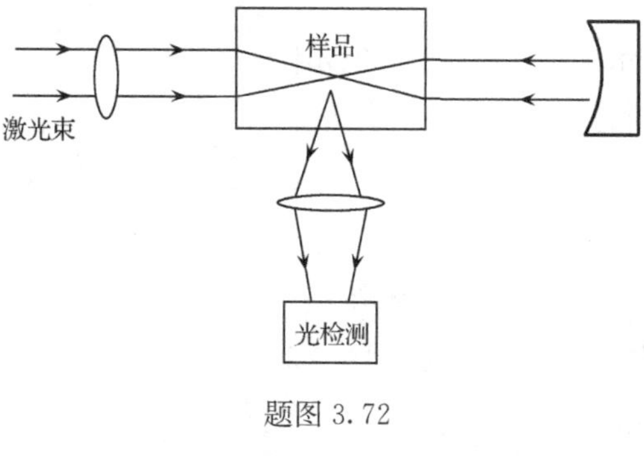

题图 3.72

3.73 (1) 考虑热气体的分子发射或吸收可见光.推导中心频率为 ν_0、且受到多普勒展宽的一条光谱的频率分布表达式.假定理想气体的温度为 T,分子量为 M.

考察一个充满氩气的容器,压强为10托(1托=1mmHg),温度为200℃.容器内有一小块钠,它受热使容器内有一些钠蒸气.让钨灯丝发出的光通过该容器,观察透射光中钠

的 5896Å 的吸收线. 试估计：

(2) 这条线的多普勒展宽量；

(3) 这条线的碰撞展宽量.

这里假设容器内钠原子数远远小于氩原子数. 对你所需要的、然而题中没给出的量作合理的估计. 钠的原子量为 23.

解　(1) 设迎着光传播的 z 方向观察，多普勒频移为

$$\nu = \nu_0\left(1+\frac{v_z}{c}\right)$$

得到

$$v_z = c\left(\frac{\nu-\nu_0}{\nu_0}\right)$$

分子的麦克斯韦-玻尔兹曼速度分布为

$$\mathrm{d}p = \left(\frac{M}{2\pi RT}\right)^{3/2} \mathrm{e}^{-Mv^2/2RT}\mathrm{d}v_x\mathrm{d}v_y\mathrm{d}v_z$$

式中 M 为气体分子量，R 为理想气体普适常数. 对 v_x 和 v_y 积分得

$$\mathrm{d}p = \left(\frac{M}{2\pi RT}\right)^{1/2} \mathrm{e}^{-Mv^2/2RT}\mathrm{d}v_z$$

把 v_z 代入得多普勒展宽的光谱频率表达式

$$\mathrm{d}p = \frac{1}{\nu_0}\left(\frac{M}{2\pi RT}\right)^{1/2} \mathrm{e}^{-Mc^2(\nu-\nu_0)^2/2RT\nu_0^2}\mathrm{d}\nu$$

(2) 上式为高斯分布型，标准差为

$$\sigma^2 = \frac{RT\nu_0^2}{Mc^2}$$

所以

$$\Delta\nu \approx \sqrt{\frac{RT}{Mc^2}}\nu_0, \qquad \Delta\lambda \approx \sqrt{\frac{RT}{Mc^2}}\lambda_0$$

式中 $\lambda_0=5896$Å，代入各常数得多普勒展宽量为

$$\Delta\lambda = 6.13\times10^{-3}\text{Å}$$

(3) 平均自由程为

$$\Lambda = \frac{1}{n\sigma}$$

式中 σ 为分子的碰撞截面，$\sigma\approx\pi r^2\approx3\times10^{-20}\mathrm{m}^2$，取 $r\approx10^{-10}$m. 单位体积内分子数为

$$\begin{aligned}n&=\frac{A}{V}=\frac{pA}{RT}=\frac{1.01\times10^5\times101760}{8.3\times473}\times6.02\times10^{23}\\&=2\times10^{23}(\mathrm{m}^{-3})\end{aligned}$$

式中 A 为阿伏伽德罗常量. 所以

$$\Lambda = \frac{1}{3\times10^{-20}\times2\times10^{23}}\mathrm{m} = 1.7\times10^{-4}\mathrm{m} = 0.17\mathrm{mm}$$

平均碰撞时间 $\tau=\Lambda/v$，而

$$v\approx\sqrt{\frac{RT}{M}} = 413\mathrm{m/s}, \qquad \tau = \frac{1.7\times10^{-4}}{413} = 4\times10^{-7}(\mathrm{s})$$

碰撞频率 $\Delta\nu=\frac{1}{\tau}$，碰撞展宽为

$$\Delta\lambda=\frac{c}{v}\Delta\nu=\frac{\lambda^2}{c\tau}=3\times10^{-5}\text{Å}$$

3.74　某种原子气体 A，温度 $T=300\text{K}$，压强 $p=100$ 托，原子质量为 $4.2\times10^{-27}\text{kg}$，玻尔兹曼常量 $k=1.4\times10^{-23}\text{J/K}$. 某些原子处于激发态 A^*，并发射频率为 ν 的辐射.

(1) 估算多普勒展宽 $\Delta\nu_D/\nu$；

(2) 假设适当的 A-A^* 碰撞截面，估算谱线压力展宽 $\Delta\nu_p/\nu$.

解　(1) 多普勒展宽(见上题)

$$\frac{\Delta\nu_D}{\nu}=\frac{1}{c}\sqrt{\frac{kT}{m}}=\frac{1}{3\times10^8}\sqrt{\frac{1.4\times10^{-23}\times300}{4.2\times10^{-27}}}=3\times10^{-6}$$

(2) 压力展宽 $\Delta\nu_p$ 是气体分子的碰撞频率，即 $\Delta\nu_p=v/\Lambda$. 式中 v 为分子的平均速度，约为 $\sqrt{kT/m}$，Λ 为平均自由程

$$\Lambda=\frac{1}{n\pi r^2}=\frac{1}{\pi r^2}\sqrt{\frac{kT}{p}}$$

取分子半径 $r\approx10^{-10}\text{m}$，碰撞截面为 πr^2，n 为分子数密度，则

$$\Delta\nu_p=\pi r^2 n\sqrt{\frac{kT}{m}}=\frac{\pi p r^2}{\sqrt{kmT}}=7.2\times10^7\text{Hz}$$

对可见光，取 $\lambda=5000\text{Å}$，或 $\nu\approx6\times10^{14}\text{Hz}$，有

$$\Delta\nu_p/\nu=1.2\times10^{-7}$$

3.75　某种典型的分子气体的吸收带覆盖了从 X 射线到无线电波段的电磁波谱范围. 试用分子原子结构来说明对应于下述吸收带的物理过程：

(1) X 射线；

(2) 紫外和可见光；

(3) 近红外；

(4) 远红外和无线电波段.

解　由原子分子结构知识，气体吸收辐射能按能量大小可能改变其电子态，分子振动态、分子转动态.

(1) 分子中原子的内层电子吸收高辐射能，跃迁到外层或脱离该原子，这时产生 X 波射吸收带；

(2) 价电子吸收辐射跃迁到较高电子态，呈紫外和可见波段吸收；

(3) 原子同一电子态，但不同振动能级的吸收跃迁，为近红外区；

(4) 同一振动能级中纯转动能级间的跃迁对应远红外和无线电波段的吸收.

3.76　在晴朗日子里，天空呈蔚蓝色，其原因为

(1) 大气密度涨落引起的散射；

(2) 海面的反射；

(3) 大气中钴蒸气影响.

解　(1) 为大气密度涨落引起的瑞利散射.

3.77　地球大气层包含氧(O_2)、氮(N_2)、二氧化碳(CO_2)、一氧化氮(N_2O)、水(H_2O)、臭氧(O_3)等成分. 试讨论大气层对下列频区的辐射是较为透明还是强吸收;如果是吸收,最重要的吸收机制是什么?

(1) $10^8 \sim 10^9$ Hz;

(2) 远红外;

(3) 近红外;

(4) 可见光;

(5) 紫外;

(6) X 射线;

(7) γ 射线.

解　(1) $10^8 \sim 10^9$ Hz 的微波为 O_2,H_2O,N_2O 强烈吸收;

(2) 远红外为 CO_2 强烈吸收;

(3) 近红外被 H_2O 强烈吸收;

(4) O_3 强烈吸收紫外;

(5)、(6)、(7),大气对紫外、X 射线和 γ 射线较透明.

3.78　由太阳发出的光传至地球,大约要多长时间?

(1) 1 小时;

(2) 8 分钟;

(3) 8 秒钟.

解　(2) 8 分钟.

3.79　解释下列现象的物理原理:

(1) 天空呈蓝色;

(2) 落日呈红色;

(3) 虹;

(4) 星光闪烁.

解　(1) 太阳光是多种颜色光的复合,称白光. 阳光通过大气,由于空气分子的散射强度反比于波长的四次方,即白光中的短波成分散射强,所以大气看起来呈蓝色. 这叫瑞利散射.

(2) 同样是因为瑞利散射,落日光辉中蓝色波段被大气散射到四面八方,因而正对着我们的光中蓝色成分少,而呈红色.

(3) 由于空气中存在小水滴,当太阳在观察者后方,照到前方的水滴云雾,折射到水滴内,随即在另一侧界面反射,又在前界面折射出来,由于水的折射率与波长有关(色散),使不同颜色光离开水滴时角度有所不同,我们便看到了虹.

(4) 空气中密度涨落造成折射率变化,引起星光闪烁.

3.80　太阳光垂直射在水面上,水折射率 $n=1$.

(1) 求能量的反射率 R 和透射率 T($R+T=1$);

(2) 若入射光能流密度为 1.4kW/m^2,入射光对水面压强为多大?

解　(1) 根据菲涅耳公式，垂直入射时

$$R=\left(\frac{n_2-n_1}{n_2+n_1}\right)^2=\left(\frac{n-1}{n+1}\right)^2=0.02$$

$$T=\frac{4n_2n_1}{(n_2+n_1)^2}=\frac{4n}{(n+1)^2}=0.98$$

(2) 按光子学说观点，光压是光子把动量传给物体的结果. 考虑反射时光的方向反向，动量变化大于入射光动量，所以光压为

$$p=(1+R)\frac{W}{c}=1.02\frac{1.4\times10^3}{3\times10^8}=0.48\times10^{-5}(\mathrm{N/m^2})$$

3.81　太阳能以 $800\mathrm{W/m^2}$ 的辐射通量入射到为水加热的太阳能电池平板，设该板对所有波长的吸收率均为 0.96，而其他面完全绝热. 试计算水温的极大值. 若吸收率降低一半，又如何?

解　由斯特藩-玻尔兹曼定律

$$\alpha\phi=\sigma T^4,\qquad T=\sqrt[4]{\frac{\alpha\phi}{\sigma}}$$

代入

$$\sigma=5.67\times10^{-8}\mathrm{W/(m^2\cdot K^4)},\quad \phi=800\mathrm{W/m^2},\quad \alpha=0.96$$

得

$$T_{\max}=341\mathrm{K}$$

当 $\alpha'=\frac{1}{2}\alpha$ 时

$$\frac{T'}{T}=\sqrt[4]{\frac{\alpha'}{\alpha}},\quad T'=\sqrt[4]{\frac{\alpha'}{\alpha}}T=\frac{T}{\sqrt[4]{2}}=0.84T$$

代入 $T=341\mathrm{K}$，得 $T'=286\mathrm{K}$.

3.82　试估算地球表面处月光的强度:

(1) 以 $\mathrm{W/m^2}$ 为单位;

(2) 以光子数$/\mathrm{m^2\cdot s}$ 为单位(只考虑可见光).

解　假设月球与地球所受到的太阳辐射强度都相等，即 $I=1.4\mathrm{kW/m^2}$，这称为太阳常数. 并假设月球表面反射所有的太阳光. 设月球半径为 r，月亮到地球距离为 R，并且月亮对地球张角 $\alpha=r/R\approx0.005\mathrm{rad}$. 则地球上月光强度为

(1)
$$I_m=I\left(\frac{r}{R}\right)^2=0.035\mathrm{W/m^2}$$

(2) 一个可见光光子能量平均为 $h\nu=hc/\lambda$，取 $\lambda=5000\text{Å}$，则

$$I_m=\frac{0.035\times0.5\times10^{-6}}{6.6\times10^{-34}\times3\times10^8}=8.8\times10^{16}\ \text{光子}/(\mathrm{m^2\cdot s})$$

3.83　试估计下列光源的发光效率(发射光的功率与输入或吸收的功率之比)：气体光源、白炽灯、发光二极管、荧光灯管、汞灯或钠灯、激光.

解

光源	发光效率
气体放电发光光源	0.3%～1.5%
白炽灯	0.7%～2.6%
发光二极管	20.3%～43.9%
荧光灯管	8%～15.3%
钠灯	12%～22%
汞灯	7.3%～8%
激光	0.3%～40%

注:①发光效率一般都很低,主要是电流产生的热损失、红外、紫外乃至电磁波段辐射的能量等,使可见光部分只占很小比例.随着发光技术的进步,光源的发光效率也在不断提高;②对激光器而言,效率应最高,但考虑到红外激光,紫外激光等,它们在可见光频段的能量极少,发光效率接近于零,所以其可见光的发光效率范围很宽;③发光效率有三种表示方法:能量(功率)效率、光度(流明)效率、量子效率,本题指的是能量(功率)效率.

3.84 从以下三组数据中选择最合适的答案:

(1) 光在水-空气界面全反射的临界角为:5°,20°,50°;

(2) 太阳光在地球运行轨道处的能流密度为:10^6,10^2,10^{-1},$10^{-5}\,\mathrm{W/cm^2}$.

(3) 每秒钟通过灯泡灯丝有多少电子:10^{10},10^{15},10^{19},10^{25}.

解 (1) 水折射率为 $n=4/3$,空气折射率为 1. 全反射临界角 $ic=\arcsin(1/n)\approx 49°\approx 50°$,所以选 50°.

(2) $I=1.4\mathrm{kW/m^2}=0.14\approx 0.1\mathrm{W/cm^2}$,选 10^{-1}.

(3) 灯功率 $P=IV$,设 100W 的灯泡,电压 100V,电流为 1A,则每秒通过电子数为

$$n=\frac{I}{e}=\frac{1}{1.6\times 10^{-19}}\approx 10^{19}(\mathrm{s^{-1}})$$

选 10^{19}.

3.85 对以下光学系统进行描述,并对所引用的物理原理加以说明:

(1) 一透镜或反射镜能把 1000cd、直径为 0.1m 的球形光源会聚成 10^6cd 的探照灯光束;

(2) 一种能产生圆偏振光并能检测出光的圆偏振成分的装置(假设单色光);

(3) 一种能测远处星体大小的系统(辐射在可见光或无线电波段).

解 (1) 我们以透镜说明问题.透镜将使光束会聚,使光束立体角变小,如题图 3.85(1)所示.

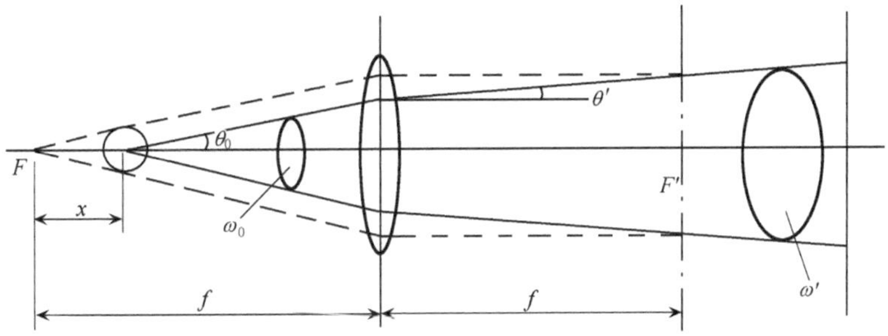

题图 3.85(1)

$$\text{束烛光} = \frac{\text{光通量}}{\text{立体角}} = \frac{I\omega_0}{\omega'} = \frac{I\pi(2\theta_0)^2}{\pi(2\theta')^2} = \left(\frac{\theta_0}{\theta'}\right)^2 I$$

式中$\frac{\theta'}{\theta_0}$=角放大率. 由题意

$$\left(\frac{\theta_0}{\theta'}\right)^2 I = \left(\frac{\theta_0}{\theta'}\right)^2 \times 1000 = 10^6$$

得

$$\left(\frac{\theta_0}{\theta'}\right)^2 = 10^3 \quad \text{或} \quad \frac{\theta_0}{\theta'} = 31.6$$

图中几何关系为 $\theta' f = \theta_0 x$，解得

$$x = \frac{\theta'}{\theta_0} f = \frac{f}{31.6}$$

x 为光源到前焦点的距离. 实际上，光源放在焦点前后都是等效的，这就可以得到 10^6 cd 的探照光束.

(2) 如题图 3.85(2)所示，将一偏振片的透光轴与 $\lambda/4$ 波片的光轴成 45°组合就成为圆起偏器，它也可用来检验圆偏振光，所以也是圆检偏器：圆偏振光经过 $\lambda/4$ 波片后变成线偏光，其偏振方向与 $\lambda/4$ 波片的光轴成 45°. 其后的偏振片透光轴与波片光轴成 45°时，波片后的线偏光或全部透过，或消光，视原来的圆偏光的左右旋向而定.

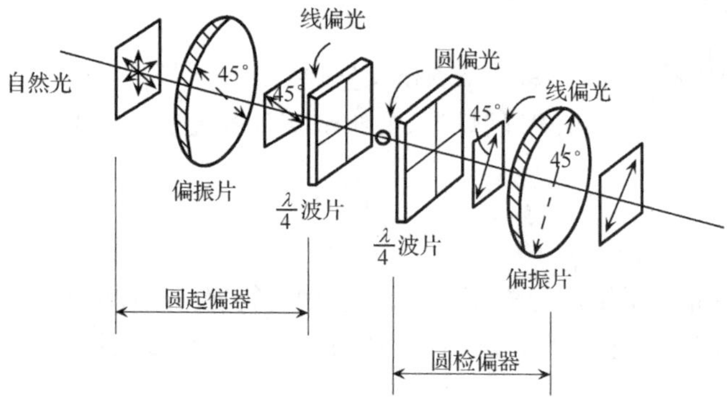

题图 3.85(2)

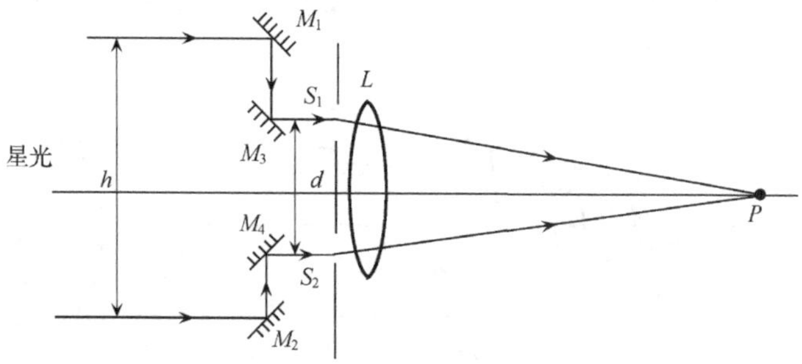

题图 3.85(3)

(3) 题图 3.85(3)所示为迈克耳孙测星干涉仪. 动镜 M_1、M_2 相距较远并可调节，收集天体的光线. 光线经固定的反射镜 M_3 和 M_4 反射穿过挡板上的小孔 S_1 和 S_2 进入望远镜，在物镜焦平面形成杨氏干涉条纹. 干涉条纹的视见度与 M_1、M_2 之间的距离 h 有关. 当条纹可见度为第一次极小时，有

$$h = 1.22\frac{\lambda}{\theta}$$

式中 λ 为星的辐射波长，θ 为星的角直径. 如果用其他方法(如视差法)测得星体的距离，就可求星体的线直径.

根据类似的原理设计的射电天文干涉仪，用两个独立的天线接收射电源的无线电波，然后将信号合成，根据它们强度的涨落与天线间距的关系，同样可得天体的角直径.

3.86 ^{12}C 离子的跃迁导致在 $\lambda=500\text{nm}$ 附近的光子发射($h\nu=2.5\text{eV}$)，离子处于热平衡态，离子温度可表述为 $kT=20\text{eV}$，密度 $n=10^{24}/\text{m}^3$，它们处于幅度达 $B=1\text{T}$ 的非均匀磁场中.

(1) 此时所观察到的线宽 $\Delta\lambda$ 比起 T、n、B 都很小时的线宽要大，试分析其机理；

(2) 计算对应各种展宽机理的量值 $\Delta\lambda$. 对所需参数可取适当的估计值.

解 (1) 离子温度引起的热运动会使谱线产生多普勒展宽，$\Delta\lambda\propto\sqrt{T}$. 离子密度(即压强)会产生碰撞展宽，在压强不太大时，$\Delta\lambda\propto n$ 或 p. 非均匀磁场会引起谱线发生塞曼分裂，使一条谱线变成几条. 如果仪器不能分辨谱线的精细结构，则成为一种展宽，宽度正比于磁感应强度 B.

(2) 多普勒展宽为

$$\frac{\Delta\lambda}{\lambda}=\frac{1}{c}\sqrt{\frac{kT}{m}}=\frac{1}{3\times10^8}\left(\frac{20\times1.6\times10^{-19}}{12\times1.67\times10^{-27}}\right)^{1/2}$$

$$=\frac{1.3\times10^4}{3\times10^8}\approx4\times10^{-5}$$

$$\Delta\lambda=5000\times4\times10^{-5}=0.2\text{Å}$$

碰撞展宽为

$$\Delta\nu\approx r^2n\sqrt{\frac{kT}{m}}=10^{-20}\times10^{24}\times1.3\times10^4=1.3\times10^8(\text{s}^{-1})$$

$$\Delta\lambda=\lambda^2\Delta\nu/c\approx0.1\text{Å}$$

塞曼效应引起的能量分裂值为

$$\Delta E=\mu_B B\Delta(Mg)$$

式中 M 为磁量子数，g 为朗德因子，μ_B 为玻尔磁子.

$$\mu_B=\frac{eh}{4\pi mc}=0.93\times10^{-23}\text{A/m}^2$$

取 $\Delta(Mg)=1$，$B=1\text{T}$，得

$$\Delta E\approx10^{-23}\text{J}$$

所以

$$\Delta\lambda = \frac{\lambda^2 \Delta\nu}{c} = \frac{\lambda^2 \Delta E}{hc} = \frac{(0.5\times10^{-6})^2\times10^{-23}}{6.6\times10^{-34}\times3\times10^{8}} = 0.01(\text{nm})$$

3.87　设频率为 ω 的平面电磁波在非极性分子(即在外场不存在时,偶极矩等于零的分子)组成的介质中传播.试通过考察波与束缚电子的相互作用,求出介质的折射率对于电磁波频率的依赖关系.

解　实验证明,原子和分子中的电子(所谓"束缚"电子)的行为是这样的:当它离开平衡位置时,好像有一个准弹性恢复力

$$\boldsymbol{F}_{弹} = -k\boldsymbol{r} \tag{1}$$

作用于它,其中 $\boldsymbol{r}$ 为电子相对平衡位置位移的矢径.

另一方面,电子在振动过程中辐射电磁波,而电磁波会带走能量,此外还存在着其他一些原因使在原子(分子)中运动的电子损失能量.如果引入作用于电子的阻滞力

$$\boldsymbol{F}_{阻} = -g\dot{\boldsymbol{r}} \tag{2}$$

则可以将能量损失考虑进去,其中 g 是有效"摩擦因数".

最后,电子处于外电磁波场中,受到电磁波场的洛伦兹力的作用

$$\boldsymbol{F}_{洛} = e\boldsymbol{E} + e\boldsymbol{v}\times\boldsymbol{B}$$

其中 e 是电子电荷,$\boldsymbol{E}$、$\boldsymbol{B}$ 分别是电磁波中的电场强度矢量和磁感应矢量,$\boldsymbol{v}$ 是电子的运动速度矢量.

假设电子的运动速度比光在真空中传播的速度小得多,在此情况下,洛伦兹力可以写成

$$\boldsymbol{F}_{洛} = e\boldsymbol{E} \tag{3}$$

考虑式(1)～(3),束缚电子在外电磁波场中的运动方程具有如下形式:

$$m\ddot{\boldsymbol{r}} = -k\boldsymbol{r} - g\dot{\boldsymbol{r}} + e\boldsymbol{E} \tag{4}$$

式中 m 为电子的质量,$\ddot{\boldsymbol{r}}$ 和 $\dot{\boldsymbol{r}}$ 分别为电子的加速度和速度矢量.因为按照题意,电磁波是平面单色波,即

$$\boldsymbol{E} = \boldsymbol{E}_0 \mathrm{e}^{-\mathrm{i}\omega t} \tag{5}$$

则方程(4)可以写成

$$\ddot{\boldsymbol{r}} + \omega_0^2 \boldsymbol{r} + 2\delta\dot{\boldsymbol{r}} = \frac{e}{m}\boldsymbol{E}_0 \mathrm{e}^{-\mathrm{i}\omega t} \tag{6}$$

其中 $\omega_0 = \sqrt{\dfrac{k}{m}}$ 为电子在原子(分子)中振动的"固有"频率,$\delta = g/2m$ 为衰减系数,而 $\boldsymbol{E}_0$ 为电磁波中电场强度的振幅.

我们假设方程式(6)的解具有如下形式:

$$\boldsymbol{r} = \boldsymbol{r}_0 \mathrm{e}^{-\mathrm{i}\omega t} \tag{7}$$

其中 $\boldsymbol{r}_0$ 为电子位移的振幅.将式(7)代入式(6)并做必要的微商,则可得到

$$\boldsymbol{r}_0 = \frac{(e/m)\boldsymbol{E}_0}{[(\omega_0^2 - \omega^2) - 2\mathrm{i}\delta\omega]} \tag{8}$$

由此可见,在平面波外电场作用下,非极性分子获得偶极矩

$$p = er = \frac{e^2 E}{m[(\omega_0^2 - \omega^2) - 2i\delta\omega]} \tag{9}$$

按照定义，介质的极化强度矢量的表达式为

$$P = Np = \frac{e^2 N}{m[(\omega_0^2 - \omega^2) - 2i\delta\omega]} E \tag{10}$$

其中 N 为单位体积中的分子数目. 由式(10)可以看出，介质的极化强度矢量与外电场强度成正比，当 $\delta \neq 0$ 时，比例系数为复数.

$$P = \varepsilon_0 \alpha E \tag{11}$$

系数 α 在此情况下称作介质的极化率. 将式(10)和式(11)加以比较，得出

$$\alpha = \frac{e^2 N}{\varepsilon_0 m[(\omega_0^2 - \omega^2) - 2i\delta\omega]} \tag{12}$$

介质的介电常量和极化率的关系式是

$$\varepsilon = 1 + \alpha \tag{13}$$

将式(12)代入式(13)，得到

$$\varepsilon = 1 + \frac{e^2 N}{\varepsilon_0 m[(\omega_0^2 - \omega^2) - 2i\delta\omega]} \tag{14}$$

另一方面，$n = \sqrt{\varepsilon}$，这里 n 是介质的折射率，所以式(14)取如下形式：

$$n^2 = 1 + \frac{e^2 N}{\varepsilon_0 m[(\omega_0^2 - \omega^2) - 2i\delta\omega]} \tag{15}$$

估算表明，式(15)中的第二项与 1 比较是个小量. 在此情况下，可以将式(15)写成

$$n = 1 + \frac{e^2 N}{2\varepsilon_0 m[(\omega_0^2 - \omega^2) - 2i\delta\omega]} \tag{16}$$

我们所求的介质折射率是一个复量，即

$$n = n' + in'' \tag{17}$$

其中 n'，n''是复折射率的实部和虚部.

由式(16)我们求出折射率的实部为

$$n' = 1 + \frac{e^2 N(\omega_0^2 - \omega^2)}{2\varepsilon_0 m[(\omega_0^2 - \omega^2) + 4\delta^2\omega^2]} \tag{18}$$

众所周知，复折射率的虚部是描述电磁波在介质中衰减的. 函数 $n'(\omega)$的图形示于题图 3.87 中. 固有(谐振)频率 ω_0 附近的区域是“反常色散”区域.

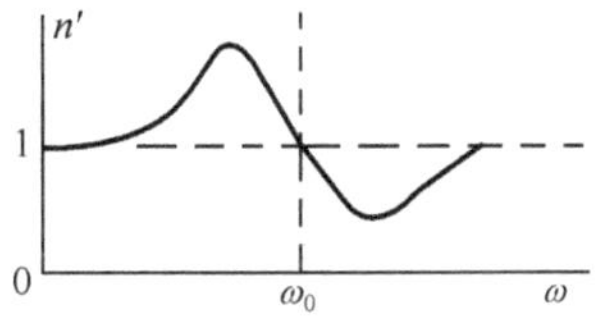

题图 3.87

3.88　高频电磁波(例如伦琴射线)在某介质中传播，介质的单位体积中有 N 个分子，求介质的折射率对于高频电磁波频率的依赖关系.

解　复折射率[见上题的公式(15)]的实部具有如下形式：

$$n^2 = 1 + \frac{e^2 N(\omega_0^2 - \omega^2)}{\varepsilon_0 m[(\omega_0^2 - \omega^2)^2 + 4\delta^2\omega^2]} \tag{1}$$

对于高频振动 $\omega \gg \omega_0$，因此忽略式(1)中与 ω_0^2 和 ω^2 有关的项，保留 ω^4 项，得到

$$n^2 = 1 - \frac{e^2 N}{\varepsilon_0 m\omega^2} \tag{2}$$

由此可见，对伦琴射线而言，金属的折射率小于 1，即对伦琴射线而言，金属介质与空气比

较是光疏介质,因此在某些入射角下可以发生全内反射.

引入“临界”频率

$$\omega_k = \left(\frac{e^2 N}{\varepsilon_0 m}\right)^{1/2} \tag{3}$$

则可以将公式(2)改写成如下形式:

$$n^2 = 1 - \left(\frac{\omega_k}{\omega}\right)^2 \tag{4}$$

当 $\omega_k > \omega$ 时,在公式(4)中第二项起主要作用,而这表明,折射率有虚部,有波的吸收发生. 当 $\omega \gg \omega_k$ 时,折射率 $n \to 1$,因此介质成为透明的,射线可以通过. 例如对伦琴射线而言,金属就是足够透明的.

3.89 为了测量吸收的共振带(反常色散区)附近介质的折射率对于波长的依赖关系,物理学家罗日杰斯特文斯基于百年前提出了一种方法:在雅满(YAMIN)干涉仪(见题图 2.15)中使用白光光源,可得到水平干涉条纹. 用柱面镜将光会聚到分光镜(如棱镜摄谱仪)竖直的进光狭缝. 在分光镜的观察屏上,可以看到光谱上出现一条条暗纹. 在干涉仪的一臂中,置入被测物质的蒸气层;而在另一臂中,置入玻璃平板. 此时,在可供观测的干涉图样中出现所谓“弯钩”. 已知玻璃板的厚度为 $l_{玻}$,气体层的厚度为 $l_{气}$,玻璃的折射率为 $n_{玻}$. 求 $\left(\frac{\mathrm{d}n}{\mathrm{d}\lambda}\right)_{气}$($\lambda$ 为真空中的波长)在“弯钩”的顶点(在该点干涉条纹的切线为水平)的表达式.

解 如果将利用白光光源得到的水平干涉条纹系聚焦到分光镜的竖直狭缝上,观察屏上则可以看到光谱被暗条纹所分割. 这些暗条纹从光谱的红端至紫端慢慢变窄,分光镜使白光沿水平方向展开,而各级干涉极大却沿竖直方向排列. 此时,零级条纹(即对应零相位差的条纹)是水平的. 用 y_m 表示第 m 级干涉条纹到零级条纹位置的距离. 众所周知,这个距离正比于级次 m 和波长 λ,即

$$y_m = am\lambda \tag{1}$$

其中 a 是仪器常数(注意:y_m/a 是干涉光线之间的光程差).

如果在干涉仪的一臂中置入厚度为 $l_{气}$ 的气体层,则它会引起附加光程差

$$d' = l_{气} n_{气} - l_{气} = (n_{气} - 1) l_{气} \tag{2}$$

而所考察的条纹占据位置

$$y_m = am\lambda + a(n_{气} - 1) l_{气} \tag{3}$$

此时,由于气体折射率的色散,与不存在气体的情况比较,该条纹变得倾斜.

如果在干涉仪的另一臂中置入厚度为 $l_{玻}$ 的玻璃平板,则它会在干涉光线之间引入光程差

$$d'' = (n_{玻} - 1) l_{玻} \tag{2'}$$

从而部分地补偿光程差(2).

所考察的条纹现在占据位置

$$y_m = am\lambda + a(n_{气} - 1) l_{气} - a(n_{玻} - 1) l_{玻} \tag{4}$$

由于在干涉仪的一臂中置入气体层所引起的条纹倾斜被抵消了,可以找到这样的波长和相应的气体折射率,使得由于在干涉仪的两臂中置入气体层和玻璃平板所造成的条纹倾斜完全被抵消,干涉条纹取“弯钩”状,在“弯钩”的顶点,条纹的切线成水平. 因此,在“弯

钩”的顶点,下面的条件成立:

$$\frac{\mathrm{d}y_m}{\mathrm{d}\lambda}=0 \tag{5}$$

将式(4)对 λ 微分,考虑到条件(5),我们可以得到

$$\left(\frac{\mathrm{d}n}{\mathrm{d}\lambda}\right)_{气}=\frac{m}{l_{气}}+\left(\frac{\mathrm{d}n}{\mathrm{d}\lambda}\right)_{玻}\frac{l_{玻}}{l_{气}} \tag{6}$$

公式(6)使我们有可能在吸收带附近根据已知的玻璃色散率$(\mathrm{d}n/\mathrm{d}\lambda)_{玻}$算出气体色散率.

一般情况下,干涉级次 $m=\dfrac{l_{玻}(n_{玻}-1)}{\lambda}$ 很大(几千),因此式(6)中的最后一项可以忽略,即

$$\left(\frac{\mathrm{d}n}{\mathrm{d}\lambda}\right)_{气}\approx\frac{m}{l_{气}}=\frac{n_{玻}-1}{\lambda}\cdot\frac{l_{玻}}{l_{气}} \tag{7}$$

3.90 将气体放电管放在强电磁铁两极之间[题图 3.90(1)]. 放电管辐射波长 $\lambda_0=6000\text{Å}$ 的光,电磁铁造成的磁场强度 $H=8.3\times10^6\,\mathrm{A/m}$. 沿与磁场线平行的方向观察辐射光谱,看到的不是一条谱线,而是两条谱线,它们的波长对于 λ_0 的偏离为 $\pm\Delta\lambda$(纵向塞曼效应). 试计算谱线波长在磁场中的改变量 $\Delta\lambda$,并确定观察到的辐射的偏振性质.

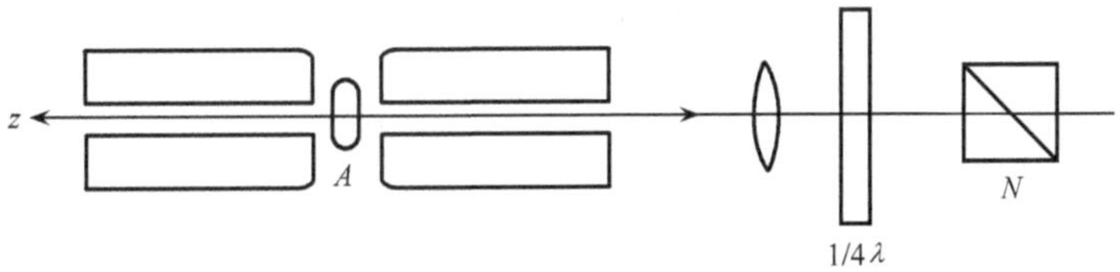

题图 3.90(1)

解 磁场不存在时,束缚电子每一瞬间的振动都可以分解成两个振动:沿 z 轴(z 轴指向磁力线方向)的振动和垂直于 z 轴的振动. 此时,可以将电子以频率 ω_0 在垂直于 z 轴的平面内所做的谐振动,表示为频率为 ω_0 的右旋和左旋匀速圆运动. 加磁场后,作用于电子上的力除了准弹性力之外,还有洛伦兹力

$$\boldsymbol{F}_{洛}=-e\boldsymbol{v}\times\boldsymbol{B} \tag{1}$$

因为洛伦兹力只在垂直于 z 轴的平面内起作用,所以它的存在不改变电子沿 z 轴运动的性质,即电子在 z 轴方向上继续以频率 ω_0 做简谐振动. 对于在垂直于 z 轴的平面内的电子所做的运动,洛伦兹力的作用在于改变电子的圆运动频率,使其与外场不存在的情况下的频率不同. 电子圆运动的新频率由下面的条件决定:

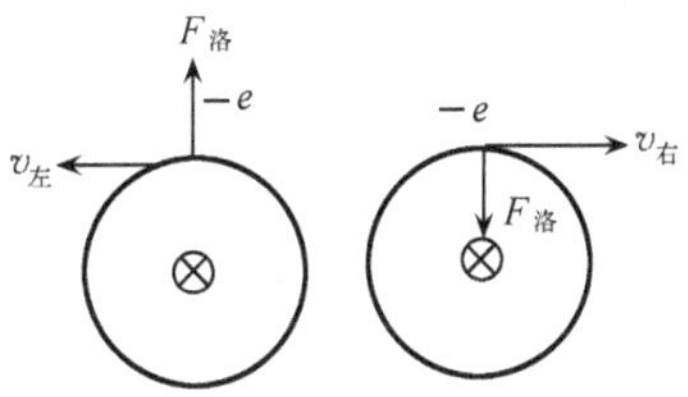

题图 3.90(2)

$$kr-ev_{左}B=m\omega_{左}^2r \qquad (左旋运动)$$

$$kr+ev_{左}B=m\omega_{右}^2r \qquad (右旋运动)$$

见题图 3.90(2). 因为 $v_{左}=v_{右}$, $v_{右}=\omega_{右}r$,故上面的等式有如下形式:

$$m\omega_{左}^2+e\omega_{左}B-k=0$$

$$m\omega_{右}^2 - e\omega_{右} B - k = 0 \tag{2}$$

相对于 $\omega_{左}$ 和 $\omega_{右}$ 解(2)得

$$\omega_{左} = -\frac{1}{2}\frac{e}{m}B \pm \sqrt{\frac{k}{m} + \frac{1}{4}\frac{e^2B^2}{m^2}}$$

$$\omega_{右} = \frac{1}{2}\frac{e}{m}B \pm \sqrt{\frac{k}{m} + \frac{1}{4}\frac{e^2B^2}{m^2}} \tag{3}$$

可将平方根变换如下：

$$\sqrt{\frac{k}{m} + \frac{1}{4}\frac{e^2B^2}{m^2}} = \omega_0\sqrt{1 + \frac{1}{4}\frac{e^2B^2}{m^2\omega_0^2}} \approx \omega_0$$

这个近似之所以成立是由于 ω_0 相当大，且

$$\frac{e^2B^2}{m^2\omega_0^2} \ll 1$$

鉴于此，式(3)可写为(频率 ω_0 为正值)

$$\omega_{左} = \omega_0 - \frac{1}{2}\frac{e}{m}B$$

$$\omega_{右} = \omega_0 + \frac{1}{2}\frac{e}{m}B$$

频率的改变量

$$\Delta\omega = \omega - \omega_0 = \pm\frac{1}{2}\frac{e}{m}B$$

与之对应的波长改变量

$$\Delta\lambda = \pm\frac{e\lambda^2}{4\pi mc}B = \frac{e\lambda^2 H}{4\pi\varepsilon_0 mc^2} = 1.76\text{Å}$$

可见谱线分裂后，其中波长较短的成分是右旋圆偏振的，波长较长的成分是左旋圆偏振的.

3.91　一光电管阴极对于波长 $\lambda = 4.91\times10^{-7}$m 的入射光，发射光电子的遏止电压为 0.71V，当入射光的波长为多少时，其遏止电压变为 1.43V？(电子电量 $e = 1.6\times10^{-19}$C，普朗克常量 $h = 6.63\times10^{-34}$J·s).

解　爱因斯坦光电效应方程为

$$h\nu = \frac{1}{2}mv_0^2 + A$$

其中 A 为逸出功，$\frac{1}{2}mv_0^2$ 为光电子的最大动能. 遏止电压 U_a 满足

$$eU_a = \frac{1}{2}mv_0^2$$

所以

$$U_a = \frac{(h\nu - A)}{e}$$

光子频率 ν 和波长 λ 满足

$$\nu = \frac{c}{\lambda}$$

其中 c 为光速. 设所求入射光的波长为 λ'，将 λ 和 λ' 两次代入上式，联立消去逸出功 A，得

$$0.71-1.43=hc\left(\frac{1}{\lambda}-\frac{1}{\lambda'}\right)\Big/e$$

代入数据得

$$\lambda'=3.8\times10^{-7}\,\mathrm{m}$$

3.92　讨论空腔内电磁波的驻波模式. 设空腔是一个边长分别为 L_1、L_2 和 L_3 的长方体，体积为 V. 腔和腔壁处在热平衡状态，绝对温度为 T，腔内有稳定的辐射场. 平面电磁波为

$$\Phi(\boldsymbol{r};t)=A\exp[\mathrm{i}(\omega t-\boldsymbol{k}\cdot\boldsymbol{r})]$$

二维长方形空腔中驻波如题图 3.92(1)中虚线表示驻波的节线，相邻两节线的距离为波长的一半. 试求当空腔足够大时，单位空腔体积内频率为 ν 的驻波模式数 $n(\nu)$.

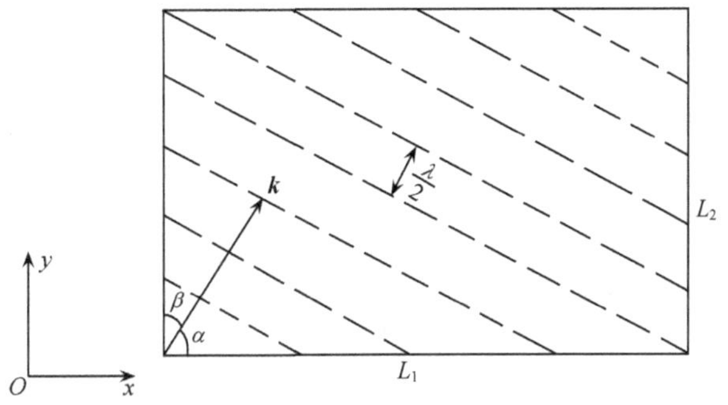

题图 3.92(1)

解　设波矢 $\boldsymbol{k}$ 在三维直角坐标系中的分量分别为 k_x，k_y 和 k_z，即

$$\boldsymbol{k}\cdot\boldsymbol{r}=k_xx+k_yy+k_zz \tag{1}$$

$$k_x=\frac{2\pi}{\lambda}\cos\alpha,\quad k_y=\frac{2\pi}{\lambda}\cos\beta,\quad k_z=\frac{2\pi}{\lambda}\cos\gamma \tag{2}$$

产生驻波的条件为

$$\begin{cases}m_1=\dfrac{2L_1\cos\alpha}{\lambda}\\[2mm] m_2=\dfrac{2L_2\cos\beta}{\lambda}\\[2mm] m_3=\dfrac{2L_3\cos\gamma}{\lambda}\end{cases} \tag{3}$$

式中 m_1、m_2 和 m_3 为整数或零.

$$m_1,m_2,m_3=0,1,2,\cdots$$

联立两个式子(2)、(3)得到

$$k_x=m_1\frac{\pi}{L_1},\quad k_y=m_2\frac{\pi}{L_2},\quad k_z=m_3\frac{\pi}{L_3}$$

即

$$k^2=k_x^2+k_y^2+k_z^2=\pi^2\left(\frac{m_1^2}{L_1^2}+\frac{m_2^2}{L_2^2}+\frac{m_3^2}{L_3^2}\right) \tag{4}$$

$$m_1^2+m_2^2+m_3^2=\frac{1}{\pi^2}(k_x^2L_1^2+k_y^2L_2^2+k_z^2L_3^2) \tag{5}$$

空腔中电磁波的相速度为 c，$c=\nu\lambda$

$$k=\frac{2\pi}{\lambda}=\frac{2\pi}{c}\nu$$

式(5)可以写为

$$\nu=\frac{c}{2}\sqrt{\frac{m_1^2}{L_1^2}+\frac{m_2^2}{L_2^2}+\frac{m_3^2}{L_3^2}} \tag{6}$$

现在计算空腔中频率从 0 到 ν 之间驻波模式的数目 N_ν. 画出波矢空间坐标 k_x、k_y 和 k_z. 对应一组 m_1、m_2、m_3 的一种特定模式就是波矢空间中的一点. 许多不同的 m_1、m_2、m_3 模式对应着波矢空间中的三维格点，如题图 3.92(2).

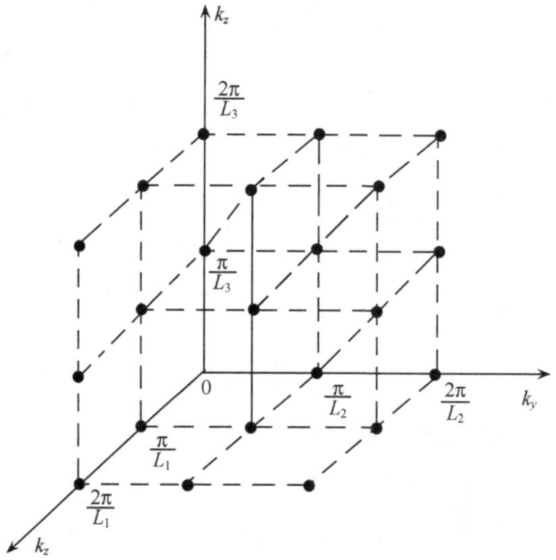

题图 3.92(2)

八个相邻格点构成一个长方体元，每一个格点又同时属于另外 7 个长方体元，每一个长方体元对应着一种振动模式. m_1、m_2 和 m_3 均为正整数，所有的体积元都只占据波矢空间的第一象限. 在波矢空间中，频率从 0 到 ν 的振动模式占据了 1/8 球体，中心在原点 O，而半径的平方为

$$k^2=k_x^2+k_y^2+k_z^2=\left(\frac{2\pi\nu}{c}\right)^2 \tag{7}$$

1/8 球体的体积为

$$V'=\frac{1}{8}\,\frac{4}{3}\pi k^2=\frac{4}{3}\,\frac{\pi^4\nu^3}{c^3} \tag{8}$$

每个长方体元的体积为

$$V_0=\frac{\pi}{L_1}\cdot\frac{\pi}{L_2}\cdot\frac{\pi}{L_3}=\frac{\pi^3}{V} \tag{9}$$

其中 V 为整个空腔的体积，所以 1/8 球体内长方体元的数目为

$$\frac{V'}{V_0}=\frac{4}{3}\frac{\pi\nu^3}{c^3}V \tag{10}$$

1/8 球体的边界面上也会有格点，其数目正比于波矢空间球半径 k 的平方，而球体内格点数正比于 k 的三次方，由题设，空腔足够大时，格点数非常多，边界上格点数比体内格点数少许多，可以忽略不计. 因此式(10)表示的格点数(即模式数目)在 k 很大时足够准确.

考虑到电磁波有两个偏振态，所以式(10)还需乘以 2，得到空腔中频率从零到 ν 的驻波模式总数

$$N_\nu=\frac{8}{3}\frac{\pi\nu^3}{c^3}V \tag{11}$$

微分并除以体积得到

$$n(\nu)\mathrm{d}\nu=\frac{8\pi\nu^2}{c^3}\mathrm{d}\nu \tag{12}$$

$n(\nu)$为单位空腔体积内、频率为 ν 的驻波模式数目.

3.93　光电效应实验曲线如题图 3.93. 求所用光电管的红限 λ.

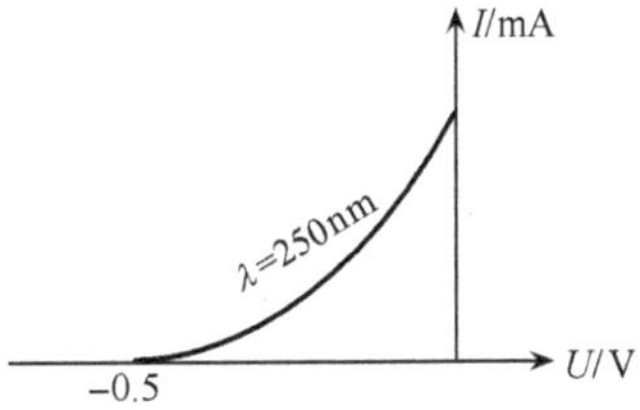

题图 3.93

解　光电效应方程为 $h\nu=eU+A$

$$A=h\nu-eU=h\frac{c}{\lambda}-eU$$

求红限时有 $hc/\lambda_0=A=h\nu-eU$，故

$$\lambda_0=\frac{hc}{h\nu-eU}=\frac{hc\lambda}{hc-eU/\lambda}$$

代入 $h=6.6\times10^{-34}$，$c=3\times10^8$，$e=1.6\times10^{-19}$，$U=0.5$，$\lambda=250\times10^{-9}$，有

$$\lambda_0=278\text{nm}$$

3.94　工作频率为 ω(信号“载频”)的雷达向着相对于雷达在任意方向上以速度 v 运动的物体照射. 考虑多普勒效应，求物体反射回来并由同一雷达所接收的辐射“载频”ω_*.

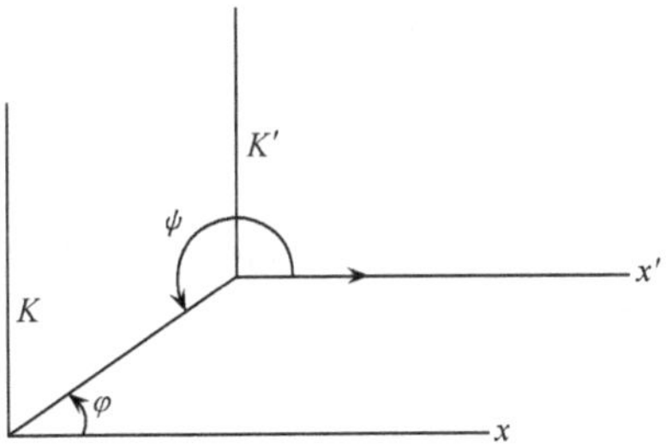

题图 3.94

解　用 K、K'表示坐标系，雷达在 K 中静止，物体在 K'中静止. 选择 x 和 x'轴彼此平行，也平行于在 K 中物体的速度方向(如题图 3.94 所示). 雷达的辐射照到物体上并被反射，在 K'中由于多普勒效应其辐射频率为

$$\omega'=\omega\frac{1-\beta\cos\varphi}{\sqrt{1-\beta^2}} \tag{1}$$

其中 $\beta=v/c$，φ 是 K 中 x 轴与指向物体的方向之间的夹角. 这样一来，在 K'中物体起无线电发射机的作用，向雷达方向辐射(频率为 ω')，在 K'中该方向与 x'轴成某一角 ψ'(一般说此角不同于在 K 中该方向与 x 轴所成的角 $\psi=\pi+\varphi$).

将速度合成公式

$$u_x = \frac{u'_x + v}{1 + u'_x v/c^2} \quad 或 \quad u\cos\psi = \frac{u'\cos\psi' + v}{1 + vu'\cos\psi'/c^2} \tag{2}$$

用于光的传播，不难得到角度的转换定律. 考虑到在所有惯性系中光速相同，即 $u=u'=c$，则有

$$\cos\psi = \frac{\cos\psi' + \beta}{1 + \beta\cos\psi'} \tag{3}$$

由此

$$\cos\psi' = \frac{\cos\psi - \beta}{1 - \beta\cos\psi} \tag{4}$$

考虑到，在 K' 中雷达相对于物体以速度 $-v$ 运动，我们再重新转回到坐标系 K. 在 K 中由雷达所接收的反射信号的频率为

$$\omega_* = \omega' \frac{1 + \beta\cos\psi'}{\sqrt{1-\beta^2}} = \omega \cdot \frac{1 - \beta\cos\varphi}{\sqrt{1-\beta^2}} \cdot \frac{1 + \beta\cos\psi'}{\sqrt{1-\beta^2}} \tag{5}$$

利用公式(4)及等式 $\psi=\pi+\varphi$，求得

$$\omega_* = \omega \frac{1 - \beta\cos\varphi}{1 + \beta\cos\varphi} \tag{6}$$

注意当 $\varphi=\frac{\pi}{2}$，即当物体垂直于由雷达指向物体的矢径而运动时，无论怎样也不会看到反射信号(由同一雷达接收的)频率的改变.

3.95　自聚焦是非线性光学现象. 设介质折射率与在其内传播的电磁波强度有关

$$n = n_0 + \frac{1}{2} n_2 E_0^2$$

式中 n_0 为无电磁波(或极微弱)时介质折射率，E_0 为电场振幅. 通常上式的非线性项远小于常数项 n_0. 设电磁波在半径为 a 的圆柱形波导中沿 z 轴传播，边界介质折射率为 n_0，中间为 $n_0+\frac{1}{2}n_2E_0^2$，见题图 3.95. 求：

(1) 光线在界面发生全反射时临界入射角；

(2) 考虑沿光轴传播的光线的衍射效应

$$\theta_d \approx \frac{0.61\lambda}{2a} = \frac{0.61}{2a}\frac{\lambda_0}{n_0}$$

式中 $2\theta_d$ 为平行光受圆形孔径夫琅禾费衍射的第一级极小值的角分布，$\lambda=\lambda_0/n_0$ 表示光在介质中的波长. 求在此波导中传播的光，其自聚焦效应与衍射效应相抵消时光场振幅表达式.

解　(1) 如题图 3.95，光线在波导表面全反射时有

$$n\sin i_c = n_0$$

即

$$i_c = \arcsin\left(\frac{n_0}{n_0 + \frac{1}{2}n_2E_0^2}\right)$$

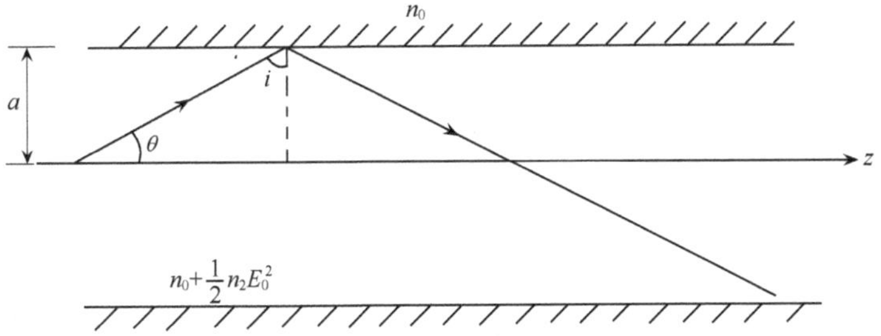

题图 3.95

(2) 设光线与传播方向 z 轴夹角为 θ,对于全反射情况,有

$$\theta \leqslant \theta_c = \frac{\pi}{2} - i_c = \frac{\pi}{2} - \arcsin\left(\frac{n_0}{n_0 + \frac{1}{2}n_2 E_0^2}\right)$$

$$\cos\theta_c = \frac{n_0}{n_0 + \frac{1}{2}n_2 E_0^2}$$

由于$\frac{1}{2}n_2E_0^2 \ll n_0$,$\cos\theta_c \to 1$,$\theta_c \ll 1$,所以有

$$\cos\theta_c \approx 1 - \frac{\theta_c^2}{2} \approx 1 - \frac{1}{2}\frac{n_2}{n_0}E_0^2$$

$$\theta_c \approx \left(\frac{n_2}{n_0}E_0^2\right)^{1/2}$$

而

$$\theta_d \approx \frac{0.61\lambda}{2a} = \frac{0.61}{2a}\frac{\lambda_0}{n_0}$$

令 $\theta_c \approx \theta_d$,得到

$$E_0^2 \approx \frac{1}{n_2 n_0}\left(\frac{0.61}{2a}\lambda_0\right)^2$$

3.96 鱼缸中一条静止不动的鱼,观察水面正上方频率为 ν 的单色平面波光源.若水从顶部“一层一层地”增加,使得水面以 $v = \mathrm{d}h/\mathrm{d}t$ 的速率上升,鱼观察到的光频率如何变化?设水的折射率为 n.

解 光源到鱼之间光程随着水面升高而增加,变化率为$(n-1)\frac{\mathrm{d}h}{\mathrm{d}t}$,这相当于光源正以此速率远离观察者——鱼.观察到光的红移现象,红移量

$$-\frac{\Delta\nu}{\nu} = \frac{v}{c} = \frac{n-1}{c}\frac{\mathrm{d}h}{\mathrm{d}t}$$

因 $n>1$,所以 $\Delta\nu<0$,$\Delta\lambda>0$,这与宇宙大爆炸模型中天体彼此远离而去所观测到的红移现象基于同一物理机制.

3.97 若上题中水是从底部注入,水“整体地”以$\frac{\mathrm{d}h}{\mathrm{d}t}$的速率增加其深度,情况又如何?

解　因为水在运动中，这里要用到光在运动介质中传播速度的公式

$$u=\frac{c}{n}-v\left(1-\frac{1}{n^2}\right)=\frac{c}{n}-\frac{\mathrm{d}h}{\mathrm{d}t}\left(1-\frac{1}{n^2}\right)$$

菲涅耳早在1817～1818年就在以太的基础上导出了这个公式.用洛伦兹变换可推导出光在运动介质中运动的规律，同样得到该式.该式中的$\left(1-\frac{1}{n^2}\right)$称为曳引系数(也译为拖动系数或漂移系数).

光在水中波长为$\lambda_{水}=\frac{c}{n\nu}$.所以鱼观察到的频率为

$$\nu'=\frac{u}{\lambda_{水}}=\nu-\frac{\mathrm{d}h}{\mathrm{d}t}\left(1-\frac{1}{n^2}\right)\Big/\left(\frac{c}{n\nu}\right)$$

或

$$\frac{\Delta\nu}{\nu}=\frac{\nu'-\nu}{\nu}=-\frac{n}{c}\frac{\mathrm{d}h}{\mathrm{d}t}\left(1-\frac{1}{n^2}\right)<0$$

鱼观察到谱线红移.

3.98　设静止参考系为X，运动介质为X'，X'相对于X运动的速率为V.求光在X'中的传播速率u.

解　按洛伦兹变换，在X'参考系中坐标和时间为

$$x'=\frac{x-Vt}{\sqrt{1-\frac{V^2}{c^2}}},\qquad t'=\frac{t-(V/c^2)x}{\sqrt{1-\frac{V^2}{c^2}}}$$

对两式微分得

$$\mathrm{d}x'=\frac{\mathrm{d}x-V\mathrm{d}t}{\sqrt{1-\frac{V^2}{c^2}}},\qquad \mathrm{d}t'=\frac{\mathrm{d}t-\frac{V}{c^2}\mathrm{d}x}{\sqrt{1-\frac{V^2}{c^2}}}$$

两式相除得光在X'中传播速度

$$u=\frac{\mathrm{d}x'}{\mathrm{d}t'}=\frac{\mathrm{d}x-V\mathrm{d}t}{\mathrm{d}t-\frac{V}{c^2}-\mathrm{d}x}=\frac{\frac{\mathrm{d}x}{\mathrm{d}t}-V}{1-\frac{V}{c^2}\frac{\mathrm{d}x}{\mathrm{d}t}}$$

其中$\frac{\mathrm{d}x}{\mathrm{d}t}=\frac{c}{n}$，为光在实验室参考系(静水)中的速度.代入并略去小量得到

$$u=\frac{\frac{c}{n}-V}{1-\frac{V}{cn}}\approx\left(\frac{c}{n}-V\right)\left(1+\frac{V}{cn}\right)$$

$$=\frac{c}{n}-V+\frac{V}{n^2}-\frac{V^2}{cn}\approx\frac{c}{n}-V\left(1-\frac{1}{n^2}\right)$$

式中$1-\frac{1}{n^2}$被称为菲涅耳曳引系数(也称漂移系数或拖动系数).菲佐(1851年)、迈克耳孙和莫雷(1886年)以及塞曼(1914年)等先后都曾用干涉法验证了菲涅耳的公式.有兴趣的

读者可进一步参阅，比如，R・瑞斯尼克著、上海师范大学物理系译的《相对论和早期量子论中的基本概念》，兰斯别尔格著、杨葭荪、张之翔译的《光学（下册）》，母国光和战元龄编、沈寿春校的《光学》.

3.99　若在静止液体中光速为 $c/n(\lambda)$，其中 λ 是静止液体中的光波长. 若考虑到色散，试在一级近似下求对光源以速度 v 运动的液体中的光速.

解　由于多普勒效应，在与液体一起运动的坐标系中的波长为 $\lambda'=\lambda+\Delta\lambda$，并且在一级近似下有 $\frac{\Delta\lambda}{\lambda}=\frac{v}{c/n}$，其中 n 是波长的函数，$n(\lambda)$. 因此

$$n(\lambda')=n(\lambda+\Delta\lambda)\approx n+\frac{\mathrm{d}n}{\mathrm{d}\lambda}\Delta\lambda=n+\lambda n\frac{\mathrm{d}n}{\mathrm{d}\lambda}\cdot\frac{v}{c}$$

$$\frac{c}{n(\lambda')}=\frac{c/n}{1+\lambda\frac{\mathrm{d}n}{\mathrm{d}\lambda}\cdot\frac{v}{c}}\approx\frac{c}{n}-\lambda\frac{\mathrm{d}n}{\mathrm{d}\lambda}\cdot\frac{v}{n}$$

由相对论的速度合成公式求得

$$v_\phi=\frac{\frac{c}{n(\lambda')}+v}{1+\frac{v}{n(\lambda')c}}\approx\left(\frac{c}{n}-\lambda\frac{\mathrm{d}n}{\mathrm{d}\lambda}\cdot\frac{v}{n}+v\right)\left(1-\frac{1}{c}\cdot\frac{v}{n}\right)$$

$$\approx\frac{c}{n}+v\left(1-\frac{1}{n^2}-\frac{\lambda}{n}\frac{\mathrm{d}n}{\mathrm{d}\lambda}\right)$$

式中的 v 若是向着光源方向，取负值；若与光同方向，则取正值.

3.100　波荡器是由极性交替的磁铁沿一条直线排成的阵列. 阵列的重复单元长度为 d，共有 N 个这样的单元. 速度接近光速的电子正入射进入波荡器，在波荡器内受磁场作用而反复偏转产生辐射，并在对应于某波长 λ 的基频上辐射最强. 按典型波荡器装置的位形，在题图 3.100(1)中，上面部分蛇形曲线是电子轨迹的俯视图(图中轨迹扭摆幅度被大大地夸大了)；下面部分标有 N、S 的则是波荡器装置的侧视图.

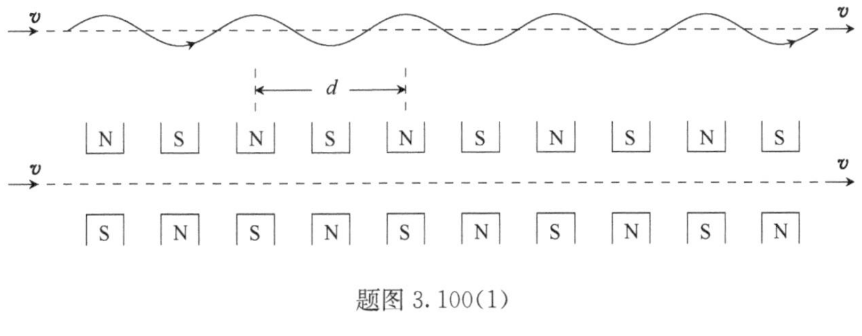

题图 3.100(1)

(1) 指出在路径的哪些部位会产生向前的辐射?

(2) 从相邻单元产生的向前辐射相长相干的条件来求波长；

(3) 求单一能量的电子束所产生的辐射的谱线宽度 $\Delta\lambda/\lambda$；

(4) 由整个波荡器产生的向前辐射强度与由单一单元产生的辐射强度之比是多少?

(5) 若电子速度与光速相差 1.00×10^{-6}，$d=10.0\text{cm}$，求波荡器产生辐射的波长.

解　(1) 题图 3.100(2)给出电子做水平扭摆运动的一部分轨迹的俯视图. 由电动力

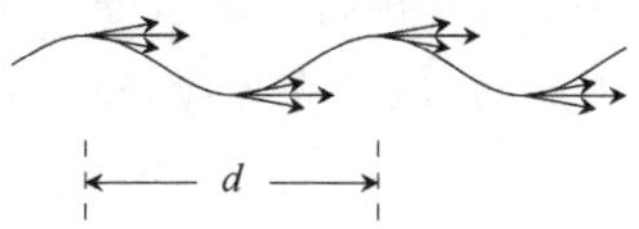

题图 3.100(2)

学知，做加速运动的带电粒子辐射能量，其辐射场强大小正比于加速度，辐射方向在绕运动轨迹切线方向极小的立体角范围. 电子在静磁场中运动，速度大小不变，其加速度大小与所在轨迹位置的曲率成正比. 图 3.100(2)的轨迹中，曲率最大处也即加速度大小最大处在纸面上轨迹的最高点与最低点，且轨迹的切向与电子束主要运动方向相同.

(2) 电子束运动一个周期 d 的时间 $\Delta t=\frac{d}{v}$. 在 Δt 间隔后，由上一个最高点处产生的辐射已经超过了下一个最高点一小段距离 $\Delta s=c\Delta t-d$. 而在此刻电子刚到达下一个最高点处并发出辐射. 这两个辐射要相长相干，必须有 $\Delta s=n\lambda$，对于基频，取 $n=1$. 则

$$c\Delta t-d=\lambda$$

$$\lambda=d\left(\frac{c}{v}-1\right)=d(\beta^{-1}-1)$$

现在讨论电子在轨迹最低点处发出的辐射. 电子走过相邻的最高和最低点(距离$\frac{d}{2}$)的时间为$\frac{1}{2}\Delta t$. 按上面的讨论，在相邻的最高和最低点处的辐射相差 π. 但还要考虑到辐射正比于加速度. 由图知，电子轨迹在相邻的最高和最低点处处曲率最大，加速度方向相反(反号). 所以给这两处发出的辐射带来附加相位差 π. 于是，电子在这两处的辐射是同相位的，相干相长. 上式仍然成立.

(3)结果同多光束干涉或干涉滤光片原理，有谱线分辨本领

$$\frac{\Delta\lambda}{\lambda}=\frac{1}{N}$$

(4) 所求辐射强度之比为$\frac{I}{I_0}=N^2$；

(5) 按题意 $v=(1-1.00\times10^{-6})c$，代入得

$$\lambda=d(\beta^{-1}-1)=100\text{nm}$$

3.101　一个黑色均匀小球，半径 $r=1\text{mm}$，受到平行的激光束照射，激光系圆偏振光，波长 $10^4\,\text{nm}$. 球开始时处于无重力的空间实验室中静止悬浮状态. 球将沿光束方向平动并绕该方向转动. 球上除了与激光束平行的一条直径外，球的每一部分都沿螺旋轨道运动，求螺距.

解　单色圆偏振光束可视为定向运动的光束，具有能量、动量和角动量. 单个光子的角动量均为 $h/2\pi=\hbar$. 黑色小球吸收光子，将光子的动量和角动量转换成自己的动量和角动量. 这里假设小球所吸收的光子的质量比起球自身的质量可忽略.

设单位时间射在小球上的光子数为 n，为常量. 在 $\mathrm{d}t$ 时间内射到小球上的光子数为 $n\mathrm{d}t$，每个光子的动量 $p=h/\lambda$. 故在 $\mathrm{d}t$ 内小球的动量增量为

$$\mathrm{d}p=\frac{h}{\lambda}n\mathrm{d}t$$

设小球质量为 m，任意时刻的速度为 v，$\mathrm{d}t$ 内速度增量为 $\mathrm{d}v$，则

$$\mathrm{d}p=m\mathrm{d}v$$

由以上两式有

$$a=\frac{\mathrm{d}v}{\mathrm{d}t}=\frac{nh}{m\lambda}$$

类似地，单个光子的角动量为$\frac{h}{2\pi}$，在 dt 时间内小球因吸收光子而获得的角动量增量为

$$\mathrm{d}L=\frac{h}{2\pi}n\mathrm{d}t$$

小球绕中央轴的转动惯量

$$I=\frac{2}{5}mr^2$$

在 dt 内，小球角速度增量为

$$\mathrm{d}\omega=\frac{\mathrm{d}L}{I}$$

所以角加速度为

$$\beta=\frac{\mathrm{d}\omega}{\mathrm{d}t}=\frac{nh}{2\pi I}$$

设小球在 $t=0$ 时刻开始受光照，在 t 时刻其平动位移为

$$x=\frac{1}{2}at^2=\frac{nht^2}{2m\lambda}$$

在 t 时刻小球转过的角度为

$$\varphi=\frac{1}{2}\beta t^2=\frac{nht^2}{4\pi I}=\frac{5nht^2}{8\pi mr^2}$$

由以上两式得到

$$x=\frac{4\pi r^2}{5\lambda}\varphi$$

由于球的每一部分都是沿螺旋线运动，而平动的速度相同，所以各点有相同的螺距 a. a 是转角增加 2π 时平动距离 x 的增量，所以

$$a=\frac{8\pi^2r^2}{5\lambda}$$

代入相关数据得 $a=1.6\mathrm{m}$.

3.102　四块黑色的平行金属板，中间为真空，两端的板一块维持在 100℃，另一块为 10℃，求热平衡时：

（1）中间两块板的温度；

（2）板间能量流，并与假设抽去中间两块板时的情况比较.

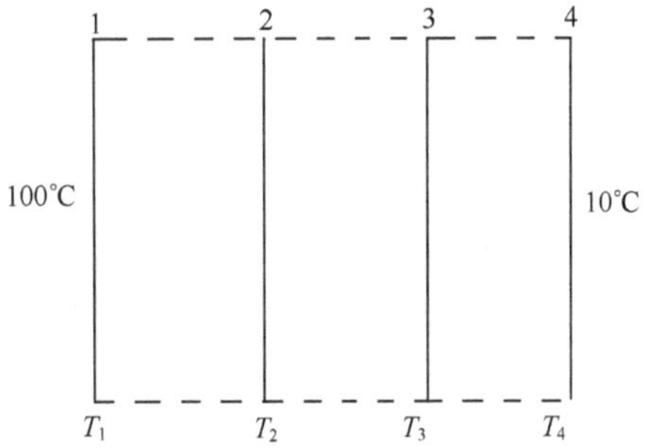

题图 3.102

解　（1）四块板如题图 3.102，中间两板通过吸收和辐射能量进行能量交换，最终达到平衡. 热平衡时，相邻两板之间的能流密度均相等. 由黑体辐射的斯特藩-玻尔兹曼定律，单位时间内由单位面积辐射出来的能量为

$$R = \sigma T^4$$

对板 2，其左侧向外辐射的能流密度为 σT_2^4，同时吸收板 1 所辐射的能流密度 σT_1^4，$T_1 > T_2$，故左侧净增的能流密度为

$$\dot{Q}_{2左} = \sigma(T_1^4 - T_2^4)$$

同理其右侧净增的能流密度为

$$\dot{Q}_{2右} = \sigma(T_3^4 - T_2^4)$$

热平衡时有

$$\dot{Q}_{2左} + \dot{Q}_{2右} = 0$$

即

$$T_1^4 + T_3^4 - T_2^4 - T_2^4 = 0$$

或

$$T_2^4 = \frac{1}{2}(T_1^4 + T_3^4)$$

对板 3 重复上述讨论有

$$T_3^4 = \frac{1}{2}(T_2^4 + T_4^4)$$

由以上两式得出

$$T_2 = \sqrt[4]{\frac{2T_1^4 + T_4^4}{3}} = 350\text{K} = 77℃$$

$$T_3 = \sqrt[4]{\frac{2T_4^4 + T_1^4}{3}} = 322\text{K} = 49℃$$

（2）热平衡时各板之间能流密度均相等，即

$$\dot{Q} = \sigma(T_1^4 - T_2^4) = \sigma(T_2^4 - T_3^4) = \sigma(T_3^4 - T_4^4)$$

得到

$$\dot{Q} = \frac{1}{3}\sigma(T_1^4 - T_4^4)$$

撤去板 2 和板 3 情况时，板 1、板 2 之间能流密度

$$\dot{Q}_0 = \sigma(T_1^4 - T_4^4)$$

$$\dot{Q}/\dot{Q}_0 = \frac{1}{3}$$

一般而言，插入 n 块板，能流密度下降到原来的$\frac{1}{n+1}$.

3.103　激光对透明棱镜的作用力. 一束强激光通过小的透明物体时，由于折射作用而对物体产生相当的作用力. 为对此有所理解，取一个很小的玻璃三棱镜，其顶角为 $A=\pi-2\alpha$，底边长为 $2h$，厚度为 W，折射率为 n，密度为 ρ.

设该棱镜处在一束沿水平 x 轴方向传播的激光之中（本题自始至终假定棱镜不发生转动，即其顶角总是对准激光束射来的方向，它的两个三角形侧面总是平行于 xy 平面，

底面总是平行于 yz 平面[如题图 3.103(1)所示]. 周围空气的折射率取为 $n_a=1$,并设棱镜各面均镀有防反射膜,确保不发生反射.

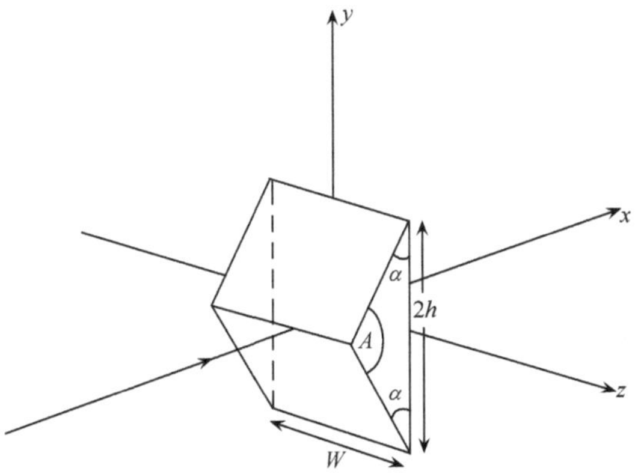

题图 3.103(1)

激光束的强度沿 z 轴方向均匀分布,但是从 x 轴开始,沿 y 轴正、负方向的光强按线性关系减弱. 在 $y=0$ 处强度最大,其值为 I_0,而到 $y=\pm 4h$ 处,光强降为零[参见题图 3.103(2)].

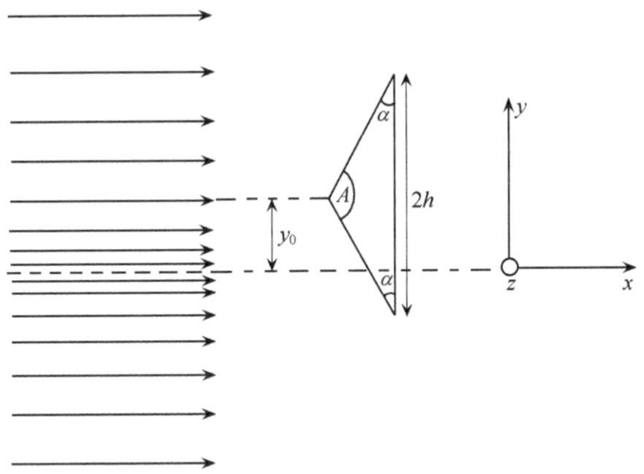

题图 3.103(2)

(光的强度即为每单位面积的功率,单位是 W/m^2.)

(1) 在激光射到棱镜上表面时,参考题图 3.103(3),试求偏转角 θ(用 α 和 n 表示).

(2) 将棱镜顶端由原来的位置 x 轴处沿 y 轴方向平移 y_0 量,且设 $|y_0|\leqslant 3h$,试用 I_0、θ、h、W 和 y_0 来表述激光作用在棱镜上的净作用力的 x、y 分量,做图表示出作用力在水平方向(x 轴方向)和竖直方向(y 轴方向)的分量随位移 y_0 的变化关系.

(3) 设激光束在 z 方向的宽度为 1mm,在 y 方向的宽度为 80μm,棱镜的参量为 $\alpha=30°$,$h=10\mu m$,$n=1.5$,$W=1mm$,$\rho=2.5g/cm^3$. 当棱镜的顶端位于激光束对称面以下的 $y_0=-h/2(=-5\mu m)$处时,需要多少瓦的激光束功率才能使棱镜克服重力(朝 $-y$ 方向)

的作用处于平衡状态?

(4) 用与(3)中相同的棱镜和激光束,在没有重力的条件下做实验,且设定 $I_0=10^8\,\mathrm{W/m^2}$. 移动棱镜使其顶端静止地处于 $y_0=h/20$ 的位置,而后释放棱镜,它将发生振动,试求振动周期.

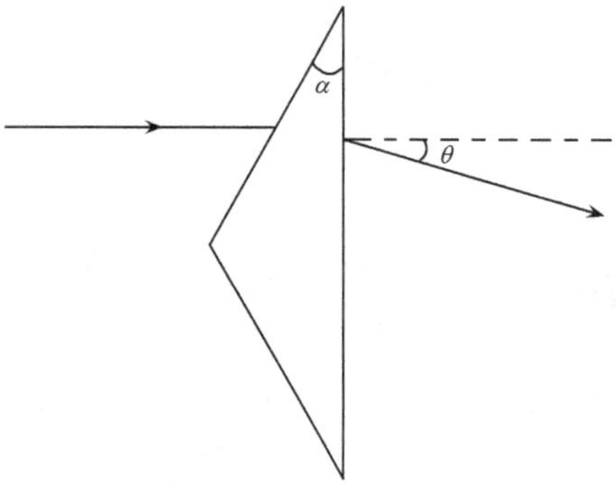

题图 3.103(3)

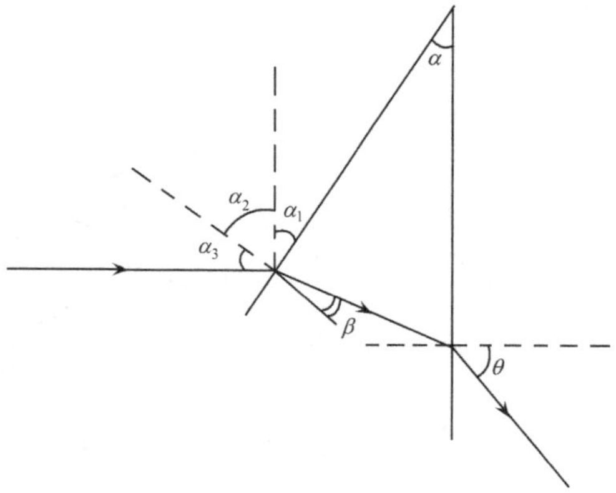

题图 3.103(4)

解　(1) 这是一个涉及折射定律的简单几何光学问题. 参照题图 3.103(4),因 $\alpha_1=\alpha$ 和 $\alpha_1+\alpha_2=\alpha_2+\alpha_3=90°$,故入射角 $\alpha_3=\alpha$. 据折射定律,有

$$\sin\alpha = n\sin\beta$$

可确定折射角

$$\beta = \arcsin\left(\frac{\sin\alpha}{n}\right)$$

光束对棱镜底面的入射角应为

$$\frac{\pi}{2}-\left[\pi-\alpha-\left(\frac{\pi}{2}-\beta\right)\right]=\alpha-\beta$$

对底面应用折射定律,有

$$\sin\theta = n\sin(\alpha-\beta)$$

最后可解得

$$\theta = \arcsin\left\{n\sin\left[\alpha-\arcsin\left(\frac{\sin\alpha}{n}\right)\right]\right\}$$

(2) 棱镜所受力与激光束通过棱镜时的动量改变率的大小相同、方向相反. 为进行分析,先考虑入射在棱镜上半面激光的动量改变量.

设激光束中每秒有 τ_u 个光子沿着平行于 x 轴的方向射到棱镜的上表面,一个光子的能量记为 E,其动量为 $\boldsymbol{P}_i=\frac{E}{c}\boldsymbol{i}$,与相对于 x 轴为 θ 角的方向离开棱镜的光子相比较,对应的动量变化量为

$$\delta\boldsymbol{p} = \frac{E}{c}(\cos\theta-1)\boldsymbol{i}-\frac{E}{c}\sin\theta\boldsymbol{j}$$

τ_u 个光子总的动量改变量便是

$$\tau_u \delta \boldsymbol{P} = \frac{\tau_u E}{c}[(\cos\theta - 1)\boldsymbol{i} - \sin\theta \boldsymbol{j}]$$

$\tau_u E$ 即为照射在上表面的激光功率 P_u，故棱镜因上表面对激光的折射而受到的作用力为

$$\boldsymbol{F}_u = -\tau_u \delta \boldsymbol{P} = \frac{P_u}{c}[(1-\cos\theta)\boldsymbol{i} + \sin\theta \boldsymbol{j}]$$

由同样的分析，可得棱镜因下表面对激光的折射而受到的作用力为

$$\boldsymbol{F}_l = \frac{P_l}{c}[(1-\cos\theta)\boldsymbol{i} - \sin\theta \boldsymbol{j}]$$

其中 P_l 为激光束照射在棱镜下表面的功率.

从上面两个结果，可知作用在棱镜的净力为

$$\boldsymbol{F} = \boldsymbol{F}_u + \boldsymbol{F}_l = \frac{1}{c}[(P_u + P_l)(1-\cos\theta)]\boldsymbol{i} + \frac{1}{c}[(P_u - P_l)\sin\theta]\boldsymbol{j}$$

其中角 θ 已由角 α 和棱镜折射率 n 确定[参见(1)].

为得到 P_u 和 P_l 量，需计算棱镜上、下表面的平均光强 $\bar{I}_u$、$\bar{I}_l$，再各自乘以上、下表面在垂直于激光束方向上的投影面积 hW. 光强 I 随 y 的分布是线性函数，故平均光强很容易确定.

据题文所述，有

$$I(y) = \begin{cases} I_0\left(1 - \dfrac{y}{4h}\right), & 0 \leqslant y < 4h \\ I_0\left(1 + \dfrac{y}{4h}\right), & -4h < y < 0 \end{cases}$$

现在假设棱镜顶端从 x 轴向上提升 y_0($y_0 > 0$)量，则可分下述两种情况讨论.

(a) $h \leqslant y_0 \leqslant 3h$

整个棱镜都处于激光束的上半部分，这种情况下，如题图 3.103(5)所示，平均光强等于两个表面各自中央位置的值. 棱镜上表面中央位置在 $y_0 + \frac{h}{2}$ 处，下表面中央位置在 $y_0 - \frac{h}{2}$ 处. 据此得

$$\bar{I}_u = I_0\left[1 - \frac{y_0 + \frac{h}{2}}{4h}\right] = I_0\left(\frac{7}{8} - \frac{y_0}{4h}\right)$$

$$\bar{I}_l = I_0\left[1 - \frac{y_0 - \frac{h}{2}}{4h}\right] = I_0\left(\frac{9}{8} - \frac{y_0}{4h}\right)$$

不难算得

$$F_x = \frac{2hWI_0}{c}\left(1 - \frac{y_0}{4h}\right)(1-\cos\theta)$$

$$F_y = -\frac{hWI_0}{4c}\sin\theta$$

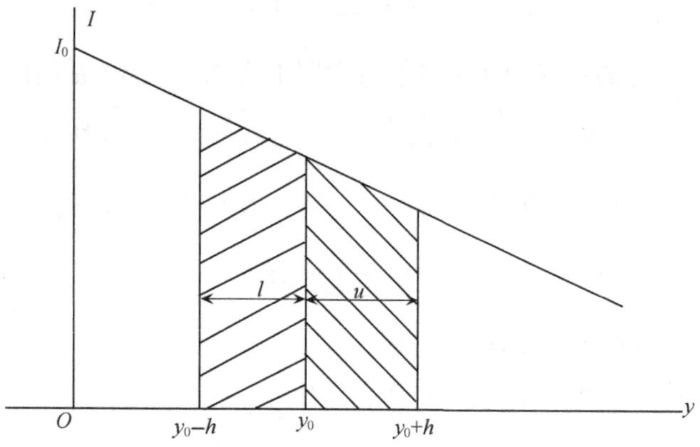

题图 3.103(5)

(b) $0<y_0<h$

则棱镜的下表面有一部分处在激光束的下半部分，如题图 3.103(6)所示. 棱镜下表面中从 $y=0$ 到 $y=y_0$ 部分的面积为下表面面积的 y_0/h 倍，其平均光强等于 $y=y_0/2$ 处的光强，即为

$$\bar{I}_{l_1}=I\left(\frac{y_0}{2}\right)=I_0\left(1-\frac{y_0}{8h}\right)$$

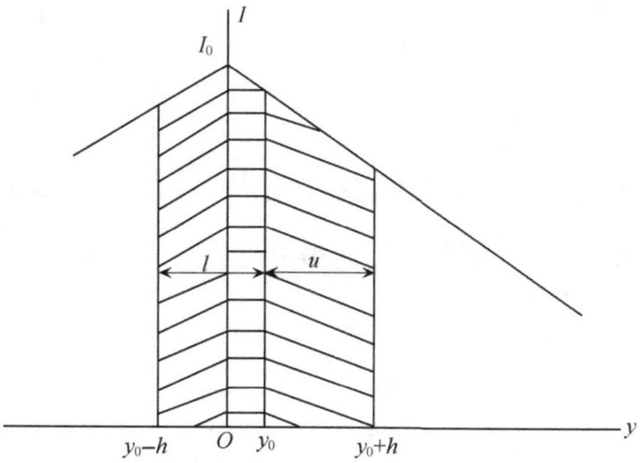

题图 3.103(6)

从 $y=0$ 到 $y=y_0-h$ 部分的面积为下表面面积的 $\left(1-\frac{y_0}{h}\right)$ 倍，其平均光强等于 $y=(h-y_0)/2$ 处的光强，即为

$$\bar{I}_{l_2}=I\left(\frac{h-y_0}{2}\right)=I_0\left(\frac{7}{8}+\frac{y_0}{8h}\right)$$

联合起来考虑，便得

$$P_l=hW\frac{y_0}{h}\bar{I}_{l_1}+hW\left(1-\frac{y_0}{h}\right)\bar{I}_{l_2}$$

$$= hWI_0\left(\frac{7}{8}+\frac{y_0}{4h}-\frac{y_0^2}{4h^2}\right)$$

上表面平均光强与 y_0 的函数关系同(a)中所述,即得

$$P_u = hWI_0\left(\frac{7}{8}-\frac{y_0}{4h}\right)$$

于是有

$$P_u + P_l = hWI_0\left(\frac{7}{4}-\frac{y_0^2}{4h^2}\right)$$

$$P_u - P_l = -hWI_0\frac{y_0}{2h}\left(1-\frac{y_0}{2h}\right)$$

由此可得

$$F_x = \frac{hWI_0}{c}\left(\frac{7}{4}-\frac{y_0^2}{4h^2}\right)(1-\cos\theta)$$

$$F_y = -\frac{hWI_0}{c}\frac{y_0}{2h}\left(1-\frac{y_0}{2h}\right)\sin\theta$$

考虑到光强分布相对于 $y=0$ 面对称,故 $y_0<0$ 的解与 $y_0>0$ 的解之间具有镜面对称. F_x 和 F_y 对 y_0 的函数关系如题图 3.103(7)所示.

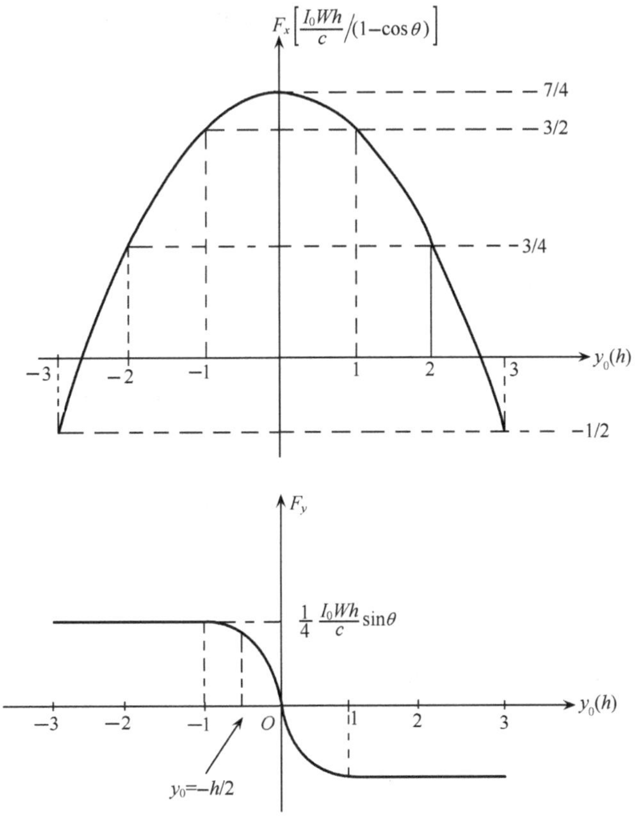

题图 3.103(7)

(3) 由 F_y 的表述式及图线均可看出，为使 $F_y>0$ 以克服棱镜所受重力，便必定要求 $y_0<0$. 为获得克服棱镜所受重力必须对应的 F_y 力，需先求出棱镜的质量，再使激光束提供的这 F_y 力等于棱镜所受重力. 根据已给的数据可进而求出 I_0，最后再求得激光束的总功率. 计算中可用平均光强与激光束截面积的乘积来算出光束功率.

棱镜的体积为

$$V = h^2 W \tan\alpha = (10 \times 10^{-6})^2 \times 10^{-3} \times \tan 30^\circ = \frac{\sqrt{3}}{3} \times 10^{-13} (\mathrm{m}^3)$$

其质量便为

$$m = \rho V = (2.5 \times 10^3) \times \frac{\sqrt{3}}{3} \times 10^{-13} = 1.44 \times 10^{-10} (\mathrm{kg})$$

所受重力为

$$mg = 1.44 \times 10^{-10} \times 9.8 = 1.41 \times 10^{-9} (\mathrm{N})$$

上面(2)中之解对应 $y_0>0$ 而得，但因 $y_0<0$ 与 $y_0>0$ 两者间具有对称性，故可利用该解，因此 I_0 需满足

$$\frac{hWI_0}{c}\frac{y_0}{2h}\left(1-\frac{y_0}{2h}\right)\sin\theta = mg = 1.41 \times 10^{-9}\,\mathrm{N}$$

其中

$$\theta = \arcsin\left\{n\sin\left[\alpha - \arcsin\left(\frac{\sin\alpha}{n}\right)\right]\right\} = 15.9^\circ$$

$$y_0 = h/2$$

$$h = 10 \times 10^{-6}\,\mathrm{m}$$

$$W = 10^{-3}\,\mathrm{m}$$

即可算得

$$I_0 = 8.29 \times 10^8\,\mathrm{W/m^2}$$

由 $P=\bar{I}S$，其中 $\bar{I}=I_0/2$，S 为激光束截面积，可算得

$$P = \left(\frac{1}{2} \times 8.29 \times 10^8\right) \times (10^{-3} \times 80 \times 10^{-6}) = 33.2(\mathrm{W})$$

(4) 最大位移量 $y_0=h/20$，对应 $y_0/h=0.05\ll 1$，故 $|y|\leqslant y_0$ 位移量对应的竖直方向分力为

$$F_y = -\frac{hWI_0}{c}\frac{y}{2h}\left(1-\frac{y}{2h}\right)\sin\theta$$

可近似取为

$$F_y = -\frac{WI_0\sin\theta}{2c}y$$

这是一个线性恢复力，对应的谐振动角频率为

$$\omega = \sqrt{\frac{WI_0\sin\theta}{2cm}} = \sqrt{\frac{I_0\sin\theta}{2c\rho h^2\tan\alpha}}$$

振动周期便为

$$T = \frac{2\pi}{\omega} = 2\pi\sqrt{\frac{2c\rho h^2\tan\alpha}{I_0\sin\theta}}$$

数值计算可得

$$T=2\pi\sqrt{\frac{2\times(3\times10^{8})\times(2.5\times10^{3})\times(10^{-5})^{2}\times\tan30^{\circ}}{10^{8}\times\sin15.9^{\circ}}}$$

$$=1.12\times10^{-2}(\mathrm{s})$$

3.104 “激光冷却原子”的成功实验获得了 1997 年诺贝尔物理学奖. 以下,我们在普通物理的范畴内研究其原理.

为了高精度地研究孤立原子的性质,必须使它们几乎静止下来并能够在一个小的空间区域里停留一段时间. 近年来一种被称为“激光致冷”的方法可以实现这一目的. 其原理如下:

在一真空室内,一束准直的 Na^{23} 原子束(固体样品在 10^3K 高温下蒸发得到)受一束高强度激光照射,如题图 3.104(1),选定激光频率,使速度为 v_0 的钠原子可对激光光子发生共振吸收. 原子吸收光子后跃迁到能量为 E、能级宽度为 Γ 的第一激发态,如能级图题图 3.104(2). 这时其速度有如下改变:

$$\Delta v=v_1-v_0$$

随后该原子又发射光子并回到基态. 在此过程中原子速度改变量为

$$\Delta v'=v_1'-v_1$$

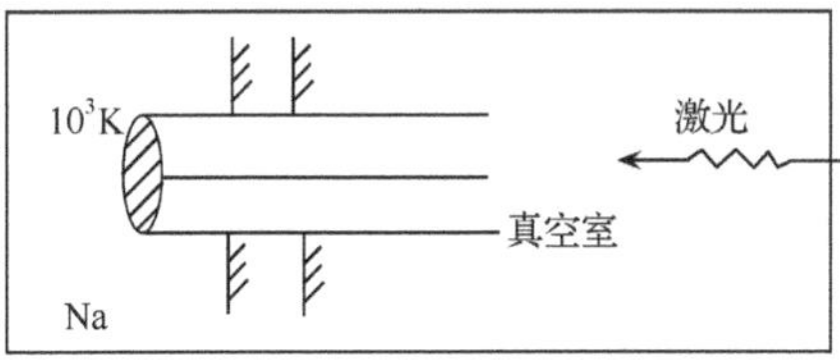

题图 3.104(1)

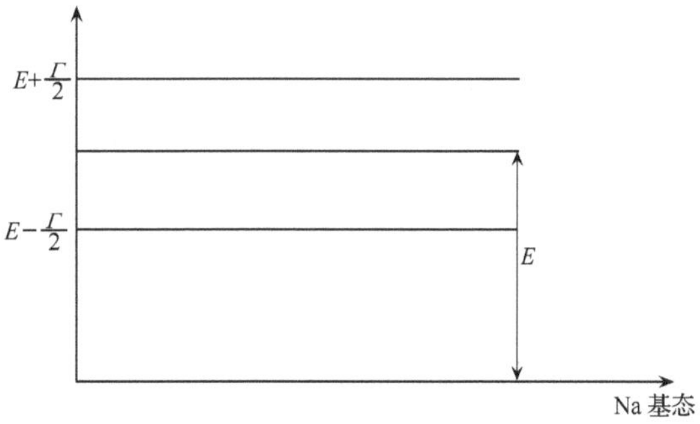

题图 3.104(2)

运动方向偏转为 φ,如题图 3.104(3). 这一先吸收后发射的过程可进行多次. 如不考虑偏转,把吸收和发射都当成沿直线方向,则原子速度的改变量达到某量 Δv 后,便不能再对频率为 ν 的激光发生共振吸收. 这时需改变激光频率,使原子在新的速度下共振吸收,继续减慢其速度,直到近似静止.

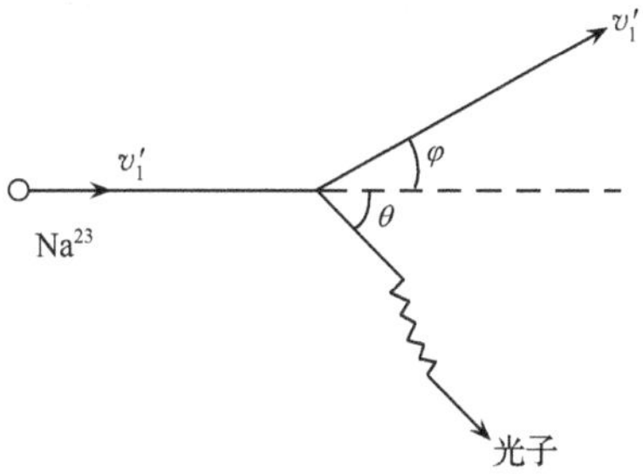

题图 3.104(3)

作为过程的第一步近似,可以忽略原子的所有其他相互作用过程,只考虑光的吸收和再发射. 并设激光很强,所以原子在基态的停留时间实际上可以不计. 具体数据为

$$E=3.36\times10^{-19}\mathrm{J},\qquad \Gamma=7.0\times10^{-27}\mathrm{J}$$

$$m_p = 1.67 \times 10^{-27}\,\text{kg}, \qquad k = 1.38 \times 10^{-23}\,\text{J/K}$$

k 为玻尔兹曼常量.

(1) 为使原子束中动能等于该温度下原子平均动能的原子共振吸收光子,激光频率 ν 应为多少?经第一次吸收过程后,原子速度改变量 Δv_1 为多少?

(2) 在多大速度间隔内 Δv_0 原子均可吸收第 1 问中所算出频率的光子?

(3) 经过一次光子发射后,原子相对于发射前运动方向的最大偏转角 φ_{max} 是多少?

(4) 若保持频率不变,原子速度减少量 Δv 最多能达到多少?

(5) 为使初速度为 v_0 并沿直线运动的原子按第 1 问中所述方式减速,最后降到速度几乎为零,需经历多少次吸收事件?

(6) 如一次吸收后伴随一次发射,但不考虑发射引起的速度变化. 试问完成第(5)问所要求的减速过程共需要多少时间?在这段时间内原子走过的路径 Δs 为多少?

解 (1) 原子束中原子平均动能为

$$\frac{1}{2}mv_0^2 = \frac{3}{2}kT$$

所以速度

$$v_0 = \sqrt{\frac{3kT}{m}} = \sqrt{\frac{3 \times 1.38 \times 10^{-23} \times 10^3}{23 \times 1.67 \times 10^{-27}}} = 1.04 \times 10^3\,(\text{m/s})$$

显见 $v \ll c$,不必做相对论修正.

激光由能量为 $h\nu$,动量为 $h\nu/c$ 的光子组成. 应用能量守恒和动量守恒有

$$\begin{cases} \dfrac{1}{2}mv_0^2 + h\nu = \dfrac{1}{2}mv_1^2 + E \\ mv_0 - \dfrac{h\nu}{c} = mv_1 \end{cases}$$

或

$$\begin{cases} \dfrac{1}{2}m(v_1^2 - v_0^2) = \dfrac{1}{2}m(v_1 + v_0)(v_1 - v_0) = h\nu - E \\ \Delta v_1 = v_1 - v_0 = \dfrac{h\nu}{mc} \end{cases}$$

对可见波段激光,$\nu \approx 10^{14}\,\text{Hz}$,代入 $m = 23m_p$,$c = 3 \times 10^8\,\text{m/s}$,$h = 6.62 \times 10^{-34}\,\text{J} \cdot \text{s}$,有

$$\frac{h\nu}{mc} \approx 10^{-2} \ll 1$$

所以 $v_1 \approx v_0$,$v_1 + v_0 \approx 2v_0$,代入上述方程组得

$$\begin{cases} mv_0 \Delta v_1 = h\nu - E \\ \Delta v_1 = v_1 - v_0 = -\dfrac{h\nu}{mc} \end{cases}$$

即

$$\nu = \frac{E/h}{1 + v_0/c}, \qquad \Delta v_1 = -\frac{E}{mc(1 + v_0/c)}$$

代入有关数据有

$$\nu \approx 5.0 \times 10^{14}\,\text{Hz}, \qquad \Delta v_1 \approx -3.0 \times 10^{-2}\,\text{m/s}$$

而$\frac{\Delta v_1}{v_0} \approx 10^{-4}$，所以上述近似 $v_1 + v_0 \approx 2v_0$ 成立，

(2) 有一个确定的 ν，由上述 ν 的表达式有

$$v_0 = c\left(\frac{E}{h\nu} - 1\right)$$

若 E 有宽度 Γ，相应有

$$\Delta v_0 = \frac{c\Gamma}{h\nu} = \frac{c\Gamma(1 + v_0/c)}{E} \approx \frac{c\Gamma}{E} = 6.2\,\text{m/s}$$

光子可被速度处于$\left(v_0 - \frac{1}{2}\Delta v_0\right)$到$\left(v_0 + \frac{1}{2}\Delta v_0\right)$范围内的原子吸收.

(3) 参见题图，经过一次光子 $h\nu'$ 发射后，能量守恒和动量守恒公式形式为

$$\begin{cases} \frac{1}{2}mv_1^2 + E = \frac{1}{2}mv_1'^2 + h\nu' \\ mv_1 = mv_1'\cos\varphi + \frac{h\nu'}{c}\cos\theta \\ 0 = mv_1'\sin\varphi - \frac{h\nu'}{c}\sin\theta \end{cases}$$

因 $v_1' = v_1 + \Delta v'$，$\nu' = \nu + \Delta\nu'$ 变化很小，当 $\theta = \frac{\pi}{2}$ 时，原子偏向角 φ 达最大，即

$$\begin{cases} mv_1 = mv_1'\cos\varphi \\ \frac{h\nu'}{c} = mv_1'\sin\varphi \end{cases}$$

得

$$\tan\varphi_m = \frac{h\nu'}{mv_1c}$$

将 $\nu' \approx \nu$ 代入得

$$\tan\varphi_m = \frac{E}{mv_1c}$$

$$\varphi_m = \arctan\frac{E}{mv_1c} \approx \arctan\frac{E}{mv_0c} = 5 \times 10^{-5}\,\text{rad}$$

(4) 随着原子速度的降低，为共振吸收所需之光的频率按下式增加：

$$\nu = \frac{E/h}{1 + v_0/c}$$

保持 ν 不变，速度即使下降到 $v_0 - \Delta v$，只要有

$$h\nu = \frac{E - \Gamma/2}{1 + (v_0 - \Delta v)/c} = \frac{E}{1 + v_0/c}$$

即

$$\Delta v = \frac{c\Gamma}{2E}\left(1 + \frac{v_0}{c}\right) = 3.1\,\text{m/s}$$

吸收仍可在能级的最低部位发生. 实际上，由第 2 问也可断定 $\Delta v = \frac{1}{2}\Delta v_0$.

(5) 如每经一次吸收，原子速度改变量近似为 $\Delta v_1 \approx -\dfrac{E}{mc}$，从速度 v_0 降低到速度为零共需 N 次吸收，所需时间为 Δt. 其中

$$N = \frac{v_0}{|\Delta v_1|} \approx \frac{mcv_0}{E} = 3.6 \times 10^4 \text{ 次}$$

(6) 因吸收几乎是瞬时的，原子在激发态停留时间为

$$\tau = \frac{h}{\Gamma}, \qquad \Delta t = N\tau$$

如假设原子是匀减速运动，则在 Δt 内走过的路程为

$$\Delta s = \frac{1}{2} v_0 \Delta t = \frac{1}{2} \frac{mchv_0^2}{\Gamma E} = 1.8\text{m}$$

3.105 超光速之谜. 科学家于 1994 年对我们银河系中的一个复合星源的无线电波段的辐射进行了测量. 在这道题中，我们来分析并解释这些测量结果.

接收器是针对波长为几厘米的较宽的无线电波段进行测量的. 题图 3.105(1)表明在不同日期的相同时刻所记录到的一系列图像. 封闭曲线标志出辐射强度相同的地点，很像地图上的等高线. 图中间的两个极大值可以理解为两个物体正在远离它们共同的中心而运动.（这个中心可以认为是固定在太空中的，用一个"×"字表示. 它也是一个强无线电辐射源，但波长有所不同.）

题图 3.105(1)中线段的长度表示 1 个弧秒，1 弧秒＝1/3600 度. 图中心处的"×"所标志的这个天体到观测者的距离估计为 R＝12.5 千秒差距(kpc)，1kpc＝3.09×10^{19} m，光速 c＝3.00×10^8 m/s. 以下计算不要求误差.

(1) 我们用 t 表示观测的时间，角标 1、2 分别表示向左边和右边喷射出的辐射源. 用 $\theta_1(t)$和 $\theta_2(t)$分别表示它们相对于其共同中心的角位置. 在地球上观测它们的角速度分别为 ω_1 和 ω_2，其相应的表观横向线速度分别为 $v'_{1,\perp}$ 和 $v'_{2,\perp}$.

利用题图 3.105(1)标明的数据，在坐标纸上画图并由此求出角速度 ω_1 和 ω_2 的数值，以毫弧秒/天为单位；同时也求出 $v'_{1,\perp}$ 和 $v'_{2,\perp}$ 的数值(你可能对某个结果感到迷惑). 将所有结果填写到答题纸上.

(2) 为了解决(1)中出现的谜，考虑一个其运动方向与朝远方观测者的方向成夹角 $\varphi(0<\varphi<\pi)$、以速度 v 运动的光源[如题图 3.105(2)所示]. 光源的速度可以写成 $v=\beta c$，c 为光速. 观测者测量到光源的距离为 R，角速度为 ω，垂直于视线方向的表观线速度为$v'_\perp$. 请用 β、R 和 φ 表示 ω 和 $v'_\perp$.

(3) 我们假定，在引言及(1)中所描述的这两个喷射出的物体以相同的速度 $v=\beta c$ 朝相反方向运动. 这样用(2)的结果就可以从角速度 ω_1 和 ω_2 以及距离 R 计算出 β 和 φ. 这里 φ 是按(2)对左边物体所定义的角度，相当于(1)中角标 1 的量.

用已知量表示、导出计算 β 和 φ 的公式，并用(1)中数据求出其数值.

(4) 根据在(2)中的单体运动情况，找出表观垂直速度 $v'_\perp$ 大于光速 c 的条件. 在答题纸上以 $\beta>f(\varphi)$的形式写出这个条件，并给出函数 f 的解析表达式.

在坐标纸上画出(β,φ)平面图中物理上相应的范围，对其中满足 $v'_\perp>c$ 条件的部分用细斜线涂成阴影区.

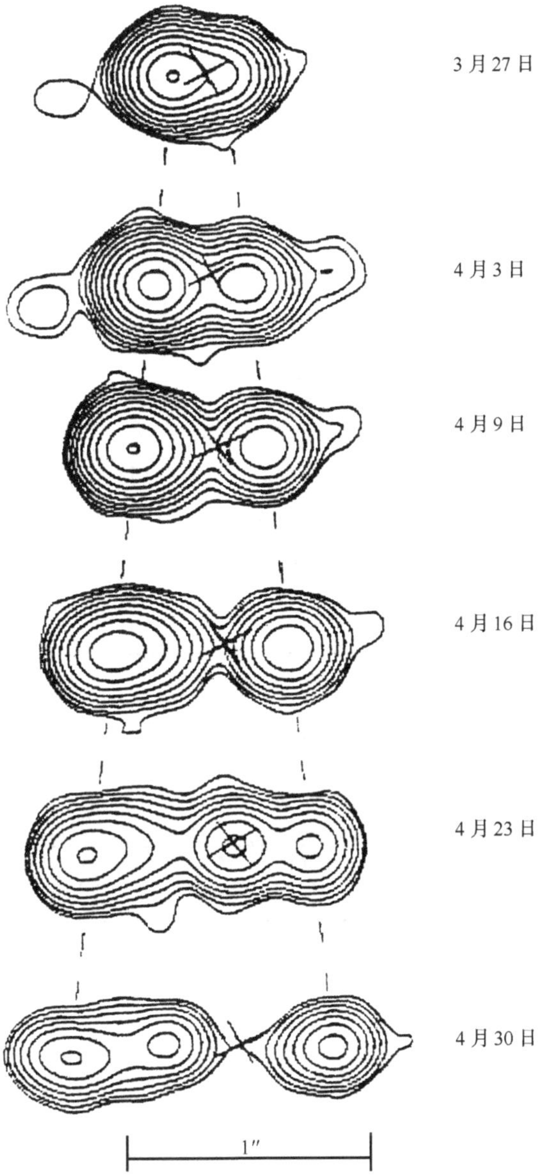

题图 3.105(1) 银河系中一个无线电波辐射源

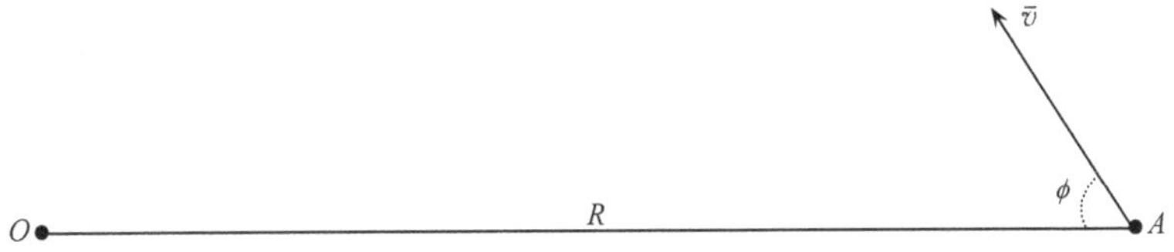

题图 3.105(2) 观测者在 O,光源初始在 A

(5) 仍然考虑(2)中的单体问题,找出对于给定的 β 所对应的表观垂直速度 $v'_\perp$ 的极大值 $(v'_\perp)_{max}$ 的表达式. 注意,当 $\beta\to1$ 时,这个速度无限增大.

(6) 引言中对 R 值的估计并不可靠. 因此科学家已着手用更好、更直接的方法来推断 R 值. 有一种方法如下:假设我们能分辨并测量两个喷射物体辐射的多普勒移动后的波长 λ_1 和 λ_2,并且知道它们静止时原本有相同的波长 λ_0. 从相对论多普勒移动的方程

$$\lambda=\lambda_0(1-\beta\cos\varphi)(1-\beta^2)^{-1/2}$$

出发,并如前所设,两个物体具有相同速度 v,试证明:未知的 $\beta=v/c$ 可以用 λ_0、λ_1 和 λ_2 表示为

$$\beta=\sqrt{1-\frac{\alpha\lambda_0^2}{(\lambda_1+\lambda_2)^2}} \tag{1}$$

在答题纸上相应位置上填入系数 α 的数值.

你会注意到这意味着所建议的波长测量将在实践中给出一种新的估计距离的方法.

解 (1) 根据题图 3.105(1),标出源的中心. 令 $\theta_1(t)$ 和 $\theta_2(t)$ 分别为左右中心到共同中心的角距离. 用尺量出相对每个给定时间的 θ_1 和 θ_2,得到一系列数据,列成下表.

读尺时的误差估计为±0.5mm,导致角度 θ 值上的误差为±0.013. 把这些数据画到题图 3.105(3)上.

时间/天	θ_1/弧秒	θ_2/弧秒
0	0.139	0.076
7	0.253	0.139
13	0.354	0.190
20	0.468	0.253
27	0.601	0.316
34	0.709	0.367

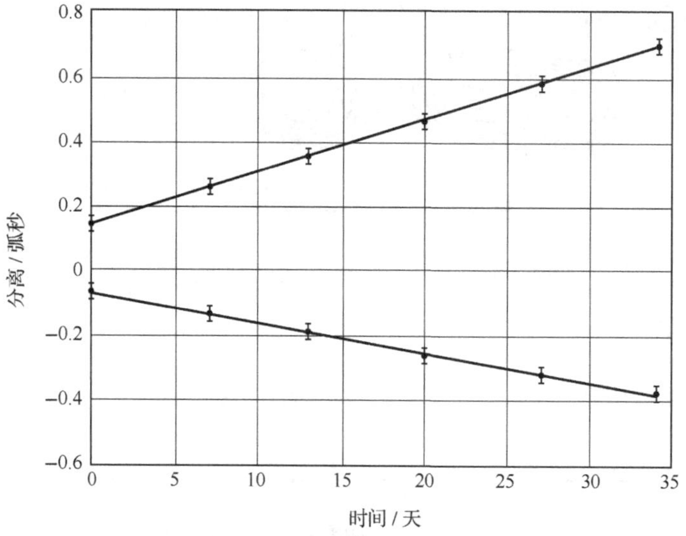

题图 3.105(3)　作为时间(天)的函数 θ_1 和 θ_2(单位:弧秒)

用直线来拟合这些数据，结果为(注意单位换算)

$$\omega_1 = \frac{\mathrm{d}\theta_1}{\mathrm{d}t} = 9.54 \times 10^{-13}\,\mathrm{rad/s} \tag{2}$$

$$\omega_2 = \frac{\mathrm{d}\theta_2}{\mathrm{d}t} = 4.88 \times 10^{-13}\,\mathrm{rad/s} \tag{3}$$

$$V'_{1,\perp} = \omega_1 R = 9.54 \times 10^{-13} \times 12.5 \times 3.09 \times 10^{19} \tag{4}$$

$$= 3.68 \times 10^{8}\,\mathrm{m/s} \approx (1.23 \pm 0.07)c \tag{5}$$

$$V'_{2,\perp} = 1.89 \times 10^{8}\,\mathrm{m/s} \approx (0.63 \pm 0.07)c \tag{6}$$

c 为光速.

(2) 考虑在时间间隔 Δt 内，源由 A 运动到 A'，见题图 3.105(4).

我们有

$$\boldsymbol{r}_{AA'} = \boldsymbol{r}_{A'} - \boldsymbol{r}_A = \boldsymbol{v} \cdot \Delta t \tag{7}$$

设从 A 和 A' 来的信号到达 O 处的时间差为 $\Delta t'$，由于 A 和 A' 距离不同，光速 c 有限，我们有关系

$$\Delta t' = \Delta t + (r_{A'} - r_A)/c \tag{8}$$

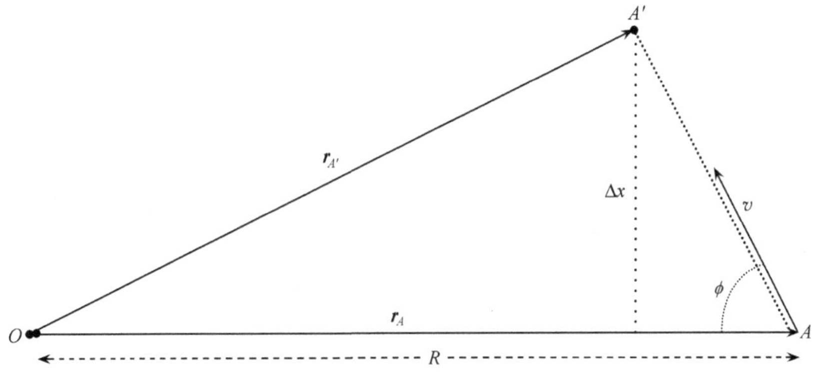

题图 3.105(4)　观察者在 O 处，源的原来位置为 A，速度矢量为 v

对满足 $v\Delta t \ll r_A = R$ 的很小的 Δt，有关系

$$r_{A'} - r_A \approx - v\Delta t\cos\phi \tag{9}$$

因此

$$\Delta t' \approx \Delta t(1 - \beta\cos\phi), \qquad \beta = v/c \tag{10}$$

这意味着在 O 处的观察者会发现源有一个表观的横向速度

$$v'_{\perp} = \frac{\Delta x}{\Delta t'} = \frac{\Delta x}{\Delta t(1 - \beta\cos\phi)} = \frac{c\beta\sin\phi}{1 - \beta\cos\phi} \tag{11}$$

这里我们已经用了在观察者参考系中的实际横向速度

$$v_{\perp} = \Delta x/\Delta t = c\beta\sin\phi$$

在 O 处观察到的角速度为

$$\omega = \frac{v'_{\perp}}{R} = \frac{c\beta\sin\phi}{R(1 - \beta\cos\phi)} \tag{12}$$

(3) 题图 3.105(5)显示了本题的情形，注意在图下说明中的关系，取 $\phi=\phi_1$，则有 $\sin\phi_2=\sin\phi$，$\cos\phi_2=-\cos\phi$，方程(12)给出

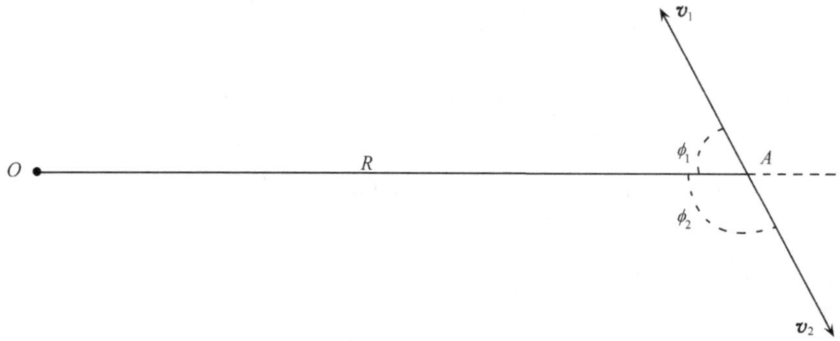

题图 3.105(5)　为两客体速度相同，方向相反，则有
$v_1=v_2=v$，$\beta_1=\beta_2=\beta$，$\phi_2=\pi-\phi_1$

$$\omega_1=\frac{c\beta\sin\phi}{R(1-\beta\cos\phi)} \tag{13}$$

$$\omega_2=\frac{c\beta\sin\phi}{R(1+\beta\cos\phi)} \tag{14}$$

量 ω_1、ω_2 和 R 是已知的，而 β 和 ϕ 是待求的，正如题中所言. 简单的代数运算给出

$$(1-\beta\cos\phi)\omega_1\omega_2=\omega_2\beta c\sin\phi/R \tag{15}$$

$$(1+\beta\cos\phi)\omega_2\omega_1=\omega_1\beta c\sin\phi/R \tag{16}$$

从式(16)减去式(15)，我们有

$$2\beta\cos\phi\omega_2\omega_1=\beta c(\omega_1-\omega_2)\sin\phi/R \tag{17}$$

$$\tan\phi=2R\omega_2\omega_1/c(\omega_1-\omega_2) \tag{18}$$

$$\phi=\arctan[2R\omega_2\omega_1/c(\omega_1-\omega_2)] \tag{19}$$

用式(16)去除式(15)，给出用 $\cos\phi$ 和已知量 ω_1、ω_2 表达的 β

$$\omega_1(1-\beta\cos\phi)=\omega_2(1+\beta\cos\phi) \tag{20}$$

$$\beta=(\omega_1-\omega_2)/\cos\phi(\omega_1+\omega_2) \tag{21}$$

把部分(1)中的 ω_1、ω_2 数值代入，并利用已知的 R 和 c 值，我们得到

$$\phi=\arctan(2.57)=1.20\text{rad}=68.8^\circ \tag{22}$$

$$\beta=0.892 \tag{23}$$

(4) 方程(11)表明，观察者要看到一个大于光速的横向视速，应有下面的条件成立：

$$\beta\sin\phi/(1-\beta\cos\phi)\geqslant-1 \tag{24}$$

当 $\beta<1$ 时，条件(24)等价于

$$\beta\sin\phi\geqslant1-\beta\cos\phi \tag{25}$$

$$\beta(\sin\phi+\cos\phi)\geqslant1 \tag{26}$$

$$\beta\sqrt{2}\left(\sin\phi\cos\frac{\pi}{4}+\cos\phi\sin\frac{\pi}{4}\right)\geqslant1 \tag{27}$$

$$\sin\left(\phi+\frac{\pi}{4}\right)\geqslant 1/\beta\sqrt{2} \tag{28}$$

因此式(24)成立的条件是

$$\beta > f(\phi)=\left[\sqrt{2}\sin\left(\phi+\frac{\pi}{4}\right)\right]^{-1} \tag{29}$$

在(β,ϕ)平面上具有物理意义的区域是

$$(\beta,\phi)\in[0,1]\times[0,\pi] \tag{30}$$

显然,式(24)仅对 $\phi\in\left[0,\frac{\pi}{2}\right]$成立. 也只有当$\beta\geqslant 1/\sqrt{2}$时,式(28)中的 ϕ 才有解.

由相对论可知$\beta<1$,我们更仔细地察看区域

$$(\beta,\phi)\in[2^{-\frac{1}{2}},1]\times\left[0,\frac{\pi}{2}\right] \tag{31}$$

映射

$$(\beta,\phi)\rightarrow\beta\sin\left(\phi+\frac{\pi}{4}\right) \tag{32}$$

在此区域是连续的. 因此只需看一下此区域的边界上的情形就可以了,此边界由式(28)中的等式定义

$$\beta\sin\left(\phi+\frac{\pi}{4}\right)=1/\sqrt{2} \tag{33}$$

此式确定了 β 作为 ϕ 的函数,显示在题图 3.105(6)上. 在打斜线的区域内有 $v'_{\perp}>c$.

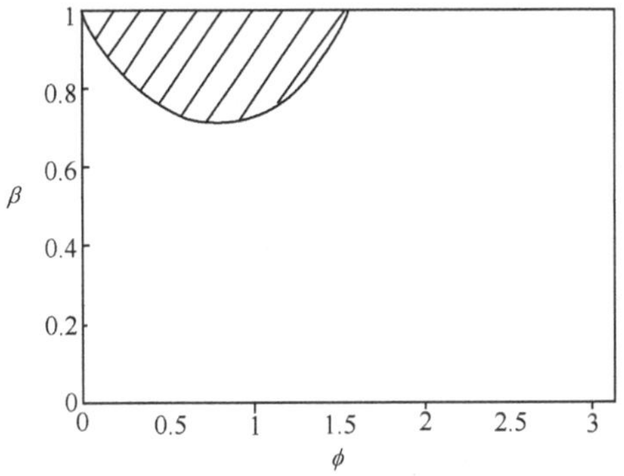

题图 3.105(6) 斜线区有 $v'_{\perp}/c>1$

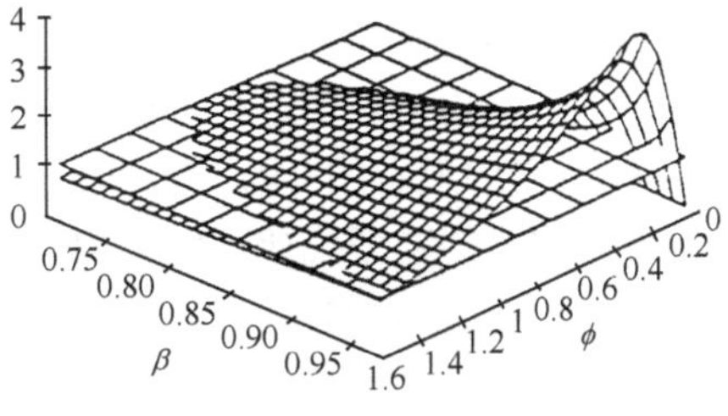

题图 3.105(7) 曲线是作为 β 和 ϕ 的函数的 v'/c,平面代表常数函数 $\beta=1$

(5) 为找到作为 ϕ 的函数的 $v'_{\perp}$ 的极值,我们微分式(11)得到

$$\frac{\mathrm{d}}{\mathrm{d}\phi}\left(\frac{v'_{\perp}}{c}\right)=\beta(\cos\phi-\beta)/(1-\beta\cos\phi)^2 \tag{34}$$

在 $\phi=\phi_m$ 处它为零.

$$\cos\phi_m=\beta,\qquad \phi_m=\arccos\beta\in\left[0,\frac{\pi}{2}\right] \tag{35}$$

为证明这确实是极大,我们对式(34)再微分一次,有

$$\frac{\mathrm{d}^2}{\mathrm{d}\phi^2}\left(\frac{v'_\perp}{c}\right)=-\beta\left[\frac{\sin\phi}{(1-\beta\cos\phi)^2}+2\frac{\beta\sin\phi(\cos\phi-\beta)}{(1-\beta\cos\phi)^2}\right] \tag{36}$$

在极值处

$$\left.\frac{\mathrm{d}^2}{\mathrm{d}\phi^2}\left(\frac{v'_\perp}{c}\right)\right|_{\phi_m}=-\frac{\beta\sin\phi_m}{(1-\beta^2)^2}<0 \tag{37}$$

这表明 ϕ_m 的确对应于极大. 从式(11)和式(35),我们得到最大表观横向速度为

$$(v'_\perp)_{\max}=\beta c/\sqrt{1-\beta^2} \tag{38}$$

由此式和式(35)我们看到

$$\text{当}\ \beta\to 1\ \text{时},(v'_\perp)_{\max}\to\infty;\phi_m\to 0 \tag{39}$$

题图 3.105(7)显示了在区域$(\beta,\phi)\in[2^{-\frac{1}{2}},1]\times\left[0,\frac{\pi}{2}\right]$作为 β 和 ϕ 的函数的 $v'_\perp/c$.

(6) 对相对论性的多普勒移动,我们有公式

$$\begin{aligned}\lambda_1&=\lambda_0(1-\cos\varphi)/\sqrt{1-\beta^2}\\ \lambda_2&=\lambda_0(1+\cos\varphi)/\sqrt{1-\beta^2}\end{aligned} \tag{40}$$

把它们加起来,定义一个辅助量 ρ,对 β 求解

$$\rho=\frac{\lambda_1+\lambda_2}{2\lambda_0}=1/\sqrt{1-\beta^2} \tag{41}$$

$$\rho^2(1-\beta^2)=1 \tag{42}$$

$$\beta=\sqrt{1-1/\rho^2}=\sqrt{1-\frac{4\lambda_0^2}{(\lambda+\lambda_2)^2}} \tag{43}$$

对比试题中的式(1),得出

$$\alpha=4$$

把方程(43)和方程(18)、(21)放在一起,我们有了三个方程,足以把三个未知量 β,ϕ 和 R 解出. 例如,我们可以从(43)解出 β,代入(21),求解 ϕ. 距离 R 则可从式(18)得到. 这样,只要知道 ω_1 和 ω_2,测量多普勒移动波长就可以给出到信号源的距离.

3.106 爱因斯坦的"等效性原理"指出,在不十分大的空间范围和时间间隔内,惯性系中引力作用下的物理规律和没有引力但有适当加速度的非惯性系中的物理规律是相同的. 现研究以下三个问题:

(1) 试从光量子的观点出发,讨论地面附近的重力场中,由地面 A 处向距地面 L 处的接收器 B 发射频率为 ν_0 的激光. 试求接收器 B 接收到的频率 ν.

(2) 假设地球对物体没有引力作用. 有一个长度为 L 的箱子沿底边方向作加速运动,加速度为 a,箱子的 A 端向 B 端发射周期为 T_0 的激光. 试从地面参考系中研究接收器 B 所接收到的激光周期.

(3) 要使上述两个问题所得到的结论完全等价,问题(2)中箱子的加速度的大小和方向如何?

解 解法一

(1) 对能量为 $h\nu_0$ 的光子,其等效质量 $m=\frac{h\nu_0}{c^2}$. 在重力场中,当从地面到达 L 高度时增加势能 mgL,由能量守恒

$$h\nu_0 = h\nu + mgL = h\nu + \frac{h\nu}{c^2}gL$$

有

$$\nu_0 = \nu(1 + gL/c^2)$$

或

$$\nu = \frac{\nu_0}{1 + gL/c^2} \approx \nu_0(1 - gL/c^2) \tag{1}$$

(2) 广义相对论指出，光在真空中的速度 c 不变，不随发光体运动改变. A 发出的光以光速 c 向接收器 B 运动，到达 B 需时间 $t=L/c$. 接收器相对地面的瞬时速度为 $v=at$，当光子由 A 到达 B 时，B 相对地面速度 $v=aL/c$.

由多普勒频移公式，接收到的频率

$$\nu' = \sqrt{\frac{1+\beta}{1-\beta}}\nu_0, \qquad T = T_0\sqrt{\frac{1-\beta}{1+\beta}}$$

式中 $\beta=\frac{v}{c}=aL/c^2 \ll 1$. 所以

$$\left(\frac{1-\beta}{1+\beta}\right)^{\frac{1}{2}} = \left(1 - \frac{2\beta}{1+\beta}\right)^{\frac{1}{2}} \approx 1 - \frac{\beta}{1+\beta} = \frac{1}{1+\beta} \approx 1 - \beta$$

$$T = T_0(1-\beta) = T_0\left(1 - \frac{aL}{c^2}\right) \tag{2}$$

或

$$\nu = \nu_0(1-\beta)^{-1} \approx \nu_0(1+\beta) = \nu_0\left(1 + \frac{aL}{c^2}\right) \tag{3}$$

若光线与箱子运动方向相同，加速度为正值. B 接收到的光频率增加，为红移. 反之，为紫移，频率减小.

(3) 比较式(1)和式(3)，若上述两问题中结论等价，须 $a=-g$，即箱子作竖直向上加速运动，加速度大小等于重力加速度. 这种频率的微小改变，已经得到穆斯堡尔谱实验的证实.

解法二　以箱子为参考系，箱子加速运动，光子受到惯性力作用，其方向与箱子运动方向相反. 光子等效质量为 $h\nu/c^2$，惯性力为$\frac{h\nu}{c^2}\cdot a$，a 为箱子加速度，惯性力做功为

$$\frac{h\nu}{c^2}aL$$

能量守恒方程为

$$h\nu + \frac{h\nu}{c^2}aL = h\nu'$$

有 $\nu'=\nu\left(1+\frac{aL}{c^2}\right)$.

3.107　关于介质中光波的动量，H. Minkowski 与 M. Abraham 分别提出了不同表达式；不同表达式何者正确？两种表达式在文献中各自都有理论与实验两方面大量工作的支持. 这就是历史上所谓的 Abraham-Minkowski 疑难[U. Leonhardt, Nature, 444, 823 (2006)]，该疑难始于上世纪初共持续了一百多年，直到 2010 年才被澄清[Stephen M.

Barrtett, Phys. Rev. Lett., 104, 070401(2010)]. 按照光量子学说，光波为“光子雨”，光波的动量由一个个光子携带. 关于介质中一个光子的动量也会有不同结果，这是 Abraham-Minkowski 疑难的光子版本. 为了给介质中光子的动量提供物理的论证，请解答下面三小题：

(1)孤立系的质量中心(质量-能量中心)保持匀速直线运动，Einstein 曾于 1906 年发表论文对此给出论证. 请基于此事实考虑一个频率为 ω 的光子(宏观尺度下视为点粒子，并忽略频率分布宽度视为单一频率)从真空正入射进入初始静止在光滑水平面上质量为 M 的均匀各向同性的介质平板，介质平板的折射率为 n，厚度为 L. 该光子在介质平板中运动方向保持不变，某时刻在平板中运动距离为 x，则①请导出此时平板运动的距离；②上面 x 在 0 到板厚 L 的范围内任意值，请由第①小题的结果导出板的动量；③再请根据动量守恒导出该光子在介质中的动量大小.

(2) 电子在介质中作超光速运动会发出 Cherenkov 辐射(这是 1958 年 Nobel 物理奖获奖工作). 设均匀各向同性介质对频率为 ω 的电磁波折射率为 $n(n>1)$，在其中运动的电子速度大小为 $v=\beta c(n\beta>1)$，实验上发现 Cherenkov 辐射的方向与电子速度 $\boldsymbol{v}$ 所成角度(称发射角)θ_c 满足

$$\cos\theta_c=\frac{1}{n\beta}$$

按光量子图像，Cherenkov 辐射为在介质中作超光速运动的电子沿 Cherenkov 辐射的发射角方向发出一个光子，请根据能量-动量守恒关系给出该光子动量的大小；

(3) 考虑处于介质中的一个运动原子，吸收一个频率为 ω 的光子发生跃迁. 原子远离光源的运动速度为 v，这里需要考虑 Doppler 效应，由于 $v\ll c$ 只需用非相对论的对各种波普遍适用的 Doppler 效应公式即可. 请根据能量-动量守恒关系给出介质中该动量的大小.

解 (1)光子和平板总能量

$$E=Mc^2+\hbar\omega \tag{1}$$

光子进入平板，其速度变为 c/n，到达 x 处所需时间为 nx/c. 与其在真空中运动相比，光子少运动 $(n-1)x$. 按照孤立系的质量中心保持匀速直线运动，该减少量应由平板运动抵偿，由此

$$\Delta x Mc^2=(n-1)x\hbar\omega$$

也就是

$$\Delta x=(n-1)x\frac{\hbar\omega}{Mc^2} \tag{2}$$

这是在 $t=nx/c$ 时间里发生的，意味着平板具有速度

$$v_{bl}=(n-1)\frac{\hbar\omega}{nMc} \tag{3}$$

动量为

$$p_{bl}=Mv_{bl}=\left(1-\frac{1}{n}\right)\frac{\hbar\omega}{c} \tag{4}$$

按动量守恒给出光子在介质中动量为

$$p_{Ab}=\frac{\hbar\omega}{c}-p_{bl}=\frac{\hbar\omega}{nc} \tag{5}$$

(2)能量-动量守恒关系

$$E=E'+E_\gamma \tag{6}$$

$$\boldsymbol{p}=\boldsymbol{p}'+\boldsymbol{p}_\gamma \tag{7}$$

其中 $E=\gamma mc^2$，$\boldsymbol{p}=\gamma m\boldsymbol{v}$，$E_\gamma=\hbar\omega$ 等，上式也就是

$$E-\hbar\omega=E' \tag{8}$$

$$\boldsymbol{p}-\boldsymbol{p}_\gamma=\boldsymbol{p}' \tag{9}$$

式(8)两边平方与式(9)两边模平方与 c^2 乘积相减，并利用质点的动量、能量、静止能量的三角关系，可得

$$(E-E_\gamma)^2-(\boldsymbol{p}-\boldsymbol{p}_\gamma)^2c^2=m_0^2c^4$$

也就是

$$E_\gamma^2-2EE_\gamma-p_\gamma^2c^2+2pp_\gamma\cos\theta_c=0$$

按题给 Cherenkov 辐射发射角

$$\cos\theta_c=\frac{1}{n\beta} \tag{10}$$

以及 $E_\gamma p_\gamma c\ll E$①，$p=\frac{E}{c^2}v=\frac{E}{c}\beta$ 可得

$$p_\gamma\approx\frac{n\hbar\omega}{c} \tag{11}$$

(3) 按 Doppler 效应，在运动原子参考系中观测到的光子频率 ω_0 与介质参考系中观测到的光子频率 ω 满足

$$\omega_0\approx\omega\left(1-\frac{nv}{c}\right) \tag{12}$$

运动原子吸收光子发生跃迁过程能量-动量守恒

$$\frac{1}{2}mv'^2+\hbar\omega_0=\frac{1}{2}mv^2+\hbar\omega \tag{13}$$

$$mv'=mv+p_{ph} \tag{14}$$

式(12)、(13)联立

$$\frac{1}{2}mv'^2=\frac{1}{2}mv^2+\frac{nv}{c}\hbar\omega \tag{15}$$

再与式(14)联立求解

$$p_{ph}=\frac{n\hbar\omega}{c}\frac{2v}{v+v'}\approx\frac{n\hbar\omega}{c} \tag{16}$$

介质中光波的动量，H. Minkowski 与 M. Abraham 不同表达式何者正确？该疑难始于上世纪初共持续了一百多年，直到 2010 年由 Stephen M. Barnett 才对此作了澄清[Stephen M. Barnett，Phys. Rev. Lett.，104，070401(2010)]，指出两种动量都对，都有意义！

① 注意 $p_\gamma c\approx nE_\gamma\neq E_\gamma$.